中国社会科学院文库
经济研究系列
The Selected Works of CASS
Economics

中国社会科学院创新工程学术出版资助项目

中国社会科学院文库·经济研究系列
The Selected Works of CASS · Economics

走中国特色的新型城镇化道路

A New Road to Urbanization with Chinese Characteristics

魏后凯 / 主编

社会科学文献出版社
SOCIAL SCIENCES ACADEMIC PRESS (CHINA)

2008年度国家社科基金重大项目
（批准号 08&ZD044）

《中国社会科学院文库》
出版说明

　　《中国社会科学院文库》（全称为《中国社会科学院重点研究课题成果文库》）是中国社会科学院组织出版的系列学术丛书。组织出版《中国社会科学院文库》，是我院进一步加强课题成果管理和学术成果出版的规范化、制度化建设的重要举措。

　　建院以来，我院广大科研人员坚持以马克思主义为指导，在中国特色社会主义理论和实践的双重探索中做出了重要贡献，在推进马克思主义理论创新、为建设中国特色社会主义提供智力支持和各学科基础建设方面，推出了大量的研究成果，其中每年完成的专著类成果就有三四百种之多。从现在起，我们经过一定的鉴定、结项、评审程序，逐年从中选出一批通过各类别课题研究工作而完成的具有较高学术水平和一定代表性的著作，编入《中国社会科学院文库》集中出版。我们希望这能够从一个侧面展示我院整体科研状况和学术成就，同时为优秀学术成果的面世创造更好的条件。

　　《中国社会科学院文库》分设马克思主义研究、文学语言研究、历史考古研究、哲学宗教研究、经济研究、法学社会学研究、国际问题研究七个系列，选收范围包括专著、研究报告集、学术资料、古籍整理、译著、工具书等。

中国社会科学院科研局
2006 年 11 月

序　言

（一）

城镇化是指人口向城镇聚集、城镇规模扩大以及由此引起一系列经济社会变化的过程，其实质是经济结构、社会结构和空间结构的变迁。城镇化的核心是人的城镇化，即变农民为市民的过程。国际经验表明，城镇化是一个漫长的历史过程，它是人类经济社会发展的必然结果。城镇化过程包括量的扩张和质的提升两个方面，是城镇化数量（速度）和质量的有机统一。从长远发展来看，单纯追求速度、缺乏质量的城镇化将是不可持续的。

自改革开放以来，伴随着经济社会的迅速发展，中国城镇化进入了加速推进的轨道。1978~1995 年中国城镇化率平均每年提高 0.64 个百分点，而 1996~2012 年则年均提高 1.38 个百分点。根据联合国发布的《2011 世界城市化展望》，在 1981~2010 年，中国城镇化率年均提高 0.99 个百分点，而这期间世界平均仅提高 0.41 个百分点，其中发达地区为 0.25 个百分点，欠发达地区为 0.55 个百分点[①]。

然而，应该看到，近年来中国城镇化的加速推进是建立在传统发展模式的基础之上。这种传统的城镇化模式存在许多弊端：一是片面强调"土地城镇化"，对人口、居住、居民素质和生活质量的城镇化不重视。2012 年，全国统计在城镇人口中的农业转移人口高达 2.34 亿人，他们虽然在城镇就业工作，却不能在城镇安家落户，不能共享城镇化的成果，其市民化程度低。二是忽视城镇资源配置效率，高度消耗土地、能源、水等资源，并大量排放"三废"，城镇化的资源环境代价较大。三是生产、生活和生态不协调，突出表现为城镇工业用地偏多、效率低下，居住、生活休闲和生态用地偏少，城市宜居性较低。四是城乡分割，尤其在户籍管理、劳动就业、公共

---

① United Nations, Department of Economic and Social Affairs, Population Division, 2012, *World Urbanization Prospects: The 2011 Revision.* New York.

服务、社会保障等方面，长期实行城乡有别的隔离政策，严重制约了城乡一体化和互动融合发展。五是城镇缺乏特色，城市品位不高，文化缺失，"千城一面"现象严重。很明显，这种传统的城镇化模式是不可持续的，它不符合科学发展观的精神。

目前，中国城镇化率已越过50%的拐点，2012年达到52.57%。这表明中国城镇化已经进入了一个重要的战略转型期。推动城镇化战略转型，全面提高城镇化质量，将是当前中国面临的重大战略问题。这种战略转型将主要集中在以下几个方面：一是由加速推进向减速推进转变。据预测，到2033年，中国城镇化率将达到70%左右。这表明，未来20年，中国仍将处于城镇化的快速推进时期。但相比较而言，城镇化率每年提高的幅度将逐步降低，预计年均提高幅度保持在0.8~1.0个百分点。未来中国城镇化将进入减速阶段。二是由速度型向质量型转变。现阶段中国城镇化面临的主要矛盾并非水平较低，而是质量不高。为此，要坚持速度与质量并重，把城镇化快速推进与质量提升有机结合起来，促使城镇化从单纯追求速度型向着力提升质量型转变，全面提高城镇化质量。三是由不完全城镇化向全面（完全）城镇化转变。加快全面城镇化进程，着力解决农民的市民化以及城市民生和社会问题，这是今后推进城镇化的核心任务。四是由传统城镇化向新型城镇化转型。要根本改变高消耗、高排放、高扩张、低效率、不协调的粗放型城市发展模式，促使城市向低消耗、低排放、高效率、可持续、和谐有序的新型科学发展模式转变，坚定不移地走具有中国特色的新型城镇化道路。

（二）

党的十六大报告明确指出，要"坚持大中小城市和小城镇协调发展，走中国特色的城镇化道路"。十七大报告进一步将"中国特色城镇化道路"作为"中国特色社会主义道路"的五个基本内容之一，并明确指出"走中国特色城镇化道路，按照统筹城乡、布局合理、节约土地、功能完善、以大带小的原则，促进大中小城市和小城镇协调发展"。十八大报告又提出"坚持走中国特色新型工业化、信息化、城镇化、农业现代化道路"，"促进工业化、信息化、城镇化、农业现代化同步发展"。早在2007年5月，温家宝总理就提出"要走新型城镇化道路"。2013年中央经济工作会议进一步明确指出："要把生态文明理念和原则全面融入城镇化全过程，走集约、智能、绿色、低碳的新型城镇化道路。"

显然，这里所讲的"中国特色城镇化道路"和"新型城镇化道路"并非是分割的，而是具有有机联系的整体，我们绝不能把二者割裂开来。中国特色的城镇化道路，必须是具有中国特色的新型城镇化道路；而中国走新型城镇化之路，也必须符合中国国情，体现中国特色。这是因为过去的传统城镇化模式，也可能具有中国特色，但并非一定符合时代潮流和科学发展观要求；而欧美发达国家采取的一些新型城镇化做法，未必都符合中国的国情和各地的实际情况。因此，在推进城镇化的过程中，必须把"走中国特色的城镇化道路"与"走新型城镇化道路"有机结合起来，坚定不移地走具有中国特色的新型城镇化道路。

中国人口多，底子薄，人均资源有限，各地区发展很不平衡。同时，在推进城镇化的过程中，还面临着实现经济增长、扩大就业、维护社会稳定以及解决人多地少、资源紧缺、环境脆弱、地区差异大等诸多问题和矛盾。因此，中国城镇化道路的选择，既不可能再像过去那样走高消耗、高排放、城乡分割、缺乏特色的传统城镇化老路，也不可能照搬其他国家的做法，而必须从中国国情出发，走符合中国实际、符合各地区实际的特色新型城镇化道路。这种特色新型城镇化道路，是一种从中国的国情出发，符合科学发展观要求，强调以人为本、集约智能、绿色低碳、城乡一体、四化同步的城镇化。它不仅要具有中国特色，而且是一种符合科学发展观要求的新型城镇化，是走中国特色社会主义道路的重要组成部分。它是对传统的城镇化战略和模式的彻底扬弃。坚持走中国特色的新型城镇化道路，实现大中小城市和小城镇协调发展，不断提高城镇化质量和水平，促进城镇化健康发展，对于扩大内需、拉动经济增长、优化经济和空间结构、促进社会和谐发展以及全面建成小康社会，都具有十分重要而深远的意义。

（三）

正因为如此，在2008年度国家社科基金重大项目招标中，我们以"走中国特色新型城镇化道路研究"为题设计了招标课题。课题中标立项后，我们立即按计划启动了项目研究。2010年，课题组先后赴江西南昌、九江和抚州，贵州毕节，浙江杭州，内蒙古包头等地开展调研，2011年又组织部分成员到山东莱芜，湖北武汉，重庆，贵州贵阳、黔南和铜仁等地进行实地考察，并到湖北鄂州、武汉等地就长江中游城市群建设进行专题调研，收集了大量有关城镇发展与城镇化的第一手资料，为课题研究提供了有力的数据和资料支撑。同时，为了更加全面深入地开展研究，在原有8个专题研究的基础上，我们又增加了7个专题，使专题总数达到15个。到2011年底，各专题研究报告初稿全部完成。经过课题组多次讨论，到2012年11月，终于完成全部15个专题报告和总体报告的修改完善工作，并于2013年2月顺利结项。至今为止，课题组通过国办、全国社科基金办、中国社会科学院等多种渠道，向中央、国务院提交了10份政策建议及相关成果，其中多项成果得到中央领导批示，并被相关部委和省级政府采纳。

本书为国家社科基金重大项目"走中国特色新型城镇化道路研究"（项目批准号08&ZD044）的最终成果。项目首席专家为魏后凯，主要成员宋迎昌、李景国、李国庆、刘勇、李红玉、王业强、李恩平、吴利学、盛广耀、袁晓勐、蔡翼飞、成艾华、高春亮、仇怡、王蕾、陈雪原、张燕、苏红键、关兴良、郭叶波、钟少颖、丁兴桥、武占云等。肖金成、叶裕民、刘治彦、梁本凡、单菁菁、侯景林、娄伟、李萌、尚教蔚、李宇军、黄顺江、陈洪波、蒋媛媛、刘长全、邬晓霞、时慧娜等参与了研究计划制订和内部讨论，侯景林和蒋媛媛提交了部分中间研究成果。最终成果共分为16章，其中第一章为总体研究报告，第二章至第十六章为专题研究报告，主要从不同角度深化和支撑总体研究。附录一至附录十为向中央、国务院提交的各种政策建议和相关成果。

在课题研究报告的基础上，全书由魏后凯统一设计，提出总体框架和基本思路，并花了半年多时间对全部书稿进行修改、完善和审定，部分进行了重写。各章的分工如下：第一章，魏后凯、苏红键、关兴良；第二章，高春亮、魏后凯；第三章，王业强；第四章，郭叶波、魏后凯；第五章，蔡翼飞、吴利学；第六章，刘勇；第七章，王蕾、魏后凯；第八章，仇怡；第九章，张燕、魏后凯；第十章，李红玉；第十一章，李景国、丁兴桥；第十二章，成艾华、魏后凯；第十三章，李国庆；第十四章，宋迎昌、钟少颖；第十五章，李恩平；第十六章，陈雪原、魏后凯；附录一至附录三，魏后凯；附录四，魏后凯、王业强；附录五，魏后凯、成艾华；附录六，魏后凯、袁晓勐；附录七，魏后凯；附录八，魏后凯、盛广耀；附录九，魏后凯、苏红键；附录十，魏后凯。

城镇化是一个多学科交叉的综合性问题，涉及的内容十分广泛。本课题设计的"1+15"研究不可能对有关城镇化的所有问题都展开深入研究。尤其是对城镇化质量的提升路径、农民市民化多元化成本分担机制的构建以及城镇化推进中的各项制度改革和相关政策，本课题虽然已有所涉及，并设置了相应专题，但囿于经费和时间，并没有展开全面深入的大规模研究。好在以魏后凯为首席研究员的中国社会科学院创新工程项目"城镇化质量评估与提升路径研究"已于2013年初启动，在这一创新工程项目中我们将对这些问题做进一步的深入研究。

魏后凯

2013年6月23日

于北京中海·安德鲁斯

摘　要

本书是 2008 年度国家社科基金重大项目"走中国特色新型城镇化道路研究"（项目批准号 08&ZD044）的最终成果。全书共分 16 章，第一章为总体研究，着重考察中国城镇化的演变阶段，近年来取得的成就和存在的问题，并对以往城镇化战略进行了深刻反思，在此基础上探讨了中国特色新型城镇化的科学基础、内涵与基本特征，提出了推进中国特色新型城镇化的总体思路、模式选择、长效机制和支持政策体系；第二至第十六章为专题研究，主要从不同角度深化和支撑总体研究；附录一至附录十为课题组成员向中共中央、国务院提交的政策建议。

本书将"中国特色的城镇化"与"新型城镇化"思路有机整合起来，系统地提出了走中国特色新型城镇化道路的思想。这种中国特色的新型城镇化就是从中国的国情出发，符合科学发展观要求，强调以人为本、集约智能、绿色低碳、城乡一体、"四化"同步的城镇化。它不仅要具有中国特色，而且是一种符合科学发展观要求的新型城镇化道路，是走中国特色社会主义道路的重要组成部分。多元、渐进、集约、和谐、可持续是中国特色新型城镇化的基本特征。书中提出，当前中国城镇化正处于由加速推进向减速推进转变、由追求数量向追求质量转变、由粗放型向集约型转变、由城乡分割型向融合共享型转变的重要战略转型期。在这一转型期，应因地制宜采取多元化城镇化模式，实行多中心网络开发战略，构筑世界级、国家级、区域级三级城市群体系和"四横四纵"重点轴带体系，推动形成科学合理的城镇化空间格局，全面提高城镇化质量。

围绕走中国特色的新型城镇化道路，本书还将城市社会和环境效率纳入城市效率考察的综合框架之中，建立了一个综合经济、社会、环境三个维度的城市规模效率分析框架，提出了城市规模效率曲线的倒"U"型假说和中国城市规模有效性的判别标准，并采用中国地级及以上城市数据进行了实证检验；从城市发展质量、城镇化推进效率、城乡协调程度三个维度，构建了一个综合性的城镇化质量评价指标体系，并采用 2010 年 286 个地级及以上城市数据，对中国城镇化质量进行了综合评价；从动态的视角将城镇化成本与城镇维持成本区分开来，提出了一个城镇发展成本分类体系和城镇化成本测度方法，据此对中国城镇化规模扩张和公共服务成本进行了具体测算；从集聚生产要素、诱发有效需求、加速空间扩散、本地化分工效应四个方面，提出了一个城镇化的技术创新效应作用机理分析框架，并采用全国整体时间序列数据与七大区域省际面板数据，实证检验了中国城镇化的技术创新效应；深入探讨了中国城镇化对环境质量的影响，在此基础上构建了一个由"城镇化驱动力"（Drivers）-"机理"（Mechanisms）-"环境影响"（Effects）三要素组成的城镇化对环境质量影响的DME机理模型，并采用1998~2010年省级面板数据进行了实证检验；从城镇投入、城镇产出和城乡发展对比三个维度，构建了一个集约型城镇化综合评价指标体系，并采用2001年、2006年和2010年中国省级数据进行了评价分析。

Abstract

This book is the final research product of a key project funded by the Chinese Fund for the Humanities and Social Sciences (No. 08 & ZD044). This book consists of 16 chapters, chapter 1 is a general study on the evolution, accomplishments, and drawbacks of China's urbanization, and offers a profound reflection on the urbanization strategy. Based on this, the scientific basis, connotation and basic features are investigated, and the general thought, mode selection, long-term mechanism and supporting policy system are proposed as well. Chapters 2 to 16 are monographic studies, which deepen and support the general research from various aspects. And appendixes 1 to 10 are policy proposals for the central government.

In this book, authors combine new urbanization and urbanization with Chinese characteristics organically and put forward systematically the thought of taking the road of new urbanization with Chinese characteristics. New urbanization with Chinese characteristics based on national conditions of China conforms to scientific outlook on development, emphasizes human oriented, intensive, intelligent, green and low carbon development, urban-rural integration and synchronization among industrialization, urbanization, informatization and agricultural modernization. It is an important component part of the road to socialism with Chinese characteristics. The basic features of new urbanization with Chinese characteristics are diversification, gradualism, intensification, harmony and sustainability. This book notes that four strategic transformations-from speeding up to slowing down, from seeking quantity to seeking quality, from extensive to intensive, and from urban-rural divided to urban-rural integrated-are happening to the current urbanization of China. In this transformation period, the central government should take diverse modes of urbanization according to different local conditions, carry out polycentric and network development strategy, construct three-level (world level, national level, regional level) urban agglomeration system and four vertical and four horizontal key development axes, promote the formation of scientific and reasonable urbanization spatial pattern, and improve urbanization quality comprehensively.

This book conducts a pioneering and innovative research into the issue of new urbanization with Chinese characteristics, the main work and conclusions are as follows: As urban social and environmental efficiency is integrated into the framework, an analytical framework for urban scale economies consisting of economy, society and environment is established, on the basis of which, the hypothesis of inverted U shape curve of urban scale economies and criteria of urban scale effectiveness are presented, which are empirically tested using the data of cities at the prefectural level and above. Based on urban development quality, urbanization efficiency and urban-rural coordination degree, an assessment indicator system for urbanization quality is constructed, and the urbanization quality of China is assessed comprehensively using the data of 286 cities at the prefectural level and above in 2010. Reviewed from the dynamic perspective, urbanization cost and cities' maintaining cost are distinguished, and both classification and measurement methods were designed and then used to calculate the cost resulting from city's scale expansion and public service supply. An analytical framework for technical innovation effect of urbanization, in which urbanization could promote technical innovation by concentrating factors of production, stimulating effective demand, facilitating spatial diffusion of technology and division of localization, is put forward. Besides, an empirical test for technical innovation effect of China's urbanization is carried out using national time series data and provincial panel data set of 7 regions respectively. Based on the analysis of environmental effect of urbanization, the DME (Drivers Mechanisms Effects) concept model composing of driving force of urbanization, mechanism and environmental effects is constructed and then empirically tested using provincial panel data from 1998 to 2010. From the points of view of urban input, urban output and contrast in urban-rural development, a comprehensive assessment indicator system for intensive urbanization is also constructed, and applied to assess and analyze the intensity of China's urbanization using provincial data of 2001, 2006 and 2010.

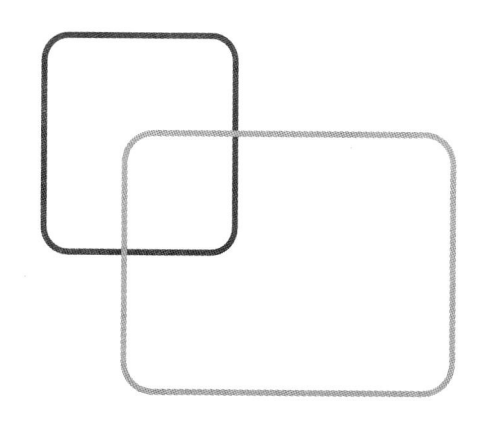

目　录

第一章　中国特色新型城镇化道路的选择 ·················· 1
 一　对中国城镇化战略的评价与反思 ····················· 1
 二　中国特色新型城镇化的科学基础与内涵 ············· 26
 三　中国特色新型城镇化推进的总体思路 ··············· 35
 四　中国特色新型城镇化推进的模式选择 ··············· 53
 五　建立推进中国特色新型城镇化的长效机制 ·········· 59
 六　推进中国特色新型城镇化的政策措施 ··············· 66

第二章　中国城镇化趋势与人口吸纳能力 ················ 76
 一　引言 ······································· 76
 二　相关文献 ··································· 78
 三　中国城镇化的总体趋势预测 ··················· 81
 四　中国区域城镇化趋势预测 ····················· 87
 五　中国不同规模城市吸纳能力分析 ··············· 92
 六　主要结论 ··································· 98

第三章　中国城市规模效益与规模政策 …………………………………… 102
　　一　国内外关于城市规模政策的争论 ……………………………… 102
　　二　城市效率与城市规模关系的文献综述：倒 U 型假说的提出 …… 105
　　三　模型与变量 ……………………………………………………… 108
　　四　城市效率、生产率与城市规模倒 U 型关系的检验 …………… 113
　　五　倒 U 型城市规模效率曲线的 Tobit 检验 ……………………… 118
　　六　倒 U 型城市规模效率曲线顶点判断 …………………………… 120
　　七　关于中国城镇化规模政策的思考 ……………………………… 124

第四章　中国城镇化质量综合评价分析 …………………………………… 128
　　一　文献述评 ………………………………………………………… 128
　　二　城镇化质量的内涵及相关概念辨析 …………………………… 136
　　三　城镇化质量评价的指标体系与方法 …………………………… 142
　　四　中国城镇化质量评价的结果分析 ……………………………… 146
　　五　主要结论与启示 ………………………………………………… 157

第五章　中国城镇化成本的度量与影响因素 ……………………………… 163
　　一　引言 ……………………………………………………………… 163
　　二　城镇化成本概念、分类及度量方法 …………………………… 166
　　三　中国城镇化成本的测算 ………………………………………… 168
　　四　中国城镇化成本的影响因素分析 ……………………………… 181
　　五　主要结论 ………………………………………………………… 188

第六章　中国城镇土地利用效率与节地潜力 ……………………………… 192
　　一　中国城镇土地利用状况 ………………………………………… 192
　　二　中国城镇化对土地利用的影响 ………………………………… 201
　　三　中国城镇土地利用效率分析 …………………………………… 204
　　四　未来城镇化对土地需求和节地潜力分析 ……………………… 207
　　五　中国节地型城镇化道路的选择 ………………………………… 211

第七章　中国城镇化、工业化和能源消费 …… 218
一　引言与文献回顾 …… 218
二　城镇化对能源消费的影响途径 …… 220
三　模型设定及数据说明 …… 222
四　实证检验结果 …… 227
五　总结与政策含义 …… 232

第八章　中国城镇化的技术创新效应 …… 236
一　引言 …… 236
二　城镇化的技术创新效应作用机理 …… 239
三　中国城镇化与技术创新水平的关系描述 …… 243
四　城镇化的技术创新效应：基于中国的实证检验 …… 252
五　结论与政策建议 …… 259

第九章　中国城镇化对环境质量的影响 …… 264
一　问题的提出 …… 264
二　中国城镇化对环境质量影响的主要特征 …… 265
三　城镇化影响环境质量的作用机理分析 …… 278
四　中国城镇化对环境质量影响的实证检验 …… 286
五　促进城镇化绿色转型的战略选择 …… 294
六　促进城镇化绿色转型的对策措施 …… 299

第十章　中国城乡融合型城镇化战略模式 …… 305
一　对城乡分割型城镇化模式的反思 …… 305
二　城乡融合型城镇化的内涵和科学基础 …… 310
三　推进城乡融合型城镇化的战略思路和途径 …… 317
四　城镇化过程中推进城乡融合的模式比较 …… 322
五　推进城乡融合型城镇化的政策措施 …… 326

第十一章　中国集约型城镇化评价与战略选择 ……………………… 331
一　集约型城镇化的科学内涵和基本特征 ……………………… 331
二　推进集约型城镇化的必要性 ………………………………… 335
三　中国城镇化集约程度评价 …………………………………… 339
四　推进集约型城镇化的战略思路和实现途径 ………………… 346
五　中国都市区集约型城镇化分析 ……………………………… 348
六　推进集约型城镇化的主要政策措施 ………………………… 357

第十二章　中国可持续城镇化战略路径 …………………………… 361
一　引言 …………………………………………………………… 361
二　中国城镇化进程中的资源环境问题 ………………………… 362
三　中国城镇化的可持续发展情景分析 ………………………… 369
四　中国可持续城镇化的实现途径 ……………………………… 373

第十三章　中国和谐型城镇化战略与路径 ………………………… 383
一　和谐型城镇化的基本内涵与科学基础 ……………………… 384
二　当前中国城镇化中突出的不和谐因素 ……………………… 387
三　推进和谐型城镇化的战略思路与基本任务 ………………… 393
四　战略路径选择与政策措施 …………………………………… 398

第十四章　中国城镇化布局与空间格局优化 ……………………… 406
一　中国城镇化空间布局现状特征 ……………………………… 406
二　中国城镇化空间布局的总体框架 …………………………… 416
三　优化城镇化空间布局的政策措施 …………………………… 427

第十五章　中国城镇化的制度障碍与制度创新 …………………… 433
一　新中国成立以来中国城镇化的制度变迁 …………………… 434
二　中国城镇化现行制度的特点与制度障碍 …………………… 443
三　中国实现健康城镇化的制度改革与创新 …………………… 458

第十六章 农民市民化的路径选择及制度安排 …………………… 468
 一 农民市民化概念及基本内涵 ………………………………… 469
 二 农民市民化的基本情况与存在问题 ………………………… 471
 三 农民市民化成本及其分担机制 ……………………………… 480
 四 农民市民化的途径选择及其制度安排：让农民"带资进城" …… 491
 五 加快农民市民化的政策建议 ………………………………… 499

附录一 中国镇域经济发展存在的问题及促进镇域科学发展的政策建议 …………………………………………………… 506

附录二 加快推进城市全面转型战略 …………………………… 511

附录三 要重视减速期中国城镇化战略的调整 ………………… 518

附录四 加大政策支持力度 全面推进粮食主产区建设 ……… 523

附录五 加快推进长江中游城市群建设的思路与建议 ………… 529

附录六 构建大郑州都市区，形成中原经济区核心增长极，促进中部全面崛起 ………………………………………… 535

附录七 推进城镇化需要清除户籍障碍 ………………………… 539

附录八 关于尽快恢复设市工作重启县改市的建议 …………… 546

附录九 关于中国城镇化若干重大问题的争论 ………………… 551

附录十 十八大以来社会各界关于城镇化的主要观点 ………… 556

索 引 …………………………………………………………… 561

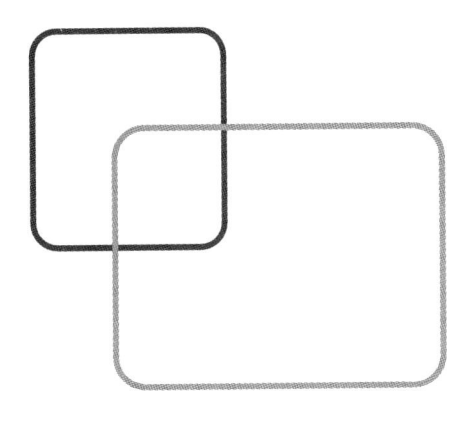

Contents

Chapter 1: The Path Choice for New Urbanization with Chinese Charactaristics / 1

1. The Assessment and Reflection on China's Strategy of Urbanization / 1
2. The Scientific Basis and Connotation of the New Urbanization with Chinese Characteristics / 26
3. The Overall Approach to Promoting New Urbanization with Chinese Characteristics / 35
4. The Mode Selection for Promoting New Urbanization with Chinese Characteristics / 53
5. Building Long-term Mechanism for Promoting New Urbanization with Chinese Characteristics / 59
6. The Policy Measures for Promoting New Urbanization with Chinese Characteristics / 66

Chapter 2: The Urbanization Trend and Chinese Cities' Population Absorbency / 76

1. Introduction / 76
2. Literature Review / 78
3. Prediction for the Overall Trend of China's Urbanization / 81

4. Prediction for the Regional Trend of China's Urbanization / 87
5. Absorbency Analysis of Chinese Cities of Different Scales / 92
6. Main Conclusions / 98

Chapter 3: Urban Scale Economies and Scale Policies In China / 102
1. Disputes on Urban Scale Policy at Home and Abroad / 102
2. Literature Review on the Relationship between Urban Efficiency and Scale: the Presentation of Inverted "U" Hypothesis / 105
3. Models and Variables / 108
4. Test of the Inverted U Relationship between Urban Efficiency, Productivity and Urban Scale / 113
5. Tobit Test of the Inverted U Curve of Urban Scale Economies / 118
6. Locating the Peak Point of the Inverted U Curve of Urban Scale Economies / 120
7. Reflecting on China's Urban Scale Policy / 124

Chapter 4: The Overall Assessment of China's Urbanization Quality / 128
1. Literature Review / 128
2. Connotation of Urbanization Quality and Relevant Concepts / 136
3. Indicator System and Method for Urbanization Quality Assessment / 142
4. Analysis of Assessment Results of China's Urbanization Quality / 146
5. Key Conclusions and Policy Proposals / 157

Chapter 5: Measurement of China's Urbanization Costs and Determining Factors / 163
1. Introduction / 163
2. Concepts, Classification and Measurement Method of Urbanization Cost / 166
3. Calculation of China's Urbanization Cost / 168
4. Determining Factors of China's Urbanization Cost / 181
5. Main Conclusions / 188

Chapter 6: Utilization Efficiency and Saving Potential of China's Urban Land / 192
1. State of China's Urban Land Use / 192
2. Impact of China's Urbanization on Land Use / 201
3. An Analysis of the Utilization Efficiency of China's Urban Land / 204
4. Land Demand and Saving Potential in Future Urbanization / 207
5. Towards Land-efficient Urbanization in China / 211

Chapter 7: China's Urbanization, Industrialization and Energy Consumption / 218
1. Introduction and Literature Review / 218
2. The Impact Urbanization on Energy Consumption / 220
3. Model Specification and Data Exploration / 222
4. The Results of Empirical Test / 227
5. Conclusions and Policy Implications / 232

Chapter 8: The Technical Innovation Effect of China's Urbanization / 236
1. Introduction / 236
2. The Mechanics of the Impact of Urbanization on Technical Innovation / 239
3. The Relationship between Urbanization and Technical Innovation Level in China / 243
4. The Technical Innovation Effect of Urbanization: An Empirical Research Based on China / 252
5. Conclusions and Policy Proposals / 259

Chapter 9: Impact of China's Urbanization On Environmental Quality / 264
1. Introduction / 264
2. Main Traits of Urbanization's Impact on Environmental Quality in China / 265
3. The Mechanics of the Impact of Urbanization on Environmental Quality / 278
4. Impact of China's Urbanization on Environmental Quality: An Empirical Test / 286

5. The Strategic Choice to Boost Transition Toward
   Green Urbanization /294
6. Policies to Promote Transition Toward Green Urbanization /299

Chapter 10: The Strategic of Urbanization Characterized By Urban-rural Integration /305

1. Reflection on the Urbanization Mode Characterized by Urban−Rural
   Segmentation /305
2. The Connotation and Scientific Basis of Urban−Rural
   Integrated Urbanization /310
3. The Strategy for and Realization Approach to Urban−Rural
   Integrated Urbanization /317
4. Different Modes for Promoting Urban−Rural Integration in the
   Process of Urbanization /322
5. Policies and Measures for Promoting Urban−Rural Integrated
   Urbanization /326

Chapter 11: Evaluation and Strategic Choice of China's Intensive Urbanization /331

1. Scientific Connotation and Fundamental Characters of Intensive
   Urbanization /331
2. The Necessity of Promoting Intensive Urbanization /335
3. Evaluating the Intensity Level of China's Urbanization /339
4. Strategic Thought and Approach to Promoting Intensive Urbanization /346
5. Analysis of the Intensive Urbanization of China's Metropolitan Areas /348
6. Main Policies and Measures to Boost Intensive Urbanization /357

Chapter 12: The Strategic Path To Advance Sustainable Urbanization In China /361

1. Introduction /361
2. Resources and Environmental Issues Resulting from Urbanization
   in China /362

3. Scenario Analysis on the Sustainability of China's Urbanization / 369

4. The Realization Approach to Sustainable Urbanization in China / 373

Chapter 13: Strategy and Approach to China's Harmonious Urbanization / 383

1. Fundamental Connotation and Scientific Basis of Harmonious Urbanization / 384
2. Factors Inducing Disharmony Emerging from Urbanization in China / 387
3. Strategic Thought and Fundamental Tasks to Realize Harmonious Urbanization / 393
4. The Choice of Strategic Paths and Policy Measures / 398

Chapter 14: The Layout and Spatial Structure Optimization of Urbanization In China / 406

1. Spatial Structure Features of China's Urbanization / 406
2. General Framework of Space Layout in the Urbanization of China / 416
3. Policies and Measures to Optimize the Space Layout of Urbanization / 427

Chapter 15: Institutional Obstacles and Institutional Innovations During Urbanization of China / 433

1. Institutional Changes relating to Urbanization since the Founding of New China / 434
2. Features and Drawbacks of the Present Institutions of China's Urbanization / 443
3. Institutional Transformation and Institutional Innovation to Boost Healthy Urbanization in China / 458

Chapter 16: Path Selection and Institutional Arrangement for Citizenization of Peasants / 468

1. Concepts and Fundamental Connotation of Peasants' Citizenization / 469
2. Basic Situations and Problems of Peasants' Citizenization / 471
3. Costs Sharing System for Peasants' Citizenization / 480

4. Path Selection and Institutional Arrangement: Let Peasants into the
   City with Their Assets / 491
5. Policy Proposals to Boost Peasants' Citizenization / 499

Appendix 1: Problems in the Economic Development
   of Towns and Policy Proposals to Promote
   Scientific Development of Towns / 506
Appendix 2: Accelerating the Implementation of Urban
   Overall Transition Strategy / 511
Appendix 3: The Necessity of Valuing Strategy Adjustment in
   Slowdown Phase of Urbanization / 518
Appendix 4: Strengthening Policy Supports and
   Comprehensively Promoting the Construction of
   Major Grain Producing Areas / 523
Appendix 5: Thoughts and Proposals to Accelerate Construction of
   Urban Agglomeration in the Middle Reach of
   Yangtze River / 529
Appendix 6: Planning and Constructing Greater Zhengzhou
   Metropolitan Area as the Core Growth Pole of
   Central Plain Economic Region, and Advancing the
   Overall Rise of Central Region / 535
Appendix 7: The Necessity of Eliminating the barrier in Household
   Register System to Promoting Urbanization / 539
Appendix 8: The Proposal on Unfreezing Establishment of the
   City and Restarting County Upgraded to City as
   Soon as Possible / 546
Appendix 9: Disputes on Some Major Issues in China's
   Urbanization / 551
Appendix 10: Main View on Urbanization among Various Circles
   Since the 18th CPC National Congress / 556

Index / 561

表目录

表1-1 新中国成立以来中国城镇化进程三个阶段的特征、
成就与弊端 ·· 5
表1-2 各时期中国城镇化速度比较 ······························ 7
表1-3 2000~2010年地级及以上城市市辖区平均规模的变化 ········ 9
表1-4 1978~2010年中国城镇化率的分解 ···················· 15
表1-5 中国城镇人口与城市建设用地面积年均增长率比较 ·········· 17
表1-6 中国不同等级规模城市的人口比重变化情况 ·············· 20
表1-7 2010年中国四大区域城市规模结构 ···················· 21
表1-8 2020~2050年中国城镇化水平预测结果 ················ 39
表1-9 1982~2010年中国市镇人口吸纳情况 ·················· 41
表1-10 2006~2011年中国不同规模城市数量及城区人口变化 ······ 42
表1-11 2009年中国建制镇镇区人口规模结构 ·················· 43
表1-12 2020~2050年中国城镇化率和城镇人口预测 ············ 45
表1-13 全国三级城市群的结构体系 ···························· 49
表1-14 中国"四横四纵"的国土开发与城镇化轴带 ·············· 52
表1-15 中国特色新型城镇化四种模式的比较 ···················· 53
表2-1 主要发达国家快速城市化时期经历的时间 ·················· 77
表2-2 国内学术界对中国城镇化水平的评价（1990~2012）········ 79
表2-3 曲线拟合法统计表 ······································ 83
表2-4 经济模型法统计表 ······································ 85

表号	标题	页码
表2-5	按不同方法中国城镇化率预测比较	86
表2-6	中国与世界城镇化率年均增幅比较	87
表2-7	1978~2010年四大区域城镇化水平	89
表2-8	中国四大区域城镇化率预测	90
表2-9	中国分省城镇化率预测	91
表2-10	2010~2050年中国分省城镇化率统计分析	92
表2-11	2000年、2010年中国新增城镇人口流向	93
表2-12	中国不同规模等级城市人口吸纳能力	94
表3-1	中国不同规模城市人口分布变化趋势	103
表3-2	模型所选投入产出指标的统计描述（286个地级及以上城市）	113
表3-3	中国地级及以上城市经济效率比较	114
表3-4	中国地级及以上城市环境效率比较	116
表3-5	中国地级及以上城市Malmquist生产率指数的分解及其与城市规模的关系	116
表3-6	中国地级及以上城市的经济效率与城市规模关系	119
表3-7	中国地级及以上城市社会效率与城市规模的关系	119
表3-8	中国地级及以上城市的环境效率与城市规模关系	120
表3-9	四大区域地级及以上城市规模效率Tobit回归系数符号与极值点城市规模比较	121
表3-10	各地区处于规模效率递减阶段的地级及以上城市	123
表4-1	现有文献对中国城镇化质量定量评价的研究对象与方法	129
表4-2	不同学者对城镇化质量的定义	137
表4-3	城镇化质量评价指标体系（适用地级及以上城市）	142
表4-4	城镇化推进效率评价的投入与产出指标	150
表4-5	2010年中国286个地级及以上城市的城镇化推进效率分布	150
表4-6	2010年四大区域的城市资源节约潜力	153
表5-1	中国学者对城镇化成本类型划分总结	165
表5-2	城镇发展成本类型划分	167
表5-3	各时间段城镇固定资产投资对城镇人口增长的弹性	169
表5-4	城镇化成本影响因素的估计结果	172

表 5-5	2011年农民工与城镇居民主要基本公共服务人均支出对比	177
表 5-6	分项目市民化公共服务支出的比较	181
表 5-7	模型估计结果	186
表 6-1	改革开放以来中国城镇建设用地面积及其增减情况	193
表 6-2	中国土地城镇化和人口城镇化的关系	194
表 6-3	1999~2008年中国人均建设用地和人均居独用地变化情况	195
表 6-4	2008年中国建设用地和居独用地空间分布	196
表 6-5	1990~2010年中国城市建设用地结构	197
表 6-6	世界各国城镇用地、人均城镇用地和城镇人口密度	198
表 6-7	2000~2011年中国城市单位面积产出（地级及以上城市市辖区）	202
表 6-8	1996~2008年中国建设用地与农业用地增减情况	203
表 6-9	近年来中国不同规模居民点人口、用地与人均用地情况	205
表 6-10	2010年不同规模城市人均用地和地均产出（地级及以上城市市辖区）	206
表 6-11	2010年不同地区城市人均用地和地均产出（地级及以上城市市辖区）	206
表 6-12	未来20年中国居独用地和城镇建成区面积外推预测（方案一）	208
表 6-13	未来20年中国居独用地和城镇建成区面积按世行数据预测（方案二）	209
表 6-14	未来20年中国居独用地和城镇建成区面积按理想预测（方案三）	209
表 7-1	变量的统计特征描述	224
表 7-2	面板数据的单位根检验	228
表 7-3	面板协整检验结果	229
表 7-4	面板模型的估计结果	229
表 8-1	1990~2010年中国城镇化进程与技术创新活动产出变化的阶段性特点	245
表 8-2	中国的 Y、L、K 和全要素生产率（1978=100）	253

表8-3	城镇化水平与技术创新投入、产出及全要素生产率之间的相关系数	255
表8-4	Hausman 检验	257
表8-5	各区域的比较分析	259
表9-1	2010年中国主要地区工业污染物排放情况	276
表9-2	不同阶段城镇化特征及其对环境质量的影响	284
表9-3	城镇化影响环境质量的作用因子计量回归结果	291
表9-4	城镇化驱动环境质量变化的计量回归结果	293
表11-1	2001~2010年地级及以上城市市辖区地均GDP的变化	336
表11-2	2000~2010年中国城镇人口、建成区变化情况	338
表11-3	集约型城镇化评价指标体系	340
表11-4	集约型城镇化评价指标体系（修订）	342
表11-5	城镇化集约水平评价结果	343
表11-6	2010年中国都市区和都市区发育区的基本情况	349
表11-7	2008~2010年珠三角都市区各项指标	351
表11-8	2008~2010年长三角都市区各项指标	352
表11-9	2008~2010年京津冀都市区各项指标	353
表12-1	中国地级及以上城市用地增长弹性系数	363
表12-2	中国657个城市用地增长弹性系数	364
表12-3	2000~2010年中国城镇能源消费情况	366
表12-4	中国人口与城镇化预测	368
表12-5	2020年中国城镇化发展情景预测分析	369
表13-1	2000年和2010年城镇人口结构变化	388
表14-1	2010年中国主要城市群基本情况	409
表14-2	中国三大城市体系辐射范围	411
表14-3	中国七大行政区域划分范围	412
表14-4	2010年七大行政区城市密度情况	412
表14-5	2010年七大行政区城市体系状况	415
表14-6	按地理因素评价城镇布局适宜性	417
表14-7	七大城市体系辐射范围	421
表14-8	华北地区五省区市水资源情况	422
表14-9	华北地区五省区市产业结构情况	422

表14-10	八条城市发展轴的基本情况	427
表14-11	全国性中心城市发展概况比较	429
表14-12	国家主体功能区的范围、定位和城镇化发展导向	430
表15-1	新中国成立以来城镇化相关制度变迁的主要法律政策文件	438
表15-2	近年来中国各地区户籍制度改革与创新探索模式	440
表15-3	近年来中国各地区土地制度创新探索实践	442
表15-4	农民工承包地处置情况	448
表15-5	中国农村住房建设与城乡住房价差	449
表15-6	不同年龄段人口城镇化水平比较	453
表15-7	2011年中国公共服务和社保服务主要项目财政支出构成	455
表16-1	2005~2011年北京市平谷区农转非途径比较	478
表16-2	北京市征地农转居自2004年实施148号令至2010年年末应转未转情况	480
表16-3	国内关于农民市民化的成本测算	482
表16-4	2011年北京平谷区马坊镇农转居情况	487
表16-5	各地带资进城的经验比较	494
表16-6	主要省市农村产权交易情况	497

图目录

图 1-1　中国的城镇化阶段划分 ·················· 3
图 1-2　1950~2025 年中国与世界城镇化率比较 ·················· 8
图 1-3　历年全国城市市政公用设施水平 ·················· 10
图 1-4　历年全国城镇居民的收入水平及各项生活水平指标 ·················· 11
图 1-5　2010 年全国各省份城镇化水平与社会经济指标的关联性 ·················· 13
图 1-6　2009 年世界各国与地区能源产出比例的比较 ·················· 16
图 1-7　中国城市数和城市用地规模的增长情况 ·················· 18
图 1-8　2011 年中国各省区城镇化水平比较 ·················· 21
图 1-9　改革开放以来中国城乡居民收入差距的变动趋势 ·················· 22
图 1-10　城镇化演进的 S 型曲线示意图 ·················· 36
图 1-11　江苏省和浙江省城镇化趋势比较 ·················· 37
图 1-12　1950~2025 年世界 100 万以上人口大城市发展趋势 ·················· 44
图 1-13　中国国土开发与城镇化的宏观战略布局示意图 ·················· 51
图 2-1　1949~2010 年中国与世界城镇化率变化 ·················· 82
图 2-2　曲线拟合法预测结果 ·················· 84
图 2-3　1978~2010 年中国各省城镇化率差异 ·················· 88
图 2-4　1978~2010 年中国四大区域城镇化率 ·················· 89
图 2-5　到 2020 年中国城镇吸纳能力的三种情形 ·················· 95
图 2-6　2011~2020 年中国城镇吸纳人口情况比较 ·················· 98
图 3-1　中国地级及以上城市的社会规模效率与城市规模关系 ·················· 115

图 4-1　2010 年中国地级及以上城市发展质量的空间格局示意图 …… 147
图 4-2　2010 年中国地级及以上城市发展质量指数核密度分布 …… 148
图 4-3　2010 年中国地级及以上城市发展质量指数与城镇化率的关系 …… 149
图 4-4　2010 年中国城镇化推进效率的空间格局示意图 …… 151
图 4-5　2010 年中国地级及以上城市城镇化推进效率与城镇化率的散点图 …… 152
图 4-6　2010 年中国地级及以上城市城镇化推进效率与人均 GDP 的散点图 …… 153
图 4-7　2010 年四大区域的城市潜在资源节约率 …… 154
图 4-8　2010 年中国地级及以上城市的城乡协调指数示意图 …… 155
图 4-9　2010 年中国地级及以上城市的城乡协调指数与城镇化率的关系 …… 156
图 4-10　2010 年中国地级及以上城市的城乡协调指数与人均 GDP 的关系 …… 156
图 4-11　2010 年中国地级及以上城市的城镇化质量指数核密度分布 …… 157
图 5-1　全国城镇化的规模扩张成本和质量提高成本变动 …… 174
图 5-2　2010 年经济发展水平与城镇化成本关系 …… 174
图 5-3　2011 年农民工与城镇劳动者社会保险比较 …… 176
图 5-4　城乡居民支出差距变动 …… 179
图 5-5　2011 年省际农民工负担支出与经济发展水平的关系 …… 180
图 5-6　四个解释变量在市辖区间的分布状况 …… 184
图 5-7　四个解释变量增长与固定资产投资增长的关系 …… 185
图 7-1　城镇化与人均能源消费的关系 …… 225
图 7-2　人均能源消费与工业化的关系 …… 226
图 7-3　GDP 增速与能源消费增速之间的关系 …… 227
图 8-1　城镇化的技术创新效应作用机理 …… 240
图 8-2　1990~2010 年中国城镇人口和 R&D 投入增长速度 …… 244
图 8-3　中国四大区域城镇化水平比较（1990~2010） …… 246
图 8-4　中国七大区域城镇化水平比较（1990~2010） …… 246
图 8-5　七大区域 R&D 经费支出比较 …… 248

图 8-6	七大区域专利授权量比较	248
图 8-7	中国七大区域城镇化率与技术创新水平比较及变化趋势	249
图 8-8	不同规模城市创新能力比较	251
图 8-9	中国省际全要素生产率变化差异情况	254
图 8-10	城镇化与全要素生产率的相关关系	255
图 8-11	城镇化与R&D经费支出的相关关系	256
图 8-12	城镇化与专利授权量的相关关系	256
图 8-13	城镇化与发明专利授权量的相关关系	256
图 9-1	中国城市供水和生活用水情况	266
图 9-2	中国快速城镇化进程中能源效率的变化	267
图 9-3	中国工业与生活二氧化硫排放量的变化	268
图 9-4	中国工业与生活烟尘排放量的变化	268
图 9-5	全国工业废水和固体废弃物处理能力的变化	269
图 9-6	全国及各地区城市生活垃圾无公害化处理率的变化	269
图 9-7	中国城镇化率和能源消费总量变化	270
图 9-8	全国工业废气排放量、工业固体废弃物产生量与城镇化率的变化	272
图 9-9	2010年各地区地级及以上城市每万人工业烟尘排放量	273
图 9-10	2010年各地区地级及以上城市每万人工业二氧化硫排放量	273
图 9-11	各地区城市生活垃圾无公害化处理率	274
图 9-12	2010年各地区能源消耗强度情况示意图	274
图 9-13	2010年主要城市空气质量达二级以上天数占全年比重	275
图 9-14	2010年中国地级及以上城市工业污染排放总量示意图	278
图 9-15	城镇化驱动环境质量变化的内在逻辑	279
图 9-16	城镇化驱动环境质量变化的鱼骨因果解析概要	280
图 9-17	城镇化驱动环境质量变化作用因子之间的相互关系	281
图 9-18	城镇化驱动环境质量变化的DME机理模型	284
图 9-19	综合效应下环境牺牲的变化趋势	286
图 9-20	绿色城镇化的基本内涵	296
图 10-1	中国城乡居民收入差距情况	309

图11-1	2009年部分城市地均GDP比较	337
图11-2	2000~2009年单位GDP能耗国际比较	338
图14-1	2010年中国地级及以上城市空间布局示意图	407
图14-2	中国各省区城镇化速度与城镇化水平的关系	408
图14-3	中国城市航空流度数示意	410
图14-4	2008~2011年沿海和内陆地区经济增长情况	417
图14-5	2011年中国各省区人均水资源比较	418
图14-6	中国城镇化的总体布局示意图	420
图15-1	中国城市建设用地中居住用地比重变化趋势	449
图15-2	2011年中国各省区市小学资源配置	455
图16-1	2008~2011年中国农民工内部结构变化	475
图16-2	中国农民工参加城镇社会保障比重变化	475
图16-3	中国城镇化率与非农化率的变动比较	477
图16-4	北京市城乡结合部50个重点村建设成本费用预算情况	485
图16-5	北京城乡结合部重点村拆迁人均安置面积及费用预算情况	486
图16-6	2010年北京市城乡结合部50个重点村规划用地构成	491
图16-7	莱芜市农村集体资产规模变动情况	493
图16-8	北京市农村居民人均财产性收入及比重变化	496

第一章
中国特色新型城镇化道路的选择

改革开放以来，中国城镇化取得举世瞩目的成就，城镇化水平显著提高，城市经济日益占据支配地位，中心城市的作用日益凸显，城市基础设施与公共服务水平大幅提升，城镇居民生活条件极大改善，城市群迅速发展完善，城镇化的带动作用日益增强。然而，应该看到，近年来中国走的是一条传统的城镇化道路，城镇化的快速推进是建立在资源能源高消耗、土地广占用、"三废"高排放的基础之上，城镇空间蔓延失控，城镇体系不尽合理，城乡区域发展失衡，城镇化进程中的非包容性问题严峻，城镇建设缺乏特色、管理缺失等问题突出，推进城镇化健康可持续发展任重道远。在新的科学发展理念下，必须避开传统城镇化的老路，寻求具有中国特色的新型城镇化道路，坚持推进多元化、渐进式、集约型、和谐型、可持续的城镇化模式。鉴于此，在新时期，必须明确走中国特色新型城镇化道路的科学内涵与基本特征，在此基础上采取新的总体战略思路，探索中国特色新型城镇化模式与路径，建立中国特色城镇化的新型长效机制，并制定切实可行的政策支撑体系，推动城镇科学发展和城镇化健康发展，形成中国特色的新型城镇化格局。

一 对中国城镇化战略的评价与反思

城镇化是指人口向城镇聚集、城镇规模扩大以及由此引起一系列经济社会变化的过程。其实质是经济结构、社会结构和空间结构的变迁。从经济结构变迁看，城镇化过程也就是农业活动逐步向非农业活动转化和产业结构升级的过程；从社会结构变迁看，城镇化是农村人口逐步转变为城镇人口以及城镇文化、生活方式和价值观念向农村扩散的过程；从空间结构变迁看，城镇化是各种生产要素和产业活动向城镇地区聚集以及聚集后的再分散过程（魏后凯，2005）。城镇化是人类社会发展的必然趋势，也是现代化的重要标志。

新中国成立至今，中国的城镇化进程经历了三个阶段。其中，改革开放至今是中国城镇化稳步推进和快速推进时期，城镇化和城镇发展取得了令人瞩目的成就，但同时也存在诸多问题与不健康因素。因此，有必要对新中国成立以来中国城镇化的进程与阶段进行客观科学判断，总结城镇化取得的成就，并揭示城镇化进程中存在的主要问题及其原因，尤其要分析传统城镇化战略的种种弊端，对其经验教训进行认真总结。

（一）新中国成立以来中国城镇化的进程

根据城镇化推进的速度，大体可以把新中国成立 60 多年来城镇化的历程分为波浪起伏时期（1950~1977 年）、稳步推进时期（1978~1995 年）和加速推进时期（1996 年至今）三大时期（见图 1-1）。

1. 波浪起伏时期（1950~1977 年）

在改革开放之前，由于国家政策的变化，中国的城镇化进程呈波浪状推进。这一时期又可分为 6 个不同阶段：一是 1950~1953 年的恢复和稳步推进阶段，此期间全国城镇化水平由 1949 年的 10.64% 增加到 13.31%，年均提高 0.67 个百分点；二是 1954~1955 年的停滞阶段，城镇化水平在 13.5% 左右徘徊；三是 1956~1960 年的城镇化大冒进阶段，在"大跃进"思想支配下，全国城镇化水平由 1955 年的 13.48% 迅速扩张到 19.75%，年均提高 1.25 个百分点，超出了当时国民经济的承受能力；四是 1961~1963 年的反城镇化阶段，3 年内全国城镇化水平下降了 2.91 个百分点，平均每年减少 0.97 个百分点；五是 1964 年的恢复性增长阶段，当年城镇化水平急剧增加了 1.53 个百分点；六是 1965~1977 年的停滞和衰退阶段，此期间受"文化大革命"的影响，全国城镇化水平一直在 17.5% 左右徘徊，并呈现微弱下降的趋势。

总体来看，这个时期的中国城镇化进程较为缓慢，充满了曲折和坎坷。新中国成立后，经历了三年恢复和"一五"时期短暂的平稳发展、全国轰

图 1-1 中国的城镇化阶段划分

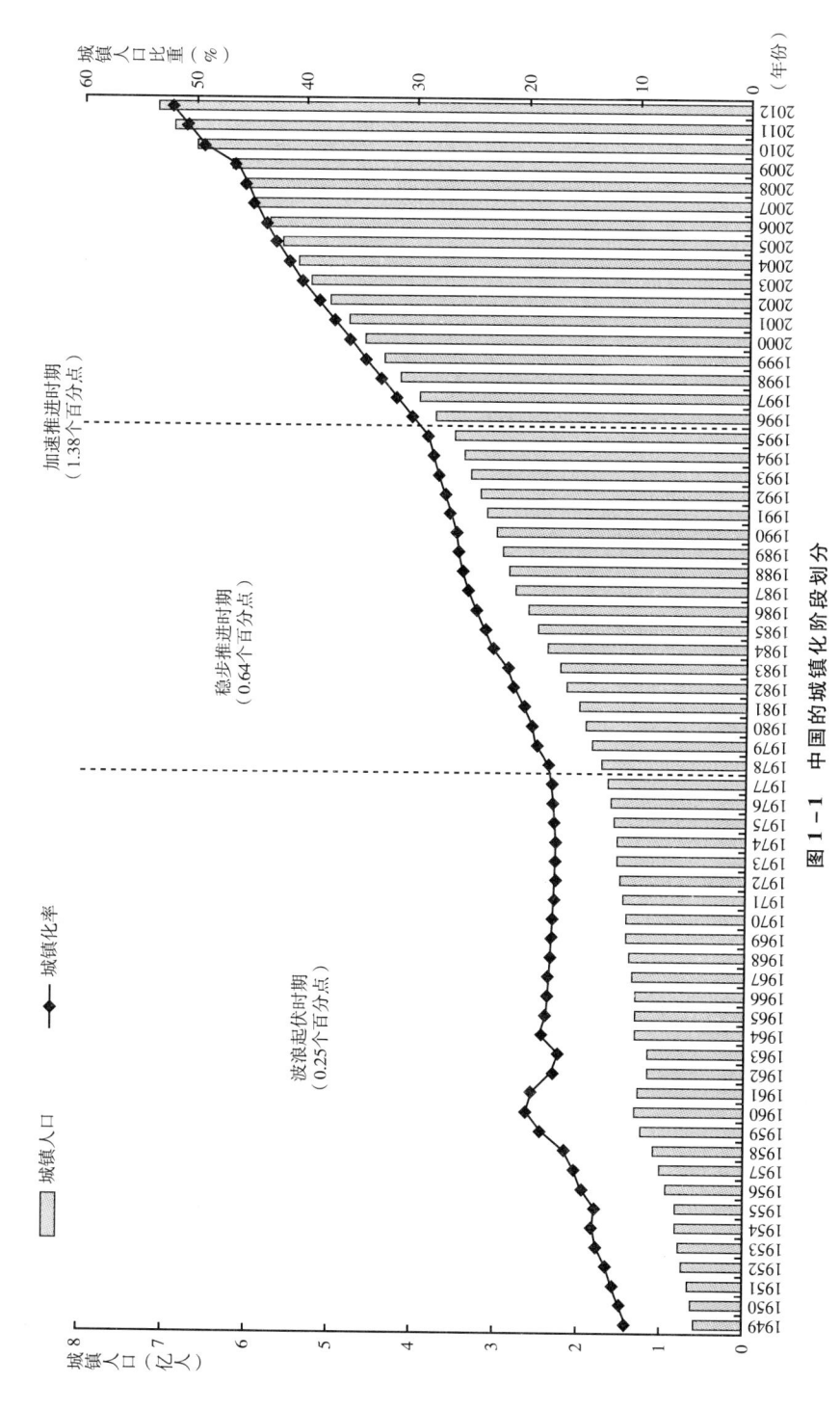

资料来源：根据《中国统计年鉴》（各年度）和《中国统计摘要》（2013）绘制。

轰烈烈的三年"大跃进"和随后的国民经济调整时期，以及"文化大革命"、大小"三线"建设的停滞发展等阶段。在一系列因素的影响下，大起大落是该时期中国城镇化进程的主要教训（周一星，1995；刘勇，2011）。应该看到，这一时期城镇化进程的反复性和曲折性与中国社会经济发展基础薄弱，不稳定的国际国内发展环境，照搬苏联模式，过于重视重化工业发展，忽视非生产性建设的工业化战略，急于求成、盲目冒进的"大跃进"政策方针以及对国际形势的严峻估计、工业发展遍地开花、忽视大城市的带动作用等因素密切相关（见表1-1）。此外，自然灾害、中苏关系恶化等因素影响亦较大。在一系列内外部因素的交织作用下，中国制定了固定户籍管理、限制人口流动、以分散为特征的"三线"建设政策，以及控制大城市规模、发展小城镇、取消城市规划等政策措施，这些为后来中国城镇化的推进奠定了基调（周一星，1995）。

2. 稳步推进时期（1978～1995年）

"文化大革命"结束后，特别是1978年以后，全国工作的重点开始转移到社会主义现代化建设上来，政治经济各方面都发生了革命性的变化，城镇化也重新走上了正轨（周一星，1995）。首先明确提出了以经济建设为工作重心的重大战略转变；其次是中国工业化战略由以重化工为重点转变为以消费品轻工业为重点，城镇就业吸纳能力显著增强；再次是在固定户籍制度约束和乡镇企业兴起的背景下，"离土不离乡""进厂不进城"成为当时工业化的主要模式，工业在农村地区分散布局，小城镇由此开始繁荣并迅速在中国城镇格局中占据重要地位（周元、孙新章，2012）。但是，由于在改革开放初期，全国各地经济建设呈现极大的热情，导致投资与经济"过热"，而随后采取的紧缩性政策给经济发展带来了较大冲击（见表1-1）。此外，小城镇的"遍地开花"和工业布局的分散化，导致土地资源浪费和生态环境恶化，大中城市规模受到控制，规模效应、集聚效应和辐射效应未能充分发挥，城镇就业人口吸纳能力有限。

总体来看，改革开放至1995年，是中国城镇化的稳步推进时期。在这一时期，随着改革开放的不断深入和工业化的快速推进，中国的城镇化水平也在稳步提升，由1977年的17.55%提高到1995年的29.04%，18年内城镇化水平提高了11.49个百分点，平均每年提高了0.64个百分点。其中，在1978～1987年，全国城镇化推进的速度较快，年均提高0.78个百分点；而在1988～1995年，由于受1989年治理整顿政策的影响，全国城镇化速度

第一章 中国特色新型城镇化道路的选择

表1-1 新中国成立以来中国城镇化进程三个阶段的特征、成就与弊端

阶段	特征	成就	驱动因子	弊端
波浪起伏时期（1950~1977年）	大起大落，城镇化进程缓慢	●城镇化水平由1949年的10.64%提高到1977年的17.55%，年均提高0.25个百分点； ●城镇人口由1949年的5765万人增加到16669万人，年均增加389万人	●急于求成，盲目冒进，大起大落，"大跃进"对城镇化进程影响深远； ●照搬苏联模式，过于重视重工业发展，忽视非生产性建设； ●"文化大革命"，知识分子和干部下放劳动，知识青年上山下乡； ●对国际形势的估计过于严峻，"三线"建设以及提出"控制大城市规模，发展小城镇"的指导方针； ●自然灾害、中苏关系的恶化，等等	●重工业占绝对优势，轻工业和第三产业没有得到重视，经济结构失衡严重； ●以分散为特征的"三线"建设、工厂进山、进人洞，导致经济效率低下； ●大城市发展受到限制，小城镇发展缺乏实际动力，城市建设未得到实质性进展； ●形成了限制人口流动的固定户籍管理制度，为城乡"二元"结构埋下祸根； ●取消城市规划等政策措施，对城市建设影响深远
稳步推进时期（1978~1995年）	城镇化稳步推进，步入正轨	●城镇化水平由1977年的17.55%提高到1995年的29.04%，年均提高0.64个百分点； ●城镇人口由1977年的16669万人增加到35174万人，年均增加1028万人	●改革开放后，全国工作的重点转移到社会主义现代化建设上来，城镇化重新走上了正轨； ●全国工业化战略由以重化工业为重点转变为以消费轻工业为重点，城镇就业吸纳能力显著增强； ●制定了"控大放小"的城镇化战略； ●"离土不离乡""进厂不进城"成为当时工业化的主要模式，工业布局分散	●改革开放初期，中国经济建设呈现极大的热情，导致经济"过热"，粗放经济发展带来了较大冲击； ●小城镇的"遍地开花"导致土地资源浪费，规模不经济、生态环境破坏； ●大中城市的规模效应、集聚效应和辐射效应未能充分发挥，城镇人口吸纳能力有限
加速推进时期（1996~2012年）	城镇化加速推进	●城镇化水平由1995年的29.04%提高到52.57%，年均提高1.38个百分点； ●城镇人口由1995年的35174万人增加到71182万人，年均增加2118万人	●经济快速增长，开始步入工业化和城镇化加速阶段； ●产业结构不断优化升级，第二、第三产业比重持续上升，城镇就业吸纳能力不断增强； ●重视与发展大中小城市和小城镇协调发展是城镇化战略的主旋律，构建大中小城市和小城镇协调发展的城镇体系、城市群建设开始成为中国城镇化的主体形态	●城镇经济高速增长，资源高度消耗，污染物大量排放，资源环境压力巨大； ●城镇空间扩展盲目无序蔓延严重； ●区域乡发展差距不断扩大； ●城镇化进程中的非包容性问题突出； ●城镇建设缺乏特色，"千城一面"现象严重，重建设轻管理

趋于放缓，平均每年提高0.47个百分点。总之，这一时期虽然全国城镇化在稳步推进，但由于工业化推进较快，加上历史时期各种矛盾的积累，城镇化严重滞后于工业化。

3. 加速推进时期（1996年至今）

自1996年以来，随着改革开放的不断深入和经济发展水平的稳步提升，中国开始步入工业化和城镇化加速阶段（见表1-1）。1996年，中国城镇化率越过30%的关口，达到30.48%，2001年中国人均GDP又越过1000美元大关。这标志着中国开始进入工业化和城镇化双加速时期。同时，通过对前一阶段分散化的农村工业化模式和城镇化道路的反思，大城市的规模效应、集聚效应和辐射效应日益受到学术界和政府部门的重视。2000年6月中共中央、国务院颁布了《关于促进小城镇健康发展的若干意见》，指出"加快城镇化进程的时机和条件已经成熟"；国家"十五""十一五"规划相继把推进城镇化提升为国家战略，明确指出"走符合我国国情、大中小城市和小城镇协调发展的多样化城市化道路，有重点地发展小城镇，积极发展中小城市，完善区域性中心城市的功能，发挥大城市的辐射带动作用，把城市群作为推进城市化的主体形态"。

正是在良好的宏观经济环境和国家城镇化战略的推动下，1996年以来，中国城镇化步入了加速推进时期，17年间城镇化水平平均每年提高1.38个百分点，远高于1950~1977年平均每年提高0.25个百分点和1978~1995年平均每年提高0.64个百分点的速度。其中，在"十一五"期间，全国城镇人口由2005年的56212万人增加到2010年的66978万人，5年内共新增城镇人口10766万人，平均每年增加2153万人；城镇化水平由42.99%提高到49.95%，平均每年提高1.39个百分点。相比较而言，"十一五"时期全国平均每年新增城镇人口和城镇化速度与"九五"和"十五"时期基本持平，但远高于"七五"和"八五"时期的水平（见表1-2）。2011~2012年，全国平均每年新增城镇人口2102万人，城镇化率年均提升1.31个百分点，其速度略低于"九五""十五"和"十一五"时期。这表明，中国的城镇化在经历"九五""十五"和"十一五"时期的高速推进后，"十二五"时期的推进速度已有减缓的趋势。预计在今后一段时期内，中国城镇化的推进速度将逐步减缓，开始进入速度与质量并重的转型时期。

表1-2 各时期中国城镇化速度比较

时 期	年 份	平均每年新增城镇人口（万人）	城镇化年均提高幅度（百分点）
"六五"时期	1981~1985	1191	0.86
"七五"时期	1986~1990	1020	0.54
"八五"时期	1991~1995	996	0.53
"九五"时期	1996~2000	2146	1.44
"十五"时期	2001~2005	2061	1.35
"十一五"时期	2006~2010	2153	1.39
"十二五"时期	2011~2012	2102	1.31

资料来源：根据《中国统计年鉴》（各年度）和《中国统计摘要》（2013）计算。

（二）中国城镇化取得的巨大成就

改革开放以来，中国取得了持续高速经济增长和大规模城镇化的辉煌成就。主要表现在以下六个方面。

1. 城镇人口规模迅速扩大，城镇化水平显著提高

改革开放以来，中国城镇化进程持续快速推进，社会结构发生了重大变化，全国城镇人口由1978年的17245万人增加到2012年的71182万人，年均增加1586万人；乡村人口由79014万人减少到64222万人，年均减少435万人；相应的，全国城镇化水平由17.92%提高到52.57%，年均提高1.02个百分点。尤其是1996年之后，中国城镇化进程明显加速。1996~2012年，中国城镇化水平年均提高1.38个百分点，是1978~1995年的2.2倍，是改革开放以前的5.5倍。2011年，中国城镇化率首次突破50%关口，城镇常住人口超过了乡村常住人口，这是中国社会结构的一个历史性变化，表明中国已经结束了以乡村型社会为主体的时代，开始进入以城市型社会为主体的新的城市时代（潘家华、魏后凯，2012）。

与同期世界城镇化进程相比，中国城镇化取得的成就也是显著的。按照联合国经社理事会提供的数据，从1980年到2010年，世界城镇化率从39.4%提高到51.6%，年均提高幅度仅有0.41个百分点；而同期中国则从19.4%提高到49.2%，年均提高幅度高达0.99个百分点。这期间，发达地区城镇化率由70.1%提高到77.5%，平均每年仅提高0.25个百分点；欠发达地区由29.5%提高到46.0%，年均提高幅度也只有0.55个百分点（见图

1-2）。目前，中国城镇化水平已经达到世界平均水平。2011年，世界城市化率为52.1%，按2001~2011年平均增速0.49个百分点推算（United Nations，2012），2012年世界城市化率估计在52.6%左右，与中国城镇化水平大体持平。世界城镇化率由30%提高到50%花了50多年时间，美国花了近40年，日本花了20多年，而中国仅用了15年。

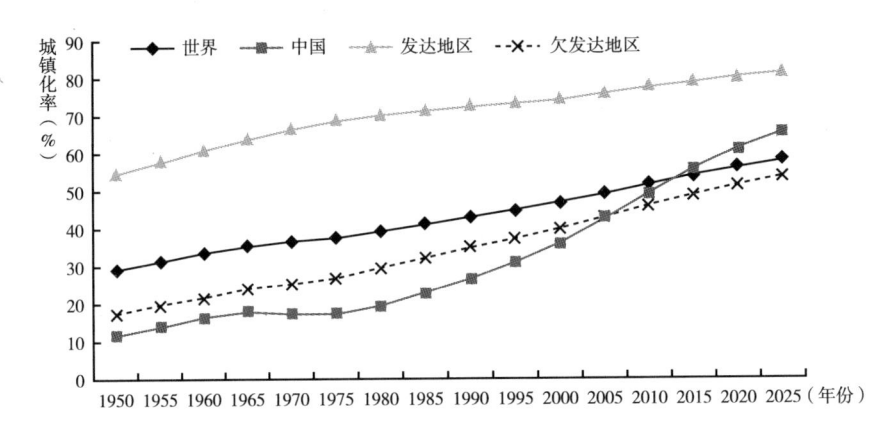

图1-2　1950~2025年中国与世界城镇化率比较

注：2010年之前为实际值，2010年之后为预测值。
资料来源：根据United Nations（2012）绘制。

2. 城市经济日益占支配地位，中心城市作用明显增强

随着人口和产业向城市的大规模集聚，城市规模与经济实力显著增强，在全国经济中日益占据支配地位。2010年，全国287个地级及以上城市的市辖区土地面积为62.9万平方公里，仅占全国国土面积的6.5%，而年末总人口达到38866万人，占全国的29.0%；实现地区生产总值245978.4亿元，占全国的61.3%，其中第二、第三产业增加值分别占全国的64.7%和68.0%；完成社会消费品零售额96834.1亿元，占全国的61.7%。与2000年相比，全国地级及以上城市的市辖区土地面积和人口占全国比重分别提高了0.5个百分点，地区生产总值和第二、第三产业增加值以及社会消费品零售额占全国比重分别提高了2.1个、1.2个、2.4个和2.3个百分点。在此期间，尽管地级及以上城市的市辖区土地面积和总人口平均规模稍有增长（分别提高了30.2%、24.1%），但其地区生产总值、固定资产投资总额、工业总产值和社会消费品零售额的平均规模分别增长了3.7倍、8.2倍、5.7倍、1.3倍（见表1-3）。

表1-3 2000~2010年地级及以上城市市辖区平均规模的变化

平均规模	2000年	2005年	2008年	2010年	2010年比2000年增长(%)
土地面积(平方公里)	1684	2000	2167	2192	30.2
年末总人口(万人)	109.1	126.4	131.1	135.4	24.1
地区生产总值(亿元)	180.8	382.4	649.1	857.1	374.1
固定资产投资总额(亿元)	54.2	179.3	313.0	496.3	815.7
工业总产值(亿元)	205.1	566.6	1040.0	1376.2	571.0
社会消费品零售额(亿元)	144.3	142.6	238.7	337.4	133.8

注：2000年、2005年和2010年地级及以上城市个数分别为262个、286个、287个。
资料来源：根据《中国统计年鉴》(2001~2011)计算。

随着中心城市规模的快速扩张以及人口、要素和产业的大规模集聚，城市中心作用得到进一步强化，中心城市的地位日益凸显。北京、上海、广州、深圳、天津、重庆、沈阳、武汉、西安等一批中心城市，已成为国家或区域经济发展的中心枢纽，决定了中国的经济竞争力和发展命脉。中小城市的中心地位和辐射作用也进一步增强，在带动周边地区和农村经济社会发展方面发挥了不可替代的作用。

3. 城市基础设施与公共服务水平大幅提升

城镇化进程的加快有效拉动了全国经济增长，优化了城市产业结构，为国民积累了巨额社会财富，推动城市建设迈上新台阶，城市各项基础设施日趋完善，城市公共服务水平显著提升（方创琳，2009）。特别是，城市交通条件明显改善，城市人均拥有道路面积由1990年的3.1平方米提高到2011年的13.8平方米，每万人拥有公共交通车辆由2.2标台提高到11.8标台，城镇每百户拥有家用汽车由0.03辆提高到18.58辆。目前，全国已有230多个城市开辟了公交专用道（路），北京、天津、上海、广州、长春、大连、武汉、深圳、重庆、南京等城市开通运营了轨道交通，到2011年，全国城市轨道交通运营线路长度达到1672公里。城市公用设施普及占有率大幅提高（见图1-3）。其中，城市用水普及率由1981年的53.7%提高到2011年的97.0%，燃气普及率由11.6%提高到92.4%，城市污水处理率由1991年的14.9%提高到2011年的83.6%，建成区绿地率由1996年的19.05%提高到2011年的35.3%，建成区绿化覆盖率由24.4%提高到

39.2%，每万人拥有公共厕所维持在3.0座左右。城市建设取得的这些巨大成就，促进城市综合竞争力不断提升，城市功能不断完善，保障了城镇居民的生活水平。

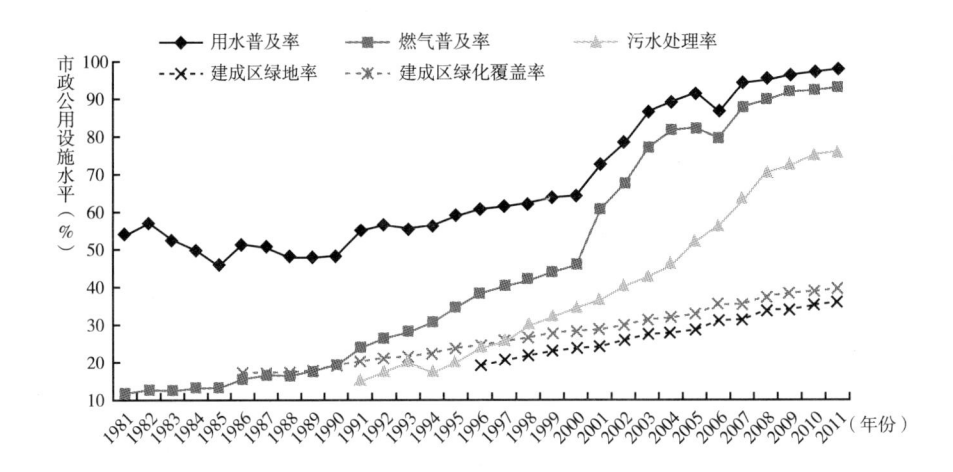

图1-3　历年全国城市市政公用设施水平

注：自2006年起，用水和燃气普及率指标按城区人口（包括户籍统计和暂住人口）计算。
资料来源：根据《中国城市建设年鉴》（2011）绘制。

4. 城镇居民生活条件极大改善

改革开放以来，伴随着城镇化的快速推进，城市经济取得巨大进步，城镇居民收入水平得到提高，生活条件极大改善。一是城镇居民收入水平显著提高。从1978年到2011年，全国城镇居民家庭人均可支配收入由343元增加到21810元，年均增长13.4%，城镇居民家庭恩格尔系数由57.5%下降到36.3%（见图1-4）。二是城镇居民生活条件极大改善。城镇居民家庭平均每百户拥有家用汽车从1997年的0.2辆提高到2011年的18.6辆，拥有移动电话从1.7部提高到205部，拥有家用电脑从2000年的2.6台增加到2011年的81.9台，城市人均住宅建筑面积由1978年的6.7平方米增加到2011年的32.7平方米，提高了3.9倍。城市科技、教育、医疗卫生、文化、体育等各项社会事业蓬勃发展，城市公共服务能力和水平明显提高，社会保障体系日趋完善，城镇居民生活质量日益改善。比如，从饮食构成来看，全国城镇居民人均消费粮食由1990年的130.7千克下降到2011年的80.7千克，禽类由3.4千克增加到10.6千克，鲜奶由4.6千克增加到13.7

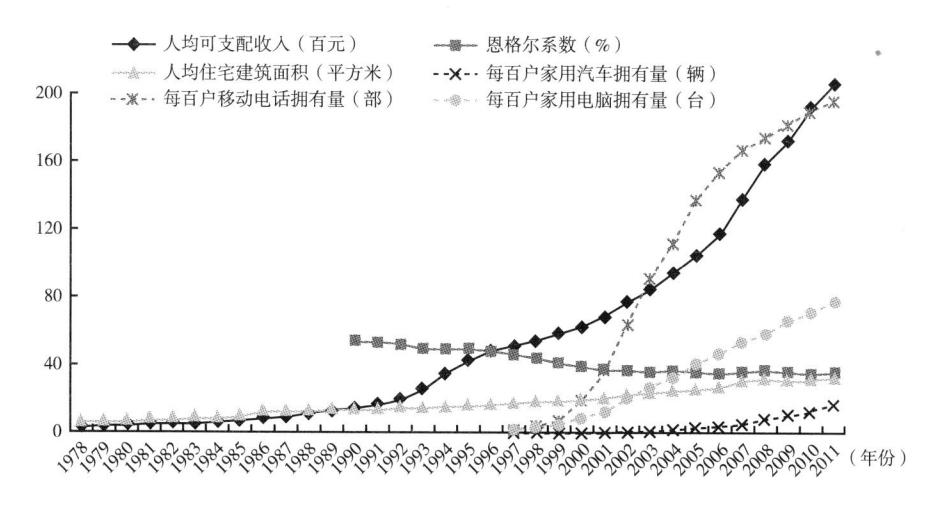

图 1-4 历年全国城镇居民的收入水平及各项生活水平指标

注：根据《中国统计年鉴》（各年度）计算。

千克，鲜瓜果由 41.1 千克增加到 52.0 千克。

5. 城市群迅速发育完善

近年来，随着经济全球化、区域一体化与交通网络化的快速推进，特别是自"十五"计划提出"要不失时机地实施城镇化战略"、"十一五"规划提出"要把城市群作为推进城镇化的主体形态"以来，在市场力量和政府政策的合力作用下，中国涌现了一大批城市群，如珠三角城市群、长三角城市群、京津冀都市圈、山东半岛城市群、闽东南城市群、辽中南城市群、长吉城市群、中原城市群、武汉城市圈、长株潭城市群、成渝城市群、关中城市群等。这些城市群作为国家参与全球竞争与国际分工的全新地域单元，已经成为引领中国经济发展的重要增长极，主宰着中国经济发展和城镇化的命脉（姚士谋等，2006；肖金成、袁朱等，2009；方创琳等，2010）。可以认为，当前中国已经进入一个以城市群为核心的群体竞争新时代，城市群迅速发育完善，城市群内城市之间的分工协作和优势互补不断加强，城市群的整体竞争力大幅提升。为了继续发挥城市群的带动和辐射作用，自"十一五"以来，国务院制定实施了一系列区域性规划，各地也纷纷制定相关战略与政策，大力培育壮大城市群，积极推进城市群的一体化进程，珠三角、长三角、京津冀、长株潭、中原城市群等的一体化都取得了较大进展，广佛、郑汴、沈抚、珠澳等同城化也在积极推进。

6. 城镇化的带动作用日益增强

城镇化从投资、供给、需求、产业结构升级等方面带动中国经济的快速发展。从投资来看，城镇化对投资规模具有显著的刺激作用。在城镇化进程中，城镇的发展和规模的扩大，可直接拉动固定资产投资。为了满足新增城镇人口的消费需求，需要建住房、修马路、办学校、办医院、修水电、建公共服务设施等，这将带动铁路、市政、能源、社会事业和其他相关产业的投资。研究表明，每新增1个城镇人口，大概需要10万元的投资。依据"十一五"时期的城镇化速度，城镇化水平每年提高1.39个百分点，吸纳2153万农民进城，由此带来的年投资规模将超过2.1万亿元。这种由城镇化引发的投资增长不仅可以缓解钢铁、水泥等行业产能过剩的压力，同时也能为新转入的城镇人口创造出大量就业机会（梁达，2012）。

从供给来看，城镇化将创造大量的就业机会。城镇的基础设施建设、交通运输和物流、制造业和服务业集聚等都需要大量的劳动力，特别是城镇劳动密集型加工业和第三产业，能创造大量的就业机会，不仅有利于转化农村剩余劳动力，而且也有利于吸收和消化城市下岗职工再就业，将已有的劳动力资源优势转化为经济优势，拉动中国经济持续稳定增长。现有研究显示，城镇化水平提高1个百分点，将带动就业提高约0.35个百分点。因此，大力推进城镇化将有助于吸纳农村剩余劳动力，缓解城乡就业压力，维系城乡社会稳定。

从消费来看，城镇化对扩大内需具有巨大的促进作用。现有研究表明，城镇化水平每提高1个百分点，将有2000万农民及其家属要进入城市，而城市人口的消费是农村的2.7~3倍，将拉动最终消费增长1.6~1.8个百分点。正因如此，城镇化水平越高的地区人均可支配收入、消费性支出越高，这一倾向非常显著（见图1-5）。此外，城镇化也会带动农村的发展和农民增收，农民收入的增长将会提升消费水平，把农村广阔的潜在消费需求变成现实的消费需求。因此，城镇化的推进将进一步开拓城市和农村两个市场，促进消费需求的扩大。

此外，城镇化有助于产业结构优化升级。城镇化的推进不仅能够推动以教育、医疗、社保等为主要内容的公共服务发展，也能够推动以商贸、餐饮、旅游等为内容的消费型服务业和以金融、保险、物流等为主要内容的生产型服务业的发展。统计显示，随着城镇化水平的提高和经济实力的增强，中国城市产业结构调整优化的步伐也在加快。从2005年到2011年，

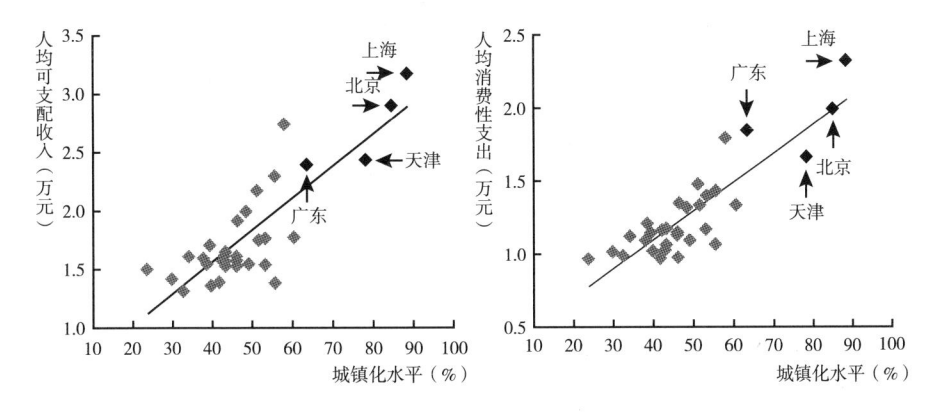

图 1-5 2010年全国各省份城镇化水平与社会经济指标的关联性

资料来源：国家统计局发布的有关资料绘制。

全国地级及以上城市市辖区三次产业增加值构成由 3.9：50.2：45.9 调整为 2.8：49.8：47.4。

主要城市产业转型升级加快，高新技术产业所占比重不断提升。2012 年，青岛市高新技术产业产值占规模以上工业总产值的比重为 39.8%，2011 年天津为 31.1%，苏州市为 37.3%。尤其是，高新技术产业开发区和经济技术开发区日益成为推动各地产业升级的重要引擎。2011 年，东湖新技术开发区和武汉经济技术开发区实现工业总产值占全市规模以上工业总产值的 40.4%。

（三）中国城镇化进程中存在的问题

尽管近年来中国城镇化建设取得了较大成就，但应该认识到，改革开放以来，中国走的基本上是一条传统的城镇化道路，目前已日益暴露出一系列亟待解决的深层次矛盾，譬如片面强调"土地城镇化"，对人口、居民素质、生活质量的城镇化不重视；忽视城镇资源配置效率，对土地、能源、水等资源的高度消耗；生产、生活、生态不协调；城乡分割；城镇缺乏特色；等等。总体而言，目前中国城镇化存在的问题主要是城镇化质量不高，是一种典型的"不完全城镇化"，呈现"四高五低"的态势，即高投入、高消耗、高排放、高扩张，低水平、低质量、低和谐度、低包容性、低可持续性。这些问题能否在新一轮发展中得以妥善解决，直接决定着中国城镇化的未来和美好前景。

1. 农民市民化程度低，难度大

目前，中国的城镇化是一种典型的不完全城镇化。这种不完全性主要体现在大量进城务工的农民工、郊区就地转化的农转非居民以及城镇扩区后存在的大量农民，虽然常住在城镇地区，并被统计为城镇居民，但他们并没有真正融入城市，仍然游离在城市体制之外，处于非城非乡的尴尬境地，其生活和消费方式仍保留着农民的习惯和特征，市民化程度很低。从外来农民工市民化角度看，2011年，全国农民工总量达到2.53亿，其中外出农民工1.59亿。这些外出农民工主要在城镇地区工作和居住。从统计上看，这些常住在城镇的外来农民工虽然被统计为城镇人口，但他们在劳动就业、工资福利、子女就学、社会保障、保障性住房购买等方面仍难以享受与城镇居民同等的待遇。从本地农民市民化角度看，近年来各城市郊区就地转化的农转非居民以及城镇扩区后存在的大量农民，其市民化程度也很低。特别是，由于行政区划调整（大量的撤乡并镇、撤县变区）、城镇辖区面积扩大导致城镇人口统计"虚高"。这些"城镇地区"的产业结构并未转型，缺乏产业支撑力，也基本上没有城镇的基础设施供应，实际上仍然是农村（陆大道，2007）。

考虑到这两方面因素，中国现有城镇人口统计中包含着大量农业户口人口，非本地户籍的常住外来人口占很大比重。2011年，全国户籍人口城镇化率仅有35%，户籍人口城镇化率与常住人口城镇化率的差距从2000年的10.5个百分点扩大到16.3个百分点。按照第六次人口普查数据，在全国市镇总人口中，农业户口人口所占比重高达46.5%，其中市为36.1%，镇为62.3%。目前，城镇农业户口人口已经成为中国城镇化的主体。从1978年到2010年，全国新增城镇人口4.93亿人，其中农业户口人口2.62亿人，占53.1%。这期间，全国城镇化率提高31.76个百分点，其中城镇农业户口人口贡献了18.12个百分点（见表1-4）。也就是说，如果剔除农业户口人口的贡献，城镇化率实际仅提高13.64个百分点，平均每年仅提高0.43个百分点。这表明，目前中国农业转移人口市民化进程严重滞后，由此造成城市中的"新二元"结构。既削弱了城镇化对内需的拉动作用，不利于产业结构升级和劳动者素质提高，也造成农业转移人口与城镇原居民之间各种权益的不平等，严重影响了社会和谐稳定，还加剧了人户分离，给人口管理带来难度。2010年，中国城镇人户分离已达2.26亿人，占城镇总人口的33.7%。

表 1-4 1978~2010 年中国城镇化率的分解

年份	总人口（万人）	城镇总人口		城镇农业户口人口	
		人数（万人）	占总人口比重（%）	人数（万人）	占总人口比重（%）
1978	96259	17245	17.92	4801	4.99
2010	133972	66570	49.68	30959	23.11
变化	37713	49325	31.76 个百分点	26158	18.12 个百分点

资料来源：根据《中华人民共和国人口统计资料汇编》（1949~1985）、《中国 2010 年人口普查资料》、《中国统计年鉴》（2011）计算。

2. 资源高度消耗，利用效率低下

目前，中国的城镇化是一种重外延扩张、轻内涵发展的粗放型城镇化，城镇化的快速推进建立在资源能源高消耗的基础上，城镇化的资源环境代价高，城镇化效率低下。主要表现为：一是能源消耗急剧增长。2001~2010 年，中国城镇人口年均增长 3.78%，但全国煤炭、石油、天然气分别年均增长 8.17%、6.69%、16.14%，是前者的 2.16 倍、1.77 倍、4.27 倍。中国城镇化水平每提高 1 个百分点，需要消耗煤炭 87.58 万吨标准煤、石油 21.44 万吨标准煤、天然气 8.08 万吨标准煤、城市建成区 1285 平方公里、城市建设用地 1283 平方公里。二是水资源严重供不应求。全国城市地区消耗水资源由 1978 年的 78.7 亿立方米急剧增长到 2010 年的 507.9 亿立方米，年均耗水增加 13.4 亿立方米。正因为如此，目前全国 400 多个城市缺水，其中超过 200 个城市严重缺水。大部分缺水城市过度开采地下水，造成了地面加速沉降。目前，全国发生地面沉降灾害的城市已超过 50 个。华北、西北、华东地区的不少城市地下水水位不断下降，甚至出现了大面积的降水漏斗和地面沉降（魏后凯等，2012）。三是资源利用效率低下。尽管中国资源利用效率取得长足进步，万元 GDP 能耗由 1978 年的 15.68 吨标准煤减少到 2010 年的 0.81 吨标准煤，但与其他国家相比，中国的万元 GDP 能耗分别是世界平均水平的 2.3 倍、欧盟的 4.1 倍、美国的 3.8 倍、日本的 7.6 倍，甚至比一些经济欠发达国家都要高（见图 1-6）。就目前来看，中国长期积累的结构性矛盾的解决和粗放型经济发展方式的根本转变不可能一蹴而就，制约中国城镇化与经济发展的能源、水资源的压力还将加大。

3. 污染物排放迅速增长，生态环境急剧恶化

目前，中国走的是一条"高消耗、高排放"的城镇化道路，正面临着

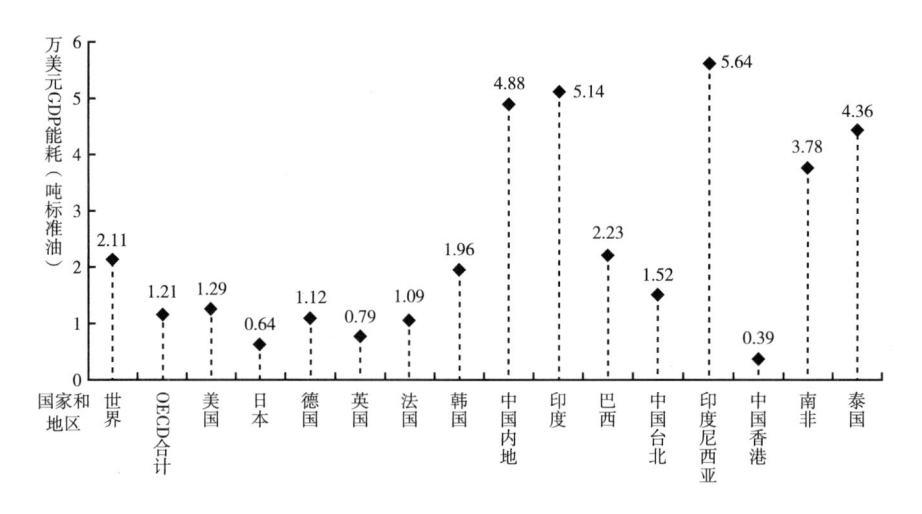

图1-6 2009年世界各国与地区能源产出比例的比较

资料来源：根据《中国能源统计年鉴》（2011）绘制。

资源和环境的双重约束。一是污染物排放量迅速增长。在2001~2010年，全国工业固体废弃物产生量、工业废气排放总量、废水排放总量每年以11.4%、14.2%、4.0%的速度在增长。未来主要污染物的排放总量仍将处于较高水平，已经接近中国生态环境的最大容量。二是生态环境面临巨大压力。近年来，随着气候变化问题持续升温，国际社会对减排的呼声越来越高，各国的减排压力日益增大。中国政府已经明确承诺到2020年碳排放强度下降40%~45%，并将耕地保有量、资源和能源消耗、主要污染物排放等作为约束性指标，纳入国家"十二五"规划。按照规划，到2015年，要确保18.18亿亩耕地不减少，单位工业增加值用水量降低30%，单位GDP能源消耗降低16%，单位GDP二氧化碳排放降低17%，主要污染物排放总量减少8%~10%。节能减排力度的加大，标志着过去那种依靠高消耗、高排放、高扩张支撑高增长的传统粗放发展模式的终结。三是城市生态环境问题日益严峻（魏后凯等，2012）。中国城市地区的大气污染、水体污染和垃圾污染问题非常严重。2010年，全国有超过50%的城市出现过酸雨，城市氮氧化物含量、PM2.5浓度普遍较高。按2012年2月新修订的《环境空气质量标准》，中国有2/3的城市空气质量不达标。2010年全国182个城市的4110个地下水水质监测结果显示，水质为较差级和极差级的监测点分别占40.4%和16.8%，合计占57.2%。此外，目前全国城市生活垃圾累积堆存量达70多亿吨，占地80多万亩，并且还以年均4.8%的速度持续增长。全国2/3的大中城市陷入垃圾包围之中。

4. 城镇空间盲目蔓延扩张

在中国快速的工业化与城镇化进程中，城镇空间呈盲目扩展与无序蔓延的态势，甚至出现严重失控的局面（陆大道，2007）。一是土地城镇化速度显著快于人口城镇化速度。2001~2010年，全国城市建成区面积和建设用地面积分别年均增长5.97%和6.04%，而城镇人口年均增长仅有3.78%。特别是在"十五"期间，中国城市建成区和建设用地规模分别年均保持7.70%和7.50%的增速，远高于城镇人口年均4.13%的增速（见表1-5）。这说明，近年来中国城市土地扩张与人口增长严重不匹配，土地的城镇化远快于其人口的城镇化。

表1-5 中国城镇人口与城市建设用地面积年均增长率比较

单位：%

年 份	城镇人口	城市建成区面积	城市建设用地面积
2001~2005	4.13	7.70	7.50
2006~2010	3.44	4.26	4.60
2001~2010	3.78	5.97	6.04

注：2005年城市建设用地面积缺上海数据，系采用2004年和2006年数据的平均值替代。
资料来源：根据《中国城乡建设统计年鉴》（2010）和《中国统计年鉴》（2011）计算。

二是城镇空间扩张呈现无序蔓延的态势。1981~1990年、1991~2000年、2001~2010年三个时期城市建成区面积分别增加5417.7平方公里、9583.6平方公里、17618.7平方公里。其中，2001~2010年年均增加1762平方公里，分别是前两个时期的3.25倍、1.84倍。就城市平均规模扩张来讲，从1996年到2010年，中国平均每个城市建成区面积由30.4平方公里扩大到61.0平方公里，平均每个城市建设用地面积由28.5平方公里扩大到60.5平方公里，分别增长了100.7%和112.3%（见图1-7）。从城镇建成区①的城镇人口密度来看，由2000年的0.85万人/平方公里下降到2010年的0.73万人/平方公里；人均城镇建成区面积由2000年的117.1平方米/人

---

① 城镇建成区 = 城市建成区 + 县城建成区 + 建制镇建成区，资料来源于各年城乡建设统计年鉴。

提高到 2010 年的 137.2 平方米/人，已远远超过城乡规划法规定的人均 80~120 平方米的标准，也已达到甚至超过发达国家的水平（陆大道、姚士谋，2007）。从某种程度上讲，近年来中国城市经济的高速增长主要是依靠土地的"平面扩张"来支撑的。

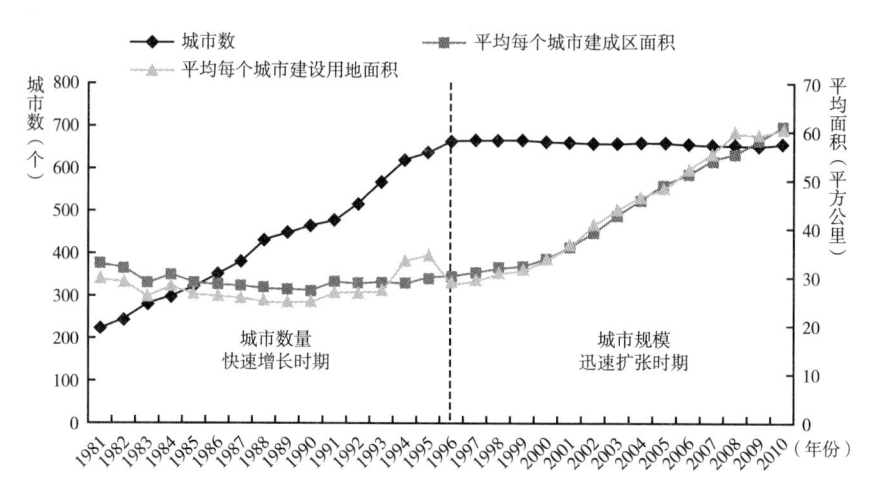

图 1-7　中国城市数和城市用地规模的增长情况

注：2005 年城市建设用地面积缺北京和上海的数据，系采用 2004 年和 2006 年数据的平均值替代。

资料来源：根据《中国城乡建设统计年鉴》（2008~2010）中有关数据计算。

三是一些大城市纷纷掀起了撤县（市）设区和建设新（园）区的浪潮，而规划的软约束和规划界的利益驱动助长了这种大城市空间规模的扩张冲动，存在一定的盲目性与无序性。不少大城市新区的规划面积动辄数百平方公里，高的则达上千平方公里，如上海浦东新区为 1210.41 平方公里，天津滨海新区为 2270 平方公里，重庆两江新区为 1200 平方公里。在某些城市，产业园区的规划面积则超过了 100 平方公里。事实上，中国城镇空间快速"平面式"蔓延扩张，造成了大量耕地被侵占，耕地数量与质量均趋于下降。2008 年，全国因建设占用减少耕地 287.4 万亩，占年内减少耕地总面积的 68.9%（魏后凯、张燕，2011）。特别的，各类建设项目占用的大多是优质耕地，尽管国家实行严格的耕地"占补平衡"政策，但耕地占优补劣的现象较为严重。随着城市建成区的快速扩张以及各类花园式工业区如火如荼的建设，平原地区或居民点周围的优质高产良田面积大幅缩减，若不加制止，将会突破 18 亿亩耕地红线，对中国粮食安全构成严重威胁。

5. 城镇体系不尽合理

中国的城镇包括直辖市、副省级城市、较大的市、地级市、县级市和建制镇等级别。不同级别城镇的资源配置权限、管辖权限不同，且严格服从行政级别的高低。这种下级城镇严格服从上级城市"领导"的城镇管理体制，有助于上下级城镇间的协调，也有助于资源的集中配置。然而，长期以来受这种等级制行政配制资源体制的影响，资源大量向直辖市、副省级城市、省会（首府）城市等大城市集聚，导致中国城镇规模体系"两极分化"的问题突出，大城市规模膨胀，中小城市的数量与规模萎缩，小城镇偏多，城镇体系缺乏中小城市的有力支撑。一是大城市规模急剧膨胀。中国城市发展中浓厚的行政化色彩，导致资源配置不均衡，首都、直辖市、省会（首府）、计划单列市等大城市获得了比中小城市多得多的发展机会，人口、产业大规模集聚，城市规模急剧膨胀，导致资源能源高度紧张、城市空间"摊大饼式"蔓延、交通拥堵、大气污染严重、宜居水平下降、社会矛盾加剧等突出问题。二是中小城市数量和规模下降，萎缩态势严重。在大规模撤市设区和建设新区的热潮下，全国大城市数量不断增加，中小城市呈萎缩状态。从2000年到2010年，50万人以上大城市数量和人口比重都在不断增加，而中等城市人口比重以及小城市数量和人口比重都在不断下降（见表1-6）。三是小城镇偏多，但规模偏小，实力偏弱。2010年，全国小城镇数量达到1.94万个。但由于大城市对周边小城镇的极化效应以及发展机会的剥夺，加上小城镇本身缺乏产业支撑、基础设施建设滞后、公共服务水平跟不上等原因，小城镇自身的发展能力严重不足。此外，中国城市之间的低水平同质化竞争、产业层次很低、产业结构同质化问题突出。目前，中国区域层面的城市（镇）存在定位不清、功能叠加、分工不明确等问题，核心城市与周边中小城市的关系更多体现为对周边资源的剥夺与极化效应，辐射与带动作用有限。未来应充分发挥不同规模城市的优势，逐步形成分工明确、功能互补、互动协作、更具竞争力的城镇体系。

6. 城乡区域发展不均衡问题突出

区域发展不均衡集中体现在三个方面：一是城镇化水平的地区差异显著。由于自然条件和发展历史的原因，中国城镇化水平自东向西总体上呈现明显的阶梯状分布，空间差异性异常突出。2011年，东部地区城镇化率为60.8%，东北地区为58.7%，而中西部地区分别只有45.5%和43.0%。从

表1-6 中国不同等级规模城市的人口比重变化情况

城市人口规模	1990年			2000年			2010年		
	城市数量（个）	数量比重（%）	人口比重（%）	城市数量（个）	数量比重（%）	人口比重（%）	城市数量（个）	数量比重（%）	人口比重（%）
200万以上	9	1.95	22.92	13	1.95	22.53	24	3.66	31.84
100万~200万	22	4.77	18.74	25	3.76	14.55	38	5.80	16.00
50万~100万	28	6.07	12.64	54	8.12	15.54	95	14.50	18.96
20万~50万	119	25.81	24.64	220	33.08	28.86	240	36.64	22.89
20万以下	283	61.39	21.07	353	53.08	18.52	258	39.39	10.31
合计	461	100	100	665	100	100	655	100	100

注：城市人口规模按非农业人口分组，人口数为非农业人口。
资料来源：根据《中国人口与就业统计年鉴》相关年份计算。

各省份的城镇化水平来看，上海、北京、天津位列前三名，前十位的省份全部位于东部地区和东北地区，城镇化水平最高的（上海）是最低的（西藏）3.93倍。前十位城镇化水平的均值为64.68%，后十位均值为33.21%，二者的差异达到惊人的31个百分点（见图1-8）。二是城市的空间分布不均衡。从城市数量来看，受自然条件与区域发展政策的影响，中国绝大多数城市主要分布在沿漠河-腾冲线的东南部地区，其中西部地区72%的国土面积仅分布165座城市，城市数占全国的25.2%，城市人口仅占全国的18.6%；东部地区10%的国土面积坐拥233座城市，城市数占35.66%，城市人口占48.8%（见表1-7）。从城市规模来看，中国非农业人口大于200万的城市共有24座，其中14座（58.3%）分布于东部地区；非农业人口小于50万的城市共有498座，其中272座（54.6%）分布于中西部地区。中国城市数量与城市规模的分布均呈现显著的空间集中性与不均衡性，将造成局部地区资源环境的巨大压力、能源与大宗商品的跨区域流动（加大社会经济的发展成本）以及区域经济发展失衡。三是地区间城镇发展水平差距较大。2010年，西部城市人均工业增加值、人均固定资产投资、人均城乡居民储蓄年末余额、人均地方财政一般预算内收入和支出、人均社会消费品零售总额，仅分别相当于东部城市的30.4%、68.3%、44.3%、28.9%、45.2%和47.4%；上海城镇居民人均可支配收入是甘肃的2.41倍。从2005年到2010年，东部与西部之间的城镇居民人均可支配收入差距由4592元增加到7467元。

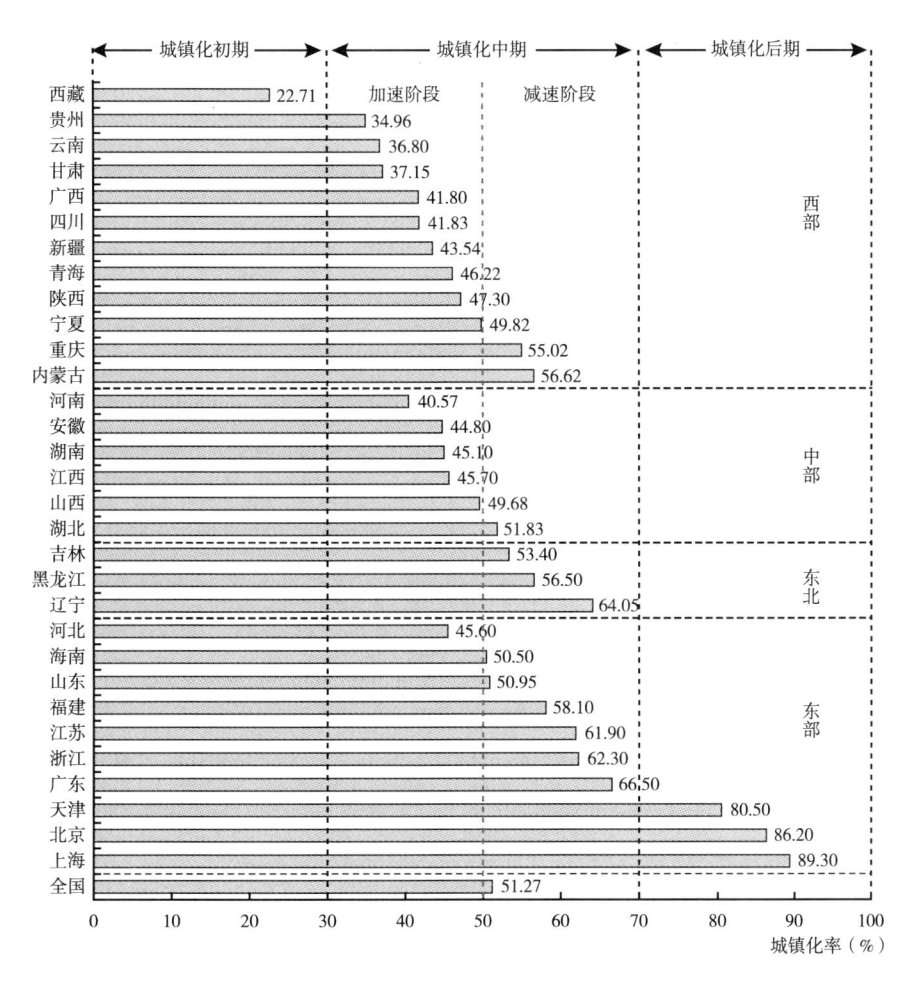

图 1-8 2011年中国各省区城镇化水平比较

地区	城镇化率（%）	区域
西藏	22.71	西部
贵州	34.96	西部
云南	36.80	西部
甘肃	37.15	西部
广西	41.80	西部
四川	41.83	西部
新疆	43.54	西部
青海	46.22	西部
陕西	47.30	西部
宁夏	49.82	西部
重庆	55.02	西部
内蒙古	56.62	西部
河南	40.57	中部
安徽	44.80	中部
湖南	45.10	中部
江西	45.70	中部
山西	49.68	中部
湖北	51.83	中部
吉林	53.40	东北
黑龙江	56.50	东北
辽宁	64.05	东北
河北	45.60	东部
海南	50.50	东部
山东	50.95	东部
福建	58.10	东部
江苏	61.90	东部
浙江	62.30	东部
广东	66.50	东部
天津	80.50	东部
北京	86.20	东部
上海	89.30	东部
全国	51.27	

城镇化初期：<30；城镇化中期：30~70（加速阶段30~50，减速阶段50~70）；城镇化后期：>70

资料来源：根据《中国统计年鉴》（2012）计算。

表 1-7 2010年中国四大区域城市规模结构

项目		合计	200万以上	100万~200万	50万~100万	20万~50万	20万以下
全国	城市个数	655	24	38	95	240	258
	人口比重（%）	100.0	31.8	16.0	19.0	22.9	10.3
东部地区	城市个数	233	14	20	39	101	59
	人口比重（%）	48.8	20.2	8.2	7.9	10.0	2.4
东北地区	城市个数	89	4	5	14	26	40
	人口比重（%）	12.7	3.9	1.8	2.8	2.4	1.8

续表

项 目		合计	200万以上	100万~200万	50万~100万	20万~50万	20万以下
中部地区	城市个数	168	3	7	25	61	72
	人口比重(%)	20.0	3.2	3.1	4.9	5.8	2.9
西部地区	城市个数	165	3	6	17	52	87
	人口比重(%)	18.6	4.5	2.9	3.4	4.6	3.2

城乡发展不均衡突出表现为城乡收入差距居高不下。近年来，尽管中国城乡收入差距已经呈现下降的趋势，但2011年全国城镇居民人均可支配收入与农村居民人均纯收入之比仍高达3.13∶1（见图1-9）。农民纯收入中包括了相当一部分的实物收入，剩下部分还有20%左右要购买农具、化肥、农药、种子等生产资料。如果扣除这两部分，从与可支配收入对等的角度来比较，城乡居民收入差距要远大于这一比例。国际上通常认为，基尼系数0.4是警戒线，基尼系数一旦超过0.4，表明财富已过度集中于少数人，该国社会处于可能发生动乱的"危险"状态。中国基尼系数已从改革开放初的0.28上升到2007年的0.48，近两年不断上升，实际已超过了0.5，这是十分危险的信号。显然，较高的城乡收入差距已经成为中国城镇化建设与社会经济和谐发展的强力约束。

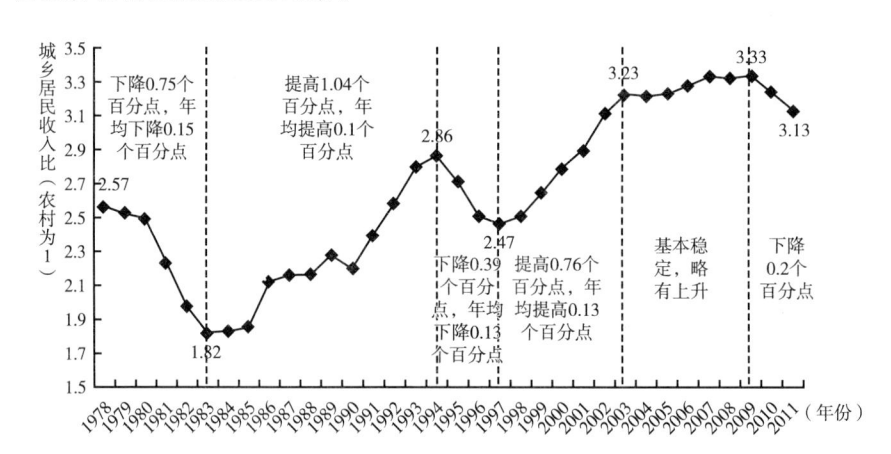

图1-9 改革开放以来中国城乡居民收入差距的变动趋势

资料来源：根据《中国统计年鉴》（各年度）的数据整理。

7. 城镇化进程中的非包容性问题严峻

随着城镇化的不断推进,中国城镇发展中的非包容性问题也日益突出,这具体表现在居民收入增长与经济增长不同步、社会阶层分化日益严重、城镇贫困问题日趋严峻、区域剥夺问题日趋突出等方面。

一是居民收入增长与经济增长不同步。长期以来,中国依靠投资的超高速增长,虽然带来了政府财政收入的超高速增长以及 GDP 的高速增长,但并没有带来居民收入和消费水平的同步增长。城乡居民收入和消费水平增长严重滞后于 GDP 增长,而 GDP 增速又远慢于投资和财政收入增速。在 2001~2010 年,中国依靠年均 23.0% 的固定资产投资增长,实现了年均 20.0% 的财政收入增长和 10.5% 的 GDP 增长,但只带来了年均 9.7% 的城镇居民家庭人均可支配收入增长、8.0% 的居民消费水平增长和 7.0% 的农民人均纯收入增长。这期间,固定资产投资和财政收入增速几乎比 GDP 增速高 1 倍,而 GDP 增速又比城镇居民收入增速高 0.8 个百分点,比居民消费水平增速高 2.5 个百分点。

二是社会阶层分化日益严重。首先,城乡居民的二元分化不断加剧。2010 年,中国全社会固定资产投资的 86.8% 投向了城镇,而城镇人口即使包括进城农民工在内也不到总人口的一半,这造成近年来农村居民收入增速低于城镇居民 2.7 个百分点(2001~2010 年),广大农民并没有同步分享到经济高速增长的成果。更为突出的是,在广大的农村地区失地农民问题、农村主体老弱化问题、留守妇女儿童问题日益严峻,给社会不安定留下了重大隐患。其次,农民工为城市发展做出了巨大贡献,却成为城市里的"二等"公民。在 2011 年 1.59 亿外出农民工中,30.8% 流入直辖市和省会城市,33.9% 流入地级市。这一庞大的农民工群体为中国城市发展做出了巨大的贡献,但至今在就业、收入、教育、医疗、文化等方面仍然受到诸多歧视,难以真正融入城市社会中。受"一城两制"政策歧视,农民工成为城市里的"二等"公民和边缘人(陆学艺,2005)。再次,伴随城市内部"新二元"结构的出现,城镇居住空间分异现象逐渐加剧。一方面,少数高收入阶层集中居住在豪华高档楼盘或别墅,形成了所谓的富人居住区。另一方面,在老城区、城乡结合部、城市边缘区形成了大量条件恶劣的棚户区和城中村。城市居住空间分异的加剧,必然会造成空间隔离,诱发一系列社会矛盾,不利于和谐社会建设(魏后凯,2011a)。在 2008~2012 年,中国共开工改造各类棚户区 1260 万户;2013~2017 年还将改造各类棚户区1000万户。

三是城镇贫困问题日趋严峻。目前，中国城镇贫困人口主要包括贫困的在职职工、离退休人员、下岗失业人员、"三无"人员以及其他外来的农民工（梁汉媚、方创琳，2011）。2012年，中国共有城市低保对象1114.9万户、2143.5万人，实际的城市贫困人口要远大于这一规模。据估计，2009年中国城市贫困人口约5000多万（潘家华、魏后凯，2011）。可以认为，近年来中国的城市贫困人口规模在不断扩大，城市贫困状况呈不断恶化趋势。日趋严重的城镇贫困已经成为困扰中国健康城镇化与社会经济可持续发展的重要问题。

四是区域剥夺问题日趋突出。在城镇化快速推进的过程中，由于机会和利益分配不均，衍生出一系列经济"剥夺"现象。借助政策空洞和行政强制手段，一些强势群体和强势区域侵占甚至掠夺弱势群体和弱势区域的资源、机会和权益，转嫁资源消耗和环境污染的代价。如大城市对中小城市资源和机会的侵占，各类开发区、旅游度假区和大学城建设对农田的侵占和农民利益的剥夺，房地产开发和"城中村"改造对老百姓和城市居民生存空间的剥夺，发达地区对落后地区资源和发展机会的剥夺，农民工输入地区对输出地区的剥夺，等等。区域剥夺问题将导致空间开发失调、资源配置失衡、政策调控能力受限甚至失效、和谐社会建设步伐延缓，最终导致富者更富，贫者更贫（方创琳、刘海燕，2007）。

8. 城镇建设缺乏特色，管理缺失

在推进城镇化的过程中，受财力有限、对地方特色和文化认识不足以及急于求成、急功近利等思想的影响，各地城镇建设"千篇一律"，缺乏特色和个性，城镇质量和品位不高。一方面，许多城市大拆大建，对当地特色文化、文物、标志性建筑和特色村镇保护不力。在城镇改造中，片面追求速度和新潮，忽视传统文化的传承创新，拆除了不少具有文化底蕴、历史内涵的"老建筑"、老街区；在新农村规划中，往往模仿城市的功能进行建设，造成具有地方特色的古祠堂、古建筑、古园林、古村落遭到不同程度的破坏，甚至消失殆尽。另一方面，建筑、小区设计崇洋媚外，对民族、本土文化不自信，造成新城建设"千城一面"、似曾相识。当前，由于存在着浮躁情绪，加上对现代化、国际化的误解，一些城市急于求成，盲目崇拜模仿外来建筑文化，片面追求"新、奇、特"的建筑表现形式，导致一些建筑存在雷同现象，"千面一孔"，缺乏特色。此外，各地在推进城镇化的过程中，片面追求经济目标，贪大求全，大搞形象工程，盲目扩大建设用地规模，规划调控乏力，城镇管理严重滞后。

（四）对中国城镇化战略的反思

综上所述，中国的城镇化虽然取得了令人瞩目的成就，但同时也存在诸多矛盾与问题。因此，对过去的城镇化战略进行深刻反思，认真总结经验教训，对于加快推进城镇化战略转型，具有十分重要的理论和现实意义。

首先，从各方面关系来看，中国的城镇化呈现"五重五轻"的特点，即重速度、轻质量；重建设、轻管理；重生产、轻生活；重经济、轻社会；重开发、轻保护。因此，在今后推进城镇化的过程中，如何妥善处理好速度与质量、建设与管理、生产与生活、经济与社会、开发与保护的关系，对于探索具有中国特色的城镇化道路至关重要。

其次，从某种程度上讲，目前中国的城镇化是一种典型的"不完全"城镇化。显然，如果不尽快较好解决进城农民的市民化问题，这种不完全的城镇化将难以为继，甚至有可能会诱发社会动乱，成为不稳定的因素。要实现由"不完全"城镇化向"完全"城镇化转型，核心是建立多元化的成本分担机制，加快推进农民市民化进程，使大量进城农民和谐地融入城市，能够平等地分享城镇化的成果和利益。

再次，从推进方式上看，中国的城镇化是一种典型的粗放外延模式，城镇化的高速推进建立在高消耗、高排放、高扩张的基础上，资源环境代价大，综合效益低。显然，这种粗放外延模式是不可持续的，越来越难以为继。从本义上讲，城镇化的过程也就是产业和要素集聚以及资源集约利用的过程。当前，中国城镇化进程中存在的高消耗、高排放、高扩张现象，主要是由于城镇化推进所采取的粗放外延模式引起的。为此，必须尽快实现城镇化模式转型，积极探索出一条资源消耗少、环境友好、集约高效的可持续城镇化路子。

总之，未来中国的城镇化必须尽快实现转型，回避传统城镇化的老路，积极探索集约型、城乡融合型、和谐型和可持续城镇化模式，走具有中国特色的新型城镇化道路，着力提高城镇化质量，减少城镇化的资源和环境代价，为建设具有中国特色的社会主义奠定坚实的基础。

二 中国特色新型城镇化的科学基础与内涵

中共十六大报告明确提出要"走中国特色的城镇化道路",十七大报告将"中国特色城镇化道路"作为"中国特色社会主义道路"的五个基本内容之一;2007年5月温家宝总理又提出"走新型城镇化道路",2013年中央经济工作会议进一步提出"走集约、智能、绿色、低碳的新型城镇化道路"。这里所讲的"中国特色城镇化道路"和"新型城镇化道路"并非是分割的,而是具有有机联系的整体,我们把它概括为:具有中国特色的新型城镇化道路。这种具有中国特色的新型城镇化道路是从中国的国情出发,符合科学发展观要求,强调以人为本、集约智能、绿色低碳、城乡一体、"四化"同步,多元、渐进、集约、和谐、可持续的城镇化道路。它不仅要具有中国特色,而且是一种符合科学发展观的新型城镇化道路,是中国特色社会主义道路的重要组成部分。

(一) 中国特色新型城镇化的科学基础

关于"中国特色的城镇化道路",早在20世纪80年代中期就已经提出。2002年11月召开的中共十六大明确提出:"坚持大中小城市和小城镇协调发展,走中国特色的城镇化道路。"2007年10月召开的中共十七大进一步将"中国特色城镇化道路"与"中国特色自主创新道路""中国特色新型工业化道路""中国特色农业现代化道路"和"中国特色社会主义政治发展道路"并列为"中国特色社会主义道路"的基本内容,并明确指出:"走中国特色城镇化道路,按照统筹城乡、布局合理、节约土地、功能完善、以大带小的原则,促进大中小城市和小城镇协调发展"。由此可以看出,"中国特色城镇化道路"就是既符合城镇化的普遍规律,又符合人多地少的基本国情和文化传统,从中国发展的特殊阶段和大国特征出发的城镇化(牛凤瑞,2010)。综合来看,中国特色城镇化道路至少应具有以下五方面的内涵(周干峙,2009;牛凤瑞,2010;伍江,2010;高新才等,2010):一是从中国人多地少、人均资源相对不足这一特定国情出发,城镇化应走土地集约利用和城镇高密度、高效益的集约化之路;二是从中国显著的自然条件差异、区域发展不平衡以及资源禀赋不均衡特点出发,不同地区的城镇化应该走差异化之路;三是从中国人口基数大,城镇化水平每提高1个百分点,需要解决1000多万人口的就业难题出发,城镇化应该快慢适度,积极稳妥推进，并着力解决农业转移人口市民化问题，走渐进式的城镇化之路；四是从中国的大国特征和初级阶段特点出发，城镇化的推进应强调多元并举，充分发挥各种主体的作用，探索不同的模式和途径，逐步形成大中小城市和小城镇协调发展的合理格局，走多元化之路；五是从社会主义的本质要求出发，要达到"消除两极分化，实现共同富裕"的目标，应该走城乡融合型的城镇化之路，使城乡居民共享城镇化的成果。

关于"新型城镇化"，也不是新概念，学术界对此早有探究。所谓新型城镇化，是指坚持以人为本，以新型工业化为动力，以统筹兼顾为原则，推动城市现代化、城市集群化、城市生态化、农村城镇化，全面提升城镇化质量和水平，走科学发展、集约高效、功能完善、环境友好、社会和谐、个性鲜明、城乡一体、大中小城市和小城镇协调发展的城镇化建设路子（罗宏斌，2010）。过去，中国选择了城市与重工业优先发展的战略，并为此建立了农产品统购统销制度、城乡户籍制度和人民公社制度等制度体系，一方面从农业和农村抽取国家工业化积累，另一方面限制农村人口进入城镇。这一战略的实施虽然取得了一定成效，却割裂了工业化、城镇化与农业现代化的协调互动关系，形成了典型的城乡二元结构（王永苏等，2011）。因此，可以看到，新型城镇化是针对传统城镇化存在的问题与弊端提出来的。相对传统城镇化而言，新型城镇化具有新的科学内涵（仇保兴，2010；罗宏斌，2010）：一是要推动城镇化由偏重数量规模增加向注重质量内涵提升转变，二是要由偏重经济发展向注重经济社会协调发展转变，三是要由偏重城市发展向注重城乡一体化协调互补发展转变。

目前，学术界对"中国特色的城镇化"与"新型城镇化"的研究基本上是从不同的路径来展开的，并没有把二者有机整合起来。很明显，"中国特色的城镇化"，既可以是新型的城镇化，也可以是传统的城镇化，只要它具有中国特色；而"新型城镇化"的某些模式和做法，既可能符合中国的国情特点，也可能只适合某些发达国家和地区，只要它是"新型的"。为此，必须把二者有机结合起来，积极探索具有中国特色的新型城镇化道路。一方面，在探索中国特色的城镇化道路过程中，必须抛弃传统的城镇化思维，在科学发展观指引下，走新型城镇化之路；另一方面，在探索新型城镇化过程中，必须立足于中国国情，从实际出发，体现中国特色，而不能崇洋媚外，照搬照抄国外的模式和做法。

(二) 中国特色新型城镇化的丰富内涵

从科学发展观角度看，走中国特色新型城镇化道路具有十分丰富的科学内涵。具体地讲，大体可以概括为以下六方面。

一是科学把握城镇化的规模、速度、节奏，走渐进式城镇化之路。走中国特色的新型城镇化道路，要求我们探寻一种渐进式的城镇化推进方式，协调好各方面关系。具体而言，就是根据城镇产业的吸纳能力、基础设施的支撑能力、资源环境的承载能力和政府财力等，科学确定城镇化的规模，合理把握城镇化推进的速度和节奏，在确保质量的前提下积极稳妥地推进城镇化。从国际经验看，城镇化是一个漫长的历史过程，有着自身的演变规律。推进城镇化既不能急于求成，不顾客观条件搞"大冒进"，也不能无视发展机遇，而应该尊重规律，积极创造条件，采取渐进式方式积极稳妥地推进。

二是大中小城市和小城镇协调发展，走多元化城镇化之路。走中国特色的新型城镇化道路，应立足于区域的自然地理条件、经济发展基础、人口规模和目标定位，采取多种方式和途径，推动形成合理的城镇体系，促进大中小城市和小城镇协调发展。首先，在全国层面引导发展城市群与大都市圈，形成稳定、高效的城市群空间结构体系，参与全球竞争并带动区域经济协调发展；其次，优化发展大城市，促进产业转型和功能提升，提高大城市的综合承载能力，使其成为吸收新增城镇人口的主渠道；再次，鼓励发展中小城市，积极发展小城镇，切实加强基础设施建设，提高公共服务能力和水平，积极培育特色优势产业，不断创造就业机会，增强城镇对农业转移人口的吸纳能力。

三是城乡协调、互动、融合发展，走城乡融合型城镇化之路。走中国特色的新型城镇化道路，必须打破城乡分割，推动城乡融合互动和一体化，积极探索城乡融合型的新型城镇化模式。也就是说，在推进城镇化的过程中，必须把城市和农村的经济社会发展作为一个有机整体来谋划，破解城乡二元难题，建立并完善城乡融合、互动发展的体制机制，加快城乡产业融合发展，促进城乡互动双赢、互补融合，形成以城带乡、以工促农、城乡一体的协调发展格局，最终实现城乡经济、社会、文化、政治、生态的一体化发展，使城乡人民享受均等化的基本公共服务和大体一致的生活质量。

四是高效集约节约利用资源，走集约型城镇化之路。中国现行的传统城镇化模式主要依靠高污染、高能耗、高投入的粗放型外延发展来推动，导致资源低效利用、环境恶化，严重制约了城镇化与社会经济可持续、健康发展。鉴于此，今后必须走集约型城镇化之路。一方面，通过技术创新、改善经营管理等手段对城镇各种资源、要素进行优化组合和高效利用，力求以最小的资源成本取得最大效益；另一方面，要科学合理地确定各类城镇的建设密度，强调紧凑、集中、高效的城镇建设和发展模式，充分挖掘城镇土地潜力，节约土地资源，促使城镇从外延式扩展向内涵式集约发展转变，形成紧凑、高效的城镇用地格局。

五是城镇化与人口、资源、环境相协调，走可持续城镇化之路。走中国特色的新型城镇化道路，应坚持以人为本和可持续发展的理念，通过采用资源节约和环境友好技术，满足人们衣、食、住、行、教育、医疗等多方面的需求，又不超过资源环境的承载能力，推动形成与资源环境承载能力相协调的城镇化发展格局。一方面，要保持地区人口分布与经济布局相协调，促进人口与产业协同集聚；另一方面，要保持地区人口、经济与资源、环境相协调，使地区人口、经济与资源和环境承载能力相适应。

六是城镇特色和优势得到充分发挥，形成合理分工的城镇化新格局。走中国特色的新型城镇化道路，要求在发挥优势、各具特色的基础上，推动形成布局合理、分工明确、等级有序的城镇体系和空间格局。就是说，要符合资源环境承载能力和主体功能区的要求，深刻把握各地区的实际情况，按照"因地制宜、功能完善、城乡协调、以大带小、多元推动"的原则，构建一个符合中国特色新型城镇化要求，高效、合理、有序的城镇空间新格局。在国家层面，要积极培育15~20个国家级甚至世界级城市群或大都市圈，按照高效、协调、合理的要求进行空间布局，以此作为区域核心增长极，带动区域经济协调可持续发展。在区域层面，应推动形成一批区域级的城市群或城镇密集区，逐步形成大中小城市和小城镇协调发展，城镇空间结构完善、规模结构合理、职能结构分工明确的城镇体系。

总之，走中国特色的新型城镇化道路，就是在科学发展观的指导下，立足于中国人多地少、资源相对短缺的基本国情，走多元化、渐进式、集约型和城乡融合型的新型城镇化道路，逐步形成资源节约、环境友好、经济高效、社会和谐的城镇化健康发展新格局。一句话，中国特色的新型城镇化是一种以人为本、集约智能、绿色低碳、城乡一体、"四化"同步的城镇化。

（三）中国特色新型城镇化的特征

中国特色新型城镇化道路的基本特征，大体可以归纳为11个字，即多元、渐进、集约、和谐、可持续。

1. 多元

中国是一个民族多元、文化多元、发展条件和水平多元的国家，未来中国城镇化的推进应该从国情出发，因地制宜走多元化的城镇化道路。

一是水平多元，形成多种城镇化阶段共存的格局。中国地域辽阔，各地区发展的主客观条件差异极大，其城镇化所处阶段亦呈现很大的差异性。2011年，中国城镇化水平首次超过50%，总体上处于城镇化由加速向减速转变的阶段，但各省区市发展极不平衡。京津沪三个直辖市城镇化水平已超过80%，广东、辽宁、浙江、江苏4省城镇化水平已超过60%，而西藏不足30%，云南、甘肃、贵州不足40%，各地区城镇化阶段存在显著差异。其中，京津沪已处于城镇化后期，西藏仍处于城镇化初期，其他省份均处于城镇化中期（见图1-8）。

二是规模多元，形成大中小城市与小城镇协调发展的格局。中国国土面积大，人口多，各地区条件不同，既需要建设一批综合性的大城市、特大城市乃至超大城市，充分发挥中心城市的辐射和带动作用，又需要建设数量众多的专业化特色中小城市和小城镇，充分发挥其门槛低、与广大农村联系紧密的纽带作用，由此形成大中小城市和小城镇合理分工、协调发展、等级有序的城镇规模结构。

三是模式多元，不同地区采取差异化的城镇化战略。各地区由于发展阶段和条件的不同，其城镇化推进应采取不同的战略模式。在珠三角、长三角、京津冀、长江中游等地区，重点是建设大都市区和城市群，提高城市群的可持续发展能力，推进区域经济的一体化；而在西南和西北一些落后地区，重点是培育发展中心城市，推进特色镇和中心镇的建设。在云南、贵州等地区，由于山地多、平地少，必须探索一种适合山地特点的城镇化模式即"山地城镇化"，而不可能照搬珠三角、长三角等地的模式。

四是动力多元，多种力量共同推动城镇化进程。从政府与市场关系看，既需要打破城乡分割、区域壁垒，促进人口和要素自由流动，充分发挥市场在资源配置中的基础性作用，又需要积极发挥政府的规划引导作用；从产业支撑看，既需要实行工业化与城镇化互动，充分发挥工业对城镇化的拉动作用，又需要大力发展和提升服务业，发挥服务业对城镇化的推动作用；从经济成分来看，无论是公有制经济还是私营经济、个体经济等非公有制经济，都是推动城镇化建设的重要力量；从城乡关系看，城市对农民具有强烈的吸引力,这种吸引力产生聚集力,农民向往城市形成城镇化的动力(张佳丽,2006)。

2. 渐进

城镇化是一个漫长的历史过程。中国要实现这一目标,必须走渐进式的城镇化道路。为此,各地在推进城镇化的过程中,一定要从本地的实际情况出发,积极引导农业转移人口向城镇地区合理有序地流动,科学把握城镇化推进的速度和节奏。城镇化的规模和速度要与地区经济发展水平相适应,与城镇综合承载力和人口吸纳能力相适应,防止出现超越承载能力和发展水平的城镇化"大冒进"。"大跃进"时期中国城镇化的"大冒进"就是一个深刻教训。

一是城镇化的速度和规模要适度。鉴于中国农村人口数量多、耕地保护任务重、城镇就业压力大,且资源环境承载力日益趋紧的基本国情,中国城镇化的速度和规模必须适度,既要考虑国家财力和经济发展水平,又要考虑城镇的综合承载能力和人口吸纳能力。城镇化建设要保持适度投资规模,城镇空间扩张要适度,绝不能以牺牲耕地、粮食和农业为代价来片面推进城镇化,要把城镇化推进与农业现代化和新农村建设有机结合起来。

二是城镇化水平要与经济发展水平相适应。一个国家和地区的城镇化水平是与其经济发展水平高度相关的。城镇化滞后或者超前于经济发展,都会带来一系列经济社会问题。改革开放初期,中国的城镇化曾严重滞后于工业化和经济发展,但近年来随着城镇化的快速推进,中国城镇化严重滞后于工业化和经济发展的局面已经得到较大改观。2010 年,中国人均 GNI 仅相当于世界平均水平的 46.8%(The World Bank,2011),但城镇化水平已经达到世界平均水平。应该看到,前些年中国城镇化的快速推进是建立在进城农民没有市民化的基础之上的,而这种市民化过程需要今后若干年才能逐步完成。

三是城镇化规模要与城镇的承载能力和吸纳能力相适应。城镇综合承载能力既包括资源环境的承载能力,也包括城镇基础设施的承载能力,而城镇人口吸纳能力则主要由城镇提供的就业机会和产业支撑能力决定。城镇化的合理规模必须综合考虑城镇的承载能力和吸纳能力,并在二者之间寻求一种平衡。有吸纳能力但缺乏承载能力,或者有承载能力但缺乏吸纳能力,都不利于城镇化的健康发展。目前,中国已经成为名副其实的世界制造业生产大国,许多制造业产品的产量都居世界首位,但工业特别是制造业吸纳就业的能力明显下降。未来中国城镇就业和人口吸纳需要更多地依靠服务业驱动。

因此，城镇化的推进必须适应经济发展转型和产业结构升级的需要，而不能超越经济特别是产业发展的支撑能力。近年来，中国城市就业问题突出，表明城镇化速度和规模已经超出了产业发展及其规模的支撑能力（陆大道，2007）。

3. **集约**

中国耕地资源有限，人均资源占有量少，经济发展和城镇化的资源约束趋紧。面对这一严峻形势，中国应积极探索高效集约节约利用资源的发展方式，走紧凑节地、高效节约的集约型城镇化道路，减少城镇化过程中的资源消耗，提高城镇资源配置效率。

一是高效集约节约利用土地。中国人多地少，土地资源尤其是耕地资源极其宝贵。近年来，尽管中国城镇单位土地面积的产出显著提高，但城镇建成区人均土地面积却快速增加，土地利用较为粗放，闲置、浪费严重。城镇政府过度依赖土地财政驱动，热衷于城镇的外延扩张，借开发区建设盲目"圈地"，开发商借机大量"囤地"，由此造成土地城镇化快于人口城镇化，耕地资源大量减少。为了确保18亿亩耕地红线和保障国家粮食安全，必须扭转城镇化过程中土地资源的浪费现象，高效集约节约利用土地，走节地型的城镇化之路。

二是集约节约利用资源。现阶段，中国城镇化的快速推进是建立在粗放型发展模式的基础上，主要依赖资源、能源和资金的高投入，科技含量不高，资源、能源利用效率低下，浪费现象十分严重。与此相对应的是，中国大部分资源十分匮乏，耕地、森林、天然草地和水资源的人均占有量都不超过世界平均水平的一半，石油、天然气、煤炭、铁矿石、铜和铝等重要矿产资源的人均可采储量远低于世界平均水平。面对资源约束，必须高度重视集约节约利用资源，加快节能、节地、节水、节材型城镇建设，走资源节约型的城镇化之路。

三是推进紧凑型的城镇化。要科学合理地确定各类城镇建设密度，研究制定各项集约指标和建设标准，优先发展公共交通，鼓励绿色低碳出行，倡导混合用地模式，优化城镇空间结构，提高公共设施的可达性，减少出行时间，保护社会和文化的多样性，推动形成紧凑、高效的城镇用地格局，建设紧凑型城镇、紧凑型社区、紧凑型园区、紧凑型村庄，缓解城市蔓延和无序发展，走集约、紧凑、高效的紧凑型城镇化之路。

四是促进人口与产业协同集聚。城市是人口、要素和产业的综合集聚体，具有协同集聚效应。近年来，在城镇化过程中，各地想方设法招商引资、集聚产业，却不太愿意吸纳外来人口，一些地方则是要"地"不要"人"，要"人手"不要"人口"，导致人口分布与产业分布严重不匹配。为此，必须树立协同发展的理念，在考虑资源和环境承载能力的前提下，积极促进人口与产业协同集聚，使人口分布与产业分布相协调，人口、经济与资源和环境承载能力相适应，充分发挥城镇的协同集聚效应。

4. 和谐

当前，中国城镇化进程中的不协调性和非包容性突出，既容易诱发各种社会问题，也不利于和谐社会的建设。城镇化涉及城与乡、原居民与新移民、经济与社会等方方面面，必须妥善处理好各方面关系，缓解各种矛盾和冲突，促进城乡居民机会均等和成果共享，走平等、包容、安全的和谐型城镇化之路。

一是机会均等。长期以来，中国实行城乡分割的二元户籍制度，城乡居民的发展机会严重不平等。直至今日，由于户籍制度障碍，进入城镇的农民工在民主权利、就业机会、子女教育、社会保障、购车购房等方面仍不能完全享受与城镇原居民同等的待遇，发展机会严重不平等。为此，必须加快户籍制度改革，禁止各地新出台的各项有关政策与户口性质挂钩，并对现有各种与户口性质挂钩的政策进行一次全面清理，取消按户口性质设置的差别化标准，使现有政策逐步与户口性质脱钩，这样通过新政策不挂钩、旧政策脱钩，逐步剥离户籍内含的各种权利和福利，实现公民身份和权利的平等，为农民进城创造平等的发展机会，使他们能站在同样的起跑线上，面对相同的环境和规则。

二是成果共享。目前，中国城乡居民收入和公共服务差距过大，城镇居民收入差距增加，社会阶层和居住空间分异加剧，农民工合法权益难以得到保障，这种状况不符合社会主义本质的根本要求。要保障城镇化的成果让城乡全体居民共享，就必须加快农民工市民化进程，实现城镇基本公共服务常住人口全覆盖，同时加大对城中村、棚户区、边缘区等的整治力度，高度关注城市贫困人口和低收入群体，消除城市中的新二元结构。在此基础上，构建城乡统一的社会保障制度和均等化的公共服务制度，实现基本公共服务城乡常住人口全覆盖。从长远发展看，要推动形成全国基本公共服务的均等化，使无论居住在城市还是乡村，无论是东部地区还是西部地区的居民，均能普遍享受一致的义务教育、基本医疗卫生服务、社会保障和安全等。除此以外，还应实现城乡和各区域居民拥有大体一致的生活质量，让广大民众分享城镇化的成果（魏后凯等，2011）。

三是安全保障。城市由于人口密集，经济活动集中，生态系统较为脆弱，其安全保障问题是新型城镇化建设的重要方面。第一，加强城市（镇）的防灾减灾能力。加快城市（镇）减灾防灾体系建设，加强灾害评估、应急预案、防灾演练、场地建设和物资储备方面的综合能力，提高城镇居民的防灾减灾自救意识。第二，确保城镇居民的生产安全。对存在危险、毒性的生产性行业，如煤矿、化工厂、冶炼厂、鞭炮厂等行业，应引起高度重视。第三，确保城镇居民的生活安全。加强城镇的基础设施建设，健全法律法规体系，减少因城镇系统的非正常运行导致的恶性事件、食品安全事件、交通安全事件的发生。

5. 可持续

未来中国城镇化的推进绝不能以耕地大量减少、牺牲粮食和破坏生态环境为代价，走"先污染、后治理"的老路，必须着力提高城镇化质量，更加重视耕地和生态环境保护，加快构筑绿色生产和消费体系，促进城镇经济发展与生态环境保护深度融合，建设美丽城镇，走绿色、低碳、环保、宜居的可持续城镇化之路。

一是城镇化与农业现代化相协调。随着城镇化的快速推进，城镇空间扩展必然造成大量耕地被占用。2009年，全国共减少耕地417万亩，其中建设用地占68.9%。虽然国家采取了占补平衡的办法，但由此导致的耕地质量下降确是一个不争的事实。为此，在推进城镇化的过程中，必须坚持最严格的耕地保护制度，建立健全耕地保护补偿机制，确保耕地"占补平衡"，并保证耕地数量与质量不下降。特别的，根据制定的基本农田保护目标，建立基本农田保护的激励和约束机制，全面提升基本农田保护水平，严守我们的"吃饭田"，保障国家粮食安全，促进城镇化与耕地保护、农业现代化相协调。

二是城镇化与生态环境保护相协调。伴随着城镇化的快速推进，城市空间迅速扩展，导致农田、水域等自然生态消失，湿地面积锐减，生物多样性减少，而道路广场、公共设施和各种人工建筑的蔓延，使一些城市化地区正在转变为钢筋水泥丛林。今后在推进城镇化的过程中，必须高度重视生态建设和环境保护，充分利用自然山体、河流、湖泊、森林、农田等，构建开放的城市生态廊道和生态网络，同时推行清洁生产，发展循环经济，减少"三废"排放，加强环境治理，促进城镇化与生态环境保护相协调，提高城镇化的可持续性。

三是建设可持续宜居的美丽城镇。城市不仅是经济活动空间，也是居住空间、娱乐休闲空间，需要处理好生产空间、生活空间和生态空间的比例关系。进入城市时代后，城镇居民将更加强调生活质量，注重改善城镇人居环境，这样就需要在城镇地区创造更多更好的休闲空间、公共空间、绿色空间。因此，推动城镇发展绿色转型，建设可持续宜居的生态城镇、生态社区、生态园区、生态建筑，创造一个生产发展、生活富裕、生态优美的良好人居环境，推动城镇空间的生态化、宜居化，将成为可持续城镇化的重要内容。

三 中国特色新型城镇化推进的总体思路

当前，中国城镇化正处于由加速推进向减速推进转变、由追求数量向追求质量转变、由粗放型向集约型转变、由城乡分割型向融合共享型转变的重要战略转型期。在新时期，要加快户籍制度改革，有序推进农业转移人口市民化进程，注重城镇特色培育和品质提升，减少资源环境的消耗代价，促进城乡共享融合发展，提高城镇化质量和水平，同时依托综合交通运输网，以城市群和中心城市为中心，实行多中心网络开发战略，构建"四横四纵"的重点轴带体系，优化城镇化空间布局，走具有中国特色的新型城镇化道路。

（一）中国城镇化正处在重要的战略转型时期

在"十二五"乃至今后较长一段时期内，中国的城镇化究竟是继续加速还是向减速转变？这是值得深入研究的重大战略问题。目前流行的观点认为未来中国的城镇化仍将处于加速推进时期，有的人甚至提出，未来中国的城镇化将处于一个"高潮期"。之所以会做出这种判断，其理论依据如下：根据诺瑟姆（Ray M. Northam）的城镇化 S 型曲线理论，国内学者通常认为 30%～70% 的区间属于城镇化的加速时期。实际上，这是一个理论上的认识误区。我们认为，未来中国城镇化将进入减速时期，城镇化推进的速度会逐渐放慢。

首先，30%～70% 的城镇化水平区间，是一个快速推进的时期而不完全都是加速时期（周一星，2005；2006）。有学者用严格的数学模型验证了 S

型曲线拐点处的城镇化速度最大加速度为零,之前速度逐渐加大,之后速度逐渐减小(陈彦光、周一星,2007;王建军、吴志强,2009)。在30%~70%的区间,虽然城镇化会呈现快速推进的趋势,但50%的城镇化水平是一个重要的转折点或者拐点。以此为界,可以把城镇化快速推进阶段分为加速和减速两个时期(见图1-10)。其中,30%~50%的区间为加速时期,50%~70%的区间为减速时期。如果在50%~70%的区间城镇化也呈现加速推进的话,那么就不可能顺利转入70%以后的稳定发展阶段。

其次,从一些发达国家的经验看,当城镇化水平超过50%以后,城镇化将出现逐渐减速的趋势。例如,美国1880年城镇化水平为28.2%,1920年为51.2%,1960年达到69.9%。在加速期(1880~1920年)城镇化水平年均增加0.58个百分点,而减速期(1920~1960年)下降到0.47个百分点。其他国家的城镇化进程也大都存在这种类似现象。

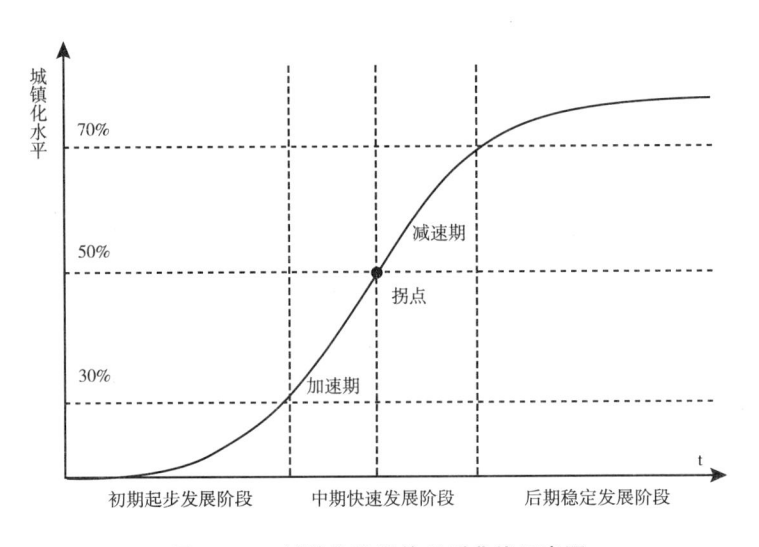

图1-10 城镇化演进的S型曲线示意图

资料来源:笔者自绘。

再次,近年来中国城镇化速度已经出现逐渐放缓的趋势。在"九五"时期,中国城镇化水平平均每年提高1.44个百分点,"十五"时期平均每年提高1.35个百分点,"十一五"时期平均每年提高1.39个百分点,而"十二五"时期已开始出现下降的迹象(2011~2012年年均提高1.31个百分点)。在东部一些发达地区,近年来也出现了城镇化减速的趋势。如浙江在 30%～50%的区间（1985～2000 年）城镇化水平平均每年提高 1.37 个百分点，而此后的 2001～2011 年则下降到 1.05 个百分点（见图 1-11）。但江苏的城镇化至今仍在加速，这可能与江苏城镇化具有一定"补课"性质有关。在 20 世纪 80 年代，江苏的工业化主要依靠乡镇企业推动，当时提倡"离土不离乡""进厂不进城"，工业的分散化导致城镇化严重滞后。到 90 年代，江苏开始由过去的建厂转变为建园、造城，城镇化进程开始逐步加速。

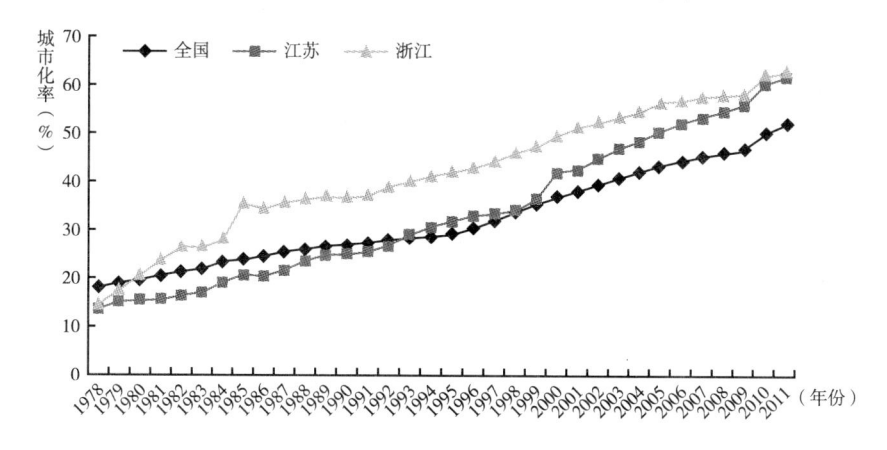

图 1-11 江苏省和浙江省城镇化趋势比较

资料来源：根据《中国统计年鉴》《江苏统计年鉴》和《浙江统计年鉴》（各年度）绘制。

2011 年中国城镇化水平首次超过 50%，达到 51.27%，由此可以判断中国目前已进入城镇化减速时期。在今后一段时期内，中国仍将处于城镇化的快速推进时期，但相比较而言，城镇化水平每年提高的幅度将会有所减小。也就是说，未来中国的城镇化将处于减速而不是加速时期。预计今后中国城镇化水平年均提高幅度保持在 0.8～1.0 个百分点，很难再现"九五""十五"和"十一五"时期平均每年提高 1.35～1.45 个百分点的增幅，继续保持这样的高速扩张态势难度很大。

（二）中国城镇化的趋势预测

目前，学术界对当前中国城镇化速度是否适度分歧较大。主要有两种观点：一是认为城镇化速度过快，应当适当控制；二是认为城镇化发展缓慢且滞后，应当加快城镇化进程。对于中国未来城镇化的速度和趋势预测，大体有三种观点（简新华、黄锟，2010），即低速城镇化（年均提高 1 个百分点以内)、中速城镇化（年均提高1~1.5个百分点）和高速城镇化（年均超过1.5个百分点）。应该看到，很多学者对中国未来城镇化速度的预测是建立在对当前城镇化速度的判定之基础上的，预测的结果也是相去甚远，甚至截然相反。譬如，陈书荣（2000）认为国情不同，中国城镇化不宜追求发达国家的高指标、高比例，并将中国城镇化界定在2050年60%左右；王大用（2005）认为，中国城镇化取得的成就是在严格的户籍制度的阻遏下实现的，今后没有了制度因素的限制，城镇化进程势必要加速，即每年将提高1.44个百分点甚至更高。有些学者则认为中国城镇化的推进应该注重质量而不是一味地追求速度（周一星，2005）。下面，我们着重探讨未来中国及四大区域城镇化趋势，并对不同规模等级城镇人口吸纳能力进行分析。

1. 2050年中国城镇化水平预测

从1978年到2012年，中国城镇化水平提高了34.65个百分点，年均提高1.02个百分点。尤其是"九五"时期以来，城镇化加速推进，城镇化率年均提高1.38个百分点。针对近年来城镇化的高速推进态势，有学者认为，中国城镇化脱离了循序渐进的原则，出现了"冒进式"城镇化现象（陆大道、姚士谋，2007），城镇化速度应该适当控制，年均提高0.6~0.8个百分点是比较合理的（周一星，2005）。我们认为，未来中国城镇化仍处于快速推进时期，城镇化速度从"十一五"时期年均提高1.39个百分点骤然下降到0.6~0.8个百分点是不现实的，对中国经济持续稳定增长也是不利的。考虑到中国仍处于城镇化快速推进阶段，国家将实施城镇化战略作为重要抓手，今后一段时期内中国的城镇化将会稳步快速推进，个别年份城镇化速度仍会达到1个百分点甚至更高。

按照联合国经社理事会发布的《世界城市化展望2011》，2010~2050年世界城镇化水平将以年均0.39个百分点的速度增长，其中，发达国家为0.21个百分点，欠发达国家为0.45个百分点，亚洲国家为0.50个百分点，非洲国家为0.46个百分点，中国为0.70个百分点。其中，2010~2020年、2020~2030年、2030~2040年和2040~2050年中国将分别以年均1.18个、0.77个、0.47个和0.39个百分点的速度推进（United Nations，2012）。我们采用经验曲线法、经济模型法和联合国城乡人口比增长率法对中国未来城镇化趋势进行了预测（见表1-8）。综合以上三种方法，我们认为，在"十二五"和"十三五"期间，在国际国内环境保持相对稳定的情况下，中国城镇化水平将年均提高1个百分点左右，城镇化速度大幅度下降的可能性不大，但也很难再现"九五"以来年均提高1.39个百分点的增长奇迹。2020~2030年,中国城镇化推进速度将基本保持在比较理想的水平,即年均提高0.8个百分点左右;2030~2050年城镇化速度将明显放缓,年均提高0.6~0.8个百分点的可能性比较大。基于以上判断,我们认为2020年、2030年、2040年、2050年中国城镇化水平将分别达到60%、68%、75%和82%左右。

表1-8　2020~2050年中国城镇化水平预测结果

预测模型和部门	2011年	2020年	2030年	2040年	2050年
经验曲线法	51.3	59.1	69.5	78.1	85.0
经济模型法	51.3	61.1	69.6	77.2	84.8
城乡人口比增长率法	51.3	60.8	66.0	70.8	75.1
综合预测	51.3	60.3	68.4	75.4	81.6
联合国预测	49.2[a]	61.0	68.7	73.4	77.3

注:a为2010年数据。
资料来源:联合国预测结果来自United Nations(2012),其余为第二章测算结果。

2. 不同区域的城镇化水平预测分析

目前中国各地区所处的城镇化阶段差别显著,城镇化水平高低不一。从四大区域的城镇化水平来看,1978年东北地区的城镇化水平最高,为37.0%,东部、中部、西部三大区域的城镇化水平接近,分别为15.7%、14.1%和13.8%。然而,经过改革开放后30多年的发展,四大区域的城镇化格局发生了重大转变,城镇化水平的差距不断扩大。东部地区最早受益于改革开放,随着民营经济、外商投资持续向珠三角、长三角和京津冀地区汇集,城镇化快速推进,其中"六五"期间城镇化水平年均提高2.02个百分点,"七五"期间略有下降,年均增长0.89个百分点,"八五""九五""十五"和"十一五"期间年均增长保持在1个百分点以上。2010年,东部地区城镇化水平首次超过东北地区,达到59.7%,成为中国城镇化最迅速的地区。东北地区工业发展起步较早,1978年城镇化水平就超过了37%,此后城镇化进程缓慢,年均增幅在1个百分点以下,成为全国城镇化最慢的区域。中西部地区的城镇化水平在改革开放初期与东部地区相差无几,随后东部地区借改革开放之东风先行一步,中西部与东部地区的城镇化水平差距不断拉大。尽管随着西部大开发战略和中部崛起战略的实施,"十五"和"十一五"期间中部和西部地区城镇化水平年均增幅均超过1个百分点,

2010年城镇化水平分别达到43.6%和41.4%，但与东部地区的差距分别扩大到16.1个和18.3个百分点。

由此可见，当前中国各区域处在不同的城镇化阶段，要求全国所有区域以相同的城镇化速度推进显然是脱离实际的（周一星，2006）。可以预见，中国四大区域由于发展阶段和条件的差异，未来城镇化推进速度和水平也将呈现不同的格局。总体上看，中国四大区域城镇化水平的差距将不断缩小，东部地区的城镇化速度将在未来几年内明显下降，东北地区的城镇化将继续平缓推进，中部和西部地区的城镇化速度将保持在较高水平，成为未来中国加快推进城镇化的主战场。在此，我们以1978~2010年中国四大区域的城镇化水平为依据，采用城乡人口比增长率法对2015年、2020年、2030年、2040年和2050年中国四大区域的城镇化趋势进行了预测。

首先，以珠三角和长三角为核心的东部地区重现了韩国和日本的城镇化奇迹。在1982~2000年，广东城镇化率年均提高幅度超过2个百分点，浙江、江苏、上海分别在1.3个、1.4个、1.5个百分点以上。但是，未来几年东部地区城镇化速度肯定是要下降的。实际上，近年来长三角、珠三角等东部发达地区城镇化已经出现减速的态势。预测结果表明，东部地区将是最先基本完成城镇化的区域，到2020年、2030年、2040年、2050年，东部地区城镇化率将分别达到66.7%、73.0%、77.6%和81.7%。

其次，东北地区城镇化将继续保持较平缓的增速，"十二五""十三五"期间城镇化率年均仅提高0.6个百分点，其后还将下降，2030年后城镇化率年均提高仅约0.39个百分点。2020年、2030年、2040年和2050年东北地区城镇化率将分别达到63.6%、69.2%、73.3%和77.0%。

再次，中西部地区城镇化仍将处于加速推进阶段。在"十二五"和"十三五"期间，中西部地区城镇化率仍将保持1个百分点左右的速度高速推进，2020年之后中西部地区城镇化率增速将高于东部地区和东北地区。2020年、2030年、2040年、2050年中部地区城镇化率将分别达到53.5%、63.2%、69.9%和73.9%，西部地区将分别达到51.4%、61.2%、68.0%和72.2%。

3. 不同规模等级城镇人口吸纳能力预测

对不同规模等级城镇人口吸纳能力进行预测，首先必须摸清其现有吸纳情况。由于目前中国缺乏这方面的系统统计数据，我们只能分市镇和不同规模城市来分别进行估计。

从市镇的吸纳情况看，从1982年到2010年，中国平均每年新增城镇人口

1656万人，其中1982~1990年为1123万人，1990~2000年为1626万人，2000~2010年为2112万人，呈现不断增长的态势（见表1-9）。在这期间，新增城镇人口55.7%由城市吸纳，44.3%由镇吸纳。其中，在1982~1990年，新增城镇人口接近3/4由城市吸纳，只有1/4多由镇吸纳。1990~2000年，由于建制镇数量的迅速增加，镇吸纳城镇人口的比重大幅度提高，几乎接近城市吸纳城镇人口的比重，达到49.9%。之后，由于建制镇数量大体维持稳定，镇吸纳城镇人口的比重略有下降，2000~2010年维持在47.4%。

表1-9 1982~2010年中国市镇人口吸纳情况

指标	年份	市（万人）	镇（万人）	市镇人口（万人）	城镇人口（万人）	误差（%）
城镇人口	1982	14525	6106	20631	21480	-4.0
	1990	21122	8492	29614	30195	-1.9
	2000	29263	16614	45877	45906	-0.1
	2010	40376	26625	67001	66557	0.7
年均新增城镇人口	1982~1990	825	298	1123	1089	3.1
	1990~2000	814	812	1626	1571	3.5
	2000~2010	1111	1001	2112	2065	2.3
	1982~2010	923	733	1656	1610	2.9
城镇人口吸纳比重（%）	1982~1990	73.4	26.6	100	—	—
	1990~2000	50.1	49.9	100	—	—
	2000~2010	52.6	47.4	100	—	—
	1982~2010	55.7	44.3	100	—	—

注：误差为普查数据中市镇总人口与城镇总人口的误差。
资料来源：市镇人口来自历次全国人口普查数据，城镇人口来自《中国统计摘要》（2011）。

然而，要全面分析不同规模城市的城镇人口吸纳情况却比较困难，原因在于官方公布的数据统计口径不一致，缺乏连续性和可比性。《中国城市统计年鉴》对地级及以上城市和县级市采用不同的标准，地级及以上城市为市辖区总人口，县级市则为县域总人口，二者缺乏可比性。《中国人口和就业统计年鉴》采用非农业人口指标对城市规模进行分类，提供的数据是各城市的非农业人口数，显然，由于户籍制度改革严重滞后，城市非农业人口与常住人口存在较大差异。2010年，全国户籍人口城镇化率比常住人口城镇化率低15.8个百分点充分说明了这一点。而按《中国城市建设统计年鉴》发布的数据，2005年及之前为城市人口，之后则为市区人口和城区人口。各城市城区人口与常住人口数据大体接近。2010年，全国城市城区人口为35374万人，加上暂住人口4095万人，共计39469万人，仅比第六次全国人口普查城市常住人口少907万人，误差只有2.2%。因此，采用各城市城区人口来进行城市规模分类是可行的。

我们按城区人口规模把全部城市分为六类，即巨型城市（大于400万人）、超大城市（200万~400万人）、特大城市（100万~200万人）、大城市（50万~100万人）、中等城市（20万~50万人）和小城市（小于20万人）。在2006~2011年，超大城市数量保持稳定，巨型城市、特大城市、大城市和中等城市数量在增加，而小城市数量则在下降（见表1-10）。这主要是设市工作停顿后，中小城市规模不断增长的结果。从不同规模城市城区人口比重看，巨型城市城区人口比重大幅增加，提高了3.2个百分点，超大城市和特大城市城区人口比重有所下降，大城市城区人口比重基本保持稳定，而中等城市城区人口比重出现一定的提升，增加近1.2个百分点，小城市城区人口比重则下降2.3个百分点。2011年，中国城市人口的72.4%集中在50万人以上的城市，其中100万人以上的城市占55.4%，200万人以上的城市占43%。这表明，目前中国城市人口高度集中在少数大城市。

表1-10 2006~2011年中国不同规模城市数量及城区人口变化

人口规模分类	2006年			2011年			2006~2011年	
	城市数（个）	城区人口（万人）	人口比重(%)	城市数（个）	城区人口（万人）	人口比重(%)	城区人口变化（万人）	比重(%)
>400万	11	9358.7	25.1	13	11567.7	28.3	2209.0	61.1
200万~400万	22	5902.9	15.8	22	5997.1	14.7	94.2	2.6
100万~200万	35	4924.5	13.2	38	5106.3	12.4	181.8	5.0
50万~100万	92	6382.9	17.1	99	6934.9	17.0	552.0	15.3
20万~50万	230	7150.9	19.2	267	8347.7	20.4	1196.8	33.1
<20万	265	3552.9	9.6	218	2936.7	7.2	-616.2	-17.0
总计	655	37272.8	100.0	657	40890.3	100.0	3617.6	100.0

注：城区人口包括暂住人口。
资料来源：根据《中国城市建设统计年鉴》（2006、2011）计算。

从新增城区人口的吸纳情况看，在2006~2011年，中国城市新增城区人口的84%是靠50万以上人口的城市吸纳的，其中400万以上人口的巨型城市吸纳61.1%，200万~400万人的超大城市吸纳2.6%，100万~200万人的特大城市吸纳 5.0%，50 万~100 万人的大城市吸纳 15.3%；中等城市吸纳了新增城区人口的 33.1%；而小城市由于数量减少，城区人口下降了 616.2 万人，呈现不断萎缩的态势。考虑到 2000~2010 年中国新增城镇人口的 53% 是靠城市吸纳的，据此推算，近年来全国新增城镇人口约有 36% 是由 100 万以上的特大城市吸纳的，50 万~100 万人的大城市吸纳 8%，中小城市吸纳 9%，建制镇吸纳 47%。即特大城市、大城市、中小城市和镇吸纳城镇人口的比例大约为 36∶8∶9∶47。但如果按照 2008~2011 年的数据进行推算，这期间全国新增城镇人口约有 39% 是由 100 万人以上的特大城市吸纳的。很明显，由于设市工作的停顿，中小城市因数量减少吸纳能力严重不足；而新增城镇人口过多流向特大城市尤其是巨型城市，导致一些特大城市过度膨胀，城市病现象凸显。

考虑到近年来中国设市工作的停顿，有不少建制镇镇区人口规模已经超过了原 5 万人的设市标准。2009 年，在 1.97 万个建制镇中，有 811 个建制镇镇区人口超过 5 万人，其中有 14 个镇镇区人口达到 20 万人以上，178 个镇镇区人口在 10 万~20 万，619 个镇镇区人口在 5 万~10 万（见表 1-11）。如果按照 5 万人的设市标准，中国的城市将不是 657 个，而是 1500 个左右；即使将新设市标准提高到 10 万人，城市数也将增加到 850 个左右。在这 811 个建制镇中，除广东东莞市虎门镇外，其他镇镇区人口都在 50 万人以下，属于中小城市。其镇区人口约占全部建制镇的 32.8%。此外，全国还有 731 个建制镇镇区人口规模超过了 3 万人，其中一部分今后也有可能发展成为小城市。因此，如果启动建制市设置工作，由于一批镇转为中小城市，今后镇吸纳城镇人口的能力将会下降，而中小城市吸纳城镇人口的能力将会提升。

表 1-11 2009 年中国建制镇镇区人口规模结构

规模等级	建制镇数		镇区人口		镇区人口平均规模
	数量（个）	比重（%）	人口数（万人）	比重（%）	（万人）
>20 万	14	0.1	374	1.8	26.72
10 万~20 万	178	0.9	2338	11.0	13.14
5 万~10 万	619	3.2	4235	20.0	6.84
3 万~5 万	731	3.7	2804	13.2	3.84
1 万~3 万	3454	17.5	5711	26.9	1.65
0.5 万~1 万	4361	22.1	3046	14.4	0.70
<0.5 万	10342	52.5	2695	12.7	0.26
总　计	19699	100	21203	100	1.08

资料来源：根据《中国建制镇统计资料》（2010）计算。

从国内外经验看,大城市和特大城市仍将是吸纳新增城镇人口的重要力量。这不仅是由于现有大城市、特大城市规模的扩展和城镇人口的增长,更主要的是会有一批中小城市升级为大城市,并有一批大城市升级为特大城市。从1950年到2010年,世界100万人以上大城市数量由75个增加到449个,其城市人口比重由23%提升到38%,预计到2025年将增加到668个,其城市人口比重将达到47%(见图1-12)。同时,由于发展阶段的缘故,中国大城市和特大城市的强大集聚效应还会持续一段时间。有研究表明,规模在100万~400万人的大城市,净规模收益最高,达到城市GDP的17%~19%(王小鲁、夏小林,1999;Au and Henderson,2006)。因此,一些中小城市升级为大城市、一些大城市升级为特大城市将是必然的。但是,对于超大城市尤其是400万人以上的巨型城市,由于其过大的规模增加了其负外部效应,应采取必要手段进行人口规模调控,防止其无限制地扩张下去(王小鲁,2010)。因此,从新增城镇人口的吸纳看,大城市和特大城市不仅数量会增加,而且吸纳新增城镇人口的比重也会提升。但是,超大城市尤其是巨型城市因受资源环境和设施承载力的限制,尽管城市数量会增加,但其吸纳新增城镇人口的能力将日益受限。

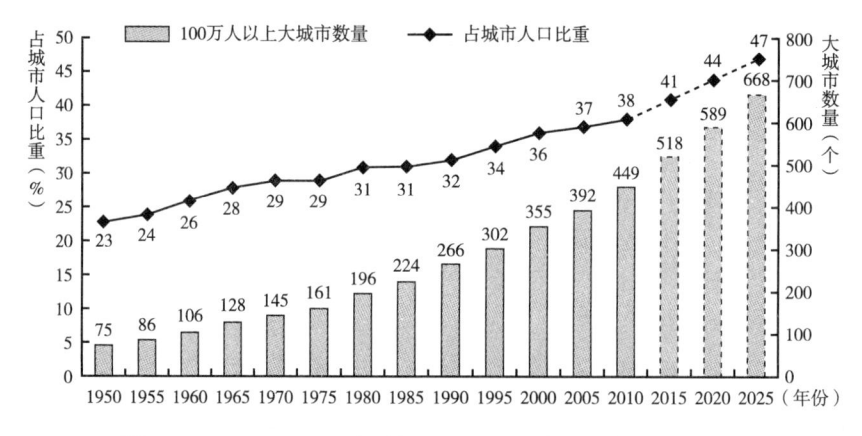

图1-12 1950~2025年世界100万以上人口大城市发展趋势

资料来源:根据United Nations(2012)绘制。

综合考虑以上两方面因素,在今后一段时期内,中国特大城市、大城市、中小城市和镇吸纳新增城镇人口的比例保持在30∶18∶18∶34左右比较合理。也就是说,考虑到现有400万以上的巨型城市要进行人口规模调控,200万~400万人的超大城市大多已逼近承载力的极限,但100万~200万人的特大城市仍有较大发展空间,未来100万人以上特大城市吸纳新增城镇人口的比重将会出现一定程度的下降;而大城市和中小城市因大批新建市的设立,其吸纳新增城镇人口的能力将大幅提高。建制镇吸纳新增城镇人口的比重将会下降,这主要是由于一些符合条件的镇转为建制市。

按照前述的预测,2030年中国城镇化率将达到68%左右,假设总人口为13.93亿人,全国城镇总人口将达到9.53亿人,即在2012年7.12亿城镇人口的基础上还将新增2.41亿人(见表1-12)。如果这期间中国特大城市、大城市、中小城市和小城镇吸纳新增城镇人口的比例为30:18:18:34,那么,特大城市将吸纳新增城镇人口0.72亿人,大城市和中小城市分别吸纳0.43亿人,镇吸纳0.82亿人。也就是说,未来中国48%的新增城镇人口将由50万人以上的大城市和特大城市来吸纳,另外52%由中小城市和小城镇来吸纳。

表1-12　2020~2050年中国城镇化率和城镇人口预测

指　　标	2012年	2020年	2030年	2040年	2050年
总人口(万人)	135404	138779	139308	136091	129560
城镇人口(万人)	71182	83739	95259	102572	105760
城镇化率(综合预测值,%)	52.6	60.3	68.4	75.4	81.6

注:2012年为实际数。
资料来源:城镇化率预测数据来自第二章;总人口预测数据来自United Nations(2011)表A.9的方案。

(三) 中国特色新型城镇化的战略重点

中国的城镇化是一种典型的不完全城镇化。当前,中国城镇化面临的主要矛盾并不是速度不快、水平较低的问题,而是质量不高的问题。在中国城镇化进入减速期后,必须从根本上改变过去那种重速度、轻质量的做法,坚持速度与质量并重,加快完全城镇化的进程,全面提高城镇化质量,把城镇化快速推进与质量提升有机结合起来,促使城镇化从单纯追求速度型向着力提升质量型转变,从不完全城镇化向完全城镇化转变,这是今后一段时期内中国推进城镇化的核心任务(魏后凯,2011b)。为此,推进中国特色新型城镇化,要坚持速度与质量并重,在构建合理的城镇化规模格局的同时,重点从提高城镇发展质量、降低城镇化推进成本、构建融合共享的城乡关系、推进农业转移人口市民化等方面提高城镇化质量。

1. 坚持大中小城市和小城镇协调发展，构建科学合理的城镇化规模格局

中国城镇规模结构存在严重失调。大城市规模迅速膨胀，数量和人口比重不断提升，"城市病"显现，而中小城市数量和人口比重不断下降，一些小城镇甚至出现相对衰落，城市人口规模分布正在向"倒金字塔型"转变。实证研究表明，中国地级以上城市普遍接近其效率最大值，并已有不少超大城市处于规模效率递减的阶段。因此，必须坚持大中小城市和小城镇协调发展，综合考虑城市承载能力和人口吸纳能力，合理引导农业人口有序转移，推动形成科学合理的城镇化规模格局。对大城市和特大城市，实行人口、产业和功能疏散，加强综合治理，改善空间结构，提高综合承载能力和可持续发展能力，着力向高端化和服务化方向发展。对北京、上海等少数特大城市，因常住外来人口规模大，且呈迅速增长态势，有必要继续实行人口总量规模调控。对中小城市和小城镇，要提高产业支撑能力和公共服务水平，扩大集聚规模，增强人口吸纳能力，着力向专业化和特色化方向发展。

2. 重视城镇特色培育和品质提升，着力提高城镇发展质量

缺乏特色，品位不高，重建设、轻管理，这是当前中国城镇发展面临的普遍问题。随着中国城镇化速度的减缓，今后各地在推进城镇化的过程中，应更加注重城镇特色培育和品质提升，切实加强城镇的现代化管理，建设智能化、人性化、生态化的特色城镇，走特色城镇化之路。一是强化大中小城市和小城镇之间的分工协作，推动大城市提升产业层次和中心功能，逐步向高端化和服务化方向发展，鼓励中小城市和小城镇走"专精特深"的特色专业化道路，构筑一个优势互补、合理分工、错位竞争、互动融合的城镇产业发展格局。二是培育城镇文化，塑造城镇精神，增强城镇品牌意识，并把城镇文化和精神融入城镇规划、景观和建筑设计、开发建设之中，彰显城镇的个性和特色，提升城镇品质，改变"千城一面"的局面。三是要高度重视现代化城镇管理工作，把城镇建设和管理有机结合起来，实现从重建到建管并举、重在管理的转变。

3. 减少资源环境的消耗代价，降低城镇化推进成本

当前，必须改变粗放型城镇化模式下重速度轻效益、重数量轻质量、重外延扩张轻内涵发展的状况，着力提高城镇化效率，推进以"低能耗、低污染、低排放"和"高效能、高效率、高效益"为基本特征的新型城镇化进程。一是尊重资源承载力和生态环境容量。城镇的人口规模和开发强度要与区域的综合承载能力相适应，其经济发展要以自然生态结构和正常功能不受损害及人类生存环境质量不下降为前提,避免和防止对资源的过度开发、低效开发和破坏性开发。二是加快产业结构转型升级,提高土地资源的利用效率。坚持以人为本的科学发展理念,把人的需要放在首位,按照生活、生态、生产的优先次序,合理确定城市用地结构和比例,调控城市用地价格,并设置各类城市工业用地比重的最高限度。要逐步增加城市居住和生态用地的比例,严格执行城市工业用地招拍挂制度,不断提高工业用地效率。三是注重城镇化和经济发展的质量。按照减量化(Reduce)、再利用(Reuse)、再制造(Re-manufacture)和再循环(Recycle)的4R原则,积极推进城镇循环经济发展,努力提高资源综合利用效率,严格控制经济发展中的生态环境成本,同时推进城镇产业转型升级,调整优化城镇空间结构,提高综合经济效益,促进城镇经济效益、社会效益和生态环境效益的有机统一。

4. 推动城乡发展一体化,构建融合共享的城乡关系

走中国特色新型城镇化道路,要坚持推动城乡发展一体化,构建融合共享的城乡关系。党的十八大报告明确提出要"推动城乡发展一体化……形成以工促农、以城带乡、工农互惠、城乡一体的新型工农、城乡关系"。为此要以促进工业化、城镇化、信息化、农业现代化同步发展为引领,加大城乡统筹发展力度,继续着力推进城乡规划、基础设施、公共服务等方面的一体化,促进城乡要素平等交换和公共资源均衡配置,逐步缩小城乡差距,促进城乡共同繁荣。融合共享是城乡关系发展的最高阶段,构建融合共享的新型城乡关系,重点是推进"五个融合"即城乡产业融合、市场融合、居民融合、社会融合、生态融合,以及"四个共享"即城乡资源共享、机会共享、公共服务共享和发展成果共享。

5. 加快推进农业转移人口市民化,提高完全城镇化水平

加快推进农业转移人口市民化,解决不完全城镇化问题是全面提高城镇化质量的关键。党的十八大报告也明确指出要"有序推进农业转移人口市民化,努力实现城镇基本公共服务常住人口全覆盖"。为此,要按照"以人为本、统筹兼顾、公平对待、一视同仁"的原则,分阶段积极推进农业转移人口的市民化进程,逐步让农业转移人口在社会保障、就业和转岗培训、公共服务、保障性住房、子女教育等方面享受与市民同等的待遇,全面融入城市社会。当前,要重点加快农业转移人口信息系统和信用体系建设,实行城乡平等的就业制度,建立城乡普惠的公共服务制度,推动形成城乡统一的社会保障、社会福利和户籍管理制度,尽快将农民工工伤保险、医疗保险、养老保险全部列入强制保险范围,并在住房、子女教育、卫生等领域加大向农业转移人口倾斜的力度,使广大农业转移人口能够和谐地融入城市,共享城镇化的利益和成果。同时,考虑到市民化的巨额成本,要积极建立由政府、企业、个人等共同参与的多元化成本分担机制,现阶段需要重点推进让农民带资进城。

(四) 中国特色新型城镇化的战略布局

改革开放以来,中国实行了"T"字型和"Π"字型的国土开发和经济布局战略,形成沿海、沿长江、沿陇海-兰新线的三大经济发展主轴线,培育起了珠江三角洲、长江三角洲和环渤海三大经济核心区,并逐步建立起网络型经济体系。当前,在三大核心城市群的基础上,中央正在从国家战略层面培育新的增长极,各地方政府也在创造条件积极培育区域性城市群。新时期,在经济全球化、信息化与交通网络体系高速化的背景下,由"门户城市"及其腹地组成的、具有明确劳动分工的"城市区域"正成为参与全球和国内区域经济竞争的全新地域单元,成为中国未来经济发展中最具活力和潜力的核心增长极,也是中国加快推进城镇化进程的主体空间形态,主宰着中国经济发展和城镇化的命脉(刘卫东、陆大道,2005;陆大道,2009;方创琳等,2010)。在新的发展形势下,传统的国土开发和经济布局战略越来越不适应全国一体化发展的需要,甚至成为阻碍全国经济一体化和区域协调发展的重要因素。特别是,在当前沿海地区要素成本不断攀升的情况下,单纯依靠沿海或沿长江主轴线已难以支撑中国经济的持续稳定高速增长。因此,未来中国国土开发和城镇化战略布局应以"点-轴"开发模式为基础,在目前"Π"字型经济布局的基础上,构建"多中心网络型"的国土开发与城镇化战略布局框架,规范空间开发秩序,引导人口和产业协同集聚,以推动形成安全、有序、高效、和谐、可持续的国土开发新格局(魏后凯,2009)。

1. 实行多中心网络开发战略

在当前新的形势下,中国的国土开发与新型城镇化战略布局要以城市群(都市圈)为中心,综合交通运输网为纽带,实行多中心网络开发战略,由此推动形成全国经济一体化和区域协调发展的新格局。所谓"多中心",就是要在抓好珠江三角洲地区、长江三角洲地区经济转型升级的基础上,依托大都市圈和城市群的建设,在环渤海、东北地区和中西部培育一批新的增长极和增长区,形成"多中心"的多元化区域竞争格局。自20世纪80年代以来,中国经济的高速增长主要是依靠珠江三角洲和长江三角洲等少数地区来支撑的。从未来的发展趋势看，这种依靠少数地区来支撑中国经济高速增长的格局将一去不复返。考虑到城市群（都市圈）发展条件、发展阶段的差异，未来应依托重点开发轴线逐步培育并构建全国三级城市群（都市圈）体系，使之成为支撑未来中国经济高速增长的新的主导地区和增长极，由此形成"群雄并起"、多中心的多元化区域竞争格局（见表1－13）。第一级为世界级城市群，包括长江三角洲城市群、珠江三角洲城市群、京津冀城市群和长江中游城市群4个；第二级为国家级城市群，包括成渝城市群、山东半岛城市群、关中－天水城市群、海峡西岸城市群、辽中南城市群、哈长城市群、兰州－西宁城市群、北部湾城市群、中原城市群、江淮城市群10个；第三级为区域级城市群，指影响力局限在省域范围内且尚在培育发展之中的城市群和都市圈，包括冀中南城市群、太原城市群、呼包鄂城市群、黔中城市群、滇中城市群、宁夏－沿黄城市群、东陇海城市群、天山北坡城市群和藏中南城市群9个。

表1－13 全国三级城市群的结构体系

城市群体系	个数	基本情况
世界级城市群	4	长江三角洲城市群、珠江三角洲城市群、京津冀城市群、长江中游城市群
国家级城市群	10	成渝城市群、山东半岛城市群、关中－天水城市群、海峡西岸城市群、辽中南城市群、哈长城市群、兰州－西宁城市群、北部湾城市群、中原城市群、江淮城市群
区域级城市群	9	冀中南城市群、太原城市群、呼包鄂城市群、黔中城市群、滇中城市群、宁夏－沿黄城市群、东陇海城市群、天山北坡城市群、藏中南城市群

资料来源：笔者整理。

所谓"网络开发"，就是在继续完善沿海轴线的基础上，进一步加强沿长江轴线尤其是长江中上游地区的开发，并依托主要交通干道和综合交通运输网络，以都市圈和城市群为载体，以主要中心城市为节点，加快推进建设一批新的国家级重点开发轴线，逐步形成"四横四纵"的网络开发总体格局。这样，通过多中心网络开发，逐步培育一批支撑全国经济高速增长的新增长极、增长区、增长带和增长轴，推动形成一体化和均衡化的国土空间结构（魏后凯，2009）。

2. 构建"四横四纵"的重点轴带体系

中共十五届五中全会通过的《关于制定国民经济和社会发展第十个五年计划的建议》首次提出实施城镇化战略，并明确指出要逐步形成合理的城镇体系。而后制定的国家"十一五"规划纲要，提出要逐步形成以沿海及京广京哈线为纵轴，长江及陇海线为横轴的"两横两纵"城镇化空间格局。在"十二五"规划纲要中，国家又提出要构建以陆桥通道、沿长江通道为两条横轴，以沿海、京哈京广、包昆通道为三条纵轴的"两横三纵"城镇化战略格局。

《全国城镇体系规划（2005～2020年）》和《全国主体功能区规划》对城镇化的空间战略布局也有相关阐述。其中，《全国城镇体系规划（2005～2020年）》提出要形成"多中心"的城镇化空间结构，并构建加强区域协作的"一带六轴"，即沿海城镇带、京广发展轴（含京九线）、京－呼－包－银－兰（包括西宁）－成－昆－北部湾发展轴、哈大发展轴、长江发展轴、陇海－兰新发展轴、上海－南昌－长沙－贵阳－昆明发展轴等；中共十七大提出到2020年基本形成主体功能区布局的总体要求，明确未来要构建以"两横三纵"为主体的城镇化战略格局，即构建以陆桥通道、沿长江通道为两条横轴，以沿海、京哈京广、包昆通道为三条纵轴，以国家优化开发和重点开发的城镇化地区为主要支撑，以轴线上其他城镇化地区为重要组成部分的城镇化战略格局。

可以看出，全国社会经济发展规划、城镇体系规划以及主体功能区规划对城镇化的空间战略布局都非常重视。然而，这些规划对城镇化战略布局的定义都存在一些缺陷。首先，这些规划对城镇化战略布局的定义都是中短期的，战略性和长远性不够；其次，全国社会经济发展规划与主体功能区规划提出的城镇化地区（城市群）的空间范围差别太大，譬如最大的环渤海城镇化地区包括了京津冀城市群、辽中南城市群和山东半岛城市群，最小的藏中南城市化地区仅包括拉萨市及周边地区。尽管全国城镇体系规划划定的城市群（都市圈）的空间范围具有可比性，对城市群的作用和层次也进行了差异化对待，但其提出的"一带六轴"过于重视沿海发展轴，忽视了内陆发展轴在推动全国经济一体化与区域经济协调发展中所能发挥的重要作用。显然，这有悖于中国实施区域发展总体战略的优先次序。事实上，推进新一轮西部大开发、全面振兴东北地区等老工业基地、大力促进中部地区崛起等支持中西部地区发展的战略部署，应该优先于积极支持东部地区率先发展战略。因此，构建城镇化战略布局可以考虑依据全国城市群（都市圈）的地位和规模实力，划分不同的层次体系（世界级城市群、国家级城市群和区域级城市群），形成具有不同地位的"多中心"，同时以中长期的视角来规划布局重点轴带体系，实行"多中心网络开发"战略。

从中长远发展看，未来中国的国土开发和经济布局应采取"四横四纵"的宏观布局战略（见图1-13、表1-14）。其中，"四横"指沿江发展轴（上海-南京-合肥-武汉-重庆-成都）、陇海-兰新发展轴（连云港-郑州-西安-兰州-乌鲁木齐）、沪昆发展轴（上海-杭州-南昌-长沙-贵阳-昆明）、青西发展轴（青岛-济南-石家庄-太原-银川-兰州-西宁）4条横向的国家级重点开发轴线；"四纵"指沿海发展轴（哈尔滨-长春-沈阳-大连-青岛-上海-杭州-宁波-福州-厦门-深圳-广州-南宁）、京广发展轴（沈阳-北京-石家庄-郑州-武汉-长沙-广州）、京深发展轴（北京-天津-济南-合肥-南昌-深圳）、包南发展轴（包头-西安-重庆-贵阳-南宁）4条纵向的国家级重点开发轴线。通过构建以"四横四纵"为主体的战略布局框架，实行"多中心网络开发"战略，将有助于推动全国经济一体化与区域经济协调发展进程，构建一个安全、有序、均衡、高效的国土空间开发和城镇化格局。

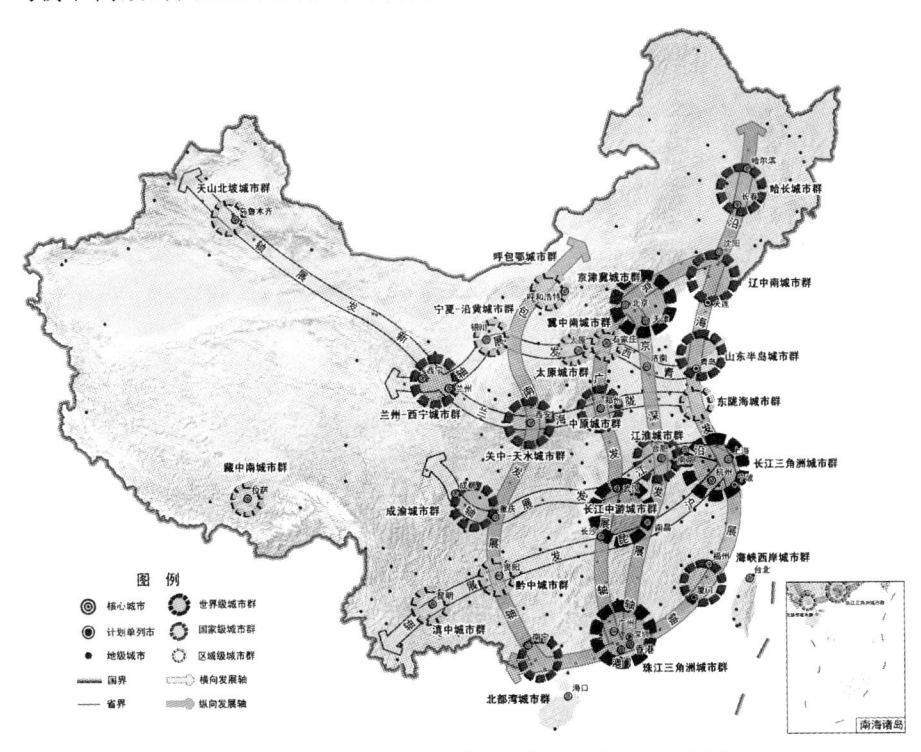

图1-13 中国国土开发与城镇化的宏观战略布局示意图

资料来源：笔者自绘。

表 1-14 中国"四横四纵"的国土开发与城镇化轴带

发展轴带	轴带名称	详细情况
四大横轴	沿江发展轴	上海-南京-合肥-武汉-重庆-成都,串联长江三角洲城市群、江淮城市群、长江中游城市群、成渝城市群;沿发展轴分布了23座城市、100多个开发区和各类高新技术产业开发区,初步形成了一条在全国占重要地位的长江干流人口、产业集聚轴线与经济走廊,是强化中国东中西部经济联系的最重要通道
	陇海-兰新发展轴	连云港-郑州-西安-兰州-乌鲁木齐,串联东陇海城市群、中原城市群、关中-天水城市群、兰州-西宁城市群、天山北坡城市群,该发展轴贯穿中国东中西部10个省区,与11条南北向铁路交会,将淮海区域与中原地区,以及西陇海兰新经济带连接起来,形成一条以铁路干线为纽带的经济发展轴
	沪昆发展轴	上海-杭州-南昌-长沙-贵阳-昆明,串联长江三角洲城市群、长江中游城市群、黔中城市群、滇中城市群,是连接中国东部、西南及通向南亚、东南亚各国的重要通道
	青西发展轴	青岛-济南-石家庄-太原-银川-兰州-西宁,串联山东半岛城市群、冀中南城市群、太原城市群、宁夏-沿黄城市群、兰州-西宁城市群;该线将环渤海地区与山西煤炭化工基地,以及西北地区呼包银地区连接起来,形成全国重要的东西向经济发展线。该轴线集中分布了多种能矿资源,是中国最为重要的能源原材料生产基地。通过加强能矿资源开发,沿线煤炭工业、天然气工业、石油工业、原材料工业对全国经济发展的支撑作用将进一步加强,对于保障国家经济安全具有极其重要的战略意义
四大纵轴	沿海发展轴	哈尔滨-长春-沈阳-大连-青岛-上海-杭州-宁波-福州-厦门-深圳-广州-南宁,串联哈长城市群、辽中南城市群、山东半岛城市群、东陇海城市群、长江三角洲城市群、海峡西岸城市群、珠江三角洲城市群、北部湾城市群,国土面积占全国的14%,人口占全国的40%以上,经济总量则占全国近70%,是中国发展基础最好、发育潜力最大、最具竞争力和战略地位的人口产业发展轴带
	京广发展轴	沈阳-北京-石家庄-郑州-武汉-长沙-广州,串联辽中南城市群、京津冀城市群、冀中南城市群、中原城市群、长江中游城市群、珠江三角洲城市群,由京广铁路与京珠高速等重要主干道为连接纽带,几乎覆盖了中国整个中部地区,同时也连接了环渤海湾地区与珠江三角洲地区,是中国承东启西、南北交会的重要枢纽地区,沿线分布有6个主要交通枢纽,联通海河、黄河、长江、珠江4大水系,分布着35座城市
	京深发展轴	北京-天津-济南-合肥-南昌-深圳,串联京津冀城市群、江淮城市群、长江中游城市群、珠江三角洲城市群,该发展轴北辖环渤海经济区和京津冀城市群,南接珠江三角洲城市群,中段有中国新兴的产业密集带——昌九工业走廊,是中国重要的粮棉农副产品主要产区和矿产资源集聚区,成为中国沿海发达地区辐射带动中西部地区的重要纽带
	包南发展轴	包头-西安-重庆-贵阳-南宁,串联呼包鄂城市群、宁夏-沿黄城市群、关中-天水城市群、黔中城市群、成渝城市群、北部湾城市群,该发展轴北起内蒙古呼包鄂地区,南至北部湾地区,中间连接关中、成渝两大重要节点,与大陆桥、沿长江两大横向发展轴交会

四 中国特色新型城镇化推进的模式选择

改革开放以来,中国城镇化快速推进,取得了巨大的成就,但也伴生了诸多问题,主要体现在城乡矛盾日益突出、城镇空间无序蔓延、社会发展失衡、资源大量消耗、生态环境恶化、城市病集体爆发等方面。针对过去粗放型城镇化模式存在的问题,当前亟须积极探索具有中国特色的新型城镇化模式。根据近年来各地的实践经验,这些模式大体可归纳为城乡融合型城镇化模式、集约型城镇化模式、和谐型城镇化模式和可持续城镇化模式。这四种模式都是中国特色新型城镇化的重要方面,其分析视角、关键问题、基本内涵和实现路径具有较大差异(见表1-15),但它们在许多方面又具有一定的交叉和融合,并非相互分割。

表1-15 中国特色新型城镇化四种模式的比较

	城乡融合型城镇化	集约型城镇化	和谐型城镇化	可持续城镇化
分析视角	城乡关系	资源利用	社会关系	人地关系
关键问题	城乡分割严重	资源粗放利用	社会矛盾突出	生态环境压力大
基本内涵	城乡融合共享	资源集约利用	社会和谐	可持续发展
实现路径	城乡融合共享和一体化发展	土地等资源集约、节约、高效利用	推进市民化、破解城市二元结构	资源集约利用、生态环境保护

资料来源:笔者归纳整理。

(一)城乡融合型城镇化

早在2002年,党的十六大就明确提出要"统筹城乡经济社会发展";2007年,党的十七大报告又提出,"要建立以工促农、以城带乡的长效机制,形成城乡经济社会发展一体化新格局";2012年,党的十八大报告进一步提出,"要加大统筹城乡发展力度",推动"形成以工促农、以城带乡、工农互惠、城乡一体的新型工农、城乡关系","促进城乡共同繁荣"。经过10多年的城乡统筹发展实践,近年来中国城乡居民收入差距虽略有缩小,但2012年城乡居民收入比仍高达3.10,城乡分割现象依然十分严重,城乡二元结构并未得到根本破解。在这种情况下,加大统筹城乡发展力度,推动城乡一体化和融合互动，积极探索城乡融合型城镇化模式，是走中国特色的新型城镇化道路的重要方面。

所谓城乡融合型城镇化，就是要打破城乡分割的城镇化推进思路，通过以城带乡、以工促农、城乡互动、一体发展，实现城乡融合共享发展。换句话说，就是采取城乡融合和一体化的方式来推进城镇化，最终实现城乡共享发展。因此，城乡开放、融合、共享和一体化是城乡融合型城镇化的基本特征。可以说，城乡融合共享是城乡关系发展的最高阶段（马克思、恩格斯，1958；霍华德，1898；刘易斯·芒福德，1961；岸根卓郎，1990等），它是城乡之间在经济、社会、生态等方面实现融合互动、一体发展和共同繁荣。

这种城乡融合共享大体可以归纳为"五个融合"和"四个共享"（王伟光、魏后凯，2013）。"五个融合"包括城乡产业融合、市场融合、居民融合、社会融合和生态融合。其中，城乡产业融合指通过资源整合和产业链重构，推动城乡之间产业相互融合、互促发展，形成城乡产业一体化发展的格局；城乡市场融合指通过发展和培育城乡统一的商品市场和要素市场，引导劳动力、土地、资本、技术等生产要素在城乡之间合理有序流动，为实现城乡资源的优化配置发挥重要作用；城乡居民融合指通过户籍制度改革，保障公民迁徙和居住的自由，并在政治权利、劳动就业、公共服务、社会保障、住房等方面，对城乡居民、新移民与城镇原居民实行同等待遇，逐步实现人口的自由流动；城乡社会融合指通过城乡基本公共服务均等化和新型农村社区建设，推进城乡社会发展一体化，实现城乡社会保障并轨；城乡生态融合指通过统筹城乡生态建设和环境保护，构建城乡一体化的生态网络体系，实现产业发展、人居环境与生态环境的有机结合。

"四个共享"包括城乡资源共享、机会共享、公共服务共享和发展成果共享。其中，城乡资源共享指通过城乡通开，让城镇各种优质资源向农村居民开放，同时使城镇公共服务设施向农村地区延伸，打破以往偏向城市的资源配置格局；城乡机会共享指在政治权利、劳动就业、投资发展等方面，为城乡居民提供平等的发展机会，同时依靠发展飞地经济和加大援助力度，实现区域之间发展机会共享；基本公共服务共享指消除城乡差别和户籍限制，推进城乡基本公共服务均等化和基本公共服务城镇常住人口全覆盖，使全体社会成员都能均等享受基本公共服务；发展成果共享就是从体制、机制和政策等不同层面，加大对农村、落后地区和低收入困难群体的扶持力度，缩小城乡、区域和居民收入差距，让不同地区、城乡居民以及不同群体都能最大限度地分享城镇化和改革发展成果。

（二）集约型城镇化

集约是与粗放相对应的概念，集约型经济就是采取提高生产要素使用效率的方式来进行社会生产的一种经济发展类型（刘树成，2004）。所谓集约型城镇化，就是要根本改变粗放的外延发展模式，采取更加集约和节约利用资源的方式方法，提高城镇化过程中各种资源的利用效率尤其是土地利用效率。其基本特征主要表现在城镇化过程中土地以及其他资源（水、能源及其他生产要素）的集约、节约、高效利用。集约型城镇化具有两方面的含义：一是倡导节约资源，推进城镇节地、节水、节能、节材工作；二是通过技术进步、结构调整和制度创新等途径，提高城镇化过程中各种资源和要素的集约利用程度。推进集约型城镇化，核心是尽可能减少城镇化进程中的各种资源消耗，提高资源集约利用程度和效率，建设资源节约型城市，包括节地型城市、节能型城市、节水型城市和低碳城市。

土地集约利用是集约型城镇化的首要特征。从国外城市化的经验来看，目前欧洲、美国、日本都提倡实施土地集约利用的城市化战略。自"二战"以来，欧洲各国政府通过严格控制城市交通方式、规划绿带、保护农业用地等政策，有效遏制了城市蔓延，总体保持了紧凑型的城市空间形态。"二战"以来到20世纪90年代，美国的城市化一直是采取蔓延（Sprawl）模式，但美国规划学者已经意识到这种模式会带来对小汽车的需求和随之而来的高能耗和高排放问题，以及邻里关系、社区安全、种族隔离、税源减少等一系列问题，进而起草了《新城市主义宪章》（*Charter of the New Urbanism*，1996），提出要塑造具有城镇生活氛围的、紧凑的社区，取代郊区蔓延的模式。日本受自然地理条件限制，一直实行人口和经济高度集聚的城市化战略，形成了独特的以大城市和都市圈为主导的城市化模式。

从土地和空间利用的角度，紧凑型城镇化可看成集约型城镇化的一种类型。其核心是在土地集约利用模式引导下，通过高密度的城市开发、混合的土地利用以及建立公交优先的城市交通体系等，推进紧凑型城市建设。高密度的城市土地开发利用，不仅可以遏制城市空间蔓延，有效保护耕地、绿地等免遭开发，同时也可以有效缩短交通距离，降低人们对小汽车的依赖，从而降低能耗和排放，而且还可以在有限的空间范围容纳更多的城市活动，实现公共服务设施的规模效应。混合的城市土地利用指通过将居住用地与工作地及休闲娱乐、公共服务设施用地等混合布局，实现短距离通勤、杜绝钟摆式城市生活，由此降低交通需求，减少能耗和排放，缓解城市病症状，而且有利于加强人际联系，形成良好的社区文化，创造多样化、充满活力的以人为本的城市生活，促进城市和谐。建立公交优先的城市交通体系，可以降低对小汽车的依赖，减少尾气排放，改善城市环境，提高城市交通体系运行效率。

除了土地集约利用之外，集约型城镇化还要求其他资源的集约利用，主要包括城镇水资源和能源的集约高效利用。在城镇化的过程中，推进水资源的集约高效利用，重点是推广节水技术，加强水资源循环利用，强化水污染综合防治，完善水资源管理体制，建立健全节水政策体系，全面建设节水型城市；推进能源的集约高效利用，重点是大力推广节能技术，调整优化经济结构，转变发展方式和消费模式，完善节能减排政策体系，促进生产、建筑、交通和生活节能，积极建设节能型城市和低碳城市。

（三）和谐型城镇化

从本义上讲，和谐是指对立事物之间的和睦共处、相互协调。所谓和谐型城镇化，就是把和谐发展的理念贯穿到城镇化的全过程和各个领域，切实处理好城镇化进程中各种利益关系，构建一个以平等、公正、共享为特征，不同群体和睦共处、相互包容的发展格局。因此，和谐型城镇化的本质是以人为本，平等、公正、共享是其基本特征。从某种程度上讲，和谐型城镇化是一种人本型城镇化，也是一种具有包容性的城镇化。城镇化的核心是人的城镇化，必须强调以人为本，把关注人的需求、居民福祉和社会和谐作为核心内容，着力解决城镇化进程中的各种不和谐因素，走和谐型城镇化之路。推进和谐型城镇化，是落实科学发展观、构建和谐社会的重要战略举措，是走中国特色新型城镇化道路的必然选择。

一是推进农业转移人口的市民化。推进农业转移人口市民化是一项长期的艰巨任务。当前，应重点抓好规划编制和顶层设计，对全国推进市民化工作的总体目标、重点任务、战略路径和制度安排进行全面规划部署，明确各阶段的目标、任务和具体措施，制订切实可行的实施方案，分阶段稳步推进市民化进程，多措并举、分层分类做好市民化工作，构建政府主导、多方参与、成本共担、协同推进的市民化机制，使农业转移人口获得与城镇户籍居民均等一致的社会身份和权利，能公平公正地享受和城镇户籍居民平等的基本公共服务和社会福利，并在价值观念、社会认同、生活方式上完全融入城市社会。这样就需要在推进市民化的过程中，加快户籍、就业、教育、土地、住房、社会保障等综合配套改革，实现农业转移人口的职业转化、地域转移、身份转换以及价值观念和生活方式的转变。

二是破解城市内部的新二元结构。中国的城镇化虽然没有出现拉美国家、印度等那样严重的贫民窟，但近年来城市居住空间分异加剧，城市贫困问题凸显，城中村、棚户区、旧城区改造任务艰巨。这种城市内部的新二元结构如果不能及时解决，必然会导致更严重的城市社会问题，如"城市中的贫民窟""儿童和十几岁青少年的社会化问题""经济、社会和家庭压力导致自杀率和行为问题上升""城市暴力"等（诺克斯和迈克卡西，2011）。为此，必须加强城中村和棚户区的改造，高度关注城市贫困和弱势群体，加快收入分配制度改革，积极推进基本公共服务均等化，逐步消除城市内部新二元结构。

三是减少城镇化过程中的利益冲突。在城镇化快速推进的过程中，城镇蔓延和空间扩张通常会占用一定的农村土地，甚至是耕地，由此引发了一系列的征地拆迁矛盾，造成了大量的失地农民。同时，伴随着农村劳动力向城镇地区流动，还产生了农村留守老人和儿童问题。这种情况在日本、韩国等国家也曾比较严重。推进和谐型城镇化，就必须从农民的切身利益出发，不断提高征地补偿标准，推进和谐拆迁，切实解决好失地农民就业安置和社会保障问题，协调好各方面利益关系。同时，要从城乡统筹发展的角度，妥善解决好农村留守儿童、妇女和老人问题，尤其是生活和教育问题，把推进城镇化与建设新农村紧密结合起来。

四是加强大城市和城市群的综合治理力度。推进和谐型城镇化，需要更加强调市民人格，建立市民自治的城市管理制度，鼓励市民积极参与公共事务治理，确立市民的主体地位。尤其是，针对北京、上海等大城市出现的城市病，如交通拥挤、房价高企、环境质量下降等，要实行综合治理。比如，要根治大城市的空气质量污染，不仅需要采取多方面措施进行综合治理，而且还需要突破行政区划的限制，建立区域性的联防联控机制。在珠三角、长三角、京津冀等城市群地区，要整合资源，强化功能定位和产业分工，推进区域一体化和同城化进程，构建面向城市群一体化的主导优势产业链，形成错位竞争的新型产业分工格局。

(四) 可持续城镇化

1987年，世界环境与发展委员会（1997）在《我们共同的未来》中提出了可持续发展的概念，认为"可持续发展是既能满足当代人的需要，又不对后代人满足其需要的能力构成危害的发展"。可持续发展理念体现了公平性、持续性、共同性和协调性的原则，是一种以自然持续发展为基础，以经济持续发展为任务，以社会持续发展为目的的新发展观（魏后凯，1998）。作为可持续发展的重要组成部分，可持续城镇化就是要减少城镇化的资源和环境代价，以尽可能少的资源消耗和尽可能小的环境代价，实现相同的城镇化目标和城镇经济快速发展，提高城镇发展和城镇化的可持续性。因此，可持续城镇化是一种绿色低碳、资源节约、环境友好的新型城镇化模式，它是世界各国城镇化探寻的方向。推进可持续城镇化，就必须尽可能减少资源消耗和废弃物排放，加强生态环境保护和恢复治理，建设具有可持续性的城市，如资源节约型城市、环境友好城市、生态城市、生态文明城市等，走绿色城镇化、生态城镇化、低碳城镇化之路。

第一，减少推进城镇化的资源代价。本来，人口、要素和产业向城镇地区集聚，可以获取集聚经济效益，减少资源的消耗。但是，如果采取粗放的外延发展方式，城镇化的快速推进必然会带来资源的过度消耗和浪费。推进可持续城镇化，必须强调资源的节约、集约和高效利用，尽可能减少城镇化对土地、水、能源、原材料等的消耗，建设集约高效、循环再生的资源利用体系，用最小的资源代价实现相同的城镇化目标，走资源低消耗、集约节约的新型城镇化之路。

第二，减少推进城镇化的环境代价。城镇化是人类为满足消费需求而集中消耗资源和排放废弃物并创造物质和精神文明的过程，也是城镇地区灰色空间（水泥地连片、建筑丘陵化）逐渐吞噬绿色空间（田野、林地、湿地等）、城市景观逐渐向乡村地区蔓延的过程。因此，城镇化对环境质量有着重要的综合影响，这种影响既有正效应，也有负效应。显然，城镇化的推进绝不能以牺牲耕地、粮食和生态环境为代价，而必须与区域资源和环境承载能力相适应，要杜绝以生态破坏、环境污染、耕地减少为代价换取发展，积极探索出一条经济发展与生态环境保护深度融合、环境代价最小的绿色城镇化之路。

第三，建设具有可持续性的城市。城市作为人口和产业活动集聚的中心，在国民经济和社会发展中占有极为重要的地位。如果城市环境是不可持续的，那么也就不可能真正实现可持续发展的目标。因此，如何维护城市的可持续性，建设具有可持续性的城市，将成为实施可持续城镇化的核心内容，也是未来几年人们面临的最大挑战之一（雅克，2010）。一个城市能否称为可持续城市，主要是看其在自然环境、经济和社会发展等方面是否具有可持续性。而维护城市的可持续性，关键是保护城市的生态环境，提高城市自然和环境的承载能力，并通过加强需求管理，采取经济、行政和法律手段，限制和防止需求的过度增长，使供给与需求保持适度的平衡。

第四，提高城市群可持续发展能力。城市群是中国未来推进城镇化的主体形态，也是吸纳新增农业转移人口的主要载体。然而，在珠三角、长三角、京津冀等沿海城市群，随着人口、要素和产业的大规模集聚，目前资源和环境承载能力日益接近极限。为此，必须加快经济转型升级步伐，进一步优化空间结构，不断提高城市群的可持续发展能力。一方面，要控制大城市中心区人口增长，引导其人口、产业、设施和功能向新城、产业园区、卫星镇和周边地区疏散，调整优化空间结构，发展多中心的网络城市，提高城市的自然和环境承载能力；另一方面，借鉴荷兰兰斯塔德（Randstad Holland）的经验，积极发展城际快速交通系统，加强各城市之间的功能分工，设立生态走廊和生态保护区，构建可持续的区域性城市网络，避免城市群地区人口和产业集中造成区域性的生态环境恶化（魏后凯，1998）。

五 建立推进中国特色新型城镇化的长效机制

走中国特色的新型城镇化道路，必须打破传统体制的束缚，加快经济社会体制改革的步伐，建立有利于推进新型城镇化的长效机制。这种机制包括市场主导机制、政府引导机制、公众参与机制、区际协调机制、成本分担机制和成果共享机制。

（一）市场主导机制

城镇化主要包括人口城镇化和土地城镇化两个方面，人口和土地资源能否实现优化配置是决定城镇化质量高低的关键。长期以来，在中国城镇化推进的过程中，市场机制受到诸多的约束和扭曲，没能发挥好资源配置的基础作用，人力资源不能自由流动，土地资源得不到高效利用，这是导致"不完全城镇化"和城镇无序蔓延的主要原因。走中国特色的新型城镇化道路，需要尊重和充分发挥市场机制在人口、土地等资源配置过程中的基础性作用，保障与城镇化相关的人口、土地等要素按照市场规律合理流动，优化城乡资源配置，充分发挥城镇集聚经济效应，提高人口城镇化和土地城镇化的质量。

一是市场主导的人口流动机制。劳动力从第一产业向第二、第三产业的转移是经济发展的基本规律。城镇是非农产业的集聚地，农业劳动力的非农化促进了农村人口向城镇的集聚，即人口城镇化过程。在户籍及其附属制度的约束下，中国传统的人口流动机制是不完全城镇化的根源。为此，亟待建立市场主导的人口流动机制，这是促进人口自由流动的基础，也是解决"不完全城镇化"问题的根本途径，同时也有利于形成更加合理的城镇体系。建立市场主导的人口流动机制，就是要减少约束人口自由流动的制度因素，使人口可以通过权衡进入城市的成本和收益，自由选择进入某个城市，降低人口城镇化的制度壁垒和成本。从政策制定的角度看，建立市场主导的人口流动机制，不仅要改革直接约束人口自由流动的户籍政策，减少人户分离现象，还要改革附着在户籍上的就业、医疗、教育、养老、住房等一系列公共服务和社会保障政策，保障流动人口同等享受公共福利的权利。

二是市场主导的土地流转机制。城镇化过程中的土地流转主要涉及两个方面，一是土地城镇化过程中土地征用的问题，二是人口向城镇转移过程中农村土地流转问题。现阶段，土地征用并没有按照市场价值对征占土地进行补贴，现行较低的征地补贴标准造成了城镇空间的无序蔓延，导致耕地的大规模低效占用甚至荒废，同时也导致征地拆迁过程中的激烈社会矛盾。另外，在农民向城镇迁移的过程中，由于缺乏完善的农村土地流转机制，进城农民并不能有效地流转土地承包经营权，不仅没有为人口城镇化分担成本，而且还导致部分农村耕地的废弃。为此，走中国特色的新型城镇化道路必须逐步建立完善市场主导的土地流转机制，要在征地过程中按市价标准进行补偿，促进城镇土地利用的价值最大化，同时完善农村土地流转制度，促进土地资源的有效配置和高效利用。具体到政策领域，则要求进一步完善土地征用政策，设定符合市场价值的土地征用补偿标准；建立健全农村集体土地流转制度；制定针对闲置和低效利用土地的清理和置换政策。

（二）政府引导机制

以尊重市场规律、充分发挥市场机制的基础性作用为前提，在城乡区域统筹、棚户区和城中村改造、收入分配、社会保障、公共服务、生态环境保护等领域，充分发挥各级政府的规划引导和政策调控作用，不断化解和消除城镇化进程中的各种矛盾和冲突，为走中国特色的新型城镇化道路提供制度保障。

一是强化规划引导。在国家和省域层面，要编制科学的城镇化规划，明确各时期城镇化的战略思路、重点领域和主要路径，引导农业转移人口有序流动，优化城乡空间结构，推动形成科学合理的城镇化格局。在地级市及县域层面，重点是编制好城乡规划。要通过全域规划，明确发展导向和分区指引，确定生产、生活和生态空间比例，促进城镇化健康发展。

二是加大公共服务供给。明确划定中央和各级地方政府之间的职责分工，增加公共产品供给，强化公共服务，完善社会保障制度，确保基本公共服务城镇常住人口全覆盖。一方面，加快推进农业转移人口市民化进程，在子女教育、劳动就业、医疗卫生、社会保障、住房、政治权利等方面，对农业转移人口实行与城镇原居民同等的待遇；另一方面，加大棚户区和城中村改造力度，强化中小城市和小城镇的基础设施建设和公共服务，逐步消除城市内部空间二元结构，缩小不同规模城市间以及城镇间的公共服务差距，促进大中小城市与小城镇协调发展。

三是加强城市管理。要改变当前城镇化进程中"重建设、轻管理"的倾向，强化城镇管理，推动城镇化由以"建设为主"向"建管结合"，继而向以"管理为主"转变。特别是，要重视对城市群地区和大城市的综合治理。目前，中国一些大城市已经出现了不同程度的"城市病"，如城市空间迅速蔓延、房价高昂、空气质量下降、交通拥挤、城市贫困加剧等。对于这些问题，应该采取多方面的政策措施，实行综合治理，建立完善新型的长效机制。

（三）公众参与机制

在市场主导和政府引导的基础上，必须强化公众在城镇化过程中的主体地位，提高公众参与度，鼓励和引导社会各界广泛参与。为此，需要建立互动机制，在城乡规划和建设过程中积极倾听、采纳公众建议；

完善宣传机制，使公众（尤其是弱势群体）能够及时了解相关政策；畅通监督和反馈机制，使公众能够全面参与监督城镇化进程，关注质量提升。

一是建立互动机制，保障公众话语权。城乡规划和建设过程，往往与公众的利益息息相关，为此，要建立相应的互动机制，积极倾听、广泛采纳公众（尤其是利益相关者）意见，保障城镇化过程中的公众利益不受损害。在城镇规划阶段，要认真听取公众意见，坚决杜绝违背公众利益的规划方案出现；在招商引资过程中，涉及民生的重大项目要在审批过程中加强公众参与，避免项目实施过程损害公众利益或遭受公众对抗，比如近年来在厦门（2007年）、大连（2011年8月）、镇海（2012年10月）等多个城市出现的PX事件。

二是健全宣传机制，保障公众知情权。首先特别需要针对农民工群体加强宣传工作，帮助农民工群体提高维权意识，保障其获得参政议政、劳动工资、社会保障、公共服务等方面的权利；同时，要加强可持续城镇化的宣传，提高公众的资源节约、环境保护意识，让个体、企业、非政府组织等都参与到可持续城镇化过程中，促进城镇化集约高效、绿色低碳发展；此外，要帮助公众及时了解掌握土地征占拆迁相关制度和标准，提高农民的土地权益保护意识，同时避免不必要的冲突。

三是完善反馈机制，保障公众监督权。现阶段城镇化过程中存在大量农民工权益得不到保障、基本公共权益不平等、强征强拆、低效占用土地等不合法、不合理现象。由于缺乏相应的监督和反馈机制，很多问题并不能得到有效解决。如果不能及时有效解决这些不良社会问题，此类现象将愈演愈烈。因此，迫切需要建立相应的监督和反馈机制，帮助解决此类相关问题。一方面，要鼓励建立相关非政府组织，如农民工权益保护组织、征地拆迁保护组织等对弱势群体提供协助，做好监督和反馈工作；另一方面，要充分利用新媒体的舆论宣传作用，加强对城镇化过程中各种不良社会问题的监督。

（四）区际协调机制

在城镇化过程中，人口流动、产业集聚、城市群建设、生态环境治理以及能源资源保障等都涉及跨区域协调问题。在人口流动过程中，流出地和流入地之间需要加强社会保障的接转和公共服务的对接；在城市群建设中，需要建立跨区域的协调机制，推进区域一体化；在城镇化推进中，为强化主体功能分工，则需要搞好城镇化地区与非城镇化地区之间的利益协调。为此，推进中国特色的新型城镇化必须建立完善多层次的区际协调机制。

一是社会保障和公共服务的区际衔接机制。目前，中国人口流入地和流出地在社会保障和公共服务方面缺乏协调，导致流动人口难以享受平等的公共福利，在医疗、子女教育、养老、住房等方面均得不到应有的保障。为此，要构建全国统一的社会保障账户网络，建立个人城乡间、区域间社会保障账户衔接机制，尤其要针对农民工流动性大和劳动关系不稳定的特点，探索农民工社会保障的转移和接续办法，确保农民工在流动就业中的社会保障权利。同时，要通过建立完善财政转移支付体系实现公共服务的跨区域衔接，重点解决农民工子女教育经费的跨区域转移，农村医疗保险的跨区域使用等问题。此外，对人口吸纳能力较强，提供教育、医疗、住房等公共福利较多的大城市，要设立流动人口公共服务专项转移支付，提高其为流动人口提供公共服务的能力。

二是城市群发展的区际协调机制。城市群是现阶段推进城镇化的主体形态。为促进城市群的健康发展，当前亟须建立完善相应的区际协调机制。要加强城市群地区的发展规划，明确各城市的功能定位和产业分工，推进基础设施、产业布局、公共服务、社会保障和生态环境治理等一体化进程，逐步实现城市群内部的规划同筹、交通同网、信息同享、金融同城、市场同体、产业同链、科技同兴和环保同治（刘锋，2010）。同时，要面向整个城市群地区，构建一体化的主导优势产业链，依靠链式发展、错位竞争，形成群体竞争优势。

三是城镇化进程中的利益补偿机制。从空间形态看，城镇化的过程就是人口、要素和产业向城镇地区的集聚。显然，在这种城镇化过程中，城镇化建设如设立产业园区、建造商品住宅等，可以获得丰厚的经济收益。相反，在那些非城镇化的限制和禁止开发区域，主要是提供农产品和生态产品，这些产品属于公共产品，其经济回报率较低。为此，需要建立完善补偿机制，让城镇化地区对非城镇化地区进行补偿，包括对水源保护地的资源补偿，对湿地、森林公园、自然保护区等的生态补偿，对农村地区的耕地保护补偿以及对落后贫困地区的援助，等等。通过建立健全区域补偿机制，促进城乡区域协调发展。

(五) 成本分担机制

城镇是人口、要素和产业的集聚地，推进城镇化需要在基础设施、公共服务、社会保障、住房建设、产业发展等方面投入大量资金。尤其是，目前中国进城农民市民化程度低、城镇基础设施和公共服务不足、城镇就业压力增大、生态环境状况堪忧，要从根本上解决这些问题，单纯依靠政府财政资金是远远不够的，需要广泛吸引企业和社会资本进入，逐步建立一个完善的多元化成本分担机制。

一是城镇建设的成本分担机制。推进城镇化既要大力建设基础设施和公共设施，又要大量建设保障性住房，主要依靠财政资金难以很好地支撑城镇建设，这样就需要建立完善有利于城镇建设的多元化成本分担机制。第一，拓宽地方财政收入的来源渠道，以增强地方财政对城市建设和保障房建设的支撑力度。可以考虑开征房产税和遗产税，调整中央和地方的税收分成比例，提高地方财政收入比重，规范地方债券发行和融资平台建设；第二，深化投融资体制改革，推行多元化筹资方式，如积极推行 BOT（建设－经营－转让）、BOOT（建设－拥有－经营－转让）、TOT（转让－经营－转让）、ABS（资产收益抵押）、PFI（私人主动融资）等项目融资和政府特许经营方式，盘活存量资产，扩大增量；第三，利用财政贴息，积极引入信贷资金，尤其是那些投资回收年限长、贷款不易的公共设施和环保设施等项目；第四，扩大金融对城镇建设的支持力度，重点是强化金融服务意识，完善金融服务体系，适当放宽对城镇建设具有促进作用的企业债券发行的限制。

二是农民市民化的成本分担机制。在加大政府财政支持和税收优惠的基础上，积极探索农民集体资产对农民市民化的资金支持机制，实现农民带资进城。农民进城转变为市民不应以放弃在农村原有的资产权益为前提。要通过市场化的手段，将农民在农村占有和支配的各种资源转变为资产，并将这种资产变现为可交易、能抵押的资本，使离开农村进入城镇的农民成为有产者，让农民带着资产进城，从而跨越市民化的成本门槛，实现农民变市民的根本转变（魏后凯、陈雪原，2012）。

(六) 成果共享机制

长期以来，中国在快速推进城镇化的过程中，对成果共享没有引起足够的重视，出现了城乡差距过大、城镇社会阶层和居住空间分异加剧、城市贫困和弱势群体问题凸显等问题，各种社会矛盾日益加深。走中国特色的新型城镇化道路，必须建立完善成果共享的长效机制，实现基本公共服务城乡常住居民全覆盖，让城乡居民、城镇原居民与新移民以及城镇不同社会阶层和群体都能共享城镇化的成果。当前重点是建立资源、机会和利益共享机制。

一是资源共享机制。城镇化过程中的资源共享是指城乡、城市的不同群体能够共享各种公共资源，包括基础设施、公共服务设施、教育、医疗、住房保障等。一方面要加强城乡之间的资源共享。由于公共产品存在规模经济问题，城镇的公共资源往往更加优越，为此一定要打破城乡界限，使农村居民共享城镇公共资源，尤其是优质教育、医疗等明显集聚在城市的资源，要消除户籍限制，增强农村医疗保险的流动性，提高农村居民对优质公共服务的可获得性。另一方面，要加强城市、区域间的资源共享。北京、上海、广州等特大城市以及各区域中心城市，往往得到更多的政策支持，教育、医疗、文化等公共资源更为集中、更为优越，需要通过提高教育、医疗服务对外地居民的开放性，逐步实现这些城市公共资源在全国范围、区域范围内的共享。

二是机会共享机制。城镇化过程中的机会共享主要是指城乡居民拥有参与城镇建设、城镇发展的平等机会。无论是城镇居民还是农村居民，不论其群体、民族、性别，在政治权利、劳动就业等方面，都应该享受同等的机会。为此，要确保农民工的参政议政权利，尽快取消与户籍相关的歧视性就业政策，为各地区城乡劳动力提供平等的就业机会。

三是利益共享机制。城镇化过程中的利益共享是指推进城镇化的各方面主体，都能够共享城镇化带来的利益。这种利益共享主要集中在三个层面：在城市内部，要加强城中村、棚户区和老旧城区改造，推进农业转移人口市民化进程，下大力气解决失地农民补偿安置问题，加大对贫困和低收入家庭的扶持力度，着力解决城市内部新二元结构，实现城镇常住居民的利益共享；在区域内部，要推动城镇基础设施和公共服务向农村延伸，加大"工业反哺农业、城市支持农村"的力度，促进城乡一体化进程，着力破解城乡二元结构，实现城乡居民的利益共享；在区域之间，要通过转移支付、对口支援、经济补偿、社会捐助等方式，加大对欠发达地区的扶持力度，着力破解区域二元结构，促进区域协调发展、共同繁荣。

六　推进中国特色新型城镇化的政策措施

促进中国城镇化战略转型，构建科学合理的城镇化格局，走具有中国特色的新型城镇化道路，需要突破户籍、土地等方面的制度障碍，加快经济社会和行政管理等综合配套改革的步伐，建立完善城乡统一的户籍登记管理制度、社会保障制度和均等化的基本公共服务制度，同时尽快启动恢复建制市设置工作，为推进中国特色新型城镇化提供强有力的制度保障和政策支持。

（一）尽快启动恢复建制市设置工作

自改革开放以来，在中央政府关于整县改市的政策性标准[①]引导下，中国的建制市从1978年的193个快速增长到1997年底的668个。建制市数量的增加，既为新增城镇人口提供了重要载体，也诱发了各地盲目追求设市目标的倾向。为此，1997年《中共中央国务院关于进一步加强土地管理切实保护耕地的通知》（中发〔1997〕11号）做出"冻结县改市的审批"的决策，中国建制市发展进入撤地设市、撤市（县）设区、县下乡镇合并与撤乡设镇的宏观控制和整合发展的新阶段，至2010年全国建制市减少到657个。

然而，随着1996年中国城镇化进入加速推进时期，建制市数量的不断减少与城镇化的加速推进形成鲜明对比。国家对新设建制市的冻结导致设市工作严重滞后，远不能适应城镇化快速推进的需要，同时制约了经济强镇的发展。比如，目前中国已有一批建制镇镇区人口规模超过20万，有的甚至超过50万。这些建制镇尽管人口规模已经突破中等城市甚至大城市的界限，但其规划和管理仍沿用建制镇的体制，远不能适应城镇发展的需要。为此，应尽快恢复设市工作，研究制定新的设市标准，重启县改市，并在全国选择一批有条件的建制镇，逐步推行"镇改市"。

（1）研究制定新的设市标准。中国现行的设市标准是1993年调整的，由于这一标准是按照"八五"计划中关于"城市发展要坚持实行严格控制

[①] 1986年2月3日民政部向国务院上报《关于调整设市标准和市领导县条件的报告》，国务院于1986年4月19日以国发〔1986〕46号文件批转各地试行；1993年2月8日，民政部向国务院上报《关于调整设市标准的报告》，国务院于1993年5月17日以国发〔1993〕38号文件批转试行。

大城市规模，合理发展中等城市和小城市的方针"精神制定的，不符合现行的大中小城市和小城镇协调发展战略，再加上近年来中国经济社会的快速发展，已经不符合现在的要求，因而需要尽快制定新的设市标准。可以参考1993年的设市标准以及中国城镇发展现状，综合考虑人口集聚水平（规模与密度）、经济发展水平（生产总值、产业结构、就业结构、财政收入等）、城区建设水平（公共基础设施建设情况）等因素，尽快制定县改市、镇改市的标准。对西部边境和民族地区人口较少、经济发展水平较低但地位突出的城镇，其设市标准应相应低一些。

（2）因地制宜推进县改市（区）工作。县改市（区）要以是否有利于调动地方发展的积极性，是否有利于城镇经济又好又快发展为出发点。对于紧邻地级及以上级别城市且与其经济联系紧密、人口密度大、城镇化率较高、经济实力较强的县，可考虑改为区；对于远离地级及以上级别城市、人口密度和城镇化率较低、综合实力较强的县可考虑改为市。要尽可能避免将现有县级市改为区。

（3）稳妥开展"镇改市"的县辖市试点。中国现行的市制体制主要有直辖市、副省级市、地级市、县级市4级[①]。但随着东部发达地区县域经济、镇域经济的发展壮大，浙江、广东、山东等省已经开始实施镇改市（区）试点[②]，以扩权强镇为目标的"镇级市"蓄势待发。为促进城镇科学发展，当前应积极稳妥开展"镇改市"的县辖市试点与推广工作。改制后的镇级市，可享受设市城市的建制和县级或准县级规划管理权限，但在行政区划上仍由原所在县管辖。

（二）合理引导农业人口有序转移

目前中国城市规模结构严重不合理，一些特大城市已经面临交通拥挤、房价高昂、生态环境质量下降、承载能力受限、"城市病"凸显等问题，而一些中小城市和小城镇则由于基础设施落后，公共服务水平低，产业支撑乏力，对农民缺乏吸引力，吸纳能力严重不足。为此，要制定切实可行的政策

[①] 在地级市之上，还有较大的市。在某些省区，还设有副地级市。
[②] 如2010年2月浙江省温州市提出要把乐清市柳市镇、瑞安市塘下镇、永嘉县瓯北镇、平阳县鳌江镇、苍南县龙港镇这5个试点强镇建设成为镇级市；同年4月广东省东莞市提出稳步推进并镇建市（区）或者撤镇改市（区）；同年8月，山东省宣布将启动镇级市试点，计划用3～5年时间将省内20多个中心镇培育成小城市。

措施，不断提高特大城市的综合承载能力，增强中小城市和小城镇的产业支撑和人口吸纳能力，合理引导新增城镇人口的流向，促进大中小城市和小城镇协调发展，遏制城镇规模增长的"马太效应"。

(1) 提高特大城市的综合承载能力。要加快推进郊区化和一体化进程，优化空间结构，促进产业转型和功能提升，提高特大城市的综合承载能力。要积极引导和鼓励特大城市中心区人口和产业向周边扩散，同时加快快速交通网络建设，优先发展公共交通尤其是大容量轨道交通，积极推进基础设施、产业布局、环境治理、要素市场、劳动就业和社会保障等一体化，促使进城农民在特大城市郊区（县）和周边城镇居住，并通过快速交通体系到城区上班，或者实现就近就业。

(2) 增强中小城市和小城镇的吸纳能力。要切实加强基础设施建设，提高公共服务能力和水平，积极培育特色优势产业，不断扩大就业机会，提高中小城市和小城镇的人口吸纳能力。当前，可以考虑由中央财政设立国家小城镇建设专项资金，重点支持小城镇基础设施、公共服务设施和安居工程建设，并采取"以奖代投"的办法，对各地小城镇建设实行奖励政策。对小城镇符合国家产业政策和环保要求的新办企业，要给予小额贴息贷款支持。

(3) 积极引导东部地区产业向中西部转移。要把产业转移与人口迁移有机结合起来，通过引导产业转移，促进中西部地区人口就近实现城镇化。要进一步深化落实《国务院关于中西部地区承接产业转移的指导意见》，对产业转移在财税、金融、投资、土地等方面给予必要的政策支持，依托产业转移和承接引导农业转移人口的流向。

（三）建立城乡统一的户籍登记管理制度

当前，户籍制度改革严重滞后，已经成为制约农业转移人口市民化和城镇化质量提升的重要障碍。推进农业转移人口市民化是提升城镇化质量的核心，而加快户籍制度改革则是推进农业转移人口市民化的前提条件。户籍制度改革的关键是户籍内含的各种权利和福利制度的综合配套改革，户籍制度改革只是"标"，而其内含的各种权利和福利制度的改革才是"本"。户籍制度改革必须标本兼治、长短结合，其目标不是消除户籍制度，而是剥离户籍内含的各种权利和福利，逐步建立城乡统一的户籍登记管理制度和均等化的公共服务制度，实现公民身份和权利的平等。为此，应按照"统一户籍、普惠权利、区别对待、逐步推进"的思路，加快推进户籍制度及其相关配套改革，为积极稳妥推进城镇化扫清制度障碍。

（1）明确户籍制度改革的基本思路。要打破城乡分割，按照常住居住地登记户口，实行城乡统一的户口登记管理制度，同时剥离现有户籍中内含的各种福利，以常住人口登记为依据，实现基本公共服务常住人口全覆盖。公民一律在常住居住地即户籍登记地依照当地标准，行使公民的各项基本权利，享受各项公共服务和福利，包括选举权、被选举权和公共福利享有权等。从全国看，大体分两个阶段推进：第一阶段为过渡期。对常住外来人口统一发放居住证，保障公民基本权益，并享受本地部分公共福利。当持证人符合一定条件时，如有固定住所和稳定收入来源、居住或持证达到一定年限等，应发给正式户口。这些条件可由各地根据实际情况制定，但门槛不能太高。第二阶段为并轨期。当条件成熟时，取消居住证，实行居住证与户口并轨，即完全按常住居住地登记户口。所谓条件成熟，就是要基本建成均等化的公共服务制度，实现基本公共服务常住人口全覆盖。

（2）建立全国统一的居住证制度。尽快出台《居住证管理办法》，规范和完善居住证制度。居住证申办要从低门槛逐步走向无门槛，严禁将学历、职称、无犯罪记录等作为申办的前置条件。常住外来人口只要有固定住所，自愿申请，都应该办理居住证。持证人在选举权、就业权、义务教育、技能培训、临时性救助、基本医疗保险、基本养老保险和失业保险等方面，享受与当地户籍人口同等的待遇。除了基本保障外，其他方面的社会保障和公共服务，如住房保障、一般性社会救助等，由各地方政府根据实际情况确定，中央不做具体规定。在此基础上，根据持证人在当地工作的年限、持证年限、有无稳定收入来源、社保交纳情况、缴税情况等，确定是否转为正式户口。由于居住证是一个过渡性的临时措施，过渡期不宜太长。可以考虑用10年左右时间，在全国实现由居住证向统一户籍的并轨。

（3）清理与户籍挂钩的各项政策。首先，禁止各地新出台的各项有关政策与户口性质挂钩，除国务院已经明确规定的就业、义务教育、技能培训等政策外，要把范围扩大到社会保障和公共服务各领域。即使是北京、上海等特大城市，新出台的人口规模调控政策，也不应与户口性质挂钩，而应研究制定其他非歧视性的标准。其次，对就业、教育、计划生育、医疗、养老、住房等领域现有的各种与户口性质挂钩的政策进行一次全面清理，取消按户口性质设置的差别化标准，研究制定城乡统一的新标准，使现有政策逐步与户口性质脱钩。条件成熟的，应尽快调整相关政策，并修订完善相关法律法规；暂时不具备条件的，应研究制定分步实施的办法，提出完全脱钩的时间表。这样通过新政策不挂钩、旧政策脱钩，逐步建立城乡统一的社会保障制度和均等化的公共服务制度。

（四）建立城乡一体化的土地制度

目前，中国实行的是城乡二元的土地管理制度。城市的土地所有权归国家所有，由国家或城市进行统一的规划和管理。因此，在城镇化进程中，在决定城市土地的使用方向和用途方面，国家居于主体地位，问题较少，也易于解决（刘国新，2009）。而在农村，目前实行的是家庭联产承包责任制，土地所有权归集体所有，使用权和经营权归农民所有，这种所有权与使用权的分离以及农村集体建设用地不能入市交易的规定，在城镇化进程中引发了一系列问题：由于农村建设用地不能直接入市交易，需要通过政府征地才能变为建设用地，因而容易引发社会矛盾；现行的征地补偿标准较低，助推了城镇蔓延，导致了城镇土地的低效利用；所有权与使用权的分离导致农村土地流转和退出制度不完善，制约了农民工市民化进程。为此，需要消除土地制度障碍，构建城乡一体化的土地制度，促进土地集约高效利用。

（1）建立开放的农村土地流转平台。现阶段，农村土地产权分离限制了农民土地权益的流转，导致人口城镇化过程中大量农村土地低效利用甚至闲置，同时也使得进城农民不能通过农村土地权益获取收益，分担市民化成本。为此，要针对长期在城镇就业和居住的农民，建立开放的农村土地流转平台，以自愿为前提实现土地权益流转，提高农村土地利用效率。建立农村土地流转平台，要以土地公有制为基础，一方面要强调可流转的主体为"长期在城镇就业和居住的农民"，以防止实施过程中侵害其他广大农民的土地权益；另一方面要强调以自愿为前提，杜绝强制流转。可以通过委托、代耕，或通过转包、出租、转让等形式流转土地承包经营权，也可以通过一定补偿退出土地承包权，作为进城安居的资本。当前，要加快农村产权制度改革，对农业转移人口在农村的承包地、林地、宅基地等各类资产全面颁证赋权，并允许抵押、转让和继承，做到所有权清晰、使用权完整、收益权有保障。中央应加紧制定支持农村土地流转和退出的政策措施，各级地方政府作为执行部门，应当积极做好农村土地流转和退出管理工作，促进农村土地集约高效利用。

(2) 实行按市价标准补偿、收益共享的土地征用政策。长期以来，较低的土地征占补偿标准导致城镇土地空间的粗放扩张，同时也形成了大量的"转居未转工"的失地农民，还有部分失地农民进一步沦落为"种地无田、上班无岗、低保无份"的"三无人员"。为此，要建立以市场价值为补偿标准的土地征用政策，让失地农民共享城镇化收益，提高城镇空间扩张效率。首先，提高失地农民的直接经济补偿，通过提高征地补偿标准，按照土地市场价值而非农业生产价值进行补偿，防止土地低效占用甚至荒废，使农民共享城镇化利益，促进土地集约利用。其次，积极制定相关政策措施，加强职业培训，帮助失地农民就业，保障其医疗、子女教育、养老等基本权益和长期生活质量。最后，改革征地拆迁制度，以缓解征地拆迁社会矛盾。针对现存的强征强拆行为和恶性"钉子户"现象，抓紧制定相应的惩罚措施。

(3) 对现有闲置和低效利用的城镇土地实行清理置换。长期以来，粗放扩张的发展模式导致城镇土地大量闲置和低效利用。为此，需要对城镇闲置和低效利用土地实现清理置换，以提高城镇土地利用效率。一方面，要加强对闲置或低效占用土地的清理工作，对低效占用或闲置的土地，要建立相应的退出制度、惩罚制度或再开发制度；另一方面，对一些土地产出效率较低或者污染较重的城镇用地，应该实行土地置换，重点发展高附加值的产业、现代服务业和战略性新兴产业，促进产业转型升级。

(五) 建立均等化的基本公共服务制度

当前我国基本公共服务非均等化主要体现在地区之间、城乡之间和城市内部三个方面：地区差异主要表现在地方政府财政供给不均导致的各类基本公共服务的地区差距显著（地区间最大最小值比在 2~3 倍），西部地区遭受巨大不公（陈昌盛、蔡跃洲，2007）；城乡差异主要表现在城乡二元结构导致的城乡基本公共服务资源配置不均和居民公共服务权益的不公；城市内部差异主要表现在农业转移人口难以享受市民待遇，2011 年中国农业转移人口在公共服务方面享受的权益平均仅为城镇居民的 45% 左右（魏后凯等，2013）。基本公共服务的非均等化是实现城乡融合发展、和谐发展的重要障碍。为此，走中国特色的新型城镇化道路，必须着手建立全国均等化的基本公共服务制度，重点解决教育、卫生、社会保障、住房保障等方面的非均等化问题。

(1) 完善基本公共服务供给管理制度。从基本公共服务政府供给、预算管理、转移与接续等方面提高公共服务制度化水平。要不断提升公共服务的统筹层次，在国家层面实现普惠性公共服务的制度化、法制化；统筹考虑人口流动因素，将包括农业转移人口在内的所有公民统一纳入各类社会发展专项规划中，制定全面、系统的政策措施；不断完善政府财政对公共服务的转移支付，公共服务经费以居住登记人口而不是户籍人口数量为基础预算支出，实现服务规模与财政补贴的统一，即做到"费随人走"；强化政府的属地管理责任，实现无差别服务，不能以各种借口、通过设置门槛来消极应对政府应承担的职责，要将公共服务的均等化作为地方政绩考核的重要内容。

（2）提高教育医疗资源的可获得性。实现基础教育、基本医疗卫生服务的均等化，关键是提高落后地区、农村地区人口对优质的教育、医疗资源的可获得性。在教育资源方面，随着城镇化的推进，相对于日益增加的城镇人口子女，城镇教育资源的稀缺性越来越突出，需要根据常住人口数量配置，提高城镇基础教育供给水平，同时对本地农村居民和外来农业转移人口子女一视同仁，积极推进基础教育机会公平。在医疗资源方面，重点是推进城市医疗卫生服务向农村延伸，并扩大农村合作医疗的适用范围，降低农村居民、农业转移人口在城镇获取基本医疗卫生服务的成本。

（3）提高社会保险的参保率。在医疗保险、养老保险、失业保险等各类社会保险制度设计上，充分考虑包括农业转移人口在内的群体，提高农业转移人口参保率；建立全国统一的账户管理系统，实现城乡间、区域间社会保险自由流转和对接；政府财政通过无差别地给予所有低收入群体以相应补贴，提高社会保险参保率，最终实现人人享有基本社会保障。

（4）实行惠及各类群体的保障性住房政策。要从保障性住房体系、覆盖范围、金融制度、管理机制、监督机制等方面完善保障性住房政策。要完善"廉租住房、经济适用房、两限商品房、公共租赁房"四位一体、针对不同收入居民的分层次的住房保障体系；逐步将保障房政策向流动人口开放，除了要解决城镇贫困人口的住房问题，还要对长期在城镇就业居住的非户籍人口按照一定比例配置公租房、廉租房。

（六）建立多元化的市民化成本分担机制

农业转移人口融入城市是一个艰难而漫长的过程，需要支付巨额的市民化成本。要合理消化这一巨额的改革成本，必须充分发挥政府的主导作用，加大各级财政的投入力度，同时鼓励企业、农民、社会积极参与，逐步建立一个由政府、企业、农民、社会等共同参与的多元化成本分担机制。

（1）充分发挥政府的主导作用。推进市民化是各级政府义不容辞的重要责任。要明确中央、省和市县政府的职责分工，就业扶持、权益维护、子女义务教育、计划生育、公共卫生、社会救助、保障性住房等方面的投入，主要由市县政府承担；中央和省级政府通过加大转移支付力度，设立专项转移支付，加大对农业转移人口集中流入地区的支持，并在技能培训、义务教育、公共卫生、社会保障等方面给予相应补助，对市民化成效突出的市县实行奖励。

（2）鼓励企业和社会广泛参与。在政府的引导和资助下，鼓励企业、中间组织和居民广泛参与，分担农业转移人口市民化的成本。尤其要调动企业的积极性，参与分担就业培训、权益维护、社会保障和住房条件改善等方面的成本。要积极引导企业加强对农业转移人口的就业培训，参与公租房、廉租房建设，集中建立农民工宿舍或公寓，改善农民工居住社区环境。同时，要强化企业的社会责任，加强农民工的劳动保护，及时足额为农民工缴纳相关保险费用，提高农民工参与城镇社会保险的比例。

（3）积极探索农民"带资进城"。农民进城获得城镇户口，实现市民化，不能以放弃农村土地和集体资产权益为前提，而应把农民市民化与农村产权制度改革有机连接起来，通过对承包地、宅基地、林地等的确权颁证和集体资产处置，建立完善的农村产权交易体系，将农民在农村占有和支配的各种资源转变为资产，并将这些资产变现为可交易、能抵押的资本，使离开农村进入城镇的农民成为有产者，让农民带着资产进城，从而跨越市民化的成本门槛。很明显，让农民带资进城是跨越市民化成本门槛的有效途径和必然选择。

参考文献

[1] 埃比尼泽·霍华德：《明日的田园城市》，金经元译，商务印书馆，2000。
[2] 岸根卓郎：《迈向二十一世纪的国土规划——城乡融合系统设计》，科学出版社，1990。
[3] 保罗·诺克斯、琳达·迈克卡西：《城市化》，顾朝林、杨兴柱、汤培源译，科学出版社，2011。
[4] 陈昌盛、蔡跃洲：《中国政府公共服务：体制变迁与地区综合评估》，中国社会科学出版社，2007。

［5］陈书荣：《我国城市化现状、问题及发展前景》，《城市问题》2000年第1期。
［6］陈彦光、周一星：《城市化过程的非线性动力学模型探讨》，《北京大学学报》（自然科学版）2007年第4期。
［7］仇保兴：《科学规划，认真践行新型城镇化战略》，《规划师》2010年第7期。
［8］方创琳：《改革开放30年来中国的城市化与城镇发展》，《经济地理》2009年第1期。
［9］方创琳、刘海燕：《中国快速城市化进程中的区域剥夺行为及调控路径》，《地理学报》2007年第8期。
［10］方创琳、宋吉涛、蔺雪芹：《中国城市群可持续发展理论与实践》，科学出版社，2010。
［11］高新才、周毅、徐静：《走中国特色城市化道路的历史必然性》，《生产力研究》2010年第1期。
［12］简新华、黄锟：《中国城镇化水平和速度的实证分析与前景预测》，《经济研究》2010年第3期。
［13］梁达：《城镇化对扩大内需有较大提升作用》，2012年3月26日《上海证券报》。
［14］梁汉媚、方创琳：《中国城市贫困的基本特点与脱贫模式探讨》，《人文地理》2011年第6期。
［15］刘锋：《构建以城市群为主体形态的城镇体系》，载国务院发展研究中心课题组：《中国城镇化：前景、战略与政策》，中国发展出版社，2010。
［16］刘国新：《中国特色城镇化制度变迁与制度创新研究》，博士学位论文，东北师范大学，2009。
［17］刘树成：《现代经济辞典》，凤凰出版社、江苏人民出版社，2004。
［18］刘卫东、陆大道：《新时期我国区域空间规划的方法论探讨——以"西部开发重点区域规划前期研究"为例》，《地理学报》2005年第6期。
［19］刘易斯·芒福德：《城市发展史》，倪文彦、宋俊岭译，中国建筑工业出版社，2005。
［20］刘勇：《中国城镇化发展的历程、问题和趋势》，《经济与管理研究》2011年第3期。
［21］陆大道：《我国的城镇化进程与空间扩张》，《城市规划学刊》2007年第4期。
［22］陆大道：《关于我国区域发展战略与方针的若干问题》，《经济地理》2009年第1期。
［23］陆大道、姚士谋：《中国城镇化进程的科学思辨》，《人文地理》2007年第4期。
［24］陆学艺：《当前社会阶层分析与探讨》，《民主》2005第10期。
［25］罗宏斌：《"新型城镇化"的内涵与意义》，2010年2月20日《湖南日报》。
［26］马克思、恩格斯：《马克思恩格斯全集》第四卷，人民出版社，1960。
［27］牛凤瑞：《中国特色城市化之路》，《理论参考》2010年第2期。
［28］潘家华、魏后凯主编《中国城市发展报告》No.4，社会科学文献出版社，2011。
［29］潘家华、魏后凯主编《中国城市发展报告》No.5，社会科学文献出版社，2012。
［30］皮埃尔·雅克：《城市——改变发展轨迹：看地球2010》，社会科学文献出版社，2010。
［31］世界环境与发展委员会：《我们共同的未来》，吉林人民出版社，1997。

[32] 王大用:《中国的城市化及带来的挑战》,《经济纵横》2005 年第 1 期。
[33] 王建军、吴志强:《城镇化发展阶段划分》,《地理学报》2009 年第 2 期。
[34] 王伟光、魏后凯:《走共享型融合发展之路——莱芜市统筹城乡发展研究》,社会科学文献出版社,2013。
[35] 王小鲁:《中国城市化路径与城市规模的经济学分析》,《经济研究》2010 年第 10 期。
[36] 王小鲁、夏小林:《优化城市规模 推动经济增长》,《经济研究》1999 年第 9 期。
[37] 王永苏、欧继中、厚实:《新型城镇化引领"三化"协调科学发展研究报告》,2011 年 10 月 14 日《河南日报》。
[38] 魏后凯:《面向 21 世纪的中国城市化战略》,《管理世界》1998 年第 1 期。
[39] 魏后凯:《怎样理解推进城镇化健康发展是结构调整的重要内容》,2005 年 1 月 19 日《人民日报》。
[40] 魏后凯:《新时期我国国土开发的新方略》,《绿叶》2009 年第 9 期。
[41] 魏后凯:《论中国城市转型战略》,《城市与区域规划研究》2011 年第 1 期。
[42] 魏后凯:《我国城镇化战略调整思路》,《中国经贸导刊》2011 年第 7 期。
[43] 魏后凯、陈雪原:《带资进城与破解农民市民化难题》,《中国经贸导刊》2012 年第 6 期。
[44] 魏后凯、张燕:《全面推进中国城镇化绿色转型的思路与举措》,《经济纵横》2011 年第 9 期。
[45] 魏后凯等:《中国迈向城市时代的绿色繁荣之路》,载潘家华、魏后凯主编《中国城市发展报告》No. 5,社会科学文献出版社,2012。
[46] 魏后凯等:《推进农业转移人口市民化的总体战略》,载潘家华、魏后凯主编《中国城市发展报告 No. 6》,社会科学文献出版社,2013。
[47] 伍江:《中国特色城市化发展模式的问题与思考》,《未来城市》2010 年第 3 期。
[48] 肖金成、袁朱等:《中国十大城市群》,经济科学出版社,2009。
[49] 姚士谋、陈振光、朱英明等:《中国城市群》,中国科学技术大学出版社,2006。
[50] 张佳丽:《城镇化:走中国特色的多元化道路》,2006 年 7 月 13 日《中国建设报》。
[51] 周干峙:《探索中国特色的城市化之路》,《国际城市规划》2009 年第 S1 期。
[52] 周一星:《城市地理学》,商务印书馆,1995。
[53] 周一星:《城镇化速度不是越快越好》,《科学决策》2005 年第 8 期。
[54] 周一星:《关于中国城镇化速度的思考》,《城市规划》2006 年第 S1 期。
[55] 周元、孙新章:《中国城镇化道路的反思与对策》,《中国人口·资源与环境》2012 年第 4 期。
[56] Au, C. C. & Henderson, J. V., "Are Chinese Cities Too Small?", *Review of Economic Studies* 73 (3), 2006, pp. 549–576.
[57] The World Bank, "World Development Report 2012: Gender Equality and Development", Washington DC, 2011.
[58] United Nations · Department of Economic and Social Affairs, Population Division, "World Urbanization Prospects: The 2011 Revision", New York, 2012.

第二章
中国城镇化趋势与人口吸纳能力

2011年,中国城镇化率已越过50%的转折点。国际经验表明,城镇化率50%~70%的区间是城镇化减速时期,因此未来中国城镇化将由加速向减速转变,这种转变将对中国城镇化趋势、城镇发展和城镇体系结构产生重要影响。本章在回顾城镇化相关理论的基础上,简要描述了中国城镇化历史,运用多种方法预测城镇化率,分析未来城镇人口吸纳能力,并估算了不同规模等级城市的人口吸纳能力。研究结果表明:一是2011~2050年中国城镇化增速趋缓,按三种预测方法平均计算,年均提高0.79个百分点,2020年、2030年、2040年和2050年城镇化率分别为60.34%、68.38%、75.37%和81.63%;二是分地区看,按城乡人口比增长率法预测,到2050年东部、东北、中部和西部地区城镇化率将分别达到81.66%、76.98%、73.92%和72.19%,省际城镇化率差异趋向缩小,城镇化率变异系数由2010年的0.29降至2050年的0.16;三是受城镇化制度安排影响,中国城镇人口吸纳能力与城镇规模等级呈现U型和倒U型两种基本形式。

一 引言

作为世界上人口最多的发展中国家,中国的城镇化不仅对本国也将对全球经济产生极为深远的影响,曾经被美国经济学家斯蒂格利茨称为影响21世纪人类发展进程的两大关键因素之一。中国城镇化速度如何以及如何配置新增城镇人口不仅会影响中国经济发展,同时也将对居民生活和社会发展产生重要影响。城镇化从需求和供给两个方面影响经济发展，在需求方面，城市的集聚形态相比农村分散化形态增加了对基础设施、房地产投资、工业品、服务产品的需求，特别是人口向城市集聚形成"密集市场"效应①，促进了服务产业发展；在供给方面，劳动分工和专业化不仅扩大市场规模，也加速人力资本积累，提高地区发展的内生比较优势，维持经济持续增长。城镇化速度越快，向城市集聚的人口越多，意味着需求和供给都将有效扩大，因此城镇化将成为驱动经济发展的重要力量。

中国城镇化有两个重要现象值得关注：一是城镇化水平快速增长。从1950年到2010年，中国城镇化率由11.18%提高到49.68%，年均增长2.52%，而同期世界城镇化率从29.1%增加到50.6%，年均增长0.93%。尤其是从1978年到2010年，中国城镇化更是以年均3.2%的增速、年均提高0.99个百分点的速度处于世界最快水平。然而，根据国际经验，城镇化率在30%~70%的区间属于快速城镇化阶段，其中50%是一个重要的转折点，30%~50%区间是城镇化加速推进时期，50%~70%区间是城镇化减速推进时期（魏后凯，2011）。从发达国家经验来看，在这一快速推进时期，适度的城镇化速度和经历较长的时间是大部分发达国家的主要经验。如英国、德国、法国和美国城市化率从30%提升到70%，大约经历了80~100年的时间，城市化增速大约年均提高0.40~0.52个百分点；日本城市化起步晚，但速度快，这一时期大约经历了35年时间，年均增速达到1.17个百分点（见表2-1）。

表2-1 主要发达国家快速城市化时期经历的时间

国家	期　初		期　末		快速城市化时期	
	年份	城市化率(%)	年份	城市化率(%)	时间(年)	城市化增速(百分点)
英国	1801	33.8	1890	72.0	89	0.43
法国	1872	31.1	1970	71.1	98	0.41
德国	1871	36.1	1955	69.7	84	0.40
美国	1880	28.2	1960	70.0	80	0.52
日本	1935	30.9ᵃ	1970	71.9	35	1.17

注：a 为估计数。1930年日本城市人口比重为24.0%，1940年为37.7%。
资料来源：期初数据英国来自纪晓岚（2004），法国来自杨澜等（2008），德国来自肖辉英（1997），美国来自王春艳（2007），日本来自 Japan Statistical Yearbook 2005；期末数据英国来自高佩义（1991），法国、德国、美国、日本来自 United Nations（2012）。

---

① 密集市场效应指随着城市人口规模增加，市场规模扩大带来的需求增加、专业化分工深化以及由此促进经济增长。

二是城镇化道路面临大城市"膨胀病"和中小城市规模不经济的两难选择。中小城市和小城镇制造业优势较为明显,工业化促进了城市发展水平提升,但因集聚规模有限、产业结构单一、城市功能欠缺,无法形成对劳动力的巨大吸引力,于是中小城市和小城镇发展面临一个悖论:要吸纳就业,首先必须达到一定规模;而要达到一定规模,必须要有能力集聚产业和人口。大城市规模经济和范围经济明显,就业便利和较高收入吸引人口流入,城市规模持续扩大导致越来越高的"拥挤成本",获取服务的排队成本和通勤成本极大地降低了居民的福利水平。由于中小城市(镇)和大城市发展各有利弊,因此中国城镇化道路也在两者间犹豫不决,并不断进行调整。因此,中国城镇化道路面临居民福利水平提高和城市经济增长的两难选择。

本章关注未来城镇化速度,城镇化速度如果下降,则表明尽管中国快速城镇化阶段仍将延续,但发展加速程度趋向减缓,城镇化人口和相关产业的空间配置也将发生重大变化,城镇化总体战略也应当随之发生变动。本章通过实证研究,分析城镇化速度及格局,在城镇化水平上重点分析未来中国城镇化是否仍能够按照以往的速度快速推进;在城镇化道路上重点分析人口在城市体系中的配置。全文共五个部分:第二节综述城镇化水平以及城镇化道路的相关文献;第三节利用多种计量方法利用1949~2010年城镇化数据从宏观层面估计中国2011~2050年城镇化速度;第四节分析城镇发展现状,并分三种情景分析城镇吸纳能力;第五节总结全文。

二 相关文献

中国城镇化水平是否滞后于经济发展水平一直是学界争论的焦点,由此引发的政策含义是,如果城镇化水平相对滞后,那么政府就应当出台加快推进城镇化的政策。通过跨国比较工业化和城镇化等多种方法,不少学者认为中国城镇化严重滞后,短期内中国仍将处于高速城镇化阶段(李善同,2001;夏小林和王小鲁,2000);也有学者持相反观点,认为中国不是城镇化滞后,而是隐性超城镇化,即中国的真实城镇化率已达60%以上,同国际水平相比已经是超城镇化了(邓宇鹏,1999;姜波,2004)(见表2-2)。但直到目前,城镇化滞后的结论似乎得到更多支持,广泛见诸报纸和杂志,同时中国陆续出台多项政策鼓励推进城镇化,2008年金融危机时,城镇化带动经济增长更是成为扩大内需的重要论据。

表2-2　国内学术界对中国城镇化水平的评价（1990~2012）

研究者	时间	分析依据	基本结论
滞后论			
辜胜阻	1991	IU比、NU比、亚洲模型	城镇化水平滞后10多个百分点
杜辉	1992	工业化与城镇化水平的偏差	城镇化滞后于工业化
余立新	1994	钱纳里模型、经济计量模型	城镇化水平滞后约15个百分点
俞德鹏	1994	大国模型	城镇化水平滞后约10个百分点
付晨	1995	114个国家人均GNP与城镇化水平的国际比较	城镇化水平提高幅度差距为7个百分点
孙立平	1996	修正后的人均GDP及其城镇化水平的国际比较	中国城镇化水平落后于同等发达程度国家13~33个百分点
叶裕民	1999	中、日工业化与城镇化比较	1997年中国与1965年的日本相比,城镇化水平的差距为38.2个百分点
周一星	1999	人均GDP与世界下中等国家及平均水平的比较	城镇化水平滞后12~14个百分点
孙永正	2001	与同期世界城镇化进程相比较	城镇化水平比世界城镇化平均水平低12个百分点
王茂林	2000	工业就业比重与城镇化率国际比较	1990年,中国城镇化水平应该达到43%左右,滞后约17个百分点
贾康	2012	综合判断	中国城镇化水平仍较低,常住人口未能享受与户籍人口相同的公共服务
适合论			
刘连银	1997	与印、巴、泰等经济发展水平相当的发展中国家比较	中国的城镇化水平与这些国家基本相当,并没有滞后
刘勇	1999	中国的发展水平与"世界平均模式"相比较	中国的城镇化与经济发展水平基本相符,仅稍显滞后
郭克莎	2001	人均GNP与城镇化水平关系的国际比较	中国的城镇化并没有严重滞后
李京文 吉昱华	2003	综合比较	中国城镇化水平略为滞后
周一星	2006	综合分析	城镇化与经济发展水平基本适宜
许庆明 胡晨光	2012	沿海发达地区与法国、德国、意大利、日本、韩国比较	沿海发达地区城镇化水平与发达国家基本一致
超前论			
陈阿江	1997	把已经城镇化了的农村人口统计进城市人口	中国城镇化率已经超过50%
董黎明	1999	20世纪90年代中国城市的"超常规发展"	中国的城市发展脱离了经济现实,城市发展过快
邓宇鹏	1999	把乡镇企业和乡城流动人口算入城市人口	1997年中国的隐性城镇化率,加上公开的城镇化,实际水平超过60%
陆大道	2007	城镇化脱离了中国经济社会发展的实际水平	实际城镇化率偏高

资料来源：转引自钟水映著《经济结构、城市结构与中国城市化发展》，《人口研究》2002年第5期。2002年后文献由笔者补充。

另一个争议较大的问题，就是城镇化在城市规模分布上如何实现。论争各方以不同的论据支持着各自"以某种规模城市为重点推进中国城镇化进程"的论点。小城镇论者从现实的条件出发强调中国的基本国情，认为发展小城镇是走中国特色的城镇化道路的必然选择，它有利于吸纳农村剩余劳动力，缓解大城市资金压力和"大城市病"（温铁军，2000）。持大城市重点论者则认为，这种城镇化道路导致集聚效率损失，促使生产力布局的分散化，制约了城镇化的正常发展，带来了环境污染、土地资源浪费等问题及资源的总配置效率损失，不应对它在城镇化中的作用寄予过高的期望（王小鲁和夏小林，2010），国外研究也表明中国城市人口如果从 10 万增加到 117 万，则产出将增加 40%，政策意涵相当明确（Au 和 Henderson，2003）。一些学者以城镇体系理论为基础，提出了"大中小城市相结合"的论点，他们认为，任何规模的城镇都有其存在的合理性，城镇体系是由大中小城镇所共同组成的，应该坚持大中小城市和小城镇并举以及协调发展（周一星，1992；靳尔刚，1998）。

新增城镇人口向已有城市集聚趋势明显。Eaton 和 Eckstein（1997）考察了 1876~1990 年法国、1925~1985 年日本的城镇化进程。从 1911 年起，法国几乎不再有新城市出现，城市相对规模亦无剧烈变化，同时不存在 1911 年时的大城市在现今消亡的现象。日本 30 个人口规模较大的城市均是已有城市，也不存在 1925 年存在而现今消亡的城市例子。因此，通过增加城市数量来提高城镇化水平的方式并没有得到支持。Kim（2008）研究了 1690~1990 年 3 个世纪的美国城市发展。他对美国城市发展的事实做了详细描述，1690 年美国仅有 4 座城市，1790 年则增至 24 座，城市人口比重从 8.3% 下降至 5.1%。1880 年美国城市增至 939 座，城镇化率增至 28.2%；1920 年城市增至 2722 座，城镇化率为 51.2%；1960 年城市为 4996 座，城镇化率为 63.1%。从美国城镇化过程来看，似乎是增量与存量共同发展的过程。Beeson（2001）研究了 1840~1990 年美国人口增长情况，他指出人口倾向于集中在那些已经集中的地区，在排除 1840 年后出现的城市后这一趋势更为明显。

通过帕累托指数分析可大致看出城市人口的配置过程。Soo（2007）在对马来西亚的研究中，计算了 1957 年、1970 年、1980 年、1991 年、2000 年马来西亚的帕累托指数，分别为 1.079、0.923、0.832、0.887、0.856，与此同时城市数量由 44 个增加到 171 个，也就是说马来西亚的城镇化经历了城市数量增长和城市体系中城市规模差距扩大两个过程。Giesen（2007）

估计了 2005 年德国的帕累托指数，分别使用前 5、10、30 和 50 个较大的城市作为样本，结果分别为 1.013、1.165、1.326、1.344，尽管纳入分析范围的城市越多，城市差距越大，越有可能导致帕累托指数下降，然而由于德国城市人口分布相对均衡，因而即便增加城市，帕累托指数仍较大。只有 Krugman（1996）对美国都市圈数据进行的研究支持 Zipf 法则，他采用 135 个地区 100 年的数据，得到的指数为 1.003，这表明美国城市人口分布呈现相对稳定的状态。

总体上看，目前中国城镇化是否仍处于加速阶段还存在争议。由于学界对城镇化滞后与否的判断缺乏明确的、合理的参照体系，因此国际比较的结论只能作为参照而不能作为政策依据。一些发达国家城镇化实现时，经济全球化、计算机技术、生产模块化的程度均不如现在，而且中国是一个人口众多的发展中大国，中国的国情有自己的特殊性，因而通过国际比较分析得出城镇化是否滞后的结论值得推敲。自 20 世纪 80 年代以来，学术界的争论一直不断，目前能够达成共识的是城镇化道路应当多样化。从发展趋势看，魏后凯（2011）预计今后中国城镇化率年均提高幅度将保持在 0.8～1.0 个百分点，很难再现"九五"时期和"十五"时期平均每年提高 1.35～1.45 个百分点的增幅，并认为提高大都市区的综合承载能力、增强小城市（镇）的吸纳能力将是中国未来城镇化的主要途径。近年来，随着实践经验和理论认识的不断深化，"大中小城市和小城镇协调发展"已逐渐成为主流观点，并成为国家城镇化战略的指导方针。尽管单个城市的规模经济是权衡城镇化道路的重要论据，但城市的拥挤成本也应成为城镇化道路选择的重要因素。选择符合中国实际的城镇化道路，不仅要考虑经济效益因素，更应考虑社会效益和生态环境效益因素。因此，我们应当从城市体系而不是单个城市的角度来考虑城镇化的道路选择。基于此，我们更关注未来中国城镇化速度的变动趋势以及新增城镇人口的去向。

三　中国城镇化的总体趋势预测

（一）中国城镇化速度分析

新中国成立以来至改革开放初期，中国城镇化进程相对缓慢，远远滞后于世界平均水平。在 1950～1980 年的 30 年中，世界城市人口的比重由

28.4%上升到39.1%,其中发展中国家由16.2%上升到30.5%,但中国仅由11.2%上升到19.4%,30年仅仅提高了8.2个百分点,年均提高0.27个百分点,中国城镇化水平远滞后于世界平均水平(见图2-1)。这段时期,由于担心城市人口与福利对财政的巨大压力,政府把城市基础设施与生活服务相关的建设视为"非生产性"的,没有应有的重视,因此遏制了城市发展。

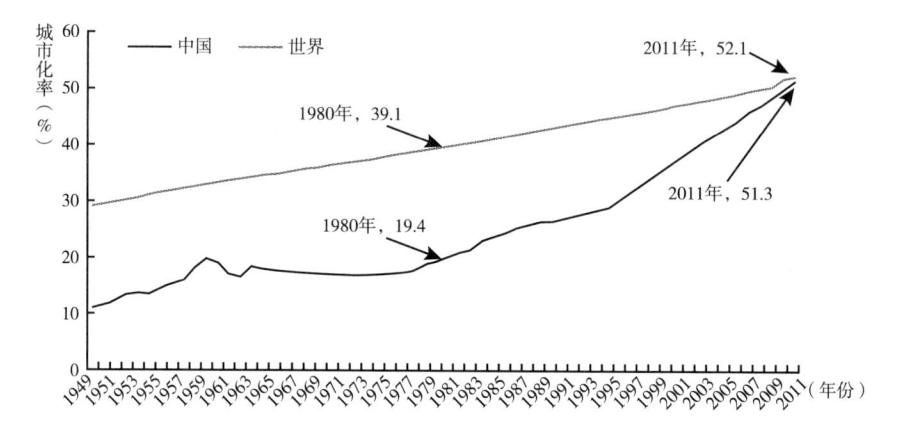

图2-1 1949~2010年中国与世界城镇化率变化

资料来源:中国1949~1999年数据来自《新中国五十年统计资料汇编》,1999年后数据来自中经网统计数据库。世界城镇化率数据来自United Nations(2012)。

1978年起,中国开始实行改革开放,城市产业结构得到重大调整,制造业规模持续快速增长,服务业以及科技、教育、文化等事业发展迅速,极大地促进了城市的发展,中国城镇化也进入了快速推进时期。不仅城市的数量增多,而且城市现代化水平和居民素质均有所提高,居民生活方式也发生了巨大变化。"九五""十五"和"十一五"时期,中国城镇化率分别年均提高1.44个、1.35个、1.34个百分点,远远大于世界同期0.36个、0.4个、0.4个百分点的平均水平。改革开放30多年来,中国完成了其他国家需60年甚至更长时期才能实现的城镇化历程。

20世纪90年代中后期以来,中国城镇化快速推进。至2011年,中国城镇化率达到51.27%,已经接近52.1%的世界平均水平。按照联合国经社理事会的估计,2008年人类历史上城镇化率第一次超过50%。1950年,发达国家城镇化率已经达到了53%,但欠发达国家将要到2019年,城镇化率才有可能达到50%(United Nations,2010)。然而,随着中国城镇化的快速推进,一个现实问题也随之浮现:如果说近年来城镇化快速推进是对以往的矫正，带有一定的"补课"性质，那么在接近并超过世界平均水平后，中国能否维持较高的城镇化速度值得讨论。

（二）未来中国城镇化的速度预测

关于城镇化速度的预测，近年来已经形成了诸多预测方法和模型。概括起来，主要包括四类：①曲线拟合法。饶会林（2001）利用诺瑟姆曲线实证分析了1949年以来中国的城镇化进程，认为中国城镇化进程并不符合标准的S型曲线规律；屈晓杰和王理平（2005）修正了该预测模型，他们假定标准的S型曲线中城乡之间人口增长率差距始终保持不变。②时间序列模型。如李林杰和金剑（2005）根据中国1949~2004年城镇化水平的时间序列资料，构建城镇化水平的时间序列预测模型，并进行实证检验和预测。③城镇化与经济发展相关关系类模型。城镇化与经济发展相互影响，经济发展促进人口向城市流动，提高城镇化水平。如钱纳里（1995）指出，随着经济发展水平的不断提高，社会经济结构将随之发生大的转变：首先是工业化，即经济结构从以农业为主转向以第二、第三产业为主；其次是城镇化，即农村人口不断地向城市转移。在工业化进程中，第二、第三产业的产出比重不断增加。④联合国城乡人口比预测方法。考虑到时间序列模型预测结果偏差较大，下面分别使用其余三种方法估算2020年、2030年、2040年和2050年中国的城镇化水平。

1. 曲线拟合法

城镇化进程的S型曲线模型可以表示如下：$Y = 1/(1 + Ce^{-rt})$，其中，Y为城镇化水平，C、r均为积分常数，C为城镇化起步初始值，r为百分点表示的城镇化率增长幅度，t为以年度表示的时间。对上式进行处理可得到最后的估计方程：$\ln(1/y - 1) = \ln C - rt$，利用最小二乘法可估计出相应参数（见表2-3），并推算中国未来城镇化水平。

表2-3 曲线拟合法统计表

	1949~2010年			1978~2010年		
	系数	标准差	T统计量	系数	标准差	T统计量
r	-0.029	0.001	-23.84	-0.045	0.001	-42.59
$\ln(c)$	2.12	0.044	48.22	1.58	0.020	76.24
F值	568.58			1814		
R^2	0.90			0.98		

利用 1949~2010 年、1978~2010 年两个时段中国城镇化率数据进行参数估计，可得到表 2-3 中的估计结果。运用两个估计参数分别计算 2011~2050 年中国城镇化率，并将预测值绘制成图 2-2。从图 2-2 可以看出，使用不同的基期其预测结果有显著差异，若以 1949 年为基期进行预测，则估计结果总体偏小；而以 1978 年为基期进行预测，则结果比较符合当前的实际情况。

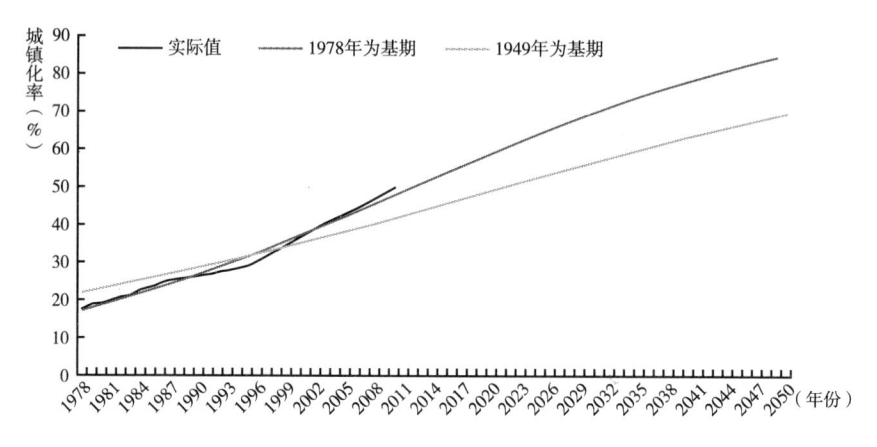

图 2-2 曲线拟合法预测结果

若按 1978 年基期进行预测，则 2020 年、2030 年、2040 年和 2050 年中国城镇化率分别为 59.12%、69.5%、78.1%、84.97%。

2. 经济模型法

经济增长无疑是城镇化的重要动力，通过估计经济增长对城镇化水平的弹性，并假设其在未来保持不变即可估计出未来城镇化水平。但是，与前一种方法相比，经济模型法的误差更大。一方面，选择影响城镇化水平的经济因素受数据可得性限制，实际进入回归方程的因素偏少；另一方面，经济模型的选择也对估计结果产生影响，利用经济模型往往不能直接得到预测值，还需要知道模型中经济因素的发展趋势，才能由此估计出城镇化的水平。综合起来，其估计误差可能被放大。我们利用对数线性模型估计了 GDP 对城镇人口的拉动作用，在此基础上估测了中国的城镇化水平。模型为 $\ln U = a\ln GDP + C$，其中 U 为城镇人口，GDP 为国内生产总值，a、C 为待估参数。分别采用 1952~2010 年、1978~2010 年两个时段现价国内生产总值和城镇人口进行分析，数据来自中经网统计数据库，但由于 1978 年后城镇化增速较快，使用1978~2010年数据进行预测估计结果偏差较大，因而最后使用1952~2010年数据进行估计，结果如表2-4所示。分析结果表明，GDP每增长1个百分点，大约能增加0.19个百分点的城镇人口。

表2-4 经济模型法统计表

城镇化率	系　数	标准差	T统计量
常数项	1.41	0.046	30.85
GDP	0.19	0.010	38.98
R^2	0.92		
F 值	1520.05		

在经济增长的预测中，大都认为中国未来经济增长率将呈现明显的下降趋势。如世界银行（2008）估计2011年后中国经济增长率将有所回落，2011~2020年大概为6%左右，2021~2030年为5%左右。Wilson和Purushothaman（2003）预测中国2050年的经济增长率也呈现明显递减趋势，估计2010~2015年、2015~2020年、2020~2025年和2025~2030年的实际增长率分别为5.9%、5.0%、4.6%和4.1%。He和Kuijs（2007）、潘文卿和李子奈（2001）等人的预测也显示同样的结论。

综合各方GDP增长率预测结果，我们认为2011~2020年GDP增长率平均大约为6%，则城镇化率年均提高1.14个百分点；2020~2030年GDP增长率平均为4.5%，则城镇化率年均提高0.855个百分点；2030~2050年中国接近发达国家平均水平，GDP增长率平均为4%，则城镇化率年均提高0.76个百分点。相应地，2020年、2030年、2040年和2050年中国的城镇化率分别为61.08%、69.63%、77.23%、84.83%。

3. 城乡人口比增长率法

这里使用城乡人口比确定城镇化率，设为城乡人口比，$I=U/R$，其中U为城市人口，R为农村人口，则城镇化率$UR=U/(U+R)$，将I代入后可得到$UR=I/(I+1)$。由于城镇化率演变遵循Logistic增长模型，城镇化率变动呈指数上升，设i为城乡人口比的增长率，并令$i=n^{-1}\ln(I_{t+n}/I_t)$，则有$I_{t+n}=I_t\exp(i\times n)$，其中$n=T-t$。将$UR=I/(I+1)$代入，则可知，$i_{t+n}=U_{t+n}-r_{t+n}$，$u$、$r$分别为相应时期城镇和农村人口增长率。计算过程如下：①以1978~2010年城镇和农村人口平均增长率结合$i_{t+n}=u_{t+n}-r_{t+n}$，计算实际城乡人口比的增长率；②以联合国《世界城市化展望：2003》中

公式 $0.037623 - 0.02604 \cdot UR$ 计算初始状态下的城乡人口比的增长率 i_2，UR 为 2010 年城镇化率（United Nations，2004）；③给 i_1 赋 0.8 的权重，给 i_2 赋 0.2 的权重，计算城乡人口比的平均增长率 i；④采用上面的 i 公式 $I_{t+n} = I_t \exp(i \times n)$ 计算城乡人口比。其中，I_t 为 2010 年城乡人口比，n 为时间间隔；⑤用 $UR = I/(I+1)$ 估算城镇化率。

估计结果表明，2015 年、2020 年、2030 年、2040 年和 2050 年中国城镇化率分别为 55.38%、60.81%、66.00%、70.79%、75.09%，这表明中国城镇化水平 1978~2010 年提高了 31 个百分点，用了 32 年时间；而在此基础上再提高 26 个百分点，则需要 40 年时间。总体上看，按照这种方法预测，在近中期内，中国城镇化仍将呈现快速推进趋势，并在 2011~2020 年维持较高的增长速度，但随后城镇化速度开始迅速下降，城镇化率年均增幅约为 0.5 个百分点。

（三）中国城镇化速度预测综合评价

按照联合国经社理事会的估计，2010~2050 年世界城镇化率将以年均 0.46 个百分点的速度增加，其中较发达地区年均提高 0.28 个百分点，欠发达地区年均提高 0.52 个百分点（United Nation，2010）。中国是世界上城镇化速度最快的地区之一，1996~2010 年中国城镇化率年均提高 1.39 个百分点，远高于世界同期年均提高 0.45 个百分点的平均水平。在今后较长一段时期内，中国的城镇化能否继续保持这样的高速度？我们使用三种不同方法预测结果有所不同。按照曲线拟合、经济模型和城乡人口比增长率三种方法预测，2011~2050 年中国城镇化率年均提高幅度分别为 0.88 个、0.87 个和 0.63 个百分点（见表 2-5、表 2-6）。

表 2-5 按不同方法中国城镇化率预测比较

单位：%

预测方法	2020 年	2030 年	2040 年	2050 年
曲线拟合法预测	59.12	69.50	78.10	84.97
经济模型法预测	61.08	69.63	77.23	84.83
城乡人口比增长率法预测	60.81	66.00	70.79	75.09
综合预测	60.34	68.38	75.37	81.63

注：综合预测为三种方法预测结果的平均值。

表 2-6　中国与世界城镇化率年均增幅比较

单位：个百分点

中国城镇化率历史增幅	年均增幅	未来城镇化率增幅	年均增幅
1949~2010 年	0.64	中国（2011~2050）：曲线拟合法	0.88
"九五"时期	1.44	经济模型法	0.87
"十五"时期	1.35	城乡人口比增长率法	0.63
"十一五"时期	1.34	综合预测	0.79
		世界（2010~2050）	0.46
		发达国家	0.28
		欠发达国家	0.52

资料来源：世界城镇化速度根据 United Nation（2010）计算，其余为笔者计算。

1949~2010 年，中国城镇化率年均提高幅度为 0.64 个百分点，其中 2000 年以后年均增幅为 1.37 个百分点，未来城镇化率年均增幅将略有下降，2011~2050 年年均增幅将维持在 0.60~0.95 个百分点，三种方法预测结果的平均值为 0.79 个百分点，即 2011~2050 年城镇化率年均增加 0.79 个百分点，相比中国"九五""十五"和"十一五"时期，增幅显著下降。总的看来，中国未来城镇化率年均增幅下降概率较大。

综合多种方法的预测结果，我们认为未来中国城镇化速度将有所减缓，2011~2050 年年均增幅仅为 0.793 个百分点。其中，2011~2020 年城镇化率年均增幅为 1.07 个百分点，尽管仍保持较高的增长速度，但相比"十一五"时期增幅已经有所下降；2021~2030 年城镇化率年均增幅为 0.8 个百分点；2031~2040 年城镇化率年均增幅进一步下降为 0.7 个百分点；2041~2050 年城镇化率年均增幅仅为 0.63 个百分点。据此估计，中国 2020 年、2030 年、2040 年和 2050 年城镇化水平分别为 60.34%、68.38%、75.37% 和 81.63%。

四　中国区域城镇化趋势预测

（一）中国区域城镇化特点

1. 省域城镇化水平差异缩小

1978 年中国各省城镇化水平差异较大，城镇化率变异系数为 0.67，城镇化水平最高的上海为56%，最低的海南仅为8.2%，上海城镇化率为海南的6.8倍（见图2-3）。随着经济的快速发展，人口流动约束减少，各省都经历了快速的城镇化过程。广东、浙江、江苏、福建、海南、山东等沿海省份，其城镇化率以年均1.3个百分点以上的速度快速增加，其中广东是1978~2010年增速最快的地区，保持了年均提高1.6个百分点的速度。到2010年，上海城镇化水平仍然最高，达到89.3%，与世界发达国家水平相当；城镇化水平最低的是西藏，其城镇化率为22.7%，但地区差异已明显缩小。上海城镇化率为西藏的3.93倍，各省城镇化率变异系数下降到0.29。

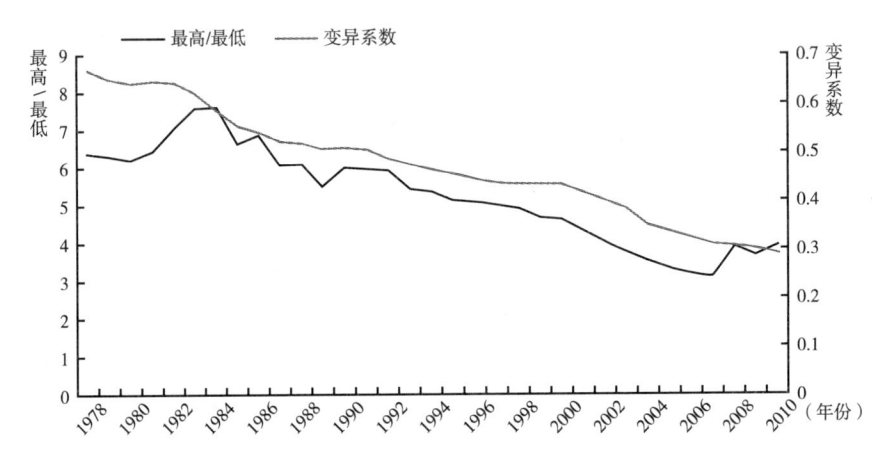

图2-3　1978~2010年中国各省城镇化率差异

资料来源：1982~2000年分省数据来自周一星、田帅（2005）；1978~1981年数据根据《新中国60年统计资料汇编》和周一星、田帅（2005）的研究进行了修补；2001~2008年数据来自历年《中国统计年鉴》《中国人口统计年鉴》、中国统计数据应用支持系统。其中重庆城镇化率数据并入四川。下同。

2. 四大区域城镇化水平差距加大

1978年，中国四大区域中东北地区城镇化水平最高，为37.01%，东部、中部、西部三大区域城镇化水平相差不大，分别为15.73%、14.08%和13.78%（见图2-4、表2-7）。到2010年，东部地区城镇化水平最高，达到59.7%，分别高出中部和西部地区16.12个和18.23个百分点；东北地区次之，达到57.62%，分别高出中部和西部地区14.04个和16.19个百分点。相比改革开放之初，四大区域城镇化水平差距不断扩大。东部地区最早受益于改革开放，随着民营经济、外商投资持续向珠三角、长三角和京津冀集聚，其城镇化水平也快速提升。在"六五"期间，东部地区城镇化率年均增幅达到2.02个百分点,"七五"期间略有下降,年均增长0.89个百分点,"八五""九五""十五"和"十一五"期间,东部地区保持了年均增长1个百分点以上的速度。到2010年,东部地区城镇化率接近60%,已经超过东北地区,成为中国城镇化水平最高、推进速度最快的地区。

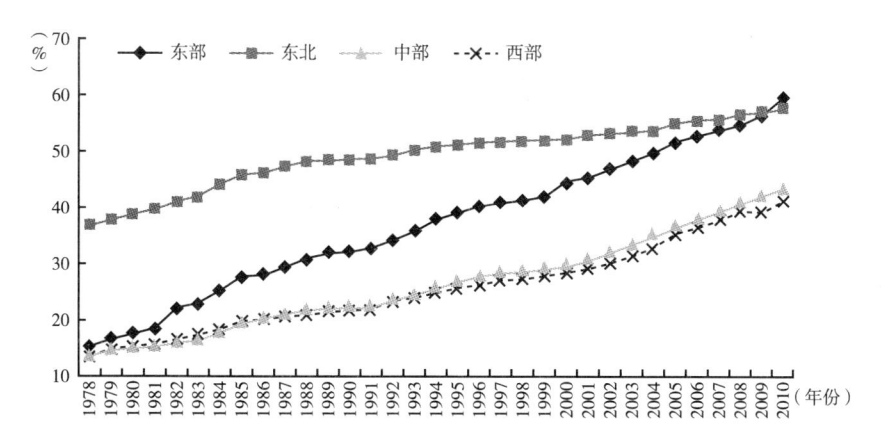

图 2-4 1978~2010年中国四大区域城镇化率

资料来源:同图 2-3。

表 2-7 1978~2010年四大区域城镇化水平

年份	城镇化率(%)				年份	年均增幅(个百分点)			
	东部	东北	中部	西部		东部	东北	中部	西部
1978	15.73	37.01	14.08	13.78	—	—	—	—	—
1980	17.91	39.08	15.23	15.76	1978~1980	1.09	1.04	0.58	0.99
1985	28.00	45.98	19.57	20.16	1981~1985	2.02	1.38	0.87	0.88
1990	32.44	48.69	22.32	21.96	1986~1990	0.89	0.54	0.55	0.36
1995	39.29	51.37	26.99	25.97	1991~1995	1.37	0.54	0.93	0.80
2000	44.61	52.26	29.82	28.68	1996~2000	1.06	0.18	0.57	0.54
2005	51.78	55.15	36.55	35.36	2001~2005	1.43	0.58	1.35	1.34
2010	59.70	57.62	43.58	41.43	2006~2010	1.59	0.49	1.41	1.21

资料来源:同图 2-3。

东北地区是中国的老工业基地,工业发展起步较早,其城镇化水平也较高。"一五"时期苏联援建东北的58项工程中的重点项目就集中在沈阳、哈尔滨、长春和吉林等主要城市。工业化的较早快速推进,使东北城镇化率早在1978年就达到了37.01%。1986年之后,由于工业经济增长不景气,东北地区城镇化速度较为缓慢，年均增幅均在0.6个百分点以下，是全国城镇化速度最慢的区域。中西部地区城镇化轨迹类似，初始水平低，但推进速度不断加快。1978年中部和西部地区城镇化水平仅为14.08%和13.78%，直到2000年城镇化率年均增幅仍未超过1个百分点。近年来，随着西部大开发和促进中部崛起战略的实施，中西部地区城镇化进程开始加速，"十五"和"十一五"期间城镇化率年均增幅均超过1个百分点，但由于起步晚，目前两大区域城镇化率仍处于较低水平。

（二）中国区域城镇化率预测

下面以1978~2010年中国城镇化率数据为基础，使用城乡人口比增长率法对2020年、2030年、2040年和2050年中国四大区域和各省城镇化率进行预测，结果见表2-8和表2-9。由于采用城乡人口比增长率法进行预测，这一方法隐含了一个强假设，即城镇化轨迹是一条logistic曲线，因此城镇化趋势会出现先快速增长而后显著下降的情形。从预测结果看，显然到2020年后，中国的快速城镇化将趋缓，尽管城镇化水平仍在不断提高，但年均增幅将出现显著下降。对四大区域城镇化速度的预测表明，东部地区仍将是城镇化水平最高的区域，2011~2020年仍处于快速城镇化时期，城镇化率年均提高0.697个百分点，同期全国年均提高1.066个百分点；2020年后增幅开始下降，2021~2030年年均提高仅0.63个百分点；东北地区城镇化保持较慢的增速，2011~2020年城镇化率年均提高仅0.6个百分点，2020年后年均增长仅为0.37~0.55个百分点。2011~2030年，中部和西部地区城镇化率快速提升，其增速高出东部和东北地区约0.3个百分点，2031~2050年约高出0.2个百分点。

表2-8 中国四大区域城镇化率预测

单位：%

地区	2010年	2020年	2030年	2040年	2050年
东部地区	59.7	66.67	72.97	77.61	81.66
东北地区	57.62	63.58	69.15	73.25	76.98
中部地区	43.58	53.54	63.23	69.89	73.92
西部地区	41.43	51.35	61.16	68.00	72.19

注：在对四大区域城镇化率进行预测时，使用1978~2010年城乡人口比平均增长率估计2020年和2030年数据，东部、东北、中部和西部地区分别取0.03、0.03、0.04和0.04，2040年和2050年分别下调0.01。

随着东部较发达省份城镇化增速的下降，中西部城镇化率偏低的省份增长速度仍保持在较高水平，中国地区间城镇化率差距将趋于缩小，其变异系数随着时间推移呈下降趋势。"十二五"期间，中国省际城镇化率的变异系数由 2011 年的 0.29 降至 2015 年的 0.26，2040 年进一步降至 0.18。2010年，城镇化率最低的是西藏，最高者是上海，这一格局将一直延续到 2050年，那时上海接近完全城镇化，城镇化率将达到 96.39%，而西藏仅为41.14%，还未能达到 2010 年的全国平均水平（见表 2-10）。

表 2-9 中国分省城镇化率预测

单位：%

省份	2010 年	2015 年	2020 年	2030 年	2040 年	2050 年
北　京	85.96	88.41	90.26	91.77	93.01	94.04
天　津	79.55	82.41	84.99	87.19	89.06	90.63
河　北	43.94	50.66	57.54	63.97	69.75	74.76
上　海	89.30	91.48	93.28	94.62	95.62	96.39
江　苏	60.22	67.35	73.95	79.24	83.40	86.63
浙　江	61.62	68.62	75.04	80.15	84.14	87.23
山　东	49.70	57.74	65.63	72.32	77.78	82.13
福　建	57.09	64.17	70.87	76.42	80.91	84.49
广　东	66.18	73.07	79.18	83.81	87.29	89.90
海　南	49.80	58.12	66.26	73.07	78.55	82.87
辽　宁	62.10	65.25	68.30	71.47	74.61	77.61
吉　林	53.35	56.38	59.41	62.83	66.46	70.11
黑龙江	55.56	58.61	61.63	64.98	68.48	71.97
山　西	48.05	53.01	58.01	62.99	67.76	72.18
安　徽	43.01	48.89	54.95	60.87	66.43	71.47
江　西	44.06	49.03	54.13	59.33	64.41	69.20
河　南	38.50	43.41	48.56	53.99	59.47	64.75
湖　北	49.70	55.86	62.00	67.66	72.71	77.08
湖　南	43.30	49.57	56.02	62.20	67.88	72.93
内蒙古	55.50	60.69	65.75	70.46	74.72	78.47
广　西	40.00	46.08	52.43	58.69	64.61	69.98
四　川	43.57	49.80	56.18	62.31	67.95	72.96
贵　州	33.81	38.34	43.17	48.50	54.08	59.66
云　南	34.70	39.38	44.37	49.79	55.40	60.97
西　藏	22.67	25.19	27.92	31.55	36.00	41.14
陕　西	45.76	51.05	56.43	61.77	66.85	71.54
甘　肃	35.97	40.26	44.78	49.80	55.08	60.40
青　海	44.72	49.39	54.15	59.09	63.99	68.66
宁　夏	47.90	53.30	58.74	64.04	68.99	73.48
新　疆	43.01	46.06	49.18	52.94	57.12	61.50

表 2-10 2010~2050 年中国分省城镇化率统计分析

年份	极小值(%)	极大值(%)	均值(%)	标准差	变异系数
2010	22.67	89.30	50.95	14.90	0.29
2015	25.19	91.48	56.05	14.63	0.26
2020	27.92	93.28	61.10	14.31	0.23
2030	31.55	94.62	65.93	13.72	0.21
2040	36.00	95.62	70.42	12.86	0.18
2050	41.14	96.39	74.50	11.81	0.16

注：因历史数据缺失，重庆并入四川，未能单列。在计算中使用现行口径计算，因此部分地区如北京的城镇化率较高。

五 中国不同规模城市吸纳能力分析

吸纳能力表明政府制度安排与市场化相互作用下行政单元集聚人口的能力，可分为绝对吸纳能力和相对吸纳能力。绝对吸纳能力就是特定城镇能够吸纳的新增城镇人口数量，而相对吸纳能力则可以用特定城镇吸纳新增城镇人口占全部新增城镇人口的比重来进行测度。人口迁移理论认为，流动人口根据其选择城市提供的工作机会、收益以及个人支付成本确定区位决策，这时吸纳能力主要由城市规模经济和范围经济所决定。然而，中国的实践表明，政府有较强的干预城镇化进程的能力，当观察到城市规模扩张与城市承载能力不相适应时，政府会通过相应的制度安排，如减少人口迁入的成本和障碍，增加就业机会和公共服务，增强对外来人口的吸引力，从而提高城市人口的吸纳能力。因此，城镇人口吸纳能力是动态变化的，它是制度变迁中人口流动过程和空间配置的结果，既反映了人口空间配置的结果，也间接反映了制度影响人口流动的过程。

城镇化的实质就是农民向市民转变的过程。然而，在城镇化进程中，城市和镇吸纳新增城镇人口的能力具有一定差异。从 1983 年到 2010 年，中国建制镇数量由 2968 个增加到 19410 个，平均每年增加 609 个，其中 2000~2010 年平均每年增加 359 个。全国镇人口占总人口的比重由 2000 年的 13.4% 提高到 2010 年的 20%，占城镇总人口的比重也由 36% 提高到 40%；而同期全国城市人口占总人口比重则由 23.5% 提高到 30.3%，占城镇总人口的比重由 64% 下降到 60%（见表 2-11）。从总体吸纳情况看，城市和镇差异不大。从 2000 年到 2010 年，中国城镇人口增加了 2.1 亿，其中城市吸纳了 1.1 亿，镇吸纳了 1 亿，相当于年均增加 1100 万城市人口和 1000 万镇人口。通常认为，镇的功能较为单一，缺乏规模经济，因此吸纳能力应远低于城市。然而，中国建制镇的数量庞大，2011 年达到 19683 个，是建制市数量的 30 倍。而且，自 1997 年县改市冻结以来，许多镇实际上已经达到了建制市的设置标准，只是受制于制度约束，仍被称为镇。特别是县城所在的城关镇，有不少镇区常住人口都超过了 10 万人。

表 2-11 2000 年、2010 年中国新增城镇人口流向

	人口数量（亿人）		城镇吸纳人口比例（%）		
	2000 年	2010 年	2000 年	2010 年	2001~2010 年
市	2.93	4.04	64	60	53
镇	1.66	2.66	36	40	47
市镇合计	4.59	6.70	100	100	100

资料来源：根据 1990 年、2010 年全国人口普查资料整理。

中国不同等级规模的城市吸纳能力差异显著。按照传统定义的城市规模，考虑到数据一致性，我们考察了从 2008 年到 2011 年不同等级规模城市的人口吸纳情况（见表 2-12），其中大城市、中等城市和小城市新增城市人口占全部新增城市人口的比重分别为 85.7%、19.3% 和 -4.9%，显然大城市、中等城市因存在规模经济和范围经济吸纳能力更强。在特大城市中，吸纳能力较强的是 100 万~500 万人口等级的城市，尽管城市数量不多，但流向该等级城市的新增城市人口占全部新增城市人口的比重高达 53.7%。从城市数量变动来看，虽然总体上城市数量变化不大，但城市体系内部调整较为明显，50 万人以上的大城市增加了 9 个，20 万~50 万人的中等城市增加了 12 个，而 20 万人以下的小城市减少了 19 个，这意味着城镇化进程推动城市规模在不断攀升。

根据预测，2020 年中国城镇化率将达到 60.34%，届时全国将有 8.37 亿人生活在城镇中[①]，比 2010 年新增城镇人口 1.67 亿。这些新增城镇人口究竟依靠哪些城市和镇来吸纳，是主要依靠大城市或者小城镇来吸纳，还是依靠大中小城市和小城镇来共同吸纳，这对中国未来城镇体系演变和城镇化

---

① 按照联合国预测，2020 年中国总人口为 138779 万人（United Nations，2012）。

表 2-12 中国不同规模等级城市人口吸纳能力

城市等级		2008 年				2011 年				新增城市人口	
		数量（个）	市区人口（万人）	市区暂住人口（万人）	合计（万人）	数量（个）	市区人口（万人）	市区暂住人口（万人）	合计（万人）	数量（万人）	比重（%）
特大城市	1000 万人以上	2	3327.56	—	3327.56	2	4088.16	—	4088.16	760.60	19.8
	500 万~1000 万人	5	3412.88	465.48	3878.36	5	3057	853.06	3910.06	31.70	0.8
	100 万~500 万人	50	9864.84	1587.44	11452.28	56	10847.52	2672.39	13519.91	2067.63	53.7
	50 万~100 万人	86	6038.98	481.82	6520.8	89	6330.83	627.92	6958.75	437.95	11.4
中等城市	20 万~50 万人	238	7274.03	626.01	7900.04	250	7713.09	928.5	8641.59	741.55	19.3
小城市	20 万人以下	274	3593.81	366.43	3960.24	255	3382.95	388.91	3771.86	-188.38	-4.9
合计		655	33512.1	3527.18	37039.28	657	35419.55	5470.78	40890.33	3851.05	100

资料来源：根据《中国城市建设统计年鉴》(2008，2011)计算。

格局形成将有着十分重要的影响。综合前面分析和国家城镇化制度安排，我们可以考虑三种不同情景。

一是延续现有城镇化格局不变。假定国家现有城镇化制度不变，即户籍制度及与之相关的社会保障、资源配置等各项制度延续现有格局，中国未来城镇化格局仍将延续现有模式进行；国民经济仍保持较稳定的快速增长，由于大城市具有较强的规模经济和范围经济，在现有制度不变的情况下，有可能导致空间上经济和人口进一步集聚，形成人口集聚和经济集聚的累积效应，这将形成大城市继续膨胀，小城镇吸纳能力相对稳定，而中小城市吸纳能力缓慢下降的 U 型曲线格局（见图 2-5）。

一端是占比相对稳定的镇，按照现行发展速度，预计未来仍将集聚较大规模的城镇人口。假定未来新增城镇人口的 47% 仍为镇所吸纳，那么到 2020 年镇的人口占城镇总人口的比重将达到 41.1%。尽管建制镇规模小、职能单一，但它承担了大量基本公共服务供给功能，因此今后仍将是吸纳城镇人口的重要载体，即便是发达国家也不例外。例如，2010 年，美国城

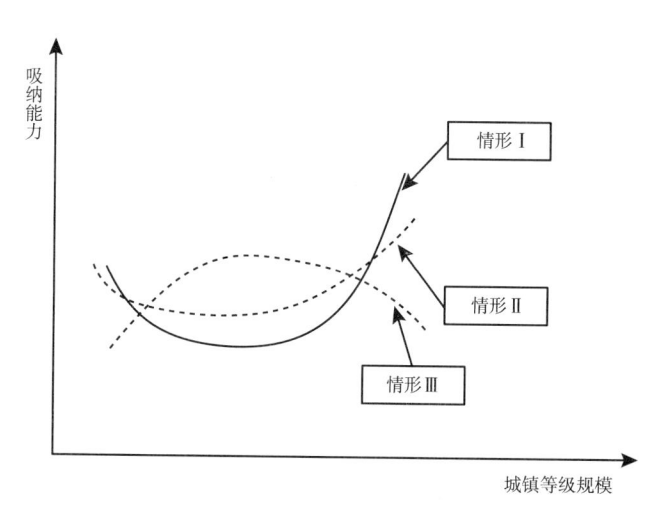

图 2-5 到 2020 年中国城镇吸纳能力的三种情形

化率达到 80.7%，相比 1990 年的 75.3%，提高了 5.4 个百分点。城市人口由 1990 年的 1.88 亿增加到 2010 年的 2.54 亿，增加了 6600 万人。同期，美国所列的居民点数量也由 1990 年的 19262 个增加到 2010 年的 19540 个，几乎不同规模等级城市数量都在增长，其中 100 万人以上的城市由 8 个增加到 9 个，50 万～100 万人的城市由 15 个增加到 24 个，而 1 万～2.5 万人的居民点从 1290 个增加到 1542 个，那些 1 万人以下的居民点仍然众多，尽管数量有所减少，但仍有 16570 个[①]，因此镇的吸纳能力可能会出现相对的动态平衡。

U 型曲线的另一端，则是 100 万人以上的特大城市，按照现行发展速度，它们将吸纳新增城镇人口的 39% 或者新增城市人口的 74%，新增城镇人口的 14% 为其他等级规模城市所吸纳。考虑到中国仍处于快速城镇化阶段以及城镇间存在的巨大差异，在不加限制的情况下，500 万人以上城市尽管面临承载力的限制，但仍具有较强的吸纳能力。而且，随着 100 万～500 万人的城市吸纳人口不断增加，它们有望进入 500 万人以上城市之列，到 2020 年，成都、重庆、广州、深圳、天津和武汉这 6 个城市的人口很可能会超过 1000 万。有研究指出，人口超过 1000 万人的大都市仍将继续快速增长，到 2025 年，它们的人口将占中国城市人口的 13%（麦肯锡，2008）。

---

① 根据美国经济调查局数据统计整理，数据见 http://www.census.gov/population/，Table 20. Large Metropolitan Statistical Areas-Population。

总体上看，在这种情形下，快速城镇化必然带来城镇等级体系的不平衡扩张，即大城市吸纳能力更强，而中小城市吸纳能力较弱，建制镇因具有为农村居民提供公共服务的天然便利性，其吸纳新增城镇人口的比重将保持相对稳定。

第二种情形是国家城镇化制度安排倾向于鼓励中小城市发展，走相对均衡的城镇化道路。北京等大城市发展面临着诸多难题，这可能是促成城镇化战略调整的重要原因。首先是拥挤成本。有研究发布了50个城市的上班时间，北京市上班平均花费的时间最长，为52分钟，其次为广州48分钟、上海47分钟、深圳46分钟（牛文元，2010）。城市拥挤成本不仅仅反映在通勤时间上，也反映在获得教育、医疗服务等各种资源的排队中。其次是综合承载能力受限。有研究指出不同城市承载能力问题各异，特大城市短板主要在于土地、交通和人口密度；超大城市的交通、环境、资源、人口密度更多成为发展中的短板；一般大城市，经济实力方面比较薄弱，制约了社会等其他方面的提升（罗凤金等，2012）。

出于对大城市拥堵、综合承载能力等多方面的考虑，国家将改变城镇化制度安排。一是放开中小城市户籍；二是产业布局、公共服务设施等资源配置向中小城市倾斜。由于中小城市综合承载能力保障程度更高，随着调整资源配置、鼓励中小城市专业化发展，中小城市吸纳能力将得到加强，这时大城市的规模经济和范围经济将被中小城市的良好生活环境所削减，由此将改变现有的城镇化格局。尽管总体上不同规模等级城镇吸纳能力仍表现为U型，但中间部分较为平坦，而不如第一种情形那样陡峭。一端仍然为较为稳定的镇，它们仍将吸纳新增城镇人口的47%左右，但镇的发展将会出现分异，一些规模较大的镇吸纳能力会有所提升，而规模较小的镇则会下降；另一端的100万人以上城市吸纳人口则受资源承载能力以及更富有活力的中小城市发展的影响，集中城镇人口比重仍将提高，但吸纳新增城镇人口的能力则有所降低。受承载能力有限、人口流动政策收紧以及高生活成本的影响，北京、上海等人口超千万的大都市以及深圳、广州等准千万级城市吸纳新增城镇人口比重将出现较大幅度下降，100万~500万人城市吸纳新增城镇人口比重下降幅度较小，而50万~100万人的大城市以及中小城市吸纳新增城镇人口比重将得到较大幅度提升。总体上看，在这种情形下，100万人以上的特大城市将吸纳新增城镇人口的30%左右，50万~100万人、20万~50万人以及20万人以下城市将吸纳新增城镇人口的23%左右。

第三种情景不仅包括了对大城市拥挤成本的考虑，还兼顾考虑小城镇规模经济和设市工作的恢复，在综合权衡两者的基础上，国家鼓励中小城市发展。在今后一段时期内，许多已经具备城市框架的镇特别是中国百强镇甚至千强镇均有升级为城市的潜力。2009年，珠三角的虎门、长安、龙华等镇常住人口规模已超过50万，长三角的盛泽、周庄、雉亭等镇常住人口也已经超过30万，中国百强镇与20万人以下的小城市常住人口规模相当，一旦升格为建制市，资源配置能力增强，短时期内人口规模将会快速增长。因此，如果国家恢复建制市设置工作，积极扶持中小城市发展，那么中小城市吸纳能力将显著增强，尤其是一大批有条件的镇升格为建制市，将带动50万人以下的中小城市吸纳新增城镇人口比重快速提升；50万~100万人的大城市吸纳新增城镇人口比重也将会增加；而超过100万人的特大城市因受到承载能力和拥挤成本的影响，其人口吸纳能力将出现下降。在这种情形下，中国城镇体系将发生较大变化：一方面，小城镇数量增长缓慢，其吸纳能力也逐步下降，或者成为相对独立的市，或者成为城市的一个街道或者区；另一方面，100万人以上的特大城市因进城门槛高、承载力受限和国家政策的变化，其吸纳新增城镇人口比重将出现较大幅度下降。特别是，国家大型产业项目、基础设施项目以及教育、文化、医疗、卫生等公共服务资源向中小城市倾斜，流动人口选择特大城市的机会成本将大幅度增加；相反，中小城市因产业支撑能力和公共服务水平的提升，其吸纳能力将会得到较大程度的提高。由此有可能形成小城镇吸纳新增城镇人口的34%、50万~100万人的大城市和中小城市吸纳36%（包括建制镇升级）、100万人以上的特大城市吸纳30%的倒U型格局（见图2-6）。建制镇吸纳人口比例的下降主要是由于恢复正常设市后，将有一大批镇成为中小城市或者成为城市的一部分。2009年，镇区人口规模5万人以上的建制镇，其镇区人口6947万人，占全部城镇人口的11.2%；镇区人口规模在3万~5万人的建制镇，其镇区人口2804万人，占全部城镇人口的4.5%。这些建制镇很有可能发展成为建制市或者城市的一部分。

总体上看，在当前中国城镇化快速推进的情况下，不同规模的城镇吸纳能力可能出现多种不同的情形，这主要取决于两方面因素：一是国家城镇化制度的相关安排，二是资源配置格局与区域增长方式变化。如果现行制度安排不变，中国城镇化两极化的不均衡发展格局将得到延续，形成图2-5和图2-6中的情形Ⅰ。建制镇吸纳新增城镇人口的47%，100万人以上的特

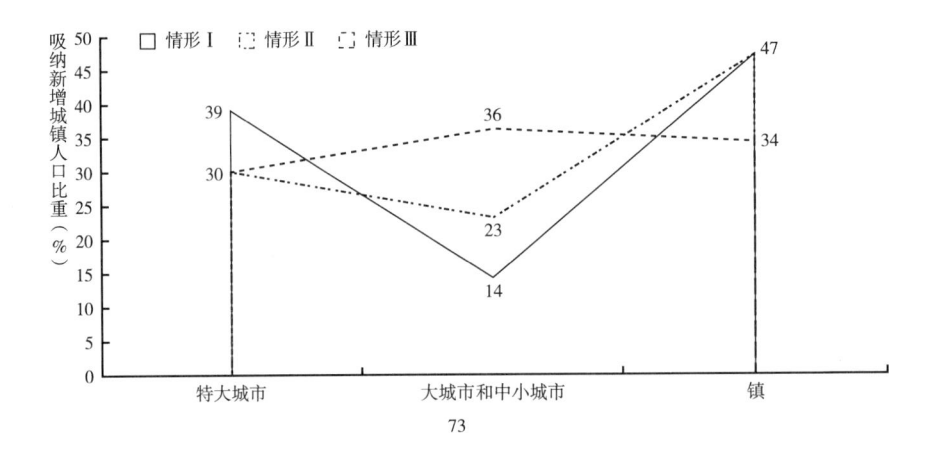

图 2-6 2011～2020 年中国城镇吸纳人口情况比较

大城市吸纳 39%，其余 14% 为 100 万人以下的城市所吸纳。当城镇化制度安排倾向于鼓励发展中小城市，同时改变资源配置方式，提高中小城市发展潜力，将形成较为均衡的城镇化格局（如图 2-5 和图 2-6 中的情形 II 所示），建制镇仍然吸纳新增城镇人口的 47%，100 万人以上的特大城市吸纳 30%，其余 23% 为 100 万人以下的城市所吸纳。如果国家积极推进中小城市发展，并尽快恢复建制市设置工作，将那些有条件的建制镇升格为建制市，则有可能形成图 2-5 和图 2-6 中的情形 III。在这种情形下，中小城市吸纳能力将大幅度增强，特大城市的吸纳能力将趋于下降，而建制镇吸纳人口份额将向中小城市转移。其结果是，在新增城镇人口吸纳比重中，100 万人以上的特大城市占 30%，100 万人以下的城市占 36%，镇占 34%。

六 主要结论

综合前面的研究，可以得出如下结论：

首先，随着中国经济增长速度的逐步放缓，未来中国城镇化速度也将逐步放慢。预计到 2050 年，按不同方法预测的城镇化率年均增速维持在 0.6～0.9 个百分点，三种方法预测结果的平均值为 0.793 个百分点，即 2011～2050 年年均增加 0.793 个百分点。综合预测结果表明，2020 年、2030 年、2040 年和 2050 年中国城镇化率分别为 60.34%、68.38%、75.37% 和 81.63%，这意味着中国城镇化水平在 1978～2010 年提高了 31 个百分点，用了32年的时间；而在此基础上再提高32个百分点，则需要40年的时间。

其次，四大区域城镇化速度预测结果表明，东部地区仍将是城镇化率最高的区域。到2050年，东部、东北、中部和西部地区城镇化率将分别达到81.66%、76.98%、73.92%和72.19%。随着东部较发达地区城镇化增速下降，城镇化率偏低的中西部省份增长速度仍保持在较高水平，地区间和省际城镇化差距趋向缩小。其中，省际城镇化率变异系数由2010年的0.29降至2020年的0.23，2050年进一步下降到0.16。

最后，在不同制度安排下，中国不同规模城镇人口吸纳能力将呈现不同的格局。受国家城镇化制度安排的影响，未来中国不同规模城镇人口吸纳能力可能会出现不同的情形，既可能延续现有的U型不均衡格局，也可能形成倒U型的相对均衡格局。尽快恢复建制市设置工作是优化城镇化规模格局的重要举措。

参考文献

[1] 邓宇鹏：《中国的隐性超城市化》，《当代财经》1999年第6期。
[2] 高佩义：《中外城市化比较研究》，南开大学出版社，2004。
[3] 纪晓岚：《英国城市化历史过程分析与启示》，《华东理工大学学报》（社会科学版）2004年第2期。
[4] 贾康：《关于我国若干重大经济社会问题的思考》（上），《国家行政学院学报》2012年第2期。
[5] 姜波：《警惕城市化"泡沫"》，2004年10月14日《经济日报》。
[6] 靳尔刚：《大中小城市协调发展——中国城市化跨世纪的现实选择》，《瞭望》1998年第45期。
[7] 李京文、吉昱华：《中国城市化水平之国际比较》，《城市发展研究》2003年第3期。
[8] 李林杰、金剑：《中国城市化水平预测的时间序列模型及其应用》，《中国人口科学》2005年增刊。
[9] 李善同：《对城市化若干问题的再认识》，《中国软科学》2001年第5期。
[10] 陆大道：《我国的城镇化进程与空间扩张》，《城市规划学刊》2007年第4期。
[11] 罗凤金、许鹏、程慧：《大城市承载力研究》，《调研世界》2012年第4期。
[12] 马树才、宋丽敏：《我国城市规模发展水平分析与比较研究》，《统计研究》2003年第7期。
[13] 麦肯锡：《迎接中国的城市化挑战》，www.mckinsey.com/knowledge/mgi，McKinsey Global Institute，March 2008。

[14] 牛文元：《中国新型城市化发展报告》（2010），科学出版社，2010。

[15] 潘文卿、李子奈、张伟：《21 世纪前 20 年中国经济增长前景展望——基于供给导向模型的对比分析》，《预测》2001 年第 3 期。

[16] H. 钱纳里等：《工业化和经济增长的比较研究》，吴奇等译，三联书店、上海人民出版社，1995。

[17] 屈晓杰、王理平：《我国城市化进程的模型分析》，《安徽农业科学》2005 年第 10 期。

[18] 饶会林：《城市经济学》，东北财经大学出版社，1999。

[19] 世界银行：《全球经济展望》（2007），中国财政经济出版社，2008。

[20] 王春艳：《美国城市化的历史、特征及启示》，《城市问题》2007 年第 6 期。

[21] 王小鲁：《中国城市化路径与城市规模的经济学分析》，《经济研究》2010 年第 10 期。

[22] 王小鲁、夏小林：《优化城市规模 推动经济增长》，《经济研究》1999 年第 9 期。

[23] 魏后凯：《我国城镇化战略调整思路》，《中国经贸导刊》2011 年第 7 期。

[24] 温铁军：《小城镇建设的深入及西部开发——第二届"小城镇大战略高级研讨会"小辑》，《小城镇建设》2000 年第 5 期。

[25] 肖辉英：《德国的城市化、人口流动与经济发展》，《世界历史》1997 年第 5 期。

[26] 许抄军、罗能生、吕渭济：《基于资源消耗的中国城市规模研究》，《经济学家》2008 年第 4 期。

[27] 许庆明、胡晨光：《中国沿海发达地区的城市化与工业化进程研究——基于转型升级与国际比较的视角》，《中国人口科学》2012 年第 10 期。

[28] 杨澜、付少平、蒋舟文：《法国城市化历程对当今中国城市化的启示》，《法国研究》2008 年第 4 期。

[29] 张应武：《基于经济增长视角的中国最优城市规模实证研究》，《上海经济研究》2009 年第 5 期。

[30] 钟水映：《经济结构、城市结构与中国城市化发展》，《人口研究》2002 年第 5 期。

[31] 周一星：《论中国城市发展的规模政策》，《管理世界》1992 年第 6 期。

[32] 周一星：《关于中国城镇化速度的思考》，《城市规划》2006 年第 S1 期。

[33] 周一星、田帅：《以"五普"数据为基础修补分省城市化水平数据》，《统计与决策》2005 年第 23 期。

[34] Au, C. C. & Henderson, J. V., *Estimating Net Urban Agglomeration Economies with an Application to China*（Brown University, 2004）.

[35] Au, C. C. & Henderson, J. V., "Are Chinese Cities Too Small?", *Review of Economic Studies* 73（3），2006, pp. 549 – 576.

[36] Beeson, P. E., DeJong, D. N. & Troesken, W., "Population Growth in US Counties, 1840 – 1990", *Regional Science and Urban Economics* 31（6），2001, pp. 669 – 699.

[37] Duranton, G. & Puga, D., "Micro-Foundations of Urban Agglomeration Economies", *NBER Working Paper* 9931, 2003.

[38] Eaton, J. & Eckstein, Z., "Cities and Growth: Theory and Evidence from France and Japan", *Regional Science and Urban Economics* 27（4），1997, pp. 443 – 474.

[39] Gabaix, X., "Zipf's Law for Cities: An Explanation.", *Quarterly Journal of Economics* (114), 1999, pp.739-767.

[40] Giesen, K., "Urban Economics: Zipf's Law and City Size Distributions", *www.uni-due.de/js/*, 2007.

[41] He, J. and Kuijs, L., "Rebalancing China's Economy-Modeling a Policy Package", *World Bank China Research Pape*r No.7, 2007.

[42] Kim, S., "Urban Development in the United States, 1690-1990", *Southern Economic Journal* 66 (4), 2008, pp.55-880.

[43] Krugman, P., *The Self-organizing Economy* (Blackwell Publishers Oxford, UK and Cambridge, MA, 1996).

[44] Soo, K.T., "Zipf's Law and Urban Growth in Malaysia", *Urban Studies* (44), 2007, pp.1-14.

[45] Wilson, D. & Purushothaman, R., "Dreaming with BRICS: The Path to 2050", *Global Economics Paper* No.99, 2003.

[46] United Nations·Department of Economic and Social Affairs, Population Division, "World Urbanization Prospects: The 2003 Revision", New York, 2004.

[47] United Nations·Department of Economic and Social Affairs, Population Division, "World Urbanization Prospects: The 2009 Revision", New York, 2010.

[48] United Nations·Department of Economic and Social Affairs, Population Division, "World Urbanization Prospects: The 2011 Revision", New York, 2012.

第三章
中国城市规模效益与规模政策

进入21世纪，中国工业化、城镇化快速推进，城市人口规模不断扩大，各大都市圈在空间上不断扩张，城镇化逐渐成为推动中国经济持续增长的重要力量。但是，随着城市规模的日益增大，城市交通、教育、医疗、养老、环境污染等问题逐渐凸显。关于城镇化道路的选择，尤其是城市规模问题，不可避免地成为中国城镇化过程中迫切需要解决的现实问题。

一 国内外关于城市规模政策的争论

中国长期以来实行的城市规模政策是"严格控制大城市规模，合理发展中小城市，积极发展小城镇"，这种主张成为新中国成立以来中国城市规模政策的实施基调（秦尊文，2003）。1978年3月召开的第三次全国城市工作会议提出"控制大城市规模，合理发展中等城市，积极发展小城市，是我国城市发展的基本方针"。1980年，国务院批转的《全国城市规划工作会议纪要》强调了这一城市发展基本方针。1990年《城市规划法》则以法律形式强化了这一城市发展的指导方针。1998年10月中共十五届三中全会通过的《中共中央关于农业和农村工作若干重大问题的决定》指出："发展小城镇，是带动农村经济和社会发展的一个大战略。"1999年11月中央经济工作会议公报又提到："发展小城镇是一个大战略。"这样，从20世纪80年代中期的"小城镇，大问题"到20世纪90年代末期的"小城镇，大战略"，小城镇在中国城镇体系中的地位更加突出了。近10年来，随着对城市规模问题的认识进一步深化，尤其是城市群在国民经济中的重要作用日益凸显，国家政策重心开始发生转变，从对小城镇发展的过度重视转变为大中小城市和小城镇协调发展。2001年3月，九届全国人大四次会议批准的"十五"计划提出，"有重点地发展小城镇，积极发展中小城市，完善区域性中心城市功能，发挥大城市的辐射带动作用，引导城镇密集区有序发展"。显然，"十五"计划所强调的城市发展重点仍然是小城镇和中小城市。为了突出这一意图，"十五"计划还特别强调，要"防止盲目扩大城市规模"。国家"十二五"规划纲要提出：按照统筹规划、合理布局、完善功能、以大带小的原则，遵循城市发展客观规律，以大城市为依托，以中小城市为重点，逐步形成辐射作用大的城市群，促进大中小城市和小城镇协调发展。党的十八大报告进一步明确提出：科学规划城市群规模和布局，增强中小城市和小城镇产业发展、公共服务、吸纳就业、人口聚集功能。

尽管近年来国家政策层面一直强调要大、中、小城市和小城镇协调发展，但是，中国城镇化的现实是大城市规模不断膨胀，远远超过其资源和环境承载能力，由此带来一系列的城市经济、社会管理方面的问题。与此同时，一些小城市人口集聚能力严重不足，经济社会发展明显滞后。由表3-1可以看到，200万以下人口的城市人口比重是不断下降的，而200万以上人口的城市人口比重则在不断上升。中国城市人口向200万以上规模的超大城市集聚的趋势比较明显。

表3-1 中国不同规模城市人口分布变化趋势

单位：%

城市人口规模	1992年	1995年	2000年	2005年	2009年	2010年
20万以下	0.54	0.53	0.39	0.24	0.19	0.09
20万~50万	15.05	12.82	10.15	6.51	5.27	5.09
50万~100万	28.86	25.94	26.31	21.70	20.12	20.31
100万~200万	30.55	35.25	32.77	28.58	28.98	28.89
200万~800万	24.99	21.90	20.24	31.31	33.00	33.23
800万以上	0	3.57	10.14	11.66	12.44	12.39

注：表中城市人口规模按城市市辖区年末总人口进行统计。
资料来源：根据《中国城市统计年鉴》（各年度）计算整理。

那么，城市规模究竟应该多大比较合适呢？国内围绕大城市重点论、小城镇重点论、中等城市重点论、两极发展论、多元发展论、超大城市规模控制论而展开激烈的争论。大城市重点论的主要支持者有胡兆量（1984）、王元（1985）、高佩义（1991）、王小鲁和夏小林（1999）、陈伟民和蒋华园（2000）、周铁训（2001）、刘永亮（2009）、王小鲁（2010）、肖文和王平（2011）。其中胡兆量1984年提出了"大城市人口的超前发展规律"；高佩义（1991）通过大量资料的对比分析，论证了"大城市超前增长规律"；周铁训（2001）认为将一批大中城市发展成超大城市，形成巨型的城市带和大型城市群，是实现2050年城镇化战略目标的必由之路。王小鲁和夏小林（1999）认为中国应发展百万人以上的大城市。王小鲁（2010）预测中国未来至少增加上百座百万人以上的大城市。而以费孝通（1986）为首的学者则提出小城镇重点论。郑亚平和聂锐（2010）等学者则赞成中等城市重点论。两极发展论认为应该重点发展大城市和小城镇，杨学成和汪冬梅（2002）等学者持有这种观点。受到最广泛支持的是多元发展论，该观点强调大中小城市的协调发展，赞成这种观点的学者主要有秦尊文（2003）、高鸿鹰和武康平（2007）、许抄军（2008）、刘爱梅和杨德才（2011）等。其中高鸿鹰和武康平（2007）提出，快速增加100万人以上的城市人口比重，合理引导资本密集型产业向50万~100万人的城市转移，适度地保护规模较小城市的发展。超大城市规模控制论得到了檀学文（2006）、郑亚平和聂锐（2010）、王小鲁（2010）、肖文和王平（2011）、刘爱梅和杨德才（2011）等学者的拥护，其中谭学文（2006）提出一个基于城市集聚经济原理的大城市过度规模假说，并用北京卫星城政策和卫星城人口变动数据进行了检验。

国外对这一问题的争论也可以归为三类，即中小城市重点发展战略、大城市重点发展战略和大城市控制讨论。中小城市重点发展战略的研究者主要有 Southall（1979）、Rondinelli（1980）、Renaud（1981）、Hardoy 和 Satterthwaite（1986）、Gugler 等（1988）、Blizer 等（1988）。其中，Blizer 等（1988）就第三世界中小城市的文献进行了综述，认为中小城市对迎合快速城镇化、经济、社会和政治转变，以及提供最优的人类居住区都是很适宜的。然而，这一发展战略也面临着来自现实世界的挑战。强调重点发展大城市的代表人物是 McGee（1994），他认为发展中国家大城市区的增长和城市化是不可避免的和规模巨大的。在是否控制大城市规模的问题上，霍华德（2000）在《明日的田园城市》中提到城市人口过分集中的问题，他认为城市的规模必须加以限制，每个田园城市的人口限制在3万人。而反对控制城市规模的重要人物主要有美国经济学家麦克·道格拉斯（1991）等。

本章通过对城市效率与城市规模关系的文献综述，提出倒 U 型城市规模效益曲线假说，并通过中国城市规模效益进行测算，综合评估和比较中国各地区地级及以上城市的规模效益，包括经济规模效益、社会规模效益和环境规模效益，以及城市规模效益与城市规模之间的关系，验证倒 U 型城市规模效益曲线假说在中国的适用性，并进一步对其最大规模效益的城市规模进行测算，进而在此基础上提出了适合中国国情的城市规模政策建议。本章下文安排如下：第二部分为城市效率与城市规模关系文献综述；第三部分为所采取的模型和方法；第四部分通过对中国城市规模效益的综合评价，验证倒 U 型规模效益曲线假说；第五部分是对中国倒 U 型城市规模效益曲线的计量检验；第六部分分四大区域对中国城市规模效益进行比较，并分别对四大区域倒 U 型城市规模效益曲线的顶点位置及其政策含义进行分析；第七部分为结论及政策建议。

二　城市效率与城市规模关系的文献综述：倒 U 型假说的提出

城市效率是城市的本质属性，城市效率的演进通常是与城市规模紧密联系在一起的。对于城市效率与城市规模关系的研究主要是沿着三个方面开展的：一是对城市最优规模的研究，二是对城市规模效率的研究，三是对城市生产率的研究。

（一）最优城市规模的研究

Alonso（1970）建立了一个模型来研究城市效率和城市规模之间的关系。即假定随城市规模的扩张，收益与成本都将增加，而收益的增长速度要小于成本的增长速度，因此存在一个城市规模使得收益与成本之间的差额即净效益（net benefit）最大，即最优城市规模。在此基础上，许多学者进行了大量的实证研究。Lo 和 Salih（1978）认为，随着城市机能的变化，最优城市规模也在变化，城市在主要提供农业服务机能的时候、在提供制造业服务机能的时候、在主要提供第三产业服务机能的时候，所对应的最优城市规模是不同的。Kim（1997）利用数据包络分析（DEA）方法研究了 50 个韩国城市的效率，认为韩国的中等城市效率较高，而大城市效率普遍不高，人口超过 100 万的城市都不在效率前沿面上；Zheng（1998）通过对企业与居民行为建立与城市规模有关的收益与成本模型,并同时运用1990年东京大都市区的127个市、镇、村以及23个特别地区的代表人均工资、人均收入、白天和晚上的人口密度的统计数据,采用WLS方法估算了与集聚有关的收益、成本以及人口密度函数。Zheng(1998)将与城市中心距离小于50公里的区域范围划分成三个区域,距离市中心10公里以内、10~25公里、25~50公里,其中距离市中心10公里以内的区域集聚经济最为显著,距离市中心10~25公里的区域范围集聚平均成本高于平均收益,为集聚不经济区域。饶会林、丛屹(1999)和赵晓斌等(2002)又通过对各种不同等级城市的数据取样,进行规模收益与成本的对比分析,证实了较大规模的城市具有明显的规模收益。王小鲁、夏小林(1999)通过构建城市经济模型来研究中国特定条件下的城市合理规模。他们首先建立了一个简单的城市经济模型,该模型以Cobb-Douglas生产函数为基础,参考了索洛的新古典增长模型、卢卡斯和罗默的内生增长模型,增加了与城市规模有关的部分,计算城市的相对规模收益;以城市政府财政开支中超过一个固定水平(即无论城市还是乡村都必要的公共开支在当地产出中的份额)部分和因人口集中而导致的居民生活费用的增加作为城市相对外部成本;用相对规模收益减去相对外部成本,得到城市的规模净效益。并运用全国666个城市1989年、1991~1994年和1996年的数据,采用截面数据模型和面板数据模型对中国城市的最优规模进行定量分析。研究结果表明:当城市规模在10万~1000万人时,规模净效益均为正,最优城市规模大致在50万~400万人,在200万人时的规模净效益最大。陈伟民和蒋华园(2000)在王小鲁实证研究的基础上,通过定性与定量分析得出结论:城市人口在100万~400万人时的规模净效益最大。Yezer 和 Goldfarb(1978)、Rosen(1979)、Cropper 和 Arriaga-Salinas(1980)则对城市成本进行了研究。

(二) 对城市规模效益的整体评价

马树才、宋丽敏(2003)从城市规模效率(规模正效益)角度考虑,他们选用了用于反映城市资本、土地、劳动力利用情况和外部效应4个方面的25个指标,采用熵-DEA法,利用1986年、1991年、1997年、2001年中国城市统计年鉴及各省市统计年鉴中的有关数据估计了中国5个不同等级的城市规模效率。结果表明,无论哪一等级的城市,总的发展趋势都是随着时间的推移和城市规模的扩张,城市规模效率都存在不断提高的趋势,且人口规模在100万~200万人和50万~100万人的特大和大城市最高。俞燕山（2000）也采用熵-DEA法来研究中国城市规模效率问题。高春亮（2006）利用DEA法对中国1998~2003年216个城市技术效率和规模效率进行实证研究。他得出结论：中国城市在迅速扩张期间，城市技术效率和规模效率均有所改进，但部分城市在发展中缺乏技术效率或者规模效率，导致要素使用效率低下。马树才、宋丽敏（2003）从城市规模可持续发展能力（规模正效益）角度考虑，他们根据2001年中国城市统计年鉴及各省市统计年鉴统计数据，采用因子分析法，从人口、资源、环境、社会、经济、科技6个方面，选取了28个指标，对中国不同规模等级城市的可持续发展能力进行比较分析得出结论：中国可持续发展能力最强的城市规模等级是100万~200万人。张力民、刘苏衡（2005）构建了湖北省城市规模正效益评价指标体系，并利用灰色关联综合分析法给出湖北省各城市规模正效益的排序情况。靳玮等（2010）在建立经济发展、社会生活和生态环境3个方面20个指标的基础之上，运用多目标决策方法来分析不同城市发展情境下资源要素供给状况与城市人口需求特征，进而计算最优城市规模，并实际应用于北京市通州新城研究，得出通州新城到2020年最优规模为75万~78万人。金相郁（2006）利用Carlino（1982）模型和1990~2001年期间的时间序列数据和横截面数据分析中国222个城市的规模正效益和东中西部地区城市规模正效益差异。他发现，中国传统工业大城市的规模正效益并不明显，而新兴工业城市的规模正效益较明显；特大和超大城市的规模正效益不明显，而大中小城市的规模正效益明显；东部小城市的规模效益较高，中部大城市的规模效益较高，西部特大城市的规模效益较高。

（三）对城市生产率的测度

Sveikauskas（1975）基于分行业的CES生产函数（即固定替代弹性生产函数），假定每个城市的相同行业面临相同的生产函数，并运用美国SMSAs（标准大都市统计区）的人口数据来测度美国分行业规模效益的大小。通过对美国1967年城市劳均产出的研究，发现城市规模对生产率有显著影响，且城市规模每翻一番，城市生产率可提高约6.39个百分点。Segal（1976）以整个城市经济体为研究对象，运用整个城市总量的Cobb-Douglas生产函数，并将希克斯中性的效率因子加入该生产函数中，运用投资和折旧的数据构造不同城市的资本存量来估计规模效益的弹性。通过对58个

SMSAs 的数据回归，发现产出对城市规模的弹性系数在 0.08 左右。Moomaw（1981）则认为 Sveikauskas 的测度方法存在问题，因为其在估计过程中忽略了资本密度这个重要因素，由此他提出改进方法并得出 Sveikauskas 高估了城市规模效益的结论；对于 Segal 的研究，Moomaw 指出其在估计资本存量时的一个潜在偏差，并认为，按照 Segal 的方法，大城市在生产率方面的优势被高估 25%。Prudhomme 和 Lee（1999）将城市效率界定为劳动效率，即每个工人的产出。他发现有三个因素影响着城市的效率，即城市规模、人和货物在城市中运动的速度、城市中工作地点与家庭住址之间的相对位置。潘佐红、张帆（2002）在《中国的城市生产率》一文中，使用 1995 年第三次全国工业普查企业层面的资料，挑选了 200 个主要城市 28 个行业的 120164 家企业，运用来自中国人口信息研究中心的 1997 年的人口资料，首先通过 C-D 生产函数、CES 生产函数以及超越对数函数 3 种形式估算了这 28 个行业的规模效益弹性，而后运用特殊形式的规模正效益函数检验城市的集聚经济性是来自城市规模的扩大还是产业集聚，结果表明产业集聚对规模效益的作用比城市规模大。吉昱华、蔡跃洲和杨克泉（2004）选用了两投入变量 C-D 总量生产函数，同时运用一个城市的就业总人口来表示城市规模。鉴于不同的城市市场化水平差异会导致资本效率差异以及直辖市所具有的城市特性，他们在城市的生产函数中分别加入了表示改革滞后程度的虚拟变量及表示直辖市特性的虚拟变量来测度市域经济性。他们最终认为，不同行业的特性决定着集聚对其效率的影响，有些行业在大城市有利于其效率的提高，有些行业在中小城市的效率会更高。

综上所述，现有研究分别从城市最优规模、城市规模效率和城市生产率三个方面对城市效率与城市规模之间的关系进行了研究，并得出一致性的结论：随着城市规模的扩大，城市的净效益、效率以及生产率都会出现一个最大值。在此之前，城市的净效益、效率或生产率处于不断提高的阶段，而之后则呈现下降趋势。由此，我们提出城市规模效益的倒 U 型假说，即城市效率与城市规模之间呈倒 U 型关系。

三 模型与变量

DEA 是一种利用非参数方法在多投入多产出情况下测算决策单元（DMU）相对效率的评估方法，它不考虑 DMU 的生产技术，直接利用 DMU

的投入-产出数据和数学规划方法,构建出一个包含若干个 DMU 的处于相对有效前沿的效率面,然后计算出某个给定 DMU 相对于那些处于效率面的 DMU 的效率水平。DEA 模型最早由 Charnes、Cooper 和 Rhode（1978）三位学者于 1978 年提出,并开发了最早的 DEA 模型——CCR 模型,但该模型只能处理具有不变规模报酬特征的 DMU 的效率评估问题。1984 年,Banker、Charnes 和 Cooper（1984）开发了 BCC 模型,使 DEA 方法可用于分析可变规模报酬的生产技术。

(一) 城市效率的测度及 Malmquist 指数（MI）分解

城市效率可在 DEA 模型基础上利用距离函数的比率来计算投入产出效率。对于面板数据可通过 Malmquist 指数（MI）进行度量,该指数可以利用多种投入和产出变量进行效率分析,且不需要相关的价格信息,也不需要成本最小化和利润最大化等条件。Malmquist 指数将生产率变化分为追赶效应（catch-up）和创新（frontier-shift or innovation）效应,通过两个时期的比较来评价决策单元的生产率变化。追赶效应表示决策单元效率的改善或恶化,创新效应反映了两个时期效率前沿的变化。

假设决策单元 DMU (x_j, y_j) $(j = 1, 2, \cdots, n)$ 通过 m 种投入生产 q 种产出,$x_j \in R^m$,$y_j \in R^q$,且 $x_j > 0$,$y_j > 0$,$\forall j$,则生产可能集为:

$$(X, Y)^t = \{(x, y) \mid x \geq \sum_{j=1}^{n} \lambda_j x_j^t, 0 \leq x \leq \sum_{j=1}^{n} \lambda_j y_j^t, L \leq e\lambda \leq U, \lambda \geq 0\} \tag{3-1}$$

e 为所有元素为 1 的单位行向量,$\lambda \in R^n$ 为强度向量,L 和 U 分别为总强度的下限和上限,$(L, U) = \{(0, \infty), (1, 1), (1, \infty), (0, 1)\}$ 分别表示固定规模收益的 CCR 模型、可变规模收益的 BCC 模型、递增规模收益的 IRS 模型和递减规模收益的 DRS 模型。

因此,追赶效应可表示为 C:

$$C = \frac{D_i^{t+1}(x_i^{t+1}, y_i^{t+1})}{D_i^t(x_i^t, y_i^t)} \tag{3-2}$$

创新效应可表示为 F:

$$F = \left[\frac{D_i^t(x_i^t, y_i^t)}{D_i^{t+1}(x_i^t, y_i^t)} \cdot \frac{D_i^t(x_i^{t+1}, y_i^{t+1})}{D_i^{t+1}(x_i^{t+1}, y_i^{t+1})} \right]^{1/2} \tag{3-3}$$

因此，Malmquist 指数（MI）为：

$$M_{i,t+1}(x_i^t, y_i^t, x_i^{t+1}, y_i^{t+1}) = \frac{D_i^{t+1}(x_i^{t+1}, y_i^{t+1})}{D_i^t(x_i^t, y_i^t)} \left[\frac{D_i^t(x_i^t, y_i^t)}{D_i^{t+1}(x_i^t, y_i^t)} \cdot \frac{D_i^t(x_i^{t+1}, y_i^{t+1})}{D_i^{t+1}(x_i^{t+1}, y_i^{t+1})} \right]^{1/2} \quad (3-4)$$

其中，等式右边第一项表示从 t 期到 $t+1$ 期的技术效率变化，第二项为从 t 期到 $t+1$ 期的技术变化。即

$$M_{i,t+1}(x_i^t, y_i^t, x_i^{t+1}, y_i^{t+1}) = \left[\frac{D_i^t(x_i^{t+1}, y_i^{t+1})}{D_i^t(x_i^t, y_i^t)} \cdot \frac{D_i^{t+1}(x_i^{t+1}, y_i^{t+1})}{D_i^{t+1}(x_i^t, y_i^t)} \right]^{1/2} \quad (3-5)$$

其中，x_i^t 和 x_i^{t+1} 分别表示第 i 个地区在时期 t 和 $t+1$ 期的投入量；y_i^t 和 y_i^{t+1} 分别表示第 i 个地区在时期 t 和 $t+1$ 期的产出量；$D_i^t(x_i^t, y_i^t)$ 和 $D_i^t(x_i^{t+1}, y_i^{t+1})$ 分别表示以 t 时期的技术为参照的时期 t 和 $t+1$ 的生产距离函数。

Färe 等（1994）、Lovell 和 Grifell-Tatje（1994）、Ray 和 Desi（1997）、Balk（2001）将规模效率变化引入 Malmquist 指数，得到：

$$MI_c = MI_v \times \left[\frac{D_i^t(x_i^{t+1}, y_i^{t+1})}{D_i^t(x_i^t, y_i^t)} \cdot \frac{D_i^{t+1}(x_i^{t+1}, y_i^{t+1})}{D_i^{t+1}(x_i^t, y_i^t)} \right]^{1/2} \quad (3-6)$$

式（3-6）中括号内为规模效应的几何均值 SE（Ray 和 Desi，1997），下标 v 和 c 分别表示变动规模报酬和固定规模报酬。因此，

$$MI_c = C_v \times F_v \times SE \quad (3-7)$$

即

$$M_{v,c}^{i,t+1} = \frac{D_v^{t+1}(x_i^{t+1}, y_i^{t+1})}{D_v^t(x_i^t, y_i^t)} \left[\frac{D_c^t(x_i^t, y_i^t)}{D_c^{t+1}(x_i^t, y_i^t)} \cdot \frac{D_c^t(x_i^{t+1}, y_i^{t+1})}{D_c^{t+1}(x_i^{t+1}, y_i^{t+1})} \right] \left[\frac{\frac{D_v^t(x_i^t, y_i^t)}{D_c^t(x_i^t, y_i^t)}}{\frac{D_v^{t+1}(x_i^{t+1}, y_i^{t+1})}{D_c^{t+1}(x_i^{t+1}, y_i^{t+1})}} \right]$$

$$(3-8)$$

式（3-8）中等式右边第一项表示在变动规模报酬下的技术追赶效应变化，第二项表示创新效应变化，第三项表示规模效应变化。

（二）超效率模型及 Tobit 回归

扩展之后的 BCC 模型尽管能够区分 DMU 的纯技术效率和规模效率，但总的来看，所有的 z 样本只是被简单地划归为两组，一组是处于效率前沿面的 DMU，其效率得分均为 1，而另一组则是得分小于 1 的无效率的 DMU。

在实际情况下,决策者的目的不仅是为了区分有效和无效的 DMU,更是为了能对所有的 DMU 进行排序,而 BCC 模型并不能区分出已经处于效率前沿面的 DMU 的相对效率水平。针对这一情况,Banker 和 Gifford (1988) 以及 Banker 等 (1989) 首次提出在测算时将有效 DMU 从参考效率前沿面分离出去而在 CCR 模型的基础上构建超效率模型,这一方法在 Andersen 等 (1993) 的努力下日臻成熟。超效率模型的数学表达式如式 (3-9) 所示:

$$\max \theta_k^{ccr-super} = \frac{\sum_{\substack{j=1 \\ n \neq k}}^{J} u_j^n y_j^n}{\sum_{\substack{i=1 \\ n \neq k}}^{I} v_i^n x_i^n} ; \quad s.t. \ \frac{\sum_{\substack{j=1 \\ n \neq k}}^{J} u_j^n y_j^n}{\sum_{\substack{i=1 \\ n \neq k}}^{I} v_i^n x_i^n} \leq 1 ; \quad (3-9)$$

$$u_j^n, y_j^n \geq 0; \ i = 1,\cdots,I; \ j = 1,\cdots,J; \ n = 1,\cdots,N$$

其中,k 代表评价的某个 DMU,其他符号同方程 (3-1)。方程 (3-9) 与方程 (3-1) 的区别在于,方程 (3-1) 对第 k 个 DMU 进行评价时,该 DMU 的投入和产出是包括在内的,而方程 (3-9) 将第 k 个 DMU 原来的投入和产出排除在外,其投入和产出由其他 DMU 的投入和产出的线性组合代替。一个有效的 DMU 可以使其产出按比例减少,而其技术效率保持不变,其产出减少比率为其超效率评价值减 1。因此,在超效率模型中,对于无效率的 DMU,其效率值与 CCR 模型一致;而对于有效率的 DMU,则表示该 DMU 即使再等比例地减少超效率评价值大于 1 的产出,它在整个样本集合中仍能保持相对有效。

Tobit 模型是对部分连续分布和部分离散分布的因变量提出的一个经济计量学模型。一般情况下,如果自变量 Y_i 的取值在某个范围之内或者在数据整理时进行了截断,且 Y_i 与自变量 X_i 有关,则有如下线性回归模型:

$$Y_i = \beta_0 + \beta^T X_i + u_i \quad (3-10)$$

其中,$i = 1, 2, 3\cdots\cdots$。这里,Y_i 为效率值,X_i 是解释变量,β^T 是未知参数向量,$u_i \sim N(0, \sigma^2)$。可以证明,当采用极大似然法对 Tobit 模型进行估计时,得到 $\hat{\beta}^T$ 和 $\hat{\sigma}^2$ 是一致估计量。

(三) 变量与数据的选取

城市效率,可用 BBC 模型和超效率模型中综合技术效率和超效率表征,它是度量城市在现有规模报酬状况和技术水平下把一定投入转化为产出的能力。城市效率由规模效率和纯技术效率两部分组成：规模效率是度量城市规模报酬状况偏离规模报酬不变的程度。当城市规模报酬状况为不变时，城市规模效率最高；当城市规模报酬状况为递增或递减时，城市规模效率最低。纯技术效率是度量城市在现有技术条件下把一定投入转变为产出的能力，城市现有技术水平越先进，其纯技术效率越高。为了全面考察地级及以上城市效率，我们把地级及以上城市效率划分为经济、社会和环境效率三类。

城市经济效率的投入指标为年末人口数、全社会固定资产投资额、土地面积，产出指标为 GDP、非农产业增加值（第二和第三产业增加值）。产出指标除 GDP 外还增加非农产业增加值，旨在考察城市经济结构的合理性。

城市社会效率又进一步细分为教育、文化、医疗、通信、水电气供应和交通效率。其中，城市教育效率的投入指标为年末人口数、全社会固定资产投资额、土地面积，产出指标为专任教师数①、高校专任教师数；城市文化效率的投入指标为年末人口数、全社会固定资产投资额、土地面积，产出指标为公共图书馆图书藏量；城市医疗效率的投入指标为年末人口数、全社会固定资产投资额、土地面积，产出指标为医院和卫生院床位数、医生数；城市通信效率的投入指标为年末人口数、全社会固定资产投资额、土地面积，产出指标为电话用户数②、互联网用户数；城市水电气供应效率的投入指标为年末人口数、全社会固定资产投资额、土地面积，产出指标为生活用水量、生活用电量、用燃气人口；城市交通效率的投入指标为年末人口数、全社会固定资产投资额、土地面积，产出指标为道路面积、公共汽车数。

城市环境规效率的投入指标为年末人口数、全社会固定资产投资额、土地面积，产出指标为绿地面积。由于只有全市统计口径的废水、废物、废气排放量等数据，因此产出指标没有吸纳环境污染指标。各类指标统计结果见表3－2。

由于数据限制，此部分的考察时期选定为 2005～2010 年。数据来源是《中国统计年鉴》（2006～2011）和《中国城市统计年鉴》（2006～2011），全部数据的统计口径均为地级及以上城市的市辖区。依据集聚经济理论，我们应用 EMS 软件的 BBC 模型和超效率模型以及 EVIEWS 软件的 Tobit 回归模型，测算和分析中国城市效率分布及其与城市规模的关系。一定时期的中

---

① 它等于小学专任教师数、中学专任教师数和高校专任教师数的总和。
② 它等于固定电话用户数和移动电话用户数的总和。

国城市效率及其与城市规模关系的实证研究，可以保证计算结果的稳定性，并判断其发展趋势。

表3-2 模型所选投入产出指标的统计描述（286个地级及以上城市）

指标	代码	单位	观测值	均值	标准差	最小值	最大值
年末人口	popu	万人	1716	130.94	162.61	14.62	1543
固定资产投资	capi	万元	1716	3130280	5869963	32140	5.81E+07
土地面积	land	平方公里	1716	2175.32	2559.52	80	27067
GDP	gdp	万元	1716	6077262	1.34E+07	142185	1.70E+08
非农产业增加值	nonagrigdp	万元	1716	5883602	1.33E+07	102387	1.69E+08
专任教师数	teac	人	1716	14516.47	18460.43	1355	151007
高校专任教师数	colltech	人	1716	3821.38	7599.495	0	58122
图书藏量	lib	千册	1716	1438.10	4813.71	13	67596
医院床位数	hospbed	张	1716	6892.67	9752.45	375	99969
医院医生数	doct	人	1716	3726.66	5569.02	200	62533
道路面积	roadsqu	万平方米	1716	1233.56	1777.75	1	21490
公共汽车数	bus	辆	1716	1093.9	2331.18	11	26796
电话用户数	phone	万户	1716	189.30	355.86	0	3297.46
联网用户数	net	户	1716	282685.6	1456049	91	5.17E+07
生活用水量	water	万吨	1716	5047	10270.33	70	106738
生活用电量	elect	万千瓦时	1716	73561.23	148114.1	1184	1689500
用燃气人口	gas	人	1716	967599.2	1848444	33	2.31E+07
绿地面积	greensqu	公顷	1716	5165.30	13274.11	23	168027

资料来源：根据《中国城市统计年鉴》（2006~2010）计算整理。

四 城市效率、生产率与城市规模倒U型关系的检验

运用数据包络模型，我们首先对2005年和2010年286个地级及以上城市（拉萨市由于数据缺失被剔除）的效率进行了测算，并按照不同的城市规模进行了分类比较，发现如下结果。

（1）从经济效率角度看，2010年，中国地级及以上城市规模效率平均值为0.663。按不同城市规模分组统计发现，城市规模在500万~800万人之间的城市规模效率达到最高，为0.958（见表3-3）；小于这一规模的城市随着分组规模的提升，其平均效率值也逐步提高。但是，不同分组的城市规模增长率基本保持在100%左右，而规模效率的增长率在由小到大的城市规模分组之间则依次递减，从最大的140%降低到2%；而对于800万人以上的城市分组来说，其平均城市规模效率为0.784，比500万~800万人城市

规模分组的平均效率降低了0.174，下降了18.16%，而其平均规模则提高了123%。2005年数据计算结果也呈相同趋势。这充分说明，中国地级及以上城市规模效率与城市规模之间是存在倒U型关系的。

表3-3 中国地级及以上城市经济效率比较

城市人口规模	2005年				2010年			
	平均规模（万人）	增长率（%）	规模效率	增长率（%）	平均规模（万人）	增长率（%）	规模效率	增长率（%）
20万以下	18		0.286		17		0.1625	
20万~50万	39	117	0.462	62	37	118	0.390	140
50万~100万	73	87	0.722	56	71	92	0.581	49
100万~200万	138	89	0.899	25	137	93	0.795	37
200万~500万	285	107	0.955	6	270	97	0.940	18
500万~800万	618	117	0.958	0	547	103	0.958	2
800万以上	1058	71	0.804	-16	1220	123	0.784	-18
全国	127		0.764		136		0.663	

资料来源：根据《中国城市统计年鉴》（2006~2010）计算整理。

（2）从社会规模效率的变化趋势来看，中国城市社会规模效率分别在500万前后出现递减趋势。2010年，中国教育、文化、医疗、交通、水电气和通信规模效率的平均值分别为0.659、0.387、0.809、0.743、0.700、0.667。但是，各项社会规模效率达到最大值的分组规模略有不同：教育规模效率在200万~500万分组平均效率达到最大，为0.896；文化规模效率在500万~800万分组平均效率达到最大，为0.944；医疗规模效率在100万~200万分组平均效率达到最大，为0.912；交通规模效率在200万~500万分组平均效率达到最大，为0.965；水电气供应规模效率在500万~800万分组平均效率达到最大，为0.908；通信规模效率在200万~500万分组平均效率达到最大，为0.905。各项社会规模效率在达到最大之前，各分组的平均效率依次随着城市规模提高而不断提高，但其提高幅度不断减小；而在达到最大效率之后，随着城市规模的提高，平均效率均呈下降趋势，具有较明显的倒U型趋势（见图3-1）。

（3）从环境规模效率来看，2010年，中国地级及以上城市的环境规模效率平均为0.333（见表3-4）。按照不同城市规模分组统计发现，中国城市环境规模效率也是在500万~800万达到最大值，为0.819。在城市环境

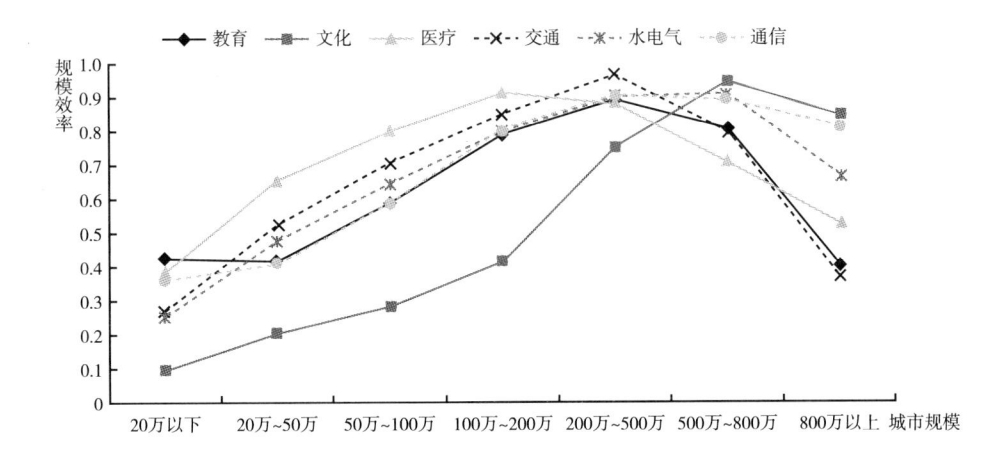

图 3-1 中国地级及以上城市的社会规模效率与城市规模关系

规模效率达到最大值之前,随着城市规模的扩大,中国地级及以上城市的环境规模效率是不断提高的。但从不同规模分组统计看,城市平均规模在不同分组之间的增长率始终保持在100%左右。也就是说,不同分组之间的城市平均规模基本上是翻倍的,但城市规模效率在不同分组间的增长速度是先加速后减速;而在达到最大值后,城市规模效率急剧下降,800万人以上城市的环境规模效率平均值为0.511,比500万~800万人组的效率下降了38%。然而,观察2005年的城市规模效率变化,我们发现其城市环境规模效率随着城市规模的提高是不断上升的。城市环境规模效率的最大值出现在800万人以上的城市规模分组,这说明城市环境规模效率的最大值要比经济规模效率出现得晚,也就是说,环境规模效率曲线具有更大的城市规模空间。纵向来看,2010年的城市环境规模效率要比2005年大,各城市规模分组2010年的平均环境规模效率也要比2005年大。这进一步印证了城市环境规模效率曲线还处在上升阶段的观点。

(4) 城市生产率与城市规模的关系在不同领域表现出不同的变化趋势。从经济领域来看,中国城市生产率是随着城市规模的扩大不断提高的,也就是说,中国大城市经济生产率的平均水平要高于小城市。以2005~2010年中国地级及以上城市经济生产率的平均水平看,随着城市规模水平的提高,其经济生产率也在不断提升。800万以上人的超大城市经济生产率的平均水平为1.014,比20万人以下的小城市平均高出4.1%;从环境领域来看,随着城市规模的扩大,城市环境生产率水平呈现先下降后提高的趋势。50万~

表 3-4　中国地级及以上城市环境效率比较

城市人口规模	2005 年				2010 年			
	平均规模（万人）	增长率（%）	规模效率	增长率（%）	平均规模（万人）	增长率（%）	规模效率	增长率（%）
20 万以下	18		0.042		17		0.066	
20 万~50 万	39	117	0.137	226	37	118	0.200	203
50 万~100 万	73	87	0.230	68	71	92	0.239	20
100 万~200 万	138	89	0.306	33	137	93	0.347	45
200 万~500 万	285	107	0.579	89	270	97	0.684	97
500 万~800 万	618	117	0.709	22	547	103	0.819	20
800 万以上	1058	71	0.888	25	1220	123	0.511	-38
全　国	127		0.298		136		0.333	

资料来源：根据《中国城市统计年鉴》（2006~2010）计算整理。

100 万人的城市平均环境生产率处于最低水平，与中国城市环境"先污染再治理"的现实相吻合；从社会领域来看，中国城市社会生产率都经历了一个先下降后提升的过程。但由于社会服务的特殊性，交通和文化的生产率在 500 万人以上的超大规模城市表现出较为明显的不经济。

（5）城市规模效率表现出较为明显的倒 U 型特征。从 Malmquist 生产率指数分解出来的规模效率指标看，中国城市规模效率随着城市规模的扩大不断提高，经过一定时期的上升之后，其规模效率将出现下降的趋势，但经济、社会和环境规模效率由上升转为下降的城市规模水平有所不同（见表 3-5）。

表 3-5　中国地级及以上城市 Malmquist 生产率指数的分解及其与城市规模的关系

生产率指数	人口规模	20 万以下	20 万~50 万	50 万~100 万	100 万~200 万	200 万~500 万	500 万~800 万	800 万以上
经　济	技术效率	0.922	0.940	0.906	0.927	0.945	0.952	0.959
	技术变化	1.057	1.049	1.054	1.056	1.063	1.063	1.237
	纯技术效率	1.000	0.918	0.911	0.925	0.941	0.984	1.017
	规模效率	0.922	1.004	0.995	1.002	1.005	0.968	0.943
	全要素生产率	0.974	0.987	0.955	0.979	1.005	1.012	1.014
教　育	技术效率	1.011	0.909	0.895	0.905	0.893	0.960	0.939
	技术变化	0.940	1.037	1.051	1.047	1.076	1.015	1.056
	纯技术效率	1.000	0.901	0.901	0.935	0.954	0.993	1.010
	规模效率	1.011	0.979	0.993	0.967	0.937	0.967	0.930
	全要素生产率	0.950	0.944	0.940	0.947	0.961	0.975	0.992

续表

生产率指数\人口规模		20万以下	20万~50万	50万~100万	100万~200万	200万~500万	500万~800万	800万以上
文化	技术效率	0.998	0.916	0.869	0.889	0.929	0.947	0.928
	技术变化	1.052	1.050	1.062	1.052	1.056	1.024	1.052
	纯技术效率	1.000	0.922	0.876	0.892	0.925	0.975	0.986
	规模效率	0.998	0.962	0.992	0.996	1.005	0.972	0.942
	全要素生产率	1.049	0.962	0.923	0.935	0.982	0.970	0.976
医疗	技术效率	0.980	0.983	0.957	0.987	0.951	0.982	0.941
	技术变化	1.008	0.994	0.993	0.987	1.044	1.021	1.058
	纯技术效率	1.000	0.958	0.956	0.995	0.978	0.990	0.982
	规模效率	0.980	0.992	1.001	0.992	0.972	0.992	0.959
	全要素生产率	0.988	0.975	0.951	0.974	0.992	1.003	0.995
交通	技术效率	0.948	0.974	0.952	0.957	0.952	0.971	0.891
	技术变化	1.023	0.993	0.996	0.991	1.003	0.990	1.010
	纯技术效率	1.000	0.923	0.945	0.957	0.961	1.031	1.056
	规模效率	0.948	1.017	1.007	0.999	0.991	0.941	0.844
	全要素生产率	0.971	0.961	0.948	0.948	0.955	0.961	0.899
水电气	技术效率	0.955	0.958	0.927	0.921	0.944	1.001	0.931
	技术变化	0.987	0.973	0.994	1.004	1.007	1.001	1.034
	纯技术效率	1.000	0.920	0.938	0.957	0.946	0.985	0.972
	规模效率	0.955	1.004	0.989	0.962	0.998	1.016	0.957
	全要素生产率	0.942	0.927	0.922	0.925	0.951	1.001	0.962
通信	技术效率	0.876	0.899	0.876	0.901	0.871	0.921	0.890
	技术变化	1.062	1.080	1.086	1.082	1.122	1.076	1.136
	纯技术效率	1.000	0.876	0.879	0.924	0.881	0.968	0.975
	规模效率	0.876	0.980	0.996	0.975	0.989	0.952	0.913
	全要素生产率	0.931	0.956	0.951	0.975	0.977	0.991	1.010
环境	技术效率	1.091	1.059	0.977	0.995	0.993	1.060	1.012
	技术变化	0.985	0.985	0.991	0.983	1.008	0.983	1.020
	纯技术效率	1.000	0.940	0.958	1.082	1.075	1.063	1.137
	规模效率	1.091	1.103	1.019	0.919	0.923	0.997	0.890
	全要素生产率	1.076	1.053	0.968	0.977	1.000	1.041	1.032

资料来源：根据《中国城市统计年鉴》（2006～2010）计算整理。

（6）城市的技术变化普遍呈不断上升趋势。从2005～2010年的指数分解结果看，除了交通和文化外，其他经济、社会、环境各领域均表现出明显的技术水平进步带动城市效率水平的提高。但是，从纯技术变化指标看，各项社会服务领域的技术进步对城市生产率的影响是随着城市规模的扩大而逐渐下降的。

五 倒 U 型城市规模效率曲线的 Tobit 检验

从分析结果看，基本上地级及以上城市的经济、社会和环境效率与城市规模之间是倒 U 型曲线关系。具体讲，大体上伴随城市规模扩大，中国城市经济、社会和环境效率逐渐提高；当城市规模达到一定限度后，中国城市经济、社会和环境效率开始下降。根据开口向下的二次曲线极大值的求法可知，中国城市总体效率（超效率）的顶点对应的城市规模在 663 万~1790 万人，其中，城市经济效率（超效率）最高的城市规模为 895 万人，城市教育效率（超效率）最高的城市规模为 663 万人，城市文化效率（超效率）最高的城市规模为 901 万人，城市通信效率（超效率）最高的城市规模为 1790 万人，城市水电气供应效率（超效率）最高的城市规模为 1140 万人，城市环境效率（超效率）最高的城市规模为 817 万人（根据表 3-6、表 3-7、表 3-8 计算）。这里没有给出城市医疗和城市交通效率（超效率）最高的城市规模，因为这两种情况属于例外情况，即其社会效率与城市规模呈正 U 型曲线关系或无关。而进一步从城市规模效率来看，中国地级及以上城市的规模效率与城市规模之间的倒 U 型曲线关系更为显著，其顶点对应的城市规模在 352 万~932 万人之间。对应于经济、社会和环境最大规模效率的城市规模分别为：经济 715 万人、教育 550 万人、文化 901 万人、医疗 352 万人、通信 702 万人、水电气 634 万人、交通 709 万人、环境 932 万人（根据表 3-6、表 3-7、表 3-8 计算）。最高经济规模效率和社会规模效率对应的城市规模均略低于超效率对应的城市规模，而最高环境规模效率对应的城市规模则略大于超效率对应的城市规模。

这种城市经济、社会和环境效率与城市规模二次曲线关系是正反两方面合力作用的结果。一方面，随着地级及以上城市规模扩大，人财物投入增多，经济、社会和环境产出增加速度加快，这是规模报酬递增的表现，即地级及以上城市经济、社会和环境效率伴随城市规模扩大而提高。但随着城市规模继续扩大，规模报酬递减规律开始显现，即地级及以上城市经济、社会和环境效率开始下降。另一方面，随着城市规模扩大，地级及以上城市硬、软技术下降，主要是经济、社会和环境管理等软技术状况恶化，导致经济、社会和环境产出增加速度减缓，即地级及以上城市经济、社会和环境纯技术效率伴随城市规模扩大而下降。随着城市规模继续扩大，地级及以上城市硬、软技术水平改善，主要是科学技术等硬技术状况改善，导致经济、社会

表 3-6 中国地级及以上城市的经济效率与城市规模关系

方程	被解释变量	解释变量	系数	标准差	Z 检验值	P 值
1	经济超效率	常数项	$2.50E-01$	$6.39E-03$	39.1647	0.0000
		城市规模的一次项	$3.92E-04$	$5.37E-05$	7.2956	0.0000
		城市规模的二次项	$-2.19E-07$	$4.63E-08$	-4.7269	0.0000
2	经济综合技术效率	常数项	$2.47E-01$	$5.63E-03$	43.9267	0.0000
		城市规模的一次项	$4.09E-04$	$4.73E-05$	8.6418	0.0000
		城市规模的二次项	$-2.31E-07$	$4.08E-08$	-5.6564	0.0000
3	经济规模效率	常数项	$4.76E-01$	$8.03E-03$	59.2885	0.0000
		城市规模的一次项	$2.23E-03$	$6.77E-05$	32.9629	0.0000
		城市规模的二次项	$-1.56E-06$	$5.82E-08$	-26.8286	0.0000
4	经济纯技术效率	常数项	$5.44E-01$	$7.97E-03$	68.2789	0.0000
		城市规模的一次项	$-1.02E-03$	$6.71E-05$	-15.2458	0.0000
		城市规模的二次项	$8.02E-07$	$5.78E-08$	13.8845	0.0000

资料来源：根据《中国城市统计年鉴》(2006~2010) 计算整理。

和环境产出增加速度提高。仅有三种情况没有遵循上述规律，分别是：地级及以上城市的医疗超效率和综合技术效率伴随城市规模扩大而以极其缓慢的速度[1]下降，当城市规模达到一定限度后再上升；地级及以上城市的交通超效率和综合技术效率提高与城市规模扩大关系微弱[2]；地级及以上城市的环境综合技术效率与城市规模扩大的关系因数据问题而无法得到计算结果。

表 3-7 中国地级及以上城市社会效率与城市规模的关系

被解释变量		解释变量	系数	标准差	Z 检验值	P 值
城市社会效率	教育规模效率	常数项	$6.87E-01$	$7.83E-03$	87.7295	0.6873
		城市规模的一次项	$1.33E-03$	$6.60E-05$	20.1025	0.0013
		城市规模的二次项	$-1.21E-06$	$5.68E-08$	-21.2722	0.0000
	文化规模效率	常数项	$1.80E-01$	$9.45E-03$	19.0713	0.0000
		城市规模的一次项	$2.36E-03$	$7.98E-05$	29.5889	0.0000
		城市规模的二次项	$-1.31E-06$	$6.99E-08$	-18.7529	0.0000
	医疗规模效率	常数项	$7.44E-01$	$9.18E-03$	81.1113	0.0000
		城市规模的一次项	$4.34E-04$	$7.72E-05$	5.6208	0.0000
		城市规模的二次项	$-6.17E-07$	$6.65E-08$	-9.2817	0.0000

---

[1] 表现为城市规模一次项的估计系数的绝对值很小。
[2] 表现为城市规模一次项和二次项的估计系数没有通过显著性检验。

续表

被解释变量		解释变量	系数	标准差	Z检验值	P值
城市社会效率	通信规模效率	常数项	5.47E-01	7.96E-03	68.7280	0.0000
		城市规模的一次项	1.84E-03	6.71E-05	27.3387	0.0000
		城市规模的二次项	-1.31E-06	5.78E-08	-22.6805	0.0000
	水电气规模效率	常数项	5.79E-01	8.94E-03	64.8233	0.5794
		城市规模的一次项	1.56E-03	7.53E-05	20.7242	0.0016
		城市规模的二次项	-1.23E-06	6.48E-08	-18.9291	0.0000
	交通规模效率	常数项	5.67E-01	8.77E-03	64.6932	0.0000
		城市规模的一次项	1.80E-03	7.38E-05	24.3192	0.0000
		城市规模的二次项	-1.27E-06	6.35E-08	-20.0615	0.0000

资料来源：根据《中国城市统计年鉴》（2006~2010）计算整理。

表3-8 中国地级及以上城市的环境效率与城市规模关系

方程	被解释变量	解释变量	系数	标准差	Z检验值	P值
1	环境超效率	常数项	4.67E-02	4.58E-03	10.2088	0.0000
		城市规模的一次项	2.06E-04	3.85E-05	5.3581	0.0000
		城市规模的二次项	-1.26E-07	3.32E-08	-3.8084	0.0001
2	环境综合技术效率	常数项	4.59E-02	NA	NA	NA
		城市规模的一次项	2.10E-04	NA	NA	NA
		城市规模的二次项	-1.28E-07	NA	NA	NA
3	环境规模效率	常数项	1.45E-02	7.78E-03	1.8595	0.0630
		城市规模的一次项	2.20E-03	6.55E-05	33.6197	0.0000
		城市规模的二次项	-1.18E-06	5.64E-08	-20.9152	0.0000
4	环境纯技术效率	常数项	5.03E-01	7.74E-03	65.0068	0.0000
		城市规模的一次项	-1.70E-03	6.51E-05	-26.0301	0.0000
		城市规模的二次项	1.11E-06	5.60E-08	19.7686	0.0000

资料来源：根据《中国城市统计年鉴》（2006~2010）计算整理。

六 倒U型城市规模效率曲线顶点判断

为了考察中国各地区间地级及以上城市经济效率、社会效率和环境效率及其与城市规模关系的异质性，我们应用EMS软件的BBC模型、超效率模型和上述投入产出指标体系测算中国东部、中部、西部和东北地区的地级及以上城市经济效率、社会效率和环境效率及其与城市规模的关系，地区研究考察时期为2006~2009年，最终计算结果见表3-9。

表 3-9 四大区域地级及以上城市规模效率 Tobit 回归系数符号与极值点城市规模比较

类别		东部地区 二次项符号	东部地区 极值点规模（万人）	中部地区 二次项符号	中部地区 极值点规模（万人）	西部地区 二次项符号	西部地区 极值点规模（万人）	东北地区 二次项符号	东北地区 极值点规模（万人）
经济	超效率	-	996	+	-1004	-	-558	-	263
	综合技术效率	-	943	+	-1004	-	-558	-	263
	纯技术效率	+	467	+	370	+	837	+	342
	规模效率	-	640	-	410	-	824	-	318
教育	超效率	-	1190	+	-20333	-	1428	-	836
	综合技术效率	-	1240	+	-77434	-	1430	-	839
	纯技术效率	+	461	+	352	+	1016	+	450
	规模效率	-	911	-	658	-	1322	-	569
医疗	超效率	+	609	+	413	-	-757	-	124
	综合技术效率	+	596	+	413	-	-437	-	124
	纯技术效率	+	336	+	264	+	718	+	220
	规模效率	-	370	-	247	-	536	-	205
文化	超效率	+	-930	+	-1258	-	733	-	358
	综合技术效率	+	-736	+	-1259	-	733	-	358
	纯技术效率	+	465	+	372	-	871	+	307
	规模效率	-	851	-	739	-	956	-	365
通信	超效率	+	-67	+	369	-	1524	-	417
	综合技术效率	+	-502	+	361	-	1524	-	417
	纯技术效率	+	776	+	682	+	1621	+	682
	规模效率	-	1276	-	801	-	1592	-	625
水电气	超效率	+	586	+	-196	-	1500	-	155
	综合技术效率	+	275	+	-145	-	1506	-	223
	纯技术效率	+	708	+	632	+	1507	+	648
	规模效率	-	1067	-	739	-	1498	-	595
交通	超效率	+	4211	+	789	-	1263	-	390
	综合技术效率	-	39	+	790	-	1264	-	388
	纯技术效率	+	1227	+	773	+	1713	+	682
	规模效率	-	1268	-	789	-	1633	-	627
环境	超效率	-	799	+	347	-	863	-	271
	综合技术效率	-	787	+	347	-	863	-	274
	纯技术效率	+	714	+	420	+	857	+	345
	规模效率	-	859	-	870	-	1078	-	441

注：极值点规模为负表示该类效率曲线对城市规模是单调的：当二次项符号为正时，为单调增函数，即城市规模越大，该类效率越高；当二次项符号为负时，为单调减函数，即城市规模越大，该类效率越低。

资料来源：根据《中国城市统计年鉴》（2006~2010）计算整理。

从各地区来看，地级及以上城市经济、社会和环境效率与城市规模关系差别显著。从地级及以上城市规模来看，东部地区城市平均规模最高，东北地区其次，西部地区再次，中部地区最低。但是，从地级及以上城市经济、社会和环境效率来看，却不一定是上述排序。总体来说，城市平均规模最高的东部地区在经济、社会和环境效率上几乎都是最大的，然而中部、西部和东北地区的经济、社会和环境效率高低顺序与其城市规模大小顺序并不一致。西部地区地级及以上城市的经济效率和环境效率都超过东北地区和中部地区，仅次于东部地区。西部地区地级及以上城市的经济效率和环境效率超过东北地区，说明东北地区地级及以上城市的规模效率利用不足。

从四大区域地级及以上城市效率分解来看，城市规模效率对城市规模Tobit回归的二次项系数符号全部为负，说明中国规模效益符合倒U型曲线规律，而城市纯技术效率的Tobit回归的二次项系数符号全部为正，说明中国城市纯技术效率均呈U型曲线规律。而正是这两种相反的力量制约着中国城市效率的变化：在城市规模效率曲线达到最高点之前，随着城市规模的扩大，城市规模效率在提高，之后城市规模效率开始下降；而在城市纯技术效率达到最低点之前，城市的纯技术效率是在下降的，之后却开始提高。二者的强弱决定了中国城市的总体效率演变趋势。如东部地区的总体效率（超效率）是倒U型，在996万人以下的城市效率是递增的，之后是下降的；中部地区城市的总体效率是递增的；西部地区的城市经济效率是下降的；东北地区的城市效率在263万人以下是递增的，之后是递减的。

从表3-9分解结果可知，四大区域最大规模效率所对应的城市规模排序为西部、东部、中部和东北，如西部地区最大经济规模效率对应的城市规模为824万人，高于东部640万人的规模，中部地区最大经济规模效率对应的城市规模为410万人，东北地区最低，为318万人；最大教育规模效率所对应的城市规模依次为西部（1322万人）、东部（911万人）、中部（658万人）、东北（569万人）；最大文化规模效率所对应的城市规模依次为西部（956万人）、东部（851万人）、中部（739万人）、东北（365万人）；最大医疗规模效率所对应的城市规模依次为西部（536万人）、东部（370万人）、中部（247万人）、东北（205万人）；最大通信规模效率所对应的城市规模依次为西部（1592万人）、东部（1276万人）、中部（801万人）、东北（625万人）；最大水电气规模效率所对应的城市规模依次为西部

（1498万人）、东部（1067万人）、中部（739万人）、东北（595万人）；最大交通规模效率所对应的城市规模依次为西部（1633万人）、东部（1268万人）、中部（789万人）、东北（627万人）；最大环境规模效率所对应的城市规模依次为西部（1078万人）、中部（870万人）、东部（859万人）、东北（441万人）。而四大区域地级及以上城市的平均规模排序依次为东部184万人、东北121万人、西部115万人、中部106万人。说明西部地区城市规模上升的空间较大，而东北地区相对较小。

以表3-9为标准，我们分别列出各地区规模效率递减的城市（见表3-10）。表中情况显示，上海市在经济规模效率、社会规模效率和环境规模效率上均处于规模效率递减阶段，而北京市经济规模效率和环境规模效率都处于递减阶段，而社会规模效率除了通信和交通外，其他方面如教育、医疗、文化、水电气等也处于规模效率递减阶段。在经济规模效率方面，东部地区的天津、广州，中部地区的武汉，西部地区的重庆，东北地区的沈阳、哈尔滨、长春均处于规模效率递减阶段；在社会规模效率方面，主要表现在医疗规模效率上，目前东部的天津、广州、南京、汕头、杭州，中部的武汉、郑州、太原，西部的重庆、西安，东北的沈阳、哈尔滨、长春、大连已经处于规模效率递减阶段；在环境规模效率方面，西部地区的重庆，东北地区的沈阳和哈尔滨也已经处于规模效率递减阶段。

表3-10 各地区处于规模效率递减阶段的地级及以上城市

	东部	中部	西部	东北
经 济	上海、北京、天津、广州	武汉	重庆	沈阳、哈尔滨、长春
教 育	上海、北京	—	重庆	—
医 疗	上海、北京、天津、广州、南京、汕头、杭州	武汉、郑州、太原	重庆、西安	沈阳、哈尔滨、长春、大连
文 化	上海、北京	—	重庆	沈阳、哈尔滨
通 信	上海	—	—	—
水电气	上海、北京	—	—	—
交 通	上海	—	—	—
环 境	上海、北京	—	重庆	沈阳、哈尔滨

资料来源：根据《中国城市统计年鉴》（2006~2010）计算整理。

七 关于中国城镇化规模政策的思考

尽管改革开放以来，中国经济发展突飞猛进，城镇化水平得到极大提高，但由于经济和社会发展基础薄弱，所以中国的城镇化水平相对于世界其他国家还是较低。按照联合国的统计，2011年中国城镇人口占总人口的比重为50.6%，低于世界52.1%的平均水平，更低于较发达地区的77.7%的平均水平（United Nations，2012）。未来，中国城镇化水平仍有较大的提升空间。但是，城市效率和生产率水平的提高，不应过度依靠城市规模的不断扩展来取得，而应重视城市技术水平的提高，实现中国城镇化路径的调整。城市技术水平的提高不仅包括城市科技水平的提高，通过科技进步实现城市经济生产率的提升，更重要的是要通过城市管理水平的提高，实现城市社会和环境生产率的提高。我们对城市规模效益的分析结果，对于中国城市规模政策制定具有以下四个方面的启示。

第一，积极推进大中小城市的协调发展。中国城市经济、社会和环境规模效益与城镇规模正相关关系在一定城市规模限度下成立，这个限度在352万~932万人之间，中国绝大多数的城市规模都在此限度之下，说明中国城镇化具有较大的发展空间。因此，应利用市场机制积极推动中小城市的快速发展，一些大城市也仍有较大的发展潜力。当然，在注重城市规模扩张的同时，更应促进城市技术创新和城市管理水平的提高。

第二，限制400万人以上超大城市规模扩张。中国城市经济、社会和环境规模效益在城市规模超过上述限度范围之后将不断下降，因此对人口规模在400万以上的超大城市应该严格控制其规模，中国的北京、上海、重庆等城市已经突破上述城市规模限度范围的上限，即将或者已经在各个方面面临规模效益递减的局面，因此应该积极促进周边次一级城市的发展，防止其过度扩张。

第三，切实提高城市的现代化管理水平。中国城市纯技术效率与城市规模负相关根源在于城市规模扩大导致的管理难度加大和中国在城市管理方面的束缚过多，因此，应从管理制度创新的角度入手，放松对城市管理的僵硬、烦琐且不合时宜的体制和机制，在吸收国外城市先进管理经验的基础上，结合中国国情，构建具有中国特色且有利于经济、社会、环境协调发展的全新城市管理体制。

第四，促进各地区城镇化的协调发展。规模效益也即集聚经济的产生需要一定的前提条件，如完善的市场体系、高效的社会管理制度等。中国东部地区在规模效益形成所需的前提条件上要远优于其他地区，因此东部地区城市规模效益与城市规模正相关且显著。从区域协调发展的角度看，今后应更注重强化中部、西部和东北地区的市场体系建设、社会管理制度构建和竞争力基础提升，以使这些地区也能在推进城镇化过程中通过扩大城市规模来获取更高的规模效益，从而协调各地区的城镇化进程。

参考文献

[1] 埃比尼泽·霍华德：《明日的田园城市》，金经元译，商务印书馆，2000。
[2] 陈伟民、蒋华园：《城市规模效益及其发展政策》，《财经科学》2000年第4期。
[3] 费孝通：《小城镇、大问题》，江苏人民出版社，1986。
[4] 高春亮：《1998～2003：我国城市技术效率与规模效率实证研究》，《上海经济研究》2006年第6期。
[5] 高鸿鹰、武康平：《集聚效应、集聚效率与城市规模分布变化》，《统计研究》2007年第3期。
[6] 高佩义：《关于我国城市化道路问题的探讨》，《经济科学》1991年第2期。
[7] 胡兆量：《大城市发展规律探讨》，《城市问题》1984年第3期。
[8] 吉昱华、蔡跃洲、杨克泉：《中国城市集聚效益实证分析》，《管理世界》2004年第3期。
[9] 金相郁：《最佳城市规模理论与实证分析：以中国三大直辖市为例》，《上海经济研究》2004年第7期。
[10] 靳玮、徐琳瑜、杨志峰：《城市适度人口规模的多目标决策方法及应用》，《环境科学学报》2010年第2期。
[11] 刘爱梅、杨德才：《城市规模、资源配置与经济增长》，《当代经济科学》2011年第1期。
[12] 刘永亮：《中国城市规模经济的动态分析》，《经济学动态》2009年第7期。
[13] 马树才、宋丽敏：《我国城市规模发展水平分析与比较研究》，《统计研究》2003年第7期。
[14] 麦克·道格拉斯：《中国城市化和城市政策与亚洲经验的比较研究》，陈军余译，载张秉忱、陈吉元、周一星：《中国城市化道路宏观研究》，黑龙江人民出版社，1991。
[15] 潘佐红、张帆：《中国的城市生产率》，载陈甬军、陈爱民主编《中国城市化：实证分析与对策研究》，厦门大学出版社，2002。
[16] 秦尊文：《论城市规模政策与城市规模效益》，《经济问题》2003年第10期。
[17] 饶会林、丛屹：《再谈城市规模效益问题》，《财经问题研究》1999年第10期。
[18] 檀学文：《大城市过度规模与卫星城政策》，《中国农村观察》2006年第6期。

[19] 王小鲁:《中国城市化路径与城市规模的经济学分析》,《经济研究》2010 年第 10 期。
[20] 王小鲁、夏小林:《优化城市规模 推动经济增长》,《经济研究》1999 年第 9 期。
[21] 王元:《充分发挥大城市优势》,《社会调查与研究》1985 年第 2 期。
[22] 肖文、王平:《外部性、城市规模与城市增长——对长三角地区 16 个城镇的分析》,《浙江学刊》2011 年第 4 期。
[23] 许抄军、罗能生、吕渭济:《基于资源消耗的中国城市规模研究》,《经济学家》2008 年第 4 期。
[24] 杨学成、汪冬梅:《我国不同规模城市的经济效率和经济成长力的实证研究》,《管理世界》2002 年第 3 期。
[25] 俞燕山:《我国城镇的合理规模及其效率研究》,《经济地理》2000 年第 2 期。
[26] 张力民、刘苏衡:《基于灰色关联综合分析法的湖北省城市规模效益分析》,《统计与决策》2005 年第 10 期。
[27] 赵晓斌、陈振光、薛德敖、张雯:《全球化和当代中国大城市发展趋势》,《国外城镇规划》2002 年第 5 期。
[28] 郑亚平、聂锐:《城市规模扩张要"适度"》,《宏观经济研究》2010 年第 12 期。
[29] 周铁训:《21 世纪中国均衡城市化目标及模式选择》,《经济学家》2001 年第 7 期。
[30] Alonso, W., *The Economics of Urban Size*, Institate of Urban & Regional Development, 1970.
[31] Andersen P., and N. C. Petersen, "A Procedure for Ranking Efficient Units in Data Envelopment Analysis," *Management Science* (39), 1993, pp. 1261 - 1264.
[32] Balk B. M., "Scale Efficiency and Productivity Change", *Journal of Productivity Analysis* (15), 2001, pp. 159 - 183.
[33] Banker R. D., A. Charnes and W. W. Cooper, "Some Models for Estimating Technical and Scale Inefficiencies in Data Envelopment Analysis", *Management Science* (30), 1984, pp. 1078 - 1092
[34] Banker, R. D., Das, S., Datar, S. M., "Analysis of Cost Variances for Management Control in Hospitals", *Research in Governmental and Nonprofit Accounting* (5), 1989, pp. 269 - 291.
[35] Banker, R. D., Gifford, J. L., *A Relative Efficiency Model for the Evaluation of Public Health Nurse Productivity* (Carnegie, Mellon University, 1988).
[36] Blitzer S., Davila J., Hardoy J. E., and Satterthwaite D., *Outside the Large Cities: Annotated Bibliography and Guide to The Literature on Small and Intermediate Urban Centers in the Third World* (IIED, London, 1988).
[37] Charnes A., W. W. Cooper and E. Rhodes, "Measuring the Efficiency of Decision Making Units", *European Journal of Operational Research* (2), 1978, pp. 429 - 444.
[38] Calino, G. A., "Manufacturing Agglomeration Economies as Return to Scale: A Production Function Approach", *Papers of the Regional Science Association* (50), 1982, pp. 95 - 108.
[39] Cropper, M. L. and Arrigaa-Salinas, "Inter-city Wage Differentials and the Value of Air Quality", *Journal of Urban Economics* (8), 1980, pp. 236 - 254.

[40] Färe, R., S. Grosskopf and M. Norris and Z. Zhang, "Productivity Growth, Technical Progress, and Efficiency Change in Industrialized Countries", *The Amercian Economic Review* (84), 1994, pp. 66 – 83.

[41] Hardoy J. E., D. Satterthwaite, *Small and Intermediate Urban Centres: Their Role in National and Regional Development in the Third World* (Hodder and Stoughton, 1986).

[42] Gugler J., *The Urbanization of The Third World* (Oxford University Press, 1988).

[43] Kim Sung-jong, *Productivity of Cities* (England: Ashgate Publishing Ltd., 1997).

[44] Lo F. C., K Salih, *Growth Pole Strategy and Regional Development Policy: Asian Experience and Alternative Approaches* (Oxford: Pergamon Press, 1978).

[45] Lovell C. A. K., E. Grifell-Tatje, *A Generalized Malmquist Productivity Index* (Athens, GA: The Georgia Productivity Workshop, 1994).

[46] McGee T. G., "The Future of Urbanization in Developing Countries", *Third World Planning Review* 16 (1), 1994, pp. 3 – 6.

[47] Moomaw, R. L., "Productivity and City Size: A Critique of The Evidence", *Quarterly Journal of Economics* 96 (4), 1981, pp. 675 – 688.

[48] Prudhomme, R. and Chang-Woon, Lee, "Size, Sprawl, Speed and The Efficiency Of Cities", *Urban Studies* 36 (11), 1999, pp. 1849 – 1858.

[49] Ray S. C. and E. Delsi, "Productivity Growth, Technical Progress, and Efficiency Change in Industrialized Countries: Comment", *The American Economic Review* (87), 1997, pp. 1033 – 1039.

[50] Renaud, B., *National Urbanization Policy in Developing Countries* (Oxford University Press, 1981).

[51] Rondinelli, D., "Administrative Decentralization and Area Development Planning in East Africa: Implications for U. S. Aid Policy", Madison: University of Wisconsin Regional Planning and Area Development Project, 1980.

[52] Rosen, R., "Wage-based Indexes of Urban Quality of Life", in Mieskowski P. and Straszheim M (Eds) *Current Issues in Urban Economics* (Baltimore: Jons Hopkins University Press, 1979), pp. 74 – 104.

[53] Segal, D., "Are There Returns to Scale in City Size", *Review of Economics and Statistics* 58 (3), 1976, pp. 339 – 350.

[54] Southall, Aidan, "Small Towns in African Development", *Africa, Special Issue* 49 (3), 1979.

[55] Sveikauskal, L., "The Productivity of Cities", *Quarterly Journal of Economics* (89), 1975, pp. 393 – 413.

[56] Yezer, A. M. J. and Goldfarb, R. S, "An Indirect Test of Efficient City Size", *Journal of Urban Economics* (5), 1978, pp. 46 – 65.

[57] Zheng, X. P., "Measuring Optimal Population Distribution by Agglomeration Economies and Diseconomies: A Case Study of Tokyo", *Urban Studies* 35 (1), 1998, pp. 95 – 112.

[58] United Nations · Department of Economic and Social Affairs, Population Division, "World Urbanization Prospects: The 2011 Revision", New York, 2012.

第四章
中国城镇化质量综合评价分析

改革开放以来,中国城镇化进程快速推进。截至 2012 年底,中国城镇人口达到 7.12 亿,人口城镇化率已经提高到 52.6%,达到世界平均水平①。目前,从城镇人口、空间形态标准来看,中国整体上已进入初级城市型社会;但从生活方式、社会文化和城乡协调标准看,目前中国离城市型社会的要求还有较大的差距(魏后凯、袁晓勐、郭叶波等,2012)。也就是说,中国城镇化质量并没有与城镇化水平同步提高,城镇化速度与质量不匹配。今后在推进城镇化的过程中,应该更加重视城镇化质量(周一星,2006;魏后凯,2012),把全面提高城镇化质量作为推进城镇化的核心和关键。当前,中国正处在向城市型社会战略转型的关键时期,亟须从理论上阐明城镇化质量的本质内涵,明确城镇化发展的差距所在和改进方向,从而为中央和地方政府制定城镇化战略决策提供理论支撑。因此,深入开展中国城镇化质量综合评价研究,具有重要的理论价值和实践意义。

一 文献述评

进入 21 世纪以来,中国城镇化以年均提高 1.35 个百分点的速度快速推进,城镇化发展取得了重大成就。但由于城镇化速度与质量不匹配,各种问题和矛盾也日渐凸显,城镇化质量已成为备受学界关注的热点问题。特别是

---

① 2011 年世界城市化率为 52.1%,按近 10 年世界城市化率年均提高 0.49 个百分点(United Nations,2012)推算,2012 年世界城市化率为 52.6% 左右。

自 2005 年以来，对城镇化质量的专项研究或综合评价研究明显增多。不少学者研究了城镇化质量的重要性和内涵特征，并构建了评价指标体系，分别对省域、地级市、县级市等不同空间尺度的城镇化质量进行了综合评价，取得了丰富的成果。但目前学界对城镇化质量内涵的理解尚未达成共识，在基础理论和评价方法上也有待进一步深入研究。

（一）评价对象与空间尺度

从现有文献来看，大多数研究以地级及以上城市、省域为空间尺度进行城镇化质量评价。叶裕民（2001）率先对 1998 年城市人口超过 300 万的 9 个超大城市进行了城镇化质量评价。截至目前，据笔者不完全统计，20 多篇文献以地级及以上城市为研究对象进行城镇化质量评价；以省域为研究对象的有 14 篇，而以县级市为研究对象的有 4 篇，以全国为研究对象的有 2 篇（见表 4-1）。这表明地级市以及省域等较大尺度的空间单元是目前城镇化质量评价研究的主要对象。

表 4-1　现有文献对中国城镇化质量定量评价的研究对象与方法

尺度	文献出处	评价对象/评价方法
地级及以上城市	叶裕民（2001）	1998 年城市人口超过 300 万的 9 个超大城市，4 类 13 个指标
	靳刘蕊（2003）	2001 年 35 个主要城市，11 个指标，因子分析法
	欧名豪等（2004）	江苏省 13 个地级市，17 个指标，德尔菲法、层次分析法
	常阿平（2005）	2002 年 30 个省会城市（未含拉萨），10 个指标，因子分析法
	孔凡文（2006）	2003 年 35 个省会城市及计划单列市，60 个指标
	李成群（2007）	南北钦防沿海城市群，17 个指标
	朱洪祥（2007）	山东省 17 市，32 个指标，聚类分析方法、层次分析法
	王忠诚（2008）	2005 年 4 个直辖市，3 个指标
	袁晓玲等（2008）	2005 年陕西省 10 个地级市，精简后 9 个指标，R 型聚类分析法、因子分析法
	韩增林等（2009）	2007 年 286 个地级及以上城市，熵值法
	何文举等（2009）	湖南省 14 个地级市，精简后 9 个指标，R 型聚类分析、因子分析法
	刘春燕（2009）	2006 年乌鲁木齐、北京、上海、南京、重庆、西安，26 个指标，层次分析法
	王家庭、唐袁（2009）	2006 年 4 个直辖市和 26 个省会城市（不含拉萨），24 个指标，主成分分析法（改进）
	王志燕（2009）	2003～2007 年山东省 17 个设区市，32 个指标，层次分析法

续表

尺度	文献出处	评价对象/评价方法
地级及以上城市	周艳妮等(2011)	2008年东营、青岛、威海、潍坊、烟台、北京、天津、大连、青岛、秦皇岛,层次分析法、区位商比较法
	马林靖等(2011)	2005~2009年北京、天津、上海,比较劳动生产率、二元经济结构强度、产业结构偏离度3个指标
	陈晓毅(2011)	2009年广西14个城市,24个指标,熵值法
	王德利等(2011)	2009年首都经济圈13个市,3类14个合成指标,阿特金森分度测度模型、动态判断标准
	刘蓉等(2011)	2007~2008年泛长株潭城市群8个城市,30个指标,主成分分析、聚类分析
	王钰(2011)	2009年长三角16个城市,19个指标,因子分析
	朱洪祥等(2011)	2009年山东省17个市,12个预警指标
	张春梅等(2012)	2000~2010年江苏省13个地级市,21个指标,熵值法
县级城市	白先春等(2005)	2000~2002年江苏省27个县级市,25个指标,基于LOWA算子构建指标体系
	余晖(2010)	2007年长三角和珠三角的92个新兴城区
	徐素等(2011)	2007年长三角37个县级市,27个指标,德尔菲法和层次分析法
	鲍悦华等(2011)	2004年21个省份的163个地级市和县级市,17个指标,因子分析法
省域	郑梓桢(2003)	2000~2002年广东省,单一指标(城镇养老覆盖面覆盖度)
	赵雪雁(2004)	2000年西北5省,16个指标
	国家城调总队等(2005)	2003年华东地区6省,31个指标,层次分析法
	赵海燕等(2007)	2004年黑龙江省,13个指标
	李林(2007)	2000~2004年30个省份(不含西藏),熵值法、乘法模型
	孙静等(2008)	2006年河南省,17个指标
	李爽等(2009)	2003~2007年河北省,29个指标,熵值法
	王家庭、赵亮(2009)	2002~2006年31个省份,4个投入指标,2个产出指标,数据包络分析(DEA)CCR模型
	许宏等(2009)	1996年、2001年、2006年、2007年云南省,14个指标
	王德利等(2010)	1978~2008年31个省份,31个指标,熵技术支持下的层次分析
	方创琳等(2011)	1990~2008年31个省份,14个合成指标,阿特金森分段测度模型、动态判断标准
	郝华勇(2011)	2009年31个省份,28个指标,主成分分析法
	周丽萍(2011)	2008年31个省份,21个指标,因子分析法、IU比、NU比等
	靳美娟(2012)	2008年陕西省,4类13个指标
全国	王德利等(2010)	1978~2008年全国,31个指标,熵技术支持下的层次分析法
	方创琳等(2011)	1990~2008年全国,14个合成指标,阿特金森分段测度模型、动态判断标准

资料来源:笔者根据相关文献整理。

对于城镇化质量评价研究对象的选择，有学者认为国家大尺度或县域、乡镇等小尺度就不宜作为城镇化质量的评价对象（陈明，2012）。显然对此不能一概而论。理论上讲，只要有城镇化，就要重视城镇化质量。从人口城镇化率看，当前中国已整体进入初级城市型社会阶段，加强全国尺度的城镇化质量评价，明确宏观层面的差距所在和进一步改进的大方向，无疑是非常有必要的；而县城和小城镇也是城镇体系中的重要组成部分，不断提升县域的城镇化质量，也显得尤为重要和紧迫。但城镇化的概念并非适合所有区域层面，就乡、村尺度而言，无论是测度城镇化水平还是质量，其意义都不是太大。此外，还必须注意不同空间尺度城镇化质量评价的适用性和差异性。在全国主体功能区划中，农产品主产区、重点生态功能区由于不存在城镇化的前提，也就无所谓城镇化质量评价；而人口净迁入量较大的城市化地区则是城镇化质量评价的重点对象。

（二）评价方法和指标赋权

城镇化质量评价有定性和定量研究两大类，当前的研究以定量评价研究为主。在定量评价方法上，有单一指标评价和多指标综合评价两种类型。从表4-1中可以看出，只有极少学者采用单一指标评价（郑梓桢，2003），而绝大多数学者采用多指标评价。对于多指标评价，有些学者只对单个指标分别进行评价，有些学者则采用一定的方法将多个指标综合成一个城镇化质量指数。

将多个指标进行综合的方法，又可分为乘法模型和加法模型。只有少数学者采用乘法模型（李林，2007），即将多个指标以乘法的形式合成一个综合指数，其使用规则是各个指标缺一不可（吴殿廷，2003）；而大多数学者采用线性加法模型，即按一定方法对多个指标赋权后再线性相加合成一个综合指数，其使用规则是各个指标存在线性可替代性（李林，2007）。

无论乘法模型还是加法模型，都会面临一个重要难题——指标赋权。从表4-1可看出，在现有城镇化质量评价研究中，存在多种指标赋权方法，但大体可归纳为主观赋权、客观赋权两类。其中主观赋权方法包括作者直接赋权、德尔菲法、层次分析法，其赋权原理是基于专家对不同指标之间的相对重要性的主观判断（李林，2007）。客观赋权方法包括熵值法、主成分分析法和因子分析法、聚类分析等，其赋权原理是基于指标本身的信息量或者基于样本差异决定权重（如方差）。既有学者选择主观赋权（叶裕民，

2001；欧名豪等，2004；国家城调总队等，2005；刘春燕，2009；王志燕，2009；周艳妮等，2011；徐素等，2011），也有学者选择客观赋权（靳刘蕊，2003；常阿平，2005；李林，2007；袁晓玲，2008；韩增林等，2009；李爽等，2009；王家庭、赵亮，2009；王家庭、唐袁，2009；王钰，2011；陈晓毅，2011；刘蓉等，2011；鲍悦华等，2011；郝华勇，2011；周丽萍，2011；张春梅等，2012），还有学者将主观赋权和客观赋权结合使用（朱洪祥，2007）。主观赋权法和客观赋权法各有优劣，前者主要凭借专家经验，但由于各自知识背景不同，难免存在主观随意性；而后者回避了主观随意性，但仅凭借样本差异驱动赋权有时又无法反映指标之间的相对重要性。

（三）评价结果及主要争论

从定性评价的结果来看，中国城镇化质量总体水平不高。归纳起来，中国城镇化质量不高具体表现为四个方面。一是人口城镇化质量不高。近年来中国人口城镇化进程快速推进，但面临"不完全城镇化"和"被城镇化"的问题。大量农村人口在土地被征用之后未能举家迁入城市和镇；也有大量农民工长期进城工作却未能定居城镇并享受应有的市民待遇（周一星，2006）。受"一城两制"政策歧视，农民工成为城市里的二等公民、边缘人（陆学艺，2005）。二是空间城镇化质量不高。中国土地城镇化快于人口城镇化，2000～2010年中国城市建成区面积和城市建设用地年均增长速度分别高达5.97%和6.04%，远远高于城镇人口3.85%的年均增速。中国城镇化的空间资源浪费严重，环境污染问题突出，城市规划建设缺乏特色，城镇基础设施薄弱（魏后凯、袁晓勐、郭叶波等，2012）。三是经济城镇化质量不高。中国城镇产业发展尚处于全球价值链低端，城市间低水平同质竞争现象突出，经济增长过度依赖投资拉动，发展成果共享机制尚不完善（魏后凯、袁晓勐、郭叶波等，2012）。四是社会城镇化质量不高。小城镇的农村生活方式没有真正改变，城市的就业、医疗、养老、教育等社会问题突出（孔凡文、许世卫，2005）。近年来，城乡差距仍然较大，城乡二元结构尚未解决，又产生了城市内部的二元结构（周一星，2006）。2000年以来，中国城市不同阶层的收入差距和消费差距仍在持续扩大，并且城市居住分异现象逐渐加剧（魏后凯、袁晓勐、郭叶波等，2012）。

从定量评价的结果来看，中国城镇化整体质量不高，不同地区的城镇化质量差异显著。第一，在全国尺度，2008年中国城镇化质量处于中等水平，城市化速度与质量的协调性欠佳（王德利等，2010），并且经济城镇化质量＜社会城镇化质量＜空间城镇化质量（方创琳等，2011）。第二，在省域尺度，近20年来分省城镇化质量并没有同人口城镇化一样从沿海向内陆方向递推式提高，而是沿着"内陆→沿海→内陆→沿海→整体提高"的时空路径不断提升（方创琳等，2011），但中国分省城镇化质量并不高。由于技术变动的无效性，各省市城镇化推进效率不断降低，处于 DEA 无效状态的省市的投入要素非集约度很高（王家庭、赵亮等，2009）；并且各省城镇化质量存在明显的空间差异性，大致从东部到西部地区逐渐下降（方创琳等，2011；郝华勇，2011；周丽萍，2011）。第三，在地级及以上城市尺度，中国城镇化质量整体偏低，空间差异显著。当前，4个直辖市的城镇化质量还比较低（王忠诚，2008；王家庭、唐袁，2009）。省会城市的城镇化质量从东部向西部地区递减（王家庭、唐袁，2009）。286个地级及以上城市的城镇化质量总体不高，城镇化质量较高的城市呈"群"状分布，城镇化质量从东部向中、西部地区依次降低（韩增林等，2009）。第四，在县级城市尺度，有学者认为，多数长三角和珠三角新兴城区城镇化正从"数量"型向"质量"型转变，但离更高标准的城镇化尚有一段距离（余晖，2010）。也有学者认为，2000～2002年江苏省27个县级市大部分城市发展质量系统处于协调发展状态（白先春等，2005）；但江苏省县级市的城镇化质量略低于浙江省平均水平，并且内部质量差异更为明显，整个长三角县级市的城镇化质量以环太湖经济带为中心，向内陆地区呈圈层式递减态势（徐素等，2011）。

现有文献对城市规模、城镇化水平（人口城镇化率）与城镇化质量的关系也进行了初步研究。一般认为，在省域和地级市尺度，城镇化质量与城市规模不存在对应关系，并不是城市规模越大，城镇化质量就越高（韩增林等，2009；方创琳等，2011）。关于城镇化质量与城镇化水平的关系，不同学者还存在一定的分歧。有学者认为，在理论上，人口城镇化率分别达到30%、60%、80%时为城镇化质量及速度相对应的3个重要转折点（方创琳等，2011）。但在实证研究中，有学者认为随着人口城镇化率下降，城镇化质量降低（周丽萍，2011）；而另一些学者则认为人口城镇化率并不能反映城镇化质量的高低，两者没有显著的正相关性（余晖，2010；方创琳等，2011），即城镇化水平较高的地区其城镇化质量也较高的观点并不适用于所有地区（徐素等，2011）。

(四) 研究不足及改进方向

自 2000 年以来，关于中国城镇化质量的评价研究成果日渐增多，并取得了一些进展，但截至目前，学界对城镇化质量的概念内涵尚未达成共识，还没有形成科学的理论分析框架，研究方法也有待进一步完善。现有评价研究主要存在以下不足。

第一，基础理论研究不足。多数研究只热衷于构建城镇化质量指标体系和开展实证评价分析（周丽萍，2011），而对城镇化质量的内涵、空间载体、构成要素及其协调机制缺乏必要的理论分析。有个别学者将城镇化质量理解为城市在城镇体系中的吸引力和网络张力（郑亚平，2006），未能抓住城镇化质量的本质内涵。有少数学者将城镇化质量宽泛地理解为城市综合实力、城市竞争力等，没有凸显城镇化质量评价的特色内容。也有不少学者将城镇化质量狭隘地理解为城市发展质量（李林，2007；袁晓玲等，2008；何文举等，2009；王志燕，2009），忽视了城乡一体化等重要内容。而大多数学者未能抓住城镇化推进效率这一关键内容，过于强调城镇化建设的成果而忽略了城镇化推进过程中所付出的资源和环境代价。

第二，评价指标体系不完善。正是由于缺乏必要的基础理论研究，多数研究的评价指标体系还存在不少问题。所选择的评价指标，或者过于简约（郑梓桢，2003；王忠诚，2008），不能反映城镇化质量的全部内涵；或者过于庞杂，不能突出城镇化质量评价的核心内容；或者与城镇化质量关联不大。在进行城镇化质量评价时，有学者选入了地区生产总值、社会消费零售总额等总量性指标（袁晓玲等，2008；王钰，2011），混淆了城市综合实力与城镇化质量的区别；也有学者选择了食物自给率（Wang，2008）、能源保障指数（方创琳等，2011）等指标，其适用性尚需进一步斟酌。实际上，粮食安全和能源保障问题是一个国家层面的战略问题，应放在全国通盘考虑；粮食和能源等可移动的资源可通过全国统一市场进行优化配置，因此无须强求每一个省域、每一座城市都有很高的食物自给率或能源自给率。

第三，评价标准的适用性亟须改进。大多数文献，在设置城镇化质量评价指标的目标值或者在进行指标的标准化处理时，将该指标的样本最值（其中正向指标取样本最大值，逆向指标则取样本最小值）视为满分。这样处理固然省事，但据此设定的评价标准未必具有科学性和普适性。对此有学者进行了反思，认为城镇化进程是一个长期的动态过程，描述其质量的指标应具有时代特征，兼具先进性和阶段性（白先春，2004）。因此要设置"动态移动靶"，即不同时期应设置不同的达标标准（陈鸿彬，2003）。

一般说来，城镇化质量评价指标大致可以归为三类，即发展型指标（含正向指标和逆向指标）、约束型指标和适中型指标。对于约束型指标，根据现行相关法规或实际需要设定阈值即可，相对容易处理。对于适中型指标，则需要根据经验常识或者实证研究，确定目标值的合理区间。但如果不注意适中型指标与发展型指标的区分，则可能会严重影响结论的可靠性。例如，有学者将城镇人口密度设成逆向指标（王家庭、唐袁，2009），就值得商榷。实际上，这是一个适中型指标，因为人口密度过小，就意味着土地利用不集约，并且人口密度太小，根本就不能形成城市；人口密度过大，特别是超过一定限度后，居民的生活舒适性就会显著下降。对于发展型指标，则比较难处理。其中反映城镇化发展成果的发展型指标，其目标值设置当然可以根据具体情况取最值。但对于反映城镇化结构性变化的发展型指标，其目标值设置必须考虑城镇化的阶段性差异以及空间尺度差异。例如，许多学者将第三产业比重列为评价城镇化质量的指标，并将其评价标准设置为样本最高值。显然，这种设置忽视了地区、城市和发展阶段的差异性。第三产业比重是一个反映城镇化进程的经济结构变化指标，不同地区、城市和不同发展阶段的评价标准应有所差别。具体来说，城镇化水平高的地区，第三产业比重的评价标准应设置得高一些；而城镇化水平较低的地区，其评价标准就应设置得低一些。在全国城镇体系中承担综合功能的大城市，其标准应设置得高一些；而承担专业化功能的工业小城市，其标准应设置得低一些。事实上，不管第三产业比重有多高，只要有产业效率就行。不顾城镇化发展阶段和产业效率，盲目追求过高的第三产业比重，容易对中小城市的发展形成误导，由此将会影响到大城市综合功能的实现。

第四，评价结果的可比性和应用性亟须加强。由于不同学者所选取的研究方法、评价指标体系、评价标准等不一致，其评价结果往往不具有横向可比性或者纵向可比性。此外，不少文献的评价结果只具有排序意义，而不具有监控预警功能。例如，根据公式 $x'_{ij} = (x_{ij} - x_{minj})/(x_{maxj} - x_{minj})$ 对原始数据进行标准化处理时，就会损失大量有价值的信息。简单举例如下，不妨设某指标采用百分制，A组四个城市该指标的实际值为（99.1、99.2、99.3、99.4），B组四个城市该指标的实际值为（50.1、50.2、50.3、50.4）。根据上述公式分别对两组数据进行标准化，算出A组四个城市得分为（0、0.33、

0.67、1),B组四个城市得分也为(0、0.33、0.67、1)。尽管A、B两组四个城市标准化得分和排序相同,但按原来百分制标准进行比较,显然B组四个城市与A组四个城市不属于同一档次。经过标准化后,B组第四个城市似乎得了"满分",但实际离真正的满分还有50%的差距。从组内差距来看,经标准化处理后A、B两组城市的内部差距被人为地夸大。因此,这样的处理结果只具有排序意义,而不具备监控预警价值,从而大大降低了城镇化质量评价的应用价值。

鉴于上述研究不足,今后城镇化质量评价研究必须从理论和方法上进行改进。一是加强城镇化质量的基础理论研究。要明确界定城镇化质量的内涵,厘清其与相关概念的区别,明确城镇化质量的空间载体和构成要素及其联系,构建一个完整统一的城镇化质量评价理论框架。二是进一步完善指标体系。既要有反映城镇化质量本质内涵和共性特征的共性指标,也要适当增加反映城镇化质量的个性化指标;既要有反映城镇化质量的客观实物指标,也要适当增加群众满意度等主观感受指标。三是进一步完善评价标准。对于发展型指标,可以尝试按城镇化不同阶段和不同城市规模(如大、中、小城市和小城镇)分别设置差异化的适用性更好的评价标准。目前,已有个别学者尝试建立动态判断标准,取得了较好的效果(方创琳等,2011)。对于适中型指标,要加强实证研究,确定合理区间。现有研究中,极少做到这一点。四是进一步强化评价指标体系的预警功能、考核功能和指导功能。特别是要从评价指标体系中遴选出具有监控预警价值的指标。当这些指标的监测值高于或低于某个临界点,或者落在某个合理区间之外时,就及时预警异常情况的出现。只有这样,才能为动态监测城镇化质量、有效促进城镇化健康发展奠定科学基础。

二 城镇化质量的内涵及相关概念辨析

目前,学术界对城镇化质量的内涵尚未达成共识。不少学者在进行城镇化质量评价时,混淆了城镇化质量与城镇化水平、城市发展质量、城市综合实力、城市竞争力等相关概念的区别。因此,有必要进一步厘清城镇化质量的内涵,并对相关概念进行严格辨析。

(一) 城镇化质量的内涵

在中国,虽然学界对究竟使用城镇化还是城市化概念存在一些争论,但这两个概念的本质内涵并没有差异,只是术语表述不同而已,所对应的英文都是 urbanization。因此，国内现有文献中出现的城镇化质量与城市化质量概念，其实也是一个同义语。为叙述方便，我们统一使用城镇化质量概念。近年来，国内已有不少学者分别从不同角度对城镇化质量进行定义，但尚未达成共识。

归纳起来，学界关于城镇化质量的定义大致可以分成五种类型（见表4-2）。第一类定义，以叶裕民（2001）为代表，从城镇化的空间载体角度，将城镇化质量定义为城市现代化和城乡一体化。这个定义对于认识城镇化质量的内涵具有启蒙意义，为诸多文献所引用。但此定义未考虑在获取城镇化的文明成果时所付出的资源环境代价，即城镇化推进效率。第二类定义，以陈鸿彬（2001）为代表，着重考虑城市发展质量，即从城市系统的各构成要素来考虑城镇化质量，但对城镇化域面载体的质量以及城镇化推进效率认识不足。第三类定义，以牛文元（2003）为代表，强调城镇化质量的动力、公平性、协调性和集约性，同样忽视了城镇化推进效率。第四类定义，以周丽萍（2011）为代表，强调人口城镇化数量的适度性、不同阶层的包容性和人口迁移的稳定性。该定义试图从某个独特视角揭示城镇化质量的内涵，但终究不能反映城镇化质量的全部内涵。第五类定义，以李明秋等（2010）为代表，凸显城镇化过程中的效率，抓住了城镇化质量的一个重要本质特征，但也杂糅了城镇化水平、城市综合实力等概念，需进一步提炼完善。

表4-2 不同学者对城镇化质量的定义

角度	代表文献	定义要点	特色与不足
城镇化的空间载体	叶裕民（2001、2009）	从空间载体角度，将城镇化质量界定为城市现代化和城乡一体化，其中前者是核心内容，包括经济现代化、基础设施现代化、人的现代化，后者是终极目标，包括经济一体化、社会一体化、制度一体化、城市内部二元结构的淡化和消除	明确核心载体（城市）、域面载体（区域），缺城镇化推进效率
城镇化的构成要素	陈鸿彬（2001）	城镇化质量体现在经济发展、科技提高、社会进步和居住生活上	强调城市发展质量的各构成要素及其协调关系，对城乡协调强调不够，忽视城镇化推进效率，易与城市实力、城市化水平等混淆
	刘素冬（2006）	城镇化质量指城镇化水平和城市水平同时提高、城市中的各个要素协调发展、城乡结合的质量	
	袁晓玲等（2008）	城镇化质量包括物质文明的城镇化，精神文明的城镇化和生态文明的城镇化	
	余 晖（2010）	城镇化质量是指城镇化进程中城镇化率与城市各要素的协调发展问题，其内涵包括经济发展质量、城市功能发展质量、社会和谐发展质量	

续表

角度	代表文献	定义要点	特色与不足
城镇化的构成要素	黄衍电等（2011）	城镇化质量是指在城镇化进程中，随着城镇化率的提高，城市的要素包括经济发展、设施功能和社会组织等方面的协调程度	
	方创琳等（2011）	城镇化质量是经济城镇化质量、社会城镇化质量和空间城镇化质量的有机统一	
城镇化质量的表征	牛文元（2003）	三个表征：动力特征，即城市的发展度、竞争能力、创新能力以及可持续性；公平表征，即城市的共同富裕程度以及城乡差异和贫富的克服程度；协调度，即城市的文明程度、居民的生活质量、城市的生态环境以及对于理性需求的相对满足程度	强调城镇化的动力、公平性、协调性以及集约性，但对城镇化推进效率认识不足
	国家城调总队（2005）	四个方面：反映人的生存和生活质量的现状；推进城镇化系统发展的"动力强度"；体现城镇化发展的内在机理和结构、分工的"协调性"；在不同城镇化阶段体现出的发展的"公平性"	
	朱洪祥（2007）	四个因子：推进城镇化系统发展的"动力因子"、认识城镇化系统差异的"公平因子"、度量城镇化系统质量水平的"质量因子"和城镇化发展的"集约因子"	
人口城镇化	郑梓桢（2003）	过去决定城乡人口差异化待遇的是户口，现在则是社会养老保险，因此将社会养老保险覆盖面程度视为衡量城镇化质量的主要指标	突出人口城镇化质量这一主题，但只揭示了城镇化质量的一个重要侧面
	周丽萍（2011）	从人口城镇化的角度，将城镇化质量定义为人口城镇化数量的适度性和人口城镇化不同层次发展阶段的包容性	
	檀学文（2012）	从人口角度，将城镇化质量定义为稳定城镇化，即农村劳动力及其家庭成员在城镇稳定就业和共同生活基础上呈现的连续的、无障碍的、不可逆的城镇化过程。稳定城镇化包含两层含义：迁移过程的稳定性和迁移的家庭完整性	
城镇化质量本质内涵	孙晓红（2008）	影响农村城镇化质量的因素包括土地、劳动力、资本存量等初始条件、产业和人口向城镇集中过程及其效率，以及为城镇居民提供较好的公共福利条件的结果	强调城镇化的成果以及取得成果的过程和初始条件，凸显城镇化推进效率这一决定性因素
	李明秋等（2010）	城镇化质量的具体含义包括城市自身的发展质量、城市化推进的效率、实现城乡一体化的程度	
	陈明（2012）	城镇化质量的内涵包括四个方面：城乡统筹协调发展，城镇综合承载能力不断提高，城镇化推进效率持续改善，城镇化推进机制不断完善	

资料来源：笔者整理。

上述有关城镇化质量的定义，分别从不同的视角揭示了城镇化质量的内涵。但仍需对相关内容进行适当取舍，提炼出城镇化质量的本质内涵。从构词法来看，城镇化质量是由"城镇化"和"质量"两个词合成。所谓城镇化，是指人口向城镇聚集、城镇规模扩大以及由此引起一系列经济社会变化的过程。城镇化的实质是经济结构、社会结构和空间结构的变迁（魏后凯，2005）。所谓质量，按照国际标准化组织ISO9000：2000标准下的定义，是指一组固有特性满足要求的程度（鲍悦华、陈强，2009）。

基于以上分析，我们认为，所谓城镇化质量（Urbanization Quality），是指在城镇化进程中与城镇化数量相对的反映城镇化优劣程度的一个综合概念，特指城镇化各组成要素的发展质量、协调程度和推进效率。对于这一概念，可从以下几个方面进一步诠释。首先，城镇化质量是与城镇化数量相对应的一个概念。在城镇化进程中，城镇化数量表现在城镇化速度、人口城镇化率、城镇规模、城镇的数量等方面；而城镇化质量反映的是既定城镇化数量情况下所能满足城乡居民生产、生活和生态需求的优劣程度。其次，从本质内涵上讲，城镇化质量包括城镇自身的发展质量、城镇化推进的效率和城乡协调发展程度三个方面。其中城镇自身发展质量是城镇化质量的主要成果体现，城镇化推进效率是城镇化质量的基础和前提，而公平协调的城乡关系则是城镇化质量的保障和目标。既要考虑城镇化带来的规模经济效益、人力资本效应、环境效益、就业效益等诸多好处，又要考虑推进城镇化进程付出的劳动、资本、土地、能源、资源、环境等成本和代价；既要考虑城镇化推进过程中的效率问题，也要考虑城镇化进程带来的公平问题。因此，城镇化质量是过程与结果的统一，是效率与公平的统一。再次，从空间载体来看，城镇化质量既包括城镇化核心载体（主要指城镇化地区）的发展质量，也包括城镇化域面载体（主要指乡村）的发展质量，还包括两者之间的协调互动关系。最后，从构成要素看，城镇化质量又可分为人口城镇化质量、经济城镇化质量、社会城镇化质量和空间城镇化质量。其中人口城镇化质量，以外来农民工的市民化、城市郊区农民的市民化和原住市民的再市民化、低成本、高效、有序推进，城乡人口均衡发展为表征；经济城镇化质量，以城乡产业结构和布局不断优化、经济集聚高效发展、低碳绿色发展为表征；社会城镇化质量，以就业医疗养老住房等有保障、基本公共服务健全、社会和谐为表征；空间城镇化质量，以生产空间集约高效、生活空间宜居适度、生态空间山青水秀为表征。因此，城镇化质量是一个综合的概念，它是城镇化各构成要素和所涉及领域质量的集合。

需要指出，城镇化质量具有适用性、相对性、动态性和综合性四个基本特征。城镇化质量的适用性，是指城镇化过程及其成果要能满足城乡居民在特定阶段的需要。城镇化质量的相对性，是指城镇化质量必须通过不同国家或地区的相互比较才能体现出来，是一个较好或较差的相对概念。城镇化质量的动态性，是指城镇化质量是历史累积和动态变化的，其评价标准也是不断变化的，需要适时进行调整。城镇化质量的动态性是由城镇化质量的适用性决定的。随着城乡居民需求的变化，城镇化质量的评价内容和标准也将随之发生变化。在城镇化初期，农村的人地关系是主要矛盾，城乡居民需求主要是基本生存需求，城镇化的主要任务是转移农村剩余劳动力，提高人口城镇化率；在城镇化中后期，城市的人地关系日趋紧张，城乡居民的需要从生存逐渐向发展、享受升级，城镇化质量越来越受重视，并且追求人口、经济、社会和空间全方位的质量。城镇化质量的综合性，不仅体现在城镇化质量的丰富内涵和多方面构成要素上，而且体现在综合性的评价标准和指标体系上。这样就要求保持各构成要素和组成部分之间的协调。

（二）相关概念辨析

从前文可知，由于对城镇化质量的内涵认识不清，不少文献在构建城镇化质量评价指标体系时，少选、多选或误选了一些指标，从而影响了城镇化质量评价结论的可靠性和应用性。因此，在界定城镇化质量的本质内涵的基础上，有必要对相关概念进行辨析。

1. 城镇化水平与城镇化质量

首先必须注意到城镇化水平和城镇化质量都有广义和狭义之分。从广义的角度看，某些学者认为城镇化水平包括城镇化的数量和质量两个方面（陈家驹等，2003；黄衍电等，2011），城镇化质量也包括城镇化的数量和质量两个方面（王家庭、唐袁等，2009），这样就把二者等同起来了。但通常情况下，人们一般对二者进行狭义的理解。从狭义的角度看，城镇化水平是一个表征城镇化数量的概念，通常指人口城镇化率的高低；而城镇化质量是指与城镇化数量相对应的概念，通常指城镇化的质的方面。这里，我们采用狭义的城镇化质量概念。

2. 城市发展质量与城镇化质量

城市发展质量，是指城市在发展过程中，城市客观功能发展及公众对它们的满意程度（鲍悦华、陈强，2009）。如前所述，城镇化质量包括城市发展质量，但除此之外还包括城镇化推进的效率、城乡协调发展程度。因此，城市发展质量只是城镇化质量的一个组成部分。不少文献在进行城镇化质量评价时，只有对城市自身发展质量的评价，而没有城乡协调发展程度和城镇化推进效率评价方面的内容。这实际上是将局部等同于整体，尽管名为城镇化质量评价，但实为城市发展质量评价。

3. 城市综合实力与城镇化质量

城市综合实力指的是一个城市在规模和总量上衡量社会经济发展的静态的比较综合力量（童华胜、陈俊玲，2005）。提高城镇化质量有利于提升城市综合实力，但城镇化质量不能等同于城市综合实力（余晖，2010）。少数学者的评价指标体系中包括地区生产总值、实际利用外资总额、社会消费零售总额、客运总量等总量性指标（袁晓玲等，2008；王钰，2011），是值得商榷的。这些指标可以用来测度城市综合实力，却不宜用于测度城镇化质量。不妨假设在不做其他任何改变的情况下，将两个规模相当的城市合并，显然城市综合实力加倍，但城镇化质量仍然没有改变。事实上，城市综合实力和城市规模与城镇化质量不存在必然的对应关系。不顾效率，盲目扩张，可能恰恰是城镇化质量低下的原因之一。只有在确保高效率的前提下，追求小而精或者大而强，才能实现高水平的城镇化质量。

4. 城市竞争力与城镇化质量

城市竞争力主要是指一个城市在竞争和发展过程中与其他城市相比较所具有的吸引、争夺、拥有和控制、转化资源，争夺、占领和控制市场，以创造产业价值收益、为其居民提供福利的能力（倪鹏飞，2001）。可见，城市竞争力强调的是城市主体在参与外界竞争时表现出来的争夺资源、市场的一种能力。而城镇化质量强调的是城市自身的发展绩效，并且还强调城乡协调程度、城镇化推进的效率。提高城镇化质量，提高城市自身发展绩效，并强化城市发展的域面载体即农村腹地的实力，有利于提高城市竞争力。

5. 新型城镇化与城镇化质量

新型城镇化是相对于传统城镇化而言的，它是一种强调以人为本，以人的城镇化为核心，以集约、智能、绿色、低碳等为特征的城镇化。因此，新型城镇化是一种以科学发展观为指导，强调以人为本的全新的城镇化战略，它追求的是一种有质量的城镇化。提高城镇化质量是推进新型城镇化的核心和前提条件，没有质量的城镇化显然不是新型城镇化。而加快推进新型城镇化进程，则是提升城镇化质量的重要途径。

三 城镇化质量评价的指标体系与方法

根据城镇化质量的内涵和基本特征，我们从城市自身的发展质量、城镇化的推进效率、城乡协调的程度三个方面，构建城镇化质量评价指标体系。

（一）城镇化质量评价的指标体系构建

一般地说，城镇化质量评价指标的选择需要遵循以下几个原则：一是代表性原则。所选择的指标要紧扣城镇化质量的内涵，能代表城镇化质量的某个侧面。与城镇化质量没有直接关系，或者没有稳定的对应关系的指标不应入选。例如，有个别学者选择 GDP 增长率作为测度城镇化质量的指标（李爽等，2009），似乎不太合适。因为 GDP 增长率波动主要由投资、消费、出口等宏观因素决定，而与城镇化质量没有直接的、稳定的对应关系。二是系统性原则。所选择的众多指标必须能够成为一个体系，反映城镇化质量的全部内涵，不能遗漏。从本质内涵看，要包括城市自身的发展质量、城镇化推进效率、城乡协调程度三个方面的指标；从构成要素看，要包括人口城镇化质量、经济城镇化质量、社会城镇化质量和空间城镇化质量四个维度的指标。三是可操作性原则。所选择的指标，必须能够在现行统计资料中获得或者通过抽样调查获得，以便能够在实践中操作。从地级及以上城市的角度，我们确定的城镇化质量评价指标体系如表 4-3 所示。

表 4-3 城镇化质量评价指标体系（适用地级及以上城市）

一级指标	二级指标	三级指标	四级指标	指标类型
城市发展质量	经济发展质量	生产水平	全市人均 GDP	正向指标
		产业结构	全市非农产业比重	正向指标
		城乡居民收入	城镇居民人均可支配收入	正向指标
			农村居民人均纯收入	正向指标
		GDP 含金量	全市人均可支配收入占人均 GDP 比重[1]	正向指标
		财政收入	市辖区人均地方财政一般预算内收入	正向指标

续表

一级指标	二级指标	三级指标	四级指标	指标类型
城市发展质量	社会发展质量	居民贫困程度	城镇恩格尔系数	逆向指标
			农村恩格尔系数	逆向指标
		失业状况	城镇登记失业人员比重[2]	逆向指标
		科教文卫等事业发展	市辖区人均财政科技支出	正向指标
			市辖区人均财政教育支出	正向指标
			市辖区百人公共图书馆藏书	正向指标
			全市千人拥有病床位数	正向指标
		城镇基础设施建设水平	市辖区万人拥有公交车辆数	正向指标
			市辖区万人互联网用户数	正向指标
			市辖区人均生活用水量	适中指标
	空间发展质量	生活空间宜居适度	市辖区居住用地占城市建设用地面积比重	适中指标
			市辖区人均居住面积	适中指标
		生产空间集约高效	市辖区人均道路与交通面积	适中指标
			工业用地占城市建设用地面积比重	适中指标
		生态空间山青水秀	建成区绿化覆盖率	正向指标
			生活垃圾无害化处理率	正向指标
			城镇生活污水处理率	正向指标
			工业固体废物综合利用率	正向指标
	人口发展质量[3]	人口城镇化适度性	城镇人口增长率与建设用地增长率的比值	适中指标
			非农就业比重与城镇人口比重的比值	适中指标
		人口城镇化稳定性	农村外出劳动力回流率	逆向指标
		人口城镇化完整性	举家城镇化迁移率	正向指标
			农村留守儿童比例	逆向指标
		人口城镇化包容性	外来人口与本地人口的收入差异	逆向指标
			外来人口社会保障参与率（含养老、医疗、失业保险，取均值）	正向指标
			农民工子女与本地学生受教育权利差异	逆向指标
城镇化推进效率	经济社会环境效率	能源利用效率	单位GDP的耗电量	逆向指标
		水资源利用效率	单位GDP的耗水量	逆向指标
		环境利用效率	单位GDP的二氧化硫排放量	逆向指标
		资本利用效率	单位固定资产投资实现的GDP	正向指标
		劳动生产率	单位劳动力实现的GDP	正向指标
		土地利用效率	单位建成区面积实现的GDP	正向指标

续表

一级指标	二级指标	三级指标	四级指标	指标类型
城镇化推进效率	经济社会环境效率	吸纳城镇人口的空间效率	单位建成区面积吸纳的城镇人口数量	正向指标
城乡协调程度	城乡发展差异	城乡生产差异	市辖区与全市人均GDP差异系数	适中指标
		城乡消费差异	市辖区与全市人均消费支出之比	逆向指标
		城乡收入差异	城乡居民收入差异系数	逆向指标
		城乡贫困差异	城乡恩格尔系数差值	适中指标
		城乡教育差异	市辖区与全市中小学师生比的比值	逆向指标
		城乡文化差异	市辖区与全市人均公共图书馆藏书的比值	逆向指标
		城乡医疗差异	市辖区与全市人均床位数之比	逆向指标

注：［1］人均可支配收入由城乡居民收入加权平均合成，具体公式为人均可支配收入＝城镇居民人均可支配收入×城镇化率＋农村居民人均纯收入×（1－城镇化率）。
［2］城镇登记失业人员比重为城镇登记失业人数／（单位就业人数＋私营与个体就业人数）。
［3］表中所列的人口发展质量指标对城镇化质量评价较为重要。但由于统计数据可获得性原因，下文不涉及对这些指标的具体评价。
资料来源：笔者整理。

（二）城镇化质量评价的方法选择

在评价城市发展质量时，首先由专家打分确定权重，并结合因子分析法进行比较验证，将各个指标合成一个满分为1的城市发展质量指数（UDQ）。在评价城乡协调程度时，也采用同样方法，合成一个满分为1的城乡协调指数（URC）。

在评价城镇化的推进效率时，采用数据包络分析（DEA）中的BCC模型，将劳动力、资本、土地、能源、环境污染物等视为投入要素，将城镇化率、GDP视为产出。特别注意的是，环境污染物之所以被视为投入，是因为城镇化消耗了环境资源储备。经过一定的处理，折合成一个满分为1的城镇化推进效率指数（UE）。

评价指标的目标参考值选择说明如下：对发展型指标，选择样本最值，其中正向指标的目标值取样本最大值，逆向指标的目标参考值取样本最小值；对适中型指标，根据国际经验和国家相关规定确定。特别说明，为了保证目标参考值具有合理性和可参考性，我们先考察该指标的前十名整体分布情况，如果分布相对集中，则直接取最值；如果分布比较分散，则视具体情况进行调整。这样，就可以排除个别城市由于其特殊性而使目标参考值异常大或异常小。例如，2010年人均GDP前十名中，位于第一位的鄂尔多斯市，依靠极为丰裕的煤炭资源禀赋，其人均GDP高于第二位44.3%，对其他城市不具有可参考性，因此不宜将其人均GDP作为其他城市的目标参考值。为此我们退而求其次，发现自第四位开始连续性较好（相邻数据差异较小），因此取第四位深圳市的数值为参考值。

数据标准化处理的方法说明如下：对于正向指标，一般情况，标准化值=实际值/目标参考值；但当实际值大于目标参考值时，令标准化值=1。对于逆向指标，一般情况，标准化值=目标参考值/实际值；但当实际值小于目标参考值时，令标准化值=1。对于适中型指标，我们采用阶段阈值法，即在不同的区间设置不同的标准，实际值越接近合理区间中的最佳值，则对应的标准化值越接近或等于1，处在合理区间的标准化值变化幅度较小；实际值越偏向两端，则对应的标准化值越接近于0。这样就能确保标准化值全部落在区间[0, 1]，各个指标的权重也就能反映其在整个指标体系中的相对重要性。

需要指出的是，正向指标和逆向指标的标准化处理相对简单，而适中型指标的标准化相对复杂。这里，以人均生活用水量为例来说明适中型指标的标准化处理方法。首先必须确认人均生活用水量是一个适中型指标，该指标数值低于一定标准太多则意味着供水基础设施落后，不能满足城镇居民的基本生活需要；但高于一定标准太多则意味着生活用水浪费严重，说明城镇化质量不高。其次，必须寻找一个适合中国国情的参考标准。根据国际专家测算，平均每人每年需要36.5立方米淡水（每天100L），是保持良好健康所需要的最低个人生活用水（Falkenmark，1992）。而部分发达国家人均生活用水量达88立方米（陈志恺，2000）。2010年中国地级及以上城市市辖区人均生活用水量的均值为38.3立方米，最小值为1.46立方米，最大值为198立方米，标准差为23.4立方米。考虑到中国2/3的城市处于缺水状态的实际情况，不能盲目攀比发达国家。我们将在世界通行的最低个人生活用水标准的基础上，再加上中国城市人均生活用水一个标准差，即以人均年用水量60立方米作为最优标准。

考虑中国城市实际情况，并参照国际通行准则和部分发达国家标准，我们采用阶段阈值法来设计中国城市人均生活用水量指标的标准化公式。基本原则是，在实际值过低的区间，其标准化值应得低分；在实际值贴近最优标准的区间应得高分；在实际值过高的区间应得低分。不妨先确定几个关键点的标准化值：实际人均生活用水量为0立方米时，标准化值取0；达到国际公认的最低标准36.5立方米时，标准化值取0.6；达到最优值60立方米时，标准化值取1.0。超过60立方米时，可能就存在一定的浪费。当实际用水量为88立方米时，标准化值降至0.8；超过88立方米越多，标准化值降得越多。每相邻的两个关键点，就确定一个区间。在各区间中，标准化值按线性函数处理，计算公式为：当该指标处于（0，36.5）时，标准化值 = 0.6 - 0.6（36.5 - 实际值）/36.5；当该指标处于［36.5，60］时，标准化值 = 0.6 + 0.4（实际值 - 36.5）/（60 - 36.5）；当该指标处于（60，88）时，标准化值 = 0.8 + 0.2（88 - 实际值）/（88 - 60）；当该指标高于88时，标准化值 = 0.8 - （实际值 - 88）/实际值。

四 中国城镇化质量评价的结果分析

由于数据可获得性原因，我们采用286个地级及以上城市（不含拉萨市）2010年数据，应用前述的指标体系以及数据包络分析等方法，对中国城镇化质量进行定量评价。评价中使用的城乡居民收入、城镇人口以及恩格尔系数的原始数据来自各城市2010年统计公报、第六次人口普查公报、"十二五"规划纲要、政府工作报告以及各省区市统计年鉴等；其他数据来自《中国城市统计年鉴》（2011）、《中国城乡建设统计年鉴》（2010）、《中国城市建设统计年鉴》（2010）等；个别城市的缺失数据用2009年数据代替，或按相关城市的一定比例或用全省均值数据进行估算。

（一）城市发展质量评价

作为城镇化重要成果的体现，城市发展质量是衡量城镇化质量的一个重要维度。由于缺乏统计数据，我们暂时不对人口发展质量进行评价，侧重于从经济发展质量、社会发展质量和空间发展质量等角度，对中国地级及以上城市发展质量进行评价。

1. 城市发展质量的空间格局

2010年，中国城市发展质量指数最高等级的前六名，分别是北京、上海、深圳、杭州、苏州、厦门，这些城市全部位于东部地区；处于次高等级的城市，也大多数位于东部地区，仅有少数位于中西部地区；而处于最低等级和次低等级的城市，基本都位于中西部地区和东北地区（见图4-1）。由此可见，中国地级及以上城市发展质量的空间分布是非均衡的，总体格局是东部地区＞东北地区＞中西部地区。

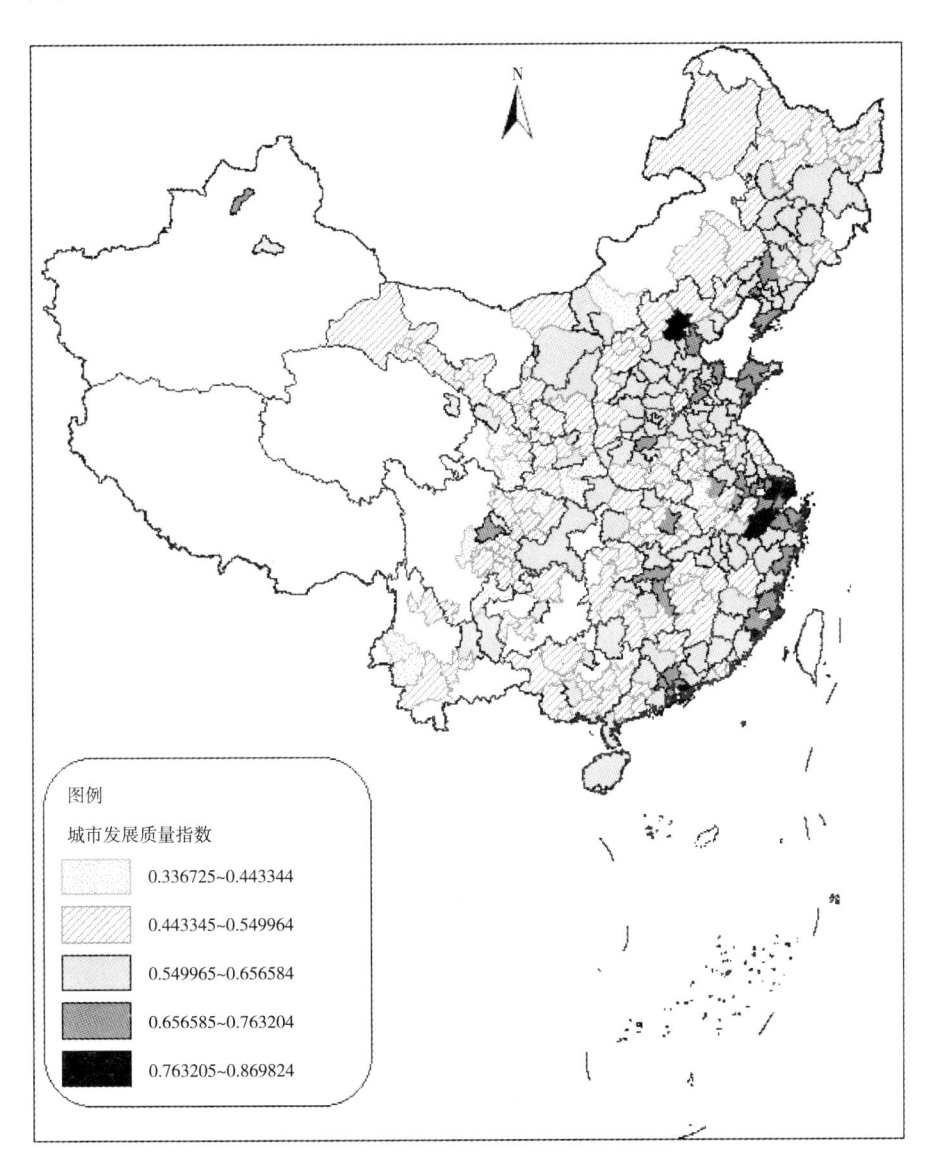

图 4-1　2010年中国地级及以上城市发展质量的空间格局示意图

资料来源：笔者绘制。

2. 经济、社会、空间发展质量之间的比较

在城市发展质量指数中，2010 年中国 286 个地级及以上城市的经济、社会与空间发展质量指数的平均得分分别是 0.169 分、0.159 分、0.237 分，而指标体系中这三项指数对应的满分值分别是 0.33 分、0.34 分、0.33 分。由此可见，中国城市发展质量指数中，社会发展质量指数＜经济发展质量指数＜空间发展质量指数，社会发展质量较低已成为当前制约城市发展质量提升的薄弱环节。

比较图 4-2 中的 3 条核密度分布曲线可看出，中国地级及以上城市社会发展质量指数的核密度曲线呈现以下几个特点：一是开口较宽，说明不同城市的社会发展质量指数差异较大；二是高峰左移、长尾向右侧延伸，即右偏，说明大多数城市的社会发展质量指数集中分布在较低水平区间。空间发展质量指数核密度分布曲线的特点表现为：一是开口较宽，说明各城市间的空间发展质量指数差异也比较大；二是高峰右移、长尾向左侧延伸，即左偏，说明大多数城市的空间发展质量指数集中分布在较高水平的区间。经济发展质量指数核密度曲线的特点则表现为：一是开口较窄，说明各城市间的经济发展质量指数差异较小；二是右偏，说明较多的城市分布在较低水平的一端。

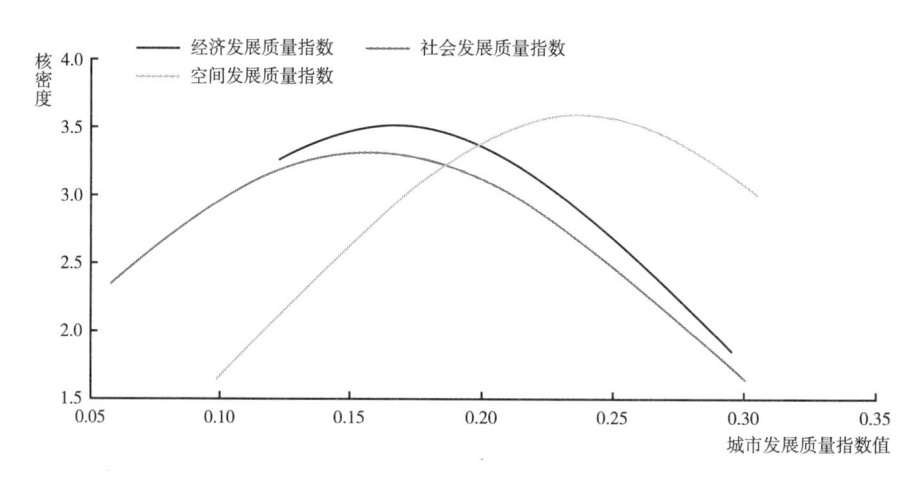

图 4-2　2010 年中国地级及以上城市发展质量指数核密度分布

资料来源：笔者绘制。

从三条核密度曲线的峰值的相对位置来看，社会发展质量指数曲线的峰值居于左，经济发展质量指数曲线的峰值居中，空间发展质量指数曲线的峰值居右。这表明，社会发展质量指数曲线的众数所对应的得分低于经济发展

质量指数曲线的众数所对应的得分，更低于空间发展质量指数曲线的众数所对应的得分。由此进一步验证，中国城市发展质量指数中，社会发展质量指数＜经济发展质量指数＜空间发展质量指数。总之，在中国城市发展质量中，社会发展质量是短板。

3. 城市发展质量与城镇化率的关系

从图4-3可以看出，2010年中国地级及以上城市发展质量指数与城镇化率呈现较明显的正相关关系，拟合优度为0.4385。一般来说，提高城市发展质量是推进城镇化的初衷，也是推进城镇化的题中应有之义。整体而言，中国城市发展质量与城镇化水平是同向提高的。

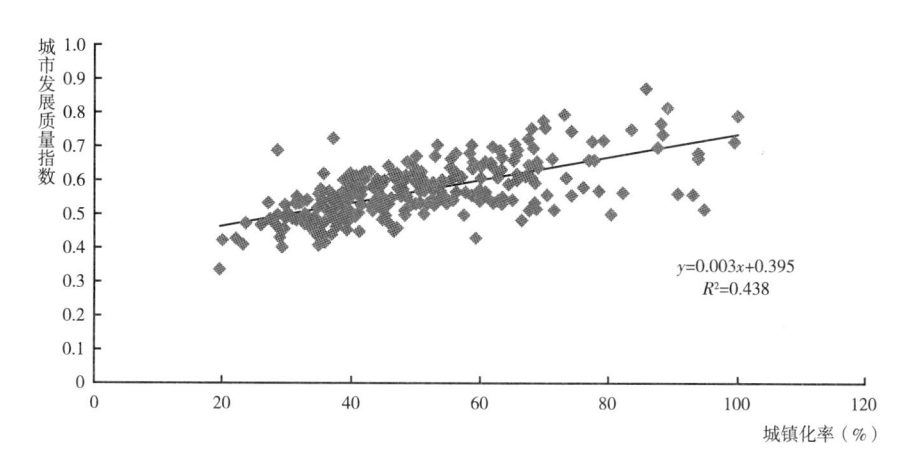

图4-3 2010年中国地级及以上城市发展质量指数与城镇化率的关系

资料来源：笔者绘制。

（二）城镇化推进效率评价

我们基于DEA分析的BCC模型，定量地测算出各个城市投入产出的相对效率，并测算各城市在节水节地、节能减排、节约劳动力与资本等方面的理论值。

有关数据包络分析方法的介绍，详见第三章，这里不再赘述。在城镇化推进效率模型中，各投入与产出指标如表4-4所示。需要注意的是，在分析城镇化推进效率时，必须考虑到环境资源的消耗。这里将环境污染物排放量当作环境资源的投入量。因此，我们所测算的城镇化推进效率是指包含经济效率、社会效率和生态效率在内的综合效率。

表4-4 城镇化推进效率评价的投入与产出指标

投入指标	产出指标
能源消耗:市辖区用电量 水资源消耗:市辖区供水量 环境资源消耗:全市二氧化硫排放量 资本投入:市辖区固定资产投资总额 劳动力投入:城镇单位、私营和个体企业从业人数 土地投入:建成区面积	综合产出:地区生产总值 城镇化率:城镇人口占全市人口的比重

1. 城镇化推进效率的总体情况及空间格局

使用DEAP 2.1软件,输入相关投入与产出变量的数据,设定为BCC模型,即可测算出中国286个地级及以上城市的城镇化推进效率。结果显示,各城市综合技术效率的均值为0.710,最大值为1.0,最小值为0.343,标准差为0.188。各城市综合技术效率的分布情况,如表4-5所示。我们将综合技术效率高于0.8的定义为高效率,低于0.8且高于0.6的定义为中等效率,低于0.6则定义为低效率。从表4-5可以看出,具有高效率的城市占全部城市的31.3%,其中21.3%的城市的综合技术效率超过0.9;处于中等效率的城市占36.7%;而处于低效率的城市占31.8%,其中15.7%的城市的综合技术效率低于0.5。这说明中国城镇化推进效率是不平衡的,在现有技术条件下,城镇化推进效率仍有较大的改进空间。

表4-5 2010年中国286个地级及以上城市的城镇化推进效率分布

效率等级	综合技术效率区间	频数	频率(%)	累计频率
低效率	[0.343,0.400]	8	2.8	2.8
	[0.401,0.500]	37	12.9	15.7
	[0.501,0.600]	46	16.1	31.8
中等效率	[0.601,0.700]	60	21.0	52.8
	[0.701,0.800]	45	15.7	68.5
高效率	[0.801,0.900]	29	10.1	78.7
	[0.901,1.000]	61	21.3	100.0

资料来源:笔者计算整理。

从空间格局来看,城镇化推进效率比较高的城市主要分布在东部地区沿海一带、东北地区中北部以及西部地区的甘肃、陕西等地区;而中部地区和辽宁-河北一带的城镇化推进效率比较低（见图4-4）。黑吉地区、京津都市圈、山东城市群、长三角城市群、珠三角城市群以及少数中西部城市已经处于规模报酬递减或者规模报酬不变阶段；而辽宁-河北一带以及中部多数城市处于规模报酬递增阶段。这表明，辽宁-河北一带以及中部六省的多数城市急需扩大规模和提高效率，并且可以通过扩大城市规模来实现综合效率的提升。因此，这些地区也将是城镇化最有潜力的地区。

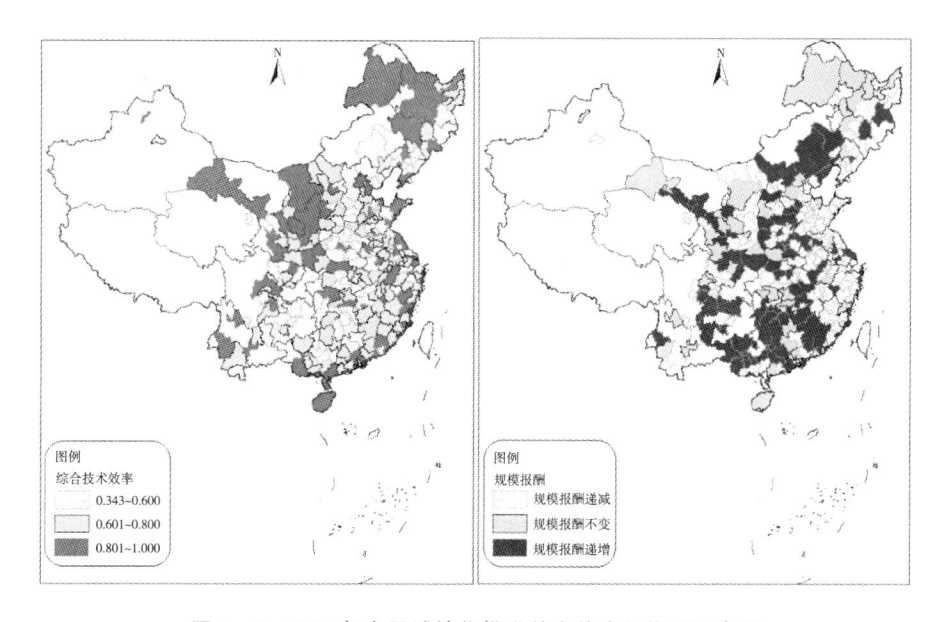

图4-4 2010年中国城镇化推进效率的空间格局示意图

资料来源：笔者绘制。

2. 城镇化推进效率与城镇化率、经济发展水平的关系

以2010年全国平均城镇化率、城镇化推进效率均值（49.6%、0.71）为原点，作城镇化率与城镇化推进效率的散点象限图。从图4-5可以看出，城镇化率与城镇化推进效率的散点图非常凌乱，随机散落在四个象限上。图中显示，城镇化率与城镇化推进效率存在四种组合：第一象限的（高，高）、第二象限的（低、高）、第三象限的（低，低）和第四象限的（高、低），城镇化推进效率与城镇化率没有明确的统计关系。这说明，城镇化率高的城市未必有高的城镇化推进效率，城镇化率比较高的城市仍然需要提升城镇化推进效率，以便进一步提升城镇化质量。而城镇化率比较低的城市也

不必悲观，在既定的城镇化率的水平下，通过努力仍然可以达到较高的城镇化推进效率，从而提高城镇化质量。

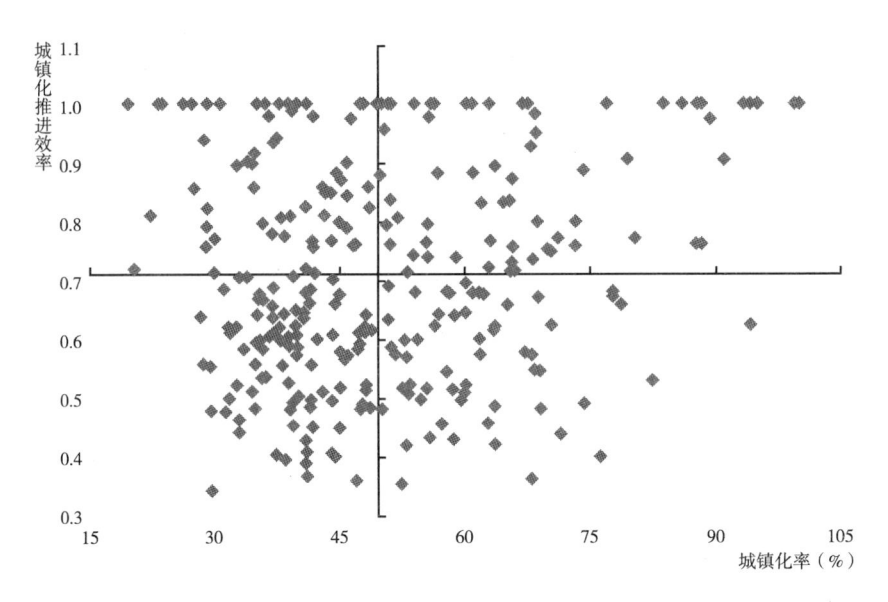

图 4-5 2010 年中国地级及以上城市城镇化推进效率与城镇化率的散点图

资料来源：笔者绘制。

以 2010 年城市人均 GDP、城镇化推进效率的均值（33398、0.71%）为原点，绘制人均 GDP 与城镇化推进效率的散点图（如图 4-6 所示）。初步看，城镇化推进效率与城镇化率的散点图仍然比较凌乱，但散点主要分布在第一、第二、第三象限，集中分布在一个直角三角形的区域。城镇化推进效率与人均 GDP 存在较微弱的正相关关系。这给我们两点启示：一是在城镇化进程中，不能只顾经济增长而忽视城镇化推进的效率。经济发展水平高，未必对应着较高的城镇化推进效率。二是城镇化推进效率与经济发展水平并不矛盾，通过转变发展方式，可以同时提升城镇化推进效率和经济发展水平。特别是对于经济发展水平和城镇化推进效率双低的城市而言，尤其要充分利用后发优势，促进城镇化推进效率和经济发展水平的同步提升。

3. 城市资源节约潜力

通过数据包络分析的 BBC 模型，我们测算出现有既定最优技术水平下，中国 286 个地级及以上城市节水节地、节能降耗、节约资本和劳动的资源节约潜力，如表 4-6、图 4-7 所示。

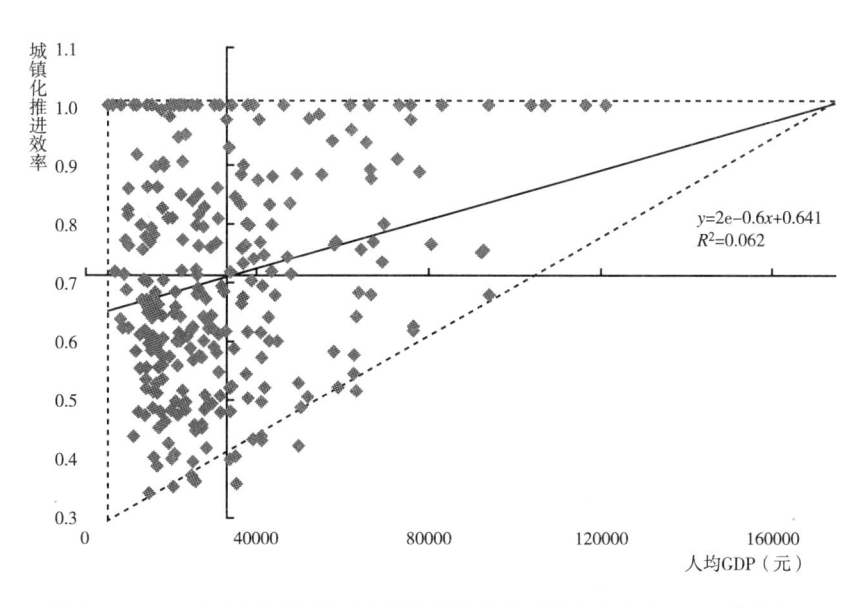

图 4-6 2010 年中国地级及以上城市城镇化推进效率与人均 GDP 的散点图

资料来源：笔者绘制。

表 4-6 2010 年四大区域的城市资源节约潜力

城市所在地区	节水量（亿吨）	节/用电量（亿千瓦时）	二氧化硫排放量（万吨）	固定资产投资（亿元）	从业人数（万人）	土地面积（平方公里）
东部地区	35.36	1962	212.99	13725	1379	3377
东北地区	15.40	516	46.45	5096	309	1119
中部地区	31.58	1759	193.72	9914	1054	2768
西部地区	28.28	1340	270.71	9227	922	2239
全　　国	110.62	5577	723.87	37962	3664	9503

资料来源：笔者计算整理。

从节水量来看，在现有技术条件下，全国 286 个地级及以上城市可节约用水 110.62 亿吨，其中东部和中部地区的节约潜力分别为 35.36 亿吨和 31.58 亿吨。但从潜在的节水率看，中部地区的城市潜在的平均节水率高达 39.7%，高于西部地区的 37.0%、东北地区的 33.2% 和东部地区的 25.9%。

节/用电情况与节水情况大致相似。全国地级及以上城市的节电潜力为 5577 亿千瓦时。其中，东部地区城市的潜在节电率最低，仅为 25%，但潜在节/用电量最高，为 1962 亿千瓦时。中部地区城市潜在的平均节电率高达 43.4%，且潜在节电量位居第二。

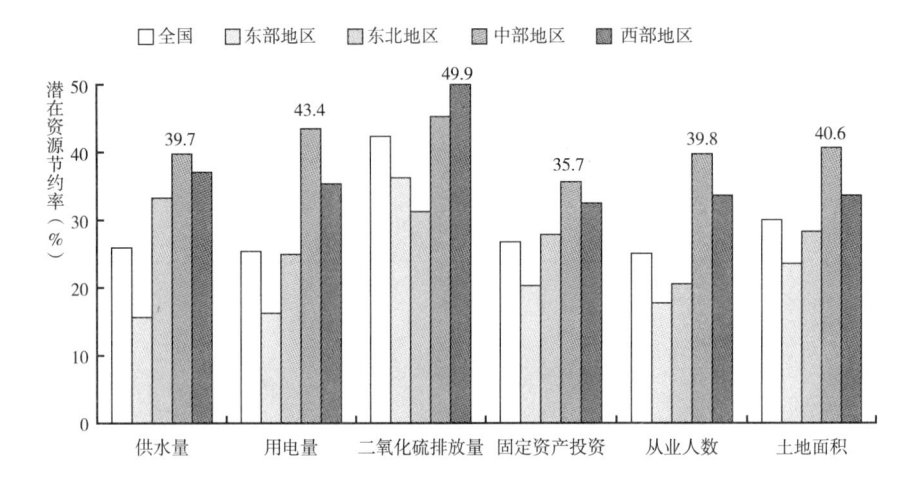

图 4-7 2010 年四大区域的城市潜在资源节约率

资料来源：笔者绘制。

理论上，在现有最优技术条件下，全国地级及以上城市尚可减少723.87 万吨的二氧化硫。特别是西部地区城市的二氧化硫减排潜力很大，潜在减排率高达 49.9%，潜在减排量达 270.71 万吨，高于东部地区的 212.99 万吨的潜在减排量[①]。

在现有最优技术条件下，要实现既定 GDP 和城镇化率，全国还可以减少 37962 亿元的投资冗余、3664 万人的劳动力投入、9503 平方公里的土地投入。特别是，中部地区城市在节约资本、节约劳动力和节约土地等方面潜力巨大，潜在节约率最高，潜在节约量仅次于东部地区。

(三) 城乡协调发展程度评价

我们从生产、收入、消费、贫困程度、教育、文化、医疗等方面评价城乡协调发展程度，通过线性加权，合成城乡协调指数。

1. 城乡协调发展的空间格局

从图 4-8 可以看出，2010 年中国地级及以上城市的城乡协调指数在空间上分布相对分散。总体上仍然表现为东部地区的城乡协调指数较高，中西部地区的协调指数较低；长江以南的南方地区城乡协调指数较低，以北的北

---

① 这只是理论上的减排潜力，由于各城市的功能定位不同，其产业结构具有较大差异，再加上发展阶段和技术管理水平的差异，各地区城市可实现的减排潜力将呈现不同的格局。

方地区城乡协调指数较高。特别是城乡协调指数处于最低等级的城市在南方地区连片分布。

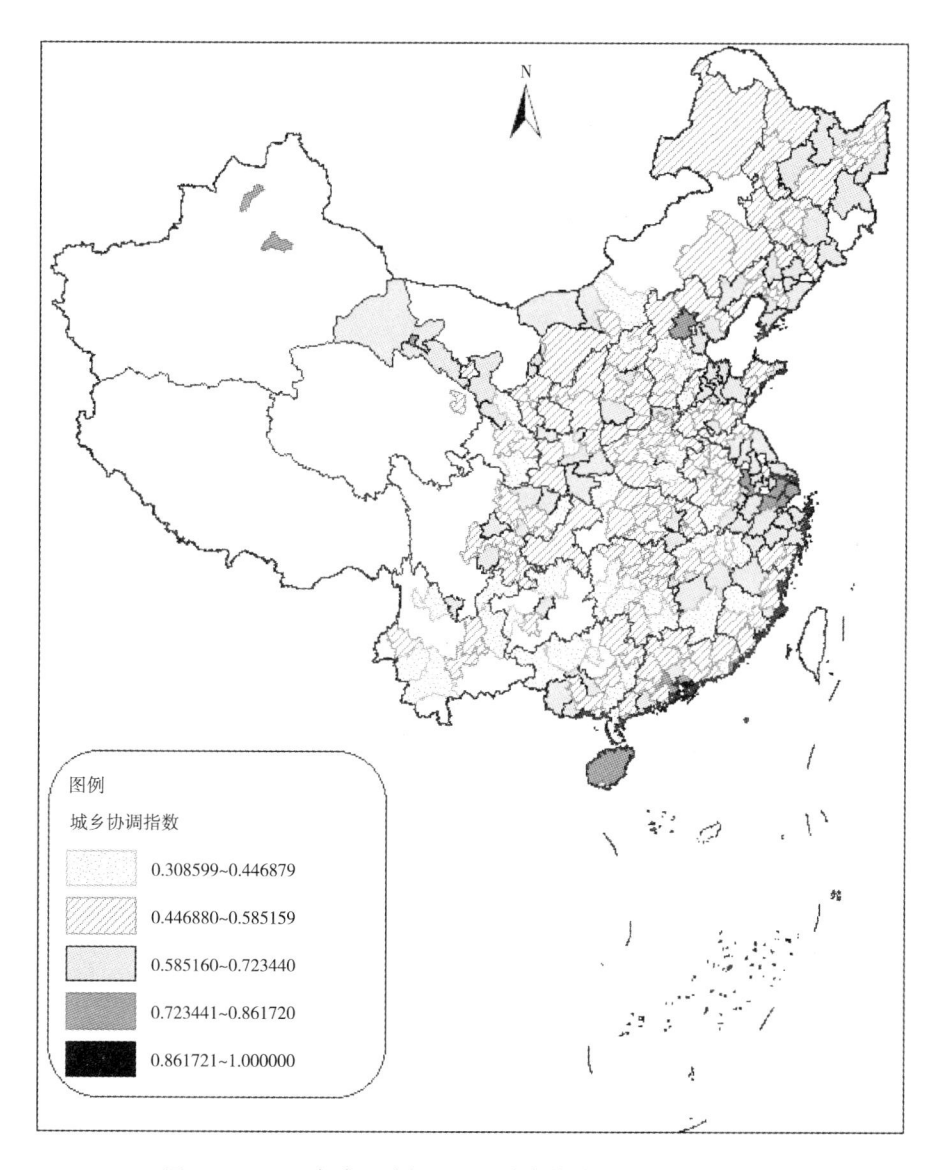

图 4-8　2010 年中国地级及以上城市的城乡协调指数示意图

资料来源：笔者绘制。

2. 城乡协调程度与城镇化率的关系

从图 4-9 可以看出，2010 年中国地级及以上城市的城乡协调程度与城镇化率存在一定的正相关关系，拟合优度为 0.322。这也符合城镇化的一般规律，即在城镇化的中前期，城市的极化效应显著，将乡村的生产要素和优势资源吸引到城市，城乡差异比较大；在城镇化的后期，城市的扩散效应逐渐加强，城镇化的成果逐渐为乡村分享，城乡关系日趋协调。

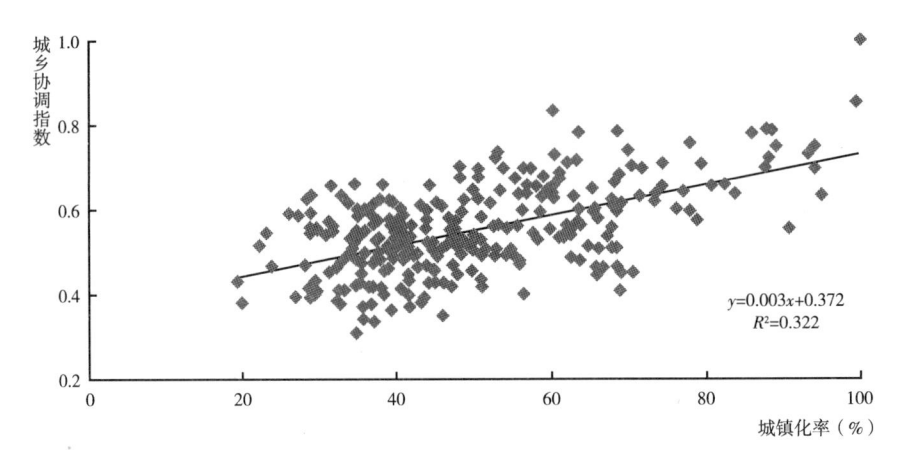

图 4-9　2010 年中国地级及以上城市的城乡协调指数与城镇化率的关系

资料来源：笔者绘制。

3. 城乡协调程度与人均 GDP 的关系

从图 4-10 可以看出，2010 年中国地级及以上城市的城乡协调程度与人均 GDP 存在一定的正相关关系，拟合优度为 0.2586。

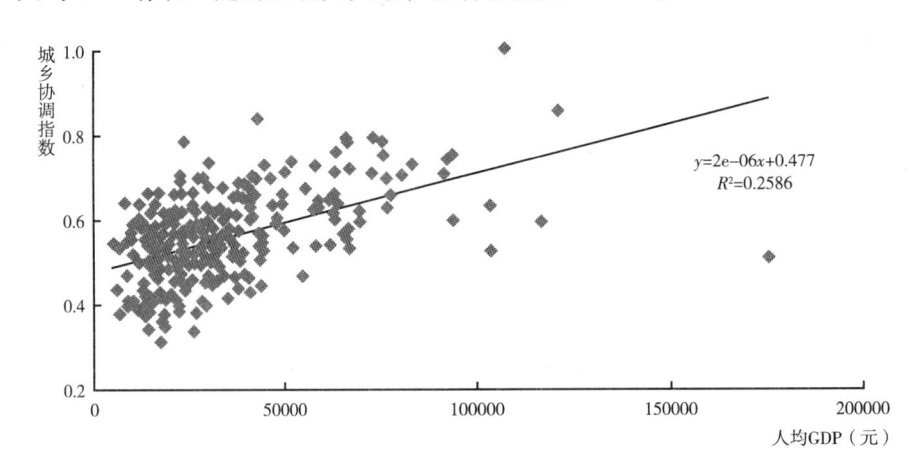

图 4-10　2010 年中国地级及以上城市的城乡协调指数与人均 GDP 的关系

资料来源：笔者绘制。

(四) 城镇化质量的三个维度比较

正如前文所述，城镇化质量包括城市发展质量、城镇化推进效率、城乡协调发展三个维度，其综合指数由三个分项指数构成。将286个地级及以上城市三个分项指数绘制成核密度分布曲线，如图4-11所示。比较3条曲线可以发现：一是从曲线开口大小来看，城市发展质量指数＜城镇化推进效率指数＜城乡协调发展指数。这说明各城市间的发展质量差异小于在城镇化推进效率方面的差异，更小于在城乡协调发展程度方面的差异。二是从峰值位置来看，从左至右依次是城乡协调发展、城市发展质量、城镇化推进效率曲线的峰值。也就是说，比较各分项指数的平均值可以发现：城乡协调发展指数＜城市发展质量指数＜城镇化推进效率指数。综合表明，中国地级及以上城市的城镇化质量的短板是城乡协调程度。未来提高城镇化质量的关键是促进城乡协调发展。

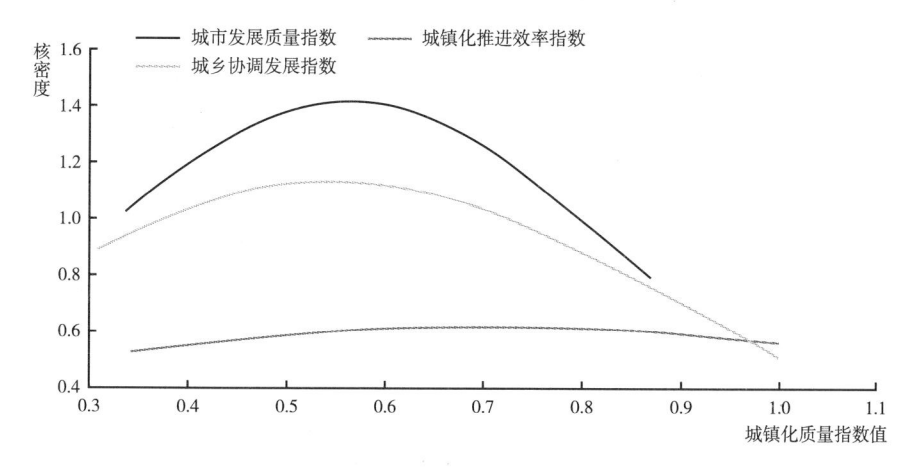

图4-11 2010年中国地级及以上城市的城镇化质量指数核密度分布

资料来源：笔者绘制。

五 主要结论与启示

(一) 主要结论

第一，城镇化质量是指在城镇化进程中与城镇化数量相对的反映城镇化优劣程度的一个综合概念,特指城镇化各组成要素的发展质量、协调程度和推进效率。按空间载体,城镇化质量既包括核心载体(城镇化地区)的发展质量,也包括域面载体(乡村)的发展质量;按构成要素,包括人口城镇化质量、经济城镇化质量、社会城镇化质量和空间城镇化质量。城镇化质量与城市竞争力、城市综合实力、城市化水平等相关概念不等同,但又有交叉。

第二,中国地级及以上城市的城镇化质量指数的各个维度不均衡:城乡协调发展指数＜城市发展质量指数＜城镇化推进效率指数。在城市发展质量指数中,社会发展质量指数＜经济发展质量指数＜空间发展质量指数。这表明,提高城镇化质量的关键是促进城乡协调发展,而提升城市发展质量的关键是提升社会发展质量。

第三,中国地级及以上城市的城镇化质量指数在空间上分布不均,呈"群状"分布。评价结果表明,总体上看,东部地区的城镇化质量较高,而中西部地区的城镇化质量较低。

第四,城市发展质量指数与城镇化率存在较明显的正相关关系。这表明,提高城市发展质量是推进城镇化的应有之义。城镇化推进效率指数与城镇化率、人均 GDP 没有明确的统计关系。表明城镇化率高,并不意味着城镇化推进效率也高;经济发展水平高,也并不意味着城镇化推进效率高。城乡协调发展指数与城镇化率、人均 GDP 存在正相关关系。表明城镇化的深入推进以及经济发展阶段的跃迁,将为城乡协调发展奠定物质基础。

(二) 几点启示

基于上述分析,可以得出以下几点启示。

第一,要处理好城镇化速度与质量的关系。从国内外经验看,城镇化推进的速度并非越快越好,它必须保持适度,必须与经济发展水平、工业化阶段、人口和就业吸纳能力、城镇基础设施容量、资源环境承载能力相适应。由于发展阶段的差异,各地区未来城镇化推进的速度也将具有较大差异。东部和东北地区大多数城市的城镇化率已经超过 50%,并且处于规模报酬递减阶段,因此,未来其城镇化推进的速度将会逐步减缓,需要更加注重提升城镇化质量,而不是一味追求城镇规模扩张。在中西部地区,目前许多城市的城镇化率还比较低,并且处于规模报酬递增阶段,今后一段时期内仍将处于城镇化加速时期,这些地区将成为未来中国城镇化的主战场,需要兼顾城镇化速度和质量，寻求有质量的城镇化。

第二，推进城镇化要更加重视城乡协调发展。目前，中国城乡差距过大，城乡协调程度较低，严重制约了城镇化质量的提高。追求有质量的健康城镇化，不能只看到城市而忽视农村，城市的繁荣更不能建立在农村的衰落之基础上，而应该实现城乡融合共享、一体发展。为此，在推进城镇化的过程中，要按照统筹城乡发展的要求，加强推进城乡规划管理、基础设施建设、产业发展、社会保障、公共服务和生态环境治理的一体化进程，打破城乡二元结构的制度性障碍，逐步缩小城乡发展差距，构建城乡一体的社会保障和公共服务体系。

第三，推进城镇化要更加重视城镇社会发展。评价结果显示，社会发展滞后是城市发展质量的短板，提升城市发展质量的关键在于提升城市社会发展质量。为此，要按照科学发展观的要求，从根本上扭转过去那种"重经济、轻社会""见物不见人"的传统思维，树立以人为本、以人的城镇化为核心的新型城镇化理念，下大力气逐步解决进城农民的市民化问题，使进城农民能够在就业、教育培训、社会保障、公共服务、住房等方面享受与城镇居民同等的待遇。同时，要加大对科技、教育、文化、卫生等事业的投入，并采取切实措施解决好城市贫困、失业等社会问题。

第四，推进城镇化要更加重视城镇化效率。城镇化的本质就是人口、产业和要素不断向城镇聚集的过程，因此城镇化一般会带来资源节约和效率提高。但是，在推进城镇化的过程中，如果采取"高消耗、高排放、高占地"的粗放外延发展模式，城镇化快速推进必然会消耗过多的耕地、能源和资源，排放大量的"三废"，由此付出较高的资源环境代价。因此，要提升城镇化质量，不仅要提升城市发展质量，而且要更加注重城镇化的推进效率，大力推广节地、节材、节水、节能、减排技术，尽可能减少城镇化进程中的资源消耗，减少"三废"的排放，把城镇化的资源环境代价降低到最小，走低成本的新型城镇化道路。

第五，要树立城镇化质量的综合协调理念。城镇化质量是一个综合性的概念，涉及城镇发展、城乡协调、推进效率等诸多方面，以及经济、社会和生态环境等各个领域。各地在推进城镇化的过程中，必须树立综合协调的理念，妥善处理好各方面的关系，尤其要高度关注一些薄弱环节和主要制约因素，全面提高城镇化的质量。要更加重视城乡居民收入的增长，提高劳动报酬在国民收入中所占的比重；切实改善城镇人居环境，调整优化生产、生活和生态空间比例，提高城镇的宜居水平；进一步优化城镇空间结构，防范大城市无序蔓延，提升空间发展质量。

参考文献

[1] 白先春：《我国城市化进程的计量分析与实证研究》，博士学位论文，河海大学，2004。

[2] 白先春、凌亢、朱龙杰等：《我国县级城市发展质量综合评价——以江苏省县级市为例》，《统计研究》2005年第7期。

[3] 鲍悦华、陈强：《质量概念的嬗变与城市发展质量》，《同济大学学报》（社会科学版）2009年第6期。

[4] 鲍悦华、陈强：《基于城市功能的城市发展质量指标体系构建》，《同济大学学报》（自然科学版）2011年第5期。

[5] 常阿平：《我国城市化质量现状的实证分析》，《统计与决策》2005年第6期。

[6] 陈鸿彬：《农村城镇化质量评价指标体系的构建》，《经济经纬》2003年第5期。

[7] 陈家驹、李先进：《提高珠三角城市化质量的措施和对策》，《重庆建筑》2003年第6期。

[8] 陈明：《中国城镇化发展质量研究评述》，《规划师》2012年第7期。

[9] 陈晓毅：《广西城市化发展质量的区域差异分析——基于熵值法的实证研究》，《广西财经学院学报》2011年第5期。

[10] 陈志恺：《人口、经济和水资源的关系》，《水利规划设计》2000年第3期。

[11] 程晓宏：《我国大城市土地利用结构优化研究》，硕士学位论文，暨南大学，2005。

[12] 方创琳、王德利：《中国城市化发展质量的综合测度与提升路径》，《地理研究》2011年第11期。

[13] 国家城调总队、福建省城调队课题组：《建立中国城市化质量评价体系及应用研究》，《统计研究》2005年第7期。

[14] 韩增林、刘天宝：《中国地级以上城市城市化质量特征及空间差异》，《地理研究》2009年第6期。

[15] 郝华勇：《基于主成分分析的我国省域城镇化质量差异研究》，《中共青岛市委党校 青岛行政学院学报》2011年第5期。

[16] 何文举、邓柏盛、阳志梅：《基于"两型社会"视角的城市化质量研究——以湖南为例》，《财经理论与实践》2009年第6期。

[17] 黄衍电、黄文达：《关于城市化质量问题的思考》，《商业时代》2011年第2期。

[18] 靳刘蕊：《中国城市化质量的因子分析》，《山西统计》2003年第11期。

[19] 靳美娟：《陕西省城市化质量评价》，《河南科学》2012年第1期。

[20] 孔凡文：《中国城镇化发展速度与质量问题研究》，博士后论文，中国农业科学院，2006。

[21] 孔凡文、许世卫：《论城镇化速度与质量协调发展》，《城市问题》2005年第5期。

[22] 李成群:《南北钦防沿海城市群城市化质量分析》,《改革与战略》2007年第8期。
[23] 李林:《中国城市化质量差异与其影响因素研究》,博士学位论文,中国农业大学,2007。
[24] 李明秋、郎学彬:《城市化质量的内涵及其评价指标体系的构建》,《中国软科学》2010年第12期。
[25] 李爽、贾士靖:《河北省城市化质量评价及其障碍度诊断》,《网络财富》2009年第24期。
[26] 刘春燕:《乌鲁木齐城市化质量评价》,《新疆社科论坛》2009年第4期。
[27] 刘蓉、宋杰:《泛长株潭地区健康城镇化发展质量测度研究》,《企业家天地》(理论版)2011年第6期。
[28] 刘素冬:《对我国城市化质量的深度思考》,《苏州科技学院学报》(社会科学版)2006年第1期。
[29] 陆学艺:《当前社会阶层分析与探讨》,《民主》2005年第10期。
[30] 马林靖、周立群:《快速城市化时期的城市化质量研究——浅谈高城市化率背后的质量危机》,《云南财经大学学报》2011年第6期。
[31] 倪鹏飞:《中国城市竞争力的分析范式和概念框架》,《经济学动态》2001年第6期。
[32] 牛文元:《走中国特色的城市化道路》,"全面建设小康社会与科技创新"战略论坛,中国科学院高技术局、政策局和科技政策研究所联合主办,2003。
[33] 欧名豪、李武艳、刘向南等:《区域城市化水平的综合测度研究——以江苏省为例》,《长江流域资源与环境》2004年第5期。
[34] 孙静、苗洁:《河南省城市化质量问题研究》,《消费导刊》2008年第8期。
[35] 檀学文:《稳定城市化——一个人口迁移角度的城市化质量概念》,《中国农村观察》2012年第1期。
[36] 童华胜、陈俊玲:《城市化质量若干问题初探》,《台声·新视角》2005年第1期。
[37] 王德利、方创琳、杨青山等:《基于城市化质量的中国城市化发展速度判定分析》,《地理科学》2010年第5期。
[38] 王德利、赵弘、孙莉等:《首都经济圈城市化质量测度》,《城市问题》2011年第12期。
[39] 王家庭、唐袁:《我国城市化质量测度的实证研究》,《财经问题研究》2009年第12期。
[40] 王家庭、赵亮:《我国区域城市化效率的动态评价》,《软科学》2009年第7期。
[41] 王钰:《城市化质量的统计分析与评价——以长三角为例》,《中国城市经济》2011年第20期。
[42] 王志燕:《山东省城镇化质量区域比较研究》,《山东经济》2009年第6期。
[43] 王忠诚:《城市化质量测度指标体系研究——以我国直辖市为例》,《特区经济》2008年第6期。
[44] 魏后凯:《怎样理解推进城镇化健康发展是结构调整的重要内容》,2005年1月19日《人民日报》。
[45] 魏后凯:《中国城市化转型与质量提升战略》,《上海城市规划》2012年第4期。

［46］魏后凯、袁晓勐、郭叶波等：《中国迈向城市时代的绿色繁荣之路》，载潘家华、魏后凯主编《中国城市发展报告》No.6，社会科学文献出版社，2013。

［47］吴殿廷：《区域经济学》，科学出版社，2003。

［48］徐素、于涛、巫强：《区域视角下中国县级市城市化质量评估体系研究——以长三角地区为例》，《国际城市规划》2011年第1期。

［49］徐士珺、郑循刚：《我国城市土地利用结构优化研究》，《经济纵横》2006年第8期。

［50］许宏、周应恒：《云南城市化质量动态评价》，《云南社会科学》2009年第5期。

［51］叶裕民：《中国城市化质量研究》，《中国软科学》2001年第7期。

［52］叶裕民：《城市化和统筹城乡的关系与实施路径》，2009年10月27日《河北日报》。

［53］余晖：《我国城市化质量问题的反思》，《开放导报》2010年第1期。

［54］袁晓玲、王霄、何维炜等：《对城市化质量的综合评价分析——以陕西省为例》，《城市发展研究》2008年第2期。

［55］张春梅、张小林、吴启焰等：《发达地区城镇化质量的测度及其提升对策——以江苏省为例》，《经济地理》2012年第7期。

［56］赵海燕、王吉恒、王喆：《黑龙江省城市化质量问题研究》，《商业研究》2007年第2期。

［57］赵雪雁：《西北地区城市化质量评价》，《干旱区资源与环境》2004年第5期。

［58］郑亚平：《我国省域城市化质量水平的测评》，《重庆工商大学学报》（西部论坛）2006年第6期。

［59］郑梓桢：《社会保险覆盖面人口基数测算与城市化质量评估》，《广东社会科学》2003年第5期。

［60］周丽萍：《中国人口城市化质量研究》，博士学位论文，浙江大学，2011。

［61］周艳妮、尹海伟：《东营市城镇化发展质量测度研究》，《河北师范大学学报》（自然科学版）2011年第2期。

［62］周一星：《关于中国城镇化速度的思考》，《城市规划》2006年第S1期。

［63］朱洪祥：《山东省城镇化发展质量测度研究》，《城市发展研究》2007年第5期。

［64］朱洪祥、雷刚、吴先华等：《基于预警指标体系的城镇化质量评价——对山东省城镇化质量评价体系的深化》，《城市发展研究》2011年第12期。

［65］Falkenmark, M., "Water Scarcity and Population Growth: A Spiralling Risk", *Ecodeision* 21（9），1992, pp. 498 - 502.

［66］Wang, H., "Construction of The Quality Evaluation System for Healthy Urbanization from the Angle of Economics", *International Journal of Business and Management* 3（1），2008, pp. 76 - 80.

［67］United Nations · Department of Economic and Social Affairs, Population Division, "World Urbanization Prospects: The 2011 Revision", New York, 2012.

第五章
中国城镇化成本的度量与影响因素

一 引言

新中国成立后的相当一段时期内,城镇化进程比较缓慢,与经济发展水平不太适应。20世纪90年代以来,中国城镇化步入了快速发展阶段,1995~2010年,城镇化率提高了21个百分点,年均增长速度达到1.4个百分点。城镇化对中国的经济结构和空间布局都产生了重大影响,而且今后很长一段时期内其作用还将不断增强。本质上说,城镇化是经济活动和人口不断向城市和城镇集中的过程。这一过程会导致物质资源、服务、人才、信息等各种要素的集聚,并需要为此而不断增加要素投入,这些投入就构成了城镇化的成本。在中国城镇化快速推进的过程中,经济发展方式粗放,高排放、高消耗、低效益的特征还比较明显。粗放式的城镇化模式损害了经济增长的潜力,阻碍了产业结构的升级,同时也带来了各种社会问题。相比发达国家,中国城镇化还有很大空间,还有很长一段路要走。作为最大的发展中国家,中国的城镇化过程必然改变自然地理状态,肯定会对生态产生一定影响,而且巨大的投入需求也会影响国际资源价格,故而也不可避免地面对越来越突出的资源和环境等制约,走低投入、高集约、高效益的新型城镇化道路是必然选择。在此情况下,城镇化成本研究也越发紧迫而重要。

国际学术界对城镇发展成本问题的讨论起源于20世纪50~60年代。然而,由于基本概念不清楚,测度方法存在争议,以及受数据可得性等的制约,城镇化成本的度量一直是一个很困难的问题。20世纪80年代以来,国内外学者从不同的视角进行了有益的探索，但由于研究对象界定等原因，对城镇发展成本的看法有很大的差异。国外学者所研究的城镇化成本通常是指城镇运营所需的物质和劳务投入，这是对成本一种静态的和绝对的视角的考察，无论城镇化水平是否提高，只要城镇存在就会产生成本。Linn（1982）较早从城乡和不同规模等级城市两个维度比较了发展中国家的城镇发展成本，他将城镇发展成本理解为财政和金融投资，这些投资主要用于公共服务，包括给排水设施、电力供应、固体废物处理、运输成本、教育和卫生健康服务等。Richardson（1987）将城镇发展成本理解为城镇发展所耗费的资源，包括四个部分：直接投资成本（这部分投资用来为迁入人口创造就业岗位）、住房和基础设施建设成本（包括城市服务所需的水、电、公共卫生设施以及社会服务）、城市间的基础设施成本和城市的管理成本。他利用这些指标比较了孟加拉、埃及、印度尼西亚和巴基斯坦四个国家的城镇发展成本，基本结论是：与付出成本相比，城镇化带来的经济和社会收益更丰厚，限制人口流入政策只能损害经济发展的潜力。Henderson（2002）将城镇化成本看成为解决人口和经济活动集中所带来的问题所付出的代价，包括交通拥挤和交通事故、空气污染和水污染导致的健康成本以及长时间通勤损失的时间。他认为，要解决城市过度集中所带来的问题，就必须对区域间运输成本、通信设施给予投资，疏散产业也需要付出很大代价，这些都构成了城镇化的成本。

目前，大多国内数学者对城镇化成本的研究更多的是将城镇化成本当作在城镇化背景下城镇发展所需的投入来理解，这和早期国外学者们的见解相类似。经济增长前沿课题组（2003）按照城市投入发挥功能的不同，将城镇发展成本划分为基础设施投入和社会保障投入，前者更多地促进城镇经济发展，后者主要为居民生活质量改善服务。中国科学院可持续发展战略研究组（2005）根据投入支付主体的不同，将城镇发展成本划分为个人发展成本和公共发展成本，其中个人发展成本是指在城镇化进程中，个体从农村劳动者向城市居民转化所应付出的基础成本、生存成本、生活成本、智力成本、社保成本和住房成本；而公共发展成本则是指城镇化进程中为保障城市健康协调发展所必需的城市内、城市间的基础设施、社会协调、公共环境、生态建设等基本功能要素的成本。此外，俞培果（2007）、王海萍等（2006）也都以类似的方法对城镇化成本进行了界定与分类。

还有一些学者对城镇发展成本问题的研究更加关注城市规模扩张所需的

增量投入问题,这种视角更注重"化"的过程产生的成本。刁承泰(2005)从更为综合的角度探讨了城镇化经济成本的内涵,他将城镇发展成本分为广义成本和狭义成本两部分。广义成本是指城镇化水平边际提高所需的投资增长规模,既包括区域为新增城市人口进行的投入,又包括为原有城镇居民改善生产和生活环境而进行的投资。狭义成本专指为一定时期内新增的人口而必须花费的资金投入,主要包括城市设施建设和增加就业岗位的投资成本。综合现有研究成果,城镇发展成本划分方法有三种(如表5-1所示):一是根据投入的性质划分,包括物质与虚拟成本;二是根据投入的功能划分,例如为城市经济建设服务或者改善人民社会保障水平服务的投入;三是根据投入的主体划分,包括政府、企业、社会组织与个人等。

表5-1 中国学者对城镇化成本类型划分总结

划分依据	产生原因	研究学者	成本内容
投入性质	物质与虚拟成本	夏永祥(2006)	土地、劳动、资本和管理
		高红艳(2010)	经济成本、社会成本和环境成本
		徐琴(2004)	资金投入、非资金形式(社会成员福利损失、社会不平等增加等)
投入主体	政府、企业、社会组织和个人	中国科学院可持续发展战略研究组(2005)	个人发展成本和公共发展成本
		俞培果(2007)	私人成本和城市建设成本
投入功能	经济发展与福利提高	王海萍、张玉凤(2006)	生活成本、空间成本、治理成本
		张国胜、杨先明(2008)	城镇用地投资成本、功能设施投资成本、社会设施投资成本、基础设施投资成本
		樊纲(2003)	基础设施建设
		经济增长前沿课题组(2003)	基础设施投入、社会保障投入
		刁承泰(2005)	固定资产投资

在我们看来,城镇发展成本研究中的一个关键问题是区分城镇运行成本和城镇化成本。事实上,这是两个完全不同的问题,即使没有大规模的城镇化,城镇发展和日常维护也会产生必要的投入。由此可见,城镇运行成本仅是静态地度量了城镇运行和发展所产生的实际投入。而城镇化的成本是重在"化"问题的研究,是伴随城镇规模扩大与城镇发展水平提高,对增量成本的动态测量。因此,城镇化成本类似于经济理论中边际成本的概念。在快速

城镇化过程中，人口转移、城镇规模扩张、产业结构和生活方式改变是这一过程的主要表现。因此，城镇发展中为解决"化"的问题而产生的成本才是中国城镇化成本的概念。本章将如下安排：首先，对城镇化成本的概念与内涵进行探讨；其次，构建度量城镇化成本的方法，测算各区域城镇化成本，并分析存在的问题；最后，探索城镇化成本的影响因素，并提出相应的政策建议。

二 城镇化成本概念、分类及度量方法

理论上说，经济活动运行需要进行物质和劳务投入，这些投入以市场价格来衡量就是所要支付的成本。城镇也是经济活动的一种体现，故我们将为支撑城镇的正常运行和发展而产生的成本定义为"城镇发展成本"。从投入的角度看，城镇发展成本可划分为两种功能类型：一是"城镇维护成本"，是指即便不处于城镇化阶段，但只要维持城镇运行现状就需要支出的成本，这类似于固定资产折旧和更新的概念；二是"城镇化成本"，是指为解决新增人口的生活和就业问题，以及提高原有居民生活水准，就需要追加投入，这种追加的投入就是城镇化的成本。因此，我们将城镇化的成本定义为：为维持城镇规模扩张，以及支撑居民生活水准提高，而进行的物质与资金的增量投入。

根据投入品的物质属性不同，可将城镇发展成本划分为资金投入成本、社会消耗成本和资源环境成本。首先，城镇的存在和发展需要对城镇基础设施建设与维护产生费用进行支付，需要为创造就业岗位进行产业投资，还需要负担维持城镇管理体系运营的费用，等等。这些投资成本能够直接用货币来衡量，是一种直接成本，我们称之为资金投入成本。其次，在城镇化和城市发展过程中，居民的生活方式和社会心理也会发生变化，这也会带来社会消耗成本，其中比较典型的例子有通勤时间和社会压力等。当然，这类成本往往难以度量，特别是难以用经济指标进行衡量。最后，资源环境成本是指城镇存在和发展往往消耗更多资源、能源，同时还会影响甚至破坏生态环境。资源环境成本根据能否进行货币化度量分为两类：一类是直接消耗成本，包括购买能源、矿藏、土地等支付的费用，这些资源在一定程度上能够通过相应的市场价格反映其成本。另一类是间接成本，比如资源环境的外部性问题，往往不能由货币来衡量，但有时它也会间接影响到城镇运行支付的

资金成本。

本质上,城镇是对一定密度和规模的人口在空间集中分布状态的一种描述。因此,城镇发展成本也反映了维持城镇人口生活、发展而必须进行的投入。因此,还可根据城镇人口的户口登记状况不同,将其划分为城镇本地户籍人口(简称为原居民)、外来人口(简称为新移民)两部分。与之对应,城镇发展成本就可划分为原居民生活成本和新移民市民化成本两部分。另外,根据新移民中人群的来源地不同,可进一步把新移民成本的类型划分为本地农民市民化成本和外地移民市民化成本两部分。二者在产生过程和支付主体上有着巨大的差异,因而有必要区分对待。前者主要是城镇空间扩张过程中,郊区农民由于土地被征用为建设用地而实现身份转换产生的费用,这部分费用包括为本地农民身份转换创造就业岗位而进行的产业投资,还包括支付给失地农民的土地补偿成本,以及为其提供住宅、基础设施、社会保障而进行的投入。后者是针对来自更远空间距离、城镇扩张无法覆盖到的地区。本地农民市民化成本要远远高于外地移民市民化成本,这是因为前者中包括了支付给本地农民的级差地租,而后者则没有包含这部分支出。

无论是按照投入品属性还是按照户口登记状况的划分,都可以与城镇发展成本的功能划分相对应,从而产生界限更明确的成本类型(如表5-2所示)。资金投入成本按照功能可划分为基本维护成本和发展建设成本,前者度量了如果城镇规模与产出维持原有水平不变状态所需投入的设施维护和更新改造支出,后者衡量了为支撑城镇化而追加的基础设施建设扩张和提升生活水准的投入。同理,资源环境投入根据功能不同也可划分为城镇规模和发展水平不变时消耗的能源,以及为支撑城镇化而增加的资源消耗成本。原居民生活支出,根据功能不同,也可划分为不改变生活质量时的生活支出和提高生活品质而进行的支出。新移民定居成本衡量了移民由原住地到新住地实现身份转变而需要进行的投入,当然身份转变意味着新移民与原居民享受的生活质量相同。因而,新移民定居成本是一种为补偿差距而产生的成本。

表5-2 城镇发展成本类型划分

划分方法 功能	投入品物质属性		城镇人口身份	
	资金投入	资源环境投入	原居民生活成本	新移民市民化成本
城镇维持成本	基本维护成本	不变规模消耗支出	生活质量不变成本	—
城镇化成本	发展建设成本	规模扩张消耗支出	生活质量提高成本	新移民市民化成本

按照不同属性和功能划分的各种成本存在一定的交叉。按照投入品物质属性划分的成本与按户口登记地状况划分的成本之间存在交叉,基本维护成本可能是为了维持原居民不变的生活质量,发展建设成本既可能是为了改善原居民的生活质量,也可能是为新移民创造定居条件而产生的。资金投入成本与资源环境投入交叉是由于部分资金投入是用来购买资源的,而资源环境的投入也可能是为了对城镇予以基本的维护或用于城镇发展。但是,以某种方法划分的不同功能成本之间是不存在交叉的,也就是说,纵向两项城镇发展成本相加,例如基本维护成本和发展建设成本之和等于资金投入成本,等等。

由于资料的限制,本章的分析将聚焦于上述分类中可度量的城镇化成本。统计资料中能够反映城镇发展成本的指标是城镇固定资产投资。固定资产投资虽然不能包括城镇存在和发展的全部成本,也不能反映城镇化的环境成本,但该指标是可观察到的或者说能够被统计资料记录的投入的主体部分。而且,如果全部投入中固定资产投资和其他投入价值比例固定,那么该指标就能够比较好地反映城镇化成本的变化趋势。可以说,城镇固定资产投资是对城镇化成本的一种狭义的度量。与城镇化成本类型相对应,城镇固定资产投资也可划分为为城镇规模扩张进行的投资和为城镇居民生活水平提高进行的投资两个部分。但是,这两部分是无法直接区分的,我们将在第三部分中通过计量方法分解。从城镇化成本的实际支付主体来看,固定资产投资主要是政府和企业行为,政府投资主要用于进行市政基础设施建设,而企业主要进行企业生产投资。城镇化的主要源泉是外出农民工及其家属,这部分人口由农村流入城镇,由于制度所限,基本被排除在城镇基本公共服务覆盖范围之外,其在生活中对基本公共服务的消费需要由自己支付。因此,农业转移人口(简称新移民)市民化过程中,其在基本公共服务上的支出显然是城镇化成本的一部分,而且新移民数量对这部分成本的敏感度很高。我们将在第四部分通过城乡居民在基本公共服务支出上的差距来观察此项成本的高低。

三 中国城镇化成本的测算

(一) 规模扩张与质量提高成本

在进行规模扩张成本计算之前,我们计算城镇固定资产投资对城镇人口规模增加弹性（以下简称投资弹性），该指标能够综合地反映出城镇化成本的基本走势。表5-3清楚地显示了投资弹性呈逐步下降的趋势，改革开放早期投资弹性较高，1985~1990年和1995~2000年两个时段，分别为0.35和0.27，2005~2010年投资弹性降为0.12。也就是说，1985~1990年、1995~2000年和2005~2010年投资每增长1%，所带来的城镇人口规模增加分别为0.35个、0.27个和0.12个百分点。如果我们笼统地将城镇固定资产投资作为城镇存在必需的成本，那么这种投资弹性的下降就表明城市扩张成本增长很快，但带动的人口增长幅度却在大幅度下降。因此，投资弹性的下降就意味着城镇化成本中规模扩张成本和质量提高成本上升。从分省的情况来看，近年来经济发展水平越高的地区，城镇投资对城镇人口规模扩张的弹性越大，这种弹性可以理解为城镇发展的投入对城镇规模扩张的推动效果。上海、北京、广东和浙江的投资弹性较高，分别为0.69、0.39、0.24和0.25，东北与中西部地区的弹性系数较小，东北三省的弹性系数均低于0.05，湖北、甘肃、四川、贵州的弹性低于0.1。这种差距背后实际反映了地区产业结构的差异。东部沿海与内陆地区资源禀赋差异较大。东部沿海有着较好的区位、产业基础和人力资源优势，劳动密集型产业占很大比重，而且近年来生产服务化的趋势日渐明显，因此产业投资创造的就业岗位更多，投资弹性也较高。而中、西部和东北地区资源和原材料加工工业优势更强，产业结构偏"重"，产业规模扩张对劳动力的需求并不高，因而投资弹性也较低。根据发展经济学理论与国际经验可知，当一个国家发展到工业化后期时，经济结构服务化倾向是大势所趋，东部沿海地区率先开始这个过程意味着城镇化成本仍将低于广大内陆地区。

表5-3 各时间段城镇固定资产投资对城镇人口增长的弹性

地区	1985~1990年	1990~1995年	1995~2000年	2000~2005年	2005~2010年
北 京	0.17	0.10	0.35	0.24	0.39
天 津	0.44	0.04	0.16	0.08	0.16
河 北	0.34	0.12	0.23	0.36	0.13
山 西	0.58	0.13	0.16	0.18	0.13
内蒙古	0.49	0.08	0.29	0.04	0.14
辽 宁	0.16	0.07	0.16	0.06	0.04
吉 林	0.23	0.07	0.05	0.02	0.02
黑龙江	0.31	0.06	0.08	0.04	0.03

续表

地区	1985~1990年	1990~1995年	1995~2000年	2000~2005年	2005~2010年
上 海	0.27	0.07	1.42	0.13	0.69
江 苏	0.56	0.13	0.39	0.18	0.16
浙 江	0.11	0.07	0.30	0.16	0.25
安 徽	0.62	0.16	0.27	0.16	0.10
福 建	0.34	0.13	0.40	0.18	0.10
江 西	0.21	0.12	0.13	0.17	0.14
山 东	0.58	0.11	0.05	0.13	0.12
河 南	0.36	0.14	0.24	0.18	0.16
湖 北	0.68	0.13	0.24	0.02	0.05
湖 南	0.49	0.14	0.26	0.15	0.14
广 东	0.60	0.17	0.58	0.34	0.24
广 西	0.51	0.22	0.37	0.18	0.17
海 南	0.55	0.10	-1.67	0.89	0.10
重 庆	0.41	0.20	0.13	0.17	0.14
四 川	0.35	0.16	0.22	0.17	0.06
贵 州	0.14	0.13	0.07	0.10	0.05
云 南	0.38	0.11	0.29	0.27	0.16
西 藏	5.30	0.06	1.31	0.19	0.15
陕 西	0.25	0.12	0.17	0.15	0.11
甘 肃	0.29	0.11	0.12	0.31	0.06
青 海	0.55	0.13	0.09	0.20	0.11
宁 夏	0.68	0.13	0.10	0.29	0.12
新 疆	0.16	0.08	0.17	0.21	0.15
全 国	0.35	0.12	0.27	0.17	0.12

从城镇化成本中区分出规模扩张成本和质量提高成本，以及比较两种成本，无疑能够对政策制定提供有益借鉴。但是，在实际中，这两种成本是无法直接观测的。为此，我们尝试用计量模型将城镇化成本分解为规模扩张与质量提高两种效应，并根据回归的方法推算出规模扩张和质量提高两种成本的大小。具体计算方法可分为三个步骤。

第一，构建以规模扩张和质量提高两个基本变量为影响因素的城镇化成本函数，并将城镇化成本函数设定为一定的计量方程。假定城镇化投入主要为两个原因，一是原有居民生活质量的提高所产生的成本，二是为了新移民在城镇就业和生活所产生的增量投入。城镇化不仅仅意味着城镇人口规模的增加，某种意义上说它还是现代化的空间表现形式。城镇化推进意味着城镇居民能够实现更高质量的就业，能够利用更完善的基础设施，能够享受更全面、优质的公共服务，概括起来就是生活质量提高，城镇化投入中应该有为提高生活质量而进行的投入。这里用 q 表示城镇居民生活质量。此外，城镇化最本质的内涵是城镇人口规模的扩张，为维持新增城镇人口生存，各经济主体必须予以相应的投入，企业要进行生产投资创造就业岗位，政府的公共投入也部分惠及了新增人口。我们使用 s 表示城镇规模增加。

第二，构造城镇居民生活质量提高和城镇规模扩张的代理变量，建立以城镇化成本为因变量，以质量提高和规模扩张为影响因素的计量方程，回归得到 q 和 s 对城镇化成本的影响系数。s 和 q 分别直接决定了规模扩张成本和质量提升成本，用回归系数乘以 s 和 q 的实际值就可将城镇化成本分解为质量提高成本（cq）和规模扩张成本（cs）两部分。

第三，cq 和 cs 分别对应城镇原住居民和农民工，因此，将估算出的 cq 和 cs 值除以相应的人口规模得到人均意义上的质量提高成本和规模扩张成本。

根据以上讨论，首先我们将城镇化成本估计方程设定为如下形式：

$$\ln C_{it}(s,q) = \beta_0 + \beta_1 \ln s_{it} + \beta_2 \ln q_{it} + \beta_x X + u_{it} \qquad (5-1)$$

其中，X 为控制变量，u 为误差项，β_0、β_1、β_2 分别为截距项、规模扩张成本和质量提高成本的系数，β_x 为控制变量的系数矩阵。生活质量 q 使用城镇户籍的非农业人口和城镇居民可支配收入的乘积作为代理变量，它反映了全部城镇居民可达到一定生活水准的能力。此变量的选择出于两个原因：首先，居民生活质量虽然是居民的个人感受，但一定水平的生活质量总要通过收入来实现，收入越高生活质量也越高；其次，由于城镇居民可享受的公共服务很难惠及农业转移人口，生活质量的提高主要是针对城镇原住居民，故该成本测算使用的是户籍非农业人口的指标。规模扩张（s）主要源自农业转移劳动力及其家属进入城镇，这部分人口的规模我们使用调查的城镇人口减去户籍的城镇非农业人口来得到。控制变量 X 选择城镇人口规模和地区生产总值（GRP）两个变量。

以上变量出自各种公开的统计资料：城镇固定资产投资数据来自《中国固定资产投资年鉴》，城镇人口规模指标来自《中国统计年鉴》（各年）、《新中国60年统计资料汇编》以及第四、第五、第六次人口普查资料，城镇非农户籍人口数据来自《中国人口与就业统计年鉴》（各年），城镇居民可支配收入来自《中国城市（镇）生活与价格年鉴》（各年）。变量为面板数据结构，时间为1985~2010年，截面为30个省级行政区（未包括台湾、香港、澳门和西藏）。

在估计方法上，考虑到实际中的具体影响机制，我们需要对估计方程（5-1）作进一步的设定。由于存在投入的边际递减效应，随着生活质量的提高所需要的投入可能是递增的，因此我们在估计方程中引入生活质量提高的平方项。同理，随着城镇规模的扩张，城镇化的投入也是在递增的，因此方程中引入外来人口 s 的平方项，如方程（5-2）所示。

$$\ln C_{it}(s,q) = \beta_0 + \beta_1 \ln s_{it} + \beta_{11}(\ln s_{it})^2 + \beta_2 \ln q_{it} + \beta_{22}(\ln q_{it})^2 + \beta_x X + u_{it} \quad (5-2)$$

方程（5-2）左边是城镇化成本对数，因此 s 和 q 项也就是规模扩张和质量提高所产生的投入量。根据上文的设定，$cs = \beta_1 \ln s_{it} + \beta_{11}(\ln s_{it})^2$，$cq = \beta_2 \ln q_{it} + \beta_{22}(\ln q_{it})^2$。省级行政区存在发展方式和发展条件的独特性，我们认为存在不随时间变化的个体效应，因此方程采用固定效应模型进行估计。另外，由于 s 和 q 两个变量与 c 之间存在一定的内生性问题，因此我们采用工具变量两阶段最小二乘法进行估计。最后，模型采用逐步回归的方式，以判断估计结果的稳健性。估计结果如表5-4所示。

表5-4 城镇化成本影响因素的估计结果

变量	模型1 固定效应	模型2 固定效应	模型3 工具变量固定效应	模型4 工具变量固定效应
规模扩张	0.449***	0.507***	3.599***	1.890***
	(4.77)	(5.46)	(12.20)	(3.41)
规模扩张平方项			-0.282***	-0.154***
			(-10.97)	(-3.38)
质量提高	1.095***	0.808***	0.891***	0.914***
	(45.98)	(14.27)	(4.11)	(6.59)
质量提高平方项		0.0242***	0.0861***	0.0328**
		(5.57)	(12.40)	(2.50)
GRP	Yes	Yes	Yes	Yes
城镇规模	Yes	Yes	Yes	Yes
常数项	-3.348***	-2.955***	-9.811***	-5.930***
N	806	806	806	775

注：①*、**、***分别代表10%、5%、1%的水平显著，括号内为回归参数的标准差。②解释变量系数估计值下边圆括号内的数字是系数估计值的T统计量。

表 5-4 中，模型 1 只考虑了规模扩张和质量提高对城镇化成本的影响，模型 2 中加入了质量提高成本的平方项，模型 3 则加入了规模扩张的平方项，模型 4 中进一步加入了规模扩张和质量提高变量的一阶滞后项，使用两阶段最小二乘估计法消除模型的内生性。

从估计结果可以看到，模型 2 中引入质量提高的平方项后，质量提高变量的估计量有所降低，但绝对大小并未发生显著的变化，而且规模扩张变量的估计结果也没有发生很大变化。这说明质量提高效应的估计结果是比较稳健的，与规模扩张变量是相对独立的。模型 3 中引入了规模扩张变量的平方项，该项的引入导致规模扩张变量的估计结果大幅增加。模型 4 中，我们进一步将规模扩张和质量提高的一阶滞后作为工具变量，估计结果显示规模扩张变量大幅度下降。由此可知，规模扩张与城镇化成本之间存在一定的内生性。总体来看，模型 4 估计结果最好，采用该模型的估计系数进一步测算规模扩张成本与质量提高成本的指数。

根据模型 4 估计的结果，我们计算了全国和各省城镇化过程所产生的规模扩张和质量提高成本（见图 5-1）。可以看到，规模扩张和质量提高两项成本都在不断提高，但规模扩张成本提高得更快。1985 年，规模扩张和质量提高两项成本分别为 1092 元和 587 元，而 2010 年两项成本已经达到 84075 元和 16243 元。我们绘制了 2010 年质量提升和规模扩张成本与经济发展水平（用人均 GRP 表示）之间的散点图（见图 5-2），可以看到随着经济发展水平的提高，质量提高与规模扩张两种成本的省际变化呈现完全不同的趋势，前者是正相关关系，而后者是负相关关系。经济越发达的地区越有能力和意愿改善城镇原有居民的生活质量。而从规模扩张成本的省际变化来看，越发达地区对外来人口的投入越少，造成这种局面的原因可能有两点。首先，发达地区是人口流入的主要地区，人口聚集也存在规模经济效应，人口的流入诱导产业结构向劳动密集型变迁，从而降低了就业岗位创造的成本和分摊在劳动力身上的固定资本存量，中西部地区城镇扩张多是以重化工业发展带动的，这种产业结构中城镇扩张将需要更大规模的投资。其次，发达地区人口规模扩张更多是以流动人口形式进入，这部分人口的聚集需要的投入较少，而中西部地区人口规模的扩张则可能是以定居人口为主，这种人口聚集模式需要的投入量更高。最后，可能是与上文分析中提及的产业结构差异有关。

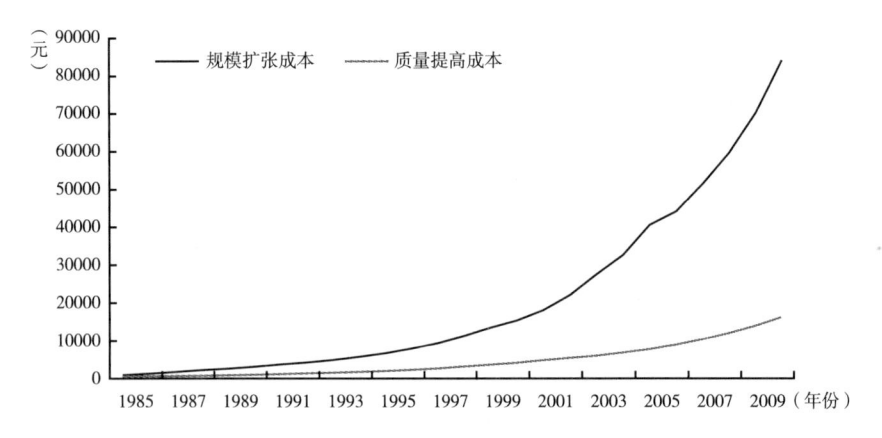

图 5-1 全国城镇化的规模扩张成本和质量提高成本变动

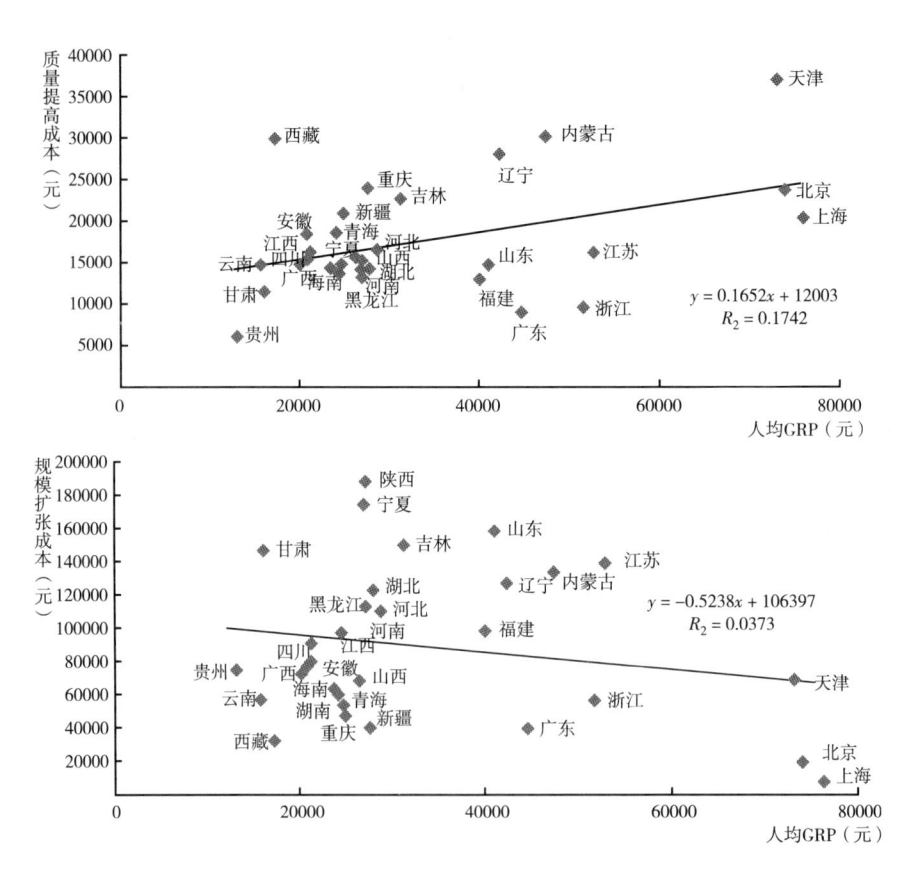

图 5-2 2010年经济发展水平与城镇化成本关系

（二）农民工市民化的公共服务支出成本

中国城镇化过程中，城镇规模扩张的主要源泉是新移民的进入，而这种新移民的主体就是外出农民工。根据国家统计局调查，2011年全国农民工总量达到2.53亿，其中外出农民工为1.59亿，占全部农民工规模的63%。这部分人口是近年来中国城镇化得以快速推进的主力军。农民工市民化成本的产生的一个很重要的原因是为实现农民工身份的转变而进行的基本公共服务投入。当然，要实现农民工市民化还需要拓展基础设施建设的投入、就业岗位创造的产业资本投入以及城市管理投入等，但决定农民工市民化的关键因素还是在于政府能否将基本公共服务覆盖到农民工之上。因此，本节重点对农民工市民化公共服务领域支出成本进行探讨，为表述方便将该成本简称为农民工市民化成本。由于数据所限，直接度量农民工市民化成本比较困难，以往研究主要是用城镇规模扩张带来的边际成本代替农民工市民化成本（陈广桂，2004；中国科学院可持续发展战略研究课题组，2005）。近年来，部分研究采取微观调查数据来估计农民工市民化成本（国务院发展研究中心，2011）。由于方法和视角不同，现有文献对农民工市民化成本的度量差距较大，广州市社科院（2011）认为25岁的农民工市民化成本超过100万元，国务院发展研究中心（2011）则认为农民工市民化成本在8万元左右。这里我们试图从补偿成本的角度出发，考察农民工市民化过程中不同经济主体在基本公共服务领域的支出状况。

农民工市民化的成本承担主体分为政府、企业和农民工本人三部分。农民工市民化成本是农民工实现身份转换的实际投入，转换身份之前农民工是在城镇中居住的农民身份，大部分城镇户籍居民享受的公共服务他们享受不到，而身份转换后就可完全享受城镇户籍居民的待遇。因此，这里的农民工市民化成本是补偿成本的概念，是新移民和城镇居民在各项公共服务投入上的差值。需要指出的是，企业和政府在公共产品上的投入很难区分，我们不区分政府和企业各投入多少，而将二者投入统称为社会投入。因此，下面从社会投入和个人支出两个方面考察农民工市民化的成本。

基本公共服务上的投入主要是在社会保障、教育、医疗和住房保障几个方面，享受基本公共服务的差异大体代表了农民工与城镇户籍居民在政府投入上的差距。但必须指出的是，农民工对应的群体是城镇劳动者，在计算城镇人均支出时分母应为城镇就业人员或者劳动年龄段人口。社会保险对农民工覆盖的程度远远低于对城镇单位职工的覆盖率①。其中，生育保险、失业保险覆盖率仅相当于城镇劳动者的 1/5 左右，工伤保险覆盖率相对比例稍高，达到 40% 左右（如图 5-3 所示）。总体上看，在社会保险领域，政府对农民工的投入相当于城镇户籍就业者的 20%~30%。公共服务领域的另一个重要方面就是教育，根据教科所（2008）对 12 个城市的调查，约有 50% 的义务教育阶段的农民工子女进入城市公办学校就读。因此，这里我们也简单假定，城市政府在教育上对农民工的人均投入相当于城镇居民的 50%。此外，政府的住房保障投入也是基本公共服务的重要领域，这个领域当地政府基本将农民工排除在覆盖之外，因此可以忽略政府在这项支出上对农民工进行的投入。

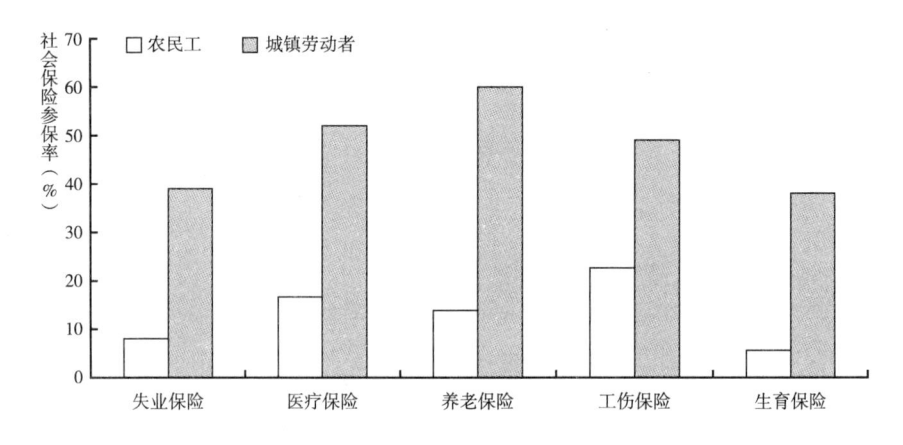

图 5-3　2011 年农民工与城镇劳动者社会保险比较

资料来源：根据《2011 年农民工监测报告》和《中国劳动统计年鉴》（2012）计算。

根据以上农民工与城镇户籍就业者公共投入差距的分析，结合相关的统计指标，可测算出不同公共投入领域农民工和城镇户籍劳动者在人均支出上的差距。首先，社会保险支出差距。2011 年，社保基金支出为 18055 亿元，根据估计，外出农民工 1.59 亿，城镇户籍的就业人口也为 1.59 亿②，另外以农民工社保支出是城镇户籍劳动者 1/4 的水平计算，农民工人均支出约为

---

① 这里以城镇单位职工社会保障覆盖率代表城镇户籍劳动者的覆盖率，主要是考虑到城镇户籍居民有更多的机会进入正规就业部门，而农民工大多被排除在外。
② 根据第六次人口普查长表数据推算，城镇全部就业人口为 3.18 亿，假定外出农民工全部进入城镇工作，也就是说城镇户籍就业人员和外出农民工各占 50%。

1420元，城镇劳动者人均支出约为5680元。其次，教育经费支出差距。现有统计资料中没有对县级市的市区、县城和镇区的教育经费支出的统计，但有地级及以上城市市辖区教育支出数据，因此我们使用市辖区教育支出计算人均教育支出水平。根据《2011中国城市统计年鉴》，2010年全国市辖区教育经费支出为4578亿元，市辖区户籍人口为3.8亿，根据第六次人口普查数据，处于劳动年龄段人口占市辖区人口的比例为54%，城镇户籍人口中处于劳动年龄段的人口为2.03亿，按此口径，城镇人均教育经费支出为2245元。按照上文分析得出的50%的差距水平，可以推算出农民工人均教育经费为1123元。最后，住房保障支出差距。住房保障支出全部配置给了城镇户籍人口，而城镇人口中具有住房保障资格的人口主要是城镇户籍就业人员，2011年财政一般预算支出中住房保障支出为3820.7亿元，由此可计算出城镇户籍居民人均住房保障支出为2042元。综上所列，我们将各项支出的城镇居民与农民工的差距汇总在表5-5中。从表中不难看出，农民工与城镇居民在基本公共服务领域的人均支出差距接近7500元。

表5-5　2011年农民工与城镇居民主要基本公共服务人均支出对比

单位：元

类别	社会保险支出	教育支出	住房保障支出	加总
农民工	1420	1123	0	2543
城镇居民	5680	2245	2042	9967

注：教育支出为2010年数据。

需要指出，我们的计算结果与其他文献中计算的农民工市民化成本相比偏小。这是因为，我们所定义的农民工市民化成本是一种狭义的成本，只是包括在基本公共服务领域内的支出成本。而其他文献中的成本除包括基本公共服务支出成本外，还包括了基础设施建设投入、产业投资、城市管理成本等。但实际上，从基础设施等几种投入中很难区分出农民工市民化成本，即投入是为了农民工市民化还是为了城镇户籍居民很难判断。而且，这几种成本对农民工的排斥程度比较低，影响农民工市民化的核心还是社保、医疗、教育等基本公共服务领域的投入差别。根据前述计算结果，农民工市民化大约有人均7500元支出没有"着落"。这个缺口要么由农民工自己解决，要么农民工就必须接受较低水平的基本公共服务配置状况。

农民工在身份转化过程中还有一部分公共服务支出是由农民工自己承担，我们将其称为农民工负担支出。农民工负担支出可通过城镇居民与农村居民在公共领域支出的差额来度量。当然，这样度量必须满足两个基本假定：一是农民工公共领域支出与其留在农村支出相同，这是基于以下考虑：首先，虽然农民工能够享受失业、工伤等保险，但频繁更换的职业使其享受的公共服务大打折扣，故可享受的公共服务水平比留在迁出地提高不大。根据白南生、李靖（2008）测算，六成以上的农民工换过工作，每个农民工在当前单位工作时限为3.4年。频繁的工作转换使其享受社保机会受到阻碍，也给社保接续工作增加了难度。其次，农民工外出务工需要在公共领域支出更多成本。农民工在外居住需要缴纳房租，根据2010年农民工监测报告，住在单位宿舍、工地工棚、生产经营场所，即免费居住的农民工比例仅为48.5%，超过5成农民工需要租房。此外，农民工还要在交通通信、文化娱乐等项目上支付更多成本。因此，农民工外出一方面会获得额外的公共领域的保障，同时在此项目上也会增加一部分的支出，综合比较，我们认为，一是农民工在公共领域支出与其留在农村大体一致，故可以用城乡居民公共领域支出差近似反映农民工身份转换需要支付的成本。二是城镇原住居民因新移民定居而额外支出的数量没有变化。

图5-4显示了城乡居民支出额度的对比状况。从基本走势来看，农民工负担支出均呈现不断提高趋势，但城镇居民支出提高得更快，故农民工市民化的成本也在不断提高。2011年，农民工负担支出达到人均4493元，也就是说如果一个农民工转变为市民身份，那么他每年在基本公共服务领域需多支出4493元。此外，图5-4下图还计算了农民工负担支出占城镇居民总支出的比例，该比例与占公共领域支出比例变化趋势一致，2004年最高为33.9%，2010年下降到31.4%。由此看来，农民工实现户籍身份的转变所需支付的成本是比较高的，而且从较长时间序列来看，这种成本提高的速度总体上超过居民的总收入和总支出的增长，虽然近年来成本占比有所减少，但仍呈现高位运行的态势。

分区域来看，由于各个地区发展水平不一样，公共支出的力度和对待农民工的态度差异很大，因而农民工负担支出差距也很大。图5-5上图显示了2010年省际农民工负担支出的绝对规模，可以看到高成本的地区主要是北京、天津、上海、广东等发达省区，这些区域均超过了5000元，上海和广东甚至接近7000元。由此不难看出，经济发展水平与农民工负担支出之

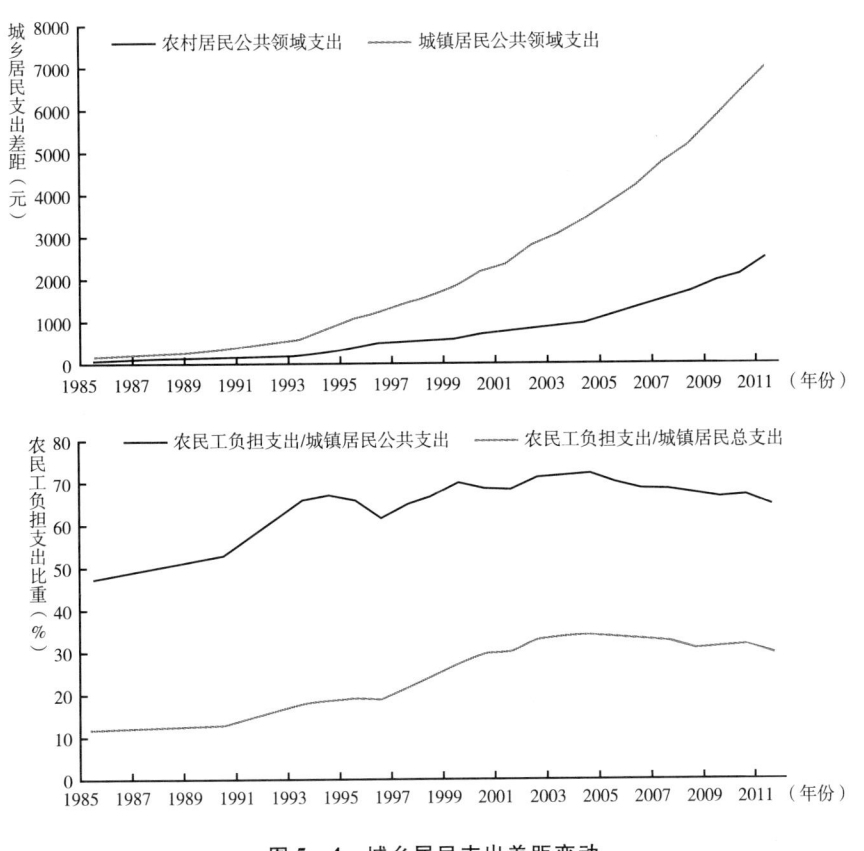

图 5-4 城乡居民支出差距变动

资料来源：根据中经网数据整理计算。

间存在着较紧密的相关关系，为此我们绘制了该指标和人均 GRP（按 1978 年不变价计算）之间的散点图，如图 5-5 所示。农民工负担支出和人均 GRP 之间呈现显著的正向相关关系，发达地区除广东外，均紧密分布在趋势线两侧，经济发展水平较高的地区，农民工负担支出也比较高。

造成这种正向相关关系的原因可能有两点：一方面，经济发展成果更多地用于促进经济增长，只有较少的部分用于改善人民福利，提高公共服务水平，因此居民不得不更多地自己承担城镇化的成本；另一方面，外出农民工创造的财富与其应享受的公共服务不匹配，GRP 产出中很大一部分是由农民工创造的，在共享基本公共服务方面，即便是不能获得更高的福利水平，至少应获得与城市原住居民同等的待遇，但事实却是农民工需要再支付相当于城镇人均支出 1/3 水平的支出，才能达到与城镇居民相同的公共服务水平。

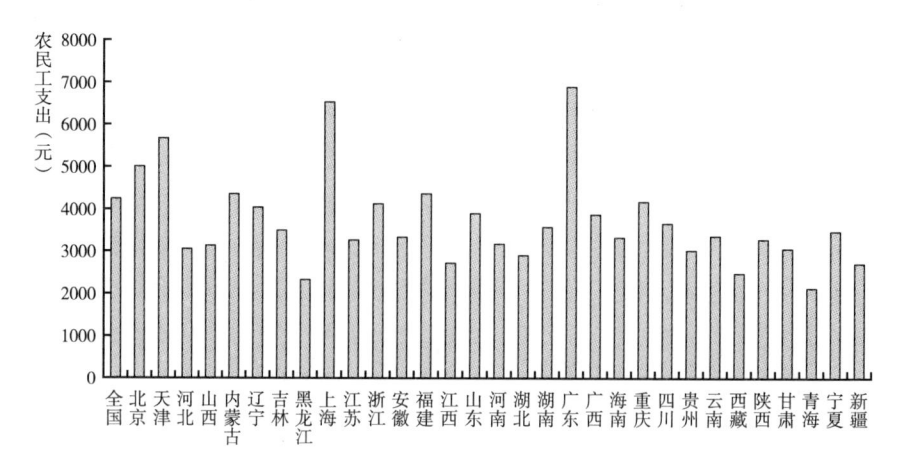

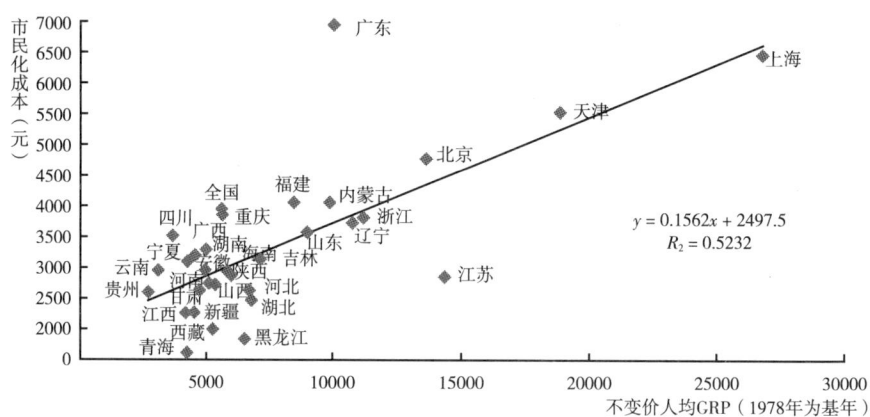

图 5-5 2011 年省际农民工负担支出与经济发展水平的关系

资料来源：同图 5-4。

最后，我们比较了不同公共领域的农民工负担支出，以便能够全面地了解农民工负担支出的结构。表 5-6 中我们计算了主要年份不同公共领域的城乡居民消费支出差额状况，可以看到，各领域的差额基本呈现不断提高的状况。其中，公共服务总支出差距每 5 年翻一番，1990~1995 年扩大幅度最大，翻了两番。居住消费支出差额增长在 1990 年以前一直为负值，这是因为 1990 年以前城镇居民住房由单位解决，个人基本不用负担居住的成本。1995~2005 年，中国住房制度改革，使得居民在居住上的支出大幅度增长，而在 1985~2010 年，农村居民支出幅度则变化比较平稳，因此城乡居民居住支出差额主要由城镇居民居住支出的变动所决定。医疗保健支出差额也在不断扩大，其中 1990~2000 年上升速度最快，2010 年达到 545.7 元。交通通信支出和教育文化娱乐支出差额变动比较稳定，每5年翻一番，而且从规模上看，两者占公共领域总支出的比重达到66%，而且近年来增长速度快于前两项支出。但这并不表明农民工负担支出中最亟须解决的问题是提高交通通信和教育文化娱乐两项公共支出的比例，反而是由于居住与医疗保健支出的"刚性"，无论农村还是城镇，居民都要居有其屋、病有所医，城镇居民恰恰是在这两项上有更好的社会保障，支付比例才比较低，所以政府更应该在这两项上提高对农民工的保障，才能降低其生活成本。

表5-6 分项目市民化公共服务支出的比较

单位：元

年份\项目	公共领域支出			居住消费支出			医疗保健支出		
	农村	城镇	差额	农村	城镇	差额	农村	城镇	差额
1985	87.2	165.6	78.4	57.9	32.2	-25.7	7.7	16.7	9.0
1990	144.1	305.9	161.8	81.2	60.9	-20.3	19.0	25.7	6.7
1995	349.5	1023.0	673.6	147.9	283.8	135.9	42.5	110.1	67.6
2000	678.2	2151.7	1473.5	258.3	565.3	307.0	87.6	318.1	230.5
2005	1133.2	3781.4	2648.2	370.2	808.7	438.5	168.1	600.9	432.8
2010	2083.1	6314.4	4231.3	835.2	1332.1	497.0	326.0	871.8	545.7

年份\项目	交通和通信支出			教育文化娱乐支出		
	农村	城镇	差额	农村	城镇	差额
1985	5.6	14.4	8.8	12.4	55.0	42.6
1990	8.4	40.5	32.1	31.3	112.3	80.9
1995	33.7	183.2	149.5	102.4	331.0	228.7
2000	93.1	427.0	333.8	186.7	669.6	482.9
2005	245.0	996.7	751.7	295.5	1097.5	802.0
2010	461.1	1983.7	1522.6	366.7	1627.6	1260.9

资料来源：同图5-4。

四 中国城镇化成本的影响因素分析

上文对城镇化成本的细分类型进行了度量，但一个更具政策含义的问题是哪些因素影响了城镇化成本的变动，不同类型的城市城镇化成本是否存在不同的变动特征。本节将利用市辖区的数据对影响城镇化变动的因素进行实证分析。市辖区实质上是规模较大的城市节点，具有较强的集聚力和带动效应，是城镇化的核心载体，而且市辖区也是行政区的范畴，具有独立的统计核算体系，故统计资料比较完整。如果不特殊说明，本部分数据全部来自各年度《中国城市统计年鉴》，样本量为287个。需要说明的是，虽然市辖区层面的分析仅针对地级及以上城市，但这已经能够为我们了解城镇化成本影响机制提供丰富的信息。

（一）影响因素的研究假设

上文在分解城镇化的规模扩张成本和质量提高成本时已经对城镇化成本的影响因素进行了初步分析，规模扩张和质量提升是影响城镇化成本的表层原因。但影响城镇化成本的因素是多维度的，我们需要探索城镇化成本变动的更深层次的影响因素。根据定义，城镇化成本的形成是由于城镇化水平的提高而追加的投入，因此，找到影响因素最直接的途径是分析哪些因素会导致城镇投入的增加，或者说城镇化投入的目的是什么。此外，还要考虑这些增加的投入是否进入城镇化成本的范围。这里以提出研究假设的方式作为实证分析的逻辑起点。

假设1：随着经济发展水平的提高，城镇化成本也会提高。经济发展水平的影响是一个综合的影响，其中包括公共物品供给、消费观念和结构、居民生活质量等可以明确区分和难以区分的外部影响。例如，公共物品的供给受到地方政府财政收入的影响，经济越发达地区财力越充足，公共产品供给能力越强。另外，随着经济发展水平的提高，居民的生活理念会发生改变，他们对公共产品或者生活质量会有更高的要求，在需求的引导下，政府和企业都会追加投入。但在经济活动中，边际报酬递减规律普遍存在，这就意味着投入和产出之间存在非线性的关系。就本章分析而言，假定经济发展水平提高和由其引致的需求是同比例变化的，而需求和产出是等价的，产出又需要进行投入，由于边际报酬递减效应的存在，满足需求同比例提高所支付的成本就是指数化的，即边际投入递增。因此，我们假设随着经济发展水平提高，城镇化成本会加速增长。

假设2：居民可支配收入是决定城镇化成本的基本因素。城镇化固然是为了满足城镇居民日益提高的物质和精神需求而进行的投入，这些投入中一部分是政府出于公益目的进行的公共服务的投资，还有一部分投入则是企业或者个人为追求利益最大化，在市场力量的驱使下进行的商业化投资。商品以及部分公共产品是需要消费者支付费用的，因此居民的可支配收入高低决定了产品的购买量。随着居民收入水平的增加，其消费模式也将发生改变，满足消费者高品位生活和精神需求的公共服务产品的需求量增长得更快。因此，可以合理地推测，居民可支配收入对城镇化成本具有正向的影响，即可支配收入越高，人均城镇化成本也越高，且边际影响是递增的。

假设3：就业率的增加对城镇化成本有正向的影响。从某种意义上说，城镇化也是就业非农化的过程，而非农就业岗位集中在城镇，因而吸引了农村劳动力向城镇的不断转移，这种转移也会带动家庭成员的跟进，从而使城镇聚集的人口规模不断扩张。但是，城镇就业岗位并不是凭空产生的，其创造需要大规模的产业投资，因为劳动力需要和资本结合才能进行生产活动。城镇化成本是一个描述人口增长与投入增加相对关系的变量，与此相对应，我们使用就业岗位规模的相对指标——就业人口与全部人口之比来表示就业岗位创造的情况，在不影响理解的情况下，我们称该比例为就业率[①]。

假设4：城镇化的成本与规模呈正相关关系，但规模扩张对城镇化成本的影响可能呈边际递减趋势。大城市有着较高的生产效率和分工水平，人均创造的财富量也更高，因而在分配财富"蛋糕"时，规模更大的城市有能力将更大的比例用于改善城镇居民生活质量，外来人口也有机会享受更高的生活水准，这必然意味着大城市城镇化的成本更高。另外，城镇化投入最终都会有一定比例转化为公共物品和私人物品的形式为居民所享有。而且，根据发达国家的经验，这个比例会越来越高。无论是公共物品还是商品，其生产过程都存在规模经济现象，导致规模越大的城市其所消耗的平均成本越低。首先，公共物品非排他性和非竞争性的存在，决定了其受众规模越大，利用效率就越高。而且，某些公共物品需要很高的沉没成本，具有很强的规模经济特征，虽然供给需要一定的人口规模门槛，但一旦跨越此门槛，公共物品供给的平均成本将随着人口规模的扩张大幅下降，例如大型污水处理厂、移动信号发射站、卫星地面接收站等。因此，随着城市规模增加，我们猜测人均城镇化成本有递减趋势。

（二）模型设定与变量统计描述

根据上述四个研究假设，城镇化成本函数 $uc(di, pop, emp, y)$ 共涉及五个变量，分别是城镇化成本（uc）、城镇居民可支配收入（di）、城镇规模（pop）、就业人口（emp）和市辖区人均产出水平（y）。基于城镇化成本函数，我们构建城镇化成本影响因素的计量方程，模型等式中的变量取对

[①] 通常意义上的就业率是指就业人口与经济活动人口的比例，但我们不能获得市辖区层面的经济活动人口数据，退而求其次的办法是将分母替换为全部人口，这样得到的比例虽然不是真正的就业率，但至少两者的变化方向是相同的。

数形式，系数表示解释变量变化对城镇化成本变动的弹性。

$$\ln C_{it} = \beta_0 + \beta_1 \ln di_{it} + \beta_2 \ln pop_{it} + \beta_3 \ln emp_{it} + \beta_x \ln y_{it} + u_{it} \quad (5-3)$$

根据定义，城镇化成本是一个城镇发展成本（C 即人均固定资产投资）相对人口规模增长的概念，模型中 C 取对数来反映这种动态变化。城镇居民可支配收入数据来自 CEIC 数据库，城市规模由市辖区年末人口数来表示，就业人数由城镇单位就业人员加上个体私营企业就业人员得到，人均产出水平由市辖区地区生产总值除以市辖区年末人口数得到。数据为面板结构，时间长度为 2001~2010 年，截面为 287 个地级及以上城市的市辖区。

首先，我们用密度函数来刻画市辖区各变量的分布状态。图 5-6 绘制了 2001 年、2005 年和 2010 年各市辖区四个解释变量的核函数估计的密度

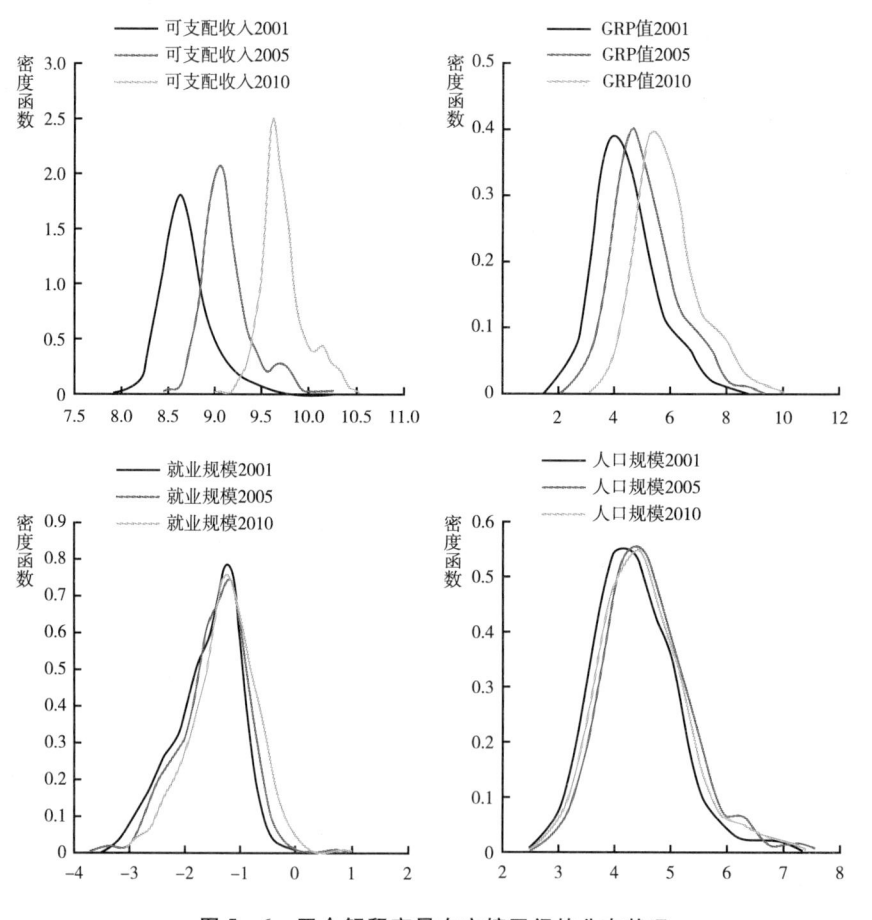

图 5-6 四个解释变量在市辖区间的分布状况

函数①。密度函数形态的变化可以反映变量在市辖区之间的离散程度或者说地区差距，钟形越窄说明差距越小，钟形越宽则说明差距越大。从可支配收入的分布来看，钟形越来越窄，说明可支配收入市辖区间的差距在缩小；GRP 的分布只是位置移动，即平均值的扩大，而钟形的宽窄变化不明显，说明差距变化不大；就业人数的密度函数趋近于正态分布，就业率的分布偏度在下降，这也说明市辖区间的差距在减小；人口分布的钟形变化也不大，说明人口市辖区间规模差距变化很小。

图 5 - 7 分别绘制了城镇居民可支配收入、GRP、就业人数和人口规模

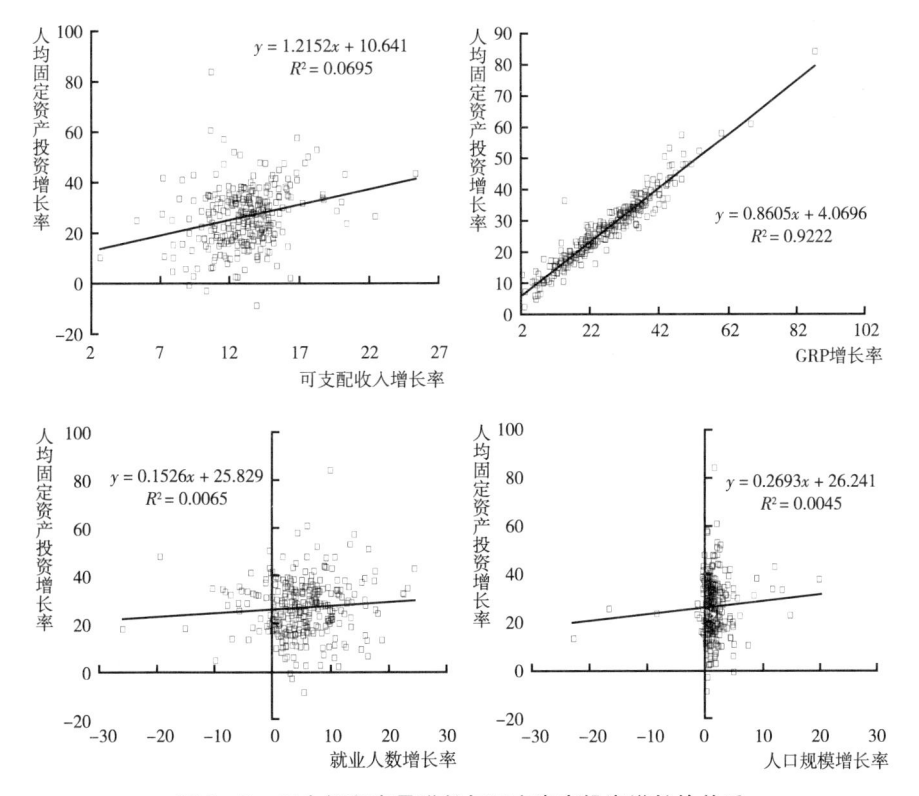

图 5 - 7 四个解释变量增长与固定资产投资增长的关系

---

① 这里使用高斯核密度函数来反映，估计过程需要确定窗宽和分布点数量等参数。文献中窗宽选择通常采用经验公式 $W = 0.9 \times Std \times N^{-0.2}$，其中 Std 和 N 分别为对数 R 值的标准差和样本数量。实际计算时，我们发现对数 R 值的标准差在 0.4~0.5 波动，故选取一个中间水平 0.45 的标准差，计算得到窗宽 W 为 0.20。核密度函数更确切地说，是将收入区间分割为若干个点（这里点的数量为 50），估计这些点上的密度，估计函数公式为：$f(x) = (1/nw) \sum k(x_i - x)/w$。其中，$k(x)$ 指高斯核，x 为某点的 R 值。

的增长率和人均固定资产投资增长率之间的散点图。从图中不难看出,城镇居民可支配收入和 GRP 的增长与固定资产投资增长之间具有较为显著的正相关关系。这种正相关关系一定程度上说明可支配收入和 GRP 的增长导致城镇化的成本增加,而且前者的斜率大于 1 意味着可支配收入提高需要追加的投入增长更快。值得注意的是,GRP 增长与固定资产投资增长之间的相关度非常高,这意味着投资与 GRP 之间存在较强的内生关系。此外,就业和人口规模的增长与固定资产投资增长之间的相关关系比较弱,我们需要进一步通过计量模型观察这两个变量的影响程度。

(三) 模型回归结果及解释

考虑到区域发展状态总是受到难以完全预知的因素影响,例如各地区的人文、气候、地理等条件差异的影响很难被衡量。但如果这些未知因素所带来的截面个体效应不能被有效控制,就会影响估计结果的一致性,因此我们采用固定效应模型控制这些个体效应。此外,为考察解释变量估计结果的稳健性我们还采取了逐步回归的方法。城镇化成本的影响因素如表 5-7 所示。模型 1 中仅考察了可支配收入对城镇化成本的影响;模型 2 中增加了就业率变量;模型 3 中增加了反映经济发展水平的人均 GRP;模型 4 中进一步考察了城市人口规模的影响。考虑到人均 GRP 对城镇化成本影响的内生性,模型 5 中使用两阶段最小二乘法,将人均 GRP 的一阶滞后作为工具变量来控制内生性影响。模型 6 中引入了可支配收入、人均 GRP 和人口规模的平方项,仍使用固定效应模型来观察对应变量对城镇化成本的边际影响。城市间的人均可支配收入和当地的经济发展水平往往存在很高的相关度,因此,将两个解释变量同时放在模型中进行回归,可能存在多重共线性的问题。为此,在模型 7 和模型 8 中,我们分别剔除其中一个变量,保留另一变量,考察各自对城镇化成本的影响。

表 5-7 模型估计结果

变量	模型 1	模型 2	模型 3	模型 4	模型 5	模型 6	模型 7	模型 8
	固定效应	固定效应	固定效应	固定效应	IV 固定效应	固定效应	固定效应	固定效应
可支配收入	1.823***	1.761***	0.946***	1.038***	1.164***	2.204***		5.384***
	(110.72)	(100.22)	(21.10)	(21.72)	(16.81)	(2.96)		(9.33)
就业率		0.251***	0.0914***	0.0572**	0.0428	0.0966***	0.0539*	0.229***
		(9.02)	(3.39)	(2.07)	(1.37)	(3.45)	(1.82)	(7.75)

续表

变量	模型1 固定效应	模型2 固定效应	模型3 固定效应	模型4 固定效应	模型5 IV 固定效应	模型6 固定效应	模型7 固定效应	模型8 固定效应
人均 GRP			0.701***	0.665***	0.545***	1.980***	3.086***	
			(19.53)	(18.29)	(10.11)	(8.88)	(18.04)	
人口规模				-0.239***	-0.267***	-0.838***	-0.554*	-0.805***
				(-5.35)	(-4.71)	(-3.01)	(-1.86)	(-2.67)
可支配收入平方						-0.0651		-0.193***
						(-1.60)		(-6.14)
人均 GRP 平方						-0.0656***	-0.0858***	
						(-5.86)	(-9.91)	
人口规模平方						0.0701**	0.0760**	0.0482
						(2.36)	(2.40)	(1.50)
常数项	-7.602***	-6.670***	-6.352***	-5.809***	-5.673***	-16.27***	-11.95***	-21.01***
	(-50.10)	(-36.82)	(-37.85)	(-29.73)	(-24.62)	(-5.98)	(-11.15)	(-7.98)
样本数	2860	2858	2852	2852	2560	2852	2852	2858

注：① *、**、*** 分别代表10%、5%、1%的水平显著，括号内为回归参数的标准差。
② 解释变量系数估计值下边圆括号内的数字是系数估计值的 T 统计量。

对比模型1到模型6可以看到，各解释变量对城镇化成本的影响是比较显著的。从可支配收入的影响来看，模型1到模型5显示可支配收入的影响总体在1~2之间，控制模型内生性后（模型5）的结果也并未发生明显变化。模型6中，可支配收入平方项的引入对原变量有一定影响，系数由1.3提高到2.2，而且平方项系数为负，说明可支配收入的边际影响为负。就业率的估计结果比较稳健，模型3到模型5的结果显示该变量的估计系数基本维持在0.04~0.1。模型4到模型8中估计系数显示，人口规模影响对城镇化成本具有正向而且非线性的影响，系数为正说明城市规模越大，城镇化成本越高，而平方项系数为正，则表明随着人口规模扩张，城镇化成本呈加速提高的态势。模型3到模型7的结果显示，人均 GRP 的影响也比较显著，系数均为正，说明随着经济发展水平的提高城镇化成本在提高。模型6到模型7的结果显示，在剔除可支配收入变量后，人均 GRP 估计系数提高了约50%，而剔除了人均 GRP 后，可支配收入的系数提高了2.6倍。由此可见，可支配收入和人均 GRP 同时放入方程可能对系数影响具有多重共线性问题，这是造成两个变量估计结果不稳定的原因之一。

总结模型估计结果，大致可得到以下几点结论：首先，随着经济发展水平的提高，其所需支付的城镇化成本也在提高，这种提高既反映在截面上也反映在时间趋势上，而且城镇化成本会以比城市规模提高幅度更大的比例增长。随着经济发展水平的提高，城镇化成本的增长却是在下降的，即呈现一种倒 U 型的变化过程。这就意味着，经济发展水平提高没有带来城镇化投入的相应增加，其中城镇化投入的边际下降所带来的负面影响可能主要由外来人口承担。模型估计结果只能部分支持研究假设 1。

其次，可支配收入对城镇化成本有着显著正向影响，研究假设 2 是成立的。估计系数还显示可支配收入越高的地区，城镇化成本也越高，而且提高幅度会更大，改善居民生活质量而付出的代价是比较高的；但二次方项为负，这说明随着居民生活质量的提高，所需追加投入的边际增量是在下降的。

再次，就业率对城镇化成本的影响也是正向的，研究假设 3 成立。如果我们以就业率反映经济发展过程中的就业质量，那么就业质量对城镇化成本的影响比较小；反过来说，为改善就业质量所进行的投入是比较低的。这恰恰说明经济发展方式包容性还不高，民生导向还不强。

最后，人口规模对城镇化成本的影响显著为负，即人口规模大的城市城镇化成本反而低，说明对大城市而言，为城镇规模扩张而进行的投入是较低的，这也印证了城镇投入存在规模经济效应的假设。因此，研究假设 4 成立。人口规模平方项系数为正，这表明随着城市规模的扩张，城镇化成本呈现加速提高的态势，但由于系数较小这种影响可以忽略不计。

五 主要结论

本章在梳理现有研究对城镇化成本界定的基础上，对城镇化成本的概念进行了较为完整的阐述，从更广义的城镇发展成本出发，按照投入品性质和城镇中人口身份不同，区分出不同视角下城镇化成本的类型。城镇化成本分类为科学测度城镇化成本和寻找影响城镇化成本的因素奠定了基础。本章重点考察了能够以资金投入衡量的城镇化成本，即城镇固定资产投资对城镇人口的边际增加。这实际上是对城镇化成本的一种狭义的考察，即以城镇固定资产投资为基础，计算其增量对城镇人口规模增量之比，也就是狭义上理解的城镇化成本。

本章构建了城镇化成本的计量模型，将代表质量提高和规模扩张的变量作为模型的解释变量，然后根据估计结果拟合出规模扩张成本和质量提高成本的量。结果发现，城镇固定资产投资对城镇人口扩张的弹性不断下降，说明投入直接导致的城镇人口规模扩张在下降。规模扩张和质量提高成本均呈现快速提高的态势，但从增速上看，规模扩张成本远远高于质量提高成本。这些事实表明，城镇化的推进模式更多地关注经济增长，大量投资投向了基础设施和生产领域，而在改善居民生活软环境上的投入相对较少。从两种成本与经济发展水平之间的关系来看，城市经济发展水平与质量提高成本呈正相关关系，而与规模扩张成本呈负相关关系。居民生活质量的提高主要取决于政府提供的公共服务数量和质量，而这又取决于当地政府的财政投入，因此经济越发达的地区越有能力对公共服务领域进行投入。现行体制下，地方政府更多考虑如何维护本地居民的利益，而对外来人口享受公共服务设置了更高的"壁垒"。因此，城镇化质量提高成本的区域差异，恰恰说明了城镇化成果共享存在一定的不公平问题。规模扩张成本与经济发展水平负相关可能是由于成本较高的地区往往产业结构偏重，经济增长更多依赖于资源采掘和原料加工业的扩张；而成本较低的地区则是经济结构多样化、劳动密集型产业特别是服务业发展比较迅速的地区。

我们考察了农民工市民化的成本。结果发现，越发达的地区实现户籍身份的转变所需支付的成本越高，而且此项成本提高的速度超过了居民总收入和总支出的增长，虽然近年来成本占比有所下降，但仍呈现高位运行的态势。经济发展水平越高的地区，市民化公共服务支出也越高。如果将市民化公共服务支出视为人口迁入的门槛，那么经济发展水平越高的地区，进入的门槛越高。从市民化公共服务支出分解来看，由于居住和医疗保健支出的"刚性"，城镇居民恰恰是在这两项上有更好的社会保障，因而支付比例比较低；而农民工无法获得合理的居住和医疗保障，使得大多数农民工选择若干年后返乡生活，因而他们也不会在这些方面进行投入。所以政府在这两项上更应该提高对农民工的保障，降低其生活成本。

另外，本章还分析了城镇化成本的影响因素。在提出假设的基础上，我们构建了计量模型对影响因素进行了检验。结果显示：第一，随着经济发展水平的提高，城镇化成本呈现倒U型的变化趋势，这可能是因为外来人口所能够享受的发展成果在不断地和相对地"缩减"，表明中国的城镇化成果的共享水平较低。第二，可支配收入越高的地区，城镇化成本会越高。但随着时间的推移，城镇化成本的增加速度会下降，这与经济发展水平的结果是相互印证的。第三，就业率对城镇化成本影响程度较低，这说明经济发展方式的包容性不够强，为改善就业质量而进行的投入有限。第四，城镇化成本具有规模经济现象，规模越大的城市其城镇化成本反而越低，这可能与大城市经济结构的服务型特征更突出有关，服务业主导的大城市就业创造能力显然要高于工业主导的中小城市；但是，随着城市规模的扩张，不妨理解为随着农业转移人口规模的增加，城镇化成本增加的速度在提高，体现了工业化过程中劳动力人均资本存量提高的资本深化过程。

参考文献

[1] 白南生、李靖：《农民工就业流动性研究》，《管理世界》2008年第7期。
[2] 陈广桂：《房价、农民市民化成本与我国城市化》，《中国农村经济》2004年第3期。
[3] 刁承泰：《城市发展的经济成本分析》，《重庆建筑大学学报》2005年第5期。
[4] 樊纲：《低成本的城市更具竞争力》，《重庆改革》2003年第6期。
[5] 高红艳：《贵阳市城市化经济成本研究》，硕士学位论文，西南师范大学，2010。
[6] 国务院发展研究中心：《农民工市民化：制度创新与顶层制度设计》，中国发展出版社，2011。
[7] 经济增长前沿课题组：《经济增长、结构调整的累积效应与资本形成》，《经济研究》2003年第8期。
[8] 王海萍、张凤玉：《中部地区城市化的"成本－收益"分析》，《南昌大学学报》（人文社会科学版）2006年第4期。
[9] 王小鲁：《城市化与经济增长》，《经济社会体制比较》2002年第1期。
[10] 吴郁玲、曲福田：《中国城市土地集约利用的影响机理：理论与实证研究》，《资源科学》2007年第6期。
[11] 夏永祥：《工业化与城市化：成本分摊与收益分配》，《江海学刊》2006年第5期。
[12] 徐琴：《政府主导型城市化的绩效与成本》，《学海》2004年第3期。
[13] 俞培果：《我国城市化成本关系的实证分析》，《软科学》2007年第3期。
[14] 张国胜、杨先明：《中国农民工市民化的社会成本研究》，《经济界》2008年第5期。
[15] 中国科学院可持续发展战略研究组：《2005中国可持续发展战略报告》，科学出版社，2005。
[16] Charnes, A. and Cooper, W., "Using Data Envelopment Analysis to Evaluate Efficiency in the Economic Performance of Chinese Cities", *Socio-Economic Planning Sciences* 23（6），1989，pp. 325 – 344.
[17] Henderson, V., "Urbanization in Developing Countries", *The World Bank Research*

Observer17 (1), 2002, pp. 89 – 112.

[18] Linn, J. F., "The Costs of Urbanization in Developing Countries", *Economic Development and Cultural Change*30 (3), 1982, pp. 625 – 648.

[19] Prud homme, R. and Chang-Woon Lee, "Size, Sprawl, Speed and the Efficiency of Cities", *Urban Studies* 36 (11), 1999, pp. 1849 – 1858.

[20] Richardson, H. W., "The Costs of Urbanization: A Four-Country Comparison", *Economic Development and Cultural Change*35 (3), 1987, pp. 561 – 580.

[21] Siddiqi, A. H., "Urbanization in Asia", *Land Economics*47 (4), 1971, pp. 389 – 400.

[22] Sveikauskas, L., "The Productivity of Cities", *The Quarterly Journal of Economics*89 (3), 1975, pp. 393 – 413.

[23] Zhu, J., "Data Envelopment Analysis vs. Principal Component Analysis: An Illustrative Study of Economic Performance of Chinese Cities", *European Journal of Operational Research*111 (1), 1998, pp. 50 – 61.

第六章
中国城镇土地利用效率与节地潜力

2010年，中国城镇建成区面积为8.843万平方公里，占全国土地总面积的0.92%，其中城市建成区面积为4.006万平方公里，县城和建制镇建成区面积4.838万平方公里；人均城镇建成区面积达132.9平方米/人，高于100平方米/人的国家标准，远低于世界1109平方米/人的平均水平（2005年），更低于发达国家2075平方米/人的平均水平。相对而言，中国城镇建设用地效率是比较高的。但由于中国总人口和城镇人口众多，城镇建成区总面积已十分可观，占全国国土面积的比重已经超过世界平均水平。因此，未来中国需要采取更加严格的土地保护政策和更加集约的城镇土地利用方式，以更加有效控制城镇建成区总面积不断增长的趋势。按照这样的要求，中国城镇土地利用效率还有待进一步提高，节地潜力有待进一步挖掘。

一 中国城镇土地利用状况

总体上看，中国城镇土地利用是比较集约的，但越来越多的城镇人口导致城镇用地总量巨大，呈现人均城镇用地较少，而城镇用地总量较大的特点。

（一）城镇土地扩张的基本态势和特点

改革开放以来，随着工业化和城镇化进程的加快，中国城镇建设用地也得到迅速扩张，从总量、人均和结构等方面看，有如下特点。

（1）城镇建成区面积扩张迅速，并呈不断加快趋势。首先，从城镇建成区总面积变化来看，2000～2010年，全国城镇建成区总面积由5.377万平方公里增长到8.843万平方公里，年均增加3466平方公里；分时段看，2001～2005年，年均增加2964平方公里，2006～2010年年均增加3968平方公里，后一阶段明显快于前一阶段（见表6-1）。其次，再从城市建成区面积变化来看，1981～2010年，全国城市建成区面积由0.744万平方公里增长到4.006万平方公里，年均增加1125平方公里；分时段看，2000年后增长速度明显快于2000年前。最后，从建制镇建成区来看，1990～2010年，全国建制镇建成区面积由0.825万平方公里增长到3.179万平方公里，年均增加1177平方公里；分时段看，每隔几年增长速度就有明显的提高。县城建成区面积变化也是如此。

表6-1 改革开放以来中国城镇建设用地面积及其增减情况

单位：万平方公里

年 份	城镇建成区	其中		
		城市建成区	县城建成区	建制镇建成区
1981	—	0.744	—	—
1985	—	0.939	—	—
1990	—	1.286	—	0.825
1995	—	1.926	—	1.386
2000	5.377	2.244	1.314	1.820
2001	5.417	2.403	1.043	1.972
2002	5.679	2.597	1.050	2.032
2003	—	2.831	1.112	0.000
2004	6.454	3.041	1.177	2.236
2005	6.859	3.252	1.238	2.369
2006	7.809	3.366	1.323	3.120
2007	7.816	3.547	1.426	2.843
2008	8.123	3.630	1.478	3.016
2009	8.498	3.811	1.556	3.131
2010	8.843	4.006	1.659	3.179
年均增减量(平方公里)				
1982～2000	—	789	—	995[1]
2001～2005	2964	2016	-152	1098
2006～2010	3968	1507	842	1620
1982～2010	3466[2]	1125	345[2]	1177[3]

注：城镇建成区 = 城市建成区 + 县城建成区 + 建制镇建成区。[1] 为1991～2000年数据；[2] 为2001～2010年数据；[3] 为1991～2010年数据。

资料来源：根据《中国城乡建设统计年鉴》（2010）整理。

(2) 人均城镇用地呈增长态势，土地城镇化快于人口城镇化。城镇用地的扩张可用每年城镇用地增长速度表示，称为土地城镇化；城镇人口增长则用每年城镇人口增长速度表示，称为人口城镇化。世界各国城镇化的实践表明，在城镇化推进过程中，城镇用地扩张速度一般要快于人口向城镇集中的速度，具体表现为城镇人均用地面积的不断增加，这是世界城镇化进程中的一个普遍现象（国际统计数据表明，经济越发达人均城镇用地面积越多），也是符合经济社会发展的一般规律的。一般而言，随着城镇化的快速推进，经济社会发展水平和居民生活水平不断提高，城镇居民的生活和居住空间以及活动范围会不断扩大，城镇人口人均用地面积也会不断增加。中国正处在城镇化快速推进时期，土地城镇化快于人口城镇化，城镇人口人均用地面积也呈增长态势（见表 6-2）。2001~2010 年，中国城镇人口年均增长速度为 3.78%，同期城镇建成区面积年均增长速度为 5.44%，土地城镇化快于人口城镇化近 1.7 个百分点；从城镇人均建成区面积看，2000 年为 117.1 平方米，2010 年增长到 132.9 平方米，平均每年增加 1.58 平方米（见表 6-2）。

表 6-2 中国土地城镇化和人口城镇化的关系

年份	总量		增长速度（%）		城镇人均建成区面积（平方米）
	城镇人口（万人）	城镇建成区（万平方公里）	城镇人口	城镇建成区	
2000	45906	5.377			117.1
2001	48064	5.417	4.70	0.74	112.7
2002	50212	5.679	4.47	4.83	113.1
2003	52376		4.31		
2004	54283	6.454	3.64		118.9
2005	56212	6.859	3.55	6.28	122.0
2006	58288	7.809	3.69	13.84	134.0
2007	60633	7.816	4.02	0.09	128.9
2008	62403	8.123	2.92	3.93	130.2
2009	64512	8.498	3.38	4.61	131.7
2010	66557	8.843	3.17	4.07	132.9
2001~2010 年年均增长	2065	0.3466	3.78	5.44	1.58

资料来源：2000~2009 年城镇人口数据来自《中国统计年鉴》（2011），2010 年城镇人口数据来自《2010 年第六次全国人口普查主要数据公报（第 1 号）》；建成区面积数据根据《中国城乡建设统计年鉴》（2010）整理。

(3) 人均建设用地不多，但建设用地总量可观，建设用地总量占全国国土面积的比重已高于世界平均水平。2008年，中国人均建设用地为248.9平方米（世界银行给出的2005年中国城镇人均建设用地为517平方米，参见表6-6），远低于2005年世界城镇人均用地1109平方米和发达国家人均2075平方米的水平（见表6-3）。但是，由于中国人口众多，建设用地总量却十分可观，2008年达到33.06万平方公里，占全国国土面积的比重达3.44%，远高于2005年世界城镇用地2.7%的平均水平，与发达国家3.8%的平均水平接近。

表6-3 1999~2008年中国人均建设用地和人均居独用地变化情况

年份	人口（万人）		建设用地			居民点和独立工矿区		
	总人口	城镇人口	总面积（万平方公里）	人均面积（平方米）	占全国（%）	总面积（万平方公里）	人均面积（平方米）	占全国（%）
1999	125786	43748	36.01	286.3	3.75	24.57	195.4	2.56
2000	126743	45906	36.21	285.7	3.77	24.71	195.0	2.57
2001	127627	48064	36.41	285.3	3.79	24.88	194.9	2.59
2002	128453	50212	30.72	239.2	3.20	25.10	195.4	2.61
2003	129227	52376	31.06	240.4	3.24	25.35	196.2	2.64
2004	129988	54283	31.55	242.7	3.29	25.73	197.9	2.68
2005	130756	56212	31.92	244.1	3.33	26.02	199.0	2.71
2006	131448	58288	32.37	246.2	3.37	26.35	200.5	2.75
2007	132129	60633	32.72	247.6	3.41	26.65	201.7	2.78
2008	132802	62403	33.06	248.9	3.44	26.92	202.7	2.80
年均增加量 2002~2008	—	—	—	1.62	—	—	1.22	—

注：可能由于建设用地中交通运输用地和水利设施用地的统计口径发生了变化，导致2002年建设用地面积比2001年减少了5.69万平方公里。

资料来源：人口数据来自《中国统计年鉴》（2012）；1999~2004年建设用地、居民点和独立工矿区用地数据来自《中国国土资源年鉴》（2000~2005），2005~2008年数据来自《中国统计年鉴》（2006~2009）。

(4) 建设用地主要分布在东部和中部，与人口分布基本吻合，中部地区建设用地最为集约。2008年，新东部和大中部地区建设用地所占比重均为45%左右，而远西部地区仅占9.4%；从人口分布看，新东部所占比重略小于大中部（两者差别不大），远西部最少。可见，建设用地与人口的空间分布是基本吻合的。从人均建设用地看，新东部略大于中西部地区，表明经济越发达人均建设用地越高；从三个地带看，大中部人均最低，其次是新东部，远西部地区最高，表明大中部建设用地最为集约（见表6-4）。从空间组合看，建设用地和城镇用地的大分散、小集中格局逐步形成，表现为各个城镇规模的扩张、交通通道不断加强以及城市群集中扩张的趋势，开始形成了若干点状城镇、线状交通通道以及聚落集群有机结合的合理的空间组合，成为建设用地集中分布和组合区，如沿海地区的长三角、珠三角和环渤海地区，大中部的长江中游地区（武汉都市圈、成渝地区、关中地区等）、黄河中游地区（中原城市群、汾河流域），远西部的京包沿线地区、天山北麓地区等。

表6-4 2008年中国建设用地和居独用地空间分布

地区	数量（万人，万公顷）			比重（%）			人均用地（平方米）	
	人口	建设用地	居独用地	人口	建设用地	居独用地	建设用地	居独用地
新东部	58839	1494	1220	45.0	45.2	45.3	253.9	207.4
中西部	71988	1812	1471	55.0	54.8	54.7	251.7	204.4
#大中部	66602	1499	1219	50.9	45.3	45.3	225.1	183.0
远西部	5386	313	252	4.1	9.5	9.4	580.5	468.2
全国	132082	3306	2692	100.0	100.0	100.0	249.0	202.8

注：新三大地带和10大经济区划分：新东部包括东北三省、京津冀鲁、沪苏浙、粤闽琼4大经济区和13个省市；大中部包括黄河中上游（陕甘宁晋豫）、长江中上游（川渝湘鄂赣皖）、珠江中上游（云贵桂）3大经济区和14个省区；远西部包括内蒙古、新疆、青藏3大经济区和4个省区，由于这些省区经济规模太小，可以将它们视为一个大经济区，从而形成7+1个大经济区。

资料来源：根据《中国统计年鉴》（2009）计算整理。

（5）在内部结构上，城市用地结构仍以居住用地和工业用地比重为最大，其他城市用地增长较快。2010年，中国城市用地中居住用地比重仍然居第1位，比重达31.2%；工业用地居第2位，比重达21.9%；公共设施用地居第3位，比重达12.2%；其他城镇用地如表6-5所示。从发展速度看，居住用地、工业用地、公共设施用地以及其他城市用地都处于扩张状态，相对而言，包括绿地、道路广场用地等在内的其他城镇用地增长速度更快一些。根据发达国家的经验，未来中国城市用地结构将出现以下变化：一是居住用地比重将大幅度提高，达到40%左右；二是工业用地将逐步下降，并控制在15%左右；三是生态用地比重将进一步提高，达到20%左右；四是城市基础设施用地将略有上升。这样的土地利用结构变化对城市的经济效益可能不会是利好，但对城镇化质量的提高、宜居条件的优化和城市生态环境的改善则无疑是非常必要的。

表 6-5 1990~2010 年中国城市建设用地结构

单位：平方公里，%

项目	年份	城市建设用地	居住用地	公共设施用地	工业用地	仓储用地	对外交通用地	道路广场用地	市政公用设施用地	绿地	特殊用地
绝对规模	1990	8579	3496	1670	2303	538	572	—	—	—	—
	1991	12908	4423	1143	3243	771	804	728	362	725	709
	1992	13927	4587	1505	3472	823	832	844	425	845	593
	1993	15430	5010	1714	3778	880	918	997	482	1034	616
	1994	20796	6999	2148	4971	1104	1076	1632	757	1353	755
	1995	22064	7448	2299	5202	1134	1151	1801	776	1444	809
	2000	22114	7122	2512	4874	1047	1415	1814	755	1848	726
	2001	24193	7958	2823	5105	1112	1544	2078	841	2046	685
	2002	26833	8661	3111	5769	1120	1685	2368	996	2308	814
	2003	28972	9277	3497	6225	1162	1668	2700	985	2669	789
	2004	30781	9729	3772	6709	1191	1717	2989	1053	2856	766
	2005	29637	9297	3704	6418	1114	1447	2982	1069	2911	693
	2006	31766	9772	4229	6867	1131	1407	3378	1120	3155	708
	2007	33923	10497	4399	7446	1134	1498	3668	1164	3404	713
	2008	36711	11290	4678	8035	1230	1617	4031	1251	3786	794
	2009	38727	12056	4848	8627	1227	1673	4369	1300	3868	759
	2010	39758	12404	4833	8689	1187	1745	4680	1387	4060	774
相对比重	1990	100.0	40.8	19.5	26.8	6.3	6.7				
	1991	100.0	34.3	8.9	25.1	6.0	6.2	5.6	2.8	5.6	5.5
	1992	100.0	32.9	10.8	24.9	5.9	6.0	6.1	3.1	6.1	4.3
	1993	100.0	32.5	11.1	24.5	5.7	6.0	6.5	3.1	6.7	4.0
	1994	100.0	33.7	10.3	23.9	5.3	5.2	7.8	3.6	6.5	3.6
	1995	100.0	33.8	10.4	23.6	5.1	5.2	8.2	3.5	6.5	3.7
	2000	100.00	32.2	11.4	22.0	4.7	6.4	8.2	3.4	8.4	3.3
	2001	100.00	32.9	11.7	21.1	4.6	6.4	8.6	3.5	8.5	2.8
	2002	100.0	32.3	11.6	21.5	4.2	6.3	8.8	3.7	8.6	3.0
	2003	100.0	32.0	12.1	21.5	4.0	5.8	9.3	3.4	9.2	2.7
	2004	100.0	31.6	12.3	21.8	3.9	5.6	9.7	3.4	9.3	2.5
	2005	100.0	31.4	12.5	21.7	3.8	4.9	10.1	3.6	9.8	2.3
	2006	100.0	30.8	13.3	21.6	3.6	4.4	10.6	3.5	9.9	2.2
	2007	100.0	30.9	13.0	22.0	3.3	4.4	10.8	3.4	10.0	2.1
	2008	100.0	30.8	12.7	21.9	3.3	4.4	11.0	3.4	10.3	2.2
	2009	100.0	31.1	12.5	22.3	3.2	4.3	11.3	3.4	10.0	2.0
	2010	100.0	31.2	12.2	21.9	3.0	4.4	11.8	3.5	10.2	1.9

注：2005~2010 年数据不含上海市。

资料来源：根据历年《中国城乡建设统计年鉴》《中国城市建设统计年鉴》《中国城市建设年报》等整理。

(二) 与世界其他国家的比较

与中国不同,国外只有包括中心城区和外围城镇化地区或郊区在内的城镇用地的概念,而没有居民点和独立工矿区的统计。2008年世界城镇化水平已达50%,全球已进入城市时代。其中,发达国家已经完成了工业化和城镇化过程。目前,发达国家工业和制造业产值总量虽然还在增长,但比重已在逐步下降;城镇化水平基本保持在70%~80%,虽有些许提高,但幅度已经很小。发达国家城镇用地扩张虽有所缓和,但依然处于继续增长之中,而且由于人口城镇化速度的大大下降,土地城镇化速度相对于人口城镇化速度显得更快。广大发展中国家工业化和城镇化正处于快速推进阶段,工业和制造业产值比重不断提高,农村人口向城镇转移速度加快,由此带来的城镇用地扩张也正处于快速增长之中。

1. 国外城镇用地的规模与分布结构

据世界银行《2008年世界发展报告》资料分析,2005年全球城镇化率为49%,全球城镇用地为350.5万平方公里,占全球有人类活动土地的2.7%,全球人均城镇用地为1109平方米。其中,发达国家和地区城镇化水平已达74%,城镇用地为186.5万平方公里,占发达国家和地区土地总量的3.8%,人均城镇用地为2075平方米;欠发达中国家和地区城镇化水平为43%,城镇用地为161.5万平方公里,占欠发达国家和地区土地总量的2.0%,人均城镇用地为724平方米;不发达国家和地区城镇化水平为27%,城镇用地为8.1万平方公里,占不发达国家和地区土地总量的0.4%,人均城镇用地为393平方米(见表6-6)。

表6-6 世界各国城镇用地、人均城镇用地和城镇人口密度

地区	总人口(亿人)	土地面积(万平方公里)	城镇用地(万平方公里)	城镇用地比重(%)	人均城镇用地(平方米)	城镇人口(亿人)	城镇化率(%)	城镇人口增长率(%)	城镇人口密度(人/平方公里)
	2005	2000	2005	2005	2005	2005	2005	2000~2005	2005
世界	65.15	12983.1	350.5	2.7	1109	31.65	49	2.1	902
发达国家	12.16	4906.9	186.5	3.8	2075	9.00	74	0.6	482
欠发达国家	52.99	8076.2	161.5	2.0	724	22.65	43	2.7	1381
不发达国家	7.67	2017.0	8.1	0.4	393	2.07	27	4.1	2546
非洲	9.22	2936.0	20.6	0.7	629	3.49	38	3.4	1589
东部非洲	2.93	604.9	3.6	0.6	496	0.65	22	3.9	2018

续表

地区	总人口（亿人）	土地面积（万平方公里）	城镇用地（万平方公里）	城镇用地比重（%）	人均城镇用地（平方米）	城镇人口（亿人）	城镇化率（%）	城镇人口增长率（%）	城镇人口密度（人/平方公里）
	2005	2000	2005	2005	2005	2005	2005	2000~2005	2005
中部非洲	1.13	649.0	1.9	0.3	371	0.45	40	4.2	2694
北部非洲	1.90	811.4	8.1	1.0	858	0.95	50	2.4	1165
南部非洲	0.55	265.2	5.0	1.9	1613	0.31	56	2.0	620
西部非洲	2.73	605.6	4.2	0.7	349	1.14	42	4.0	2866
亚洲	39.38	3097.4	99.1	3.2	634	15.65	40	2.6	1577
东部亚洲	15.22	1147.8	40.2	3.5	592	6.77	44	2.5	1689
中国内地	13.13	932.6	27.0	2.9	517	5.31	40	3.1	1936
中国香港	0.07	0.1	0.1	73.8	109	0.07	100	1.2	9183
日本	1.28	36.5	10.4	28.6	1235	0.84	66	0.4	810
韩国	0.48	9.9	2.0	19.9	508	0.39	81	0.8	1970
南中部亚洲	16.46	1034.4	35.2	3.4	694	5.04	31	2.4	1440
印度	11.34	297.3	20.5	6.9	628	3.26	29	2.4	1592
南东部亚洲	5.58	434.5	9.6	2.2	394	2.46	44	3.5	2538
新加坡	0.04	0.1	0.1	79.9	125	0.04	100	1.5	7969
西部亚洲	2.12	480.7	14.4	3.0	1046	1.38	65	2.4	956
欧洲	7.31	2208.8	83.9	3.8	1585	5.26	72	0.2	631
东部欧洲	2.98	1806.1	30.7	1.7	1473	2.03	68	-0.5	679
俄罗斯	1.44	1638.1	18.0	1.1	1776	1.05	73	-0.6	563
北部欧洲	0.96	164.2	15.8	9.6	1953	0.81	84	0.5	512
南部欧洲	1.50	129.7	19.6	15.1	1957	1.00	66	0.9	511
意大利	0.59	29.4	7.3	24.9	1848	0.40	68	0.4	541
西部欧洲	1.87	108.8	18.1	16.6	1269	1.42	76	0.5	788
英国	0.60	24.2	5.5	22.9	1025	0.54	90	0.5	976
法国	0.61	55.0	7.5	13.7	1605	0.47	77	0.8	623
德国	0.83	34.9	6.0	17.3	994	0.61	73	0.2	1006
拉丁美洲和加勒比地区	5.58	2025.2	52.7	2.6	1220	4.33	78	1.9	820
加勒比地区	0.41	22.9	3.2	14.1	1230	0.26	64	1.8	813
中部美洲	1.44	241.9	12.1	5.0	1208	1.01	70	1.6	828
墨西哥	1.04	190.9	10.1	5.3	1282	0.80	76	1.3	780
南部美洲	3.74	1760.3	37.0	2.1	1222	3.06	82	2.0	818
巴西	1.87	845.9	18.6	2.2	1198	1.57	84	2.1	835
北部美洲	3.32	1866.6	89.6	4.8	3300	2.68	81	1.4	303
加拿大	0.32	909.4	12.7	1.4	5076	0.26	80	1.2	197
美国	3.00	916.2	75.1	8.2	3115	2.42	81	1.4	321
大洋洲	0.33	849.1	5.1	0.6	2096	0.24	70	1.4	477
澳大利亚	0.20	768.2	3.8	0.5	2037	0.18	88	1.4	491

资料来源：根据世界银行《2008年世界发展报告》中有关数据整理。

2. 国外城镇化与土地利用的基本模式

随着工业化和城镇化水平的提高，城镇用地总量和人均城镇用地量也随之不断提高，这是一个基本规律。由于各国人口、土地资源以及发展历程不同，人口城镇化和土地城镇化的模式也有较大区别，就发达国家而言，基本上可以分为集约模式、分散模式和介于两者之间的模式（大多数）。

（1）人口和土地城镇化的集约模式。以西欧和日本为代表，这些国家人多地少，西欧城镇化起步早，发展历程长，而作为后起国家的日本，工业化和城镇化追赶速度快，从而形成了目前这些国家人口和土地城镇化的集约模式。2005年，西欧和日本城镇化率分别达到了76%和66%，城镇用地分别为18.1万平方公里和10.4万平方公里，分别占其土地总面积的16.6%和28.6%，人均城镇用地分别为1269平方米和1235平方米，远低于所有发达国家的平均水平。

（2）人口和土地城镇化的分散模式。以北美（美国和加拿大）和大洋洲（澳大利亚和新西兰）为代表，由于这些国家相对而言人少地多，城镇化起步也晚一些，交通手段发达一些，从而形成了人口和土地城镇化的分散模式。2005年，北美和大洋洲城镇化率分别达到了81%和70%，城镇用地分别为89.6万平方公里和5.1万平方公里，分别占其土地总面积的4.8%和0.6%，人均城镇用地分别为3300平方米和2096平方米，高于所有发达国家的平均水平。

（3）介于人口和土地城镇化集约模式和分散模式之间的模式。以北欧（如丹麦和芬兰）和南欧（如意大利和西班牙）等为代表。这些国家地处发达国家的边缘地带，人口和土地面积适中，工业化和城镇化发展比较协调，从而形成了这种中间模式。2005年，北欧和南欧城镇化率分别达到了84%和66%，城镇用地分别为18.5万平方公里和19.6万平方公里，分别占其土地总面积的9.6%和15.1%，人均城镇用地分别为1953平方米和1957平方米，与所有发达国家的平均水平基本接近。

3. 国外城镇土地扩张与控制

事实上，不论何种城镇化模式的国家，在目前全球人口不断扩张、自然资源日益稀缺、生态环境不断变化、未来可持续发展面临越来越大的挑战的情况下，都很重视以土地为核心的各类自然资源和生态环境的保护和集约利用，其中发达国家在加强城镇土地集约利用方面已经探索出了许多好的经验，值得我们借鉴。

首先是城镇范围控制。例如，为了有效控制城市用地无限向外扩张，英美两国都设定了城市发展边界（UGB）。英国在大城市外围都设有绿化带，该绿化带既受到法律的保护，又有公众和舆论的支持，所以它成了大城市发展的最终边界。在这种情况下，大城市产业结构调整和人口增加所导致的用地需求，就只能通过城市再开发和卫星城镇建设来满足。美国城市的UGB与英国城市的绿化带有所不同，前者是弹性的，它可以随着社会经济发展的需要向外移动，而后者是固定的，只不过美国UGB的变动具有科学性和严厉性，不是随意的。

其次是规划控制（功能区划、许可证制度等）。如英国1971年颁布的《城市、农村规划法》确立了土地开发许可制度。一切开发行为包括地下和地面的建筑物、构筑物的新建、扩建、改建，在动工以前必须得到地方规划治理部门的批准，没有得到许可的便不能进行。规划法还规定，地方规划当局在接到建筑许可申请以后，必须在8个星期内决定是无条件许可，还是有条件许可，还是不许可。假如申请者对决定不服，可以向环境大臣请求再审查。

再次是基础设施控制。西方许多发达国家，如英国、法国和美国有关法律规定，城镇政府只负责城镇区划范围内的城镇基础设施建设和管理，对超过规划区范围的任何建设，没有义务提高必需的城镇基础设施条件。由此起到了严格控制城镇向周边地区盲目扩张的做法。

当然，还有其他一些控制办法与手段，如公众监督、供地计划管理、与城镇建设有关的财政税收管理等。

二　中国城镇化对土地利用的影响

城镇化对土地利用效率、结构、农用耕地等的影响可以从以下几方面进行分析。

（一）城镇化有利于土地集约利用，提高土地利用效率

城镇用地是建设用地的主体，是人类对土地资源高度集约开发和利用的一种方式，是人类居住生活和非农生产活动的空间载体，是人类聚居以及工业化和城镇化的产物。城镇用地量少集约程度高，据统计，2005年全世界城镇用地面积仅占世界陆地面积的2.7%（中国为2.9%），却集中了全世

界一半以上的人口、近80%的建筑及70%以上的经济产出。中国的情况也是如此，城市生产总值占全国GDP的比重越来越大，说明城市土地利用效率不断提高；单位城市建成区用地GDP产出量也越来越大，表明城市土地集约程度在不断提高（见表6-7）。

表6-7 2000~2011年中国城市单位面积产出（地级及以上城市市辖区）

年份	城市土地面积（万平方公里）	城市地区生产总值（亿元）	城市占全国土地面积比重（%）	城市占全国GDP比重（%）	单位土地面积实现GDP（万元/平方公里）		
					城市	全国	城市/全国[1]
2000	44.1	47362	4.60	47.7	1073	103	10.39
2001	48.9	55057	5.10	50.2	1125	114	9.85
2002	54.5	64292	5.68	53.4	1180	125	9.41
2003	56.5	76152	5.89	56.1	1348	141	9.52
2004	58.5	91652	6.09	57.3	1567	167	9.41
2005	57.4	109743	5.98	59.3	1912	193	9.92
2006	61.2	132272	6.37	61.1	2161	225	9.59
2007	62.2	157285	6.48	59.2	2530	277	9.14
2008	62.6	186280	6.52	59.3	2974	327	9.09
2009	62.8	207744	6.54	60.9	3308	355	9.32
2010	62.9	245978	6.55	61.3	3913	418	9.36
2011	64.4	293026	6.71	62.0	4550	493	9.24

注：[1]城市与全国的单位土地面积GDP之比，实际上也等于城市占全国GDP比重与城市占全国土地面积比重之比。根据《中国统计年鉴》（2012）对2000~2011年GDP数据进行了修订。

资料来源：根据《中国城市统计年鉴》（2001~2005）、《中国统计年鉴》（2006~2012）等计算整理。

（二）城镇化对全国土地利用结构影响并不大，但对建设用地内部结构影响较大，对耕地占用的影响则更大

随着城镇化水平的提高，一个国家的城镇用地也将随之增加，但由于城镇土地高度集约利用的特征，其占全部国土面积的比重很小，特别是大国更是如此。从表6-6中可以看出，2005年美国城镇化率已达81%，但城镇用地占其土地面积的比重也只有8.2%；同时，中国城镇化率为40%，城镇用地占国土面积的比重为2.9%。有预测表明，中国城镇化达到70%时，城镇用地占国土面积的比重可以控制在4%以内。因此，城镇化进程对土地利用

结构的影响并不大。但城镇化对建设用地内部结构的影响是比较大的，主要表现在城乡建设用地比例的变化上。一般而言，随着城镇化水平的不断提高，乡村建设用地将不断地转变为城镇建设用地（通过异地置换）或还原为耕地及其他用地，因此，城镇建设用地比重将大大提高，相应的乡村建设用地将大大缩小。

城镇化对土地利用的影响主要体现在对耕地占用的影响上（见表6-8）。表6-8显示，2002~2008年中国建设用地年均占用耕地达1926平方公里，占同期耕地减少总量的32.0%。事实上，土地资源矛盾主要表现为城镇建设用地与耕地的矛盾。一是因为城镇用地与耕地都需要利用最好的土地，由此造成了这两种土地利用类型分布一致性的矛盾。地势平坦、气候温和、接近水源、物产丰富的土地既有利于耕作，又非常适合人类居住，因此耕地与人口分布具有高度的一致性。据统计，人类95%的人口分布在全球耕地集中的平原区。随着工业化和城镇化的推进，建设用地将不断地向外扩张，虽然在整个土地利用中，建设用地比重不大，并呈高度分散的点线状态，但由于其与主要用于粮食生产的耕地分布具有高度的一致性，两者不可

表6-8 1996~2008年中国建设用地与农业用地增减情况

单位：万平方公里

年份	建设用地	其中			农用地	其中耕地	建设占用耕地
		居独用地	交通运输	水利设施			
1996	29.05	23.95	—	—	659.33	130.04	—
2000	30.01	24.58	—	—	657.13	128.24	—
2001	36.41	24.87	—	—		127.62	
2002	30.73	25.10	—	—		125.93	1965
2003	31.06	25.35	2.15	3.57	657.06	123.39	2291
2004	31.55	25.73	2.23	3.59	657.02	122.44	1451
2005	31.92	26.02	2.31	3.60	657.05	122.08	1387
2006	32.36	26.35	2.40	3.62	657.19	121.76	2590
2007	32.72	26.65	2.44	3.63	657.02	121.73	1883
2008	33.07	26.93	2.47	3.67	656.88	121.72	1916
年均增减量（平方公里）1997~2008	3350	2483	—	—	-2042	-6933	-1926

注：2003年建设用地中包含的交通用地和水利用地是按旧口径计算的。建设占用耕地年均增减量为2002~2008年的平均值。

资料来源：根据各年度《中国国土资源公报》等整理。

避免地会产生土地利用上的矛盾，突出表现为城镇化用地扩张与耕地资源有限之间的矛盾，二者呈现明显的竞争关系。由于中国人多地少，特别是耕地资源，不仅总量不足，人均更显稀缺，建设用地尤其城乡建设用地与耕地之间的矛盾显得更加突出。

二是城镇用地效益远高于耕地，由此构成了这两种土地利用类型的用途竞争性矛盾。城镇用地开发程度高，经济产出效益大。一般说来，城镇用地单位面积上的经济产出效益是单位耕地面积产出效益的10倍甚至百倍。因此，城镇不断扩张，大量占用耕地就成为各国工业化和城镇化初期的普遍现象。

三是中国城乡分割的具体体制性原因，造成城镇建设用地人为过多占用。从城镇化集约利用土地的本质来说，随着城镇化水平的提高，人口不断向城镇集中，包括城镇和乡村在内的所有建设用地应该是有所减少的（西方发达国家城镇化的确经历了这样一个过程），这既有利于城镇用地的增长，又有利于耕地的保护和增长。然而，由于中国实行了严格的城乡二元户籍管理制度，在快速城镇化过程中，一方面城镇建设用地在扩张并集中人口（如农民工等），另一方面农村出现大量闲置的建设用地不能及时退出（或退出缓慢），从而造成了城乡建设用地同时扩张（或农村建设用地退出缓慢）的不正常现象。

三 中国城镇土地利用效率分析

（一）不同规模城镇土地利用效率和集约程度

从城镇乡村居民点规模结构和集约程度看，建设用地比重较大的在规模结构的两端即城市和村庄，用地集约程度明显表现出规模越大则人均用地越少的特点（除村庄外，见表6-9）。处在居民点规模结构两端的城市、县城与村庄用地总量较多，人均用地量相对较小；处于居民点规模中间的建制镇和乡集镇用地总量较少，但人均用地较多。村庄用地总量最大，但人均用地低于建制镇和乡集镇，原因在于村庄公共基础设施和公共建筑较少。总体上看，未来中国建设用地节约的空间在农村，只要农村建设用地能够随着人口向城镇集中而及时退出，中国城镇建设用地对耕地和土地利用结构的影响就能够降到最小。

表6-9 近年来中国不同规模居民点人口、用地与人均用地情况

项 目	2006年	2007年	2008年	2009年	2010年
城市个数(座)	656	655	655	654	657
城区常住人口(亿人)	3.73	3.71	3.70	3.77	3.95
城市建设用地(万平方公里)	3.42	3.64	3.91	3.87	3.98
城市人均建设用地(平方米)	91.7	98.1	105.8	102.8	100.7
县城个数(个)	1635	1635	1635	1636	1633
县城常住人口(万人)	1.19	1.26	1.30	1.34	1.39
县城建设用地(平方公里)	1.35	1.47	1.55	1.57	1.64
县城人均建设用地(平方米)	113.1	116.6	119.3	117.1	118.3
建制镇个数(万个)	1.77	1.67	1.70	1.69	1.68
建制镇人口(亿人)	1.40	1.31	1.38	1.38	1.39
建制镇建成区面积(万平方公里)	3.12	2.84	3.02	3.13	3.18
镇人均建成区面积(平方米)	222.9	217.0	218.6	226.9	228.7
乡个数(万个)	1.46	1.42	1.41	1.39	1.37
乡人口(亿人)	0.35	0.34	0.34	0.33	0.32
乡建成区面积(万平方公里)	0.93	0.76	0.81	0.76	0.75
乡人均建成区面积(平方米)	265.2	223.2	238.7	229.6	234.8
村庄个数(万个)	270.9	264.7	266.6	271.4	273.0
村庄人口(亿人)	7.14	7.63	7.72	7.7	7.69
村庄用地面积(万平方公里)		13.90	13.12	13.63	13.99
村庄人均用地面积(平方米)		182.2	169.9	177.0	182.0

注：在测算人均建设用地面积时，特别考虑到了城区或县城的暂住人口因素，这样才能比较客观地反映建设用地供求，本表中城区常住人口是指城区人口与暂住人口之和，县城常住人口是指县城人口与暂住人口之和。

资料来源：根据《中国城乡建设统计年鉴2010》中有关数据计算。

就城市规模结构和集约程度而言，根据对283个地级及以上城市市辖区的分段统计，可以看出城市等级规模与人均用地、地均GDP之间存在显著的相关关系：城市规模越大，人均用地越少；城市规模越大，地均产出越高；城市规模越大，人均产出越高（见表6-10）。结论是，城市规模越大，用地越节约，也越经济；城市规模越大，经济效益越高。

表6-10 2010年不同规模城市人均用地和地均产出（地级及以上城市市辖区）

人口规模等级	年平均人口（万人）	建设用地（平方公里）	地区生产总值（万元）	人均GDP（元）	人均建设用地（平方米）	地均GDP（万元/平方公里）
大于200万	15492	14199	1244651070	80342	91.7	87658
101万~200万	10977	8122	537995246	49009	74.0	66239
51万~100万	7766	6988	316504442	40753	90.0	45293
20万~50万	2002	2005	89313500	44615	100.2	44545
小于20万	34	50	907551	26359	145.2	18151

注：上海、广州、揭阳、拉萨等城市由于缺数据，被剔除在外，最终选择了283个城市。
资料来源：根据《中国城市统计年鉴》（2011）计算。

（二）不同地区城镇土地利用效率差异及其影响因素

中国东西部土地利用效率差异的主要原因，可以归结为不同的区位、不同的自然条件和改革开放步伐上的差异三个方面，其中最为重要的因素应是区位。区位决定了中国工业化和城镇化由东向西的基本空间顺序，从而也就决定了各地区城镇土地利用效率的空间差异，其他因素只是在区位因素的基础上发挥着增强或减缓的次要影响和作用。从表6-11可以看出，东部和东北地区的人均GDP和地均GDP产出水平较高，但人均建设用地水平也比较高；而中西部地区的人均建设用地水平较低。

表6-11 2010年不同地区城市人均用地和地均产出（地级及以上城市市辖区）

地区	年平均人口（万人）	建设用地（平方公里）	地区生产总值（万元）	人均GDP（元）	人均建设用地（平方米）	地均GDP（万元/平方公里）
东部地区	13968	13440	1182805072	84678	96.2	88006
东北地区	4107	4022	252518179	61479	97.9	62784
中部地区	8565	7126	366514316	42793	83.2	51433
西部地区	9360	6383	367216705	39231	68.2	57530

注：上海、广州、揭阳、拉萨等城市由于缺数据，被剔除在外，最终选择了283个城市。
资料来源：根据《中国城市统计年鉴》（2011）计算。

未来中国城镇化具有节地潜力的重点地区应当在东部，这里已经进入工业化后期和城镇化减速时期，开始了加快发展方式转变的进程，城镇土地扩张和人口集中的步伐已经开始放缓。而中西部地区尚处于工业化中期和城镇化加速推进时期，这里的土地资源也相对丰富，是中国未来20年推进工业化和城镇化的主战场，当然在推进中西部地区工业化和城镇化的过程中，也需要走出一条更加集约的道路来，以避免东部地区曾经出现过的土地无序扩张现象。

四 未来城镇化对土地需求和节地潜力分析

未来20年，中国城镇化仍将处于快速推进的中期阶段，并将经历全面小康社会（高峰发展）和更加宽余社会（接近拐点）两个阶段，2050年将基本实现现代化。这里将利用人均建设用地、人均居独用地和人均城镇建成区用地的变化趋势和规律，采用情景分析和趋势外推方法，预测未来20年几个关键时点和到2050年的建设用地、居独用地和城镇建成区用地增长趋势，以及城镇化达到拐点时相对应的建设用地、居独用地和城镇建成区用地的峰值。

（一）中国城镇化对土地需求的三种情景

（1）按趋势外推预测（基准方案）。根据中国城镇化用地扩张的历史趋势进行平滑外推，以揭示目前城镇化用地扩张模式可能出现的态势。根据历史数据，2000~2008年中国人均建设用地、人均居独用地和人均城镇建成区用地分别年均增加1.5、1.1和2.0平方米。按照历史演变趋势直接外推，则可假定到2030年人均建设用地、人均居独用地和人均城镇建成区用地按上述速度增长，其中可假设2009~2020年高峰发展阶段人均建设用地、人均居独用地和人均城镇建成区用地分别年均增加1.7、1.2和2.1平方米；2021~2030年接近拐点发展阶段人均居独用地和人均城镇建成区用地分别年均增加1.3、1.0和1.9平方米；2031~2050年按平均速度初步估计。预测结果见表6-12。

（2）按世界潮流预测。按照世界银行对各国城镇化用地扩张的基本判断，预测未来中国城镇化用地扩张的可能情景。根据世界银行的报告，2005年世界城镇用地规模达到350.5万平方公里，占全球陆地面积的2.7%；世界人均城镇用地面积为1109平方米。其中，中国城镇用地规模达到27万平方公里，占全国陆地面积的2.9%，人均城镇用地面积为517平方米，还低于

表 6-12 未来 20 年中国居独用地和城镇建成区面积外推预测（方案一）

年份	人口（万人）		人均用地（平方米）			用地总量（万平方公里）		
	总人口	城镇人口	建设用地	居独用地	城镇建成区	建设用地	居独用地	城镇建成区
1996	122389	37304	237.4	195.4		29.05	25.10	
2000	126743	45906	236.8	196.2	117.1	30.01	25.35	5.37
2005	130756	56212	244.1	199.0	118.9	31.92	26.02	6.86
2006	131448	57706	246.2	200.5	122.0	32.36	26.35	7.81
2007	132129	59379	247.6	201.7	135.4	32.72	26.65	7.82
2008	132802	60667	249.0	202.8	131.7	33.07	26.93	8.12
2010	135415	65135	252.4	205.2	135.9	34.18	27.79	8.85
2015	139600	76277	260.9	211.4	146.4	36.42	29.51	11.17
2020	143116	86328	269.2	217.3	156.5	38.53	31.10	13.51
2025	145314	94047	275.7	222.6	166.2	40.06	32.35	15.63
2030	146247	99638	282.5	227.5	175.6	41.31	33.27	17.50
2050	150000	127500	312.4	249.6	215.4	46.86	37.44	27.46

欠发达国家人均 724 平方米的用地水平。这里需要指出的是，世界银行报告中有关中国的数据是按照联合国关于城镇和城镇用地的口径调整后得出的，其中城镇用地包含了大量的所谓城镇化地区用地，相当于中国城镇的郊区用地，如果扣除城镇郊区用地则世界银行关于中国城镇用地的数据与中国统计的数据大体相当。就未来的趋势看，世界银行关于世界城镇化和城镇用地的数据表明，世界人均城镇用地面积也是不断增加的，经济越发达人均城镇用地水平越高。

根据世界城镇人口年均增长 2.1% 推算，目前世界人均城镇用地面积年均增加速度大约为 2.0 平方米，根据这个速度可对中国未来城镇化用地作如下预测：假定按到 2030 年中国人均建设用地、人均居独用地和人均城镇建成区用地分别年均增加 2.5、1.5 和 3.0 平方米来进行预测，其中可假设，2009~2020 年高峰发展阶段人均建设用地、人均居独用地和人均城镇建成区用地分别年均增加 2.7、1.7 和 3.2 平方米；2021~2030 年接近拐点发展阶段人均建设用地、人均居民点和独立工矿用地、人均城镇建成区用地分别年均增加 2.3、1.3 和 2.8 平方米；2031~2050 年按平均速度初步估计。预测结果见表 6-13。

表 6-13　未来 20 年中国居独用地和城镇建成区面积按世行数据预测（方案二）

年份	人口（万人）		人均用地（平方米）			用地总量（万平方公里）		
	总人口	城镇人口	建设用地	居独用地	城镇建成区	建设用地	居独用地	城镇建成区
2000	126743	45906	236.8	196.2	117.1	30.01	25.35	5.37
2007	132129	59379	247.6	201.7	135.4	32.72	26.65	7.82
2008	132802	60667	249.0	202.8	131.7	33.07	26.93	8.12
2010	135415	65135	254.4	206.2	138.1	34.45	27.92	9.00
2015	139600	76277	267.9	214.7	154.0	37.40	29.97	11.75
2020	143116	86328	281.5	223.2	169.8	40.29	31.94	14.66
2025	145314	94047	293.0	229.5	183.6	42.58	33.35	17.27
2030	146247	99638	304.5	236.4	197.5	44.53	34.57	19.68
2050	150000	127500	354.2	266.3	257.2	53.13	39.95	32.79

（3）按更加集约要求预测。根据未来中国城镇化面临的越来越严峻的资源环境形势，按照最集约、最节约和最严格的管理制度的要求，预测未来中国城镇用地的可能状态。假定到 2030 年人均建设用地、人均居独用地和人均城镇建成区用地分别按年均增加 1.2、0.8 和 1.5 平方米来进行预测，其中可假设 2009～2020 年高峰发展阶段人均建设用地、人均居独用地和人均城镇建成区用地分别年均增加 1.4、0.9 和 1.6 平方米；2021～2030 年接近拐点发展阶段人均建设用地、人均居独用地和人均城镇建成区用地分别年均增加 1.0、0.7 和 1.4 平方米；2031～2050 年按平均速度初步计算。预测结果见表 6-14。

表 6-14　未来 20 年中国居独用地和城镇建成区面积按理想预测（方案三）

年份	人口（万人）		人均用地（平方米）			用地总量（万平方公里）		
	总人口	城镇人口	建设用地	居独用地	城镇建成区	建设用地	居独用地	城镇建成区
2000	126743	45906	236.8	196.2	117.1	30.01	25.35	5.37
2007	132129	59379	247.6	201.7	135.4	32.72	26.65	7.82
2008	132802	60667	249.0	202.8	131.7	33.07	26.93	8.12
2010	135415	65135	251.8	204.5	134.9	34.10	27.69	8.79
2015	139600	76277	258.6	208.8	142.8	36.10	29.15	10.89
2020	143116	86328	265.5	213.6	150.6	38.00	30.57	13.00
2025	145314	94047	270.4	217.2	157.2	39.29	31.56	14.78
2030	146247	99638	275.2	220.4	164.2	40.25	32.23	16.36
2050	150000	127500	299.3	236.6	194.0	44.90	35.49	24.74

(二) 三个预测方案比较、选择和节地潜力分析

从以上的趋势外推、世行数据和更加集约三个方案的预测结果可以看出，到 2030 年中国城镇化水平达到 68% 时，全国建设用地将分别达到 41.31 万、44.53 万和 40.25 万平方公里，分别占全国国土总面积的 4.30%、4.64% 和 4.19%。居独用地将分别达到 33.27 万、34.57 万和 32.23 万平方公里，分别比 2008 年增加 6.34 万、7.64 万和 5.30 万平方公里，分别占全国国土总面积的 3.47%、3.60% 和 3.36%。这些预测值可代表不同情景下中国居独用地的峰值（届时，总人口、城镇化水平以及人均城镇用地增长都将明显趋缓）。城镇建成区面积将分别达到 17.50 万平方公里、19.68 万平方公里和 16.36 万平方公里，也基本上可以看作不同情况下城镇用地的峰值，比 2008 年分别增加 9.38 万平方公里、11.56 万和 8.24 万平方公里。从国际比较看，即使到 2030 年，按照这三个方案预测计算的中国人均建设用地分别为 282.5、304.5 和 275.2 平方米，人均城镇用地面积也分别只有 175.6、197.5 和 164.2 平方米，均远低于 2005 年世界人均城镇用地的平均水平以及不发达国家人均城镇用地的平均水平（经过用地口径调整后也不会改变这个基本结论），这说明无论按照哪个方案预测，中国人均建设用地和人均城镇用地水平都是比较集约的。

但是，由于中国人口众多，人均土地资源严重不足，环境条件也较差，因此中国建设用地总量、居独用地总量比较大。2008 年，中国建设用地总量占全国陆地面积的比重高达 3.4%；居独用地占全国陆地面积的 2.8%，高于 2005 年世界平均 2.7% 的水平。按三个方案预测，到 2030 年中国建设用地总量占国土面积的比重，与 2005 年有过度城镇化嫌疑的印度和墨西哥接近（见表 4-1，2005 年印度和墨西哥城镇用地总量占国土面积的比重分别为 6.9% 和 5.3%），居独用地总量比重则接近 2005 年发达国家 3.8% 的水平。未来 20 年中国建设用地、居独用地和城镇用地，不论是总量还是人均量都必将继续处于不断增加的状态之中，这是世界城镇化用地扩张的共同规律和趋势。但是，在人多地少质差的特殊国情之下，未来中国城镇化用地扩张只能采取最为严格的方案，也就是第三种方案，目标是到 2030 年将中国建设用地总量和居独用地总量分别控制在全国国土面积的 4.5% 和 3.4% 之内，其中居独用地不要超过 2005 年世界发达国家城镇用地比重的平均水平。

通过以上比较分析不难得出以下结论，未来中国城镇化用地扩张方案应

当选择第三个最为严格的用地预测方案。根据这样一个选择，可以得出如下结论：如果采取更加集约的方案，到2030年与趋势外推方案相比可以节约城镇用地1.26万平方公里，占趋势外推方案预测值的7.2%，节地潜力是比较可观的。

五　中国节地型城镇化道路的选择

（一）指导思想与基本原则

根据前面的预测分析，未来20年中国城镇化仍将处于快速推进的中期阶段，并将经历前10年左右的全面建成小康社会（高峰发展）时期和后10年左右的更加宽余社会（接近拐点）时期，最终基本实现城镇化的历史任务。相应的，中国建设用地也将经历上述两个阶段，年均新增建设用地将达到高峰和峰值，并最终完成国土开发建设和整治的宏伟任务。根据这一发展阶段和历史任务，结合资源环境状况和已经选择的城镇化建设用地扩张方案，确定未来中国走节地型城镇化道路的指导思想，即以科学发展观为指导，遵循城镇化的一般规律，根据中国人多地少质差的特殊国情，为确保高度城镇化目标以及全面小康社会和更加丰裕社会目标的实现，为确保18亿亩耕地红线，必须实施世界上最集约、最节约和最严格的土地管理制度，以实现土地资源的高效、集约利用，形成世界上最集约的城镇体系和城市群。

为此，未来城镇土地利用应当遵循以下几个基本原则。

（1）统筹城乡土地利用原则。统筹城乡土地利用是指，在城乡行政分治条件下（只有存在多个主体，才谈得上统筹），对一定区域内所有的城乡土地实行统一的规划，强化用途控制，以及建立统一的土地市场流转体制（打破政府对土地一级市场的垄断），发挥土地资源的多种功能和整体效益。城乡土地行政管理主体要合理分工（指在目前分职能管理的基础上，增加分地管理，做到土地归属明确），按照统一的规划和用途控制的要求，分别管理好辖区的土地资源，防止城市政府盲目占用邻近郊区和郊县的土地。

（2）市场竞争与政府规划相结合原则。市场机制应该在土地利用配置中起基础性作用，要在城乡以及各类土地利用者之间形成有效的市场博弈机制，提高土地利用效率。当然，通过市场配置的土地，其用途是要符合国家的有关规定的，也就是说政府将在土地利用规划、土地利用总量、结构、用途以及布局上起到应有的宏观调控的作用（当然土地规划本身也需要公众的参与和同意）。

（3）最集约、最节约和最严格原则。中国城镇用地相对而言是比较集约的，然而，由于中国人均土地资源的严峻形势，要求中国土地资源利用要最集约、最节约和最严格，才能实现"双保"（指保工业化和城镇化目标、保18亿亩耕地）要求。

（4）旧城改造和新城建设相结合，并优先进行旧城改造原则。居民点用地扩张有就近、旧城和新建三种方式，要优先考虑旧城改造，其次是新建和就近扩张，并严格各级城镇标准、用地范围，避免城镇无序发展。

（5）因地制宜原则。应当根据不同地区不同的土地资源情况，制定不同的土地利用方式和模式，不能"一刀切"。如东部和中西部情况差别很大，发展阶段也不一样，需要分别考虑。

（二）目标与步骤

1. 总量目标

未来20年，通过城乡建设用地结构调整、"三旧"改造提高效率、充分利用非耕地资源和未利用土地资源，适当占有部分耕地，确保不突破18亿亩耕地红线，按第三种方案人均建设用地275.2平方米和人均居独用地220.4平方米的标准计算，到2030年建设用地总量控制在40万平方公里之内，占全国土地面积的比重控制在4.0%以内；居独用地总面积控制在33万平方公里之内，占全国土地面积的比重控制在3.4%以内，此为中国工业化和城镇化进程中居独用地的峰值。为此，每年新增建设用地总量应控制在1300平方公里（195万亩）以内，占用耕地控制在650平方公里（97.5万亩）以内，净占用耕地控制在325平方公里（48.8万亩）以内；工业用地比重控制在15%以内，居住用地和绿化用地分别扩大到40%和20%。

2. 阶段目标

在2020年前全面建成小康社会时期，中国城镇化处于高峰发展阶段，每年新增建设用地控制在1700平方公里（255万亩）以内，占用耕地控制在870平方公里（130.5万亩）以内，净占用耕地控制在430平方公里（64.5万亩）以内。到2020年中国居独用地总面积控制在30.5万平方公里之内，工业用地比重控制在20%以内，居住用地和绿化用地分别扩大到

34%和14%。

2021~2030年建设更加丰裕的社会时期，中国城镇化进程处于接近城镇化拐点和城乡建设用地峰值阶段，每年新增建设用地控制在1200平方公里（180万亩）以内，占用耕地控制在400平方公里（60万亩）以内，净占用耕地控制在200平方公里（30万亩）以内。

（三）基本途径——控制总量、调整结构和优化布局

一是控制总量。就是按照土地预测第三种方案的要求，实行最集约、最节约和最严格的土地管理制度，将未来20年中国建设用地、居独用地和城镇用地分别控制在40万、33万和16.36万平方公里之内，占全国土地面积的比重分别控制在4.0%、3.4%和1.7%以内。未来中国城镇化依然需要占用大量的土地，其中不可避免会占用一定数量的耕地，而未来中国资源环境形势将更加严峻和紧张，因此未来中国的城镇集约用地模式将是比现在更加集约、更加节约和更加严格的土地利用模式，这种模式将成为世界上最集约、最节约和最严格的土地利用体系。

第三种方案中人均建设用地和人均城镇用地水平虽然不高，但土地占用总量却接近世界发达国家城镇用地比重的平均水平，因此实现城镇集约用地依然是一项艰巨的任务。根据国际经验，中国城镇集约用地模式的具体内容包括：必须有一个最为集约的土地利用规划，强化规划的刚性要求，强化土地的用途管制；必须实行最严格的城镇用地规模制度，做到城市范围明确化、基础设施用地节约化、工业布局园区化等；必须严格执行国家有关建设用地标准和行业用地标准（当然也要适当考虑企业未来扩张的需要）；必须大力推行产业园区化和集约化，严格界定产业园区的范围和功能定位。

二是调整结构。就是城镇建设用地扩张主要靠建设用地内部的结构调整来解决，部分靠开发未利用土地和农业用地结构调整来解决，将城乡建设用地结构由2008年的36.8∶63.2调整到2030年的60∶40。众所周知，在建设用地中扩张最多最快的是城镇用地。按第三种方案计算，未来20年中国城镇用地还将增加近1倍，也就是说，到2030年中国城镇用地将由2008年的8.12万平方公里增加到16.36万平方公里，新增8.24万平方公里。这些新增城镇用地主要靠建设用地内部的结构调整解决，也就是靠居独用地内部结构调整，大大压缩乡村建设用地来解决。具体途径如下：一是现有建设用地

的挖潜和扩容，前者指加大旧城镇、旧厂房、旧村庄"三旧"的改造力度，努力提高旧城区容纳人口的能力，提高土地利用效率，促进城镇质量不断提高，并实现城镇的现代化；后者是指向天上和地下空间发展，要适当提高建筑的容积率，加大地下空间开发力度。这大约可以解决50%，也就是4.1万平方公里的新增城镇用地。二是少量的还要靠开源，也就是靠利用未利用土地和农业用地结构调整来解决，包括"上山下海"等利用非耕地和未利用土地资源解决，这大约可解决30%的新增城镇建成区用地，即2.5万平方公里。三是不可避免会占用一些耕地，大约占20%的新增城镇建成区用地，即1.6万平方公里（2400万亩）。

需要特别指出的是，居独用地内部结构的调整，不仅能够提供大量的新增城镇建设用地，而且还可以提供相当可观的复垦耕地（或还农用地），正如目前在全国（特别是成渝地区）开展的"双挂钩"试点所显示的那样，以县域为单位，将20%～30%的农村建设用地集中起来建设新农村，其余70%～80%的农村建设用地可以腾退出来，一部分土地用于县域内城镇建设（以后可以逐步扩大交换范围），另一部分土地则还原成耕地，这样可以有效地减少城镇用地扩张对耕地的净占用量。当然，一般说来，在城镇化快速推进时期，农村建设用地还原耕地的速度赶不上城镇扩张占用耕地的速度，个别年份可能出现耕地净增加的情况。这是城镇化有利于土地集约利用，又有利于保护耕地资源的一个具体体现。

三是优化布局。就是要按照"大分散、小集中"的原则，合理调整城镇体系的用地布局，将新东部、大中部和远西部建设用地的比重由2008年的45.2∶45.3∶9.5调整为2030年的40∶50∶10，与人口分布更加吻合。在"大分散"上，充分发挥中西部土地资源丰富的特点，利用城镇化向中西部推进的有利时机，突出中西部地区建设用地的扩张；在"小集中"上，努力提高城镇人口承载能力，不断扩大城镇有效规模，聚集更多的人口。未来城镇化的重点放在土地资源相对丰富的中西部地区。未来城镇化的趋势、交通运输条件的改善，以及土地资源分布状况等因素决定了未来中国城镇化的重点将是土地资源相对丰富的中西部地区。中部人均居独面积还比较小，扩张的空间大；西部人口稀少、土地资源丰富，尚有较大的扩张空间。在城镇内部布局优化中，要充分利用建筑科技的进步，在中心城区积极发展"高层高密度"建筑群和地下立体基础设施网络；在城镇边缘地区集中建设符合国家用地标准的各类产业园区,改变产业园区过于分散的状况;在郊区要严格限制"低层低密度"居住区的发展,大力促进"低层高密度"和"高层低密度"的社区形成。

(四) 主要对策措施

一是强化国土资源管理部门对全国土地资源的统筹协调管理职能,建立城乡一体化的土地行政管理机制。中国国土资源管理部门是国家统一管理土地资源的行政机构,建设管理部门和农业管理部门分别是城乡土地开发利用和管理的具体执行部门,如何协调这三者之间的关系,事关未来中国土地资源全面、高效和集约的开发利用,以满足"两个确保"的要求。基本思路是,强化国土资源部门对全国土地资源的统筹协调管理职能,建立城乡一体化的土地行政管理机制。具体内容包括:淡化土地所有权管理,突出土地利用权的确权、规范和管理,相应地进一步明确国土部门对土地使用权的行政管理职能,建设部门、农业部门以及其他部门只行使使用权;强化和改进土地用途管制,如划分土地利用功能区、明确城镇边界、划分各类农业用地(主要是耕地)基本保护范围、建立严格的土地用途变更审批制度等;建立各土地利用类型的、符合土地利用规划和城镇建设规划要求的、城乡统一的土地使用权市场,增加土地资源的流动性,扩大空间配置的范围,促进土地开发利用效率的提高;等等。

二是建立新的建设用地体制机制。在建设用地的来源上,一是要严格遵循土地用途管制和土地利用规划的要求,充分发挥市场机制和价格杠杆的作用,使建设用地扩张有序,建设用地获得合法、合理、合价;二是要建立新的土地征用制度,首先土地征用主体是国家,其次征用土地的用途是公益性目的,最后征用价格应当略高于、至少不低于市场土地价格,以防止滥征土地(事实上,如果能做到这样,国家也就可以到市场拿地了,只是国家征地有强制性和直接改变土地利用性质的特权);三是进一步改进建设用地年度指标控制制度,按照土地用途管制和土地利用规划的要求,适当扩大指标在年际和地区之间的调配和转让(也要通过市场机制实现)。

在利用土地经营筹集城乡建设资金上,一是改变土地使用权出让金一次性收取为按1年、2年或5年收取,以降低土地出让价格,减少土地开发成本;二是大幅度提高土地使用税,促进土地资源的合理配置,并有利于开辟一个城乡建设资金来源的稳定渠道；三是在创造必要的资金安全和保障的条件下，努力扩大地方政府债券的发行量，进一步开放城镇基础设施和公共事业，大力引进社会和国外资金，不断拓展城乡建设资金来源的新渠道。在建设用地存量挖潜和集约利用上，一方面建立城镇土地集约节约利用的新机制，如制定旧城改造的优惠政策、鼓励中心城区的立体化开发、加大产业向各类产业园区集中的步伐等；另一方面探索有效控制农村建设用地扩张、促进集约化的新农村建设的新机制，如进一步完善鼓励"撤乡并镇"的有关政策、大幅提高土地还耕的补偿标准、进一步提高新农村建设标准和水平等。

三是建立有利于促进建设用地集约利用的税收、财政和金融体系。按照土地用途管制的要求搞好土地经营，以土地换取资金，促进城镇建设的不断发展，是世界各国城镇政府的普遍做法。为促进建设用地集约利用，需要进一步改进和完善与土地经营管理有关的一系列税收、财政和金融政策。税收上，要改革土地利用的直接税和间接税比例关系，提高土地保有成本，降低土地交易成本。另外，要及时开征房地产税，促进房地产业健康发展。财政上，建立城市财政与城镇基础设施之间的新型关系，财政资金只管基础设施的运行，而不管投资，城镇基础设施投资主要靠其他途径解决。金融体系上，建议开办土地银行，统筹经营管理与土地出让、交换和开发有关的所有资金来源和用途。

四是改革与城乡土地利用有关的户籍、社保、规划、行政区划等制度和政策。城镇化水平的提高促进了人口的集中和土地的集约利用，取消户籍制度，恢复自由迁徙权，将有利于人口城镇化进程，促进土地资源的集约利用。提高社会保障的统筹层次，统筹安排城乡居民的基本社会保障体系将为人口的自由流动和迁徙提供便利条件，也为农业用地和农村建设用地的合理调整创造了前提。土地利用规划是土地用途管制的基础和依据，要进一步提高土地规划的法律地位和严肃性，加大土地规划执行、检查和监督的力度。按照经济社会发展进程及时调整城乡行政区划也是世界各国通行的做法，事实上随着城镇化的快速推进，城乡边界经常处于动态的变化之中，行政区划应该及时反映城乡范围的变化，以适应城乡区域经济发展的要求；处理好城乡关系的另一个方面就是要大力推行"省直管县"体制，促进县域经济和县城的快速发展，为城镇化发展开拓必要的新的空间。

参考文献

[1] 联合国:《世界人口和发展报告》,2007。
[2] 陆大道、姚士谋、刘慧:《2006中国区域发展报告:城镇化进程及空间扩张》,商务印书馆,2007。
[3] 麦肯锡:《迎接中国十亿城市大军》,2009。
[4] 世界银行:《2008年世界发展报告》,清华大学出版社,2008。
[5] Kamal-Chaoui, L., Leeman, E. and Zhang, R., "Urban Trends and Policy in China", *OECD Working Papers* 2009 (1), 2009, pp. 1 – 67.

第七章
中国城镇化、工业化和能源消费

一 引言与文献回顾

20世纪90年代中期以来,中国进入了城镇化的快速发展阶段,2011年,中国城镇化率已经达到51.27%,正处在城镇化中期阶段。如果要达到发达国家75%的城镇化水平,中国城镇化率还要提高近25个百分点。这意味着未来中国还有3.5亿左右农村人口将要向城镇转移。城镇化率的提高不仅意味着城镇人口比重的提高,更涉及产业结构、经济增长方式和居民消费水平等诸多方面的变化。这些方面的变化将可能大幅提高能源消耗。据测算,城市人均能源消费大约是农村人均能源消费的8~9倍。如果不考虑增长因素,仅以2011年的能源消费总量水平估算,75%的城镇化水平意味着全国必须额外提供14亿~15亿吨标准煤的能源供给量,相当于2011年能源供给总量的40%左右。如此看来,中国现有能源供给能力也难以支撑75%的城镇化水平。因此,国内不少学者担心中国城镇化推进将加剧中国能源供给压力。

从城镇化的理论假说来看,城镇化与能源消费之间没有明确的单向传导关系,即城镇化并不一定导致能源消费的必然上升。城镇化对能源消费的影响是通过两种途径来实现的:一是由于大量基础设施、建筑和交通工具的使用,城镇化将成为能源消费与气候变化的重要因素(Wexler,1996;Banuri,2001)。二是城镇化所产生的集聚效应提高了能源利用效率,从而减少了能源消费量。但是,对于中国"遍地开花"的工业化来说,生产要素的空间集聚提高能源利用效率的积极作用并没有得到很好发挥。这主要是由于过度工业化或者粗放增长模式造成的，如20世纪80年代农村过度工业化导致能源利用方式粗放。

从现有实证研究来看，城镇化与能源消费之间的传导关系存在争论。有的研究提出，城镇化的不同模式将导致其对能源消费产生不同的影响（Nakicenovic等，2000；Karl和Trenberth，2003），这种差异随着样本国家选择的不同，得出的结论也有所不同。此外，城镇化是伴随工业化和经济增长而演进的，很难区分出城镇化对能源消费的影响到底是城镇化导致的，还是工业化导致的。Jones（1989）的研究试图解释城镇化影响能源消费的机制，并利用1980年59个发展中国家的数据实证分析了城镇化对能源消费的影响。此外，Parikh和Shukla（1995）对1967~1987年发展中国家和发达国家人均能源消费与城镇化和一些经济指标关系进行了回归研究。两个研究都认为城镇化显著提高了能源消费：在相同的收入水平与工业化水平条件下，城镇化的人均能源消费（不包括农村生物质能等）弹性系数接近0.5，即城市人口增长1%导致人均能源消费上升0.5%。如果考虑全部能源消费，则弹性下降到0.35。如果国别因素固定，则弹性进一步下降到0.28（Parikh和Shukla，1995）。

改革开放以来，中央政府采取了扶持重化工业而抑制城镇化的发展策略，更像一种"没有城镇化的工业化"（林毅夫等，1998）。可见，在中国，与城镇化相比，工业化一直被认为是导致能源消费需求不断上涨的重要原因。例如，Jiang和O'Neill（2007）使用时间序列数据，采用多元回归模型实证分析了1950年以来中国城镇化、工业化、经济增长与能源消费之间的关系。其结论是中国能源消费更多的是工业化引起的，而城镇化对能源消费的影响并不显著。这一结论似乎验证了中国长期以来"没有城镇化的工业化"的观点。

上述研究提供了分析框架和实证证据，但是也存在一些不足。例如，没有完全区分工业化与城镇化，过高估计了城镇化的作用，忽略了城镇化对提高能源消费效率的影响。又如，城市人口集中提高了建筑和基础设施的利用效率，减少了分散的农村市场产生的交易成本。同时，也没有考虑到中国巨大的地区差异和经济发展的阶段特征。

针对上述问题，国内一些学者进一步分析，认为城镇化是导致能源消费变化的重要原因。如Shen等（2005）的分析结果是中国的城镇化水平与能源需求之间存在较强的相关关系。耿海青等（2004）对 1953~2002 年中国的煤炭、石油、天然气消费量和城镇化率进行拟合，发现相关系数都在 0.9 以上，城镇化水平与人均能源消费水平存在高度相关性。

本章研究的目的主要是解释城镇化、工业化和能源消费之间的因果和传导关系。随着近年来城镇化的大力推进，这些变量之间的相互关系已经发生了重要的新变化。特别是将研究扩展到东中西部不同区域时，得出了一些值得关注的结论。这将有助于解释当前城镇化进程中的一些问题，也有助于完善国家区域发展政策。本章其余部分安排如下：第二部分重点分析城镇化对能源消费的影响途径；第三部分为模型设定及数据说明，在加入工业化、经济增长等指标后，考察中国城镇化、工业化与能源消费之间的相关性，即计量分析城镇化、工业化对能源消费的净效应，并分析其原因；第四部分为实证检验结果；第五部分是总结与政策含义。

二 城镇化对能源消费的影响途径

城镇化主要通过产业结构优化、投资拉动、人力资本积累、技术创新和技术进步及能源消费结构的改善等途径来影响能源消费。

（一）结构效应

城镇化与工业化之间相互渗透和相互影响。从主要国家经验来看，城镇化进程也是产业结构不断调整的过程。各个产业之间存在能源消费强度的差异，通常第二产业能源消耗强度要远超过第一产业和第三产业。2010 年，中国第二产业能源强度大约 1.6 吨标准煤/万元[①]，分别是第一产业、第三产业能源强度的 5 倍、4 倍。产业的此消彼长通过淘汰一些能源效率低的产业可以影响总体能源消费水平。改革开放以后，沿海地区城镇化和工业化进程加快带动了经济的飞速增长，拉动了能源消费的大幅度提高。随着产业结构的变化，第一产业比重开始下降，第三产业比重开始上升，在这种情况下，目前东部地区能源消费增速已经开始下降，而中西部地区城镇化还处于加速阶段，此时产业结构调整主要体现为工业比重上升，因此中西部地区能源消费增速明显要快于东部地区。

---

① 以 2010 年价格计算。

（二）技术效应

城镇化促进生产要素在空间上的重新配置，集聚效应将各种专业化企业和人才集中在城市，为信息交流、技术创新等活动提供了空间，使得技术进步的成本更低、效率更高。同时，城镇化进程中，法律制度、市场经济体制的建立与完善也能够充分发挥激励功能，诱发并激励经济主体进行创新活动。而技术进步通过直接效应和间接效应影响能源消费。直接效应即技术进步通过提高能源利用效率影响能源消费；间接效应则是技术进步促进经济规模快速扩张，间接带动了能源消费，即能源回弹效应。

（三）投资效应

城镇化本质上就是生产要素在空间上向城镇集中的过程，城镇化过程中必然带来城镇数量增加和规模扩大。毫无疑问，在这一过程中，城镇化对建筑、交通、道路等城市建设方面产生了巨大的投资需求，这又带动了水泥、钢材、能源、汽车等相关产业的发展。因此，大规模的固定资产投资项目在建设过程中将消耗大量能源，而且这些项目建成并投入运行后，同样消耗大量能源。以建筑能耗[①]为例，目前已经成为中国能源消耗的重要领域，并且呈逐年增长的趋势。根据诸多学者的计算，目前建筑能耗在中国能源消耗中所占比重大致在22%～27%。如果按照广义建筑能耗统计，中国建筑能耗约占社会总能耗50%左右。随着房屋建筑面积扩大和居民消费结构升级，建筑能耗将会继续增加。住宅空调近年来销售量年均增长速度超过20%，每年新增的空调系统容量就接近同期的新增电厂容量。Wexler（1996）和Banuri（2001）研究表明，由于大量基础设施、建筑和交通工具的使用，城镇化将成为影响能源消费的重要因素。

（四）人力资本效应

城镇化对人口的影响不仅仅是人口从农村向城市迁移的简单过程，更重要的是积累人力资本，提升人口和劳动者整体素质的过程。城镇化对人力资

---

① 广义建筑能耗是指从建筑材料制造、建筑施工，一直到建筑使用的全过程能耗。狭义的建筑能耗是指建筑物内各种用能系统和设备的运行能耗，主要包括建筑采暖、空调、照明、热水供应、电气、炊事、电梯等方面的能耗，其中以采暖和空调能耗为主，约占建筑能耗的65%。

本积累的影响主要体现在：一是城镇化使农村人口市民化，参与到城市生活和文明建设中，同时接受更好的文化教育和更先进的医疗条件。二是城市作为知识和信息的集中地，不仅有利于提高劳动者的普通教育水平，而且能够提供更多更便利的职业技术培训。三是城镇化有利于打破劳动力市场的二元结构，促进统一的劳动力市场建立，在空间上重新配置劳动力资源，实现人力资本的优化配置，提高劳动生产率。总之，人力资本积累和高素质劳动力投入能够提高劳动生产率，快速掌握先进的技术理念，创造和发明改善能源利用效率的新技术、新工艺，从而减少能源浪费现象，降低能源消费强度。

（五）能源结构效应

能源消费结构变化主要是指传统化石能源（主要指煤炭）向优质能源（电力、液化气、可再生能源）的调整。据估算，由于燃烧效率的差异，中国能源消费结构中煤炭比重每下降一个百分点，能源消费总量可以降低2000万吨标准煤（中国能源发展战略与政策研究报告课题组，2004）。而城镇化对能源消费结构的改善主要通过两种途径：一是农村人口逐步转变为城市人口，城市居民对电力、天然气等商品能源需求规模不断扩大，而中国农村居民煤炭是最主要的商品能源。据统计，中国居民生活用能中煤炭所占比重逐渐下降，由1980年的90.19%降至2010年的25.24%（主要是农村居民以消费煤炭为主），电力、天然气等优质能源的消费比重逐渐提高。二是城市基础设施完善，为电力、天然气等优质能源供给提供了便利。1995年以来，煤炭在城市终端能源消耗总量中的比重由38.67%下降至2010年的20.58%。

三 模型设定及数据说明

（一）变量选择与模型设定

从城镇化对能源消费影响途径的分析可以看出，城镇化对能源消费的影响并不是单一的，而是同时存在正效应和负效应，其净效应则取决于经济发展所处的不同阶段。例如，在经济增长加速阶段，城镇化的影响主要表现为拉动能源消费，而当经济发展进入后工业化阶段时，城镇化的影响主要表现为通过提高能源利用效率减少能源消费。因此，要客观考察城镇化对能源消费的净效应，有必要引入工业化与经济增长的因素。

以 $cons_{it}$ 表示第 i 个省份 t 期人均能源消费的自然对数值，以此度量各地区能源消费水平。以 $urban_{it}$ 表示第 i 个省份 t 期的人口城镇化率，以此度量城镇化水平，其回归系数反映了因城镇化率的相应变化而导致的人均能源消费的变化。以 emp_{it} 表示第 i 个省份 t 期的城镇就业比重，该指标反映了各省份的城镇化和工业化水平，其对应的斜率系数说明了城镇就业人口增加对人均能源消费的影响程度。以 $nonag_{it}$ 表示第 i 个省份 t 期的非农产业增加值比重，以此衡量地区工业化程度。控制变量设定为 gdp_{it}，表示人均 GDP，反映第 i 个省份 t 期的经济发展水平，其斜率系数反映了经济的增长对能源消费的影响程度。我们选取 30 个省、直辖市和自治区 1985～2010 年的数据进行分析①，由于样本区间较长，通过采用 Hausman 检验，最后确定实证模型采用面板数据中的不变系数模型。同时，为了反映各省份间的个体差异，我们加入了以区域来构建的个体效应。这样，实证分析的面板模型可以设定为：

$$cons_{j,it} = a_j + \beta_{j1} urban_{j,it} + \beta_{j2} emp_{j,it} + \beta_{j3} nonag_{j,it} + \beta_{j4} gdp_{j,it} + \mu_{j,it} \qquad (7-1)$$

其中，$j = 0,1,2,3$ 分别表示全国、东部、中部和西部地区。由于数据的时间宽度较长，各个变量可能存在非平稳状态，变量之间可能存在协整关系。若模型的回归残差满足平稳过程，记为 $\mu_{j,it} \sim I(0)$，那么就可以判断变量之间存在协整关系，这就反映了能源消费与城镇化水平、城镇就业、工业化水平、经济增长之间存在着长期均衡关系。

（二）数据来源

实证分析数据主要来自于：①人口城镇化率（即城镇常住人口占总人口比重）、城镇就业数据主要来自《中国统计年鉴》，并且根据第六次人口普查数据进行补充。②非农产业增加值、人均 GDP 主要来自《中国统计年鉴》，并且折算成 1980 年的不变价。③能源消费数据来自《中国统计年鉴》和《中国能源统计年鉴》。由于缺乏能源统计数据，西藏未包括在样本之中。表 7-1 是对上述变量的统计描述。

---

① 由于数据缺失，实证分析未包含西藏。

表7-1 变量的统计特征描述

指标	全国		东部地区		中部地区		西部地区	
	均值	标准差	均值	标准差	均值	标准差	均值	标准差
人均能源消费(千克标准煤)	1617.03	1109.72	1943.46	1172.56	1326.88	774.41	1496.34	1180.27
人口城镇化率(%)	39.38	16.82	50.42	19.86	35.51	11.32	30.54	8.09
城镇就业比重(%)	32.61	16.38	40.54	19.25	29.57	13.02	26.49	11.21
非农产业增加值比重(%)	80.14	10.17	85.73	10.03	77.44	9.04	76.27	8.37
人均GDP(元)	4272.81	5185.57	6767.79	6999.43	3757.72	3178.15	1988.37	2101.65

注：西部地区包括四川、重庆、贵州、云南、陕西、甘肃、青海、宁夏、新疆、广西、内蒙古等11个省市区；中部地区包括山西、吉林、黑龙江、安徽、江西、河南、湖北、湖南等8个省；东部地区包括北京、天津、河北、辽宁、上海、江苏、浙江、福建、山东、广东和海南等11个省市。西藏因数据缺乏未包括在内。

资料来源：根据《中国统计年鉴》《中国能源统计年鉴》和第六次人口普查数据整理。

（三）能源消费与其他变量的统计描述

一般而言，城镇化初期往往也是工业化起步阶段，经济增长对能源依赖程度不高，能源消费缓慢增长；到了城镇化中期，即城镇化率达到30%以后，由于工业化进程也在加快，能源逐渐成为重要投入要素，能源消费加速增长；而进入城镇化后期，工业化基本完成，能源消费将长期保持稳定增长趋势。

首先，我们利用国际数据考察城镇化与能源消费之间的关系。根据世界银行的数据库，在剔除了数据不全的样本后，我们得到104个样本。按照世界银行的划分标准[①]，104个样本大致可以分为四组：高收入经济体、中上收入经济体、中下收入经济体、低收入经济体。通过对比分析，从图7-1中可以得出以下结论：

（1）图7-1（a）～（d）显示，低收入经济体的城镇化与人均能源消费没有呈现一致的变化趋势，甚至在20世纪90年代，人均能源消费呈现了与城镇化趋势相反的变化特征。

（2）在中下收入经济体和中上收入经济体，城镇化与人均能源消费呈

---

① 世界银行在《世界发展报告（2006）》中，提出以人均GNI作为收入等级的划分依据，人均GNI低于825美元为低收入经济体，人均GNI为826~3225美元的为中下收入经济体，人均GNI为3225~10065美元的为中上收入经济体，人均GNI高于10066美元的为高收入经济体。

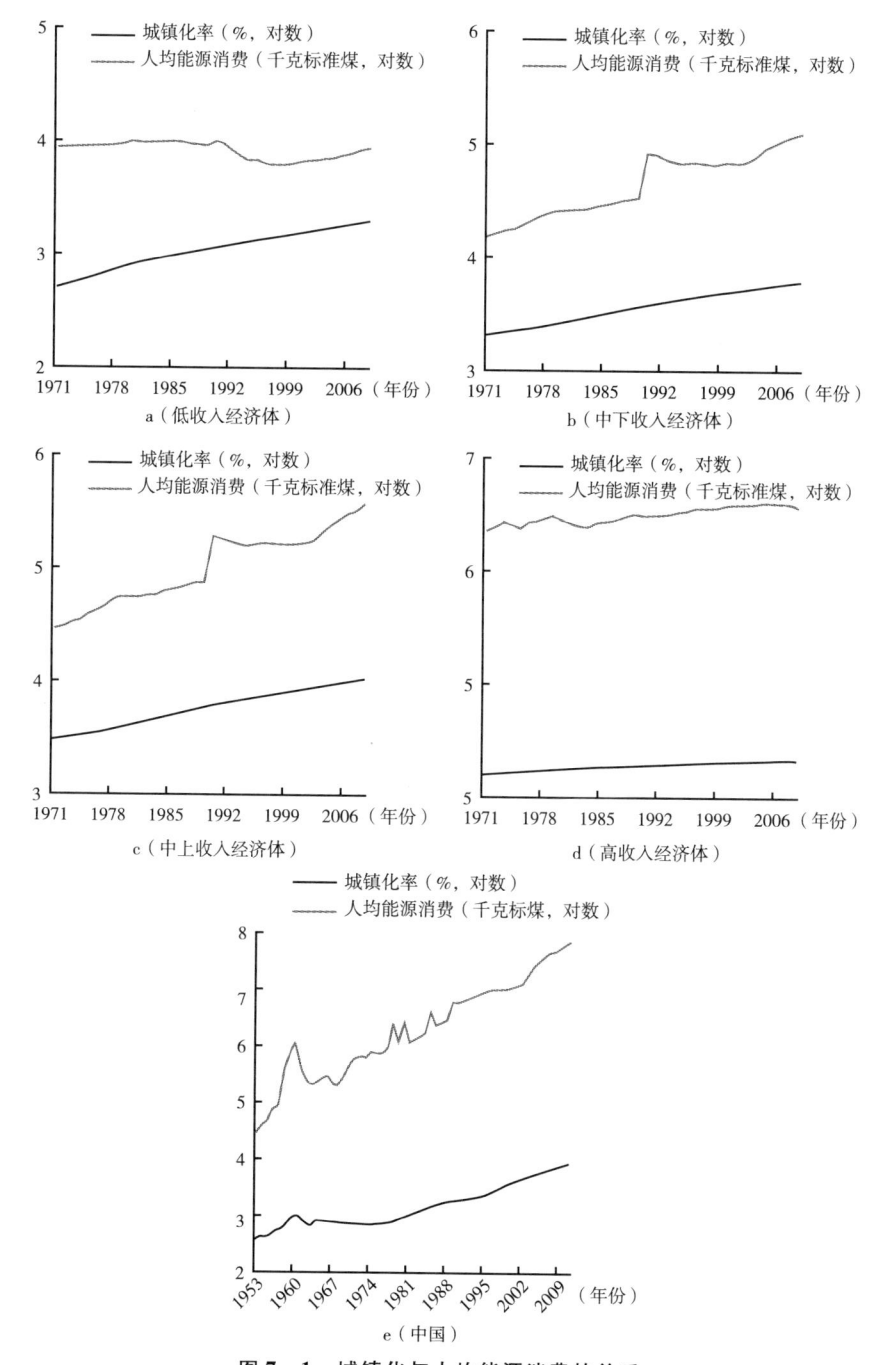

图 7-1 城镇化与人均能源消费的关系

资料来源：国际统计数据来自世界银行数据库，中国数据来自《中国统计年鉴》和《中国能源统计年鉴》。

现大体一致的变化趋势。但是，人均能源消费变化具有波动性，而且比城镇化率变化曲线更加陡峭一点。

（3）高收入经济体人均能源消费变化趋势变得相对平缓，但其波动幅度明显大于城镇化。

（4）图7-1（e）显示了1953年以来中国能源消费与城镇化的变化趋势，从图中可以看出，中国的情形与中上收入经济体类似，在城镇化加速阶段（1995年以来），能源消费明显有一个上扬趋势。这可能是因为城镇化快速推进期粗放式的城镇化模式所导致。

从动态变化来看，不同类型国家城镇化与工业化之间的变动关系并不一致（工业化与城市化协调发展研究课题组，2002）。不少研究认为在改革开放以来很长的一段时间内，工业化是推动能源消费快速增长的重要原因。我们利用1953~2010年数据，并采用非农就业比重（非农就业人员占全部就业人员比重）和非农产业增加值比重表示工业化，来考察中国工业化和能源消费之间的关系。从图7-2中可以看出，改革开放前工业化与能源消费波动非常明显，并总体上呈现相同的长期增长趋势。而改革开放以后，人均能源消费增长要明显快于非农就业比重和非农产业增加值比重的提升，这说明能源消费不仅受到工业化的影响，而且还受到其他因素尤其是城镇化的影响。

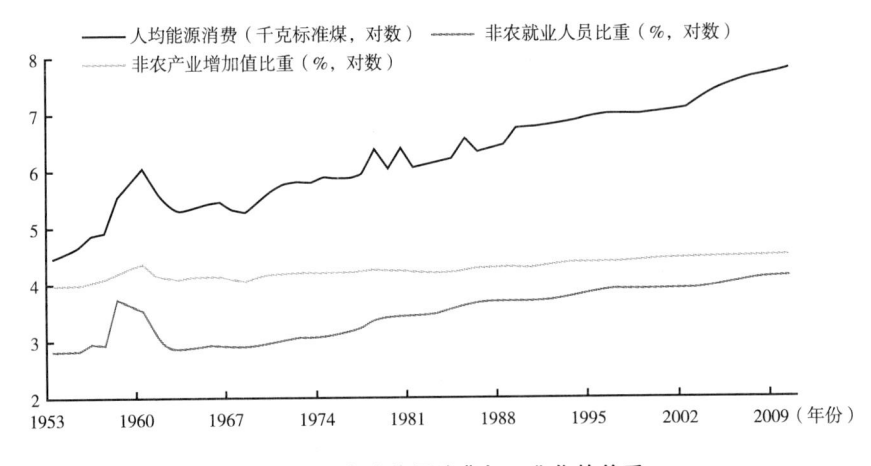

图7-2 人均能源消费与工业化的关系

资料来源：根据《中国统计年鉴》和《中国能源统计年鉴》整理和绘制。

其次，我们还考察了经济增长（以GDP增速表示）与能源消费增长之间的关系。从图7-3中可以看出，两者变化基本一致。改革开放之前，能源消费和经济增长率均波动得比较剧烈,改革开放以后两个指标走势均相对稳定。除 2003~2005 年以外,能源消费增长率大多数时间低于经济增长率。

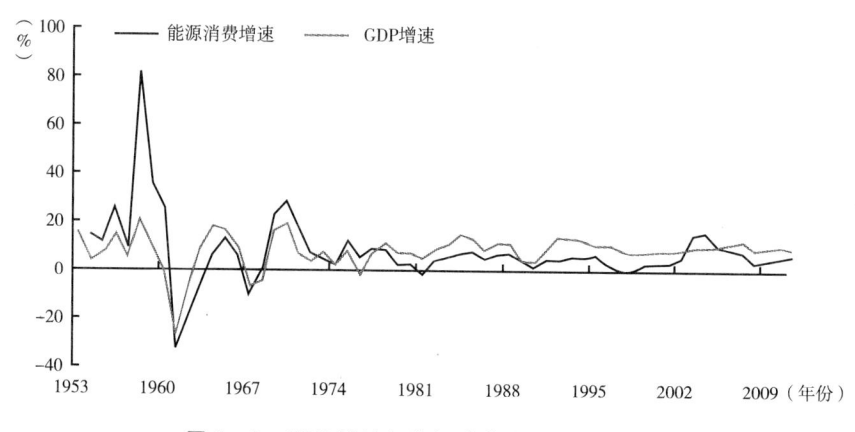

图 7-3 GDP 增速与能源消费增速之间的关系

资料来源:根据《中国统计年鉴》整理和绘制。

通过对中国能源消费、城镇化、工业化与经济增长关系的分析,我们发现:一是中国城镇化是影响能源消费的关键变量,但不是唯一变量;二是与发达国家相比,中国的城镇化仍处于与能源消费共同上涨和波动较为剧烈的阶段,尚没有出现共同稳定增长的趋势;三是除城镇化以外,工业化和经济增长也是影响能源消费的重要因素;四是城镇化、工业化和经济增长对能源消费的影响既有共同点,又有差异性。其中,共同点表现为城市基础设施建设、交通建设等既是工业化的基础,又是城镇化的基础。但是,城镇化具有集聚效应,生活方式转变等也会对能源消费产生影响,这是不同于工业化的方面。此外,经济增长方式和发展阶段不同,城镇化和工业化的方式也不同。如果将中国分为东部、中部和西部三个区域,那么这种差异化的影响则表现得更加明显。因此,我们采用中国分区域的省级面板数据对城镇化的能源效应进行实证分析。

四 实证检验结果

(一) 模型检验

在模型估计之前,首先需要检验各个变量是否为平稳过程。若面板模型的变量是非平稳过程，直接把它放入模型并进行估计，就会出现伪回归的情况，得到的斜率系数也不可靠。在检验平稳性的基础上，我们将进一步检验变量间是否存在协整关系。

1. 面板单位根检验

我们采用 ADF 方法对变量进行单位根检验，检验结果如表 7-2 所示。检验结果显示，对所有的变量而言，在 5% 的显著水平下，原假设被拒绝，即不接受不存在单位根的假设。这表明所有变量都是非平稳过程。进一步地，我们对所有变量的一阶差分序列进行了平稳性检验，在 5% 的显著水平下，都拒绝了原假设，接受备选假设，即可以认为所有变量的一阶差分是平稳过程。因此，我们可以确定面板模型的所有变量都是 $I(1)$ 过程。

表 7-2 面板数据的单位根检验

序列	原序列		一阶差分序列	
	卡方统计量	Z 统计量	卡方统计量	Z 统计量
cons 人均能源消费	40.4953 (0.9749)	3.71050 (0.9999)	226.797 (0.0000)	-10.2811 (0.0000)
urban 人口城镇化率	43.5643 (0.9204)	5.54959 (1.0000)	211.894 (0.0000)	-8.50079 (0.0000)
emp 城镇就业比重	72.4337 (0.1303)	0.19798 (0.5785)	362.587 (0.0000)	-13.5332 (0.0000)
nonag 非农产业增加值比重	1.14989 (1.0000)	15.1550 (1.0000)	341.149 (0.0000)	-13.3135 (0.0000)
gdp 人均国内生产总值	75.5824 (0.0846)	1.71909 (0.9572)	224.731 (0.0000)	-9.48645 (0.0000)

注：ADF 检验原假设为 H_0：数据存在着单位根。备选假设为 H_1：数据是 $I(0)$ 过程。括号中的数字为概率值。

2. 面板的协整检验

我们采用 Kao（1999）提出的面板协整检验方法。在时间序列分析中，Engle-Granger 协整检验是基于残差检验实现的。若变量之间存在协整关系，则残差为 $I(0)$ 过程；若不存在协整关系，则残差为 $I(1)$ 过程。Kao（1999）将 Engle-Granger 的框架扩展到面板数据领域。表 7-3 给出了检验结果。结果显示统计量 ADF 的值为 -5.33，在 1% 水平下显著，拒绝原假设（见表 7-3）。

表7-3 面板协整检验结果

ADF	T检验值	概率值
	-5.334244	0.0000

检验结果表明,能源消费与城镇化率、城镇就业状况、工业化水平、经济增长之间存在协整关系。$\mu_{it} \sim I(0)$ 也意味着被解释变量的变动能够非常有效地被解释变量所描述。

(二) 估计结果

由面板协整检验可知,能源消费与城镇化率、城镇就业状况、工业化水平、经济增长之间存在长期均衡关系。依据协整关系,我们构建了固定效应面板模型,采用广义最小二乘法,估计了反映不同区域能源消费水平长期趋势的均衡方程,具体结果见表7-4。

表7-4 面板模型的估计结果

变量	全国	东部	中部	西部
常数项	1.956857*** (14.98161)	2.097706*** (8.206895)	3.622362*** (12.20474)	2.173607*** (13.32527)
$urban$ 人口城镇化率	1.076007*** (4.977303)	1.406043*** (4.868332)	3.066803*** (5.897493)	1.278182*** (3.507087)
emp 城镇就业比重	0.991096*** (6.321005)	0.518032** (2.300780)	0.848781*** (3.148127)	0.267328 (0.711822)
$nonag$ 非农产业增加值比重	0.754944*** (3.172422)	1.146442** (2.293882)	-0.574307* (-1.868259)	0.268363 (0.686767)
gdp 人均国内生产总值	0.493871*** (16.58948)	0.401290*** (9.633552)	0.316950*** (6.602155)	0.594758*** (11.06874)
调整后的 R^2	0.864868	0.953099	0.960641	0.946148
F检验	1007.429***	334.8554***	434.8890***	358.6613***
Hausman 检验	106.43***	18.43***	55.769530	57.815083

注:括号中数字为系数的T统计量值,*、**、*** 分别表示在10%、5%和1%水平下显著。

对于基于全国数据的面板模型,Hausman 统计量为106.43,相对应的概率为0.000,在1%水平下显著,说明检验结果拒绝了随机影响模型原假设,所以我们选择的固定效应模型是正确的。所有解释变量的回归系数都通过了 T 检验，且在 1% 水平下显著不为零。调整后的 R^2 达到 0.86，说明模型的拟合优度比较好。F 统计值为 1007.43，在 1% 水平下显著，说明回归系数显著不全为零。

表 7-4 显示，人口城镇化率、城镇就业比重、非农产业增加值比重对人均能源消费均产生正的净效应。其中，人均 GDP 对人均能源消费的弹性为 0.49。因此，从实证结果来看，改革开放以来，城镇化对能源消费的净效应为正，而且是影响能源消费的主要因素。与 Parikh 和 Shukla（1995）等人的研究相比，中国城镇化对能源消费的影响明显要大。

从东部、中部、西部地区的模型来看，对于东部地区，Hausman 统计量为 18.43，相对应的概率为 0.001，在 1% 水平下显著，说明检验结果拒绝了随机影响模型原假设。调整后的 R^2 高达 0.95，说明模型的拟合优度佳。F 统计值为 334.86，在 1% 水平下显著，说明模型中回归系数显著不全为零。同样的，中部地区的面板模型结果显示，F 统计量值为 434.89，在 1% 水平下显著，拒绝了回归系数全为零的原假设。0.96 的调整后 R^2 值反映了模型非常好的拟合优度。Hausman 检验结果表明，模型需设定为固定效应形式。再来看西部地区的情况，在 Hausman 检验过程中，Hausman 统计量为 57.82，在 1% 水平下显著，原假设为拒绝，即随机效应模型不适合西部地区的估计。我们设定了固定效应模型。F 统计量和调整后的 R^2 显示，解释变量能够非常有效地解释被解释变量的变化。

表 7-4 显示了东部、中部和西部地区城镇化对能源消费的净效应为正，且弹性系数均超过 1。其中，中部地区净效应明显要高于东部和西部地区。这可能与近年来中部地区快速推进的城镇化有关。值得注意的是，西部地区城镇化对能源消费的净效应为正，且城镇化的能源消费弹性达到 1.2 左右，这说明西部地区城镇化进程对能源消费的依赖程度在加大。

（三）进一步讨论

实证研究的结果既证实了以往文献的部分观点，又得出一些新的值得关注的结论。

首先，我们认同大部分文献的研究结论，即在中国改革开放以后，工业化、城镇化以及经济增长是中国人均能源消费的主要影响因素。并且，与经济增长相比，城镇化和工业化对能源消费的影响程度更大。这既符合经济学基本原理，又符合中国的实际情况。

其次，与 Jiang 和 O'Neill（2007）的研究结论不同，我们认为与工业化的影响相比，城镇化对能源消费的影响作用更明显。实证检验结果表明，城镇化的能源消费弹性系数大于 1，而经济增长、工业化的能源消费弹性系数小于 1。这说明近 30 年的经济发展过程中，城镇化对中国人均能源消费的影响非常明显，甚至超过了工业化的影响。之所以如此，主要有以下几个方面的原因。

一是总体来看，目前中国工业化和城镇化对能源消费的拉动作用仍然较为明显。随着工业化和城镇化的不断推进，中国将面临更加严峻的能源供给形势。因此，积极推进城镇化转型和产业结构升级，将是中国实现可持续发展的重要途径。

二是工业化对能源消费的拉动作用小于城镇化的影响。改革开放以来，国家一直高度重视工业化的推进。经过 30 多年的发展历程，中国产业结构调整取得了一定的成效，技术进步的作用和生产效率不断提高，在一定程度上使得工业化对能源消费的拉动作用呈现平稳增长的态势。特别是东部地区这一特征更为明显。

三是城镇化的能源消费弹性明显大于工业化，城镇化已经成为影响未来能源消费的关键变量。与工业化进程相比，近年来中国城镇化推进具有明显的粗放特征。这说明，在推进城镇化的过程中，随着城镇人口规模的不断增长，中国尚没有充分发挥城市的集聚效应，即城镇化对提高能源利用效率的积极作用还没有完全发挥出来。

四是东部、中部和西部地区城镇化、工业化进程对能源消费的影响途径和趋势具有明显差异。从东部地区来看，能源消费的主要拉动因素既有城镇化的作用，又有工业化的作用。虽然上海、北京等发达地区城镇化的集聚效应对提高能源利用效率产生了重要的影响，这些地区城镇化、工业化与能源消费之间已经开始呈现出协调发展、稳步增长的特征。但是，东部地区城镇化、工业化的能源消费弹性仍然超过 1，这主要是因为部分东部地区城镇化、工业化仍然处于加速阶段，而且虽然东部地区产业专业化水平逐渐提高（范剑勇，2008），但城市发展缺乏更大范围的区域分工，未能实现资源优化配置和能源节约利用。

从西部地区来看，城镇化和工业化均对能源消费产生了正向影响。但是，能源消费的主要拉动因素是城镇化，其作用要明显高于工业化的影响。西部地区近年来城镇化推进速度较快，其工业化处于中前期阶段，随着工业化、城镇化的推进,西部能源消费将会出现加速增长的趋势。特别是,粗放的城镇化模式将成为未来西部能源消费的关键因素,值得引起关注。

中部地区城镇化的能源消费弹性达到3,远远大于东部和西部地区。近年来,中部地区承接了不少东部转移产业①,有色金属冶炼及压延加工业、石油加工、炼焦及核燃料加工业等高耗能产业发展较快。而这些重工业吸纳就业能力不强,对城镇化的拉动作用有限,无法形成产业集聚效应,城镇化对提高能源利用效率的作用尚未得到有效发挥。目前,中部地区城镇化尚处于加速阶段。相对于东部地区,中部地区城镇化的"行政色彩"更加明显,特别是实施中部崛起战略以来,城市道路、建筑、交通等投资规模的加大,加速了能源消费增长。因此,中部地区城镇化转型面临的能源消费压力比东部和西部地区更大。

五 总结与政策含义

综上所述,现有文献对城镇化与能源消费之间关系的研究尚存在一些不足:一是没有考虑工业化对能源消费的影响,过高估计了城镇化的作用;二是没有考虑区域发展阶段和发展模式的差异,正是由于这种差异导致了城镇化、工业化和能源消费之间关系的不同特征;三是从中国的实际情况出发,实证方法尚需要进一步完善。基于此,我们构建了固定效应面板模型,采用广义最小二乘法,估计了反映不同区域能源消费水平长期趋势的均衡方程。结果显示,在全国层面,中国城镇化、工业化对能源消费的净效应为正,并且城镇化的影响作用更加明显。从分区域情况来看,东部、中部、西部地区城镇化对能源消费的净效应为正。其中,中部地区影响程度最大。这意味着中部地区城镇化转型面临的能源消费压力最大。

据此,我们认为,今后中国在城镇化进程中需要注意以下两个问题:

首先,城市发展政策要考虑城市的规模效益。城镇化是生产要素由农村向城市转移的动态过程,也是空间资源优化配置形成集聚经济的过程。

---

① 据测算,目前全国制造业分布发生了一些重要变化,部分重化工业已经开始向中部地区转移,如中部地区有色金属冶炼及压延加工业、石油加工、炼焦及核燃料加工业发展较快,部分中部省份的市场份额已经超过江苏、山东等东部省份。

当前，在中国城镇化进程中，没有充分发挥城市的集聚效应，而是主要依靠基础设施投入的"造城运动"。各地区产业发展层次低、消耗高，尚没有形成合理分工格局，严重影响了城市综合效益的提高。这既导致了能源消费的粗放式增长，又使得城镇化提升能源利用效率的作用得不到发挥。为此，在城镇化进程中需要特别注意：一是从区域层面完善城市发展规划和功能定位。要正确认识城市所处的发展阶段和区情特点，明确城市未来发展方向和路径，充分发挥城市的集聚潜力。二是支持大城市适度发展，鼓励区域层面的城市群建设。大城市集聚效应强，能够在更大的空间上实现资源优化配置。受行政区划的限制，目前一些大城市的集聚经济潜力尚没有得到充分发挥。今后要强化大城市之间以及大城市与周边中小城市和小城镇的分工合作，推进城市群的一体化进程，同时合理规划和建设卫星城，扩展大城市的发展空间。三是小城镇发展要避免"造城运动"。小城镇发展面临资金短缺、基础设施落后、产业支撑乏力等问题，要加强基础设施和公共服务能力建设，依靠产业集聚来吸纳人口，促进人口与产业协调集聚，充分发挥集聚经济效应。一定要杜绝没有产业基础的"造城运动"。

其次，要充分考虑地区发展的差异，相关政策要有区别对待。当前，中国总体上已经处于工业化中期阶段，部分东部发达地区已进入工业化后期的后半阶段，其中上海、北京已经进入后工业化阶段（陈佳贵等，2007）。但是，中西部地区还处于工业化的中前期，城镇化还处在加速发展阶段。从能源约束的角度来看，中部地区未来城镇化推进将面临更大的能源约束，西部地区虽然短期内能源约束还没有完全体现，但如果仍然实施现有的粗放城镇化模式，能源供求矛盾将日益凸显出来。因此，对于东部发达地区，应充分发挥城镇化对能源效率的提升作用；对于中西部地区，应充分考虑其发展阶段特点，不能一味强调提高城镇化水平，避免行政化的"造城运动"。

参考文献

［1］陈甬军、景普秋：《中国城市化道路新论》，商务印书馆，2009。
［2］陈佳贵、黄群慧等：《中国工业化进程报告（1995～2005）》，社会科学文献出版社，

2007。

[3] 工业化与城市化协调发展研究课题组:《工业化与城市化关系的经济学分析》,《中国社会科学》2002 年第 2 期。

[4] 耿海青、谷树忠、国冬梅:《基于信息熵的城市居民家庭能源消费结构演变分析——以无锡市为例》,《自然资源学报》2004 年第 3 期。

[5] 李廉水、周勇:《技术进步能提高能源效率吗——基于中国工业部门的实证检验》,《管理世界》2006 年第 10 期。

[6] 林毅夫、蔡昉、李周:《中国经济转型时期的地区差距分析》,《经济研究》1998 年第 6 期。

[7] 欧育辉:《基于面板数据模型的能耗与固定资产投资关系的实证研究》,《管理学报》2009 第 1 期。

[8] 范剑勇:《产业集聚与中国地区差距研究》,上海人民出版社,2008。

[9] 中国能源发展战略与政策研究报告课题组:《中国能源发展战略与政策研究报告》(上),《经济研究参考》2004 年第 83 期。

[10] 中国能源发展战略与政策研究报告课题组:《中国能源发展战略与政策研究报告》(下),《经济研究参考》2004 年第 84 期。

[11] Berry, B. J. L., "The Counterurbanization Process: Urban America since 1970", *Urban Affairs Annual Review* (11), 1976, pp. 17 – 30.

[12] Banuri, T., et al, "Climate Change 2001", Working GroupIII: Mitigation, Intergovernmental Panel on Climate Change, 2001.

[13] Champion, A. G., "Counterurbanization in Britain", *Geographical Journal* 155 (1), 1989, pp. 52 – 59.

[14] Jiang, L. W. and Brian O'Neill, "Impacts of Urbanization on Energy Consumption in China", 2007。文明的和谐与共同繁荣——对人类文明方式的思考,"人口与区域发展"人口分论坛论文,北京论坛,2006。

[15] Jones, D. W., "Urbanization and Energy Use in Economic Development", *The Energy Journal* 10 (4), 1989, pp. 29 – 44.

[16] Jones, D. W., "How Urbanization Affects Energy Use in Developing Countries", *Energy Policy* (7), 1991, pp. 621 – 630.

[17] Karl, T. R. and K. E. Trenberth, "Modern Global Climate Change", *Science* (302), 2003, pp. 1719 – 1723.

[18] Kountuly, T., S. Wiard, et al, "Counterurbanization in the Federal Repulic of Germany", *The Professinal Geographer* 38 (2), 1986, pp. 170 – 181.

[19] Kountuly, T., "Contrasting the Counterurbanisation Experience in European Nations", in P. Boyle and K. Halfacree, *Migration into Rural Areas: Theories and Issues*, (John Wiley & Sons, 1998), pp. 61 – 78.

[20] Lei Shen, Shengkui cheng, Aaron James Gunson, et al, "Urbanization, Sustainability and the Utilization of Energy and Mineral Resources in China", *Cities* 22 (4), 2005, pp. 287 – 302

[21] Nakicenovic, N., et al, *Special Report on Emissions Scenarios: a Special Report of Working*

Group III of The Intergovernmental Panel on Climate Change (Cambridge University Press, 2000).

[22] Parikh, J. and V. Shukla, "Urbanization, Energy Use and Greenhouse Effects in Econonmic Development-Resuls from a Cross-National Study of Developing Countries", *Global Environmental Change* 5 (2), 1995, pp. 87 – 103.

[23] Wexler, L., "Improving Population Assumptions in Greenhouse Emissions Models", WP – 96 – 009, Laxenburg, Austria, International Institute for Applied Systems Analysis, 1996.

第八章
中国城镇化的技术创新效应

一 引言

城镇化与技术进步有着密切联系,其直接结果即为生产要素在某个地区的空间集聚,而生产要素集聚一方面会直接作用于技术创新的数量与质量,另一方面也会带来技术外溢与扩散效应,从而有利于集聚地的自主创新,最终促进技术进步与经济增长。当前,依靠自主创新提高生产要素的产出效率,已成为各国实现经济增长的重要途径。因此,探讨城镇化进程中的技术创新效应,研究考察城镇化技术创新效应的正面影响,实现依靠城镇化促进中国经济的长期可持续发展,对于走具有中国特色的新型城镇化道路和自主创新道路,建设创新型国家,都具有重要的理论与现实意义。

随着新增长理论的兴起和新的实证方法的广泛运用,关于技术进步与经济增长的研究近年来表现得异常活跃,研究内容和角度也日益深入。新经济增长理论认为,一个国家经济要实现稳定的可持续发展,资本、劳动力和技术是不可或缺的因素,其中技术尤为重要,而创新则是技术进步的重要原动力。影响技术创新能力的因素有很多,比如研发投入、人才培养、对外开放、制度变迁、产权保护等,随着新增长理论对外部性研究的日益深化,城镇化对技术创新的作用也逐步进入人们的研究视角。不过,与上述多因素诱发的技术创新效应研究相比,目前关于城镇化与技术创新之间相关联系的研究较少,已有的分析大致集中在以下几个方面。

(1) 研究城镇化与技术创新二者的联系。国外相关文献已基本证实城镇化能给技术进步带来正的外部性，城镇化是一国技术创新不可忽视的因素之一。Pred (1966) 和 Higgs (1971) 分别通过估算美国 1860~1910 年和 1870~1920 年的相关数据，发现美国城市化水平与专利申请数之间存在重要联系，美国的发明集中于城市。Chinitz (1961) 和 Jacobs (1969) 认为城市的竞争性市场结构有助于创新。Uallachain (1991)、Feldman 和 Audretsch (1999) 研究发现，大都市的专利活动更加显著。Henderson (1997) 指出美国的大城市集中了大量的产业活动且表现出较强的创新能力。Lucas (1988) 认为城市是研究知识外溢与技术创新的"天然实验室"。Carlino、Chatterjee 和 Hunt (2007) 指出美国专利大部分集中在城市地区。国内如王军 (2005) 认为城市为企业提供了知识外溢的重要场所，中国专利产出的地区分布和美国有类似的规律，即大城市的专利产出有一定规模效应。程开明和李金昌 (2008) 运用向量自回归模型、因果检验、脉冲响应等动态分析发现，中国城镇化有利于技术创新，而创新也有利于加快城镇化进程，二者之间具有较强的正向关联性。柴志贤 (2008) 利用中国 1999~2005 年的省级面板数据研究发现，城镇化程度对区域创新能力有显著的促进作用。程开明 (2010) 认为，城市有利于技术创新的产生且能够加速创新扩散，城市规模越大，创新能力越强。姜磊和季民河 (2011) 研究发现中国创新活动呈区域化状态，且主要集中在城镇化水平较高的环渤海湾和长三角城市群，城镇化、研发投入和市场化均有助于知识的空间溢出。

(2) 研究城镇化与经济增长（或全要素生产率）之间的联系。城镇化不仅有助于技术创新，而且是现代经济增长的重要推动力。已有的经验性文献已证实，创新是推动区域经济发展的根本动力，它不仅可促进区域经济增长，提高区域全要素生产率，而且有助于产业结构升级，推动区域经济增长方式转变（魏后凯，2011）。Berry 和 Tennant (1965) 选取 95 个国家（地区）的样本数据研究发现，经济增长与城市化之间存在正相关关系。Segal (1976) 利用美国的相关数据研究发现，大城市产生的集聚效应会导致该城市的全要素生产率比其他一般城市高 8%。Renaud (1981) 在对 111 个国家（地区）分析后也发现，一国经济增长与城市化水平紧密相关。Fogarty 和 Garofalo (1988) 研究发现，当城市人口增加时，该城市的全要素生产率水平会随之显著提高。Moomaw 和 Shatter (1996) 通过回归分析发现，城市化率随人均 GDP、工业化程度等的增长而上升。Henderson (2000) 利用不同国家的横截面数据计算出城市化水平与人均GDP之间的相关系数为0.85。中国学者对城镇化与经济增长之间的关系也进行了实证分析，同样发现城镇化是促进经济增长的重要因子，有代表性的研究如周一星（1997）、许学强等（1997）、王小鲁等（1999）、李文（2001）、高佩义（2004）、曾青春等（2006）、李金昌等（2006）、沈坤荣等（2007）、吴福象等（2008）、阳立高等（2009）、段瑞君等（2009）、孙文凯（2011）、陈彦光（2011）、吕健（2011）等。

（3）综合研究城镇化、技术创新与经济增长（或全要素生产率）三者的关系。随着新增长理论的兴起，城镇化水平已成为其中的一个重要因子，城镇化的要素集聚效应有助于推动技术创新与知识外溢，从而有助于促进经济增长。熊彼特（1990）认为创新或技术进步是经济系统的内生变量，经济增长的过程是通过经济周期的变动实现的，经济增长与经济周期不可分割，它们的共同起因是企业家的创新活动。程开明（2009）认为，城镇化通过创新的中介效应推动经济增长，但创新作为中介因素的效应并不十分突出。魏下海和王岳龙（2010）研究发现城镇化、创新与生产率具有长期均衡关系，城镇化和创新对全要素生产率增长具有长期的正向影响，城镇化通过创新中介效应显著地驱动全要素生产率增长。

从上述已有文献中可以发现，对城镇化与技术创新、全要素生产率（或经济增长）之间的关系，特别是城镇化与经济增长之间的联系，国内外学者已经有了一些研究，且得到的结论基本一致，即城镇化能给技术进步带来正的外部性，并最终促进经济增长。但是，相关研究中详细考察城镇化对技术创新促进作用的文献偏少，目前国内只有程开明、魏下海等做了一些尝试性研究。他们虽然讨论了城镇化与技术创新以及全要素生产率之间的关系，但仍存在一些不足，主要表现在：第一，已有文献大都只是把城镇化的技术创新效应作为其促进经济增长的中介效应来研究，而缺乏对城镇化促进技术创新的机理探讨；第二，在已有的经验分析中，国外的实证分析居多，缺乏对中国数据的探讨，目前国内只有少数学者对此进行了研究。中国作为世界上最大的发展中国家，不仅政治与经济体制都有着自身特色，而且城镇化道路与区域发展更具中国特色，因此有必要对中国的具体情况进行深入分析。

为此，针对以上不足，本章试图在以下方面展开研究：一是从技术创新效应的角度，集中探讨城镇化促进技术创新的作用机理；二是在分析中国城镇化进程与技术创新水平的发展现状基础上,运用相关的时间序列与省际面板数据,从国家和区域两个层面分别考察它们的演变轨迹与可能存在的某种联系;三是根据中国城镇化与技术创新的作用机制,具体量化中国城镇化的技术创新效应;四是根据理论演绎与实证结果,提出增强城镇自主创新能力、建设创新型城镇的政策建议,以更大程度地发挥城镇化的技术创新效应。基于这一思路,本章内容安排如下:第二部分从理论上探讨城镇化促进技术创新的作用机理;第三部分利用国家和省际数据对城镇化进程与技术创新水平的演变轨迹进行描述,以辨别中国城镇化与技术创新之间的关系;第四部分构建模型,采用面板分析法,利用1990~2010年中国30个省、直辖市、自治区的面板数据,选择合适的指标与代理变量,定量测度中国城镇化进程的技术创新效应,并对检验结果做具体分析;最后根据本章的分析结果,提出具有针对性的政策建议。

二 城镇化的技术创新效应作用机理

技术创新作为技术进步的重要来源之一,主要是指生产技术的创新,包括开发新技术或者将已有的技术进行应用创新,最终实现技术进步。城镇化和技术创新并不是两个孤立的事物,发达国家的经验表明,它们之间可以形成良性循环。世界经济发展的实践告诉我们,城镇化是社会经济发展的必然趋势,是人口向城镇集聚、城镇规模扩大以及由此引起的一系列经济社会变化的过程,而这一过程可以为技术创新活动提供契机。本章认为,城镇化的技术创新效应主要是指城镇化过程中,由于人口迁移、要素集聚、空间扩散等各种诱因导致的技术变革与创新,因此城镇化不仅是现代经济生产率的重要推动力,而且是促进技术创新的重要因素。城镇化对技术创新的作用主要基于两个方面:一是随着人口向城市的迁移,经济活动也向城市地区集聚,从而引致更多的技术创新活动,理论上讲城镇化程度越高,城市规模越大,技术创新活动则越多;二是城镇化的过程会带来创新产品和知识技术的外溢与扩散,这又会进一步促进当地的技术创新,形成创新—外溢(扩散)—再创新的良性循环。

针对城镇化的技术创新效应,我们需要讨论的是,在城镇化引起的一系列经济社会变化过程如人口迁移、要素集聚中,它对技术创新活动是如何发挥作用的,城镇化对技术创新的形成存在怎样的作用机理。城镇化和技术创新过程与人力资本、物质资本等其他要素密切相关，因此理论上讲，城镇化能够产生正向的技术创新效应，即随着城镇化的不断推进，全社会的人力资本水平会不断提高，生产要素会不断集聚，有效需求会不断增加，知识外溢会不断加速，从而最终促进技术创新活动的形成与发展。由此，我们从以下四个方面探讨城镇化促进技术创新的机理（见图 8-1）。

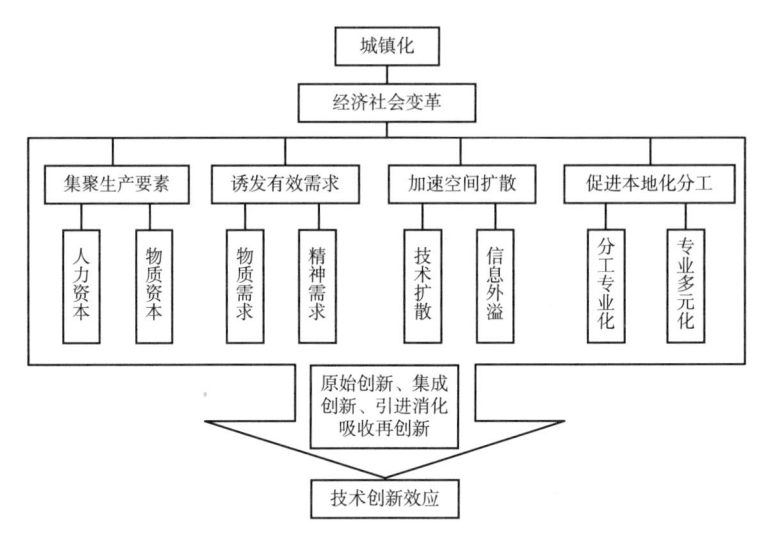

图 8-1 城镇化的技术创新效应作用机理

（一）城镇化通过集聚生产要素促进技术创新

众所周知，技术创新活动至少需要两种投入，即人力和物力。第一，城镇化可以通过集聚人力资本促进技术创新。城镇化和技术创新都需要通过人——这个基本生物体为单元来产生活动，城市为人们的各种活动提供场所，这其中当然包括了技术创新活动。城镇化可以通过集聚高素质人才，提高本地的全要素生产率。因此，从理论上讲，城镇化能够产生正向的技术创新效应，即随着城镇化进程的不断推进，城镇人口数量与质量的不断提升，城镇中可能从事技术创新活动的潜在人口规模也会不断扩大，因而城镇化有利于技术创新。同时，与其他生产活动不同，从事技术创新活动的关键是人才的参与，城镇化可以促进要素向城镇集中，实现区域一体化，即鼓励乡镇企业向城市集中，允许农村剩余劳动力自由向城镇转移。人力资本的空间集聚加快了城镇中企业与劳动者之间的寻求与匹配过程，从而使双方有更多的时间和精力投入技术创新。此外，由于城镇良好的教育设施与教育质量有利于人们学习新知识，从而有助于加快人力资本积累，形成城镇中人力资本的良性循环。第二，城镇化可以通过集聚研发资本促进技术创新。由于技术创新活动的高科技性与高风险性，使得其需要更多的资本投入，而城镇化的推进则有利于研发资本的集聚。城镇化可以通过吸引研发资本以进行更多的技术创新，开发新技术或新的劳动工具。大量的事实表明，城镇产业的繁荣和高回报吸引了更多的资本、技术和知识的流入，这些要素的整合将会进一步诱发新的技术创新和流动，并促进新兴产业的形成（OECD，2010）。一般来说，城镇化水平越高的地区，越能吸引更多的研发投入，而且研发资本在空间上更趋向于集中到有较大经济规模的地区。

（二）城镇化通过诱发有效需求促进技术创新

城镇化是人类社会发展的必然趋势，也是现代化的重要标志。城镇化不仅是农村人口不断向城镇转移，第二、第三产业不断向城镇集聚及其集约化程度不断提高的过程，而且更重要的是由此引起社会生产生活方式和社会形态演变的过程。城镇化蕴涵着巨大的内需空间，是扩大内需的潜力所在，随着城镇化的不断推进，城镇人口将不断增加，由此带来的投资和消费需求，将为中国的技术创新活动提供强大动力。城镇化本身所带来的经济活动、人口在城镇的空间集聚效应能直接促进交易效率的提高和劳动分工的演进，从而实现技术创新。城镇化能够诱发人们的各种需求，不但包括基本的物质生活需求，而且包括更高层次的精神文化需求，这也将有效地促进相关部门的技术创新活动，从而带来正的技术创新效应。

（三）城镇化通过加速空间扩散促进技术创新

除了带来要素集聚和诱发需求效应以外，城镇化还会产生区域扩散效应，即技术水平高的城镇可以把本地在技术、生产、管理等方面的优势通过人员流动等途径，带动或影响周边地区的技术创新。城镇化有利于促进区域之间的联系，加速信息、知识和人员的空间转移与集聚，从而提高部门间的沟通效率，促进技术创新活动。城镇化带来的人力资本聚集，也使得人们之间的相互交流增多，这更有利于相互间的知识外溢并产生新知识。特别是目前中国比较发达的城市通常是各类企业、大学、科研机构的密集地，从而集聚了多样化的城市经济参与者（如具备专业创新技能的 R&D 人员、生产者、营销者、管理者等）。因此，经济活动的参与者越多，人们之间相互学习的机会就越多，知识外溢的速度就越快，从而使彼此之间获得新思想的机会就越大。同时，城镇作为一个相互学习的地域空间，生产技术与产品市场需求之间的匹配过程也会带来技术扩散。消费者日益增长的需求多样性必然会要求生产投入的多样化，从而进一步促进行业中企业之间的相互学习。此外，在产品的销售过程中也可能存在一定程度的知识与技术扩散，这是因为消费者和使用者的经验反馈同样有助于促进生产企业的技术创新。

（四）城镇化通过本地化分工效应促进技术创新

随着人口和经济活动向城镇的集中，市场需求将会迅速增长和多元化，这会促进专业化分工，从而有利于技术创新，并进一步提高经济效率（世界银行，2009）。首先，城镇化带来了实现分工专业化与合作化的机会，这有利于参与分工的人在从事专业工作的过程中产生更多的技术创新成果。城镇化带来的集聚效应能直接提高交易效率，且分工后的效益仍大于成本。城镇化有利于聚集专业供应商和中间投入需求商，缩短他们之间寻求匹配的过程，从而可以充分利用对方的专业化优势开展技术创新活动，实现规模经济，最终达到节约成本的目的。其次，城镇化通过多元化发展促进技术创新。随着各种城镇的发展特别是大城市的发展，城镇中的消费者对产品的需求呈多元化趋势，这就要求区域内产业的发展要多元化，企业生产的产品要多样化，并且与工业发展相配套的第三产业应逐步成熟完善，而这些都与企业的技术创新能力密不可分。

总之，技术创新是当前各国经济发展和社会进步的重要动力。在现代经济体系中，技术创新与知识溢出最容易在空间上相对集中的个体之间发生，因而城镇化为这种创新与外溢提供了契机。城镇化是人类生产和生活活动在地域空间上的集聚，城镇是创新和技术进步的主要来源地，也是推动全要素生产率增长的重要引擎。相对于乡村而言，城镇特别是大城市更具备进行技术创新的外部环境和多重优势，表现在人口聚集密度高，交通便捷，有效缩短部门与部门、行业与行业之间的距离等。城镇化的过程即为吸引生产要素向城镇集聚的过程，从而使城镇成为知识外溢与技术创新的中心。城镇化使得不同行业的各部门聚集在一起，人口和经济活动在地理上实现集聚，产生外部经济效应和劳动力市场集聚效应，从而有利于集聚企业的自主创新，提高自身全要素生产率水平。同时，城镇化加快了产业资本的循环，改进了服务效率，行业间技术溢出效应更明显，因而更能促进同行业的技术创新。可以说，城镇为技术创新及扩散提供了良好条件，城镇化通过技术创新实现全要素生产率的增长，进而推动了整个区域的经济增长。

三　中国城镇化与技术创新水平的关系描述

中国城镇化与技术创新水平的关系呈现出明显的阶段性特征，城镇化水平的区域差异是影响技术创新水平地区差异的重要因素之一。本节将从国家与区域两个层面分析城镇化与技术创新水平的演变轨迹及其差异情况，以便对两者的关系有一个全面的把握，并为后文的定量分析做铺垫。

（一）国家层面的城镇化进程与技术创新水平的关系

伴随着国民经济的快速增长，中国的城镇化进程加速推进，城市规模不断扩大，城镇化水平稳步提高。2010年中国城镇人口达66978万人，城镇化率达49.95%。其中，城镇化率最高的城市是上海，达到88.86%，其次是北京和天津，分别为78.71%和61.11%。截至2010年年末，中国共有地级及以上城市287个，其市辖区年末总人口达38866万人，占全国总人口的比重为29.0%。2010年，市辖区年末总人口达到500万人以上的城市有12个，人口总数为9253万人，其中，重庆、上海、北京的人口均在1000万人以上。与此同时，中国的技术创新活动也有着显著的发展，这里从技术创新活动的投入和产出两个角度来考察城镇化与技术创新之间的联系，分别选取R&D经费支出占当年GDP的比重、发明专利授权量占当年总授权量的比重（选取发明专利主要是考虑其科技含量高、具有国际可比性等特点），作为技术创新活动投入与产出的代理变量。1990~2010年，中国的R&D支出总量与专利授权量呈逐年递增趋势，特别是2000年以来，中国研发经费支出以年均23%的速度快速增长，到2010年中国已跻身研发经费投入大国之列。据各年的《中国科技经费投入统计公报》数据显示，1990年中国R&D经费总支出为125.4亿元，占全年GDP的0.67%；到2010年中国R&D经费支出达7062.58亿元，占全年GDP的1.76%，创历史新高。而且，中国的研发总支出在世界的排名也不断上升，2010年首次超过德国，仅次于美国和日本，位居世界第三位。不过，1990～2010 年，中国授权的三种专利中，发明专利的授权量过少是最突出的特点。

由于反映技术创新水平的相关指标只能获取 1990 年以来的数据，因此，这里只分析 1990～2010 年中国城镇化进程与技术创新水平的关系与变化趋势（见图 8-2）。通过比较全国城镇人口和 R&D 投入的增长速度，可以发现，20 年来全国城镇人口的平均增长速度为 3.98%，而全国 R&D 经费投入的平均增长速度为 21.93%，R&D 投入的增长率明显快于城镇人口的增长率。

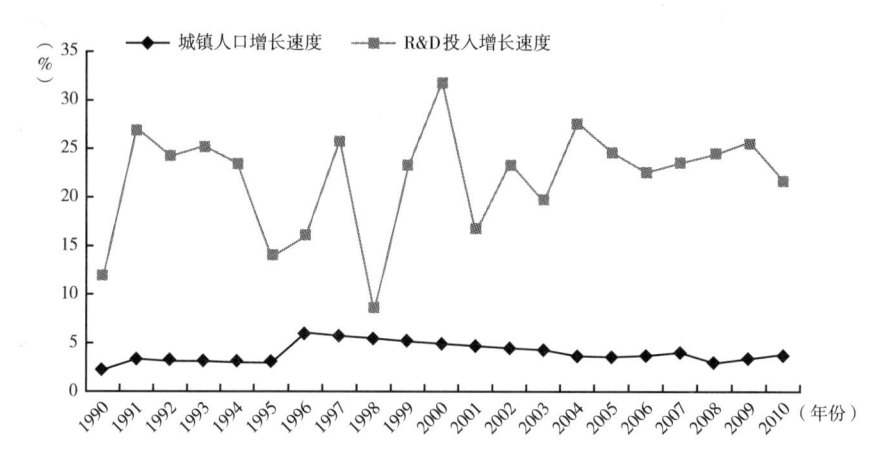

图 8-2　1990～2010 年中国城镇人口和 R&D 投入增长速度

资料来源：根据《中国统计年鉴》和《中国科技统计年鉴》（各年度）整理计算。

另外，以发明专利授权量占总授权量比重表示的技术创新活动产出水平的变化趋势呈现出一定的阶段性特征，大致可以分为三个阶段：① 1990～1997 年，中国发明专利授权量的比重从 16.99% 下降到 6.85%，下降了约 10.14 个百分点；同期城镇化率由 26.41% 增至 31.91%，增加了约 5.5 个百分点。② 1998～2004 年，发明专利授权量的比重从 6.97% 上升到 25.95%，增加了约 18.98 个百分点；同期城镇化率由 33.35% 增至 41.76%，增加了约 8.41 个百分点。③ 2005～2010 年，发明专利授权量的比重又从 24.9% 变化到 16.58%，下降了约 8.32 个百分点；同期城镇化率由 42.99% 增至 49.95%，增加了约 6.96 个百分点。可见，中国技术创新产出的阶段性变化与城镇化率一直逐年递增的演变趋势不一致（见表 8-1）。

表8-1 1990~2010年中国城镇化进程与技术创新活动产出变化的阶段性特点

时间段 （年）	发明专利授权量占总授权量比重			城镇化率		
	期初 （%）	期末 （%）	变化 （百分点）	期初 （%）	期末 （%）	变化 （百分点）
1990~1997	16.99	6.85	-10.14	26.41	31.91	5.50
1998~2004	6.97	25.95	18.98	33.35	41.76	8.41
2005~2010	24.9	16.58	-8.32	42.99	49.95	6.96

资料来源：根据《中国统计年鉴》和《中国科技统计年鉴》（各年度）整理计算。

（二）区域层面的城镇化进程与技术创新水平的关系

1. 中国城镇化进程的区域差异：基于四大区域和七大区域的比较

改革开放以来，在国家政策的大力支持下，中国东部沿海地区经济取得了长足发展。尽管近年来国家投资布局和政策支持的重点开始逐步移向中西部和东北地区，但是地区差异仍然明显，这不仅表现在经济增长的速度上，而且也表现在城镇化水平上。根据魏后凯等（2010）提出的未来中国区域政策的基本框架以及国家统计局2011年6月13日的划分办法，本章首先按照东部、中部、西部和东北四大区域的地域框架[①]，考察四大区域的城镇化差异情况，以反映中国不同区域的城镇化进程状况。东部包括北京、天津、河北、上海、江苏、浙江、福建、山东、广东和海南；中部包括山西、安徽、江西、河南、湖北和湖南；西部包括内蒙古、广西、重庆、四川、贵州、云南、西藏、陕西、甘肃、青海、宁夏和新疆；东北包括辽宁、吉林和黑龙江。

从图8-3可以看到，1990~2010年中国四大区域的城镇化水平相差较大，东北地区基本上保持在50%左右，而东部地区经历了一个明显的提升过程，从30%左右逐步上升到超过50%。同时，考虑到东部和西部地区的内部差异性，按照魏后凯等（2010）的思路，进一步把东部地区再细分为东南（广东、福建、海南）、长三角（上海、浙江、江苏）、环渤海（北京、天津、河北、山东）三个区域，把西部地区细分为西南（广西、重庆、四

---

① 本章以全国30个省市区为分析的基本单元，其中由于重庆市1997年才成为直辖市，所以为了数据的一致性和连贯性，将1997年以后重庆的数据并入四川，港澳台地区暂不纳入研究范围。

川、贵州、云南、西藏）和西北（内蒙古、山西、甘肃、宁夏、青海、新疆）两个区域（见图8-4）。

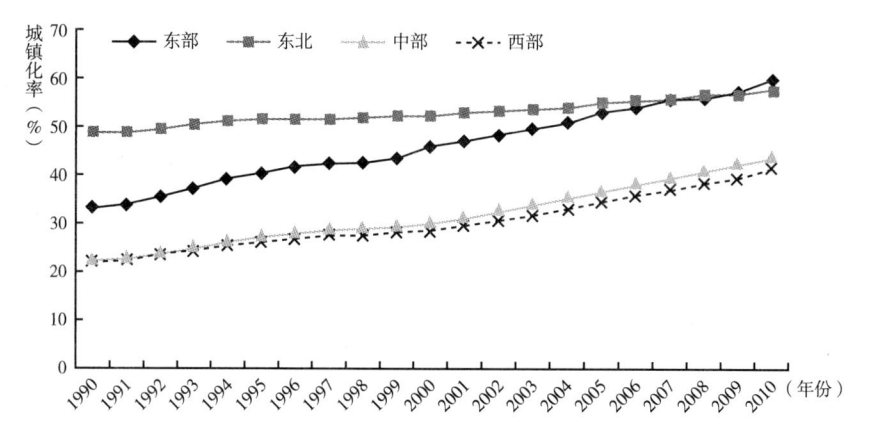

图8-3　中国四大区域城镇化水平比较（1990~2010）

资料来源：根据《中国人口统计年鉴》与《中国城市建设统计年鉴》（各年度）整理计算。

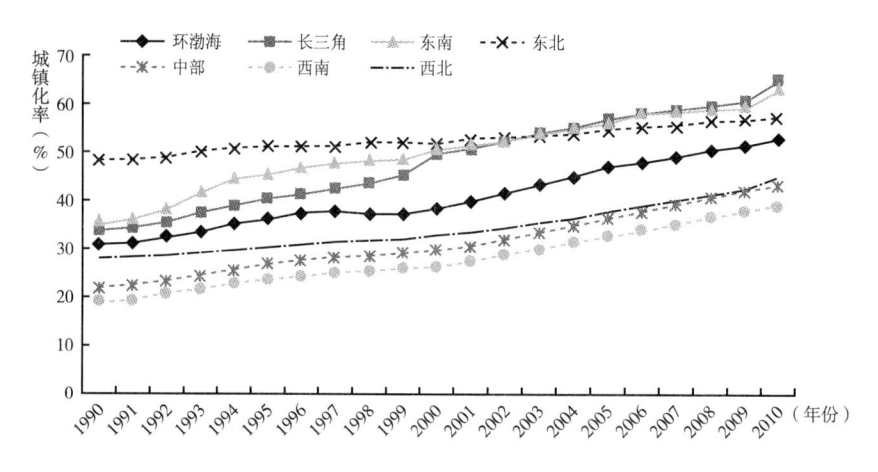

图8-4　中国七大区域城镇化水平比较（1990~2010）

资料来源：根据《中国人口统计年鉴》与《中国城市建设统计年鉴》（各年度）整理计算。

通过比较图8-3与图8-4可以发现，如果只把中国粗略地划分为四大区域，那么图8-3表明中国中部与西部地区的城镇化水平大致相当，而且东北地区在1990~2009年城镇化水平都位居全国第一，直到2010年，东部地区的城镇化水平才超过东北地区。这样的城镇化分布状况似乎与各区域目前的经济发展情况不大一致。根据中国长期以来实施的沿海经济发展战略，东部地区的经济发展与城镇化水平应该都位于前列。

因此，我们认为，单纯把中国区域划分为四大区域的做法，可能会影响本章的分析结果，由此下面按照魏后凯等（2010）的思路，把中国细分为七大区域。从图8-4中可以看到，目前中国七大区域的城镇化水平按从高到低的顺序依次为：长三角、东南、东北、环渤海、西北、中部、西南。这样的区域划分，不仅较好地反映了中国各大区域城镇化进程的实际状况，而且有助于本章后面对因城镇化区域差异所带来的技术创新效应程度差别的研究。

2. 中国技术创新水平的区域比较：基于七大区域的分析

与经济增长的速度一样，中国各区域的研发活动投入产出也存在明显的差异。为了简要说明中国技术创新投入产出的变化趋势，这里我们只选取各地的R&D经费支出与专利授权量这两个指标，截取2000~2010年的相关数据分七大区域来比较地区差异。

图8-5、图8-6分别说明了中国七大区域的研发投入产出发展趋势。从图8-5可以发现，中国长三角地区的研发投入经费最高，其次是环渤海地区、东南地区、东北地区、中部地区、西南地区、西北地区，且从2004年开始各地区的差异越来越大。此外，从图8-5也可以看到，中国的研发经费支出的大部分都集中在前三个地区（即长三角、环渤海、东南），而后四个区域的研发经费都比较少。图8-6表明，中国七大区域的专利授权量按从高到低的顺序依次为：长三角、东南、环渤海、东北、中部、西南、西北。这与图8-5的排序有点差别，即专利授权量排在第二位的并不是研发投入排在第二位的环渤海地区，而是东南地区。而且，长三角地区的专利授权量2010年出现了加速增长，从2009年的6.7万项左右猛增到10万余项。同样，图8-6也表明，中国的专利授权量目前仍密集集中在东部沿海地区的省份，尤其以江苏、广东、浙江最为集中。

由此，根据图8-4、图8-5、图8-6，我们可以得出一个基本结论：即中国不同区域的城镇化进程与技术创新投入产出紧密相关，城镇化进程较快的地区（如长三角、环渤海、东南区域）技术创新水平也比较高，城镇化与技术创新呈正向相关关系。

3. 中国区域城镇化进程与技术创新水平的关系

下面我们通过分析七大区域的具体情况来考察各地区城镇化率与技术创

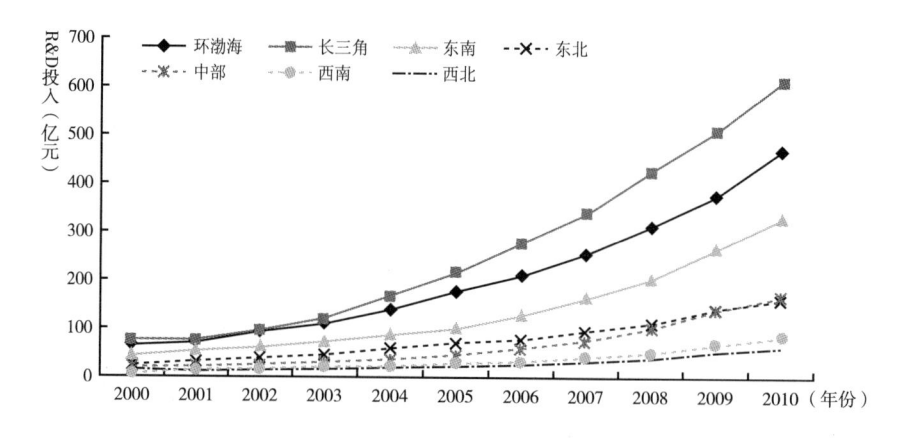

图 8-5　七大区域 R&D 经费支出比较

资料来源：根据《中国科技统计年鉴》（各年度）整理计算。

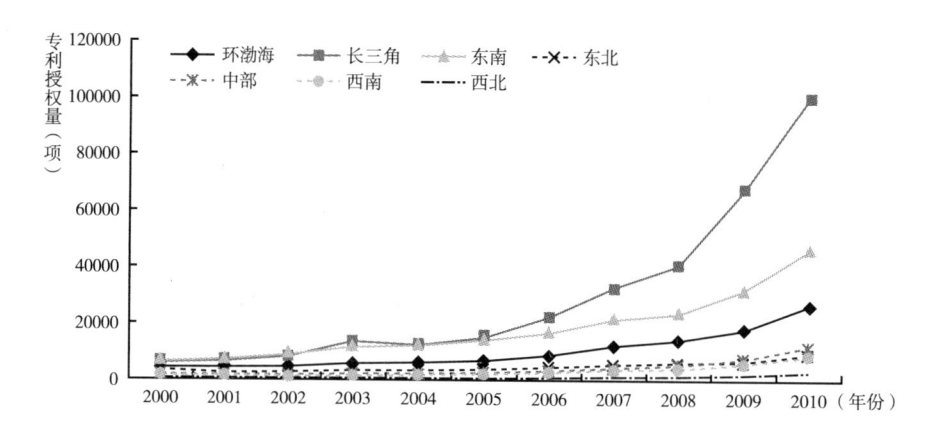

图 8-6　七大区域专利授权量比较

资料来源：根据《中国科技统计年鉴》（各年度）整理计算。

新的内在联系，技术创新活动的指标仍按照投入产出分别采用研发支出经费与专利授权量来表示（见图 8-7）。

从图 8-7 分别描绘的七大区域城镇化进程与技术创新的演变趋势可以发现，中国各区域的城镇化进程与技术创新水平变化趋势基本一致，城镇化水平随着技术创新投入的增加而提高，城镇化水平的提高，反过来又促进了技术创新产出，两者之间呈现高度的正相关。首先，从技术创新投入来看（主要是研发资金和研发人员的投入），技术创新集中于大城市，而且城市规模越大，创新投入规模也越大，城镇化对技术创新具有正的促进作用。这

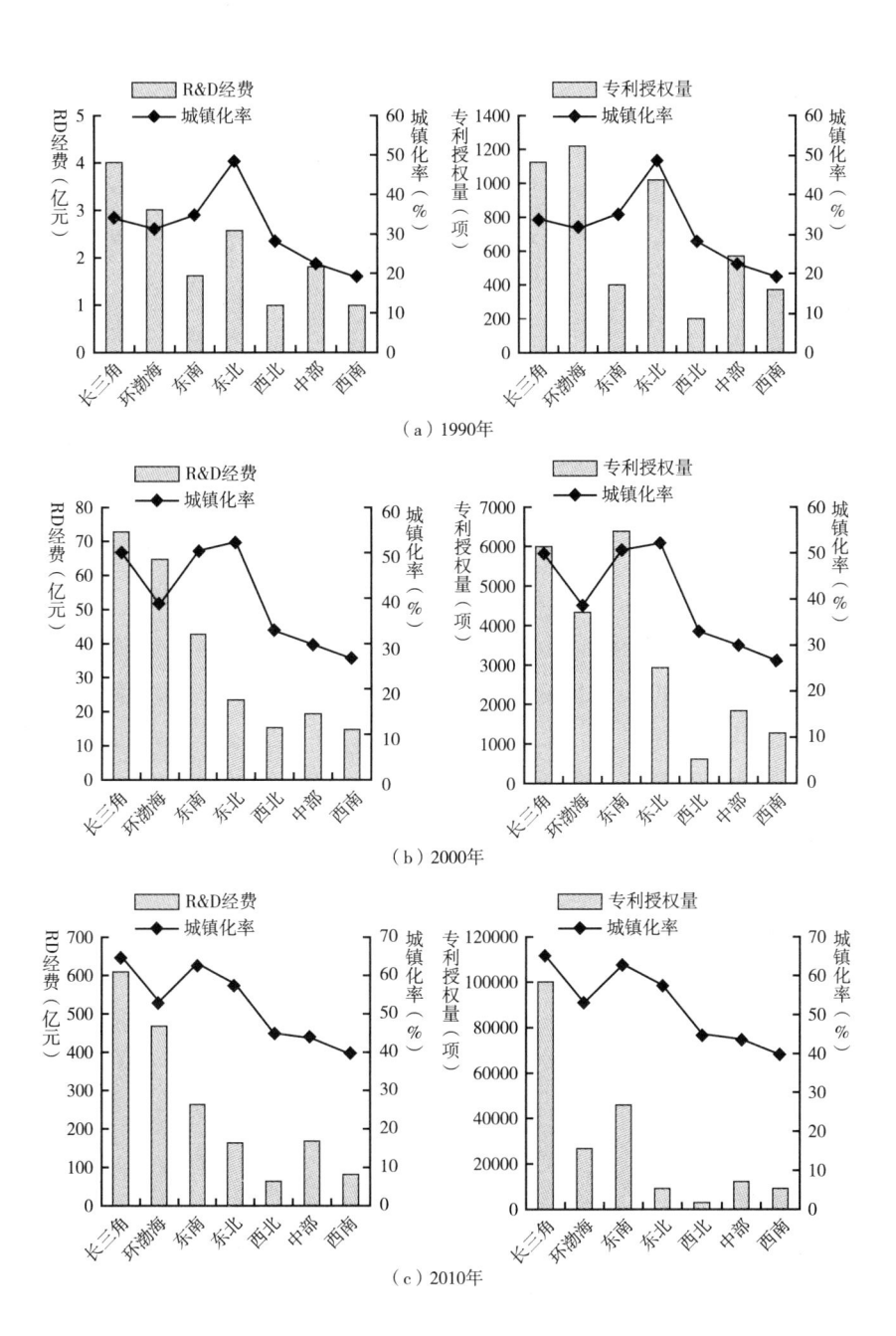

图 8－7　中国七大区域城镇化率与技术创新水平比较及变化趋势

资料来源：根据《中国统计年鉴》《中国人口统计年鉴》《中国城市建设统计年鉴》和《中国科技统计年鉴》（各年度）整理计算。

可以从图中数据看出,长三角以及环渤海地区是中国经济最发达的地区,城市规模逐年增大,而创新投入也是七个区域中投入最多的地区。另外,从空间梯度来看,技术创新往往发生在大城市,西南地区是七大区域中城镇化水平最低、创新投入也最低的区域,而西南地区大部分城市规模处在中等水平。这也说明,中国城镇化水平越高的区域,其资金与人员投入越大,空间集聚效应越强,则越有利于技术扩散,其技术创新能力就越强。

其次,从图中还可以看出,技术创新产出不仅受创新投入、城镇化水平和城市规模的影响,而且不同区域的经济发展水平、地理位置、资源禀赋差异、产业基础、市场结构、政策环境和区域开放程度也会影响区域的创新产出。长三角、环渤海以及东南地区是中国区域经济比较发达、地区开放程度比较高的地区,这些地区的创新投入、创新产出以及城镇化水平也是中国比较高的地区;开放程度会影响区域的技术扩散能力,开放程度越高,区域的技术扩散能力越强。

最后,从图中可以看出,中国区域城镇化水平不均匀,差别太大。以2010年为例,最高的长三角地区与最低的西南地区相差约26个百分点,城镇化水平的不均匀导致了区域之间创新投入与产出的差别,创新投入与产出的差别又加大了城镇化水平的差异。

(三) 不同规模城市创新能力比较:基于25个城市的分析

依据目前中国城市人口规模状况,参考2010年《中国中小城市发展报告》对城市规模的界定,以年末常住人口作为区分城市规模的指标来比较不同规模城市的创新能力。这里我们需要使用不同城市的R&D投入、专利授权数以及三种专利的申请授权数等相关数据。由于我们暂时无法完全获取2010年相关城市的研发投入与专利授权数据,因此本章选取了2009年21个省会城市与4个直辖市的相关数据进行分析,这些城市分别是:北京、天津、石家庄、太原、呼和浩特、沈阳、长春、哈尔滨、上海、南京、杭州、合肥、福州、南昌、济南、武汉、长沙、广州、南宁、海口、重庆、成都、贵阳、昆明和西安。

从图8-8中可以发现,以常住人口指标代表的城市规模越大,以专利申请授权代表的创新能力则越强,北京、上海、杭州、广州和成都的数据所表现的这种趋势特征十分明显。而且越是大城市,发明专利的授权量越大,2009年北京、上海和杭州的发明专利授权量居全国前三位,分别占全国发明专利授权总量的 14.01%、9.17% 和 3.87%。不过值得注意的是，重庆虽然是中国目前人口最多的城市，2009 年年末常住人口约为 2859 万人，但是其技术创新能力并不是最强的，2009 年重庆的专利申请授权数只占全国的 1.50%，列于 25 座城市的第 7 位，而发明专利授权数只占全国的 1.27%，列于上述 25 座城市的第 11 位。这可能主要是因为重庆作为直辖市，其农村人口占了总人口的 61.7%，且大多数居住在山川丘陵地带，而生活在城市的常住人口大约为 400 万左右，这在一定程度上影响了其技术创新能力。

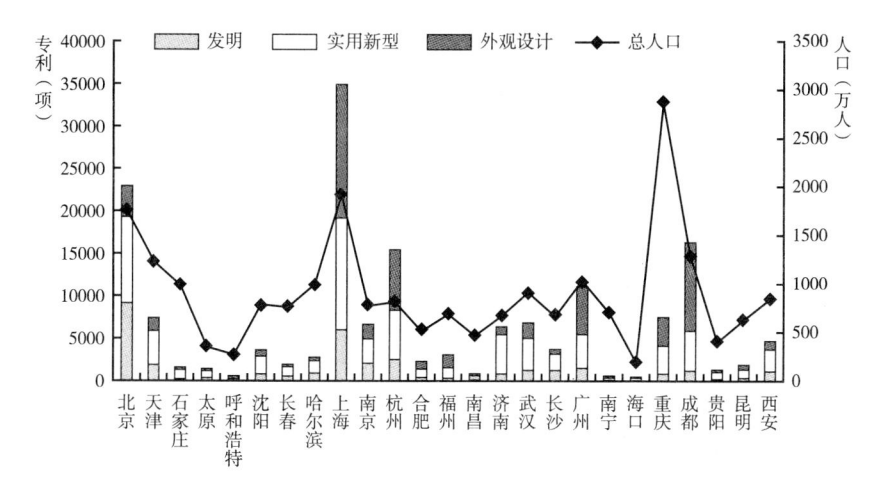

图 8-8 不同规模城市创新能力比较

资料来源：根据各年的《中国统计年鉴》《中国人口统计年鉴》和《中国科技统计年鉴》以及各省市的统计年鉴整理计算。

另外，所研究的 25 个城市中，创新能力较弱的城市也基本上属于城市规模比较小的城市。如海口和呼和浩特，2009 年的常住人口数在 25 座城市中是最少的，分别只有 187 万人和 270 万人；其 R&D 投入、专利授权量和发明专利授权量也是其中最少的，2009 年海口和呼和浩特的 R&D 投入分别只有 1.64 亿和 7.72 亿元，专利授权数分别只有 484 项和 597 项（分别占全国的比重是 0.09% 和 0.11%），发明专利授权数分别只有 63 项和 58 项（分别占全国的比重是 0.09% 和 0.08%）。其他规模较小的城市，如太原、贵阳、南昌等地也表现出专利授权量偏少的特征。可见，由城镇化过程引致的人口与资本集聚，的确在一定程度上有利于促进当地的技术创新能力。

四 城镇化的技术创新效应：基于中国的实证检验

（一）模型设定与数据准备

1. 模型设定

根据技术进步的相关理论，技术进步的来源主要包括技术创新与技术外溢。而技术创新能力则是一国体现国家竞争力的重要指标，它是指企业通过增加研发投入和人力资本提高自身的技术创新能力，增加其产品的技术含量。与技术外溢或技术扩散相比，它主要强调企业依靠自身技术革新所实现的技术进步。按照 Cobb-Douglas 生产函数 $Y_t = A_t K_t^\alpha L_t^\beta$，我们把 A 看作技术进步的代理变量，即用全要素生产率表示一国或地区的技术进步水平。

首先，由于技术创新活动的不确定性和可能的高失败率，使得研发投入或许并不能完全反映一国的技术创新能力。因此，我们认为，同时采用反映一国研发活动投入与产出的指标或许更能反映该国的技术创新水平。根据前述城镇化与技术创新、全要素生产率之间的作用机理与理论分析，结合新增长理论的有关论点，建立回归模型：

$$\ln TFP_{it} = \lambda_1 \ln URB_{it} + \lambda_2 \ln RD_{it} + \lambda_3 \ln PG_{it} + \tau_{it} \qquad (8-1)$$

其中，TFP 表示全要素生产率，URB 表示城镇化水平，RD 表示研发经费支出，PG 表示专利授权量。下标 i、t 分别表示地区和时间，τ_{it} 为随机误差项。

其次，为了进一步考察城镇化通过技术创新影响全要素生产率的程度，可以用城镇化与技术创新的交互项来分析城镇化的技术创新效应，由此可建立模型：

$$\ln TFP_{it} = \gamma_1 \ln URB_{it} + \gamma_2 \ln(URB_{it} \cdot RD_{it}) + \gamma_3 \ln(URB_{it} \cdot PG_{it}) + \tau_{it} \qquad (8-2)$$

其中，如果交互项的系数为正，则说明城镇化通过促进技术创新，最终有利于促进全要素生产率的增长；反之若系数为负（或不显著），则表明城镇化不能产生技术创新效应，最终不利于促进全要素生产率的增长。

2. 中国全要素生产率的估算

关于全要素生产率的计算，我们采用传统的 Cobb-Douglas 生产函数 $Y_t = A_t K_t^\alpha L_t^\beta$ 进行估算。其中，用国内生产总值（GDP）来反映总产出水平 Y，并且使用 GDP 平减指数将其换算成以 1978 年为基期的实际 GDP；资本（K）以各年度的资本存量表示，这里按照张军等（2003）的资本存量测量方法进行估算；劳动力（L）以全社会就业人数表示。其中，L 的数据可以直接从历年中国《统计年鉴》中获得，Y 依据 2011 年《中国统计年鉴》中的历年 GDP 指数折算为以 1978 年为基期的实际 GDP。

关于资本存量 K 的测算，我们采用 Goldsmith（1951）开创的永续盘存法，通过公式：$K_t = I_t/P_t + (1-\delta_t)K_{t-1}$ 计算出 1990~2010 年各年的实际资本存量。公式中 K_t 为 t 时期固定资本存量，I_t 为 t 时期固定资本形成总额，P_t 为 t 时期固定资产投资价格指数，δ_t 表示 t 时期的折旧率，K_{t-1} 表示上一期固定资本存量；我们以 1978 年为基期，计算出 1990~2010 年的固定资本存量。最后，使用 Y、K、L 的时序数据进行回归，估计出平均资本产出份额和平均劳动力产出份额，然后根据索洛残值法计算出各年份的全要素生产率 TFP，具体结果见表 8-2。

表 8-2 中国的 Y、L、K 和全要素生产率（1978=100）

年份	名义 GDP（亿元）	实际 GDP（亿元）	L（万人）	K（亿元）	TFP
1990	18667.82	10268.528	64749	23358.341	0.3140112
1991	21781.50	11212.635	65491	25048.541	0.3259744
1992	26923.48	12809.233	66152	27272.747	0.3505949
1993	35333.92	14595.381	66808	30204.143	0.3718583
1994	48197.86	16505.466	67455	33753.803	0.389114
1995	60793.73	18309.84	68065	37821.851	0.3987787
1996	71176.59	20143.375	68950	42313.35	0.4052062
1997	78973.03	22013.363	69820	46974.435	0.4111741
1998	84402.28	23737.542	70637	52098.669	0.4120797
1999	89677.05	25549.207	71394	57510.109	0.4136571
2000	99214.55	27699.875	72085	63423.997	0.418677
2001	109655.17	29999.996	72797	70019.932	0.4229852
2002	120332.69	32726.606	73280	77781.859	0.4291087
2003	135822.76	36007.286	73736	87404.225	0.435742
2004	159878.34	39637.905	74264	98613.166	0.4413849
2005	184937.37	44121.501	74647	111167.02	0.4526393
2006	216314.43	49713.238	74978	126018.71	0.46882226
2007	265810.31	56755.764	75321	142935.41	0.4905508
2008	314045.43	62223.564	75564	162054.65	0.4938985
2009	340506.87	67957.464	75828	186870.49	0.489735
2010	401202.00	75051.023	76105	214500.47	0.4925307

资料来源：根据《中国统计年鉴》（各年度）相关数据整理计算。

3. 中国省际全要素生产率的变化

改革开放以来，中国各省、直辖市、自治区的经济都有了长足的发展，这是有目共睹的事实。而与此同时，中国地区经济的差距也在扩大。改革开放以来形成的以沿海地区优先发展为重点的区域发展战略，使得各地区的全要素生产率差异明显。我们运用1978~2010年中国大陆30个省、直辖市、自治区相关的样本面板数据测算省际全要素生产率（其中重庆并入四川）。这里需要的原始数据来源于历年的《中国统计年鉴》、各省市统计年鉴、国家统计局数据库等。计算方法与上面计算全国全要素生产率的方法一致。对各省、直辖市、自治区每年的全要素生产率变化取平均数，可以看到其变化趋势（见图8-9）。

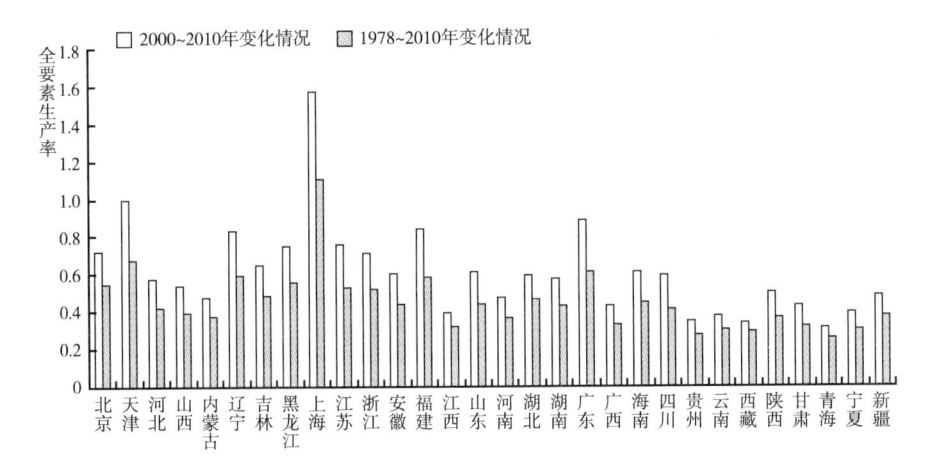

图8-9 中国省际全要素生产率变化差异情况

图8-9分别描绘了1978~2010年和2000~2010年中国各省、直辖市、自治区每年平均全要素生产率的变化情况，二者的变化趋势基本一致，只是2000年以来各省份的全要素生产率增长明显加快。选取2000年为时间节点，是考虑到2000年之前中国基本上实施的是沿海经济发展战略，到2000年中国先后开始实施西部大开发、振兴东北地区等老工业基地和促进中部地区崛起等重大战略决策。从图8-9中可以发现，2000~2010年上海的平均全要素生产率水平最高，达到了1.6左右，远远高于其他省份；其次是天津、广东、福建、辽宁，都在0.8以上；而江西、贵州、云南、西藏、青海、宁夏六个地区的平均全要素生产率水平最低，均处于0.4以下，其中尤以青海省为最低。

(二) 城镇化与技术创新、全要素生产率的相关性分析

为了研究中国城镇化的技术创新效应，首先对城镇化、技术创新与全要素生产率三个指标的时间序列数据做相关性分析。根据历年的《中国科技统计年鉴》《中国统计年鉴》《中国城市建设统计年鉴》、《中国人口统计年鉴》（1991~2006）和《中国人口和就业统计年鉴》（2007~2011）等相关数据，我们整理计算了1990~2010年中国的城镇化水平、R&D经费支出、专利授权量及发明专利授权量、全要素生产率的时间序列数据，以考察城镇化与技术创新、全要素生产率之间的相关性。考虑到数据的自然对数不改变时间序列的性质和相互关系，并使其趋势线性化，消除数据中潜在的异方差现象，所以对相关变量的所有数据取自然对数。通过计算全国城镇化水平与全要素生产率TFP、实际R&D经费支出、国内专利授权量及国内发明专利授权量指标之间的相关系数可以发现，中国的城镇化程度与全要素生产率、技术创新投入、技术创新产出之间呈高度的正相关，相关系数都在0.93以上，且通过1%的显著性水平检验（见表8-3）。

表8-3 城镇化水平与技术创新投入、产出及全要素生产率之间的相关系数

指标变量	全要素生产率	R&D支出	专利授权量	发明专利授权量
城镇化水平	0.932718***	0.991359***	0.968352***	0.953521***

注：*** 代表在1%水平通过显著性检验。

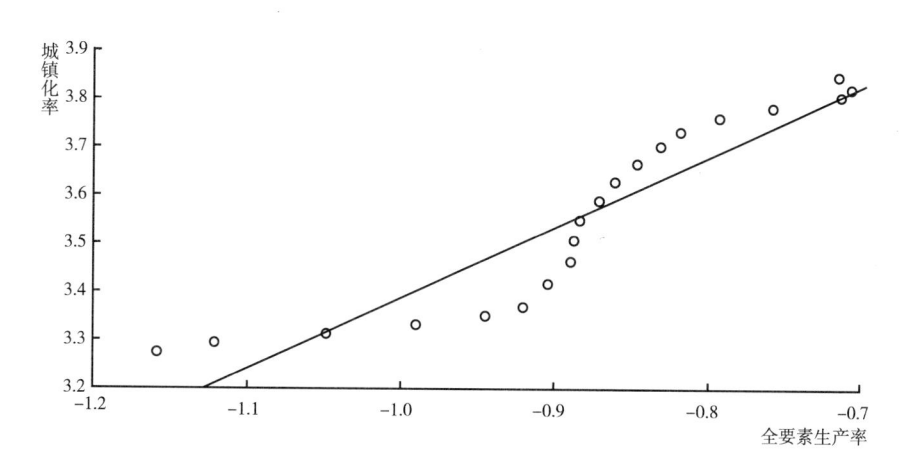

图8-10 城镇化与全要素生产率的相关关系

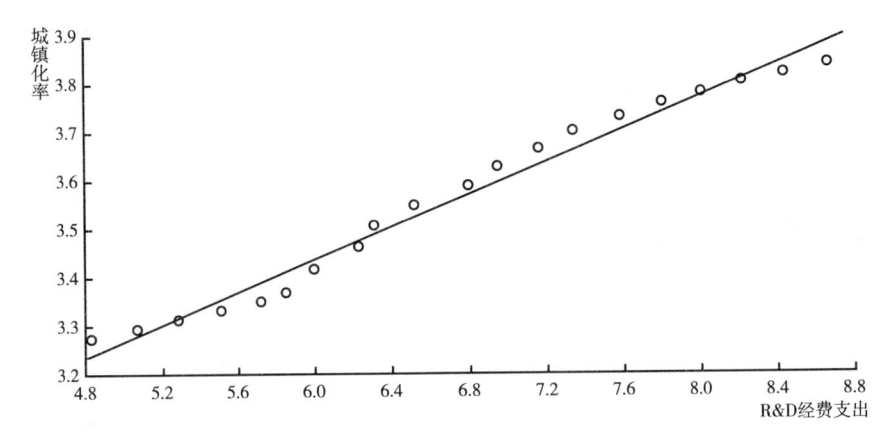

图 8-11 城镇化与 R&D 经费支出的相关关系

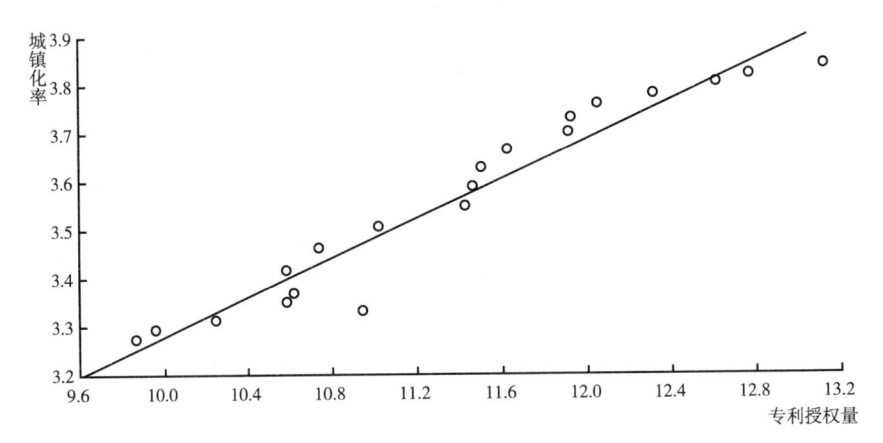

图 8-12 城镇化与专利授权量的相关关系

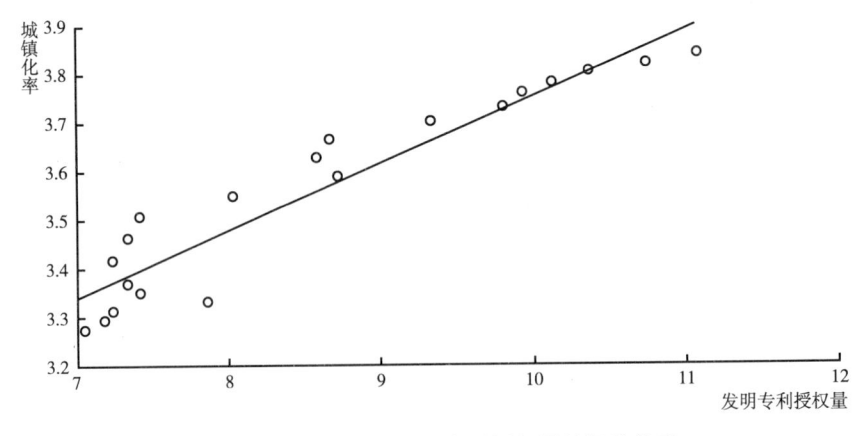

图 8-13 城镇化与发明专利授权量的相关关系

图 8-10 至 8-13 分别提供了 1990~2010 年中国城镇化水平与全要素生产率、R&D 经费支出、国内专利授权量和发明专利授权量的相关关系。结果表明，中国的城镇化与技术创新、全要素生产率之间都存在较高的关联性。同时，目前中国城镇化水平仍处于上升阶段且未达到最高点，这也表明在技术进步及技术创新提高的初期，城镇化水平随着技术进步在逐步提高，而当技术水平达到一定程度时，城镇化水平的提升速度则开始变缓。

（三）基于中国省际面板数据的实证分析

选取 1990~2010 年中国大陆 30 个省、直辖市、自治区的面板数据来考察中国城镇化与技术创新、全要素生产率的联系。同时，为进一步研究城镇化通过技术创新影响全要素生产率的程度，用城镇化与技术创新的交互项来分析城镇化的技术创新效应。各省市区的 R&D 经费支出和专利授权量数据来源于中国科技部网站公布的《中国主要科技指标数据库》以及历年的《中国科技统计年鉴》。

1. 基于全国 30 个省市区的面板分析

在式 (8-1) 和式 (8-2) 的基础上，下面我们对 30 个省市区 1990~2010 年的面板数据做回归分析。一般面板回归模型的估计方法有五种：混合回归模型、固定效应变截距模型、固定效应变系数模型、随机效应变截距模型和随机效应变系数模型。为体现各区域之间的差异性，以下实证分析均采用变截距模型。这里首先要判断是选择固定效应模型还是随机效应模型来进行面板分析，由此需要运用 Hausman 检验，其原假设为 H_0：应该建立随机效应模型；H_1：应该建立固定效应模型。利用 Hausman 检验得到的卡方值及对应的概率来判断是接受原假设还是拒绝原假设，若接受原假设则应建立随机效应模型，反之则建立固定效应模型。以全国面板数据为例，根据式 (8-1)，全国 30 个省市区 1990~2010 年面板数据的 Hausman 检验结果如表 8-4 所示。

表 8-4 Hausman 检验

全国模型的随机效应检验			
检验模型	卡方检验统计值	卡方自由度	概率值
截面随机模型	10.605662	3	0.0141

从表 8-4 可以发现，式（8-1）的全国模型采用随机效应估计的截距项 F 统计量对应的概率值为 0.0141，因此拒绝原假设，即本模型更适合采用固定效应模型进行估计。同样地，下面在做式（8-2）的全国模型以及七大区域模型的面板分析时，也采用 Hausman 检验先确定各区域应采取固定效应模型还是随机效应模型。

由此，可得到式（8-1）和（8-2）全国模型的回归结果：

$$\ln TFP = -1.177851 + 0.124352\ln URB + 0.100337\ln RD + 0.051256\ln PG$$
$$(0.080698) \quad (0.036745) \quad (0.005871) \quad (0.007506) \quad (8-3)$$
$$R^2 = 0.963530 \quad A-R^2 = 0.961575 \quad F = 492.8956$$

$$\ln TFP = -0.981306 + 0.235611\ln URB + 0.034658\ln(URB \cdot RD) + 0.089612\ln(URB \cdot PG)$$
$$(0.062981) \quad (0.021489) \quad (0.010564) \quad (0.011048)$$
$$R^2 = 0.748843 \quad A-R^2 = 0.747640 \quad F = 622.1561$$
$$(8-4)$$

从上面的回归结果可以看到，两模型的模拟效果较好。

在式（8-3）中，城镇化变量的系数为 0.124352，研发经费支出的系数为 0.100337，专利授权量的系数为 0.051256，这说明城镇化对全要素生产率的增长有明显的促进作用，且相比研发投入与产出两个指标而言，其促进作用更大，可见城镇化带来的集聚效应与扩散效应确实有助于全要素生产率的增长。

在式（8-4）中，从全国数据来看，城镇化的系数为 0.235611，城镇化与研发投入、城镇化与专利授权量的交叉项分别为 0.034658 和 0.089612，说明城镇化产生了技术创新效应，且显著地促进了技术进步。可见，城镇化可以通过促进技术创新，进而带动全要素生产率增长。

2. 基于七大区域的比较分析

中国省际面板数据的实证分析结果证明了中国城镇化能带来技术创新效应。进一步地，我们要考察这种技术创新效应是否具有地区差异。为此，根据前面按照魏后凯等（2010）把全国分为七大区域的思路，我们分别对七大区域做面板分析，然后比较它们之间的差异。按照式（8-2），分别用环渤海、长三角、东南、东北、中部、西北、西南七个面板数据做面板数据分析，具体结果见表 8-5。

从实证分析的结果来看，可决系数与调整后的可决系数都较大，说明模型的模拟效果较好。根据表 8-5 的回归结果，我们可以得到以下结论。

表 8-5 各区域的比较分析

解释变量	东部			东北	中部	西部	
	环渤海	长三角	东南			西南	西北
常数项	-1.9892310 (0.253528)	-1.4164460 (0.122230)	-0.7806690 (0.156912)	0.312585 (0.361598)	-0.355922*** (0.193598)	-0.218573 (0.198956)	-0.300380 (0.144736)
lnURB	-0.288377* (0.103230)	0.148492*** (0.076281)	0.232604* (0.072464)	1.634999* (0.265100)	0.354069* (0.097914)	0.535484* (0.096572)	0.302290* (0.0067538)
ln(URB*RD)	0.095443* (0.020181)	-0.041231** (0.016350)	-0.008085 (0.0014357)	0.051343** (0.024746)	0.089503* (0.014114)	0.041780* (0.009915)	0.030757* (0.011183)
ln(URB*PG)	0.126458* (0.033459)	0.182618* (0.014541)	0.106513* (0.016714)	0.056214*** (0.031602)	-0.001876 (0.017380)	0.042191* (0.009431)	-0.062744* (0.016211)
$A-R^2$	0.911387	0.962131	0.928316	0.976319	0.930268	0.961014	0.979232
F	143.2769	316.0423	161.5817	112.1346	209.4476	367.2333	211.4965

注：括号内数字为标准差，*、**、***分别代表在10%、5%、1%的检验水平显著。

第一，从七大区域来看，环渤海地区短期内城镇化对全要素生产率的增长作用不明显，其系数为负。而城镇化与技术创新的交互项，包括与研发投入和专利授权量的交互项，除中部与西北地区城镇化与专利授权量的系数为负外，其余全部为正。这说明不论是从全国范围，还是分区域来看，城镇化都基本上可以通过技术创新效应显著地驱动全要素生产率的增长，即城镇化能产生技术创新效应，并最终促进一国或地区的技术进步。

第二，由于各个区域的经济发展基础、人力资本水平等因素具有差异，因而城镇化通过技术创新效应影响全要素生产率时在区域之间存在差异。从表8-5中可以看到，在分析城镇化对全要素生产率的影响时，东北地区的影响最大，其系数为1.634999；在分析城镇化通过研发投入对全要素生产率的影响时，环渤海地区的影响最大，其系数为0.095443；在分析城镇化通过专利授权对全要素生产率的影响时，长三角地区的影响最大，其系数为0.182618。

五 结论与政策建议

研究城镇化的技术创新效应，如何通过城镇化促进国家自主技术创新，并最终促进经济增长，对于探索走中国特色的新型城镇化道路和建设创新型国家具有十分重要的意义。把城镇化与技术创新二者结合起来研究，有助于从一个崭新的视角为建设创新型城镇提供理论基础与政策支持。为此，本章在综合已有研究成果的基础上，运用理论分析与实证检验的方法，探讨城镇化促进技术创新的作用机理，通过对中国整体数据的时间序列与七大区域省际面板数据的分析，研究中国城镇化与技术创新之间的内在联系。实证研究表明：无论从总体上看还是从七大区域来看，中国城镇化进程与技术创新水平基本保持一致的演变趋势；中国城镇化、技术创新与全要素生产率之间呈现高度的正相关性；城镇化能带来技术创新效应，并且通过这种技术创新效应显著地驱动全要素生产率的增长，即促进一国或地区的技术进步；城镇化的技术创新效应在区域之间存在明显差异。

中国基本上走的是一条传统的城镇化道路，即片面强调土地城镇化，而对城镇居民素质、生活质量不够重视；忽视城镇资源配置效率，对土地、能源、水等资源高度消耗；生产、生活、生态不协调，城市工业用地偏多，居住、生活休闲和生态用地偏少等。这不仅不利于实现中国特色的新型城镇化目标，而且不利于城镇技术创新能力的提高。因此，我们认为，在当前中国城镇化的重要转型时期，转变城镇发展方式，走多元、渐进、集约、和谐、可持续的具有中国特色的新型城镇化道路，是中国在众多约束条件下的必然选择。而这必然需要中国在加快推进城镇化过程中，把走中国特色的新型城镇化道路与建设创新型城镇有机结合起来，提出增强城镇自主创新能力、建设创新型城镇的政策建议。基于以上结论，我们提出以下政策建议：

首先，全面提高城镇化质量，充分发挥城镇化技术创新效应。当前中国城镇化面临的核心问题不是速度、水平过低，而是质量不高，且城镇化率存在高估现象。尽管从统计上看城镇人口比重在快速提升，但城镇化的质量还较低，与人口城镇化速度不相适应。城镇化质量滞后于城镇化速度的现状，不利于城镇化技术创新效应的有效发挥，比如城镇居民素质、生产行为、管理方法等方面的落后有可能会阻碍自主创新活动的发生，城镇居民消费行为、思想观念的落后可能不利于诱发新的有效需求进而促进产品与技术创新，等等。因此，今后中国城镇化的推进应该坚持速度与质量并重，尤其应注重全面提高城镇化质量，把城镇化快速推进与质量提升有机结合起来，如妥善解决进城农民的市民化问题，特别是关系到其住房、子女教育等方面的各类民生问题。进一步提高进城农民的生活质量和生活方式，从而为技术创新活动提供新的有效需求点和创新点。

其次,加快城镇体系创新扩散,促进不同规模城镇创新分工。通过理论与实证分析我们发现,城镇规模越大,集聚的资金和人员越多,就越有可能为技术创新扩散提供更多机会,因而城镇体系中的创新扩散是提高城镇创新能力的重要途径。同时,不同规模的城镇,其在技术创新活动中的分工也不一样,由于大部分创新活动(特别是发明)主要产生于大城市尤其是中心城市,中小城市和小城镇则主要是应用开发,因此需要按照城镇体系优化创新布局,促进技术创新扩散和合理分工。一方面,应加强城镇之间的基础设施建设,为分享发达地区的技术创新成果提供硬件支持,同时落后地区也应采取措施主动提高本地创新能力,如加大研发投入力度,拓宽资金来源渠道,提高本地人才素质等,以缩小自己与发达地区的差距,为接收创新提供有力的人力与物力支持。另一方面,应根据城镇的不同规模,合理布局大中小城镇的技术创新活动分工,大城镇集中于基础研究,小城镇着力于开发应用,以最大限度地充分发挥各级城镇的创新能力,分享区域间的技术扩散。

最后,加快落后地区城镇化进程,促进区域技术创新能力协调发展。无论是时间序列还是面板数据都反映了一个事实,即中国的区域城镇化速度相差较大,而这种城镇化进程与技术创新水平又保持着基本一致的演变趋势。因此,应继续采取措施进一步加快城镇化率比较低的中西部地区特别是中部和西南地区的城镇化进程,以集聚优质的人力资本和生产要素,促进当地技术创新活动。同时,对于城镇化率比较高的发达地区(如长三角、环渤海、东南等地区),应继续完善城镇的软环境与硬环境,从而为本土技术创新和区际技术扩散创造更好的条件。

参考文献

[1] 柴志贤:《工业聚集、城市化与区域创新能力》,《技术经济》2008年第5期。
[2] 陈彦光:《城市化与经济发展水平关系的三种模型及其动力学分析》,《地理科学》2011年第1期。
[3] 程开明:《城市化、技术创新与经济增长——基于创新中介效应的实证研究》,《统计研究》2009年第5期。
[4] 程开明:《城市化促进技术创新的机制及证据》,《科研管理》2010年第3期。
[5] 程开明等:《中国城市化与技术创新关联性的动态分析》,《科学学研究》2008年第

6 期。
[6] 段瑞君等：《中国城市化和经济增长关系的计量分析》，《经济地理》2009 年第 3 期。
[7] 高佩义：《中外城市化比较研究》，南开大学出版社，2004。
[8] 姜磊等：《城市化、区域创新集群与空间知识溢出》，《软科学》2011 年第 12 期。
[9] 李金昌等：《中国城市化与经济增长的动态计量分析》，《财经研究》2006 年第 9 期。
[10] 李文：《城市化滞后的经济后果分析》，《中国社会科学》2001 年第 4 期。
[11] 吕健：《城市化驱动经济增长的空间计量分析：2000～2009》，《上海经济研究》2011 年第 5 期。
[12] 沈坤荣等：《中国城市化对经济增长影响机制的实证研究》，《统计研究》2007 年第 6 期。
[13] 孙文凯：《城市化与经济增长关系分析——兼评中国特色》，《经济理论与经济管理》2011 年第 4 期。
[14] 王军：《中国城市知识溢出功能的实证研究》，《科学学研究》2005 年第 12 期。
[15] 王小鲁、夏小林：《优化城市规模 推动经济增长》，《经济研究》1999 年第 9 期。
[16] 魏后凯：《现代区域经济学》，经济管理出版社，2011。
[17] 魏后凯等：《"十二五"时期中国区域政策的基本框架》，《经济与管理研究》2010 年第 12 期。
[18] 魏下海等：《城市化、创新与全要素生产率增长——基于省际面板数据的经验研究》，《财经科学》2010 年第 3 期。
[19] 吴福象等：《城市化群落驱动经济增长的机制研究——来自长三角 16 个城市的经验证据》，《经济研究》2008 年第 11 期。
[20] 熊彼特：《经济发展理论》，何畏、易家祥译，商务印书馆，1990。
[21] 许学强等：《城市地理学》，高等教育出版社，1997。
[22] 阳立高等：《城市化拉动中国经济增长实证研究》，《经济问题》2009 年第 1 期。
[23] 张军等：《对中国资本存量 K 的再估计》，《经济研究》2003 年第 7 期。
[24] 赵红军：《交易效率、城市化与经济增长》，上海人民出版社，2005。
[25] 周一星：《城市地理学》，商务印书馆，1995。
[26] 曾青春等：《中国城市化与经济增长的省际差异分析》，《城市问题》2006 年第 8 期。
[27] Berry, L. and Tennant, J., "Metropolitan Planning Guidelines: Commercial Structure", Northeastern Illinois Planning Commission, 1965.
[28] Carlino Gerald. A., Satyajit Chatterjee. and Robert M. Hunt., "Urban Density and The Rate of Invention", *Journal of Urban Economics* (3), 2007, pp. 389 – 419.
[29] Chinitz, B., "Contrast in Agglomeration: New York and Pittsburgh", *American Economic Review*, Papers and Proceeding (51), 1961, pp. 279 – 289.
[30] Feldman Maryann P. and David B. Audretsch., "Innovation in Cities: Science-Based Diversity, Specialization and Localized Competition", *European Economic Review* (2), 1999, pp. 409 – 429.

[31] Fogarty, S. and Garofalo, A., "Urban Spatial Structure and Productivity Growth in the Manufacturing Sector of Cities", *Journal of Urban Economics* (1), 1988, pp. 60 – 70.

[32] Goldsmith, R., "A Perpetual Inventory of National Wealth", *NBER Studies in Income and Wealth* 14 (1143), 1951.

[33] Henderson, J. V., "Externalities and Industrial Development", *Journal of Urban Economics* (42), 1997, pp. 449 – 470.

[34] Henderson, J. V., "The Effects of Urban Concentration on Economic Growth", *NBER Working Paper* (7503), 2000.

[35] Higgs, R., "American Inventiveness: 1870 – 1920", *Journal of Political Economy* (79), 1971, pp. 661 – 667.

[36] Jacobs, J., *The Economy of Cities* (Random House, 1969).

[37] Lucas, R. E., "On the Mechanics of Economic Development", *Journal of Monetary Economics* (1), 1988, pp. 3 – 42.

[38] Pred, Allan R., *The Spatial Dynamics of U. S. Urban-Industrial Growth, 1800 – 1914* (MIT Press, 1966).

[39] Renaud, B., *National Urbanization Policy in Developing Countries* (Oxford University Press, 1981), pp. 17 – 18.

[40] Moomaw L., Shatter M., "Urbanization and Economic Development: a Bias toward Large Cities", *Journal of Urban Economics* (40), 1996, pp. 13 – 37.

[41] Segal, D., "Are There Returns to Scale in City Size", *Review of Economics and Statistics* 58 (3), 1976, pp. 339 – 350.

[42] Uallachain, B. O. and Reid, N., "The Location and Growth of Business and Professional Services in American Metropolitan Areas, 1976-1986", *Annals of the Association of American Geographers* (2), 1991, pp. 254 – 270.

第九章
中国城镇化对环境质量的影响

随着城镇化的深入推进,近年来中国资源集约利用和污染综合治理能力不断提高。但是,作为一个地区差异极大的发展中大国,长期以来建立在高消耗、高排放和高扩张基础上的快速城镇化对生态环境产生的压力日益加剧。在特定的发展阶段,过去这种粗放型的城镇化模式是一把"双刃剑",在支撑了中国经济快速增长的同时,也付出了巨大的环境代价。在当前新的形势下,这种外延式的粗放型城镇化模式已经走到了尽头,越来越难以为继。面对资源与环境的双重约束,在科学发展观的指导下,以及建设资源节约型和环境友好型社会的要求下,未来中国城镇化将进入一个重要的转型期,需更加注重绿色城市和生态城市建设,积极探索新型的绿色城镇化模式。

一 问题的提出

城镇地区经济发展业已成为支撑中国经济高速增长的重要引擎。2010年,全国287个地级及以上城市市辖区实现生产总值达24.6万亿元,其总量相当于全国GDP的61.3%。但是,中国城市发展面临能耗过大、多数资源稀缺以及污染排放失控等多个层面的环境挑战(仇保兴,2009),快速城镇化的环境压力日益凸显(周宏春、李新,2010)。大量增长的城镇人口及其消费需求与有限的资源、能源和环境容量之间日益加剧的矛盾,将成为未来中国可持续城镇化的瓶颈。为此,加强城镇化对环境质量的影响研究具有重要的现实意义。近年来,中国城镇化进程中的环境问题越来越受到关注,学术研究可谓方兴未艾。

从研究路径上看，对人类（经济）活动过程中的环境变化分析，主要有两条主线：一是以环境经济学的规范分析方法，检验环境库兹涅茨曲线（Environment Kuznets Curve，EKC）假说。最早由 Grossman 和 Krueger（1991）根据发达国家的经验研究，提出环境库兹涅茨曲线假说，认为在经济发展的初期会出现环境恶化，随着经济发展进入较高水平，环境质量开始不断改善。随后，诸多研究进一步证实了该理论假说的存在性（Bandyopadhyay，1992；Selden 和 Song，1994；Torras 和 Boyce，1998；Dinda，2004）。但是，不少学者对该假说持批评或质疑态度，认为 EKC 假说缺乏系统的理论体系支撑，并且指标选择不具有代表性，计量模型的检验估计存在漏洞（Stern，1998，2004；Borghesi 和 Vercelli，2003；等等）；另外，也有学者通过实证研究发现，并不存在环境库兹涅茨曲线（Perman 和 Stern，2003；Agras 和 Chapman，1999；等等）。可见，环境库兹涅兹假说的意义在于从实证研究上提供了一个考察变量之间动态关系的可循路径，但是由于缺乏对环境变化机理的理论分析，该方法在经济学规范研究上的制约性显而易见。二是沿用 Ehrlich 和 Holdren 在 20 世纪 70 年代早期（Ehrlich 和 Holdren，1971，1972；Holdren 和 Ehrlich，1974）提出的环境质量"IPAT"概念模型框架，即 I = PAT 等式。其中，I 为环境影响（Environmental Impact），P 为人口规模（Population），A 为富裕程度（Affluence，通常以人均 GDP 表示），T 为技术水平（Technology，以单位 GDP 的环境影响表示）。该方法提供了分解环境质量影响因素的一个可循的研究路径，对不同地区或国家环境驱动力的实证研究具有借鉴意义（Dietz 和 Rosa，1997；Marian，2001；Waggoner 和 Ausubel，2002；York，Rosa 和 Diztz，2003）。但是，IPAT 模型的不足在于，一方面不能动态考察驱动力与环境之间的变化趋势；另一方面，最根本地，基于恒等式的逻辑分析框架依然缺乏理论研究深度。可见，以上两种研究路径各有侧重点，都有值得借鉴之处，但是其共同不足在于缺乏对经济活动过程中环境变化的影响机理分析。为此，本章试图在总结中国粗放型城镇化特点的基础上，深化城镇化驱动环境质量变化的规范性分析，加强理论研究，重点构建城镇化影响环境质量的机理模型和实证计量模型，既考察现阶段中国城镇化驱动环境变化的影响因子，又检验城镇化与环境质量变化之间的动态关系。

二 中国城镇化对环境质量影响的主要特征

在中国快速城镇化进程中，不同的地区可能存在着两种环境变化趋势：一些地区伴随资源的高消耗和污染物的高排放,付出了较大的环境代价;另一些地区,随着环境投资的增加,资源集约利用和污染综合治理能力不断提高,环境质量日趋改善。中国城镇化阶段的地区差异一定程度上是导致环境质量地区差异的重要原因;并且,城镇化规模与污染排放具有较强的正向相关关系。

(一) 中国城镇化影响环境质量的阶段变化

从阶段变化上看,中国城镇化对环境质量的影响具有两面性,一是随着环境投资的增加和环境工作的深入推进,资源利用的集约度以及环境污染治理的能力不断提高;二是由于城镇化规模总量带来较大的环境代价惯性,资源消耗和污染排放的总量依然很大。

1. 资源利用的集约度不断提高

随着中国城镇规模的扩大,资源需求不断增长导致资源的大量消耗,与此同时,城市资源利用集约程度也在不断提高。从水资源消耗总量上看,总体趋于上升趋势。1997年全国城市消耗水资源476.8亿立方米,到2010年达到507.9亿立方米,年均增加消耗2.4亿立方米。正因如此,目前在全国有400多个城市缺水,其中约200个城市严重缺水,北京、山西、山东、河北、河南等地的城市供水均在挤占农业用水,超采地下水导致地下水位普遍下降。不过,从城市人均日生活用水量上看,用水趋于集约化,1997年城市人均日生活用水为213.7升,到2010年下降到171.4升,城市生活用水集约化程度大大提高(见图9-1)。

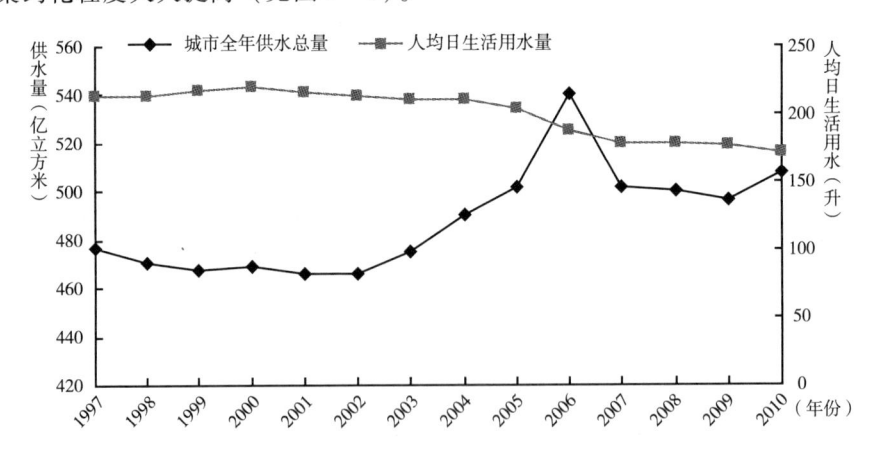

图9-1 中国城市供水和生活用水情况

资料来源:根据《中国统计年鉴》(1998~2011)数据绘制。

从全国能源消耗效率看，万元 GDP 能耗从 1978 年的 15.7 吨标准煤降到 2010 年的 0.8 吨标准煤，单位产出水平的能耗降低幅度大，能源利用效率大幅度提高（见图 9-2）。仅从数值上看，1978~2010 年能源消耗与城镇化率之间的 Pearson 相关系数为 1% 显著水平上的 -0.841。由此可见，城镇化进程一定程度上是有利于能源集约和高效利用的。

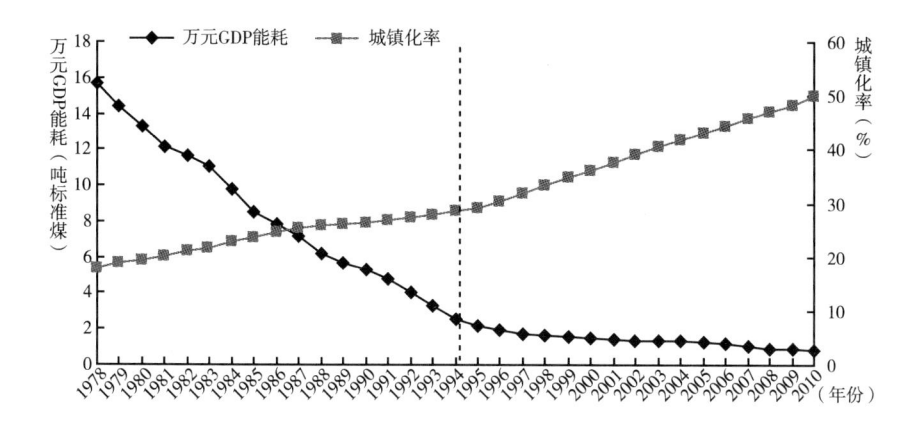

图 9-2 中国快速城镇化进程中能源效率的变化

资料来源：根据《中国统计年鉴》（各年度）数据绘制。

2. 污染综合处理能力不断增强

在中国城镇化进程中，工业化的纵深推进大大提高了产业发展质量。从"十五"到"十二五"规划时期，国家不断加大节能减排和工业循环经济发展力度，工业污染减排的标准不断提高。从 2000~2010 年工业二氧化硫与生活二氧化硫以及工业烟尘与生活烟尘的排放量及其比重来看，中国城镇化进程中的大气环境污染主要来自工业废气排放。工业废气排放量远超过生活废气排放量，并且生活废气排放量较为稳定（见图 9-3 和图 9-4）。一个较为明显的变化趋势是，在"十一五"时期，全国工业二氧化硫和工业烟尘的排放量出现减少趋势，这说明在污染物排放的源头管控上取得了一定的成效。

从污染物治理和综合利用上看，各地区和主要城市的"三废"处理率总体水平不断提高。全国工业废水达标率 2001 年为 85.2%，到 2010 年达到 98.7%，同期工业固体废弃物综合利用率从 52.1% 提高到 82.9%（见图 9-5），工业和生活废气特别是二氧化硫和烟尘排放的去除能力也在不断提高。另外，从全国及

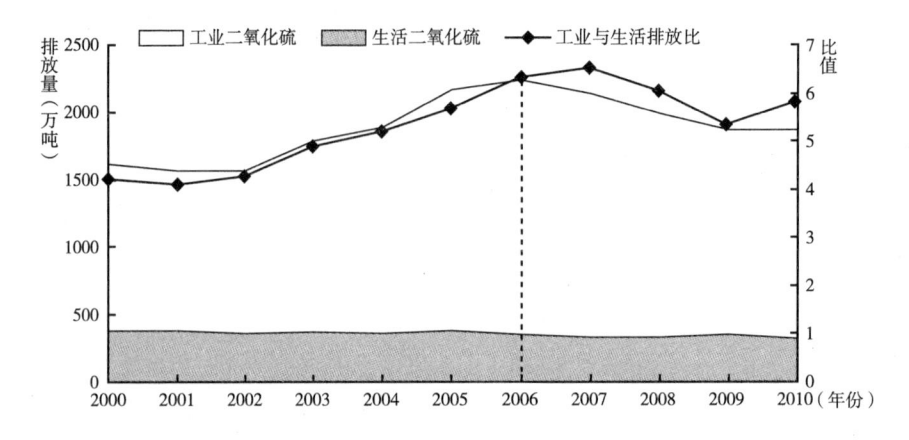

图 9-3 中国工业与生活二氧化硫排放量的变化

资料来源：根据《中国环境统计年鉴》(2011) 数据绘制。

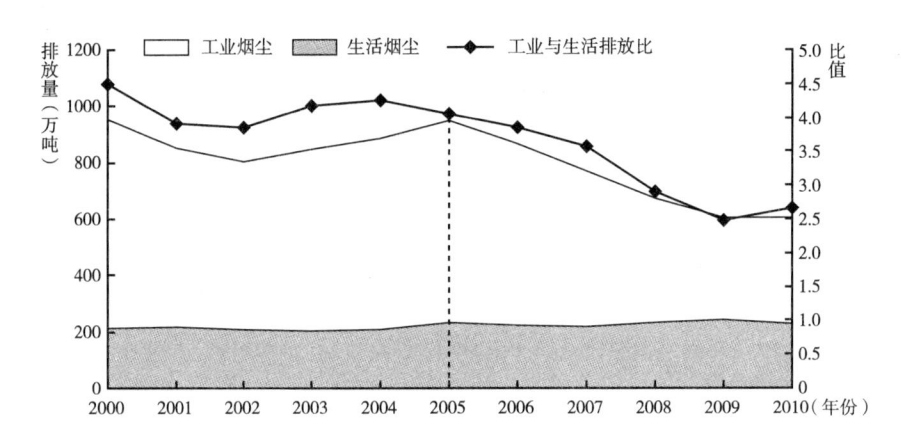

图 9-4 中国工业与生活烟尘排放量的变化

资料来源：根据《中国环境统计年鉴》(2011) 数据绘制。

各地区主要城市生活垃圾无公害化处理率看，相对"十五"末，"十一五"末期的处理能力大大提高（见图9-6），全国城市生活垃圾无公害化处理率从2005年的51.7%提高到2010年的77.9%，各省区市处理率提高幅度也较大。

3. 能源和原材料消耗总量不断增长

在城镇化的快速推进中，中国的原材料和能源消费一直占世界较大比重。2010年，中国的水泥消费量达到18.51亿吨，占全球总消费量的56.2%，是2004年消费量的近两倍（ICR, 2011）；钢铁表观消费量则占全球的44.9%（WSA, 2011）。2010年，中国能源消费超过美国，成为世界

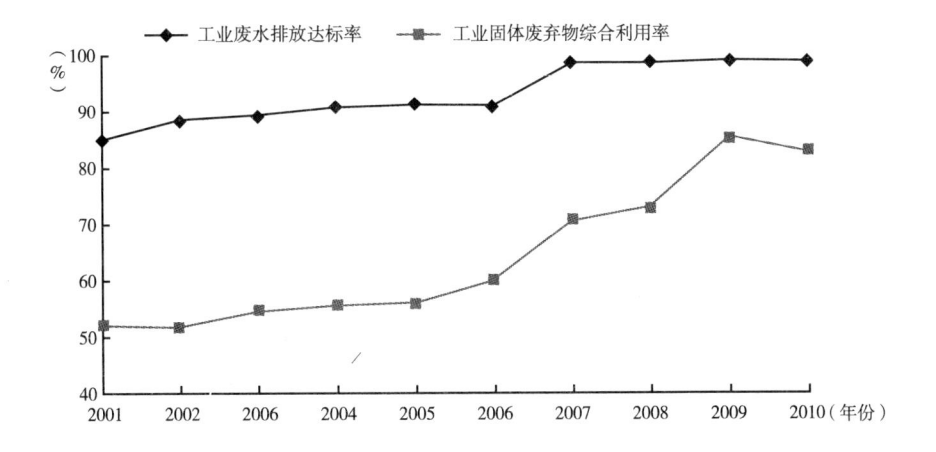

图 9-5　全国工业废水和固体废弃物处理能力的变化

资料来源：根据《中国环境统计年鉴》（2002~2011）数据绘制。

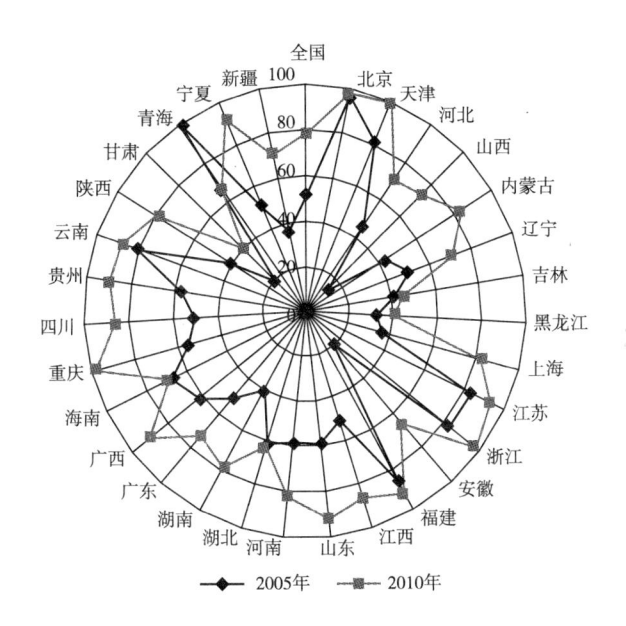

图 9-6　全国及各地区城市生活垃圾无公害化处理率的变化

数据来源：根据《中国统计年鉴》（2006，2011）数据绘制。

最大的能源消费国，能源消费总量占到了全球的 20.3%，其中，煤炭消费量占全球消费总量的 48.2%，石油消费量占全球消费总量的 10.6%（BP，2011）。从变化趋势看，新中国成立以来中国能源消费总量变化大致经历了缓慢、快速和高速三个增长阶段（见图9-7），这与城镇化进程基本吻合，表明城镇化的推进一定程度上增加了能源消费需求。事实上，现阶段中国能源和原材料的消费大部分集中在城镇地区。按发电煤耗计算法核算，2010年中国能源终端消费中，工业、建筑业、交通运输（仓储和邮政）业以及批发零售和住宿餐饮业的能源消费占到全国消费总量的85.3%；在全国生活能源的终端消费中，城镇能源消费量占到59.9%。这主要基于两方面原因，一是以上行业活动大多发生在城镇地区，在现阶段技术条件和管理水平下，这些经济活动会消耗大量的资源和能源，二是城镇人口总量不断增长会增加城镇地区的资源和能源消费。

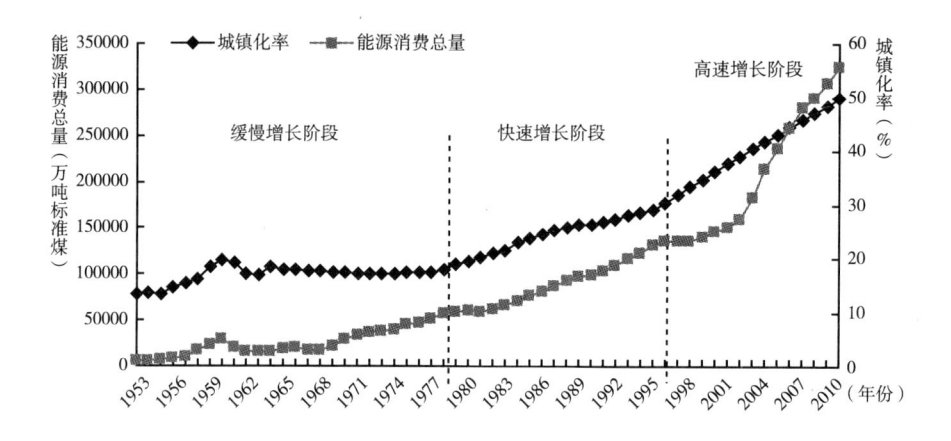

图 9-7 中国城镇化率和能源消费总量变化

资料来源：根据《新中国六十年统计资料汇编》和《中国统计年鉴》（2011）数据绘制。

4. 城镇地区土地扩张迅猛

从总量上看，全国城市建成区面积不断扩大。2000年全国城市建成区面积22439.28平方公里，到2010年扩大到40058.00平方公里，平均每年增加1761.87平方公里，年均增长5.97%。从均值上看，全国城市平均用地规模快速扩张。从1996年到2008年，中国平均每个城市建成区面积由30.4平方公里扩大到55.4平方公里，平均每个城市建设用地面积由28.5平方公里扩大到59.8平方公里，分别增长了82.2%和109.8%（魏后凯，2011a）。近10年来，中国城市用地快速扩张的根本原因在于各地区在加快旧城改造的同时，掀起了一股新城建设与扩张的热潮。大多数城市新区的规划面积达到数百平方公里，少部分规划达上千平方公里。例如，上海浦东新区为1210.41平方公里，天津滨海新区2270平方公里，重庆两江新区为1200平方公里。与此同时，在跨越赶超的思潮和产业进园的政策导向下，全国各地大兴产业园区建设或老工业园区扩建工程，各种园区面积也快速扩张。

5. 污染物排放总量趋于增加

资源的高消耗带来高污染排放，并且已经严重影响了城镇人居环境质量。2010年年底，仅全国113个环保重点城市的废水排放量占到全国的60.0%，化学需氧量排放量占46.8%，二氧化硫排放量占49.5%，氮氧化物排放量占53.9%，烟尘排放量占43.8%。随着城镇人口的增加，城镇生活废弃物排放增多，部分城市生活垃圾的处理能力跟不上污染排放的强度，"垃圾围城"和城市污染严重，并逐渐向城郊和农村地区蔓延扩散。目前，全国将近有2/3的城市处于垃圾包围之中（吴小康，2011），侵占了大量的耕地或绿化土地。由此造成一系列环境问题，如城市边缘土地沙漠化、热岛效应、水资源污染、空气质量堪忧、酸雨频繁、噪声和光污染严重等。2011年，在全国监测的468个市（县）中，有227个出现酸雨，占48.5%；在全国200个城市开展地下水水质监测的4727个监测点中，较差－极差水质的监测点高达55.0%（中国环保部，2012）。城市氮氧化物含量、PM2.5浓度普遍较高。按2012年2月新修订的《环境空气质量标准》，中国有2/3的城市空气质量不达标。另外，由于城镇人口尤其是大量的新增城镇人口需要就业岗位，产业发展成为城镇发展的重要支撑。绝大多数工业主要集中在城镇地区，城镇化水平与工业污染排放水平呈现强相关性。例如，在1985～2010年间，全国城镇化率与工业废气排放总量、工业固体废弃物产生总量的相关系数分别达到0.925和0.919。随着城镇化水平的不断提高，工业污染效应趋于强化（见图9-8）。

当然，城镇化进程对环境质量的影响并不局限于此。从广义的环境系统变化层面上看，中国城镇化进程还会带来以下变化：一是地质环境变化，例如，由于城市建设导致大面积的地表硬化和建筑化，大量植被及地下水循环系统遭到破坏等；二是地区环境风貌和气候条件变化，例如，为了吸纳新增城镇人口，各大城市普遍存在提高容积率、建设高楼的现象，在平原、盆地地区的城市建筑林立，改变了原有的地区面貌，城市建筑丘陵化阻碍了大气流动，改变了原有的热平衡和交换，特别是形成了热岛效应；三是导致生物多样性减少，由于城镇化进程中大量消耗资源、排放污染物，现阶段中国内陆淡水生态系统已在不同程度上受到威胁，部分重要湿地的生态系统功能开始退化，生物多样性由此受到威胁（中国环境保护部，2010）。

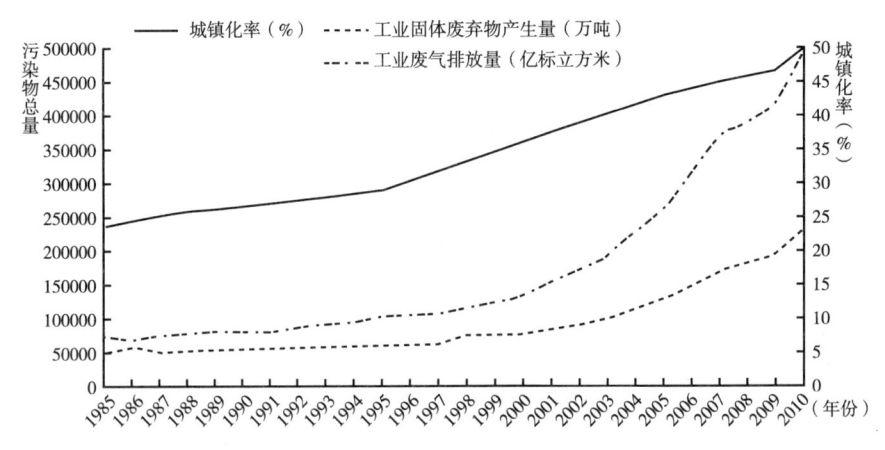

图 9-8　全国工业废气排放量、工业固体废弃物产生量与城镇化率的变化

资料来源：根据《中国统计年鉴》（1986～2011）数据绘制。

（二）中国城镇化影响环境质量的地区差异

由于城镇化所处阶段和主导产业的差异，各地区在资源消耗和污染物排放以及环境投入方面差异也很大。总体来说，中国东部地区的环境效率要高于中西部地区，东北地区作为典型的老工业基地，资源型城市较多，资源开发和能源消耗的强度较大。

一是各省区城市废弃物排放差异很大。从城市工业烟尘的排放来看，2010年每万人排放量最少的是海南省，仅0.82吨，其次是北京，为15.3吨，最高的是新疆，达141.3吨；北京、福建、上海、广东、山东等东部地区人均排放量较少，相反资源型地区，如东北三省、贵州、内蒙古、山西等地的工业烟尘人均排放量较高（见图9-9）。另外，人均工业二氧化硫排放量也大致如此（见图9-10），其中海南最低，仅1.06吨，其次是北京，为48.1吨，新疆最高，达141.3吨。从2010年工业废水排放达标率来看，山西省达标率最低，为82.4%，最高的为天津，达99.9%，其中不到90%的还有宁夏、辽宁、甘肃、青海、吉林、贵州、新疆等地。由此可见，资源型地区城市工业污染排放强度较高，而发达地区城市工业污染排放强度较低。

二是各地区城市生活垃圾无公害化处理率差异很大。2010年，全国城市生活垃圾无公害化处理率为77.9%。分省区看，甘肃、黑龙江、吉林三省较低，分别只有38%、40.4%和44.5%；处于60%～80%之间的有11个省区，80%～90%之间的有6个省区，90%以上的有10个省区（见图

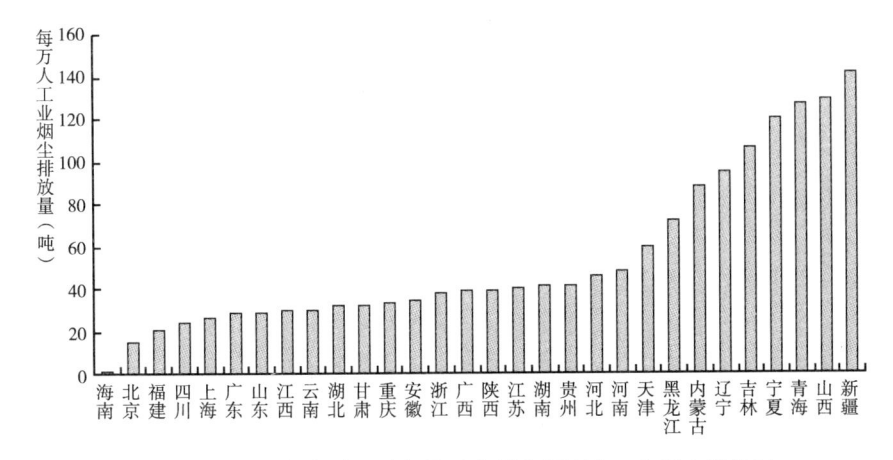

图 9-9 2010年各地区地级及以上城市每万人工业烟尘排放量

资料来源：根据《中国城市统计年鉴》（2011）数据绘制。

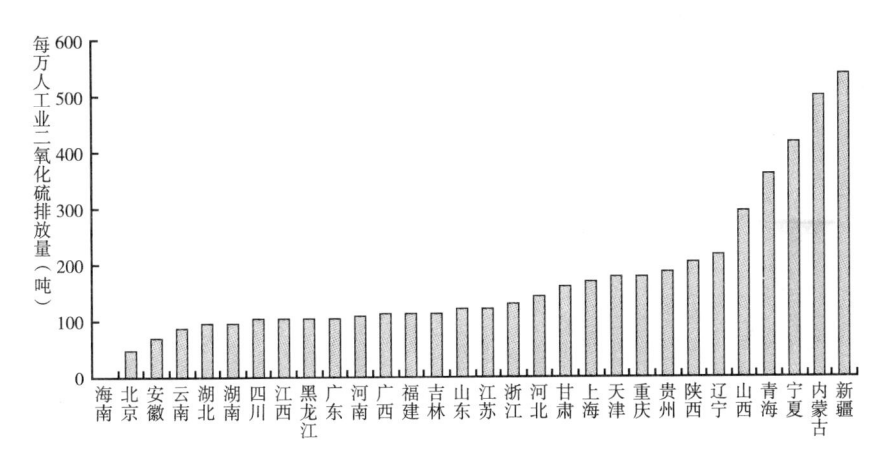

图 9-10 2010年各地区地级及以上城市每万人工业二氧化硫排放量

资料来源：根据《中国城市统计年鉴》（2011）数据绘制。

9-11），其中天津达到100%。可见，各省区城市垃圾无公害化处理能力存在显著差异，这在一定程度上与各地区的城市现代化和经济发展水平有关。

三是能源消耗强度的省区差异显著。从万元地区生产总值（GRP）的能源消耗强度看，2010年能源消耗强度较低的为北京、广东、上海、浙江、江苏、福建等东部省份，能源消耗强度较大的为资源输出型和欠发达省区，如甘肃、内蒙古、新疆、山西、贵州、青海、宁夏等省份，其中北京万元GRP消耗0.582吨标准煤，能源消耗强度位居全国最低，宁夏则高达3.308

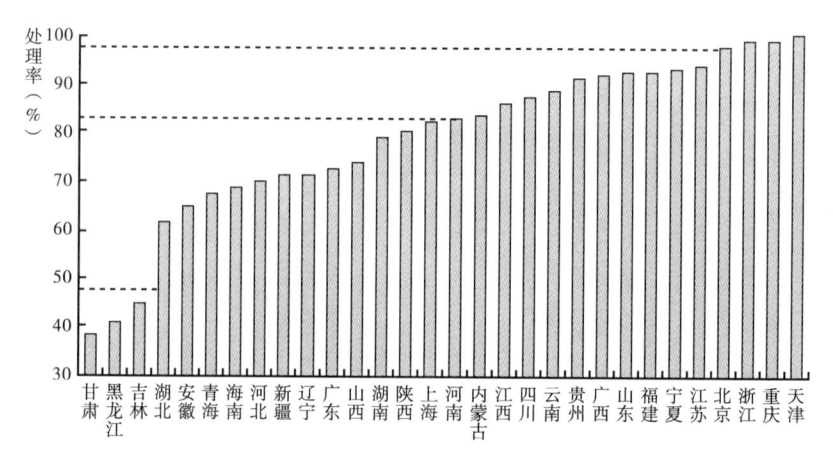

图 9-11 各地区城市生活垃圾无公害化处理率

资料来源：根据《中国统计年鉴》(2011) 数据绘制。

吨标准煤，位居全国最高位，是北京的 5.7 倍，可见能源消耗强度的地区差异非常大。从能源消耗强度柱状图的空间分布看，东部发达地区的能源消耗强度明显低于中西部地区（见图 9-12）。

图 9-12 2010 年各地区能源消耗强度情况示意图

注：能源消耗强度以万元地区生产总值所消耗的吨标准煤表示，新疆为 2009 年数据。
资料来源：根据《中国统计年鉴》(2010~2011) 数据绘制。

四是主要城市的空气质量差异很大。虽然近年来随着城市环境投入的加大，全国总体的大气质量有所好转，但是各城市间差异依然很大。2010年，兰州市全年空气质量二级以上天数仅占61.1%，海口和昆明两个旅游城市则达到100%（见图9-13）。当然，由于大气质量除了受本地污染源污染之外，有时候也会随着大气流动，受到周边其他地区的影响，但总体而言，城市的产业结构与空气质量具有较强的相关性。

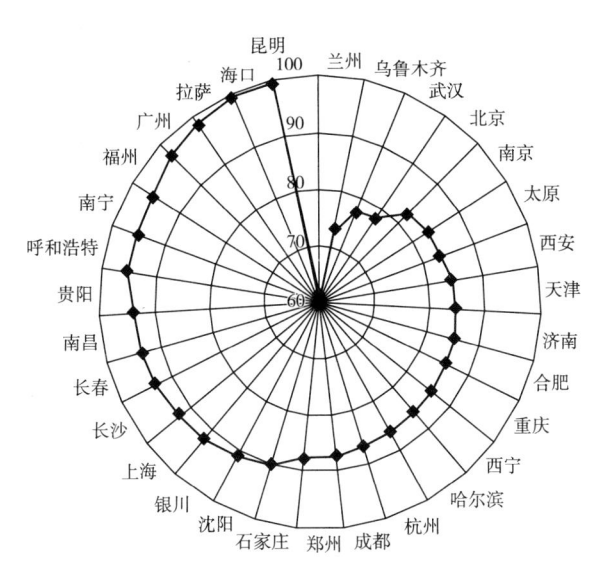

图9-13 2010年主要城市空气质量达二级以上天数占全年比重

资料来源：根据《中国统计年鉴》（2011）数据绘制。

（三）基于城镇化规模差异的污染排放分布

按照《全国主体功能区规划》，优化开发区域和重点开发区域属于城市化地区。其中，环渤海（包括辽中南和京津冀地区）、长三角和珠三角地区等优化开发区域，人口、工业和城镇密集，城镇化水平高，城镇人口和用地规模大；中原、长江中游、海峡西岸、北部湾、成渝、关中-天水地区等重点开发区域，发展潜力较大，城市群初具规模，是加快工业化和城镇化、大规模集聚人口和产业的重点区域。一般来说，在城镇化的快速推进阶段，城镇规模增加会导致环境牺牲的增长，特别是在一定技术条件和经济发展水平下，资源的大量消耗通常会带来污染物的大量排放。实际上，从中国工业污染物排放的空间分布看，优化开发区域和重点开发区域的污染排放总量都较大。

从工业污染排放占全国总量的比重看，2010年珠三角、长三角、关中-天水、北部湾、川渝、京津冀、东北等地区工业废水排放总量占全国的51.9%，工业二氧化硫占全国的44.4%，工业烟尘占全国的45.8%（见表9-1）。其中，长三角和东北地区工业污染排放占全国较大比重。值得注意的是，山西省的工业污染排放量非常大，工业废水、工业二氧化硫和工业烟尘的排放量分别占全国的1.8%、6.2%和8.3%，显然这与山西能源重化工主导型的产业有很大关系。另外，根据2010年全国地级及以上城市工业废水（剔除达标量）、工业二氧化硫和工业烟尘排放总量数据绘制空间密度图，可以发现，位于沿海发展轴上的东北、京津冀、长三角和珠三角城镇密集地区的工业污染物排放显著集中，其次位于中西部的关中-天水、成渝等地区，其工业污染物排放也较为集中（见图9-14）。显然，现阶段城镇化的大规模推进与工业污染的排放有很大的关联性。

表9-1　2010年中国主要地区工业污染物排放情况

地 区	工业废水		工业二氧化硫		工业烟尘	
	排放量（万吨）	占全国比重（%）	排放量（吨）	占全国比重（%）	排放量（吨）	占全国比重（%）
珠三角地区	134140	6.1	494167	3.0	129384	2.4
长三角地区	496771	22.6	1776279	10.6	509768	9.4
关中-天水地区	40117	1.8	610488	3.7	99116	1.8
北部湾地区	29064	1.3	208060	1.2	95231	1.8
川渝地区	160588	7.3	1442871	8.6	307950	5.7
京津冀地区	137806	6.3	1275793	7.6	407251	7.2
东北地区	141133	6.4	1618674	9.7	942104	17.3
#小计	1139619	51.9	7426332	44.4	2490804	45.8
+山西	39431	1.8	1030571	6.2	449001	8.3
合　计	1179050	53.7	8456903	50.6	2939805	54.1

注：①表中地区和全国数据根据地级及以上城市数据加总整理计算。②受数据可得性的限制，本表统计的地域范围如下：珠三角地区包括广州、深圳、珠海、佛山、江门、东莞、中山、惠州和肇庆市；长三角地区包括上海、江苏和浙江；关中-天水地区包括西安市、铜川市、宝鸡市、咸阳市、渭南市、商洛市和天水市；北部湾地区包括南宁、北海、防城港、玉林、崇左；川渝地区包括四川和重庆；京津冀地区包括北京、天津和河北；东北地区包括黑龙江、吉林和辽宁。

资料来源：根据《中国城市统计年鉴》（2011年）计算整理。

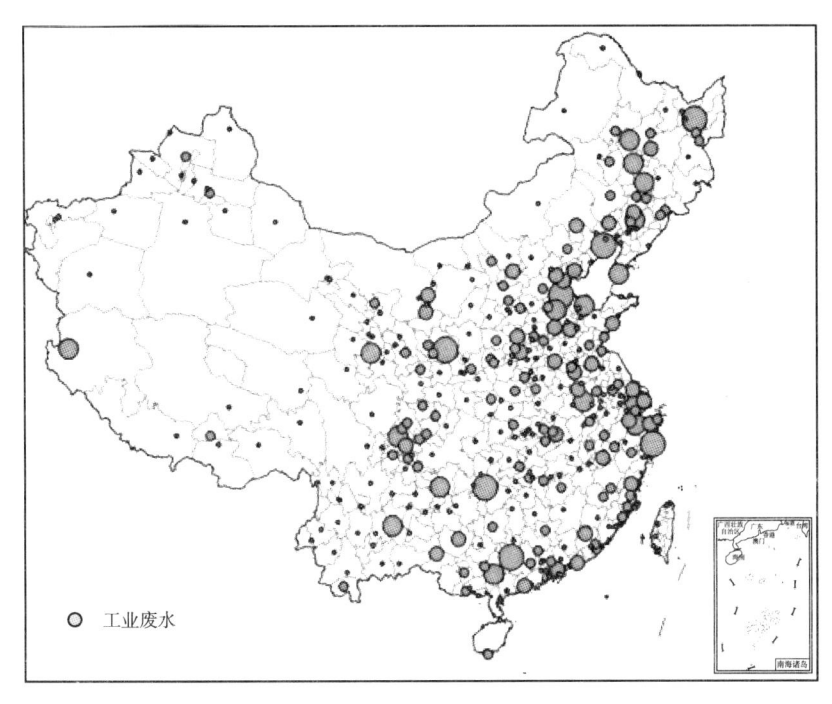

第九章 中国城镇化对环境质量的影响

○ 工业废水

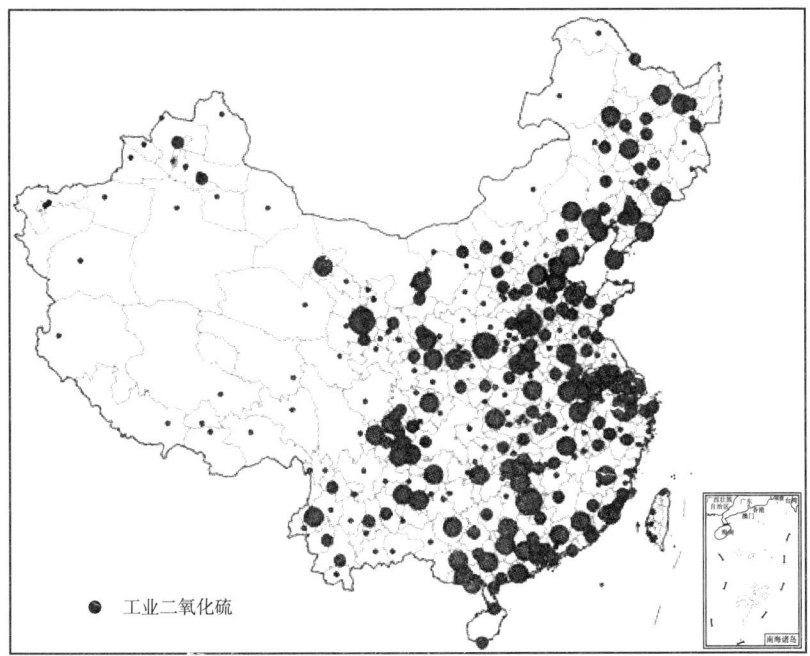

● 工业二氧化硫

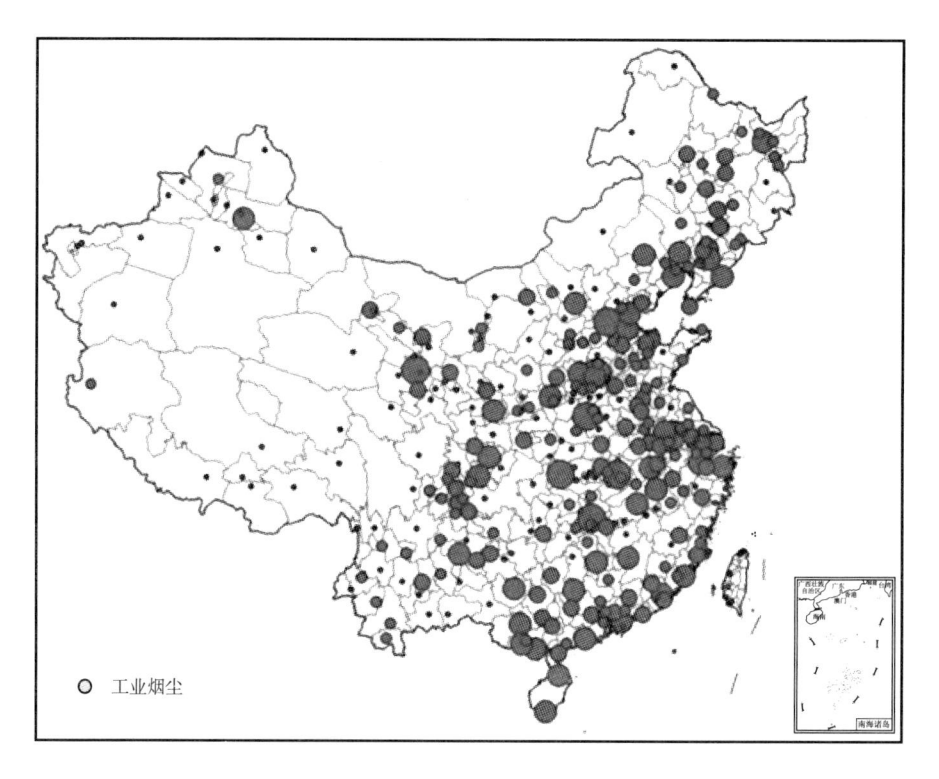

图 9-14　2010 年中国地级及以上城市工业污染排放总量示意图

注：部分城市数据有缺失。

数据来源：根据《中国城市统计年鉴》(2011) 数据绘制。

三　城镇化影响环境质量的作用机理分析

城镇化是指人口向城镇聚集、城镇规模扩大以及由此引起一系列经济社会变化的过程。它是人类社会发展的必然趋势，其实质是经济结构、社会结构和空间结构的变迁。从经济结构变迁看，城镇化过程就是农业活动逐步向非农业活动转化和产业结构升级的过程；从社会结构变迁看，城镇化是农村人口逐步转变为城镇人口以及城镇文化、生活方式和价值观念向农村扩散的过程；从空间结构变迁看，城镇化是各种生产要素和产业活动向城镇地区聚集以及聚集后的再分散过程（魏后凯，2005）。从环境演变的角度，城镇化就是人类为满足消费需求而集中消耗资源和排放废弃物并创造物质和精神文明的过程，就是城镇地区灰色空间（水泥地连片、建筑丘陵化）逐渐吞噬绿色空间（田野、林地、湿地等）、城市景观逐渐向乡村地区蔓延的过程。显然，在城镇化的过程中，经济社会活动的集聚和结构变迁将会通过一种综合机制诱致环境系统结构及其功能发生相应变化。

（一）城镇化驱动环境变化的因子归类

从环境系统所受影响看，城镇化驱动环境质量变化主要基于两个方面原因，一是城镇化进程需要不断地从自然系统中汲取物质能源从而改变环境系统的物质形态结构，二是各种生产和消费活动会排放大量的废弃物到自然环境之中，从而影响环境质量。逻辑上讲，人口向城镇地区集聚是城镇化驱动环境质量变化的研究起点，继而人口集聚引致要素集聚、城镇规模扩大和知识积累并共同作用于生产和消费活动；为满足特定城镇化阶段的生产、消费需求，环境系统通过资源供给和吸纳废弃物排放来支撑城镇化进程（见图9－15）。

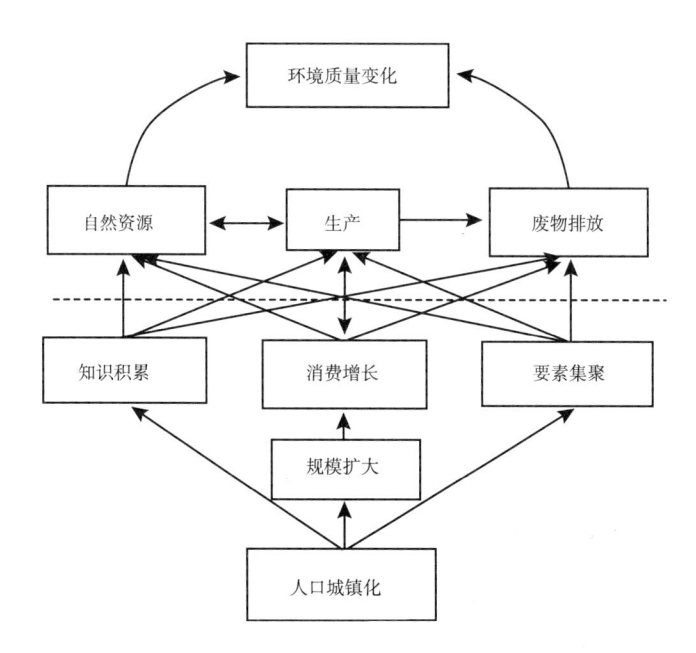

图9－15 城镇化驱动环境质量变化的内在逻辑

可见，城镇化驱动环境质量变化是一个动态的过程，特别是由于知识积累和消费升级，城镇化进程中产业结构演进将趋于高级化。进一步借鉴日本管理学家石川馨（Kaoru Ishikawa）提出的鱼骨因果解析图方法

(FishboneCause & Effect Diagram)（李雪松，2007）对城镇化驱动环境质量变化的因子系统进行梳理，将要素集聚、规模增长、知识积累和产业演进作为城镇化驱动环境质量变化的主要因子（见图9-16），这些因子的相互作用共同影响着环境质量的变化。

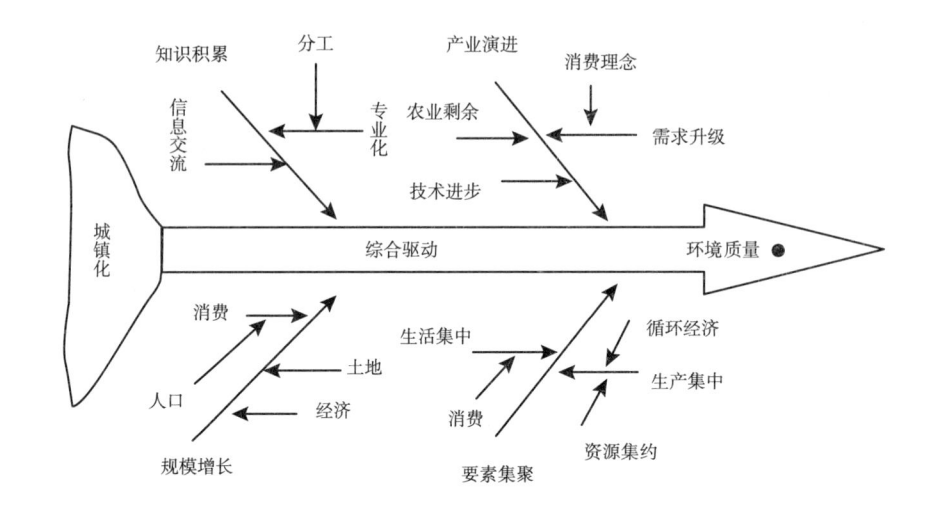

图9-16　城镇化驱动环境质量变化的鱼骨因果解析概要

显然，驱动环境质量变化的城镇化因子具有层级和多样复杂性的特点，并且各驱动因子并不是独立起作用。一方面，各类因子之间存在着相互强化与制约的关系；另一方面，各因子同时驱动环境系统的变化。首先，人口向城镇地区集聚推动了城镇土地开发，扩大了城镇人口和空间规模；各种人才和信息的集聚进一步促进了专业化和知识积累以及社会文明进步；正是由于城市规模的增加和知识积累的作用，全社会的消费需求进一步扩大并趋于高级化；需求的扩大和升级进一步拉动社会供给，促进第二、第三产业发展和产业结构高级化。其次，产业规模的扩大和产业结构的升级，进一步刺激消费需求，不断引发新的消费热点，并促进消费升级；消费的高级化需求不断被满足将促进人的发展，进而有利于知识积累；产业演进、消费升级、知识积累等进一步形成对非城镇人口的吸引力，从而加速城镇化进程（见图9-17）。对应的，相互强化关系表明各因子之间同时具有相互制约关系。例如，知识积累缓慢就不利于产业结构的高级化进程；产业结构升级滞后会阻碍消费升级，不利于知识积累。

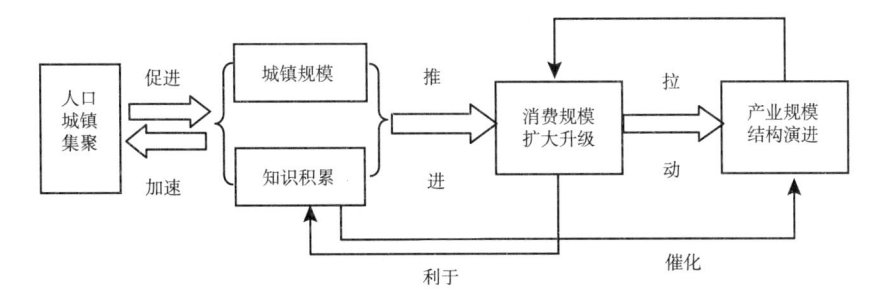

图 9-17 城镇化驱动环境质量变化作用因子之间的相互关系

（二）城镇化驱动环境质量变化的机理模型

根据 1956 年美国福瑞斯特（J. W. Forrester）教授创立的系统动力学思想（王其藩，1994），可以把相互区别但又关联和具有影响关系的多个作用因子构成一个系统的驱动力集。这样，可以构建由城镇化"驱动力"（Drivers）-"作用机理"（Mechanisms）-"环境影响"（Effects）三部分组成的城镇化驱动环境质量变化的机理模型，简称 DME 概念模型。驱动力由要素集聚、规模增长、知识积累和产业演进合力形成，其中要素集聚包括围绕人口的生产要素和生活要素集聚；规模增长集中体现在城镇人口、空间、经济总量以及消费需求等规模的扩张上；知识积累可细分为技术进步、理念创新、制度创新等；产业演进，即随着消费升级而发生的产业结构演进和优化升级。每个因子通过不同的机理和功能驱动环境质量变化。

一是要素集聚的共生功能。各种要素在空间上的集聚是城镇形成与扩张的基本动因。要素在城镇地区的集聚带来人类生产、生活活动在空间上的高度集中，这种集中对环境质量的影响主要体现在两个方面。一是各种要素和活动的集中将产生集聚经济效益，促进资源集约节约利用，减少单位产出的资源消耗和污染排放，同时便于污染集中治理，由此将改善环境质量。二是各种要素和活动高度集中在狭小的城市空间，将会带来较大的生态环境压力，并对生态环境产生诸多负面影响，如环境污染、自然生态破坏、生物多样性减少等，由此导致人居环境质量下降。尤其是，当城市集聚规模超过一定限度，还会带来集聚不经济现象。可见，要素集聚将会带来环境正负效应共存共生，其效应值由城镇化阶段、特征以及环境政策决定。在生态补偿机制缺乏和环境政策不完善的情形下，集聚对环境的负效应将更加突出，并向区域外不断扩散,呈现出一种全局性的生态环境恶化趋势(侯凤岐,2008)。因此,对集聚的环境效应需要区别对待,尤其需要有效遏制活动集中所带来的环境负效应。

二是规模增长的控制功能。城镇人口、消费需求、空间开发以及经济产出的总量规模一定程度上决定着对环境质量的影响程度,城镇化进程中规模增长对环境质量变化具有控制作用。一方面,城镇人口增长、土地扩张、产出增加和消费扩张都要求向环境系统索取更多物质能量,加大资源能源消耗与废弃物排放,从而增加对环境系统的影响。另一方面,经济规模的增长是人类富裕程度的一个重要衡量指标,随着城镇化的推进,社会经济形态逐步从较为贫困向相对富裕型转变,人类需求从满足最初的基本生存需求(主要是物质满足)到追求全面发展(包括生态安全和福利要求)转变,而富裕型社会更有能力和欲望来改善环境质量。可见,规模总量对环境质量的影响具有较强的控制性功能,最佳控制效果是同时实现最小化的环境负效应和最大化的满足总量需求。已有研究证实,城镇人口的大量增长会直接影响能源消耗、土地和水资源利用、污染排放强度及其他各种环境压力(Morello等,2000;Tu,2011);城市蔓延会带来耕地与湿地减少,城市建设用地的扩张将改变地质结构与地下水,使得生物多样性减少(方创琳,2008),迫使生态系统发生不可逆转的变化。相反地,在过去50年里,工业化国家的发达城市(处于富裕型社会阶段)则能有效地利用污染控制技术(Ho,2005)。

三是知识积累的优化功能。一般地,知识积累会正向作用于环境系统,它对环境质量的影响具有优化功能。一方面,城镇化是推动社会文明进步的重要途径,特别是当今社会绿色发展和生态文明理念日渐形成,将有力地推动生态环境保护,促进环境质量改善。另一方面,知识积累将促进各种创新,包括技术、制度、管理等各个层面和领域的创新,有助于环保新技术、新方法的发明创造和应用,由此推动城镇生产和生活活动的绿色化进程。其中,影响环境质量的技术包括企业生产技术、环境质量监管技术、污染防治技术、生态修复与建设技术等。随着生产技术的进步,资源利用效率不断提高,将促进资源能源消耗与污染物排放的减少;环保综合技术水平的提高,将降低污染治理成本,提高环保治理效率。如果缺乏技术进步,城镇化将不可避免地造成生态环境的破坏(He等,2008)。显然,技术进步尤其是先进适用技术的应用和使用技术能力的提高是城镇化进程中环境质量改善的关键。当然,人类的知识积累在一定阶段具有相对真理性,不排除某些技术进步可能会带来突发性的环境负效应事件。不过，从整体上看，知识积累驱动环境系统总体趋于优化，有助于城镇环境质量的改善。

四是产业演进的结构功能。城镇化进程中，随着产业结构的演进，主导产业将会不断发生更替。不同主导产业对环境质量的影响差别较大。在城镇化初期阶段，农业占主导地位，环境变化主要来自农耕生产，城镇化对环境质量的影响较小。在城镇化中期阶段，随着工业化的快速推进，各种工业活动在城镇大规模集聚，工业化成为城镇化的主要驱动力，工业和建筑业占据主导地位。在特定技术条件下，工业生产和城镇建设需要消耗大量自然资源和能源，并排放各种废弃物，由此对环境质量产生重要影响。在城镇化后期阶段，城镇化水平大体趋于稳定，推进速度十分缓慢，全社会进入服务经济时代，服务业占据主导地位，其对环境质量的影响日趋缓和，且这种影响主要来自城镇居民的生活消费。可见，由于主导产业的变迁，城镇化进程中产业演进对环境质量的影响具有较为明显的结构效应。研究表明，近年来中国重工业化的跃进已经带来了对环境的负面影响（袁鹏、程施，2011）。因此，推动城镇产业结构优化升级将有利于环境质量的改善，而产业结构低级化和逆向调整则会加重资源消耗和污染物排放趋势。

综上，城镇化过程可以分解为要素集聚、规模增长、知识积累和产业演进四个相互作用的主驱动因子，对应的共生、控制、优化和结构功能存在着错综交织的复杂作用关系，相互强化和制约、共同驱动环境质量变化（见图9-18）。其中，环境质量变化有两个层次。一是从效应方向看，有正效应和负效应之分，相应地驱动环境质量改善和环境质量恶化。二是从影响层面看，则通过资源集约利用、污染集中治理、环保投入增加以及资源过度消耗、废物大量排放、其他环境公害等不同层面对环境质量产生影响。总体上，在任何一个时段上，环境质量变化有一个总体表征，即相对于过去环境原貌发生怎样的变化，或者环境质量是改善还是恶化（见图9-18）。当然，环境系统的演变也会通过资源约束（"资源诅咒"）、环境容量制约等反馈作用于城镇化进程。与此同时，人类应对环境质量变化有各种反应，如改变发展方式、推广绿色低碳技术、建设生态文明等。这些反应对城镇化进程和环境演变都将产生重要影响。这里侧重考察城镇化如何驱动环境质量变化，对环境的约束或反馈作用以及人类对城镇化引致环境质量变化的反应将在后续研究中予以深化。

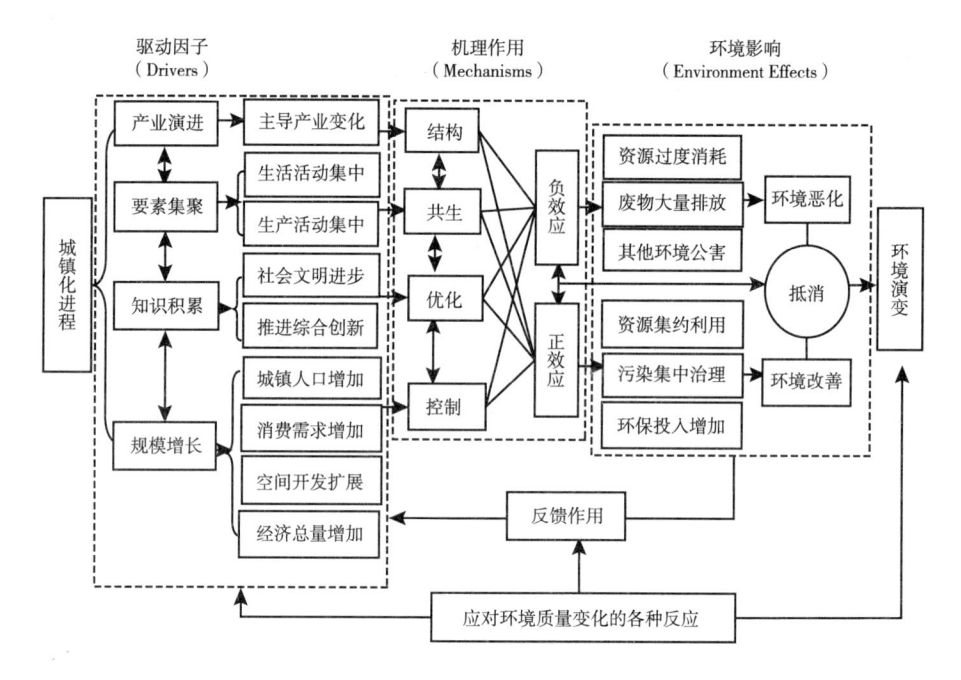

图 9-18　城镇化驱动环境质量变化的 DME 机理模型

根据驱动因子的变化特点及其对环境质量影响的正负效应强度差异，大体可将城镇化过程划分为两个不同阶段。总体上看，在城镇化阶段 1，随着城镇化的快速推进，环境负效应大于正效应，环境牺牲趋于增长，环境质量出现恶化；在城镇化阶段 2，随着城镇化速度的放慢和向质量提升转变，环境正效应持续增长并超过负效应，环境牺牲趋于下降，环境质量得到改善（见表 9-2）。

表 9-2　不同阶段城镇化特征及其对环境质量的影响

城镇化阶段		阶段1（初中期）	阶段2（中后期）
城镇化特征		城镇化加速推进，偏重速度和建设	城镇化速度放慢，强调质量和管理
驱动力	要素集聚	人口、要素和经济活动大规模快速集聚，生态环境压力加大，环境负效应增加	集聚减慢并向扩散转变，集聚综合效益不断增强，但过度集聚存在较大环境风险
	规模增长	城镇规模迅速扩张，且对资源环境的依赖性较强，导致生态破坏、资源消耗和污染物排放增加，环境投资能力较弱	规模扩张放慢并趋于稳定，且对资源环境的依赖性减弱，环境投资能力和环境意识增强，其生态环境压力减轻

续表

城镇化阶段		阶段1（初中期）	阶段2（中后期）
城镇化特征		城镇化加速推进，偏重速度和建设	城镇化速度放慢，强调质量和管理
驱动力	知识积累	知识积累逐步加快，但创新能力仍较低，处于门槛水平之下	综合创新能力不断增强，知识积累的环境正效应日益显著
	产业演进	以工业经济为主导，资源型产业所占比重大，其环境负效应较大	以服务经济为主导，工业转型升级加快，其环境负效应下降，正效应不断增强
综合作用		环境负效应大于正效应，环境牺牲趋于增长，环境质量出现恶化	环境正效应持续增长，环境牺牲趋于下降，环境质量得到改善

由此可见，随着城镇化的阶段变化，城镇化对环境质量的影响也将发生改变。即城镇化带来的环境牺牲随着城镇化水平的提高呈现"倒U型"变化。这种变化是伴随城镇化转型而出现的主导因子转变的结果。在城镇化阶段1，由于城镇化的快速推进，人口、要素和各种活动向城镇大规模集聚，城镇规模迅速扩张，工业经济占主导地位，导致环境牺牲量趋于增长；在城镇化阶段2，随着城镇化速度放慢和水平提升，集聚趋势逐步放慢并向扩散转变，城镇规模相对稳定，产业结构高级化和消费升级加快，服务经济占主导地位，知识积累的作用不断增强，城镇化带来的环境牺牲趋于减小，环境质量得到改善（见图9-19）。很明显，城镇化中后期阶段环境质量改善是城镇化转型的结果，它是建立在知识积累、产业升级、消费转型、集约发展的基础之上的，如果没有这种城镇化转型，城镇化带来的环境牺牲将有可能继续保持增长态势，如图9-19中虚线B所示。因此，环境牺牲从增长转变为下降的顶点取决于城镇化转型的拐点，不同国家和地区由于发展条件不同可能差异较大。

虽然城镇化转型在一定程度上包含了生产方式转变的因素，但这种方式转变主要是伴随社会进步自然产生的，是一种被动适应的过程。从战略决策的角度看，如果在城镇化的初中期阶段，把城镇化推进与发展方式转变有机结合起来，及时采用节能环保技术，强化资源集约节约利用，不断推进产业结构转型升级，走集约、智能、绿色、低碳的新型城镇化道路，将可以大大降低城镇化的资源和环境代价，减少城镇化带来的环境牺牲，促进城镇化进程中经济发展与生态环境保护的深度融合。在这种情况下，城镇化带来的环境牺牲曲线将由A下降到C，呈现出扁平的浅"倒U型"变化。我们把这

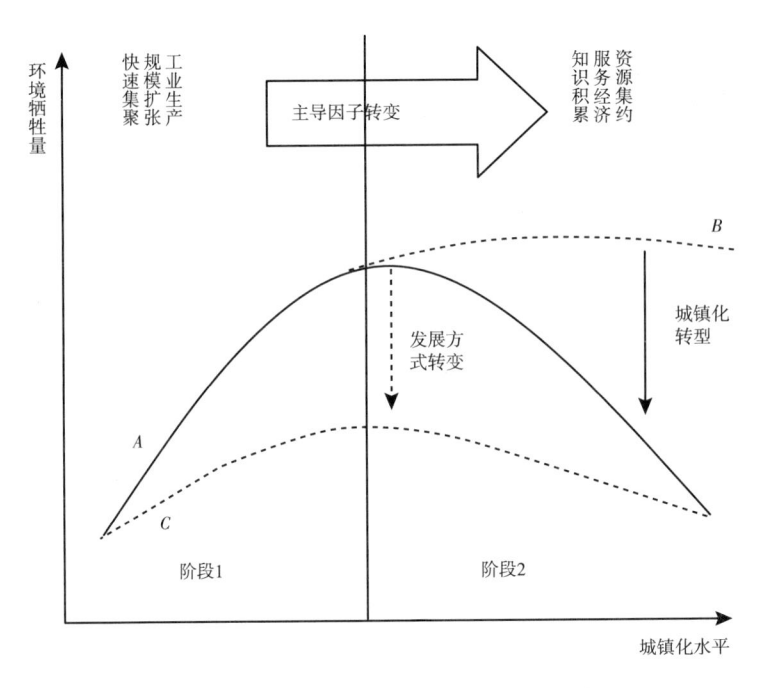

图 9-19　综合效应下环境牺牲的变化趋势

种情形称为低成本的城镇化，即以较小的资源和环境代价或者环境牺牲，获取相同的城镇化目标和更高的城镇化质量。

四　中国城镇化对环境质量影响的实证检验

基于 DME 机理模型，借鉴柯布-道格拉斯生产函数基础模型思想以及国际实证分析经验，下面将建立计量回归模型，并采用 1998~2010 年中国省级面板数据，对上述理论假说进行实证检验，以考察中国城镇化进程中主要驱动因子对环境质量变化的影响。

（一）计量回归模型设定

由于环境质量变化具有综合性和扩散性，在实证分析中，要对广义的环境质量变化进行精确度量难度较大。因此，从数据模拟回归的可行性角度，我们主要考察狭义的环境质量变化，即环境污染在城镇化进程中受到的影响与变化，而将资源消耗作为要素投入引入模型。一般地，可以将排放的污染物称作"坏"产出或"不合意"产出（Undesirable Outputs），它是正常产出或称作"合意"产出（Desirable Outputs）的副产品（Fare 等，2007；涂正革，2008），用公式表示为：

$$V(x) = \{(y,p): 投入\ x\ 产出\ y\ 和\ p, x \in R_+^N\} \quad (9-1)$$

其中，$V(x)$ 为 N 种要素的投入所产生的正常产出 y 和坏产出 p 的集合，且具如下性质：

(1) 若 $(y, p) \epsilon V(x)$，且 $0 \leq \theta \leq 1$，则 $(\theta y, \theta p) \epsilon V(x)$。其含义如下：需要增加投入以减少环境污染，增加的环境投入会导致正常产出的投入被减少，正常产出从而被减少。这表明，在一定的技术条件下，"坏"产出与正常产出具有单调同增同减关系。

(2) 若 $(y, p) \epsilon V(x)$，且 $y' < y$，则 $(y', p) \epsilon V(x)$。其含义如下：在"坏"产出规模相同的条件下，正常产出规模可大可小。这表明，不同知识水平下的环境管制，如技术水平、消费理念、生产模式等对"坏"产出具有较大的影响作用。

(3) 若 $(y, p) \epsilon V(x)$，且 $p = 0$，则 $y = 0$。其含义如下：存在正常产出须有"坏"产出行为发生，也即在满足人类对产出需求的同时，环境负效应不可避免。

(4) 若 $x' \geq x$，则 $V'(x) \supseteq V(x)$。其含义如下：带来正常产出和"坏"产出的要素具有任意性，既包括要素投入数量，又包括要素投入的结构等。

可见，环境污染取决于正常产品的产出水平（要素的投入规模）以及环境管制（要素的投入结构）。其中，正常产品的产出水平包括产出规模和产出结构，它取决于人们的消费需求，如对资源性产品的高需求势必带来高污染；而技术投入、资金投入和物质投入的结构很大程度上影响着环境管制效果。采用柯布－道格拉斯地区生产函数 $Y_{it} = A_{it} K_{it}^\alpha L_{it}^\beta$ 为基础模型，引入城镇化因素，可将生产函数改写成：

$$Y_{it} = A_{it}(e^{u1}K)_{it}^\alpha (e^{u2}L)_{it}^\beta \quad (9-2)$$

根据式（9-2）及 V 的性质可知，"坏"产品是正常产品的函数，"坏"产品的产出数量和结构取决于人们的消费需求以及投入要素的结构，于是可以得到以下函数：

$$P_{it} = F(Y_{it}) = f(A_{it}, e^{u2}K_{it}^\alpha, e^{u2}L_{it}^\beta) \quad (9-3)$$

为了考察城镇化对"坏"产出的影响，需充分考虑基于城镇化进程的各种要素投入。为此,根据城镇化对环境质量的影响机理,进一步对技术、资本投入和劳动力投入进行分解或转换。

首先,对技术变量进行城镇化分解。根据正常产品和坏产品关系性质(2)知道,环境管制主要取决于技术水平、消费理念和生产模式等。在城镇化进程中,集聚有利于知识积累,从而促进技术进步和实现现代循环经济、低碳经济的生产模式,并且有利于消费升级,特别是扩大对环境福利的需求;同时,集聚有利于污染的综合治理,因此将城镇集聚度(Agg)作为技术变量引入。另外,全社会的知识积累更直接体现在劳动力受教育水平(Edu)上,因此将受教育水平引入技术变量。于是,技术解释变量可以分解为:

$$\ln A_{it} = \ln(A_{it})_{Agg} + \ln(A_{it})_{Edu}$$

其次,对资本投入变量进行城镇化转换。一般地,在生产函数中的资本投入是指资金、设备、场地、材料等物质资源投入。显然,土地是城镇化进程中主要消耗的自然资源,因此以城镇土地规模(L_{Urb})来表示城镇化的资本投入,于是将$e^{u1}K_{it}$直接转换成$(L_{it})_{Urb}$。

再次,对劳动投入变量进行城镇化转换。一般地,在全社会总产出的生产函数中,$\ln L_{it} = \ln(L_{it})_{Agr} + \ln(L_{it})_{Sec} + \ln(L_{it})_{Ter}$,即劳动力投入应该包括第一、第二和第三产业的总体劳动力投入。根据城镇化进程中产业结构对环境质量变化的作用机理,城镇化进程中劳动力投入与"坏"产出的关系,一定程度上可以转化为第二产业就业人员数与"坏"产出的关系。为了考察产业演变对环境质量变化的影响,只需引入第二产业劳动力投入量,于是将以$e^{u2}L_{it}^{\beta}$以$(L_{it})_{Sec}$来代表。综上,对经过城镇化转换后的"坏"产出函数进行取对数展开,可以得到:

$$\ln P_{it} = b_i + b_t + \gamma_1 \ln(A_{it})_{Agg} + \gamma_2 \ln(A_{it})_{Edu} + \gamma_3 \ln(L_{it})_{Urb} + \gamma_4 \ln(L_{it})_{Sec} + \varepsilon_{it}$$
$$(9-4)$$

与此同时,可借鉴环境库兹涅茨曲线假说及其实证研究模型(*Bandyopadhyay*,1992;*Selden*和*Song*,1994;*Torras*和*Boyce*,1998)中的做法,为了考察自变量与被解释变量之间的曲线变化关系,对自变量设置二次项。为此,增加并设置城镇化率的二次项可得到考察城镇化进程中环境质量变化趋势的对数线性模型为:

$$\ln E_{it} = \alpha_i + \alpha_t + \beta_1 \ln U_{it} + \beta_2 (\ln U_{it})^2 + \varepsilon_{it} \qquad (9-5)$$

其中，E_{it} 表示地区第 t 年的环境质量影响，U_{it} 表示地区第 t 年的城镇化率，α_i 为时间效应，α_t 为样本（地区）的个体差异，β_1 和 β_2 均为估计参数，ε_{it} 为随机误差项。

该模型曲线隐含以下性质，若模型通过计量回归显著性检验且：

①当 $\beta_2 > 0$，城镇化率与环境质量之间呈正 U 型曲线；$\beta_2 < 0$，为倒 U 型曲线；

②当 $\beta_2 = 0$，$\beta_1 \neq 0$ 时，城镇化率与环境质量之间为线性关系。

满足以上①、②的前提是所选取样本的城镇化水平存在显著差异，即要求有处于城镇化初期、中期和后期不同阶段的样本量。

（二）指标选取与估计方法

从数据的可获得性、强表征性等角度考虑来选择模型的主要替代指标。根据计量回归的基本要求，在方法上尽可能地减少数据处理带来的误差。

1. 替代指标与数据说明

一是被解释变量。从环境污染的人均量和总量对地区环境的影响看，由于人均污染排放量计入了农村人口数量，所以用污染排放总量更能反映一个地区的环境污染程度。因此，这里分别选择废水排放总量（Waste Water，WW）、烟尘排放总量（Soot）和二氧化硫排放总量（SO_2）作为被解释变量，以反映环境牺牲。

二是解释变量。首先，考虑到要素集聚的本质是生产和生活活动在城镇地区的集聚，因此用城市人口密度（Urban Population Density，UPD）代表要素集聚度，以期反映城市活动的集聚程度，该指标由城市人口总量（包括城区户籍人口和暂住人口）与城区面积之比计算得到。其次，选用地区人均教育经费支出（Per Capita Educational Expenditure，PCEE）反映技术进步，以期区分样本之间的教育支出差距，该指标由地区教育经费总支出与地区年末人口数之比计算得到。再次，用建成区面积（Area of Built District，ABD）表示城市规模大小，包括城市行政区内已成片开发建设、市政公用设施和公共设施基本具备的区域。最后，选用第二产业就业人员数量占三次产业就业人员总数的比重（Secondary Industry Labor Proportion，SILP）反映产业结构层次。

三是样本和数据来源。样本来自 1998~2010 年中国大陆 30 个省区市，其中西藏因数据缺失较多，未引入模型检验中。原始数据来源于各年度《中国统计年鉴》《中国能源统计年鉴》《中国环境年鉴》《中国区域经济统计年鉴》《新中国五十年统计资料汇编》《新中国五十五年统计资料汇编》和《新中国六十年统计资料汇编》。其中，除新疆之外，2010年各地区城镇化率根据中国统计数据应用支持系统提供的各地区年底城镇人口数与总人口数，取其比值得到；对于少部分缺失数据通过缺失省区年度统计年鉴获得，个别仍然有缺失的数据根据数据特征并通过样本平稳性检验，采取中值或者期望最大值法进行估计值插补。

2. 估计方法

为提高实证检验结果的准确性，我们在进行面板数据回归模型估计之前，首先根据现有数据条件，做了两个方面的检验工作。一是基于时间序列的格兰杰因果检验，从统计数理上观察城镇化和环境质量（污染指标）之间是否具有约束条件下的因果关系，观察城镇化是否是污染排放量变化的驱动因子。二是对环境污染指标进行空间自相关性检验，从空间统计上观察地区之间的污染排放是否具有相关性。因为从现状看，中国一些城市群地区都是跨行政区划的，有的跨地级行政区划，有的甚至跨省级行政区划，对于这种高度集聚的城镇化地区，很有可能由于产业结构相关或趋同等因素导致污染排放指标的强空间自相关。这里主要通过Moran's I指数来描述空间相关性（Moran，1948，1950；王远飞、何洪林，2007），并选择省级行政区划作为面板单元，如果污染指数空间不相关或者相关度很小，这就进一步保证了面板数据回归的可信任度。

同时，面板数据的计量回归还经常由于内生性问题导致伪回归等。本章计量模型的潜在风险在于：一是城镇化进程驱动环境质量变化的复杂性将有可能导致模型设计存在一定的缺陷；二是解释变量之间也会存在一定的自相关性。为此，在进行回归模型估计之前，还需要分别对各组计量模型形式进行固定效应（Fixed Effects）显著性检验和豪斯曼（Hausman）检验，以确定模型检验适用形式；在此基础上，再通过最小二乘法对方程进行估计，并对残差进行单位根检验，最终选取稳定性较好、显著性较强的适用模型。

（三）计量回归结果分析

通过检验发现，城镇化是废水、烟尘排放的格兰杰原因；城镇化水平与二氧化硫排放之间具有协整关系，且二氧化硫排放绝对不是城镇化的格兰杰原因；另外，环境污染指数在空间上并不存在自相关性。为此，进一步根据Eviews6.0软件对面板数据模型采用最小二乘法进行回归检验，并且回归方程通过 White 检验排除异方差性。

1. 驱动因子模型回归结果

根据基础模型（9-4）及选取的替代指标，实际回归检验模型如（9-6）所示，设定不同的固定效应模型进行检验，最终输出显著性最好的模型检验结果（见表9-3）。

$$\ln(WW/Soot/SO_2)_{it} = b_i + b_t + \gamma_1 \ln(UPD_{it})_{Agg} + \gamma_2 \ln(PCEE_{it})_{Edu} + \\ \gamma_3 \ln(ABD_{it})_{Urb} + \gamma_4 \ln(SILP_{it})_{Sec} + \varepsilon_{it} \quad (9-6)$$

根据表9-3，解析如下：

一是反映城镇集聚水平的人口密度项的系数多为负值，但也有少部分正值。基本上反映了随着人口密度的提高，污染排放减少的总体趋势，其中二氧化硫排放模型检验最为显著，即随着城镇集聚水平的提高，二氧化硫的排放趋于减少。由于检验设置的差异，废水排放和烟尘排放的回归模型检验中出现的系数正值，一定程度上也表明现阶段中国城镇化部分存在过度集聚，继而造成环境负效应。另外，负系数值均较小，这也说明，现阶段中国城镇化对资源节约和污染集中治理的集聚效应作用力尚较弱，有待进一步加强。

表9-3 城镇化影响环境质量的作用因子计量回归结果

变量名称	废水(WW)		烟尘($Soot$)		二氧化硫(SO_2)	
	截面固定效应模型（不加权）	时期固定效应模型（不加权）	截面固定效应模型（截面加权）	时期固定效应模型（不加权）	时期固定效应模型（时期加权）	混合模型（不加权）
C	8.576120*** (43.64687)	5.741543*** (13.22132)	2.730621*** (10.35759)	4.979027*** (6.316287)	4.711183*** (5.490704)	—
UPD	-0.019743** (-2.028556)	0.074917*** (2.816818)	0.044794*** (3.545375)	-0.224108*** (-4.642052)	-0.177238*** (-3.355164)	-0.103673** (-2.194134)
PCEE	0.201241*** (10.77839)	-0.203726*** (-3.456536)	-0.339759*** (-13.03876)	-1.052766*** (-9.840031)	-1.001484*** (-8.608640)	-0.342595*** (-5.157982)
ABD	0.273225*** (6.850832)	0.928283*** (30.31470)	0.300303*** (5.578609)	0.822245*** (14.79263)	0.811447*** (13.48264)	0.976193*** (21.14774)
SILP	0.005464* (1.683356)	0.058809*** (4.587026)	0.007865** (2.018591)	0.102305*** (4.395976)	0.154949*** (6.095336)	0.028618* (1.857909)
R^2	0.985160	0.828303	0.981910	0.624979	0.598957	0.531239
观测数	390	390	390	390	390	390

注：***、**、*分别表示在1%、5%和10%的水平上显著；括号中数值为估计系数的T统计量。

二是反映知识积累的教育投入项的系数值除了废水的截面固定效应回归为正值外，其他均为负值。这充分表明，与人力资本、技术进步、先进的制度和管理等有关的教育投入量的增加总体上有利于减少污染排放。同样，由于检验方法设置的差异，废水排放的模型检验出现系数正值，但也不排除在短期内因技术进步而带来废水排放波动增加的可能性。烟尘和二氧化硫的回归模型检验结果显示系数值较大，这说明教育投入的增加对这两类污染物排放的减少具有很强的驱动作用。

三是反映城镇规模的建成区面积项的系数值为正。这说明，现阶段在中国随着城镇规模的增加，污染排放总量趋于增长。显然，过去粗放型的城镇化模式是建立在高排放基础之上的，具有鲜明的发展中大国特征。城镇土地规模的过度扩张不利于集聚效应发挥，同时造成污染大面积扩散。可见，城镇规模的高度扩张显然是不利于环境质量改善的。

四是反映产业结构的第二产业从业人员比重项的系数值为正。也即，受技术水平制约，现阶段中国城镇化进程中第二产业就业比重与污染排放呈正相关关系。特别地，中国粗放型工业化特征较为明显，建立在资源高消耗基础上的资源型和重化工业的快速扩张势必带来较高的污染废弃物排放，这种传统的粗放型工业化模式促使城镇化的资源和环境约束力不断加大。由此可见，在现阶段城镇化对环境质量的影响中，产业结构的作用力为负，产业升级任务重、压力大。

2. 环境变化趋势模型回归结果

根据模型（9-4）和（9-5）以及替代指标，进一步设计以下两类回归检验模型：模型Ⅰ，如（9-7）所示，借鉴国际实证研究的经验，直接设置城镇化率的二次型曲线；模型Ⅱ，如（9-8）所示，将驱动因子作为控制变量引入模型（9-7）。由于模型Ⅱ各解释变量具有一定的内生性，特别是城镇化率与各驱动因子之间存在相关关系，因此采用White-period稳健方法对模型进行检验，发现各组模型均采取混合的截面加权法效果较为显著，其回归结果如表9-4所示。

模型Ⅰ为：

$$\ln(WW/Soot/SO_2)_{it} = \alpha_i + \alpha_t + \beta_1 \ln U_{it} + \beta_2 (\ln U_{it})^2 + \varepsilon_{it} \qquad (9-7)$$

模型Ⅱ为：

$$\ln(WW/Soot/SO_2)_{it} = \alpha_i + \alpha_t + \beta_1 \ln U_{it} + \beta_2 (\ln U_{it})^2 + \gamma_1 \ln(UPD_{it})_{Agg}$$
$$+ \gamma_2 \ln(PCEE_{it})_{Edu} + \gamma_3 \ln(ABD_{it})_{Urb} + \gamma_4 \ln(SLP_{it})_{Sec} + \varepsilon_{it}$$
$$(9-8)$$

从表 9-4 可以发现，不同回归方程的检验结果趋于一致，城镇化率二次项系数值均为负数。这说明中国城镇化对环境质量的影响呈倒 U 型变化，即城镇化进程驱动环境质量变化具有显著的阶段性特征。在城镇化的初期阶段，环境污染排放持续增大，环境质量趋于恶化，经过最高拐点后，随着城镇化水平的提高，污染物排放开始减少，环境质量随之改善。显然，这与前文关于城镇化对环境质量影响的现状分析，有诸多吻合之处。例如，北京、天津、上海等城镇化水平较高的东部发达地区，能源消耗强度小，环境建设能力强，资源利用集约度高；而经济相对落后的广大西部地区则正好相反。很明显，在城镇化的初中期阶段，由于技术水平较低，产业层次不高，经济发展还处于低水平阶段，人口向城镇地区集聚带来的环境正效应不明显，此时资源消耗大、污染较为严重；随着城镇化的深入推进，经济发展水平不断提高，产业结构趋于优化，技术创新加快，环境投资能力也趋于增强，污染排放随之减少，环境质量得到改善。另外，从 R^2 值比较看，模型 I 要远低于模型 II，这表明简单的二次曲线拟合度较差。模型 II 的拟合度较好是因为加入了环境质量变化的驱动力影响因子作为控制变量，从模型的设计上提高了其解释性。

表 9-4 城镇化驱动环境质量变化的计量回归结果

变量名称	废水（WW）		烟尘（Soot）		二氧化硫（SO_2）	
	模型 I	模型 II	模型 I	模型 II	模型 I	模型 II
U	5.710552***	2.576556***	2.035024***	0.972158***	2.013907***	-0.768064***
	(96.43417)	(27.42284)	(43.79522)	(6.404125)	(44.89604)	(-5.288090)
U^2	-0.694057***	-0.422516***	-0.328979***	-0.155677***	-0.262672***	-0.042647**
	(-44.59401)	(-30.70475)	(-26.77726)	(-7.614179)	(-22.70758)	(-2.125658)
R^2	0.166019	0.933422	0.210072	0.713835	0.037142	0.762527
观测数	390	390	390	390	390	390

注：***、**分别表示在 1% 和 5% 的水平上显著；括号中数值为估计系数的 T 统计量。

上述结论具有重要的政策含义。要减少城镇化的环境负效应，逐步提高其环境正效应，必须在努力促进经济发展的基础上，提高全社会的环保意识，不断加大环保投入力度，增强环保能力建设，通过技术创新和产业结构优化升级，促进城市发展和城镇化的双重转型。从城市发展转型看，关键是从根本上改变以高增长、高消耗、高排放、高扩张、低效率、不协调为特征的粗放型发展模式,加快向低消耗、低排放、高效率的新型科学发展模式转变,全面提高城市的发展质量。从城镇化转型看,必须尽可能减少城镇化推进的资源和环境代价,全面提高城镇化质量,加快促进城镇化由粗放型向集约型的可持续城镇化转变,即未来中国应走经济发展与生态环境保护有机融合,经济效益、社会效益与环境效益兼顾,经济高效、资源节约、生活舒适、生态良好,具有可持续性的低成本绿色城镇化道路。

五 促进城镇化绿色转型的战略选择

综上分析,长期以来中国城镇化基本上走的是一条外延扩张的发展道路,以高消耗、高排放、高扩张为基本特征,属于一种非绿色的粗放型发展模式。显然,这种传统模式下的城镇化付出了巨大的环境代价,难以为继;随着资源与环境约束力不断增强,当前中国迫切需要促进城镇化由粗放型向集约型转变,积极探索绿色城镇化模式,实现城镇化绿色转型。

(一) 对粗放型城镇化模式的慎思

应该说,现行粗放型城镇化模式是一把"双刃剑",它一方面拉动了经济快速增长,促进了社会进步,但另一方面也消耗了大量资源,付出了巨大的生态环境代价。当前,中国城镇化率已越过50%的转折点,正进入全面提升质量的重要转型期。为此,必须从根本上改变粗放型的城镇化模式,节约集约利用资源,减少污染排放,促进城镇化绿色转型。

1. 粗放型城镇化模式的主要成因

从城镇化阶段划分看,一般基于城镇化S型曲线三个阶段的划分思想,采用30%、70%两个临界值,认为30%以下为城镇化的初期阶段、30%~70%为城镇化快速推进的中期阶段,70%以上为城镇化的后期阶段。从一些发达国家的经验看,当城镇化率超过50%以后,城镇化进程将出现由加速向减速转变的趋势。就中国城镇化的进程看,从1996年的30.48%提高到2010年的49.95%,接近50%的临界点,这期间基本完成了城镇化的加速期。可见,过去一段时间内,中国处于城镇化初期和中期的加速阶段,这一时期的高消耗、高排放和高扩张主要是由于以下几个原因:一是遵循三次产业递进的基本演变规律,这一时期产业结构依然以依赖资源消耗的传统工业和建筑业为主，近年来开始向以重工业为主的深化加工阶段转变（吕政等，2005）；二是新中国成立以来中国长期处于短缺经济状态，实现由卖方经济向买方经济过渡、完成脱贫和温饱任务一定程度上需要扩大资源消耗进行生产，以满足基本物质需求；三是作为一个地区差异极大的发展中大国，这一阶段技术水平相对处于较低层次阶段，难以在资源节约利用和节能减排上有较大突破；四是农村农业人口大规模持续向城镇转移，客观上需要扩展城镇建设以容纳新增人口；五是少数地方政府存在以牺牲环境为代价片面追求经济发展政绩的非理性行为；六是过去人们的环保意识相对薄弱，对环境福祉的需求并不强烈。

2. 粗放型城镇化模式的巨大代价

显然，粗放型城镇化付出了巨大的环境代价，集中体现在两个方面。一是资源供需矛盾日益加剧。建立在对土地、水资源、能源、原材料等资源大量消耗基础之上的快速城镇化，使得中国的资源短缺状况更趋严重，包括城市缺水、耕地减少以及石油、铁矿石等大量进口等。与此同时，由于城镇空间布局与资源环境承载能力不相适应问题越来越突出，国家不得不在全国范围内开展一系列的大规模、长距离的能源和资源调运，如北煤南运、南水北调、西气东输等，从而增加了经济运行和城镇化成本，降低了资源配置效率。二是大量污染排放导致环境压力增加，城镇地区生态环境趋于恶化。例如，大面积的地表硬化和建筑化，大量植被及地下水循环系统遭到破坏，生物多样性受到威胁；各类污染物大量排放，严重影响了城镇人居环境质量；来自其他类型环境公害的威胁也不断加大，包括五岛效应[①]、城市内涝、地面下沉、光污染、强辐射和噪声污染等。总之，这种以高消耗、高排放、高扩张为特征的粗放型城镇化及城镇发展模式，进一步加大了中国长期以来累积的资源供需压力和生态环境压力，加剧了资源与环境的双重约束。

3. 转变粗放型城镇化模式的现实需求

中国是一个人口众多、资源短缺的发展中大国，如果不尽快改变高消耗、高排放、高扩张的非绿色发展模式，快速城镇化面临的资源环境成本将持续增加，这将不利于城镇人口、经济与资源、环境的协调发展，也不符合科学发展观的精神。当前，中国已越过刘易斯拐点，农村富余劳动力趋于减少，经济社会发展面临的资源和环境约束日趋加大，劳动工资、土地、能源

---

① 指与郊区相比，城市气候呈现出的"热岛""干岛""湿岛""浑浊岛"和"雨岛"效应。

和资源成本都将面临长期上涨的压力。在新形势下,过去那种建立在低成本基础上的外延粗放型城镇化模式已经走到了尽头,越来越难以为继。可以预见,在今后一段时期内,中国城镇化将由加速向减速转变,城镇化率每年提高的幅度将会有所减慢,将进入减速时期(魏后凯 b,2011)。因此,从总体趋势上看,当前中国城镇化已经进入一个重要的转型期,亟须树立绿色发展的理念,推行绿色生产、消费和生活模式,构建绿色经济体系,促进城镇化绿色转型,走资源节约、低碳减排、环境友好、经济高效的绿色城镇化道路。

(二) 推进城镇化绿色转型的战略思路

面对资源与环境的双重约束,从科学发展观的视角出发,当前亟须改变过去那种以外延式粗放发展为基本特征的非绿色城镇化模式,全面推进城镇化绿色转型。

1. 绿色城镇化的基本内涵

相对于以"高消耗、高排放、高扩张"为特征的粗放型城镇化模式,绿色城镇化具有"低消耗、低排放、集约式"的特点,是一种城镇有序开发与绿色发展相结合,人口、经济与资源、环境相协调,资源节约、低碳减排、环境友好、经济高效的新型城镇化模式,更加注重综合创新和全民参与,集中体现了全面、协调、可持续的科学发展理念(见图9-20)。

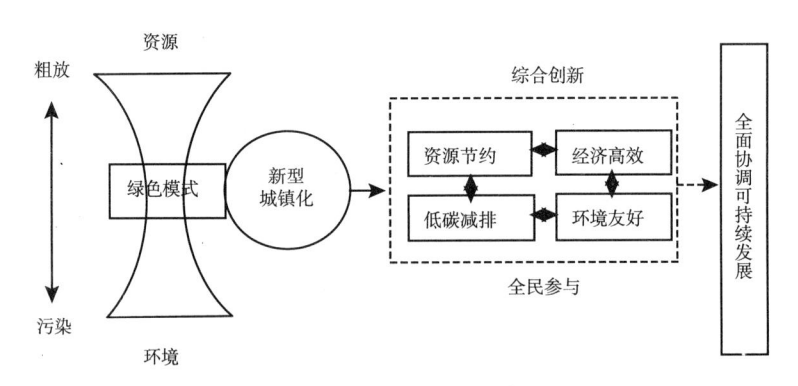

图9-20 绿色城镇化的基本内涵

(1) 资源节约。资源节约是推进绿色城镇化的重要基础。以资源的最大限度集约开发和节约利用为要求推进城镇化进程,促进城镇"低耗"发展。一是强化各种资源(包括水、土地、生物、能源和矿产资源等)的保护性开发。在推进城镇化进程中，严格遵循各类自然资源"在开发中保护、在保护中利用"的基本原则，积极推广先进适用的开采管理技术，对资源实施可持续性开发。二是全面促进资源的高效节约利用。在生产、生活等领域全面推广资源循环利用模式，尽可能地减少资源消耗，增加资源的重复利用和循环再生。三是生态型紧凑城市发展导向。在城市建设中，要集约节约和用好每一寸土地，提高土地利用效率，有效遏制城市空间的无序蔓延和扩张。特别是要加快推进城市综合体建设，积极探索推广生态、环保、舒适的紧凑城市和资源节约型城市，建设生产发展、生活方便、生态优美的复合城市，切实减少城市建设发展对各类资源的消耗。

(2) 低碳减排。低碳减排是推进绿色城镇化的关键环节。为应对气候变化以及其他各类环境问题，在城镇化进程中，尽可能地减少二氧化碳和各类污染物排放。一是推进低碳城镇化。在综合创新的基础上，通过综合措施，全面推行低碳生产模式和低碳生活方式，加快推进低碳城市、低碳园区、低碳社区、低碳建筑、低碳交通、低碳企业、低碳学校、低碳家庭建设，积极促进城市发展低碳化转型。二是减少污染排放。通过技术和管理的革新，从个人、家庭、社区、企业、园区等不同层面推进污染减排工作，既要严格控制城镇地区"三废"排放，也要防止城镇化进程中可能出现的其他各种新污染物增加。

(3) 环境友好。环境友好既是推进绿色城镇化的重点工作又是重要预期，从不断提高环境福祉的角度，加强城镇化进程中的环境保护和建设工作，促进人与自然和谐共生。资源节约和低碳减排是在生产和生活活动过程中实现环境友好目标的重要手段。与此同时，城镇化进程中的环境建设工作，还包括城镇自然或绿化景观、各种生态空间的维护建设和声环境、水环境、大气环境的净化工程，以及对已有的环境破坏实施的生态修复和治理工作。充分尊重自然界环境系统的基本运行规律，视城镇化进程中的各种人类活动为该系统一个不可分割的环节，严格禁止无限度的生态空间掠夺和一切环境破坏行为。

(4) 经济高效。经济高效是推进绿色城镇化的核心和战略导向。一定程度上，经济发展水平决定着人们需求的满足程度，那种重速度轻效益、重数量轻质量、重外延扩张轻内涵发展的传统城镇化模式，在特定的发展阶段能较好地满足人们的物质需求，特别对解决温饱和实现脱贫有很大帮助；但是，以资源环境代价换取经济的快速增长是不可持续的。从绿色发展的角度看，经济高效就是要注重提高生态效率，用最小的资源环境投入成本获得最大化的经济产出效益。为此，在绿色城镇化模式下，获取经济发展并不是否定资源消耗和适度排放，而是要在保障环境质量的条件下，通过优化资源配置、推广先进技术、提高管理水平、推行绿色发展模式最大化经济产出，以期促进经济、社会和环境效应的有机统一。

2. 城镇化绿色转型的实现路径

绿色城镇化作为一种全新的城镇化模式，面临着观念更新、技术进步、文明构建、政策推动等多重压力与挑战。要全面实现城镇化绿色转型，不可能一蹴而就，必须根据中国基本国情特征和现阶段经济、社会发展特点，逐步推进实施。当前，重点从产业发展、城市建设、生活方式转变以及环境建设等层面推进城镇化绿色转型。

（1）加快两型产业发展，促进城镇绿色增长。加快两型产业发展，就是要求产业发展指向具有资源节约型和环境友好型特点，不但要促进资源节约集约和高效利用，还要实现与环境友好共处，它是促进城镇化绿色转型的重要路径和主要方面。当前，重点做好以下三个层面的工作。一是在产业发展导向上，一方面，通过多种方法和措施，对传统资源消耗大、污染排放多、占地面积广、经济效率低的落后产业实施两型化改造，促进传统产业转型升级；另一方面，实施高科技引领战略，积极培育和发展战略性新兴产业。二是在产业空间布局上，不断优化地区和城乡空间格局，提高资源配置效率，尤其要促进产业入园，走产业园区化的道路。另外，在中心城市要大力推进总部楼宇经济和高端服务业发展。三是从企业发展的角度，积极鼓励企业加大研发投入，采用先进技术和工艺，推进绿色生产；鼓励企业进行产业链重组，走专业化、集群化、生态化之路，形成具有竞争力的循环经济产业链，提高资源加工深度和综合利用程度，减少废弃物排放，并提高经济效益。

（2）调整优化空间布局，推动城镇集约发展。人多地少是中国的基本国情，提高土地利用效率是基本国策。城镇集约发展既是中国国情的内在要求，又是节约资源的重要途径。可见，改变过去"高扩张"的城镇发展模式，建设集约型城镇是推进绿色城镇化的重要任务。首先，从工程建设角度，要大力推广城镇节能、节材、节水、节地技术，在大中城市推进生态型城市综合体建设，强化城市土地的立体开发与城市建筑物的综合利用。其次，在城镇空间布局上，要统筹旧城改造与新城建设工作，提倡集中、密致布局，完善配套设施建设，积极引导旧城人口疏散与新城产业集聚发展。再次，在城市规划上，要强调职住平衡和生产、生活、生态协调发展，推行混合用地，建设复合城市和有机城市，提升和完善城市功能。最后，强化城市空间管治，设置开发强度的上限，严格限制城市土地水泥地连片发展，防止城镇地区过度开发和无序开发（魏后凯，2009）。

（3）推广绿色生活方式，倡导全社会节能节约。绿色生活方式即衣、食、住、行的全面绿化，如绿色消费、绿色出行、绿色居住、绿色交易等，它是绿色城镇化理念在生活领域的践行和推广。绿色生活方式具有环保、节俭、安全、健康的基本特征。从参与主体看，绿色生活关系每个人，具有全面参与性，不仅是绿色城镇化的内在要求，而且有利于增强全社会绿色环保意识，是推进生态文明建设的重要内容。从消费结构上看，绿色生活倡导绿色消费，会不断增加对绿色产品的需求，从而对生产活动产生较强的绿色引导作用。可见，绿色生活是人们消费结构升级以及社会文明进步的重要表现。在城镇化进程中，作为人口密集的城镇地区，率先倡导绿色生活理念，并渗透到生活中的每一个细节中去，逐渐形成一种社会风尚和群体生活习惯，对绿色城镇化以及城市绿色发展和繁荣都具有重要的推动作用。

（4）加强污染防治与生态修复，提高环境质量。污染防治与生态修复是实现城镇化绿色转型的重要保障。首先，由于过去非绿色的城镇化模式带来了严重的生态环境代价，特别是环境污染严重，因此在推进城镇化绿色转型的过程中，需要进一步加大环境治理和生态修复的投入力度，包括对城市水源地、重点河段和湖泊、城郊固体废弃物堆放场地、资源型城市塌陷区和废弃尾矿残渣露天连片堆放区等进行综合治理，对城市湿地植被、绿色防护带、城市土地硬化与沙化区域实施封禁治理和抢救性保护等。其次，随着人们对绿色空间需求的增加，要施行科学再规划再布局，加大投入力度，实施生态空间再建工程，提升城市绿色空间载体。最后，构建完善的环境质量监控体系，对个人、企业等施行严格的环境监测和管控。要以人居环境质量是否改善和提高作为衡量绿色城镇化实施效果的重要标准。

六 促进城镇化绿色转型的对策措施

为全面推进中国城镇化的绿色转型，必须坚持以科学发展观为指导，紧密围绕绿色城镇化的基本内涵与转型思路，全面推行绿色新政，强化政策引导,加快推进机制完善、综合创新、绿色环保以及生态文明体系等系统工程建设。

(一) 推动形成绿色城镇化建设的全民参与机制

建立起以绿色发展为理念,以绿色生活为导向,以市场为基础、政府为引导、企业为主体、全民参与的绿色城镇化建设机制,明确推进绿色城镇化的全民参与性质。政府要加强对绿色城镇化的总体思路、主要任务的规划设计和相关配套政策的制定,并积极引导全社会参与绿色城镇化建设实践;企业在绿色城镇化模式的框架下,以绿色发展为导向,全面推行绿色技术、绿色工艺和绿色生产;个人则要在衣、食、住、行等各方面按照绿色生活的基本要求,做到节能节约、健康生活。为此,在政策措施层面,现阶段迫切需要各级政府加大宣传力度,加强规划引导,强化法制建设与行政干预,全面构建以绿色城镇、绿色港口、绿色园区、绿色社区、绿色企业、绿色机关、绿色家庭等为主体的绿色示范体系,以便在全社会引导形成绿色城镇化的全民参与建设机制。

(二) 积极推进城镇化绿色转型的全方位创新

转型发展就是要鼓励创新、实践创新。推进城镇化的绿色转型,要求促进以绿色发展为导向的科技创新、组织创新、建设模式创新、体制机制和管理创新。一是积极鼓励企业技术创新。采取财政贴息、加速折旧、税收优惠等多方面措施,鼓励企业加大研发投入,采用先进适用的绿色技术和绿色工艺,实行绿色生产,以科技创新带动节能减排和绿色发展。二是大力推动产业组织创新。鼓励企业进行产业链重组,走专业化、集群化、生态化发展之路,构建形成具有竞争力的循环经济产业链,提高资源加工深度和综合利用程度,减少废弃物排放。三是全面推进城镇建设模式创新。按照低碳、生态、紧凑、舒适的要求,统筹规划城镇建设,加强城中村、边缘区整治和老城区、老建筑节能改造,合理引导中心区人口和产业疏散,同时高起点、高标准、高质量推进新城区建设,不断优化城市形态和空间结构。四是强化政府体制机制与管理创新。积极推进政府管理体制创新,加快城镇公用事业价格改革,建立完善生态补偿机制,构建绿色转型政策体系和绿色考核指标体系,实施政府绿色采购,推动形成有利于城镇化绿色转型和绿色发展的新机制、新体制。

（三）将绿色环保理念融入城镇化建设各个领域

走新型的绿色城镇化道路，对环保事业发展提出了更高的要求，必须真正把绿色环保理念融入城镇化建设的各个领域之中。为此，根据绿色城镇化对环保提出的新要求，在进一步完善环境法律法规、推进环保技术创新、扩大国际环保合作的基础上，积极引导社会资金参与环保事业建设，不断完善环境政策，深化环境监控与管理体制改革。一是推进投融资体制机制改革，增加环保事业资金投入。要加大财政资金投入力度，并积极探索委托运营、BOT、TOT、BT、ABS、PPP、PFI等营运模式，引导投资主体多元化和融资渠道多样化，加快推进环保设施建设与运营市场化进程。二是逐步完善环境政策，进一步明确城镇环境保护与生态建设中各项政策的适用范围与标准。例如，加快建立健全环境价格体系，推广排污权交易，建立全国统一的碳排放交易市场，研究开征环境税等。三是创新环境管理体制。进一步健全环境监管体系和环境预警体系，增强应对突发性污染事故、污染纠纷和严重违法事件的能力，提高环境监测与执法监督能力，尤其是加大对城镇环境的监测执法力度，严格控制由于新增城镇人口带来的城镇环境污染与环境质量下降。

（四）加快构建和谐统一的城镇生态文明体系

统筹推进城镇生态环境建设，全面改善城镇环境质量，加快建立城镇生态文明体系，为城镇化绿色转型和绿色发展提供强有力的支撑。一是强化生态环保理念，树立人与自然和谐统一的生态文明观，营造良好的生态文化氛围，提升全民生态意识，构筑城镇生态意识文明体系。二是全面推进两型社会建设，构建现代绿色产业体系，倡导绿色生产、生活和消费方式，形成可持续的城镇生态行为文明体系。三是加强城镇生态环境整治，积极推进生态城镇和生态建筑建设，着力塑造城镇特色和品位，提升全民生态文明素质，创造良好的城镇人居环境，构筑具有特色的城镇生态人居文明体系。四是树立"生态为政"的理念，建立高效、廉洁、绿色的行政管理体制，进一步完善生态环境规章制度，包括生态恢复与补偿制度、资源保护管理制度、监督考核制度、生态道德规范等，逐步形成机制完善、保障有力的城镇生态文明制度体系，为城镇化绿色转型提供制度保障和政策支持。

参考文献

[1] 方创琳：《城市化过程与生态环境效应》，科学出版社，2008。
[2] 侯凤岐：《我国区域经济集聚的环境效应研究》，《西北农林科技大学学报》（社会科学版）2008 年第 3 期。
[3] 李雪松：《鱼刺图战略分解法在绩效管理方案设计中的应用》，《科技咨询导报》2007 年第 3 期。
[4] 刘勇：《中国城镇化发展的历程、问题和趋势》，《经济与管理研究》2011 年第 3 期。
[5] 吕政等：《中国工业化、城市化的进程与问题》，《中国工业经济》2005 年第 12 期。
[6] 郭红燕，刘民权：《"贸易、城市化与环境——环境与发展"国际研讨会综述》，《经济科学》2009 年第 6 期。
[7] 涂正革：《环境、资源与工业增长的协调性》，《经济研究》2008 年第 2 期。
[8] 魏后凯：《怎样理解推进城镇化健康发展是结构调整的重要内容》，2005 年 1 月 19 日《人民日报》。
[9] 魏后凯：《新时期我国国土开发的新方略》，《绿叶》2009 年第 10 期。
[10] 魏后凯：《加速转型中的中国城镇化与城市发展》，载潘家华、魏后凯主编《中国城市发展报告》No.3，社会科学文献出版社，2010。
[11] 魏后凯 a：《论中国城市转型战略》，《城市与区域规划研究》2011 年第 1 期。
[12] 魏后凯 b：《我国城镇化战略调整思路》，《中国经贸导刊》2011 年第 7 期。
[13] 王其藩：《系统动力学》，清华大学出版社，1994。
[14] 王远飞、何洪林：《空间数据分析方法》，科学出版社，2007。
[15] 吴小康：《垃圾围城：突围，刻不容缓》，《半月谈》2011 年第 7 期。
[16] 袁鹏、程施：《中国工业环境效率的库兹涅茨曲线检验》，《中国工业经济》2011 年第 2 期。
[17] 张松青等：《城市化发展水平综合评价研究》，载《2004 中国城市发展报告》，中国统计出版社，2005。
[18] 中国环境保护部：《中国生物多样性保护战略与行动计划》（2011~2030）（环发〔2010〕106 号），2010。
[19] 中国环境保护部：《中国环境状况公报》，2012。
[20] 周宏春、李新：《中国的城市化及其环境可持续性研究》，《南京大学学报》（哲学·人文科学·社会科学）2010 年第 4 期。
[21] Agras, J. and Chapman, D., "A Dynamic Approach to The Environmental Kuznets Curve Hypothesis", *Ecological Economics* (2), 1999.
[22] Bandyopadhyay, S. N., "Economic Growth and Environmental Quality: Time Series and Cross-Country Evidence", Washington DC: The World Bank, 1992.
[23] Borghesi, S. and Verceli, A., "Sustainable Globalization", *Ecological Economics* (44),

2003.

[24] British, P., *Statistical Review of World Energy*, http://www.bp.com/assets/bp_internet/globalbp/globalbp_uk_english/reports_and_publications/statistical_energy_review_2011/STAGING/local_assets/pdf/statistical_review_of_world_energy_full_report_2011.pdf, 2011..

[25] Dietz, T. and Rosa, E. A., "Effects of Population and Affluence on CO_2 Emissions" *Proceedings of the National Academy of Sciences* 94 (1), 1997.

[26] Dinda, S., "Environmental Kuznets Curve Hypothesis: A Survey", *Ecological Economics* (49), 2004.

[27] Ehrlich, P. and Holdren, J., "Impact of Population Growth", *Science* (17), 1971.

[28] Ehrlich, P. and Holdren, J., *Impact of Population Growth in Population*, *Resources and The Environment*, Report Edited by Riker, R. G. (Washington DC: U. S. Government Printing Office, 1972).

[29] Fare, R., et al., "Environmental Production Functions and Environmental Directional Distance Functions", *Energy* (32), 2007.

[30] Grossman, G. M. and Krueger, A. B., "Environmental Impacts of the North American Free Trade Agreement", *NBER Working Paper Series* (3914), 1991.

[31] Holdren, J. and Ehrlich, P., "Human Population and The Global Environment", *American Scientist* 62 (3), 1974..

[32] Ho P., "Greening Industries in Newly Industrializing Countries: Asian-style Leapfrogging?", *Int. J. Environ Sustain Dev* (4), 2005.

[33] He H. M., et al., "Modeling the Response of Surface Water Quality to the Urbanization in Xi'an, China", *Journal of Environmental Management* 86 (4), 2008.

[34] International Cement Review, *Global Cement Report* (Tradeship Publications Ltd., 2011), *9th Edition.*

[35] Marian, R. C., "The IPAT Equation and Its Variants", *Journal of Industrial Ecology* (4), 2001.

[36] Moran, P. A. P., "The Interpretation of Statistical Maps", *Journal of the Royal Statistical Society* 10 (2), 1948.

[37] Moran, P. A. P., "Notes on Continuous Stochastic Phenomena", *Biometrika* (37), 1950.

[38] Morello, J., et al., "Urbanization and the Consumption Of Fertile Land and Other Ecological Changes: The Case of Buenos Aires", *Environment and Urbanization* 12 (2), 2000.

[39] Perman, R. and Stern, D. I., "Evidence from Panel Unit Root and Co-Integration Test That The Environmental Kuznets Curve Does Not Exit", *The Australian Journal of Agricultural and Resource Economics* 47 (3), 2003.

[40] Selden, T. M. and Song, D. Q., "Environmental Quality and Development: Is There a Kuznets Curve for Air Pollution Estimate", *Journal of Environmental Economics and Management* 27 (2.), 1994.

[41] Stern, D. I., "Progress on the Environmental Kuznets Curve?", *Env. and Dev. Economics*

(3), 1998.
[42] Stern, D. I, "The Rise and Fall of the Environmental Kuznets Curve", *World Dev* 32 (8), 2004.
[43] Tu J., "Spatially Varying Relationships between Land Use and Water Quality Across An Urbanization Gradient Explored by Geographically Weighted Regression", *Applied Geography* 31 (1), 2011.
[44] Torras, M. and Boyce, J. K., "Income, Inequality and Pollution: A Reassessment of the Environmental Kuznets Curve", *Ecological Economics* 25 (2), 1998.
[45] Waggoner, P. E. and Ausubel, J. E., "A Framework for Sustainability Science: A Renovated IPAT Identity", *Proceedings of the National Academy of Sciences of the United States of America* 99 (12), 2002.
[46] World Steel Association, *World Steel Short Range Outlook.*, http://www.worldsteel.org/pictures/newsfiles/Apr2011%20SRO%20ASU%20by%20region.pdf., 2011
[47] York, R., Rosa, E. A. and Dietz, T., "STIRPAT, IPAT and Impact: Analytic Tools for Unpacking the Driving Forces of Environmental Impacts", *Ecological Economics* (46), 2003.

第十章
中国城乡融合型城镇化战略模式

农业人口众多、城乡区域差距较大、经济基础薄弱且结构水平偏低是20世纪中国面临的基本国情。为了快速推进工业化进程,自20世纪50年代以来,中国采取了城乡二元分割、严格控制大城市规模的城镇化模式,在此模式下,中国的城镇化表现出明显的城乡分割、城镇化水平低、进程缓慢等特点,由此造成城乡发展差距拉大、城乡间要素流动受阻,社会经济发展的效率和公平都处于较低水平。近10年来,中国经历了工业化、城镇化快速推进时期,国力显著增强,由数量扩张向质量提升的整体战略转型成为当前发展的重要任务,而由城乡二元分割型城镇化模式向城乡融合型城镇化模式的转变,就是这一战略转型的重要方面。

一 对城乡分割型城镇化模式的反思

20世纪50年代初至改革开放前,中国实行赶超型发展战略和政府主导型发展模式,为加快工业化的资本积累,实施了包括城乡二元产业政策、二元就业政策、二元财税政策、二元户籍管理制度,以及农产品统派统购等一系列重大政策和制度安排,最终形成了以农业为工业化提供资金积累为内核的城乡二元关系。这种城乡二元关系造成了城乡分割,如体制机制分割、经济发展分割、社会发展分割、社会管理分割等,致使城乡差异扩大。城乡分割和城乡差距一方面推动了城市的工业化进程,另一方面也造成了城乡间严重的发展失衡。

(一) 新中国成立后中国实行城乡分割体制的背景

新中国成立初期,中国曾对公民的迁徙自由予以肯定,1954 年《宪法》第 90 条规定"中华人民共和国公民有居住和迁徙自由"。但是,1958 年全国人大常委会通过的《中华人民共和国户口登记条例》(简称《户口登记条例》)将城乡居民明确区分为"农业户口"与"非农业户口"两种不同的户籍,实行区别对待的城乡分治政策。《户口登记条例》通过对居民常住、暂住、出生、死亡、迁出、迁入、变更等人口登记,以法律的形式严格限制农民进入城市,限制人口的正常流动,形成了城乡二元结构。目前,世界各国虽然也有人口登记、人号、社会保障号、身份证、公民档案甚至户籍等管理措施,但《户口登记条例》的不同在于对公民的迁徙自由实行严格限制,这在事实上以一般法律否定了具有最高法律效力的《宪法》关于迁徙自由的规定。1975 年修改《宪法》时,正式从《宪法》文本中取消了有关迁徙自由的规定,在 1978 年乃至 1982 年《宪法》修改时也都没有予以恢复,对公民的迁徙自由未再提及,默认了《户口登记条例》对公民迁徙自由的限制。它通过严格的户籍制度,事实上杜绝了农村人口自由迁往城市的可能性。

计划经济体制下的城乡分割体制将农村和农业发展积累的财富用于推进国家工业化高速发展,建立了相对完整的现代工业体系。但这一工业化政策进一步造成了中国经济和社会的二元分割,城市与农村的生产、生活水平的差距越来越大。国家工业化的快速推进因其过度剥夺乡村、实行城乡隔离,使得城乡之间的要素市场联系被隔断,造成了工农业发展严重失调和城乡发展的严重失衡,工业化的结果是城市的发展和农村的贫穷,并且由于农业生产水平低下,农业部门为工业化提供资本积累的能力日显不足,农民收入水平低、购买力低,也从市场需求上制约了中国工业化的进一步发展。在这种体制制度下,城乡间的人口、资金、土地使用权、一般性生产资料等不能按照经济规律自由流动,造成城乡结构进一步失衡,形成了日益明显的城乡分割型城镇化格局。

(二) 中国城乡分割型城镇化的主要特征

"国家工业化"带来城乡结构严重失衡,也对城镇化进程产生了深刻影响,城镇化仅限于城镇人口自然增长、体制性人口迁移(如军转、就学、调干等)、行政区划调整等带来的城镇规模的扩大和城镇数量的增加,没有农村人口及其相关要素向城镇的自主流动,也没有农村就地城镇化,形成了一种典型的城乡分割型城镇化模式。城乡分割型城镇化模式的二元结构特征主要表现在管理体制、市场体系、产业模式、投入机制等四个方面。

1. 城乡二元管理体制

新中国成立初期,城乡间人口有一定的自由流动,1950~1957年城市人口增加总量中迁移增长占到了60.8%,1957~1960年更是占到了90%(韩俊,2004)。20世纪50年代后,中国逐步建立了严格的户籍管理制度,限制农村人口流入城市,把城乡间人口的迁徙直接纳入国家计划控制之内。一方面通过粮食统购统销和工农产品剪刀差,将农业剩余转化为工业积累和城市建设;另一方面通过户籍制度限制农村人口向城市迁移,以维持城市资本密集型大工业的发展,农业劳动力向制造业及相关部门转移很少,大量劳动力滞留在农业部门。这一时期,中国的城镇化进程基本上没有乡村人口向城镇聚集,而只是表现为城镇自身的建设。改革开放后,城乡有别的户籍管理、劳动用工和社会福利制度正在逐步融合,但由于需要支付较高的社会成本,城乡居民在就业机会和社会福利水平方面的均等还未完全实现。

2. 城乡分割的市场体系

为了保证以廉价的方式充分获得农业产出,国家对粮食和棉花等大宗农产品实行统购统销政策,自由市场交易受到严格限制。1958年在农村实行了人民公社体制,统购统销和人民公社体制实现了国家对农民和农业剩余的全面控制。在这种体制下,国家通过工农产品的不等价交换,从农业部门取得了巨额的资金。改革开放前20多年,国家以工农产品价格"剪刀差"形式从农业中提取的经济剩余在6000亿~8000亿元之间(朱菲娜,2005)。要素市场中的货币市场和资本市场因农业平均利润率偏低和受利益驱动,主要面向城市经济,而城市资本要素进入农村的机制也有待构建;政府控制土地一级开发,农村土地转化为工业和城市建设用地不能直接市场化,二级市场主要面向城市的土地开发企业,农村经济组织在集体土地转变为国有土地并进行二级开发中没有主体开发权,农民在土地交易中处于弱势地位,较少分享农地向非农地转化过程中形成的巨额增值收益。

3. 城乡分离的产业模式

集中农村资源推进城市工业化和城镇化,阻碍了城乡经济社会一体化的进程。实行城乡分离的产业模式,农产品生产为农村产业,流通和加工为城市产业,相互间没有产业链和价值链联系,农民难以分享农产品的加工增值收益；改革开放后农村工业以乡镇企业的方式开始发展，乡镇企业在治理体制上独立于行业治理体制，既无所不包，又自成体系。农村"离土不离乡"的工业化和城市工业化并行发展，农村工业自身过度竞争。农村工业在市场供求格局发生变化和国内市场与国际市场对接后，发展空间受到明显制约，而且由于缺乏产业配套条件和污染治理能力，产业处于低效率粗放发展状态，吸纳农村劳动力的能力日益减弱，逐步退出现代产业体系，因而并没有发挥工业化对城镇化的推动作用。

4. 城乡有别的公共服务投入机制

在计划经济的城乡二元体制下，国家将资金、技术、人才等生产要素集中投向城市，同时依靠农业积累支持城市工业发展。即使是在改革开放后，这种局面也没有得到明显改善，一方面，农村的资本、劳动力和土地等生产要素在经济利益驱动下，向城市转移和集聚；另一方面，政府在基础设施和科教文卫等公共服务设施投入上，继续向城市倾斜，农村的公共设施和公共服务却主要依靠自我积累，如"三统筹、五提留"，进行相应的基础设施和公共服务设施建设，由此带来城乡在基础设施和公共服务设施等方面的差距不断扩大，城镇居民与农民权利、发展机会和社会地位不平等。

（三）城乡分割型城镇化模式的作用及其弊端

1. 城乡分割型城镇化模式的作用

城乡分割的传统城镇化模式的核心作用，是以制度的方式使城市和乡村成为两个相互独立的发展主体，在城乡之间形成一道藩篱，以此作为实现工业化的一个根本性的制度安排。与户籍制度配套实施的工农业产品价格"剪刀差"制度，在压低农产品价格的基础上提高了工业产品的价格。这种城乡分割型城镇化模式，最终以工农业产品价格剪刀差的形式，为城市工业优先发展战略提供了制度保障。

2. 城乡分割型城镇化模式的主要弊端

实施城乡分割的户籍管理制度，虽然与当时中国的计划经济体制相适应，但它限制了公民的迁徙自由，阻碍了人口及其相关要素的自由流动，带来了严重的经济和社会问题。

（1）限制了生产要素的合理流动。在市场经济体制下，城乡二元的户籍管理制度，阻碍了人力资源、资本、技术等生产要素的优化配置和地区间的合理流动，无法构建城乡一体化的要素市场和产业体系。

（2）抑制了城镇化进程。城乡分割的户籍管理制度对农民身份转变为市民身份造成了体制性障碍，农民无法实现农村生产生活方式向城镇生产生活方式的转变，进城农民在生产方式转变的同时，无法实现生活方式的转变，而且由于缺乏制度保障，城镇产业虽然需要大量进城农民工工作，但城镇基本公共服务并不覆盖农民工群体，甚至采取"腾笼换鸟""抬高门槛""控制人口规模"等多种倾向性的政策措施，排斥低端农村人口在城镇就业和生活。因而，出现了"不完全城镇化""半城镇化"现象。

（3）抑制了农村社会消费。城乡分割的户籍制度加剧了社会分化。不同的户籍有不同的公共服务待遇，与住房、教育、社会保障等利益直接挂钩，农村居民长期处于低社会保障状态，进城务工农民缺乏基本的城市生存条件和保障。农村居民不仅收入低，而且还要负担自己进城的基础教育、医疗、住房等支出，因此，进城农民缺乏有效的消费需求，购买力低下。从图10-1可以看出，在2002年以前，城乡恩格尔系数比（城市为1）呈波动式上升，最高至1999年和2001年的1.25。自2002年党的"十六大"首次提出统筹城乡发展以来，城乡恩格尔系数比开始呈现下降趋势，从2004年的1.25逐步降到2011年的1.11。2002年前后城乡恩格尔系数比曲线的不同变化趋势，一定程度上反映了统筹城乡发展对农村消费的促进作用，也表明了以往的城乡分割思想对农村消费的抑制作用。

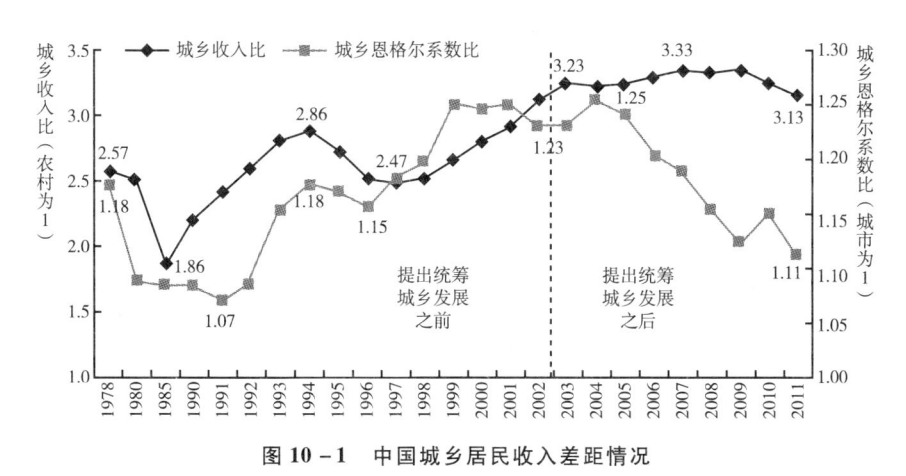

图 10-1 中国城乡居民收入差距情况

资料来源：根据《中国统计年鉴》（2012）有关数据绘制。

（4）加大了城乡贫富差距。发达国家的城镇化历程表明，当人均GDP在800~1000美元阶段，城镇居民人均收入大体上是农村居民人均纯收入的

1.7倍（中国社会科学院经济研究所收入分配课题组，2008），而中国城乡收入差距一直超过此比例（如图10-1所示）。1978年城乡居民收入比为2.57（以农村居民收入为1），1985年这一比例达到历史最低点1.86，1994年城乡居民收入比提高到2.86，1997年略微下降到2.47。1997年后城乡居民收入差距开始加速扩大，2003年创历史新高，城乡居民收入比扩大到3.23，2007年又进一步扩大到3.33。上述城镇居民的可支配收入没有涵盖城市居民所享有的各项实物性或服务性补贴。如果将部分福利计算在内，城乡收入差距可能要达到5~6倍。2002年以前，中国城乡居民收入差距经历了波动式上升的过程，且上升较快，自2002年党的"十六大"提出统筹城乡发展以来，城乡居民收入差距拉大的趋势开始得到有效控制，城乡收入比小幅波动并开始下降，到2011年降至3.13。这在一定程度上反映了统筹城乡发展对降低城乡收入差距的促进作用，同时也表明了以往城乡分割理念扩大了城乡收入差距。

二 城乡融合型城镇化的内涵和科学基础

"城乡融合"是马克思在考察人类社会发展变动规律后提出来的著名的科学原理。根据马克思（1972）的观点，扬弃和超越城乡之间的分离和对立，在克服各自片面性弊端的基础上走向融合，是人类历史发展的必然趋势。中国自20世纪80年代中期农村乡镇企业快速发展后，城乡关系问题日益凸显，理论界和决策层逐步认识到城乡二元分割阻碍了经济社会的发展。由此实践层面的城乡经济体制改革开始启动，与此同时，国内社会学、经济学、生态学、城市地理、城市规划等专业领域的学者对城乡协调发展展开了广泛的理论与实证研究，其主要研究内容多集中于城乡融合发展的概念内涵、本质特征、发展目标、动力机制、建设模式、规划实施等方面。这些研究也从不同角度对城乡融合进行了解读。

（一）城乡融合型城镇化的基本内涵

城乡融合是以城乡一体化为特征的新型城乡关系，是城市与乡村之间逐步实现要素的合理流动和优化组合的过程。城乡融合型城镇化促使生产力在城市和乡村之间合理分布，城乡经济和社会生活紧密结合与协调发展,逐步缩小直至消灭城乡之间的基本差别,从而使城市和乡村融为一体。

一些社会学者从城乡人居关系的角度出发,认为城乡融合是指相对发达的城市和相对落后的农村,打破相互分割的壁垒,逐步实现人口的城乡自由流动,城乡经济和社会生活紧密联系并协调发展,逐步缩小直至消除城乡之间的生活水平差距,从而使城市和乡村融为一体(王春光,2001)。

从经济发展规律和生产力合理布局角度看,城乡融合发展是指统一布局城乡经济,加强城乡之间的经济交流与协作,使城乡生产力优化分工、合理布局、协调发展,以取得最佳的经济效益,它是现代经济体系中农业和工业联系日益增强的客观要求。美国经济学家阿瑟·刘易斯在其代表作《二元经济论》中提出了发展中国家的经济"二元结构"理论。他认为发展中国家的社会生产可以分为以现代方式生产的劳动生产率较高的部门(A)和以传统方式生产的劳动生产率较低的部门(B)。A 部门生产率较高,B 部门的收入决定了 A 部门的下限。由于劳动力相对于劳动资料和资本更为丰富,因此,在劳动力无限供给的条件下,A 部门将逐渐扩大,B 部门将逐渐缩小,伴随着劳动力的转移,二元经济结构终将消除(刘易斯,1989)。费景汉和拉尼斯(1992)修正了刘易斯的这一假定,把农业部门的发展纳入了分析范畴,由此形成了刘易斯-费景汉-拉尼斯模型,这一模型将发展中国家的经济发展分为农业经济时期、二元经济时期和现代经济时期,进入现代经济时期即是城乡融合实现之时。

规划学者从空间的角度提出应对城乡结合部做出统一的规划,即对具有一定内在关联的城乡物质和精神要素进行系统安排。英国城市学家埃比尼泽·霍华德在 1898 年出版了《明日的田园城市》[①]。他倡导"用城乡一体的新社会结构形态来取代城乡对立的旧社会结构形态"。霍华德认为,城市中人口过于集中是由于它与乡村之间有引力联系,要把城市与农村相结合来统一规划。霍华德还设想,将若干田园城市围绕中心城市,构成城市组群,他称之为"无贫民窟无烟尘的城市群",城市之间用铁路联系。霍华德的田园城市为城乡融合发展奠定了理论基础。加拿大著名城市地理学家麦吉(McGee,1987,1991)提出了 Desakota 模式,即具有亚洲发展中国家特色

---

① 该书初次出版时名为《明日:一条通向真正改革的和平道路》,1902 年再版时改为此名。

的城乡统筹发展的新模式,他认为在亚洲某些发展中国家和地区的经济核心区域出现了一种与西方的都市区类似而发展背景又完全不同的新型空间结构(史育龙,1998)。Desakota是一种以区域为基础的城市化现象,其主要特征是"高强度、高频率的城乡之间的相互作用,混合的农业和非农业活动,淡化了的城乡差别"。

生态环境学者从生态环境的角度,认为城乡融合是对城乡生态环境的有机结合,保证自然生态过程畅通有序,促进城乡健康、协调发展(宋言奇,2007)。要对市域进行生态一体化规划,按照生态系统规律,在市域合理进行城乡布局与规划,保证城乡之间物质流、能量流、信息流以及资金流等的畅通,节省资源与能源的使用,从而实现城乡之间的生态互补。

我们认为,城乡融合是在经济社会发展水平较高的条件下,充分发挥市场配置资源的作用,实现城乡之间在经济、社会、文化、生态等诸方面的融合发展。目前,中国以沿海发达地区为先导,正在进入城乡融合发展的新阶段。城乡融合型城镇化是与城乡分割型城镇化相对应的,它是一种以"体制统一、规划一体、资源共用、利益共享"为特征的城乡一体化融合发展的新型城镇化模式。在这种模式下,城乡融合发展和一体化是实现城镇化的根本路径,而资源、机会和发展成果共享既是前提条件,又是其结果。因此,推进城乡融合型城镇化就是走城乡融合共享的城镇化道路。

(二) 城乡融合型城镇化的主要类型

城乡关系的演进一般会经历如下几个阶段(缪尔达尔,2001):①乡村孕育城市;②城乡分离;③城市统治和剥夺乡村、城乡对立;④城市辐射乡村;⑤城市反哺乡村、乡村对城市产生逆向辐射;⑥城乡互助共荣与融合。从中国的情况看,城乡融合型城镇化可以从地域空间特征、城乡间人口和劳动力要素流动规律、融合程度等三个角度进行分类。

1. 从地域空间特征角度划分

一是在城市进行的城乡融合的城镇化——以农民工与城市市民的身份融合为特征。据国家统计局的抽样调查结果,2011年全国农民工总量达到25278万人,其中,外出农民工15863万人,其中举家外出农民工3279万人;本地农民工9415万人。进城农民的增长速度远高于目前城镇化率的提高速度。2011年,中国城镇人口为69079万人,城镇人口占总人口比重达到51.27%。在城镇人口中,农民工及其家属约占27.5%。由此可见,农民工进城务工极大地促进了城市中城乡融合型城镇化的进程。二是在现有农村进行的城乡融合的城镇化——以农民与城市居民的身份融合为特征。随着国家统筹城乡发展战略的实施,以国家发展和改革委员会正式批准设立全国统筹城乡综合配套改革试验区为标志,全国各地都在开展多种形式的城乡统筹、城乡一体化建设,城乡建设用地增减挂钩、"合村并居"、农村产权制度改革等从不同层面为农村的城乡融合型城镇化提供了有效路径,其特点表现为就地城镇化。由于各地这种就地城镇化模式尚未与户籍制度改革相配套,因而尚未统计在现行的城镇化率中,而目前一些地区采用的"综合城镇化率"包含了这部分城乡融合的就地城镇化的人口,其比重普遍高于同地区统计的常住人口城镇化率 10 个百分点以上。

2. 从城乡人口和劳动力要素流动规律角度划分

一是单向度流动融合类型:以乡村人口和劳动力流入城镇或就地城镇化为主。这一方面是由于中国目前处于工业化中期阶段,城市以发挥集聚作用为主;另一方面也与城乡分割的管理体制尚在延续有关,由于城乡土地和户籍的二元分割管理、农村资源性产业投资准入的限制,以及目前农村产业比较效益较低等,城市人口向农村流动,或者城市的资本、技术等生产要素向农村流动都存在很多障碍。单向度要素流动是目前中国城镇化的主流模式。二是双向互动融合类型:城乡间人口和劳动力要素双向流动,融合互动。双向互动的城乡融合型城镇化,通过市场机制,为城乡间人口和生产要素的双向流动提供了具有法律保障的渠道,使城乡间各自发挥比较优势,构建一体化的产业链条和产业体系,以及均等的基本公共服务体系,经济发展和社会生活水平趋于均衡。双向互动的城乡融合型城镇化是发达国家城镇化的普遍形式,这种模式将随着中国城市扩散效应的增强和城乡管理体制的改革,而逐渐成为城乡融合型城镇化的主要形式。

3. 从城乡融合水平或融合程度的角度划分

可以把城镇化分为三种类型:一是城乡分割型城镇化,即传统的城乡二元结构模式。二是城乡不完全融合型城镇化,即打破城乡二元分割体制,但存在制度方面的城乡差别和发展水平上的城乡差距。三是城乡融合型城镇化,即城乡间要素自由流动,经济社会一体化发展。

(三) 城乡融合型城镇化的基本特征

如前所述,城乡融合型城镇化就是采取城乡融合和一体化的方式来推进城镇化。因此，城乡融合共享和一体化是城乡融合型城镇化的基本特征。具体而言，主要体现在城乡开放、城乡融合、城乡一体化和城乡共享等四个方面。

1. 城乡开放

打破城乡界限，实行城乡开放互通，全面开放城市，使城乡居民和城乡劳动力、资金、技术等生产要素都能自由迁徙和自由流动，这是推进城乡融合发展和一体化的前提条件，也是城乡融合型城镇化的基本特征和要求。这种城乡开放是双向的，既包括城市对农村的全面开放，又包括农村对城市的全面开放。通过城乡双向全面开放，逐步形成城市和农村互为市场、互为依托、相互联系、相互促进的互动局面，实现城乡之间劳动力、资金、技术、信息、生产资料、科技文化等社会经济要素的顺畅交流。为此，需要构建城乡统一的体制制度，包括土地、户籍、就业、资本市场等制度。目前，中国已经基本实现城乡之间商品、资金和技术的自由流动，但土地和劳动力市场仍然是城乡分割的。近年来，虽然国务院已经明确提出放开中小城市和地级市户籍，但长期附加在户籍制度上的各种福利并没有随着户籍的放开而逐渐剥离出去。同时，城镇人口转为农村人口，目前还没有制度许可，现行的户籍制度改革仍为单向度的改革。

2. 城乡融合

城乡开放是城乡融合的基础和前提，而城乡融合则是城乡开放的必然结果。从领域上看，城乡融合包括城乡经济融合、城乡社会融合和城乡生态融合。其中，城乡经济融合是城乡融合型城镇化的首要支撑，通过城乡间现代工业产业链条、资源产业链条、现代服务业网络以及农业产业化等方面的建设，实现城乡间经济互动和顺畅交流。其核心是城乡产业融合互动。从内容上看，城乡融合则包括城乡居民融合、城乡市场融合、城乡要素融合和城乡空间融合等诸多方面。特别是，城乡居民融合要求消除城乡居民的身份差别，建立城乡统一的户籍登记管理制度，实现城乡居民的自由迁徙和双向流动。这种多领域全方位的城乡融合，是城乡融合型城镇化的重要特征。

3. 城乡一体化

走城乡融合型城镇化道路，除了要求城乡开放和城乡融合外，还需要在此基础上，逐步推动形成城乡经济社会一体化格局。这里所讲的城乡一体化，是城乡开放和融合互动的结果。从各地的实践经验看，城乡一体化一般包括城乡规划布局一体化、城乡产业发展一体化、城乡基础设施建设一体化、城乡公共服务一体化、城乡就业和社会保障一体化、城乡社会管理一体化和城乡生态环境一体化等方面。其中，城乡规划布局一体化是推进城乡一体化的基础和前提。实现城乡规划布局一体化，要求打破城乡界限，树立"全域规划"的理念，对城乡建设和空间布局进行统筹规划，切实做好相关规划的衔接和融合，构建一个层次分明、相互衔接、相融互补、覆盖城乡的城乡规划体系。在珠三角、长三角、京津冀等城市群地区，除了推进市域范围的城乡一体化外，还需要推进和实现包括同城化在内的区域一体化，统筹城乡区域协调发展。从某种程度上讲，城乡一体化也是区域一体化的重要方面。

4. 城乡共享

推进城乡融合型城镇化，其根本目的就是要在坚持城乡地位平等的基础上，通过资源共享、发展机会共享、公共服务共享和发展成果共享，逐步缩小城乡差别，实现城乡的共同繁荣与进步。这种城乡共享发展，既是中国特色社会主义的根本要求，又是城乡融合型城镇化的重要特征。为此，必须彻底破除城乡分割的二元经济社会体制，取消城乡之间的种种不平等待遇，尤其要取消对进城农民的各种歧视和不公，使城乡居民和城乡各类经济主体都能享受公平的国民待遇，拥有平等的权利义务和发展机会，能够公平地分享改革发展的成果。唯有实现这种城乡共享发展，在推进城镇化的过程中，才能使大批进城农民和谐地融入城市，使之不再游离在城市之外，成为城市里的二等公民、边缘人（陆学艺，2005）。

（四）城乡融合型城镇化的科学基础

由城乡二元分割发展向城乡融合发展转型是一个区域由非均衡发展向均衡发展转型的过程，很多国家在城镇化进程中都经历了这一过程。中国的城乡分割由于受计划经济体制的影响，表现尤为突出。随着区域社会经济发展水平的不断提高，经济发展要求城乡间要素充分流动，社会发展要求实现不同地域人群生存权益均等化，而这两方面都要求城乡的生态环境对经济社会发展提供全域的、可持续的支撑，因此，以城乡融合发展为特征的城乡融合型城镇化成为城镇化健康发展的必然选择。

1. 城乡均衡发展理论为城乡融合型城镇化提供了理论依据

（1）Desakota 模式。是由麦吉教授近年来提出的一种新的发展模式，他认为未来的城乡结构将是社会地理系统的相互作用与相互影响而形成的一种新的空间形态，即"泛城市"或称"扩大的都市区""城乡灰色地带"等（McGee，1987，1991）。这种模式使靠近大都市的农村地区与大都市相互融合，在都市边缘和都市间，沿铁路、高速公路的交通走廊地带形成城乡融合的新的空间经济及聚落形态。

（2）区域网络发展模式。这种模式是道格拉斯（Douglass，1998）从城乡相互依赖角度提出来的，他认为"区域城市网络"是基于许多聚落的功能体（Clustering），每一个地域聚落都有其地方化特征，相互之间内部关联，而不是在区域中确定单个的大都市作为综合性中心。乡村通过"要素流"与城市的功能和作用相联系，为确保均衡发展目标的实现"流"必须导向一种"城乡联系的良性循环"（张晴等，2011）。

（3）城乡相互作用理论。塞西利亚·塔科里和大卫·塞特思威特（Tacoli，1998；Satterthwaite 和 Tacoli，2003）回顾了近年来"城乡相互作用"的研究，特别关注现代经济、社会和文化变化对城乡相互作用的影响途径，并就此构建了"城乡相互作用和区域发展"的关联模式（王华、陈烈，2006）。这种模式强调中小城镇在乡村和区域发展以及缓解贫困中的枢纽衔接作用，认为中小城镇是生产效率高于乡村，而生活成本低于城市的城乡相互作用的交集点。

2. 中国已经进入推进城乡融合型城镇化的战略机遇期

从经济社会发展的一般规律和客观要求来看，统筹城乡一体化发展，符合城乡关系演变的基本规律。根据国际研究（钱纳里等，1989），人均 GDP 超过 1000 美元、农业占 GDP 比重降到 15% 以下、城镇化率达到 35% 以上，就进入了工业化中期阶段，正处在工农关系调整的转折时期，开始具备工业反哺农业、城市支持农村的条件；当人均 GDP 超过 3000 美元、农业占 GDP 比重降到 10%、城镇化水平达到 50% 时，是推动城乡融合、一体发展的最佳时机。中国 2011 年人均 GDP 超过 5000 美元，农业占 GDP 的比重为 9.3%，城镇化水平达到 51.3%，已经进入到以城带乡、以工促农、城乡互动、一体发展的重要阶段，推进城乡一体化发展正当其时。

3. 城乡融合发展已经成为重要的国家战略

自 2002 年党的十六大提出"统筹城乡发展"以来，城乡融合和一体发展已经成为一项重要的国家战略。2003 年十六届三中全会提出了"五个统筹"，并把"统筹城乡发展"列在首位。2007 年党的十七大进一步提出要"建立以工促农、以城带乡长效机制，形成城乡经济社会发展一体化新格局"，把"统筹城乡"提升为"城乡一体化"；特别是党的十七届三中全会做出了"三个进入"的判断，认为"中国总体上已进入以工促农、以城带乡的发展阶段，进入加快改造传统农业、走中国特色农业现代化道路的关键时刻，进入着力破除城乡二元结构、形成城乡经济社会发展一体化新格局的重要时期"，提出要把加快形成城乡经济社会发展一体化新格局作为推进农村改革发展的根本要求，并明确了"城乡一体化"的发展目标，即到2020年，基本建立城乡经济社会发展一体化体制机制。由此，"城乡一体化"被提到了国家战略的高度，为中国的改革探索指明了方向。

三 推进城乡融合型城镇化的战略思路和途径

以往的工业化和城镇化战略造成了城乡二元分割的发展状态。这种城乡分割的发展战略既不符合科学发展的要求，又缺乏可持续发展的基础。因此，中国的经济社会发展战略需要实现从城乡分割的二元发展战略向城乡一体化发展战略转变，即向城乡融合型的新型城镇化模式转型。城乡一体化发展大体可分为两个阶段，前一个阶段是城乡融合发展阶段，后一个阶段是城乡一体化发展阶段。从城乡一体化进程的实际情况看，一般是首先进行城乡制度的一体化建设，其次进行城乡基础设施的一体化建设，再次进行城乡社会事业发展标准的一体化建设，最后进行城乡发展的一体化建设。目前，中国的城镇化正处于城乡融合互动发展阶段。未来发展的目标是：以科学发展观为指导，继续深化体制机制改革，为从城乡融合发展阶段向城乡一体化发展阶段过渡打下体制机制基础；不断完善共享型融合发展模式，探索和创新城乡一体发展新机制，最终实现城乡经济、社会、文化、政治、生态的一体化，使城乡居民等值享有发展成果。为此，要从以下四方面来推进城乡融合型城镇化进程。

（一）加快推进城乡要素市场的一体化

创新是城乡融合发展的重要推动力。建立并完善城乡融合互动的体制机制，首先必须加快劳动、土地、资本、产权、技术等方面融合创新，推进城乡要素市场一体化进程。当前，重点是深化土地制度改革和金融政策创新，促进城乡要素深度融合和合理流动。

1. 深化土地制度改革

通过农村集体资产股份化、土地承包经营股权化，把集体资产和土地折股量化到人，使农民按股享受平等的收益分配，使农村沉睡的资源转化为可流动、能增值的资本。建立新型农村合作经济组织,促进农业规模经营;建立城乡建设用地流转制度,有偿使用村庄拆迁复垦腾出来的土地指标,实现农村集体建设用地远距离、大范围空间转移、优化配置。这种"两股两建"改革是推动现代农业发展、城镇化和新农村建设的重要动力。但是,也应该看到,目前"两股两建"改革尚存在一些亟待解决的问题,如耕地承包经营股权的流转时间与承包经营权的承包经营时间可能存在不一致,使股权转入方的农业生产利益受到影响;如何确立多元化的土地产权制度,保护土地转入方和转出方利益,使转入方有一个长期稳定的预期收入;如何健全土地承包经营权流转市场,提高市场透明度和促进公平交易,实现土地征收的一级市场和土地流转的二级市场的有效衔接,实行"同地同价同收益";以及如何找到"两股两建"改革的理论依据,为"两股两建"改革找到政策与法律依据,降低改革风险,依然存在一个需要不断完善和深化改革的问题。

2. 加快金融和资本政策创新

要充分利用市场经济提供的创新空间,推动不同类型的金融融合创新,以项目为纽带,加强国有金融与民间金融的融合创新。金融政策创新的重点应围绕建立并完善城乡一体的金融市场体系建设,推进乡村的建设与发展,建立健全城乡居民、企业的新型信用机制;深化农村信用社改革,发展多种形式的农村社区金融机构、小额信贷组织和社区资金互助组织;创新金融衍生工具和服务手段,为城乡居民提供一体化的现代金融服务。

引导推广土地资本与工商资本、技术资本融合的资本融合创新模式,同时,加强股权化的土地资本与金融资本的融合创新,即通过体制机制创新,在有一定担保基础的前提下,允许使用股权化的土地资本进行必要的融资,以解决发展资金不足和贷款难的问题。打破城乡界限、内资与外资界限、国有资本与民间资本的界限,鼓励工业资本与商业资本、内资之间、内资与外资之间的融合,创新并建立不同资本融合基础上的新产业资本形态。

(二) 推进城乡产业融合和一体化发展

在城乡二元分割的产业格局下,普遍存在产业的结构性矛盾问题,主要表现为:农业基础脆弱、劳动力严重过剩、劳动生产率和经济效益低下;工业发展质量低、要素结构不合理、竞争力不强;缺乏城乡一体化布局的现代服务业体系,服务业对经济总量的贡献不足,城乡人口的生活服务能力区域不均衡。因此,要以农业产业化和农村土地合理流转为起点,大力加强各类产业的城乡联动，统筹城乡相关产业的发展，培育产业链、促进产业集群发展、扶持城乡产业一体化，既要引导农村生产要素合理向城市产业流动，又要为城镇的人口和资本向农村流动打开政策阀门。同时，要大力优化三次产业的空间布局，形成城乡一体化布局的产业体系，使同一产业部门的生产要素在城乡间按照市场规律合理流动。

要充分发挥市场机制在资源配置中的基础性作用，通过产业政策引导，使城市和农村根据资源要素禀赋，发展各自有比较优势又具有互补性的产业，实行差异化发展。受要素成本上涨的影响，城市产业要逐步向高级化方向转型升级，而资源密集型产业要向低要素成本的城郊、小城镇和独立工矿区转移，以获取更大的发展空间，并带动农村剩余劳动力就地转化。乡村主要是提供农产品和生态产品，除此以外，还应依托小城镇，发展有农村资源优势、传统工艺和特定市场优势的特色产业，形成新的区域竞争力。

（三）推进城乡基本公共服务的均等化

要促进城乡融合和一体化，就必须改变农村居民在享有发展成果上与城市居民不对等的状况，建立健全城乡居民共享发展成果的体制机制，以制度的形式保障农村居民与城市居民共享发展成果，实现城乡基本公共服务均等化。重点从以下六个方面展开。

1. 深化户籍、就业与社会保障制度改革

深化户籍制度改革，不仅仅是简单地将农村居民户籍改变为城市居民户籍，更要通过户籍制度改革，使原来依附在户籍上的各种福利逐步剥离出去，建立起城乡一体的医疗、卫生、教育、就业、养老保障、社会管理体制机制，为农村居民提供与城市居民一样的社会保障。当前重点是加强并完善农转居的社会管理体制建设，提高社会保障的覆盖面，特别要向农转居中的老人、儿童和农民工等弱势群体倾斜，不断提高保障标准；完善农民工的养老保险、失业保险和生育保险；高度重视失地农民的养老和医疗保险，优先解决农民工工伤保险和大病医疗保障，完善最低生活保障制度，建立城乡统一的社会救助体系；构建市域统一的劳动力就业市场，并加强就业信息化、失业保障等建设，为农村转移劳动力提供更多的就业信息和就业机会，降低失业风险。

2. 促进城乡医疗服务的融合共享

首先是在建立城乡医疗卫生保障体制的前提下，通过医疗卫生资源空间配置的调整，使农村获得更多的医疗卫生资源，如加大财政支持农村医疗卫生事业发展的支出，使乡镇、农村新型社区和村庄医疗卫生基础设施逐渐得到完善。其次是扩大推广现有城市医院托管乡镇卫生院，乡镇卫生院托管村卫生所的医疗卫生体制改革，通过体制改革逐渐使城乡医疗卫生资源融合，使城乡医疗卫生人才队伍融合，在融合的基础上实现医疗卫生水平的提高，使农村居民也能够像城市居民那样享受到高水平的医疗卫生服务。最后是实现城乡居民医疗报销标准和报销范围的接轨，应从没有劳动能力的"一老一小"做起，即实现城乡居民中60岁以上老人、16岁以下少年儿童没有实际报销单位的"一老一小"看病报销范围和报销标准的接轨；然后实行城乡居民大病统筹报销范围和标准的接轨，逐渐缩小看病报销上的城乡差距，直至报销范围和报销标准的城乡完全对接。

3. 促进社会养老服务的融合共享

一要完善城乡社会养老保障体系，强化城乡社会养老基础设施建设，为城乡居民提供标准化的养老保障服务，做到应保尽保；二要不断提高社会养老标准，真正做到养得起、可持续。实行城乡居民基本养老账户标准的城乡接轨，即由政府出资建立的养老保障中的基本养老部分的标准，应首先做到城乡居民一致；三要在资源的配置上做到城乡统筹，使农村也能够获得与城市同等质量的养老保障资源；四要在城市养老院与农村养老院之间建立起类似的托管体制，推动农村养老服务质量的不断提高。

4. 促进城乡社会救助的融合共享

首先将符合救助标准的城乡人口毫无区别地纳入社会救助的范畴，从体制上赋予他们同等享受社会救助的权利；其次是在标准的设定上要做到城乡一致，使每一个真正需要社会救助的人或者家庭，都能平等地享受到政府提供的等值社会救助。要逐步缩小并消除过大的城乡救助标准差距，并最终一致起来。最后是完善农村"五保户"对象和城市"三无"人员的救助制度，实现应保尽保。

5. 深化公共服务供给体制改革

提供公共服务是政府的职责。市场经济为多元化提供公共服务创造了条件，深化公共服务体制改革，就是要充分发挥市场和政府的作用，建立并完善以政府为主、社会协同、公众参与的多元化公共服务供给体制，鼓励采用市场化建设与政府购买相结合的方式，提高公共服务建设和供给效率。当前应重点完善财政向农村公共服务倾斜的支出体制建设，做到两个比重不断提高，即财政支出中农村支出所占比重和公共服务支出所占比重不断提高，以推进城乡基本公共服务的均等化。此外，要加快推进乡镇财政体制改革，确保乡镇财力的不断提高；进一步规范市、区（县）对乡镇财政的转移支付制度，完善各级财政对农村各项事业发展的补贴制度，更好地服务于农村公共事业发展。

6. 深化社会管理体制改革

农村社区和农村新型居民点的出现，改变了以往农村社会管理的模式。这种改变要求对原有的社会管理体制进行改革，以适应农村社区和新型居民点管理和发展的要求。创新社区管理体制，重点是建立政府与社会团体、社区居民相结合的社会管理体制。一是在划分基本责任的前提与基础上，明确政府在社区社会管理中的责任，建立与责任挂钩的政府社区管理体制，如社区的基础设施和基本公共服务建设体制，使政府在农村社区和新型农村居民点的社会管理上尽到自己应有的责任。二是建立鼓励社会团体和社区居民参与建设的社会管理体制。社区发展中有一些事业，如涉及社区全体居民的公益性文化事业建设，可以通过社区全体居民采取"一事一议"的形式共同进行建设，政府并非什么事情都要包揽下来。充分调动社区居民参与建设的积极性，关键是进行必要的制度建设，如建立事关社区全体居民公共利益的"一事一议"制度；推动社区中间组织有序发展的制度；发挥非政府组织在提供服务方面的制度；鼓励进行社会管理创新，推动社会管理有序、服务有为。

（四）统筹城乡生态建设和环境治理

1. 推进城乡一体化的生态网络建设

以林地生态网络、水系生态网络、农田生态网络和建筑生态网络建设为主体，以生态廊道为纽带，构建自然、稳定、优美的生态景观网络，维护生物的多样性，逐步形成景观特色鲜明、生态良性循环、可持续发展的城乡一体化的生态网络体系。以城镇生态绿地和景观绿地建设为中心，以市域水系沿岸生态廊道建设为轴线，建设城乡融合的生态网络系统，同时对城市周边山体、城乡结合部空闲地进行全面的生态绿化；城乡道路两侧建设与慢行道和步道相结合的特色绿化带，形成林荫路系统；在农村和荒芜地区，要通过生态网络建设，逐步实现非工程手段对工程手段的替代，维护天然林地正向演替，人工生态系统与自然生态系统互惠共生；实现河渠水系流域贯通；减少园林景观绿地，发展生态绿地，完整保留市域野生生物栖息地及周边环境和迁徙通道。

2. 建立城乡一体的循环经济体系

引导发展循环型企业、循环型园区、循环型产业，统筹城乡循环经济发展，建设城乡一体的循环经济体系。建立以社区回收点为基础，以集散交易中心为载体，以综合利用处理为目标的三个层次的城市再生资源回收利用网络体系。采用环境友好型技术，按照生态化、无害化要求组织农业生产，减量使用化肥、农药、农膜，扩大有机肥施用面积，推广生物农药，减少来自农业生产的污染，推广使用可降解农膜，引导农业产业结构向生态化、无害化方向调整。创建生态文明村，推进农村沼气工程和生态创建工作，发展户用沼气工程。

3. 全面统筹城乡环境治理工作

全面加强城市空气、水、噪音和光污染治理，推广垃圾分类收集和处理，并对现有乡镇环卫设施进行扩容、扩建，提高处理能力，增大服务半径，实现市域多向辐射。采取政府建设、市场运营的方式，结合发展高端现代生态农业，逐步实现城乡餐厨垃圾资源化再利用，实现餐厨垃圾生态大循环，减少城市生活垃圾。在农村社区，要继续推广生物集成处理法、沼气法、人工湿地法等生活污水处理模式，逐步提高全市域污水处理水平。建设完善农村集中居住区和大型旅游风景区的污水处理设施和管网设施建设，构建重点地区的中水回用系统。对于分散乡村和工矿区、景点，要大力推广"户用生活污水厌氧净化池＋人工湿地＋农田废弃物收集池＋农村有机废弃物发酵沼气池"的方式，实现分散式治理，逐步消除城乡环境质量的落差。进一步推进"改路、改水、改厕、改灶、改暖"五改建设，从根本上扭转农村环境脏乱差的局面，为村民提供一个较好的生产和生活环境。

四 城镇化过程中推进城乡融合的模式比较

近年来，中国各地在推进城乡融合发展方面进行了积极有益的探讨，积累了丰富的经验。归纳起来，主要有城市为主导、乡村为主导和城乡为整体三种模式。

（一）城市为主导、以城带乡的城乡融合发展模式

"城市为主导、以城带乡"即在城乡统筹过程中，以发展城市经济为主要手段，通过发挥城市的经济辐射功能，为乡村提供市场和资金，带动乡村经济的快速发展，从而实现城乡融合发展的目的。中国运用"城市为主导、

以城带乡"模式的典型地区是珠江三角洲地区。

珠江三角洲的城乡统筹，至今大致经过了三个阶段：一是商品农业阶段，重点提高农业劳动生产率，为农村剩余劳动力转移创造条件；二是农村工业化阶段，以农村工业化带动农村城镇化；三是完善基础设施阶段，按现代化城市要求，构筑现代化城市的框架。深圳、珠海等大城市具有较强的辐射功能，能够较好带动乡村的发展。而且，珠江三角洲属于沿海经济开放区，临近港澳，具有发展外向型经济的优越条件，在外商投资和外贸出口的推动下，珠江三角洲经济获得了快速发展，城乡融合发展水平也在不断提高。近年来，珠江三角洲又探索、总结出实现城乡一体化的10条标准，即农业生产现代化、农村经济工业化、基础设施配套化、交通通信网络化、市场经营商品化、文明卫生标准化、群众生活小康化、服务体系社会化、行政管理法律化、环境净化美化。这10条标准的实现将极大地推动城乡经济社会的发展。

（二）乡村为主导、乡镇企业拉动的城乡融合发展模式

"乡村为主导、乡镇企业拉动"即以发展乡村经济为主要手段，通过建立合适的产业体系，扶植有发展潜力的乡镇企业，使乡村经济快速发展起来，最终达到城乡融合发展的目的。中国运用"乡村为主导、乡镇企业拉动"模式的典型地区有苏南地区。

苏南地区是指江苏省南部地区，包括南京、苏州、无锡、常州、镇江五市。改革开放以来，这里是全国经济发展最快、最活跃的地区之一。尤其是苏南的乡镇企业，已经成为苏南经济的重要支柱。乡镇企业的不断发展壮大，使苏南可以采取以工补农、以工建农的措施，来协调工农关系，稳定农业生产。长期以来，苏南地区建立了一批优质、高效的农业生产基地，推动了农业机械化、良种化、水利化和服务社会化，保证了城乡三次产业的协调发展。农村经济的快速发展，打破了传统的二元结构，引起了农村经济社会结构的深刻变化，促进了城乡融合和一体化。一大批小城镇脱颖而出，成为联结城乡的枢纽，极大地改善了农民的生产、生活条件和质量，大大加快了农村产业结构的优化和城镇化进程。

（三）以城乡为整体、统筹规划的城乡融合发展模式

"以城乡为整体、统筹规划"即将城乡作为一个整体，为城市和乡村的

协同发展做出统一的规划，进而在实施过程中实现城乡融合发展的目的。中国运用"以城乡为整体、统筹规划"模式的典型地区有上海市、北京市和成渝地区。

1. 上海"统筹城乡规划"的一体化模式

上海从1984年开始研究探索城乡统筹问题。1986年，上海市正式把城乡一体化作为全市经济和社会发展的战略思想和指导方针。在推进城乡一体化和处理城乡关系问题上，上海市将其分为三个层次：第一层次是上海市区与上海郊区九县一区的关系，其特点是工农业产品的交换和横向经济联系较为紧密和直接，并与行政管理区域相一致；第二层次是上海市区与上海经济区诸县、乡、农村的关系，其特点是经济来往虽较为密切，但由于分属于不同的行政区域，经济来往中行政干预的因素比较多；第三层次是上海与全国广大农村的关系，其特点是直接的经济联系较少，主要通过多种流通渠道发生关系。由于城乡关系反映的是城市与乡村的一般关系，而城乡一体化作为城乡经济和社会发展的战略思想和指导方针，对城市与乡村的广度和深度规定得比较明确，在内涵和外延的规定上也比较清楚，因此上海在推进城乡一体化战略中，以上海城乡为整体，以提高城乡综合劳动生产率和社会经济效益为中心，统筹规划城乡建设，合理调整城乡产业结构，优化城乡生产要素配置，促进城乡资源综合开发，加速城乡各项社会事业的共同发展，以推动上海城乡经济持续、快速、健康发展。

2. 北京"行政主导、转移支付"的城乡统筹模式

近年来，北京市坚持把"三农"工作作为重中之重，不断加大城乡统筹力度，初步形成了城乡一体化的发展格局。在统筹城乡规划方面，完成了10个远郊区县村庄体系规划，为郊区农村的长远发展打下了基础。在政策倾斜方面，按照区域功能定位的要求，推动生态涵养发展区发展，建立了区县"结对子"等多种形式的互助共赢、合作发展机制以及山区生态林补偿机制。在政府投入方面，投向郊区与城区的比例从2003年的20∶80转变为2008年的52∶48，截至2012年市政府投资投向郊区比重已连续8年超过50%。在农村产业发展方面，都市型现代农业加快发展，农产品加工业、设施农业、观光农业等取得了长足进步，农业综合生产能力、农业产业化经营水平不断提高。在农村基础设施建设方面，推进"农村亮起来、农民暖起来、农业资源循环起来"的"三起来"工程以及农村基础设施"五项工程"（包括路面硬化、全村绿化、安全饮水、垃圾分类和改厕）建设，在全国率先实现了"村村通油路、村村通公交"。下一阶段，北京将进一步深化农村体制改革，加大对"三农"的投入力度，统筹推进城乡公共服务发展，率先在城乡规划、产业布局、基础设施建设、公共服务、劳动就业、社会管理等方面建立城乡一体化的工作格局。

3. 成渝"试验区"模式

成都和重庆同为全国统筹城乡综合配套改革试验区，根据国家要求、经济社会发展水平、区域特点等，成都推行的是"全域成都"整体城乡统筹模式，重庆推行的则是"突出重点、分步实施"的"渐进式"城乡统筹模式。按照规划，成都力争到2017年，城镇化率达到70%，地区生产总值突破1万亿元，人均GDP达到8.2万元，农民人均纯收入年均增长10%以上，城乡居民收入比缩小到2∶1。重庆则计划用13年时间分"两步走"推进统筹城乡改革试验，第一步是从2007年到2012年，全市经济总量比2006年翻一番以上，城镇化率超过55%，城乡居民收入比由4∶1缩小到3∶1。第二步是从2012年到2020年，城镇化率超过70%，全市经济总量比2012年翻一番以上，地区生产总值达到2万亿元以上，人均达8300美元，城乡居民收入比缩小到2.5∶1。成渝两地虽然统筹城乡发展模式有所不同，但最终目标都是依靠推进城镇化，促进城乡协调发展，缩小城乡居民收入差距，实现城乡融合和一体化。

（四）三种城乡融合发展模式的比较

以上三种城乡融合发展模式，既有共同的地方，又有不同的地方。其共同点主要表现在以下几个方面：第一，把实现产业结构的优化升级作为一个重要的策略。各个地区无论采取什么样的模式，都很关注农业问题，尤其是农业产业结构的优化升级问题。如珠江三角洲总结出的实现城乡一体化的10条标准的首要两条就是农业生产现代化、农村经济工业化；苏南地区统筹城乡发展的重要措施之一就是建立优质、高效的农业生产基地，推动农业机械化、良种化、水利化和服务社会化；上海统筹城乡发展战略中的重要一点就是合理调整城乡产业结构。中国地区产业结构不合理，尤其是城乡产业结构不协调，严重制约了城乡经济社会一体化进程，因此，促进产业结构的优化升级就成为目前迫切需要解决的问题。第二，关注农村自身发展能力的提高。农村经济发展落后，人民生活水平不高，其中一个原因就是自身发展能力比较弱。因此，这些地区在进行城乡统筹时，都关注农村自身发展能力的提高。如珠江三角洲城乡统筹发展的三个阶段，即商品农业阶段、农村工业化阶段和完善基础设施阶段，重点在于提高农业劳动生产率和农业生产能力，促进农村工业化；苏南地区以乡镇企业为城乡统筹的支柱，以小城镇为城乡联结的枢纽，加快推进农村产业结构优化和城镇化进程；上海统筹城乡发展战略的中心是提高城乡综合劳动生产率和社会经济效益，加快城乡各项社会事业的共同发展；北京实行工农协作、城乡结合策略，就是将城市和乡村的优势结合起来，相互补充、相互促进。第三，注重加强农村基础设施建设。城乡差距的一个重要方面就是基础设施和公共服务的差距，缩小城乡差距就必须加强农村基础设施建设，改善农村公共服务。上述地区在统筹城乡发展的过程中都注重解决城乡基础设施差距问题。如珠江三角洲统筹城乡发展的第三阶段就是完善基础设施阶段，并把基础设施配套化作为实现城乡一体化的10条标准之一。第四，注重发挥政府的规划引导作用。如上海市把推进城乡一体化作为全市经济社会发展的战略思想和指导方针；北京大力开展帮技术、帮管理、帮设备、帮培训的"四帮"活动。

三种模式的不同点主要表现在以下两个方面：其一，城乡统筹的侧重点不同。在统筹城乡发展的过程中，不同的地区有不同的侧重点，珠江三角洲以城市为主导，苏南地区以乡镇企业为主导，上海和北京以城乡整体为主导。其二，城乡统筹路径不同。不同的城乡融合发展模式，不同的动力机制，使得各个地区实现城乡统筹发展的路径也各有特色。珠江三角洲是以城带乡为主，苏南地区是以乡镇企业带动城乡统筹发展，上海运用城乡统筹规划来实现城乡统筹发展，而北京则通过工农协作、城乡结合来推进城乡统筹发展。

五 推进城乡融合型城镇化的政策措施

（一）构建城乡一体的投融资机制，引导城镇资本向农村流动

首先，要鼓励社会资本投入城乡一体化建设。通过采取股份合作、奖励、结对帮扶等方式方法，充分整合城镇资本要素，加快社会资本进入城乡统筹发展的各个领域。如农业产业化建设、农民集中居住区建设、山区旅游

业发展等;其次,积极动员农民自有资金投入,通过土地股份合作社、专业合作社等形式吸纳农民投资入股。既解决了资金难题,又推动了新型集体经济组织的规范化建设;第三,要加大财政扶持力度,建立财政向农村倾斜的体制机制。按照"部门联动、政策集成、资金聚焦、资源整合"的思路,提高财政资金使用效率。进一步完善财政体制机制,推进财政扩权强镇,以财政为杠杆壮大镇域经济;第四,要建立城乡统一的农村产权交易市场体系。通过土地流转、信托融资、抵押贷款、产权交易等多种形式让农民带着资产进城,突破城乡统筹的资金瓶颈。

(二) 加强政府服务体系建设,推进城乡基本公共服务均等化

首先,完善一般转移支付制度,提升公共财政对城乡统筹的保障能力。不同区县、乡镇间财政能力差距较大,必须建立以推进基本公共服务均等化为导向的统一规范的转移支付制度,逐步缩小城乡基本公共服务差距,促进各区县、乡镇基本公共服务均等化。根据各地财政能力,按照因素法科学合理地分配资金,合理安排公共服务建设进程,确定不同时期公共服务推进的重点,确保农村地区普遍获得相同的公共服务,不断提高农村公共服务质量,其公共服务标准应逐步向城市趋同。

其次,实行强镇扩权计划,提升基层的行政执行能力。镇是统筹城乡发展的关键节点,是城市公共服务向农村延伸的据点,其工作重心应向服务"三农"转移。为此,要实施强镇扩权计划,逐步提高经济强镇的行政和执法管理权限,机构和人员安排不要求上下对等,行政级别不变,不另行增加行政编制,不增设行政机构;充分发挥镇域范围内的资源优势,做强做大特色产业,提高镇级财政实力;积极引入市场机制,吸引企业和社会组织参与公共产品的提供,通过向市场购买的方式,让企业、社会组织和农民合作组织具体承办,构建多元化的公共服务供给模式;整合资源,调整规范乡镇站所承担的服务职能,对那些技术力量薄弱、设备设施落后、服务功能弱化的经营性事业站所交由社会组织承办,对那些功能相近的公益性事业站所要予以合并,如乡镇卫生院和计划生育服务站等。

(三) 积极引导农民向非农产业转移就业

增加农民就业机会,促进农民增收是城乡统筹工作的中心任务,也是形成城乡经济社会发展一体化新格局的关键所在。为此,要着力采取

以下措施：一是大力开展充分就业创建活动。工资性收入是今后一个时期农民增收的主要途径。要积极落实和创新各项非农就业促进政策，加大农民转移就业工作力度；二是通过产业园区共建发展"飞地经济"，促进农民就地转移就业。鼓励各区县、乡镇联合共建产业园区，实行统计、财政、税收等分割，保障园区产业用地供给，提高土地集约利用水平。按照"项目引进与就业需求预测同时进行、项目审批与就业安置同时进行、项目建设与就业服务同时进行"的原则，吸纳和引导农民向非农产业转移就业；三是以创业带就业，加强农民创业基地建设。努力形成"先创业带后创业"和"以创业带就业"的格局；四是拓展公益性就业岗位。要结合生态环境建设、农村公共服务和社会管理的需求，大力开发公益性就业岗位。

（四）构筑统筹城乡科技人才服务平台

跳出就人才工作抓人才工作的狭隘意识，紧紧抓住城乡统筹发展这一主线，加强和改进人才工作意识，周密谋划，充分发挥各类人才在推动城乡统筹发展中的积极作用。

一是为各类人才发挥作用搭建平台。构筑参谋平台，通过组建顾问团等，发挥专家决策咨询作用；构筑服务平台，通过科技、文化、卫生"三下乡"等，发挥各类人才服务基层群众的作用；构筑发展平台，通过选拔任用，发挥优秀人才领导管理的作用。

二是加快城乡人才市场体系建设。以城乡人才市场供求为导向，建立统筹城乡人才开发的公共服务平台，力求在人才信息、人才培训、人才招聘、人才就业指导等公共资源运用上做到信息与服务共享。在充分发挥各级人才交流服务中心作用的基础上，尽快构建以省、市、区县、镇（乡、街道）四级人才市场为依托，贯通城乡、统一开放的人才市场体系，促进城乡人才双向选择、合理流动。

三是强化城乡人才信息服务。建立城乡人才信息发布制度，依托电子政务平台和人才市场，构建城乡一体、开放的人才数据库。在有条件的地区开展农村实用技术信息服务点建设，使农村实用人才利用互联网实现与科研院所、涉农部门的资源共享。

四是完善城乡人才市场服务功能。改进人才招聘形式，积极探索高级人才洽谈、智力交流与成果推介相结合的招聘交流会。进一步开展人事代理、人才推荐、人才培训等业务。积极为用人单位和各类人才提供包括人事档案管理、人事公证、职称评定、流动党员管理、人才信用库建设、人才公共信息发布、公益性人才交流等在内的公共服务。

参考文献

[1] 费景汉、拉尼斯：《劳动剩余经济的发展：理论与政策》，经济科学出版社，1992。
[2] 韩俊：《由城乡分割走向城乡协调发展》，《江苏农村经济》2004 年第 11 期。
[3] 朱菲娜：《调整好城乡关系：构建和谐社会之关键——访国务院发展研究中心农村部部长韩俊》，2005 年 3 月 9 日《中国经济时报》。
[4] 埃比尼泽·霍华德：《明日的田园城市》，金经元译，商务印书馆，2000。
[5] 刘易斯：《二元经济论》，北京经济学院出版社，1989。
[6] 陆学艺：《当前社会阶层分析与探讨》，《民主》2005 年第 10 期。
[7] 马克思：《共产主义原理》，载马克思、恩格斯：《马克思恩格斯全集》第四卷，人民出版社，1960。
[8] 缪尔达尔：《亚洲的戏剧——南亚国家贫困问题研究》，方福前译，首都经济贸易大学出版社，2001。
[9] H. 钱纳里等：《工业化和经济增长的比较研究》，吴奇等译，三联书店、上海人民出版社，1995。
[10] 史育龙：《Desakota 模式及其对我国城乡经济组织方式的启示》，《城市发展研究》1998 年第 5 期。
[11] 宋言奇：《从城乡生态对立走向城乡生态融合》，《苏州大学学报》2007 年第 2 期。
[12] 王春光：《新生代农村流动人口的社会认同与城乡融合的关系》，《社会学研究》2001 年第 3 期。
[13] 王华、陈烈：《西方城乡发展理论研究进展》，《经济地理》2006 年第 3 期。
[14] 张晴、周旭英、高明杰：《发达国家城乡统筹发展的做法及对中国启示》，《世界农业》2011 年第 4 期。
[15] 中国社会科学院经济研究所收入分配课题组：《中国城乡收入差距调查研究报告》，中国社会科学院重大课题项目，2008。
[16] Douglass, M., "A Regional Network Strategy for Reciprocal Rural-Urban Linkages: An Agenda for Policy Research with Reference to Indonesia", *Third World Planning Review* 20 (1), 1998.
[17] Mcgee, T. G. Urbanisasi or Kotadesasi, "The Emergence of New Regions of Eonomic Interaction in Asia", Honolulu: East-West Environment and Policy Institute, Working Paper, 1987.
[18] Mcgee T. G., "The Emergence of Desakota Regions in Asia: Expanding a Hypothesis", *The Extended Metropolis: Settlement Transition in Asia*, eds. N. S. Ginsburg, B. M.

Koppel, T. G. McGee (Honolulu: University of Hawaii Press, 1991).

[19] Satterthwaite, D. and Tacoli, C. , "The Urban Part of Rural Development: the Role of Small and Intermediate Urban Centers in Rural and Regional Development and Poverty Reduction", International Institute for Environment and Development, UK, May, 2003.

[20] Tacoli, C. , "Rural-urban Interactions: A Guide to The literature", *Environment and Urbanisation* 10 (1), 1998.

第十一章
中国集约型城镇化评价与战略选择

改革开放以来,中国城镇数量持续增加,城镇规模不断扩大,城镇化进程加速推进,城镇化水平快速提高。然而,中国在过去所进行的城镇化很大程度上是靠高能耗、高投入、高污染的粗放型经济发展方式所推动的。中国的国情是耕地、淡水、能源和矿产等资源相对不足,生态环境脆弱,人地矛盾及由此引发的各种社会、经济矛盾相互交织。粗放型的发展方式,一方面进一步加剧了资源短缺和环境恶化,另一方面也影响了城镇功能的发挥和城镇化的健康发展。中共十六届五中全会明确提出"坚持大中小城市和小城镇协调发展,按照循序渐进、节约土地、集约发展、合理布局的原则,促进城镇化健康发展",第一次将集约发展列入城镇化的指导原则,探索中国特色的集约型城镇化模式成为城镇化的必然要求。

一 集约型城镇化的科学内涵和基本特征

"集约"这一概念常用于对经济活动的描述,最早见于对农业活动的研究中,后被应用到对城镇化的研究中,集约型城镇化的概念被提出。目前中国对集约型城镇化的研究,或借鉴农业活动集约化的研究,或借鉴西方集约型城镇化的研究,但都有一定的局限性。因为城镇的建设发展与农业生产活动不同,其对农业活动集约化研究的借鉴可行性不大。西方国家已经完成了工业化和城镇化,人少地多,人地矛盾并不突出;中国则是人多地少,面临着快速工业化和城镇化的双重挑战,西方集约型城镇化的研究对中国的借鉴意义不大。所以，中国集约型城镇化有自己的特色，分析中国特色的集约型城镇化的科学内涵、类型划分和基本特征，寻求符合中国国情的、科学的集约型城镇化模式就变得十分必要。本节在理清集约型城镇化概念的基础上，重点分析、探讨集约型城镇化的科学内涵、类型划分和基本特征。

（一）集约型城镇化的基本内涵

在农用地经营研究中，"集约"是指"在一定面积的土地上，集中投入较多的生产资料和劳动、采用新的技术措施，进行精耕细作提高单位面积产量的经营方式"（舒新城、陈望道，1989）。这里的"集约"是一种通过资源相互替代（价格低廉的丰富资源替代价格较高的稀缺资源）来增加产出的生产方式。后来，"集约"被引入到经济活动和经济增长方式的研究中。"集约"含义为"依靠改善生产要素的技术内涵和管理内涵，加入精良因子，动态确定经济规模与合理生产结构及产业结构，主要依靠内涵的新因子的作用、降低消耗、提高劳动生产率来加快经济发展的一种质变性的经济活动方式"（徐继舜、孙耀川，1996）。这里的集约经营不再是依靠资源之间的相互替代，而是通过提高生产技术、改善经营管理、提高劳动生产率和提高资源利用效率实现经济增长的经营方式。

《中华人民共和国国民经济和社会发展第十一个五年规划纲要》明确提出，要"坚持大中小城市和小城镇协调发展，提高城镇综合承载能力，按照循序渐进、节约土地、集约发展、合理布局的原则，积极稳妥地推进城镇化，逐步改变城乡二元结构"。2013年中央经济工作会议进一步提出，要"走集约、智能、绿色、低碳的新型城镇化道路"。由此就提出了集约型城镇化模式问题。所谓集约型城镇化，是相对于粗放型城镇化而言的，指的是在资源有限、环境脆弱的压力下，通过增加技术投入、改善经营管理等手段对城镇化进程中的各种资源、要素进行优化组合和高效利用，力求实现以最小的成本取得最大效益的一种新型的可持续的城镇化模式。

集约型城镇化的重点在"集约"二字上。"集约"是指以最小的要素投入来获取最大的效益，集约型城镇化就是高效的城镇化。城镇化进程中需要的要素是多方面的，包括土地、劳动力、技术、资源、资本等。城镇化要求的效益也是经济效益、社会效益和环境效益相统一的集合体。同时，在城镇化过程中还要注意制度成本，如通过制度改革和完善最大程度地降低城镇化进程中的各种制度成本。

集约型城镇化的目的在于实现城镇的可持续发展。传统的城镇化是一种高投入、高消耗、高污染的粗放型城镇化模式。在资源和环境承载力有限的今天，在人口数量庞大的中国，传统的粗放型城镇化模式已经难以为继，迫切要求我们探索适合自己国情的发展道路。而集约型城镇化的根本特点就是低投入、高产出、低污染，这无疑是对传统城镇化模式的一种替代。通过集约型城镇化，推进技术创新、资源节约、生态环境保护，统筹与协调城镇内部和城乡之间发展，提高城镇资源和环境承载力，有利于促进城镇的可持续发展。

中国所提出的"集约型城镇化模式"是有中国特色的集约型城镇化。尽管西方很早就提出了"集约型城镇化"概念，但是由于中西城镇化的背景不同，中国的集约型城镇化也就需要有自己的特色和侧重点。当前中国正处于城镇化快速推进时期，2011年全国城镇化率已经达到51.3%，超过一半的人口已经进入城镇生活。但是，目前中国的城镇化是一种"不完全城镇化"，城镇中存在大量的未能真正融入城镇的人口，要实现这部分人的市民化并最终完成城镇化进程，还有很长的路要走。而且，粗放型城镇化对资源环境造成了很大压力，尽快扭转这种粗放型城镇化为集约型城镇化已经变得十分迫切和必要。中国面临着城镇化快速推进和城镇化模式转变的双重任务，这是世界上其他国家所不曾遇到的情况，这也决定了中国的集约型城镇化模式必须适合自己的国情，有自己的特色。

(二) 集约型城镇化的特点

1. 区域性

城镇一般是区域的中心，其形成和发展是区域内政治、经济、社会、文化、自然等各种因素相互作用的结果。集约型城镇化不能仅仅从城镇本身衡量，更要从整个区域考察，要符合区域特点和环境。因此，集约型城镇化的具体表现形式具有一定的区域性，受区域因素影响和制约。集约发展是总体要求和趋势，但各区域没有固定或统一的表现形式，要因地制宜。

2. 动态性

经济在发展，技术在进步，人口、资源、环境条件在变化，对集约型城镇化的理解、实现集约型城镇化的手段和途径也会随之变化。不同发展阶段，集约型城镇化最佳集约度的内涵不同。没有一成不变的集约度概念，集约型城镇化应放在一个特定的历史时段讨论和评价。随着技术的进步、经济的发展和观念的变化，人们对集约的要求会更为严格。城镇的功能和性质、发展方式、规模结构、空间布局等变化也影响着对集约型城镇化的认识和要求。因此，集约型城镇化是一个动态、变化的概念。

3. 适度性

由于边际报酬递减规律的作用，资源的投入到报酬递减点，资源投入与收益增加就会达到平衡，其后单位投入的产出率会下降。因此，集约也有限度，并非投入越多越好。例如，城镇土地利用既要节约用地、追求土地产出效益和使用效率的提高，又需要注意土地潜力的适度挖掘和可持续利用，避免过度强调土地的集约利用造成城镇社会和生态环境的恶化。

4. 高效性

是否以最小的成本获得最大效益，是衡量经济、社会等行为的最基本标准，该标准同样可以被用于考察集约型城镇化。集约型城镇化是一种高效的城镇化，它不是一味靠资源要素的投入实现，而是根据城镇化实际、区域特点、技术可能等，通过投入技术、改善经营管理或调整结构等方式提高效率，进而获得最大的产出和效益，这里的效益是指经济效益、社会效益和生态效益三者统一的综合效益。

（三）集约型城镇化的类型划分

集约型城镇化可从城镇化的不同阶段或不同角度进行考察，因考察阶段或角度不同，集约型城镇化类型也可有不同的划分。

1. 按集约程度划分

可分为粗放型、集约型和过度型。以城镇化过程中对土地的利用为例，在城镇化的初始阶段，由于土地充足或人们尚未认识到土地的价值，土地利用较为粗放，闲置、浪费严重。随着对土地需求的不断上升，而土地的供应又是有限的，人们开始注重对土地投入和对土地管理模式、手段的改善，力求达到城镇土地利用效益最大化和土地的集约利用。但如果土地利用程度不断提高，由于报酬递减规律的作用，就会产生人口拥挤、交通堵塞、环境污染等一系列"城市病"，成为过度集约。

2. 按发展阶段划分

可分为劳动资本型集约、资本技术型集约、结构型集约和生态型集约。在城镇化发展的初期，投入以劳动和资本为主，推动城镇收益最大化。随着工人工资的提高，劳动力成本增加，同时技术得到突飞猛进的发展，这一阶段表现为资本技术型集约。前两个阶段强调的常常是小区域的最大效益，发展到第三个阶段，人们开始考虑整个城镇的功能和效益，从而推动城镇资源利用结构的不断调整和优化，进入结构型集约阶段。当城镇化发展到最高阶段，人们所考虑的仍然是效益最大化，但效益已经不仅仅是经济效益，而是包括经济效益、社会效益和生态效益在内的综合效益，从而推动城镇生态型集约。

3. 按层次的不同划分

可分为宏观上的集约、中观上的集约、微观上的集约。宏观上的集约要求城镇有合理的规模、结构以及与发展条件相协调的发展方向、发展路径、城镇性质和产业结构等；中观上的集约要求各类用地布局的优化和结构合理；微观上的集约则主要强调单块土地或宗地产出的最大化。

4. 按实现的手段划分

可分为资源替代式集约、依靠科技进步和管理手段提升推动的集约。资源替代式集约城镇化是指由可再生资源替代不可再生资源、由无污染资源替代污染资源、由低成本资源替代高成本资源、由广布性资源替代局部性资源、由智力资源代替物质资源等，通过资源替代推动集约城镇化。资源替代式集约城镇化必须在资源、资本、技术等各种要素结合的基础上实现。为了提高城镇土地利用效益最大化，在一定限度内提高单位土地的劳动、技术进步和资本等要素的投入，本质上也是其他要素和资源对土地资源的替代。因此，资源替代式的集约、依靠科技进步和管理手段提升推动的集约，往往需要综合使用。而主要依靠技术进步和管理手段提升推动的城镇化集约，相对来说是更加高级的集约型方式。这些类型的集约，其本质是实现社会总资源的节约、集约和有效、优化利用。

二　推进集约型城镇化的必要性

第一，集约型城镇化模式是落实科学发展观的迫切要求。改革开放以来，中国经济取得了巨大的成就：经济总量迅速增加，GDP 总量从 1978 年的 3645.2 亿元增加到 2011 年的 471564 亿元，创造了 GDP 年均增长近 10%（9.89%）的世界奇迹；人均 GDP 从 1978 年的 381 元提高到 2011 年的 35083 元，增长了 90 多倍，居民人均收入和生活水平也随之迅速提高。但是，在粗放式的经济增长方式下，经济快速发展的背后是资源的浪费、环境的污染、生态的破坏。面对资源和环境的双重压力，党中央适时提出了"五个统筹"和以人为本、全面协调可持续发展的科学发展观，经济发展方式的转变成为科学发展观的题中应有之义。转变经济发展方式，就是变粗放式经济增长为集约型经济发展，在强调经济增长的同时更加注重经济结构的改善、经济质量的提高和经济的可持续发展。在现代工业社会中,经济活动主要集中在城镇,转变经济发展方式需要实行集约型城镇化模式,而集约型城镇化反过来也推动经济发展方式的转变,二者相互影响、相互促进,因此集约型城镇化模式也成为必然。

第二,集约发展是城镇化的本质要求。由于城镇的规模效应和集群效应,相对于农村,同等要素可以在城镇产出更大的效益。据统计,2010年地级及以上城镇的GDP为245978亿元,占到了全国GDP的61.31%,但是它们的土地面积仅仅占全国土地面积的6.56%(见表11-1),由此可见集约是城镇的一个本质,集约发展是城镇化的一个本质要求。城镇化是农村人口和要素逐渐向城镇集聚的过程,也是一个集约化水平逐渐提高的过程。中国城镇地均GDP由2001年的0.09亿元/平方公里提高到2009年的0.39亿元/平方公里,城镇的整体集约水平不断提升,但各城镇之间集约水平还存在很大差距,许多城镇还有很大的提升空间(见图11-1)。因此,在城镇化的进程中,不仅要重视提高城镇人口比重,而且要重视城镇功能的提升,突出城镇作为经济中心、市场中心、信息中心、服务中心、文化教育中心的功能,着力提高城镇经济的集约度,走集约型城镇化道路。

表11-1 2001~2010年地级及以上城市市辖区地均GDP的变化

年份	GDP（亿元）	城市GDP（亿元）	城市GDP占比（%）	城市土地面积（平方公里）	城市土地面积占比（%）	城市地均GDP（亿元/平方公里）
2001	109655.2	43237.0	39.43	489421	5.1	0.09
2002	120332.7	50491.6	41.96	544840	5.68	0.09
2003	135822.8	59802.8	44.03	565104	5.89	0.11
2004	159878.3	72009.2	45.04	585003	6.09	0.12
2005	184937.4	89787.1	48.55	594270	6.19	0.15
2006	216314.4	107854.4	49.86	611997	6.37	0.18
2007	265810.3	134420.3	50.57	621728	6.48	0.22
2008	314045.4	174326.6	55.51	626361	6.52	0.28
2009	340506.9	197698.3	58.06	628034	6.54	0.31
2010	401202.0	245978.4	61.31	630154	6.56	0.39

资料来源:根据《中国城市统计年鉴》(2002~2011)计算整理。

第三,集约型城镇化是中国国情的客观要求。城镇化的本质是一个非农化过程,其重要特征就是减少农民、增加市民,而中国的国情却是农村人口众多,人均资源占有量低。以土地资源为例,据预测,中国人口峰值将在2033年前后出现,届时人口总量约为15亿人(国家人口发展战略研究课题

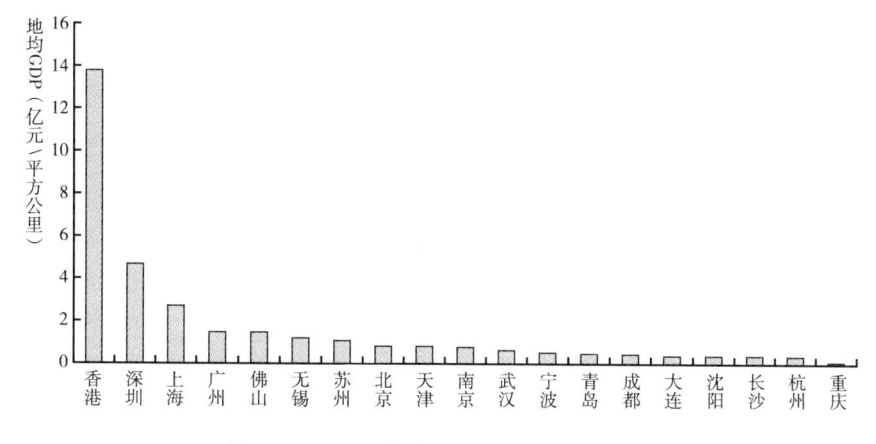

图 11-1　2009 年部分城市地均 GDP 比较

资料来源：根据《中国统计年鉴》(2010) 绘制。

组，2007），以城镇化率 70% 推算城镇人口约 10.5 亿人，与 2011 年相比将增加 3.59 亿人。建设部政策研究中心课题组 (2004) 提出，2020 年城镇人均居住面积 35 平方米，2033 年前城镇新增人口的住房累积需求将达到约 150 亿平方米。但是，根据《全国土地利用总体规划纲要 (2006~2020 年)》，规划到 2020 年全国新增建设用地 585 万公顷 (8775 万亩)，其中仅能供给 51.4 亿平方米住宅，若仅从新增城镇建设用地角度考虑，住房建设将会影响住房供求平衡。有限的城镇土地如何吸纳众多的农村人口，如何节约土地并避免城市病的出现，已经成为并将是伴随中国城镇化进程的基本矛盾，实施城乡土地增减挂钩、推进集约型城镇化模式是中国城镇化健康和谐发展的客观要求。

第四，集约型城镇化是城镇可持续发展的要求。当前，中国城镇化仍处于快速发展时期，同繁重的城镇化任务相对应的是中国人均资源占有量有限和资源利用不合理的现实状况。2009 年，中国人均耕地占有量为世界平均水平的 1/4，人均水资源占有量为世界平均水平的 1/4，人均森林占有量为世界平均水平的 1/10，人均石油储藏量为世界平均水平的 1/8，人均天然气储藏量仅为世界平均水平的 1/20。同时，由于技术水平的限制和传统观念的影响，中国对资源的利用较为粗放，甚至存在严重浪费现象。例如，2009 年，全国综合能源利用效率约为 33%，比发达国家低 10 个百分点，万元 GDP 能耗也远远高于世界平均水平（见图 11-2）。一方面资源有限，另一方面资源利用率低，这种状况极不利于中国城镇的长期可持续发展，变粗放型城镇化为集约型城镇化就变得十分迫切和必要。

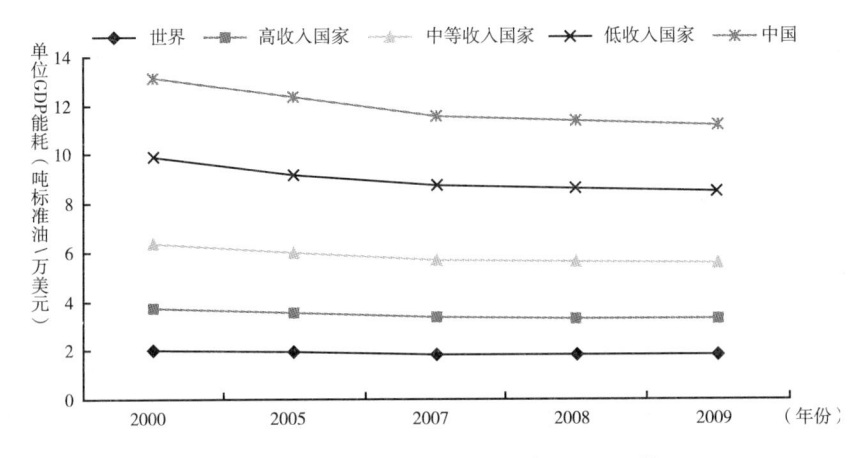

图 11-2 2000~2009 年单位 GDP 能耗国际比较

资料来源：根据《国际统计年鉴》(2011) 绘制。

第五，集约型城镇化是土地集约利用的需要。随着城镇化的不断推进，中国城镇土地的产出效率在不断提高，城镇土地利用越来越有效率，但是土地粗放利用和土地闲置的现象依然存在。在土地财政的驱动下，很多城镇热衷于卖地，导致土地城镇化快于人口城镇化。2000~2010 年，全国城镇人口从 4.59 亿人增加到 6.66 亿人，增长了 45%；城镇建成区面积从 5.377 万平方公里扩大到 8.843 万平方公里，增长了 64%，城镇建成区面积的增加速度明显快于人口的增长速度（见表 11-2）。城镇人均建成区面积在逐年

表 11-2 2000~2010 年中国城镇人口、建成区变化情况

年份	总量(万人、万平方公里)		增长率(%)		城镇人均建成区面积(平方米/人)
	城镇人口	城镇建成区	城镇人口	城镇建成区	
2000	45906	5.377			117.1
2001	48064	5.417	4.70	0.74	112.7
2002	50212	5.679	4.47	4.84	113.1
2003	52376	6.067	4.31	6.83	115.8
2004	54283	6.454	3.64	6.38	118.9
2005	56212	6.859	3.55	6.28	122.0
2006	58288	7.809	3.69	13.85	134.0
2007	60633	7.816	4.02	0.09	128.9
2008	62403	8.123	2.92	3.93	130.2
2009	64512	8.498	3.38	4.62	131.7
2010	66557	8.843	3.17	4.06	132.9

资料来源：根据各年度《中国城乡建设统计年鉴》汇总计算。

上升，从2000年的117.1平方米/人增加到2010年的133平方米/人，远远高于土地资源较为丰富的欧美发达国家和地区。为了不突破18亿亩耕地红线、保障国家粮食安全，必须扭转城镇化过程中土地资源的浪费现象，转变城镇化模式，走有中国特色的集约型城镇化道路。

三 中国城镇化集约程度评价

长期以来人们对城镇化的评价常常以经济效益为主要标准，导致追求短期经济利益、对资源的滥用和过度使用，产生了一系列问题。为了引导城镇化集约发展，有必要设计一套指标体系，定量地描述城镇化的集约状况，全面准确地评估城镇化是否集约及集约程度，引导和管控城镇化集约发展。

（一）集约型城镇化的评价指标体系

1. 评价指标体系的构建

集约型城镇化评价指标体系的构建以集约型城镇化的科学内涵为依据，本着科学性、前瞻性、全面性、可量化性与数据可得性等原则，借鉴前人研究成果，我们建立了一个3层次的综合评价指标体系。集约型城镇化的含义可以从两方面进行理解，即"集约"和"城镇化"。"集约"就是指以最小的成本来取得最大的效益，所以这里提取投入和产出两个因子；"城镇化"则是强调将农村人口转变为城镇人口的过程，这就需要对城乡之间进行比较，这里提取了另一个因子，即城乡发展对比指标。于是，集约型城镇化评价指标体系的一级指标就由三个因子构成，包括城镇投入指标、城镇产出指标和城乡发展对比指标。

第二层次指标即二级指标的选取主要考虑其科学内涵。城镇投入指标中，投入可以分为土地、资金、技术、资源和基础设施等，因此城镇投入可以细分为以下因子：土地利用集约度（A1）、投资集约度（A2）、技术集约度（A3）、基础设施集约度（A5）、资源利用集约度（A4）。城镇产出指标中，产出可以分为经济效益、社会效益和环境效益，因此城镇产出指标可以细分为以下因子：经济效益指标（B1）、社会效益指标（B2）、环境效益指标（B3）。城乡发展对比指标也可以从经济、社会、环境三个方面进行分解，包括城乡经济发展（C1）、城乡社会发展（C2）、城乡环境保护（C3）。第三级指标则是把二级指标更加详细化和具体化，主要选取了一些具有代表性的指标因子，具体如表11-3所示。

表 11-3　集约型城镇化评价指标体系

一级指标	二级指标	三级指标
城镇投入指标（A）	土地利用集约度（A1）	人均城镇建成区面积（A11）
		地均就业人数（A12）
		*建成区容积率（A13）
	投资集约度（A2）	地均固定资产投资（A21）
		人均固定资产投资（A22）
	技术集约度（A3）	地均科技经费投入（A31）
		万人年专利数量（A32）
	资源利用集约度（A4）	万元 GDP 能耗（A41）
		人均日生活用水量（A42）
	*基础设施集约度（A5）	*地均公共基础设施投入（A51）
		*人均公共基础设施投入（A52）
城镇产出指标（B）	经济效益指标（B1）	地均 GDP（B11）
		人均 GDP（B12）
		居民人均可支配收入（B13）
		人均财政收入（B14）
		地均财政收入（B15）
	社会效益指标（B2）	*城镇基尼系数（B21）
		区域城镇化率（B22）
		失业率（B23）
	环境效益指标（B3）	城市绿化覆盖率（B31）
		城镇生活污水处理率（B32）
		城市生活垃圾无害化处理率（B33）
		*全年蓝天率（B34）
城乡发展比较指标（C）	城乡经济发展（C1）	城乡居民人均收入比（C11）
		城乡人均生产总值比（C12）
		城乡消费水平之比（C13）
		*财政支农资金比重（C14）
	城乡社会发展（C2）	城乡信息化水平比（网络连接到户）（C21）
		*城乡恩格尔系数比（C22）
		*城乡失业率比（C23）
		*城乡低保标准比（C24）
		*城乡人均医疗保健投资比（C25）
		*城乡人均基础设施投资比（C26）
	城乡环境保护（C3）	*城乡生活垃圾无害化处理率比（C31）
		*城乡安全用水人口比重之比（C32）

注：本指标体系构建是较为理想状态的体系，但是实际测算时因为部分指标数据缺失，需要重新调整为新的指标体系。带 * 的指标为数据不可得指标，在实际测算时未纳入测算。

需要说明的是，一些可有效衡量城镇化集约程度的指标，如城镇化率每增加一个百分点各种资源消耗等指标，因其数据难得而不得不在本指标体系中舍弃。

2. 评价中需要注意的问题

在具体评价中可以从两个维度上进行评价，即时间维度和空间维度。在时间维度上，评价同一个区域不同发展阶段的集约化程度变化情况。在空间维度上，在同一时间点对不同区域或国家的城镇化集约程度进行评价。但是，不同地区、不同城市的自然条件及社会经济发展水平等存在着明显差异，未来发展趋势、发展定位也不尽相同，各地区城镇化集约度的比较需要注意到这种差异。当然，在实际评价中制定一个全国统一的、绝对的标准显然不切合实际，可因地制宜，根据城镇性质、社会经济发展条件等对区域进行分类，再在每一类中确定一个标准进行对比评价，也可参照发达国家的相似区域进行对比评价。

（二）各省（市、区）城镇化集约水平分析

在对 2001 年、2006 年和 2010 年三个时点的全国城镇化集约水平和 30 个省份（西藏自治区因资料缺乏未包括在内）城镇化集约水平进行评价的基础上，比较同一时点上不同区域的城镇化集约水平差异和同一区域在不同时点上的城镇化水平变化，进而进行评价分析。

评价分析所采用的数据主要来源于《中国区域经济统计年鉴》（2011）以及《中国城市统计年鉴》（2011），鉴于分析对象为城镇化集约程度，故在此采用建成区面积代表土地面积，相关经济数据也以市辖区数据为准。

1. 指标体系及各指标权重的确定

在对 30 个省份进行大样本系统评价时，受数据可得性的限制，对表 11-3 所列的指标进行了个别修订，见表 11-4。

在确定了指标体系后，最重要的问题就是权重的确定，本研究关于权重的确定采用德尔菲法。德尔菲法注重专家经验，通过集成专家的知识和经验积累，进行指标赋权，具有简便易行和便于推广的优点。在研究中，根据城镇化集约水平评价所需要的知识范畴，选择多专业背景的专家组成专家组，通过发放问卷、现场访问等多种方式进行专家赋权，确定各级指标的权重。经过多轮赋权反馈后，汇总专家意见，确定指标权重如表 11-4 所示。

表11-4 集约型城镇化评价指标体系（修订）

一级指标	二级指标	三级指标
城镇投入指标(A) 0.4	土地利用集约度(A1) 0.25	人均城镇建成区面积(A11) -0.5
		地均就业人数(A12) 0.5
	投资集约度(A2) 0.25	地均固定资产投资(A21) -0.5
		人均固定资产投资(A22) -0.5
	技术集约度(A3) 0.25	地均科技经费投入(A31) 0.5
		万人年专利数量(A32) 0.5
	资源利用集约度(A4) 0.25	万元GDP能耗(A41) -0.5
		人均日生活用水量(A42) -0.5
城镇产出指标(B) 0.4	经济效益指标(B1) 0.5	地均GDP(B11) 0.2
		人均GDP(B12) 0.2
		人均可支配收入(B13) 0.2
		人均财政收入(B14) 0.2
		地均财政收入(B15) 0.2
	社会效益指标(B2) 0.25	区域城镇化率(B22) 0.5
		失业率(B23) -0.5
	环境效益指标(B3) 0.25	城市绿化覆盖率(B31) 0.4
		城镇生活污水处理率(B32) 0.3
		城市生活垃圾无害化处理率(B33) 0.3
城乡发展比较指标(C) 0.2	城乡经济发展(C1) 1	城乡居民人均收入比(C11) -0.4
		城乡人均生产总值比(C12) -0.3
		城乡消费水平之比(C13) -0.3

另外，在三级指标中，有些指标对结果起到逆向作用，有些指标起正向作用，具体如表11-4所示。权重前加"-"为逆向指标，不加的为正向指标。

2. 评价方法

第一步，数据的标准化。

由于集约型城镇化评价指标体系涉及大量的不同性质的指标数据，而具有不同量纲、数量级和变化幅度的数据无法进行直接的加总和比较，所以首先应该对原始数据进行标准化处理。对数据进行标准化处理主要包括：①指标数据的趋同化处理，有些数据对于最终的评价结果起到的是逆向作用，这就需要经过处理改变逆向指标的性质使得所有指标对评价结果的作用力趋同；②指标数据的无量纲化处理，主要解决数据的可比性问题。

对于正指标，采用如下标准化公式：

$$X_i = \frac{x_i - \min_{1\leq i\leq p}(x_i)}{\max_{1\leq i\leq p}(x_i) - \min_{1\leq i\leq p}(x_i)} \quad (11-1)$$

对于负指标，则采用如下标准化公式：

$$X_i = \frac{\max_{1\leq i\leq p}(x_i) - x_i}{\max_{1\leq i\leq p}(x_i) - \min_{1\leq i\leq p}(x_i)} \quad (11-2)$$

其中，X_i 指 i 指标的标准化值；x_i 指某城市的 i 指标的原始值；$\max_{1\leq i\leq p}(x_i)$ 指某城市的 i 指标的最大样本值；$\min_{1\leq i\leq p}(x_i)$ 指某城市的 i 指标的最小样本值。

第二步，加权平均进行综合评价。

按照如下公式进行加权平均，求得综合评价指数：

$$S = \sum A_i A_{ij} A_{ijk} X_{ijk} \quad (11-3)$$

其中，A_i 指一级指标的权重；A_{ij} 指二级指标的权重；A_{ijk} 指三级指标的权重；X_{ijk} 指数据标准化值。

3. 评价结果分析

综合评价结果如表 11-5 所示。从表中可以看出，全国各省份城镇化集约水平呈现出以下几个特点。

表 11-5 城镇化集约水平评价结果

排名	2001 年		2006 年		2010 年	
	区域	得分	区域	得分	区域	得分
1	北京	61.52	北京	59.57	北京	68.34
2	天津	60.78	河南	55.25	上海	60.39
3	海南	54.83	天津	55.22	浙江	53.15
4	浙江	54.26	上海	55.08	天津	49.52
5	山东	54.02	江苏	51.42	江苏	42.51
6	江苏	53.79	山东	51.20	山东	42.09
7	辽宁	52.61	吉林	50.54	广东	41.84
8	吉林	52.04	内蒙古	49.79	黑龙江	41.52
9	福建	50.36	河北	48.03	辽宁	39.32
10	内蒙古	49.62	浙江	47.84	吉林	38.20
11	上海	49.40	辽宁	47.50	新疆	38.11

续表

排名	2001年		2006年		2010年	
	区 域	得分	区 域	得分	区 域	得分
12	河 北	48.14	新 疆	47.22	海 南	35.20
13	黑龙江	48.07	山 西	44.98	福 建	35.17
14	新 疆	47.88	宁 夏	44.82	宁 夏	34.41
15	广 东	47.25	广 东	43.17	重 庆	34.07
16	湖 北	46.79	江 西	42.93	安 徽	33.80
17	河 南	46.05	安 徽	42.29	江 西	33.41
18	安 徽	45.15	湖 北	42.16	湖 北	32.45
19	山 西	44.24	海 南	40.93	河 北	31.99
20	广 西	43.59	黑龙江	40.70	山 西	31.94
21	宁 夏	43.33	福 建	40.62	内蒙古	30.53
22	四 川	43.06	广 西	39.94	四 川	29.94
23	江 西	41.97	四 川	39.27	河 南	29.06
24	云 南	40.64	湖 南	39.07	湖 南	28.40
25	陕 西	39.75	甘 肃	38.41	陕 西	24.43
26	湖 南	39.68	陕 西	38.11	甘 肃	23.91
27	重 庆	39.38	重 庆	37.57	广 西	23.75
28	甘 肃	38.02	青 海	35.60	青 海	21.56
29	青 海	37.22	贵 州	35.01	贵 州	20.10
30	贵 州	33.65	云 南	31.07	云 南	19.35
	全 国	43.18	全 国	40.06	全 国	34.61

（1）整体水平不高，各地区之间存在一定差距。以2010年结果为例，位于前两位的北京、上海综合得分达到了60分以上，第三名浙江得分却在60分以下，而40~60分的仅有6个省份，它们分别是浙江、天津、江苏、山东、广东、黑龙江，其余的都在40分以下，由此可见，各省份之间的差距较为明显。需要注意的是，上海和北京因是直辖市，农村区域比重低，城镇化程度高，而城镇集约度显然高于农村。

（2）从全国总体情况来看，东部地区特别是长三角、珠三角和环渤海地区是中国城镇化集约度较高的地区，而西部地区的城镇化集约水平较低。从排名结果可以看出，综合排名前10位的省份，东部地区始终占据8个左右，北京、上海、天津、浙江、江苏和山东等三个年份都排在前几名；而综合排名后10位的，西部地区始终占据8个左右，云南、贵州、青海、甘肃等各年份都排在后几位。

（3）从年份间的变化来看，全国平均水平在下降，地区间差距在扩大。从评价结果可以看出，全国平均值2001年为43.18，2006年降为40.06，2010年进一步降低为34.61。从综合得分情况看，2001年第1名为61.52，最后一名为33.65，相差27.87；2010年第1名为68.34，最后一名为19.35，相差48.99，差值明显大于2001年，说明地区之间的差距在扩大。

（4）个别典型地区的分析。从综合评价结果可以看出，新疆的排名一直在第10名左右，其排名在全国较为靠前，这是因为新疆仅有乌鲁木齐和克拉玛依两个地级市，这两个城市或者作为新疆首府，或者作为资源型城市，其城镇化集约度较高。另一个比较特殊的地区是重庆，重庆在2001年仅排在全国第27位，也即倒数第4名，到2010年一跃上升到全国第15名，这主要是因为重庆设立直辖市后，其作为西部大开发的增长极作用开始凸显出来，近几年推进的统筹城乡建设等措施效果明显。

从以上分析可以看出，城镇化集约水平较高的地区，大多集中在东部地区特别是长三角、珠三角、环渤海地区，以及一些城镇辐射能力较强的地区，除了北京、上海、天津三大直辖市外，江苏、浙江和山东是城镇化集约水平较高的地区。之所以出现这样的结果，主要有如下几个原因。

一是区位因素。东部省份地处沿海，对外交流便利，且高速公路、铁路等陆上交通设施发达，便利了各省份之间的联系。同时，相比西部地区，东部地区平原面积大，所占比重高，有利于人口和产业集聚，这也是一大有利条件。

二是城镇规模。城镇规模是影响城镇化集约水平的一个重要因素。一般来说，城镇规模（城镇化水平）越大（越高），城镇化集约水平越高；城镇规模越小，则城镇化集约水平越低。通过计算，我们发现各省份的城镇规模和城镇化集约利用水平基本吻合。东部地区是中国城镇发展较为成熟的地区，特别是珠三角都市圈、长三角都市圈和京津冀都市圈等，它们的城镇化水平较高，城镇规模较大，城镇化的集约水平也较高；相反，中西部的城镇化水平较低，城镇规模较小，城镇化集约水平也较低。

三是经济发展水平。经济发展水平是影响城镇化集约水平的另一个重要因素。受区域发展策略与各地资源禀赋的影响，城镇化集约度和区域的经济发展水平一般呈现正相关关系，从测算结果中也可以明显看出这种趋势。

四 推进集约型城镇化的战略思路和实现途径

(一) 推进集约型城镇化的总体战略思路

坚持资源节约、集约发展,以城乡协调发展为目标,以土地集约利用为核心,以城镇经济发展方式和城镇建设模式转变为重点,推动城镇化模式由粗放型、外延扩张为主向集约型、内涵提高为主转变,提高城镇经济和人口容积率、公共设施利用率、资源和资本利用效率,完善城镇功能,提高城镇综合承载力,降低城镇化成本,建设经济高效、资源节约、环境友好、布局紧凑的城镇体系新格局,发挥城镇的区域中心作用,统筹城乡建设,带动区域经济社会全面发展,推进集约型城镇化。

(二) 推进集约型城镇化的实现途径

1. 提高城镇经济容积率

城镇化和工业化相互促进,城镇化是工业化的必然结果,工业化是城镇化的基础。产业发展是城镇化的第一推动力,推动产业发展才能促进城镇化。根据集聚经济理论,当产业集聚到一定规模时,企业之间可以共享信息、技术、基础设施,上下游之间的交易更加便捷,从而降低了成本、提高了效益,而集约型城镇化的重要特征之一就是效益最大化,所以产业集聚利于集约型城镇化。但是,由于中国城乡二元结构长期分治、城乡社会经济发展不平衡等历史原因,中国部分地区产业布局过于分散,无法形成规模效应和集聚效应,不利于集约型城镇化的推进。推进集约型城镇化就要更加注重产业的集群发展,促进第二、第三产业向城镇和产业园区集中,避免分散布局,提高城镇的经济容积率,充分发挥城镇作为区域经济中心的规模效应和集聚效应,增强产业发展对城镇化的带动力和推动力。

2. 提高城镇人口容积率

人口由农村向城镇集中,是中外城镇化演进的共同规律。农村人口向城镇转移、城镇人口在总人口中比重的提升,是提高中国城镇化水平的关键。1996年以来中国城镇化水平迅速提高,2011年超过50%,预计2033年前后将达到70%,人口总量将达到峰值15亿人,这意味着未来中国还有约3.5亿人口需要从农村转移到城镇,未来中国的城镇化任务依然艰巨。同时，由于中国城镇化的速度快、制度建设滞后等原因，出现了生产力布局分散、非农业人口"离土不离乡、进厂不进城"和"名义城镇化实质乡村化"的"半城镇化"问题，严重影响了城镇规模效益和服务功能的发挥，制约了城镇化质量的提高。实现集约型城镇化就要实现真正意义上的城镇化，在促进城镇产业集群发展、提高城镇产业发展能力、增加就业机会的同时，通过户籍制度改革、社会保障制度的创新、城乡劳动力市场一体化制度的完善等，促进人口向城镇集聚，提高城镇人口容积率，使农民工真正能够扎根城镇，融入城镇生活。

3. 提高城镇公共设施利用率

粗放型的城镇化对基础设施建设常常缺乏规划，可能造成城镇基础设施严重不足，不利于城镇居民生活质量的提高，不利于城镇经济的健康可持续发展。缺乏规划也可能造成基础设施建设过度，闲置严重，利用率低下，既无法发挥其应有效能，又不利于城镇经济的发展。推进集约型城镇化，必须制订更加科学合理的基础设施建设规划，切实提高公共设施的利用率，促进城镇的可持续发展。

4. 提高城镇土地利用率

中国正处于工业化转型升级和城镇化快速推进的历史性跨越阶段，工商项目、居民住宅、交通运输、公共基础设施、城镇绿化等都对土地提出需求。中国虽然拥有960万平方公里广袤的国土面积，但适宜人类居住的空间有限，且主要分布于中东部的平原地区，而这里又是中国主要的耕地分布区，也是城镇集聚区。城镇扩展不断侵蚀着周边的耕地，耕地数量急剧减少，耕地质量不断下降，粮食安全受到极大挑战。一方面要保障中国的粮食安全，另一方面又要保障工业化和城镇化对土地的必要需求，这就要求对城镇土地集约节约利用，提高土地集约利用程度和土地利用效率。

5. 提高资源利用效率

提高资源利用效率，对于转变经济发展方式、建设资源节约型和环境友好型社会具有重要意义，也是实现集约型城镇化的一个重要途径。改革开放以来，中国的能源强度从1978年的15.68吨标准煤/万元下降到2008年的4.83吨标准煤/万元（按1978年不变价计算），下降幅度达69%。同期，工业能源强度下降幅度约为75%。与其他国家相同经济发展阶段相比，中国在提高能源利用效率上取得的成绩非常突出，但与国际水平相比，中国能源利用效率总体低下。根据国际能源署的统计，2007年中国单位GDP能耗为

0.82吨标准油/千美元（按2000年不变价计算），而世界平均水平是0.30吨标准油/千美元，美国和日本分别是0.20和0.10吨标准油/千美元，提高资源利用效率和效益还有很大的空间。

6. 提高投资的集约利用效率

近几年来，中国政府支农扶农政策很多，资金支持力度也很大，但使用分散，效果并不理想，成效也不大，农村环境污染依然严重。各级城镇受条块分割的影响，体制机制不活，制度建设滞后，投入也很分散，城镇仅是粗放式扩张。只有加大各项改革，让政府将有限的资金集聚投向解决城镇化和工业化重点问题上，才能抓住问题的本质，取得根本的成效。

7. 建立合理的城镇体系

集约型城镇化要求，在可持续发展的前提下，鼓励人口、资本、资源和技术等要素不断向城镇集聚，但并不意味着这一集中过程可以无休止地进行下去，一旦出现了规模不经济效应，结果可能适得其反。要素的集聚过程，要考虑到区域内自然、经济和社会条件的限制。坚持集约型城镇化，就要制订完善区域规划，改善区域内城镇空间布局，优化区域内城镇体系结构，形成大中小城市和小城镇协调发展的城市群，实现各城镇的优势互补和分工协作。城市群是现代生产力集聚过程中出现的城镇化新形态，是区域经济发展的主要载体和综合实力的核心体现。要把培育壮大城市群作为推进新型城镇化的战略重点，通过科学的规划安排和必要的行政调控，充分发挥市场机制的作用，引导实现设施共建、资源共享、环境共保、经济共荣、社会共进，提升区域整体竞争力。

五 中国都市区集约型城镇化分析

随着城镇的不断发展，区域经济逐步走向一体化，表现在空间形态上就是大都市区的出现。1957年，法国学者简·戈特曼提出了城市群体空间发展概念——"大都市带"（史育龙、周一星，1999），此后学者对于这种新的空间形式进行了大量研究。

都市区的产生源于城镇功能向外扩展，源于解决大城市人口过于集中、交通拥挤、生态环境恶化、失业人口增加等城市病的现实需求。都市区的不断发展会形成更加庞大的城镇化区域，并且凭借它强大的集聚和辐射能力推动区域经济发展，但是这种庞大的城镇化区域又会在新的层面上形成资源、人口、产业的过分集聚，产生需要解决的新问题。

随着中国经济的快速发展和城镇化的不断推进，一些学者认为中国将逐渐形成九大都市区或城市群（倪鹏飞等，2004），但对其具体划分尚未形成一致看法。综合各类提法，九大都市区（不含中国台湾）包括珠三角都市区、长三角都市区、京津冀都市区、山东半岛都市区、辽中南都市区、哈长都市区、成渝都市区、关中都市区、武汉都市区，其中珠三角、长三角、京津冀都市区已初步形成，其他都市区仍在发育之中。中原、长株潭、海峡西岸、昌九、兰西等也正在向都市区迈进，或者具有发展为都市区的潜力。各都市区与都市区发育区的基本情况见表11-6。这些区域凭借其良好的区位优势、迅速壮大的经济实力、发达的交通和信息网络、领先的创新能力成为

表11-6 2010年中国都市区和都市区发育区的基本情况

地域	名称	总面积（平方公里）	总人口（万人）	GDP（亿元）	地均GDP（亿元/平方公里）	人均GDP（元/人）
东部	京津冀	215864	9540	43732	0.20	45840
	长三角	211000	15618	86313	0.40	55841
	珠三角	54773	5362.2	37673	0.69	68633
	山东半岛	19010	4030.8	11982.9	0.63	29728
	海峡西岸	6151	2287.1	4640.6	0.75	20290
中部	武汉	7258	2760.3	4845.9	0.66	17555
	中原	4266	4538.0	3660.6	0.85	8066
	长株潭	1771	1329.6	3201.3	1.80	24077
	昌九	1215	988.4	1636.7	1.34	16559
	晋中	6025	1122.3	1846.6	0.31	16500
	皖中	3697	1300.4	2901.0	0.78	22300
西南	成渝	38335	7635.8	9956.2	0.26	13060
	滇中	6662	1364.5	2001.8	0.30	14670
	北部湾	18754	2237.5	2832.7	0.15	12660
西北	关中	11310	2319.0	3392.1	0.30	14627
	兰西	9715	996.5	1362.7	0.14	13674
	呼包鄂	7175	596.4	3495.0	0.49	58601
	乌鲁木齐	9527	241.1	1079.4	0.113	44769
东北	辽中南	13723	3478.5	10768.1	0.78	30956
	哈长	20618	2474.6	7086	0.34	28634

注：统计范围只包括《2005~2020全国城镇体系规划》界定的各城市群包含的城市，不包括外围地区。

数据来源：根据《中国统计年鉴》（2011）和《中国城市统计年鉴》（2011）汇总计算。

全国发展的"火车头"。但是,这些区域也不可避免地存在着一些问题,其中经济结构不合理、土地等资源浪费严重、生态环境堪忧等问题尤为突出。这些问题严重影响了中国现代化进程,找出解决问题的对策就成为当务之急。这里着重探讨中国已经成型的珠三角、长三角和京津冀三大都市区土地利用和经济集约状况,提出今后推进集约型都市区建设的实现途径和政策建议。

中国大都市区形成的原因不同于西方,西方大都市区形成的主要原因是城镇化发展到一定阶段,人们对居住环境和生活条件要求不断提高,而城市中心区存在着交通拥挤、生态环境恶化等"城市病",一些人离开城市中心地带转而居住郊区,随后大型超市等服务业也迁移到城郊,推动了城镇的郊区化和"逆城镇化"。在这一过程中,私人小汽车的普及和其他交通工具的便捷化是城镇郊区化、逆城镇化的基础和必不可少的条件。同时,经济发展到一定阶段,城镇中心地价上升,也推动了产业的空间布局重构,交通和信息条件的改善促进了这一过程,随着城镇体系的逐渐完善,联系更加紧密的大都市区形成了。

中国的工业化和城镇化尚处于中期阶段,成熟的大都市区还不存在,珠三角、长三角、京津冀等城镇化程度较高的地区还处于都市区的形成阶段。中国都市区形成的机制也不同于发达国家,中国的都市区实际上是城镇连片的区域,是城镇数量不断增加、城镇规模不断扩展形成的,是城镇化不断推进的结果,城镇周边地区农村工业化和农村城镇化也推动了这一进程,而不是"逆城镇化"所导致的。另外,与发达国家成熟的都市区相比,正处于发育阶段的中国都市区的产业层次和水平较低,产业结构不合理,对资源、廉价劳动力的依赖程度比较高,城镇间分工、合作不够,土地利用粗放,区域整体效益较低。

为了更好地说明中国大都市区的情况,以下重点对珠三角、长三角、京津冀等发育程度较高的都市区进行分析。

(一) 三大都市区基本情况及其问题

按地级及以上城市(包括市辖县)统计,2010 年京津冀、长三角和珠三角三大都市区实现生产总值 167718 亿元,占全国地区生产总值的 38.4%。其中,长三角为 86313 亿元,珠三角为 43732 亿元,京津冀为 37673 亿元,分别占全国地区生产总值的 19.8%、10.0% 和 8.6%。同年,长三角、珠三角和京津冀都市区人均地区生产总值分别为 55841 元、68633 元和 45840 元。

1. 三大都市区基本情况

(1) 珠三角都市区

珠三角都市区由珠江沿岸广州、深圳、佛山、东莞、惠州、珠海、中山、江门、肇庆9个城市组成，这里是中国较早进行改革开放的地区，也是中国都市区发育较早、目前一体化水平最高的都市区。2008~2010年珠三角都市区各项指标如表11-7所示。

表11-7　2008~2010年珠三角都市区各项指标

指标	单位	2008	2009	2010
土地面积	平方公里	54733	54733	54773
年末常住人口	万人	4772	4786	5362
地区生产总值	亿元	29946	32147	37673
第一产业	亿元	723	724	809
第二产业	亿元	14933	15427	18313
第三产业	亿元	14290	15996	18549
人均生产总值	元	63025	67165	68633
全社会固定资产投资总额	亿元	7829	9604	11355
社会消费品零售总额	亿元	9540	10835	12613
地方财政一般预算收入	亿元	2248	2522	3138

注：珠三角统计范围包括：广州、深圳、珠海、佛山、江门、东莞、中山、惠州和肇庆。
资料来源：《中国区域经济统计年鉴》(2009~2011)。

珠三角地区在改革开放中把握全球产业结构调整、转移的机会，依靠紧邻港澳台的优越地理位置和廉价的土地、劳动力等资源优势，利用国家改革开放的优惠政策，积极引进外资、侨资，创造了举世瞩目的经济成就，成为中国最具经济活力的地区之一。近年来，随着原材料、土地、劳动力等生产要素价格的上涨，当地企业受到前所未有的"成本冲击"，区域经济的快速发展也受到了影响。珠三角地区迫切需要进行产业升级，走出资源依赖型经济发展模式。但长期以来大量消耗资源、破坏环境的粗放式经济增长模式使珠三角的土地资源过度利用。其产业发展受到建设用地增量控制制约，难以再走依靠外延扩张大量占用耕地来获取产业用地的模式。在这种情况下，只有优化现有土地利用结构，通过集约用地才能实现珠三角的产业升级和土地的可持续利用。

(2) 长三角都市区

长三角都市区主要包括上海、杭州、南京、宁波、湖州、嘉兴、绍兴、舟山、苏州、无锡、常州、南通、镇江、扬州、泰州、台州16个经济发达的城市,被誉为"全球六个超大城市群之一"。2008~2010年长三角都市区各项指标如表11-8所示。尽管长三角地区城镇化水平较高,但区域内各城镇发展水平参差不齐,上海经济遥遥领先于其他城市,南京、苏州、无锡、杭州、宁波五市经济实力也较强,苏中南地区总体发展水平比较高。

表11-8 2008~2010年长三角都市区各项指标

指 标	单位	2008	2009	2010
土地面积	平方公里	211000	211000	211000
年末常住总人口	万人	14685	15296	15618
地区生产总值	亿元	66515	72494	86313
第一产业	亿元	2208	3539	4014
第二产业	亿元	34647	36477	43270
第三产业	亿元	28560	32479	38471
人均生产总值	元	45515	48897	55841
全社会固定资产投资总额	亿元	29213	34966	40878
社会消费品零售总额	亿元	22016	25280	29840
地方财政一般预算收入	亿元	7047	7912	9561

资料来源:《中国区域经济统计年鉴》(2009~2011)。

长三角地区是中国当今经济最活跃的区域,仅占全国2.1%的国土面积,却集中了全国1/5的经济总量和1/4以上的工业总量。在上海以及南京、杭州、无锡等特大城市和大城市经济强劲发展的带动下,长三角地区已经进入了以重化工业和加工制造业为主导的工业化中后期阶段。然而,随着长三角地区工业化、城镇化和现代化的迅速推进,土地短缺开始成为制约经济发展的关键因素。城镇土地集约利用是解决土地资源稀缺、人地关系矛盾尖锐的必然选择,是推动城镇化质量全面提高的重要途径。

(3) 京津冀都市区

京津冀都市区由北京、天津、唐山、石家庄、邢台、邯郸、沧州、秦皇岛、廊坊、保定、张家口、衡水、承德13个城市组成,是中国的第三大都市区。与长三角、珠三角都市区相比,京津冀都市区整体发展水平不高,内部差异较大，是一个以北京、天津为中心，河北周边城市为外围的"孤岛式"都市区，空间二元结构比较明显。2008~2010年京津冀都市区各项指标如表11-9所示。

表11-9 2008~2010年京津冀都市区各项指标

指标	单位	2008	2009	2010
土地面积	平方公里	215864	215864	215864
年末常住总人口	万人	9395	9464	9540
地区生产总值	亿元	23591	36910	43732
第一产业	亿元	2270	2454	2833
第二产业	亿元	15292	15803	18936
第三产业	亿元	15469	18653	21963
人均生产总值	元	32670	39001	45840
全社会固定资产投资总额	亿元	16119	22177	27088
社会消费品零售总额	亿元	11470	13506	15953
地方财政一般预算收入	亿元	3461	3916	4754

注：京津冀都市区统计范围包括：北京、天津、唐山、石家庄、邢台、邯郸、沧州、秦皇岛、廊坊、保定、张家口、衡水、承德13个城市。

资料来源：根据《中国区域经济统计年鉴》（2009~2011）计算。

京津冀都市区是中国的政治、文化中心所在地和人口、经济密集区，被称为中国经济增长的第三极。都市区面积21.58万平方公里，占全国的2.2%；2010年人口9540万人，占全国的7.71%。改革开放以来，京津冀都市区凭借自身政治、文化、区位优势取得了快速发展，形成了北京的第三产业和高新技术产业集聚区，以及天津的现代制造业、港口服务和外贸加工集聚区。但是，由于各自为政、缺乏必要的分工与合作以及京津两大城市的带动力和辐射力不够，都市区内各地区间发展极不平衡，京津之外其他区域经济发展水平不高，产业层次低，对土地等资源依赖严重。整体来说，京津冀都市区一体化水平较低，尚未形成联系紧密、等级结构合理、完整的城镇体系，缺乏中间层次城镇，工业化和城镇化进程较慢，土地利用效率低。随着天津滨海新区的开发开放和京津冀区域合作意识的加强，进一步推进京津冀都市区一体化，形成分工明确、合作紧密、体系健全、土地利用集约的城镇高度密集区就成为必然。

2. 三大都市区存在的主要问题

目前中国的大都市区还处于形成阶段，整体水平较低，内部发展极不均衡，产业层次不高，土地利用广泛存在粗放和浪费等现象。中国都市区当前主要存在以下问题。

(1) 区域整体协调能力差

各城市政府为了地方的局部利益各自为政，行政区划制约力强，缺乏区域性宏观把握和协调，尽管各城镇之间也存在合作，但往往是暂时的、局部的和非制度性的合作，一旦涉及利益冲突，合作就很容易终止。城镇与城镇之间竞争多于合作，且恶性竞争严重，导致产业结构雷同、发展目标相似，进而导致盲目、重复建设和整个区域内资源的浪费。由于缺乏区域整体的协调能力，城镇定位不够清晰，城镇间的分工不清，不利于都市区整体竞争力提升。

(2) 区域内部发展不均衡

由于区位、发展条件和政策等原因，在都市区内部各城镇之间产业结构和土地利用水平存在差异。一些发展水平较高的中心城市，通过土地置换等方式将耗能高、污染大的企业外迁，腾出空间发展第三产业，从而对土地资源进行了优化配置，土地集约利用程度较高。而一些外围城镇，产业结构不合理，以劳动密集型、资源密集型的传统制造业为主，第三产业发展滞后，产业层次较低，经济发展较为粗放，城镇建设用地不断扩展，土地集约利用程度较低，尤其是工业用地效益低下。

(3) 中心城市影响力和创新力不足

中心城市的形成和发展是都市区成长和发展的动力，中心城市对周边城镇的辐射和影响有力地推动了区域范围内人才、资金、物资和信息的流动以及科技和文化的交流，使都市区内各城镇紧密联系起来，由此都市区才能以一个整体进行运转。然而，中国大多数都市区缺乏像长三角都市区的上海那样的大型中心城市，其影响力和创新力不足。珠三角的广州、深圳以及京津冀的北京、天津，其在所在区域内是较为发达的"领头羊式"的城市，但从全球化的角度看，这些城市在全球分工中的档次还较低，其辐射力、影响力和创新力还有待提升。

(4) 产业发展层次较低

中国的都市区是在改革开放后逐步发育形成的，这些优先发展起来的地区，其发展多是建立在发达国家产业转移的基础之上，产业多为依赖资源和廉价劳动力的低端制造业，根据著名的"微笑曲线"，这些加工制造业处在附加值曲线的低端。中国的都市区虽然产出规模较高，但创新能力差，产业层次低，科技含量不高，产品附加值低。另外，都市区产业结构仍然以第二产业为主，而反映一个国家和地区经济发展水平的第三产业占比却比较小，需要在未来发展中加以扭转，不断加快产业升级步伐。

(5) 土地利用效率亟待提高

都市区要进行产业升级，必须要有一定的土地为基础。但是，中国都市区在过去的发展中，城镇建设多是呈"摊大饼式"扩展，有限的土地不断被侵蚀，由此加剧了土地资源的短缺。同时，许多城镇往往重外延扩张、轻内部挖潜，已经开发的土地中低效利用甚至荒废、闲置土地占有相当比例，导致土地资源的极大浪费。造成土地闲置和低效利用的主要原因是，政府为扩大招商引资、加快经济发展，往往对土地供应特别是工业用地实行"低地价"甚至"零地价"，这不仅使作为市场要素之一的土地没有体现出其价值，也使得用地企业没有珍惜土地和集约用地的动力。

(二) 推进大都市区集约发展的途径

都市区是一种高效配置经济资源并促进城乡统筹发展的空间组织形式。发展都市区可有效遏制相邻城镇间对经济要素的激烈竞争，促进城镇之间形成合理的分工，避免出现大城市盲目扩张、小城市和小城镇衰落的"马太效应"。

1. 突破行政区界限，探讨都市区管治的体制和机制

建立都市区内部的协调机构，积极编制都市区整体的经济、社会发展、环保、资源利用和产业发展等方面的规划，研究制定统一的区域政策，形成协调对接机制，组织开展有效的区域合作，提高区域的综合管理水平和城镇化集约水平。

2. 进一步优化空间布局和产业结构

合理疏散中心城市的部分职能，引导和促进周边城镇及整个区域城镇体系空间结构的调整和优化，逐步形成合理有序的城镇空间结构。加强都市区内不同城镇之间产业分工，增强都市区整体竞争力和可持续发展能力，形成内部结构合理、空间组织有序、资源节约、环境友好的区域产业体系。

3. 优化土地利用结构

长期以来，中国城镇化滞后于工业化进程，一些城市还有城中村和棚户区，一些城镇在发展之初没有合理规划，或城镇的规划随着领导的变更而不断变化,土地利用混乱无序。一些城镇因发展快速而用地结构调整优化滞后,工厂分布在城镇中心地区,占据了大量商业价值高或是适用于其他第三产业的用地,土地利用结构不科学,降低了土地的利用效率。因此,需要进行土地整理和置换,通过土地利用规划、土地的用途整理和权属整理,将能耗大、污染重及低层次的加工制造产业转移到中心之外、地价较低的地段,中心区域的高价地段用于发展金融、商贸、科技和信息等高效益产业,在实现产业升级的过程中提高土地的利用效率和产出效益。

4. 稳步壮大城镇规模,充分发挥集聚经济效益

达到一定规模的城镇,有利于集中有限的资本、劳动、技术和信息等生产要素形成整体规模优势,从而提高城镇土地资源的投入效率和产出效益,促进城镇土地集约利用,实现城镇的可持续发展。据研究,城镇规模越大,城镇用地越节约;城镇规模越小,则用地越粗放(陈莹,2007)。例如,2007年全国小城镇人均建设用地面积183平方米,城市为98平方米,小城镇人均用地是城市的两倍。可见小城镇对土地资源的浪费比较严重。稳步壮大城镇规模,提高城镇化水平,有利于充分发挥城镇的集聚经济效益。当然,也要注意防止城市规模过大引发城市病出现,努力实现健康的城镇化,促进城镇土地集约利用与城镇经济社会的协调发展。

5. 采取差异化政策措施,提高城镇土地集约利用程度

提高城镇土地集约利用程度的政策措施,不能搞一刀切,应因地制宜地采取差异化的有针对性的城镇用地战略。不同的发展阶段,城镇土地利用最佳集约利用度的含义不同,因此,准确判定各城镇的发展水平和阶段是合理制定城镇用地战略的基础,是提高城镇土地集约利用程度的关键。

6. 保护区域生态环境

借鉴国外经验,提倡城乡相间的空间发展格局。在促进产业集聚发展、形成产业和城镇密集带的同时,充分利用已有河流、林带等生态廊道以及公共绿地、防护林、自然和人工水体,构建结构完善、功能强大的生态网络,保留足够自然的生态空间,提高宜居性。处理好城镇与区域统筹发展、城镇与乡村统筹发展的关系,在更广阔的空间领域研究资源配置、区域环境治理等问题。

另外,大都市区是主观与客观因素共同作用的结果,需要政府的积极干预和指导。

六 推进集约型城镇化的主要政策措施

（一）转变工作思路，避免对城镇化的片面理解

长期以来，人们对城镇化的理解仅仅局限于农村人口向城镇转移、城镇数量的增加以及城镇规模的扩大，把城镇化等同于城镇建设，过分强调了城镇中"量"的东西，而忽略了城镇中"质"的东西，造成了城镇的粗放扩张，城镇化质量不高。实现城镇化向集约模式转型，首要任务就是转变人们对城镇化的片面理解，重视城镇和城镇化质量的提高。

（二）建立和完善相关标准，引导城镇化集约发展

为推进集约型城镇化，要建立和完善城镇化集约的相关标准，对城镇化的集约度进行适时评价，引导各级政府走集约型城镇化道路。一是，建立集约型城镇化综合评价指标体系。改变仅以经济增长、城镇化率、城镇硬件设施建设情况等为评价指标的片面做法，建立以低成本、高效益（经济、社会、环境效益）、城乡统筹发展等为主的综合评价指标体系，全面、综合、科学地评估城镇化的集约度，使政府全面了解集约型城镇化的现状，实现对城镇化集约发展的动态指导与监控。二是，把城镇各类用地的合理建设密度上升为公共政策，适时修订《城市用地分类与规划建设用地标准》和《村镇规划标准》，适度降低现行城镇综合用地标准，提高土地利用强度，并根据不同区域资源和环境的承载能力制定不同的控制标准，合理确定各类建筑的密度和容积率，改进住宅和公共建筑的结构形式，增加可使用空间，并充分利用地下空间。三是，不同区域、不同级别的城镇，要综合考虑经济效益、社会效益和生态效益，确定城镇开发面积以及各年度土地供给量，充分利用土地供给引导要素的集聚。四是，以城镇化和工业化相互协调为核心，建立一套适时跟踪城镇化的预警系统，形成城镇化发展速度的调节和预警机制，像预防经济过热一样对集约型城镇化进行调控。五是，将公共服务设施水平及利用率作为衡量城镇公共设施完善程度和集约程度的重要指标，在切实提高人民群众生活质量的同时，促进教育、文化、医疗保健等公共服务设施集约建设，提高利用率。

(三) 加强规划和政策引导，促进二、三产业向城镇和园区集聚

产业集聚是在市场力量作用下形成的，但这并不意味着政府在产业聚集过程中无事可做，政府可以培养有利于产业集聚的土壤，制定保证产业集聚健康发展的政策，提高产业发展的核心竞争力。首先，要认清地区产业比较优势，合理确定产业集群发展方向，科学制订促进产业集聚的规划，制定优惠政策，简化行政审批程序，通过市场手段扶持主导产业发展，为产业集聚培养土壤。其次，要制定规范的法制和市场规则，规范市场竞争行为，营造公平的竞争环境，通过法制手段消除产业发展障碍，优化集聚区的产业发展环境。最后，要着力构建产业发展平台。一是要从与产业发展相关的基础设施入手，集中完善基本的交通运输、能源等产业发展支持部门的建设，尝试建立统一的工业园区，改善工业空间布局，引导产业向园区集中，促进企业之间共享基础设施；二是要促进与产业链条相关的企业、科教机构、中介服务机构之间的交流与沟通，特别重视扶持中小企业发展，推动网络的形成和企业间合作，实现区域内信息、资源的互补与共享。通过以上措施，将分散的乡镇企业吸引到城镇或工业园区，发挥城镇和园区的规模效应，提高城镇的产业发展能力，增加就业机会，为农村人口转移提供广阔空间，为城镇集约发展奠定基础。

(四) 加快户籍等相关制度改革，促进人口向城镇集聚

中国现行户籍制度虽然在现代化建设初期有效促进了工业化的迅速起步，但也在一定程度上导致了城乡分治的深层矛盾，减弱了社会发展活力，不利于城镇人口的增加，众多进城务工的农村人口无法有效融入城镇，阻碍了城镇化的进程。因此，要促进城镇化集约发展，必须着力推进户籍制度的改革及相关社会保障制度的创新，摆脱城乡二元结构制约，统筹城乡协调发展，使户籍管理体制和社会保障体系向推进城乡劳动力市场一体化的方向发展，以充分发挥市场对劳动力资源配置的导向作用，提高劳动力资源配置效率。适应集约型城镇化要求，户籍管理要实现三个转变。第一，模式上由行政管治向市场调节转变，变人口流动的人为控制为流动人口的自主选择，根据经济、社会发展的客观需要和城镇的综合承载能力，逐步打破农业、非农业户口管理二元结构，打破人口流动的禁锢，建立全国城乡统一的户口登记管理制度。第二，手段上由计划管理向准入条件转变，逐步放宽户

口迁移的限制，以具有合法固定的住所、稳定的职业或生活来源为基本落户条件，调整城镇户口迁移政策，根据经济、社会发展的客观需要和社会的综合承受能力，最终实现户口自由迁徙。第三，职能上由多重向单一转变，逐步剥离各有关部门附加在户口管理上的诸多行政管理职能，清理在就业、教育、医疗等方面的歧视性政策，弱化户籍背后的利益关系，建立健全失业保险、养老保险和医疗保障制度，恢复户口管理作为民事登记的基本社会职能。

（五）实施城乡居民点用地增减挂钩政策，促进城乡土地集约利用

集约利用土地资源是集约型城镇化的核心内容之一。集约型城镇化是区域上的集约，不仅包括城镇建设用地的集约，而且包括农村用地的集约。城镇化进程必然使农村和城镇人口此消彼长，城镇和农村居民点建设用地也理应随之调整。按照《中国城乡建设统计年鉴》，2011年全国266.9万个村庄，村庄现状用地1373.8万公顷，村庄户籍人口7.64亿人，人均村庄用地达180平方米，远超过国家有关部门对人均村庄用地上限标准（150平方米/人）的规定，可挖掘潜力巨大。在这种背景下，应切实实施城乡用地增减挂钩政策，对农村居民点闲置废弃宅基地进行整理，有效推进集约型城镇化的进程。为此，要制定配套政策，鼓励农民退出废弃宅基地，严格控制农村居民点建设用地的增加，建立城乡统一的建设用地市场，实现同地同价同权，促进农村居民点建设用地资源资产化，提升农村土地资源价值，提高人们集约和节约利用土地的意识，保证城乡建设用地的总量平衡甚至减少。

（六）统筹市政建设规划，提高城镇公共设施利用率

城镇基础公共设施建设相对城镇化而言，既是物质基础又是后续保障。以往以外延扩张为主、重视数量增长的粗放型城镇化模式，导致了城镇基础设施建设缺乏科学合理的规划、盲目性大、遍地开花，但利用率低。一方面，部分小城镇基础设施严重不足，不足以惠及广大小城镇居民，不足以支持小城镇经济持续健康发展；另一方面，部分小城镇基础设施闲置严重，利用率不高，无法发挥应有的效能，既浪费了资源，又无法推动城镇化健康发展。更加重视城镇化集约发展，从城镇基础设施建设方面来看，就是要在加大建设力度的同时，制订科学合理的建设规划并严格监督实施，通过社会

化、市场化改革引导市政建设向相对集中紧凑而又布局平衡的方向发展，将资金投向产业集群度和人口容积率高、区域经济联系紧密、发展潜力大的城市和县城及部分重点中心镇，使其在经济发展和城镇化进程中发挥最大效应。

（七）实事求是地调整行政区划，建立合理的城镇体系

行政区划是国家进行行政管理的基础手段，对区域经济发展、资源开发、生产力布局以及区域城镇体系的建立具有重要影响。中国正处于经济社会快速发展阶段，都市区正在发育形成，城镇数量不断增加，城镇规模持续扩大，城乡人口比重急剧变化，为了适应区域发展变化，适时调整行政区划是必要的。行政区划调整要以区域发展战略规划、经济社会发展规划、土地利用总体规划等为指导，编制区域城镇体系规划和行政区调整规划，实事求是地调整建制市、镇的设置，理顺行政管理关系，促进区域城镇结构合理化，推进大中小城市和小城镇协调发展，实现资源要素的合理流动和在更大范围的优化重组，促进集约型城镇化在更大范围内推进。

参考文献

[1] 陈莹：《当前不宜将人均用地控制标准提高》，载《中国土地学会 6.25 网上论坛——第十七个全国"土地日"：节约集约用地，坚守耕地红线论文集》，2007。

[2] 国家人口发展战略研究课题组：《国家人口发展战略研究报告》，《人口研究》2007 年第 1 期。

[3] 倪鹏飞等：《中国城市竞争力报告》No.2，社会科学文献出版社，2004。

[4] 史育龙、周一星：《哥特曼关于大都市带的学术思想评价》，《经济地理》1999 年第 3 期。

[5] 徐继舜、孙耀川：《经济增长方式转变的理论与实践问题》，《经济与管理研究》1996 年第 5 期。

[6] 建设部政策研究中心课题组：《2020：我们住什么样的房子——中国全面小康社会的居住目标研究》，《建设科技》2004 年第 23 期。

[7] 舒新城、陈望道：《辞海》，上海辞书出版社，1989。

第十二章
中国可持续城镇化战略路径

一 引言

中国是一个人口众多，水、土、能源等资源紧缺，生态环境脆弱的国家。目前，中国有7亿多人口生活在城镇，2030年前还将有近2亿农民需要由农村进入城镇生活。资源相对短缺和生态环境恶化的压力越来越大，土地、水资源、能源、生态环境等约束因素越来越突出，已日益成为制约中国城镇可持续发展的重要因素。

目前中国城镇化仍然采取的是粗放型的发展模式，所面临的资源环境消耗强度和规模较大。据国际能源署提供的数据，2005年中国41%的城镇人口产生了75%的一次能源需求，这与世界发达国家形成鲜明的对照（IEA，2008）。在美国、欧盟、澳大利亚和新西兰，城市人口的比重一般都高于其一次能源需求的比重，这说明中国城镇化进程中高消耗的粗放型外延扩张特征明显。一些研究结果表明，中国城镇化进程中非农建设用地总量扩张多以耕地的减少为代价，同时在非农建设用地内部，农村居民点用地占用比例过大（郭文华等，2005）；目前中国的城市生活污水排放量很大，已经接近资源承载力的底线（韩振宇，2005）；中国高速的经济增长以及工业化和城镇化的推进对能源需求影响很大，到2020年能源需求将达到45.3亿吨标准煤，而且经济增长速度越快对能源需求就越大（孙涵、成金华，2011）；中国城镇化进程以及城镇化阶段所表现出的工业化特征，推动了电力需求快速增长，预计2020年中国人均电力需求将达到5000千瓦时左右（何晓萍等，2009）。因此,迫切需要转变城镇化模式,实行可持续城镇化战略。

目前中国人均GDP超过了5000美元,已进入到城镇化模式选择的时间窗,必须选择科学的城镇化模式。简新华、黄锟(2010)通过定性分析方法和运用时间序列预测法,估计中国城镇化还将保持较快发展的趋势,城镇化率仍将以年均提高1个百分点左右的速度推进,在2020年城镇化率将达到60%左右。因此,中国需要继续提高城镇化水平。当然,更要提高城镇化的质量,特别是要避免出现"城市病"和"农村病",实现健康的城镇化。魏后凯(2011)认为,未来中国城镇化将进入减速时期,城镇化推进的速度会逐渐放慢。预计今后中国城镇化率年均提高幅度将保持在0.8~1.0个百分点,很难再现"九五"和"十五"时期平均每年提高1.35~1.45个百分点的增幅,继续保持这样的高速扩张态势难度很大。当前中国城镇化面临的主要矛盾并非是速度不快、水平较低的问题,而是质量不高的问题。在中国城镇化进入减速期后,必须从根本上改变过去那种重速度、轻质量的做法,坚持速度与质量并重,加快完全城镇化的进程,全面提高城镇化质量,把城镇化的快速推进与质量提升有机结合起来,促使城镇化从单纯追求速度型向着力提升质量型转变。

总体上看,从资源环境角度分析,现阶段中国城镇化正面临着严峻的挑战,同时,也进入了一个重要的模式转变期。基于此,我们将重点考察分析中国可持续城镇化的现状及存在的问题,并对新时期推进可持续城镇化战略进行思考。下文共三个部分:第一部分考察中国城镇化进程中的资源环境问题,着重探讨过去传统城镇化模式下的"高消耗、高排放、低效率"特征,分析当前中国城镇化快速推进的资源和环境成本,以及今后面临的资源和环境约束问题;第二部分是中国城镇化的可持续发展情景分析。从资源和环境承载能力的角度,综合考虑土地、水资源、能源、生态环境、就业等诸多因素,按照不同的城镇化速度,对2020年中国城镇化可持续发展问题进行情景模拟,预估各种不同城镇化模式下的可持续发展情况,并进行敏感性和政策分析,以为有关部门决策提供依据和参考;第三部分探讨中国可持续城镇化的实现途径。

二 中国城镇化进程中的资源环境问题

中国城镇化进程中主要面临着土地、水资源、能源、环境污染等方面的资源环境约束问题,同时,也面临着庞大的乡村人口向城镇人口的转移所带来的就业压力。这其中既与中国人口众多、人均资源相对短缺有关,又与快速城镇化阶段对资源的高需求有关,更与不合理的资源利用方式有很大关系。不断加大的土地、水、能源与环境等约束及就业压力,已经成为中国城镇化进程中的突出问题。从资源环境的视角看,中国城镇化进程中的资源环境问题主要包括:土地资源相对短缺,耕地面积继续减少;城市用水供需矛盾加剧,地表地下水污染严重;城镇能耗水平居高不下,能源利用效率低;城镇环境污染问题严重,生态压力日益显现;城镇化进程中就业压力巨大;等等。

(一) 土地资源相对短缺,耕地面积继续减少

土地是城镇发展最基本的资源。中国在土地资源紧缺的情况下,城镇建设用地增长快于城镇人口增长,土地利用效率与效益均较为低下。

从全国地级及以上城市来看,2000~2010年,城市市辖区人口年均增长3.72%,而建成区面积年均扩张了7.12%,城市用地增长弹性系数高达1.91。其中,在2003~2010年,城市市辖区人口年均增长2.10%,而建成区面积年均扩张了6.06%,城市用地增长弹性系数更是高达2.89(见表12-1)。一般认为,该系数的合理范围为1.12左右(杨刚桥,1998)。同时,2004年全国地级及以上城市市辖区地均生产总值为189.38美元/平方公里,2009年为484.28美元/平方公里,远低于中国香港2004年619.77美元/平方公里的水平(程晓波,2006),土地利用效益低下。

表12-1 中国地级及以上城市用地增长弹性系数

	1999	2002	2010	年均增长(%)	
				2000~2010	2003~2010
年末市辖区人口(万人)	26018.47	32923.75	38866.02	3.72	2.10
建成区面积(平方公里)	14907	19844	31766	7.12	6.06
城市用地增长弹性系数	—	—	—	1.91	2.89

注:1999年为年末市区人口。城市用地增长弹性系数为城市用地增长率与城市人口增长率之比。
资料来源:根据《中国城市统计年鉴》(2000、2003、2011)计算。

再从全国657个城市来看,无论是城市建成区面积还是城市建设用地面积,城市土地扩张速度都大大高于城市人口增长速度,土地城市化远快于人

口城市化进程。1983~2010年,全国城市人口年均增长3.72%,而城市建成区面积和城市建设用地面积分别增长了5.99%和6.32%,按二者计算的城市用地增长弹性系数分别达到1.61和1.70,高于1.12的合理水平。尤其是2001~2010年,全国城市建成区面积和城市建设用地面积分别年均扩张5.97%和6.04%,而同期城市人口年均增长仅为3.27%,按二者计算的城市用地增长弹性系数分别达到了1.82和1.85(见表12-2)。

表12-2 中国657个城市用地增长弹性系数

年份	城市人口（万人）	城市建成区面积（平方公里）	城市建设用地面积（平方公里）	城市用地增长弹性系数 按建成区面积计算	城市用地增长弹性系数 按建设用地面积计算
1982	14525.3	7862.1	7150.5	—	—
2000	29263.3	22439.3	22113.7	—	—
2010	40376	40058	39758.4	—	—
1983~2000	3.97	6.00	6.47	1.51	1.63
2001~2010	3.27	5.97	6.04	1.82	1.85
1983~2010	3.72	5.99	6.32	1.61	1.70

资料来源:根据《中国城市建设统计年鉴》(2011)和历次全国人口普查数据计算。

在加速赶超和跨越发展的思潮下,中国各级城市(镇)大兴新产业园区建设或老工业园区扩建工程,园区规划面积不断扩张,有的甚至高达数百平方公里。从某种程度上讲,近年来中国城镇经济的高速增长主要是依靠土地的快速扩张来支撑的。随着城镇建设用地的快速扩张,导致耕地数量不断减少,耕地总体质量趋于下降。2008年,全国因建设占用减少耕地287.4万亩,占年内减少耕地总面积的68.9%(魏后凯、张燕,2011)。特别是,因城镇建设占用的耕地大多属于质量较好的耕地,导致耕地质量呈下降趋势。城镇规模扩大需占用土地与土地尤其是耕地资源不足的矛盾日趋突出,为此必须进一步提高现有土地利用率,以节约和集约利用土地,保障城镇化和经济发展的需要。

(二)城市用水供需矛盾加剧,地表地下水污染严重

随着城镇化和工业化的不断推进,城镇产业规模和人口规模呈快速增长态势,对水资源的需求强度不断增加,用水量也逐渐提高。从供水总量看,

1990年全国城市供水总量为382.34亿立方米，2006年增加到540.52亿立方米，达到顶峰，16年间增长了41.4%，然后又下降到2009年的496.75亿立方米，最近又开始回升，2011年达到513.42亿立方米；但城市生活用水量增长趋势明显，从1990年的100.1亿立方米增长到2011年的247.65亿立方米，增长了147.4%；城市用水人口由1990年的1.56亿人快速上升到2011年的3.97亿人，增长了154.5%；人均日生活用水量近年来虽有所下降，但2011年仍达到170.9升/人。从用水人口可以看出，未来全国新增用水人口和用水量将主要集中在城镇，城镇化将使生活用水量和工业用水量都大幅度提升，未来城镇水资源供需矛盾将更加突出。

在城镇工业生产和居民生活用水大幅增长的同时，城镇污水排放量也相应大幅增长。从城市污水排放量看，从1990年到2011年，全国城市污水排放量从293.9亿立方米，增加到403.7亿立方米，增长了37.4%，而同期全国城市供水总量仅增长34.3%。从污水处理率情况看，尽管污水处理率不断上升，从1997年的25.84%上升到2011年的83.63%，但污水处理率上升最快的年份只是近几年，2004年全国城市污水处理率还只有45.67%。全国近20%的城市污水和绝大多数建制镇污水没有经过有效处理，直接排入江河湖海，导致水资源污染严重，城市饮用水安全受到威胁。在2011年全国200个城市4727个地下水水质监测点中，较差－极差水质的监测点比例高达55.0%。太湖和滇池的富营养化、湘江重金属污染等问题更是触目惊心。由于水资源不足和地表水污染严重，为满足城镇用水快速增长的需求，不得不依赖大量抽取地下水，致使地下水水位多年持续下降，部分地区还引起区域性地面沉降、裂缝等地质灾害和海水入侵等生态环境问题。

（三）城镇能耗水平居高不下，能源利用效率低

随着中国城镇能源消耗迅速增长，能源紧缺状况将进一步加剧。当前，能源消耗主要发生在城镇。根据仇保兴（2009）对287个地级及以上城市统计结果的分析，这些城市的能耗占中国总能耗的55.48%，二氧化碳排放量占中国总排放量的58.84%。近300个城市就占到全国能耗和碳排放总量的一半以上，如果把其余的城市、镇都加进来，至少要占到社会总能耗的80%以上。由于缺乏直接完整的城镇能源消费数据，宋德勇、徐安（2011）利用《中国能源统计年鉴》能源平衡表中终端能源消费量估算城镇能源消费，城镇能源消费量为终端能源消费总量减去农业生产和农村生活能源消费

的部分，具体包括终端能源消费中工业、建筑业、交通运输业、仓储业、邮电通讯业、批发和零售业、餐饮业以及城镇生活的能源消费。这里借鉴宋德勇、徐安（2011）的统计方法，同时，为便于计算单位 GDP 能耗，城镇能源消费量用终端能源消费中工业、建筑业、交通运输、仓储及邮电通信业、批发和零售贸易餐饮业能源消费量代替，计算结果见表 12－3。

表 12－3 2000～2010 年中国城镇能源消费情况

年份	城镇能源消费（万吨标准煤）	占全国能源消费的比重(%)	城镇 GDP（亿美元）	城镇单位 GDP 能耗（吨标准煤/万美元）
2000	110691.2	76.06	10179.48	10.87
2001	114135.3	75.88	11341.54	10.06
2002	121323.1	76.1	12540.25	9.67
2003	141628.4	77.06	14309.66	9.90
2004	166427	77.97	16729.36	9.95
2005	184563	78.21	19839.27	9.30
2006	202957	78.46	24119.32	8.41
2007	220804.2	78.72	31191.91	7.08
2008	241765.5	82.95	40365.64	5.99
2009	253863.3	82.79	44748.47	5.67
2010	270223.41	83.16	53278.44	5.07
2011	288644.01	82.94	65862.91	4.38

注：城镇 GDP 用第二和第三产业增加值代替。GDP 指标按美元兑换人民币年平均价换算。
资料来源：根据各年度《中国统计年鉴》和《中国能源统计年鉴》计算整理。

从表 12－3 中可以看出，城镇能源消费占全国能源消费的比重大致在 80% 左右，这与仇保兴（2009）的结论基本相同，且上升趋势明显，由 2000 年的 76.06% 上升到 2011 年的 82.94%。就城镇能源消费总量看，由 2000 年的 11.07 亿吨标准煤增加到 2011 年的 28.86 亿吨标准煤，增长了 160.77%。

在城镇能源消费总量快速增长的同时，城镇能源利用效率却较为低下，单位 GDP 能耗较高。2000 年，按表 12－3 估算的城镇单位 GDP 能耗高达 10.87 吨标准煤/万美元，到 2011 年，单位 GDP 能耗虽然已大幅下降，但仍高达 4.38 吨标准煤/万美元。中国是世界上单位 GDP 能耗最高的国家之一，与世界先进水平相比，能源利用效率低下。从主要高耗能产品单位能耗看，与发达国家日本相比，中国一些高耗能产品单位能耗都偏高，差别最大的纸和纸板综合能耗，是日本的 2.06 倍，而这些高耗能的产品主要集中在城镇生产与消费。

（四）城镇环境污染问题严重，生态压力日益显现

城镇是人类经济活动的高密集区，随之而来的环境问题难以避免。目前，中国城镇主要污染物排放总量仍处于较高水平，远高于环境承载能力，常规污染物排放总量消减任务十分繁重。2008 年年底，仅全国 113 个环保重点城市的废水排放量就占到全国的 59.3%，化学需氧量排放量占 47.5%，二氧化硫排放量占 49.4%，氮氧化物排放量占 55.0%，烟尘排放量占 44.8%（魏后凯、张燕，2011）。从地级及以上城市各项排污指标看，工业废水排放总量从 2003 至 2007 年一直处于上升态势，2007 年达到最高值 241.43 亿吨，之后才有所下降，但下降幅度较小；工业二氧化硫排放量和工业烟尘排放量 2005 年达到最高值，然后开始出现下降，但也一直处于较高排放水平。从各项指标占全国污染排放的比例看，地级及以上城市集中了全国排污总量的 90% 左右。以 2010 年为例，地级及以上城市工业废水排放量占全国的比重高达 94.93%，工业二氧化硫和工业烟尘排放比重分别为 90.82% 和 89.17%。

主要污染物的高排放带来了巨大的环境压力，加大了环境综合治理的难度。根据环境保护部发布的《2011 中国环境状况公报》，2011 年，全国 325 个地级及以上城市（含部分地、州、盟所在地和省辖市）中，环境空气质量超标城市的比例仍高达 11.0%，其中三级占 9.8%，劣三级占 1.2%。在 113 个环保重点城市中，环境空气质量不达标（三级）城市的比例高达 15.9%。在监测的 468 个市（县）中，出现酸雨的市（县）227 个，占 48.5%；酸雨频率在 25% 以上的 140 个，占 29.9%；酸雨频率在 75% 以上的 44 个，占 9.4%。另据中国环境监测总站（2013）的评价结果，2013 年第一季度，74 个城市空气质量超标天数比例高达 55.6%，其中轻度污染占 25.3%，中度污染占 11.5%，重度污染占 13.0%，严重污染占 5.8%，首要污染物为 PM2.5 和 PM10。

（五）城镇化进程中就业压力巨大

中国在城镇化进程中需要不断转移农村劳动力。2011 年，中国有 69079 万人口生活在城镇，到 2030 年前还将有近 2 亿农民需要由农村进入城镇生活。我们采用第二章城镇化预测数据（见表 2-5），即 2012~2020 年城镇

化率年均提高1.01个百分点，2021~2030年城镇化率年均提高0.80个百分点，人口自然增长率假定为5‰进行预测（见表12-4）。结果表明，到2015年，中国城镇化率将达到55.30%，城镇新增人口为6916万人；到2020年，城镇化率将达到60.34%，城镇新增人口为15935万人；到2030年，中国城镇化率将达到68.38%，城镇新增人口将达到32189万人。这其中除了城镇人口自然增长之外，大量的农村人口将向城镇转移，到2030年，全国农村人口将减少到46828万人，还将有18828万人需要转移到城镇，由此带来巨大的就业压力。

表12-4 中国人口与城镇化预测

年份	总人口（万人）	人口自然增长率(‰)	城镇人口数（万人）	乡村人口数（万人）	城镇化率(%)
1995	121121	/	35174	85947	29.04
1996	122389	10.47	37304	85085	30.48
1997	123626	10.11	39449	84177	31.91
1998	124761	9.18	41608	83153	33.35
1999	125786	8.22	43748	82038	34.78
2000	126743	7.61	45906	80837	36.22
2001	127627	6.97	48064	79563	37.66
2002	128453	6.47	50212	78241	39.09
2003	129227	6.03	52376	76851	42.99
2004	129988	5.89	54283	75705	44.34
2005	130756	5.91	56212	74544	45.89
2006	131448	5.29	58288	73160	44.34
2007	132129	5.18	60633	71496	45.89
2008	132802	5.09	62403	70399	46.99
2009	133450	4.88	64512	68938	48.34
2010	134091	4.80	66978	67113	49.95
2011	134735	4.79	69079	65656	51.27
2015	137421	5.00	75995	61426	55.30
2020	140891	5.00	85014	55877	60.34
2030	148097	5.00	101268	46828	68.38

注：2011年及之前为实际数，之后为预测数。城镇化率采用第二章的城镇化预测数据，人口自然增长率假定为5‰。

资料来源：根据《中国统计年鉴》(2011~2012)计算整理。

中国人口多，劳动力资源增长快，就业压力一直很大。2010年，中国现有城乡就业人员76105万人，比整个发达国家就业人口多2亿以上，城镇每年新增劳动力1000多万人。加之处在经济体制改革和经济结构调整的双重转变时期，隐性失业显性化，资本有机构成呈明显提高趋势，GDP每增长1个百分点对就业增长的拉动效应越来越小，中国将长时期面临沉重的就业压力。目前中国新增劳动力仍处在高峰期，各类下岗失业人员总量较大，而全年可新安置就业人员有限，劳动力供大于求的缺口较大。

三 中国城镇化的可持续发展情景分析

我们以2011年为基期，按四种不同的城镇化速度，分别代表低速城镇化、中速城镇化、较快速城镇化和快速城镇化四种类型，对中国2015年、2020年和2030年三个时间点不同城镇化发展情景下的人口、GDP、土地、能源、水资源等进行分析。这里重点分析2020年数据，略去了2015年和2030年数据（见表12-5），并预估各种不同城镇化模式下的可持续发展情况，进行敏感性和政策分析。

表12-5 2020年中国城镇化发展情景预测分析

指 标	A	B	C	D
2011年中国城镇化水平(%)	51.27	51.27	51.27	51.27
2012~2020年中国城镇化率年均增速(百分点)	0.6	0.8	1.0	1.2
人口总量(亿人)	14.09	14.09	14.09	14.09
城镇化水平(%)	56.67	58.47	60.27	62.07
城镇总人口(万人)	79843	82379	84915	87451
城镇总人口增长(万人)	10764	13300	15836	18372
年均城镇人口增长(万人)	1196	1478	1760	2041
GDP(万亿美元)	14.04	14.51	15.01	15.51
人均GDP(美元)	9963	10302	10651	11010
城镇GDP(万亿美元)	12.63	13.06	13.50	13.95
城镇人均GDP(美元)	15815	15850	15897	15957
城镇发展需要的新增土地(平方公里)*	16986	20334	23682	27031
供水总量(亿立方米)	620.39	641.48	663.20	685.57
能源需求(万吨标准煤)	561847	583106	605087	627810
城镇新增就业人数(万人)	4736	5852	6968	8084

注：*城镇发展需要的新增土地是与2010年全国城市建成区面积40058平方公里相比较。
数据来源：根据《中国统计年鉴》（2012）计算。

（一）城镇化水平与速度

对于中国未来城镇化速度和水平，有多种不同的评估或预测。简新华、黄锟（2010）从预测结果把早期的预测大体上归结为三类，即低速城镇化、中速城镇化和高速城镇化。其中低速城镇化以国家计委宏观经济研究院课题组（2000）为代表，认为2001~2005年的城镇化速度可能在平均每年0.47~0.74个百分点之间，若采取一些鼓励城镇化发展的政策，速度可能会超过0.74个百分点，但不会超过每年1个百分点；中速城镇化的预测中，刘勇（2004）认为，2010年中国城镇化率可达到45%，2010~2020年，中国城镇化水平的增长速度还将有所加快，如果2010年45%的城镇化目标能够顺利实现，则2020年城镇化水平将达58%~62%，也就是说，2010~2020年中国城镇化水平的增长速度将达1.3~1.5个百分点。高速城镇化的预测中，李善同（2001）提出，在未来的20年内，将城镇化水平提高到60%~66%，城镇化率平均每年提高1.5个百分点。

简新华、黄锟（2010）认为，2010年中国的城镇化水平将达到48.28%，2015年将达到53.77%，2020年将达到59.17%，城镇化任务基本完成。中国经济增长与宏观稳定课题组（2009）认为，中国将在2013年左右（预计在2011~2016年）结束高速城镇化过程，这一期间城镇化率将保持在47.93%~53.37%，此后中国的城镇化速度逐步放缓。2020年中国的城镇化率为57.67%，2030年将达到67.81%。魏后凯（2011）认为，未来中国城镇化将进入减速时期，城镇化推进的速度会逐渐放慢。预计今后中国城镇化率年均提高幅度将保持在0.8~1.0个百分点。

在以上文献研究的基础上，我们分别以城镇化水平年均增长0.6、0.8、1.0和1.2个百分点来区分4种城镇化情形，并由此对2020年中国城镇化可持续发展问题进行情景模拟。模拟结果表明，在城镇化水平年均增长0.6、0.8、1.0和1.2个百分点的情景下，2015年中国城镇化率将分别达到53.67%、54.47%、55.27%和56.07%，2020年将分别达到56.67%、58.47%、60.27%和62.07%，2030年将分别达到62.67%、66.47%、70.27%和74.07%；相应地，以中国人口自然增长率5‰计算，2020年城镇人口分别为79843万、82379万、84915万和87451万人，与2011年城镇人口相比，城镇新增人口分别为10764万、13300万、15836万和18372万人，年均城镇人口增长分别为1196万、1478万、1760万和2041万人。

（二）GDP 指标预测

城镇 GDP 指标按城镇化率每年增长 0.6 个百分点，GDP 增长 7.5% 为基数计算，然后城镇化率依次提高 0.2 个百分点，GDP 增长率提高 0.4 个百分点，即按城镇化率每年提高 0.8、1.0 和 1.2 个百分点，GDP 增长率相应按 7.9%、8.3% 和 8.7% 计算。4 种情景模式下，以 2011 年 GDP 总量 73215 亿美元为基数，美元兑换人民币汇率 6.4588 计算，到 2015 年，中国 GDP 总量将分别达到 97776 亿、99240 亿、100720 亿和 102216 亿美元，人均 GDP 将分别达到 7115、7222、7329 和 7438 美元；2020 年，中国 GDP 总量将分别达到 140371 亿、145142 亿、150057 亿和 155120 亿美元，人均 GDP 将分别达到 9963、10302、10651 和 11010 美元；2030 年，中国 GDP 总量将分别达到 289309 亿、310462 亿、333074 亿和 357241 亿美元，人均 GDP 将分别达到 19535、20963、22490 和 24122 美元。与 2011 年相比，2020 年中国人均 GDP 有了较大幅度的提高，相当于现在发达国家的水平。城镇 GDP 仍按此增长速度进行预测，以 2011 年城镇 GDP 为基数，2020 年城镇 GDP 总量将分别达到 126275 亿、130567 亿、134989 亿和 139543 亿美元，人均 GDP 将分别为 15815、15850、15897 和 15957 美元。

（三）土地资源需求预测

在城镇区域服务功能逐步完善，城镇开放度大幅提高，城镇道路交通系统不断健全，汽车普及率迅速提高的大趋势下，势必出现城市规模越大，交通用地所占比例越高的现象。人民生活质量的日益提高，也对城镇绿地、生态缓冲带用地数量提出了新的更高要求。据中国城市规划设计研究院预测，当中国达到世界中等发达国家水平时，满足城市可持续发展的用地规模较佳指标为：人均居住用地应提高至 30～35 平方米，人均工业用地宜为 20～25 平方米，人均城市道路宜为 15～20 平方米，公共设施 8～15 平方米，公共绿地 7～12 平方米，人均市政公用设施用地 5～8 平方米，仓储 5～10 平方米，人均总用地为 90～125 平方米（可持续城镇化战略课题组，2008）。2010 年，中国城镇总人口为 66978 万人，其中全国 657 个城市建成区面积 4.0058 万平方公里，1633 个县城 1.6585 万平方公里，16774 个建制镇 3.1789 万平方公里，合计 8.8432 万平方公里。人均城镇用地为 132.03 平方米/人，其中，657 个城市人均用地为 99.21 平方米/人，县城与建制镇人均用地高达181.84平方米/人，土地集约利用水平较低。如果按现在的城镇人均用地132.03平方米/人预测，到2015年，城镇所需土地将分别达到97378、98830、100281和101733平方公里；2020年，城镇所需土地将分别达到105418、108766、112114和115463平方公里；2030年，城镇所需土地将分别达到122542、129972、137402和144832平方公里。与2010年城镇建成区面积88432平方公里相比较，2020年城镇化所需新增土地分别达到16986、20334、23682和27031平方公里。最小年均需要土地为1699平方公里，土地短缺将是一个棘手的问题。可见，合理集约利用土地是实现可持续城镇化的一项重要战略决策。

（四）水资源需求预测

城镇化的快速推进使得城镇用水比重大幅度提高，城市缺水问题将持续存在并更加突出。城镇用水包括城镇产业（工业、建筑业、服务业）、城镇居民生活、城镇公共服务（市政设施、道路广场、绿地等）用水。随着城镇水资源的稀缺及节水技术的提高，城镇将在一定程度上通过节水措施缓解缺水问题。其中，城镇产业节水主要通过产业结构调整、工艺和设备改造等措施，提高水资源利用效率，控制用水过快增长。城镇生活节水重点是减少水的浪费和损失，通过提高水价、普及节水器具等节约用水，并加大管网改造力度减少输水损失。但城镇供水存在刚性需求，我们考虑到城镇节水的影响，每万美元GDP用水量按年均-5%进行预测，设计的节水情景模式为2011年城镇用水强度为77.95立方米/万美元，2015年、2020年和2030年用水强度将分别下降到63.49、49.13和29.42立方米/万美元。即使是这样，根据不同城镇化水平下的GDP预测，2015年，城市供水量将达到558.47亿、566.83亿、575.28亿和583.83亿立方米；2020年，城市供水量将达到620.39亿、641.48亿、663.20亿和685.57亿立方米；2030年，城市供水量将达到765.57亿、821.54亿、881.38亿和945.33亿立方米；与2011年城市供水量513.42亿立方米相比，到2020年，以最小的城镇化率每年增加0.6个百分点来看，供水总量将要增加106.97亿立方米。加上水质性缺水，城镇水资源供应将面临较大的挑战。

（五）能源需求预测

中国在哥本哈根国际气候会议上提出了明确的温室气体减排目标，即到

2020 年中国单位 GDP 二氧化碳排放比 2005 年下降 40%～45%。我们对城镇能源设定如下情景模式，即以 2020 年能源强度下降到 2005 年的 55% 进行模拟估计。2005 年城镇能源消费为 184562.98 万吨标准煤，能源强度为 9.30 吨标准煤/万美元，按 2020 年能源强度为 5.12 吨标准煤/万美元计算，2020 年城镇能源需求将分别为 561847 万吨、583106 万吨、605087 万吨和 627810 万吨标准煤，与 2010 年城镇能源消耗量 270223 万吨标准煤相比，将分别提高 291623 万吨、312883 万吨、334863 万吨和 357587 万吨标准煤。即使按最小值 291623 万吨标准煤计算，城镇能源新增需求也将达到现有能源消费的一倍左右。随着中国经济持续稳定发展和城镇化快速推进，石油、天然气等优质能源供应也将更为紧张，能源结构性矛盾将成为制约经济发展的重要因素之一。石油供求矛盾日益尖锐，显然按 2020 年新增能源需求，在 2010 年的基础上再翻一番是不现实的，能源平衡无论是在地区还是在种类上都将存在很大的供需矛盾。

（六）城镇新增就业人数预测

我们以新增城镇人口中 44% 的人需要就业计算（叶耀先，2006），2015 年，四种城镇化情景模式下，城镇新增就业人口将分别达到 2057 万人、2541 万人、3025 万人和 3508 万人；2020 年城镇新增就业人口将分别达到 4736 万人、5852 万人、6968 万人和 8084 万人；2030 年，城镇新增就业人口将分别达到 10443 万人、12919 万人、15395 万人和 17871 万人。到 2020 年，全国城镇年均新增就业岗位分别为 526 万人、650 万人、774 万人和 898 万人。尽管中国经济快速增长，但还是不能避免失业率上升的困扰。城镇劳动力就业将是中国未来城镇化中所面临的重大经济和社会问题，就业总量压力和结构性矛盾的问题将长期并存。

即使按我们预测的最小规模，即每年城镇新增劳动力 526 万人计算，也将面临巨大的就业压力。就业还与居民的生活水平有关，如果失业问题解决不理想，城镇贫困人口将会增加。

四 中国可持续城镇化的实现途径

从上面的情景分析可以看出，现有的城镇化模式资源利用不合理，粗放型外延发展特征突出，将是不可持续的，必须尽快转变城镇化发展模式。因此，我们认为，当前中国实现可持续城镇化需要重点做好以下几方面的工作：集约利用土地资源，建设紧凑型城镇；节约利用水资源，建设节水型城镇；提高能源利用效率，建设节能型城镇；保护城镇生态环境，建设生态型城镇；充分保障城镇就业，建设和谐城镇。

（一）集约利用土地资源，建设紧凑型城镇

建设紧凑型城镇主要通过科学合理的规划，充分发挥市场配置土地资源的基础性作用，开展城镇土地整理，提高土地利用的综合效益等方面实现。

1. 科学规划，依法管理

紧凑型城镇是土地集约利用的城镇发展模式，是在城镇体系规划、土地利用总体规划和城市规划的调控下，科学合理地制定各类城镇用地规模和标准，鼓励土地利用的紧凑模式，提倡土地混合使用和公共交通，防止城镇蔓延。中国当前城镇发展普遍存在"摊大饼式"的土地利用形态，因此，发挥规划调控至关重要。这就需要科学制订规划，依法实施规划，严格执行规划。充分发挥规划对城镇土地集约利用的宏观引导机制，对土地开发总量和开发利用模式进行有效地约束，改变城镇以用地外延扩张为主的发展模式，走以提高土地利用效率、盘活土地存量资产为主的内涵式发展道路。同时，要加大土地执法力度，加强对各地规划执行情况的监督检查。

第一，制订和完善既满足城镇快速发展需要，又体现可持续发展要求的城镇土地规划。城市土地规划要适应城市发展的客观要求，充分估计新形势、新情况、新问题，树立并切实贯彻落实科学发展观，在节约土地资源、合理使用土地资源方面下工夫，形成可持续发展的城镇土地规划，指导城镇科学合理地发展。

第二，严格执行城镇土地规划强制性内容，使城镇土地利用规范化、法制化。建立有效的城镇土地规划实施管理和监督机制，保证城镇土地规划切实得到贯彻实施，维护城镇土地规划的统一性和权威性。加快城镇土地规划修订和审批，督促地方制定好城镇中心区及重要地段的土地控制性详规和建设性详规。严格控制农用地转为建设用地，合理控制城镇建设规模，制定并完善建设用地标准，促进集约使用土地。

2. 充分发挥市场机制对土地优化配置的主导作用

在加强土地利用规划、计划、用地审批等行政手段的同时，还要充分发挥市场配置土地资源的基础性作用，有针对性地采取经济手段，从利益机制

上消除建设用地过度扩张的经济动因，促进城镇建设用地由粗放型向集约型转变。

一是提高土地的取得成本。首先，提高征地成本。按照确保被征地农民原有生活水平不降低、长远生计有保障的基本要求，将被征地农民的社会保障费用纳入征地补偿安置费，不足部分由当地政府从国有土地有偿使用收入中解决。做好被征地农民就业培训和社会保障工作。征地补偿要"同地同价"，即同样位置的土地，无论征作公益用途还是商业用途，补偿价格不改变。其次，提高新增建设用地土地有偿使用费缴纳标准，新增建设用地土地有偿使用费专项用于基本农田保护建设、耕地开发和土地整理。

二是加大建设用地保有环节的税收调节力度。提高现行城镇土地使用税征收标准，完善耕地占用税的有关规定。为保障土地的有效利用，应该充分发挥土地税收的管理功能，在对各种土地市场价值正确评估的基础上，灵活调整土地税率。此外，应加快开征房产税，按持有房屋的面积和价值征收，以抑制房地产的投资性和奢侈性需求，减少土地的过度需求。

三是积极培育和完善土地市场。扩大国有土地有偿使用范围，稳步推进工业用地的招标、拍卖、挂牌出让和经营性基础设施用地有偿使用，加快集体建设用地使用制度改革步伐。规范土地使用权交易主体、中介组织的行为和交易方式，改变土地市场不健全、土地隐形交易突出的现状。同时，还要通过改革完善土地税收体系，提高土地保有成本，来促进土地合理流转，推动闲置、低效利用的土地进入市场，以减少土地低效占用，杜绝土地浪费。

四是规范土地出让收支管理。土地出让要彻底实现"收支两条线"，全部土地出让价款都要全额纳入预算，而不仅仅是土地出让金部分。土地出让总价款必须首先按规定足额安排支付土地补偿费、安置补助费、地上附着物和青苗补偿费、拆迁补偿费用以及补助被征地农民社会保障所需资金的不足。国有土地使用权出让总价款扣除征地补偿安置费用外的其余资金，要逐步提高用于农业土地开发和农村基础设施建设的比重，以及用于廉租住房建设和完善国有土地使用功能的配套设施建设。

3. 盘活城镇存量建设用地，提高土地集约利用程度

要积极推进城镇土地整理，把城镇土地节约集约利用作为促进经济发展方式转变的突破口，大力盘活存量建设用地，促进建设用地的二次开发和空间拓展，努力缓解土地供需矛盾。采取科学有效的方法提升城镇土地资源的承载力，保障城镇社会经济发展，立足于科学资源观，从数量上挖潜，从空间上优化，从利用效益上重点提高，从而提升城镇发展空间。同时，加大城镇更新改造，加大对低效用地的整合改造、效益提升。

（二）节约利用水资源，建设节水型城镇

建设节水型城镇，必须坚持"开源与节流并重、节流优先、治污为本、科学开源、综合利用"的原则，进行统一规划、定额管理、计划用水、综合利用水资源，有效缓解城镇供用水矛盾，实现水资源的合理配置，最大限度利用有限的水资源满足城镇经济可持续发展和人民生活用水的需要。

1. 改革完善水资源管理体制，加强水资源综合管理

随着城镇化、工业化进程的继续推进，在资源综合利用中，供、用、排、耗关系和用水结构将出现重大变化，水资源供需矛盾将日益突出，水环境安全面临严峻挑战。需要建立水资源综合管理体系，本着"综合开发、合理配置、高效利用、科学管理"的原则，促使水资源利用方式由注重水资源的获取，向注重水资源的节约、保护和优化配置转变。

第一，要完善取水许可、计划用水和水资源有偿使用制度。首先，制订清晰的取水定量目标。在水资源国家所有的制度优势下，一方面，通过短期灵活的取水目标，维护河流生态需水量，合理规划水资源的使用功能，优化水资源配置。围绕经济发展的水环境政策，注重水资源配置理念由"以需定供"向"以供定需"的转变。其次，完善流域综合管理机制。加强以流域为单元的综合管理机制。流域综合管理是国际上比较公认的流域管理模式，基于流域生态系统内在的规律和联系来管理水资源，实现可持续利用。制止和改变从局部利益出发、不可持续的水资源利用行为。

第二，创新水资源管理体制，实行一体化管理。工业化、城镇化进程加快，城市地域范围狭窄，人口和工业高度密集，用水和排水高度集中，仅靠城市自身无法实现水资源量与质的供需平衡，必须城乡一体化统筹考虑。传统水资源分割管理体制已经造成许多城市成为区域地下水超采的漏斗中心区、缺水问题最突出的地区和水污染的主要来源区。实行一体化管理，提高资源配置水平，既有利于城市的可持续发展和促进水资源的优化配置，又有利于充分发挥各类水利工程的效益，改善农村生活、生产条件，同时，也能解决洪涝灾害、干旱缺水、水环境恶化等问题。通过对现有水源的联合调度，城乡用水统筹考虑，同时积极筹措资金，大力开展水源工程建设和供水管网建设，能够有效地缓解城镇供水不足的问题，抗御洪涝灾害，治理水污染。

2. 加强水污染防治，保护水资源环境

城镇水资源环境保护，要由以"治"为主向以"防"为主转变，从源头到末端全过程防治水环境污染，维护良好的城镇水生态系统，实现水资源的可持续利用。

第一，加强城市水环境保护规划和监督管理工作。充分考虑城镇水环境容量及水资源供给能力，结合城镇发展规划，引导城镇经济发展、产业结构与城镇水资源状况相适应，以水资源的供应确定城镇发展规划和规模。进一步修订城市的水污染防治规划，调整不合理的城镇水功能区域划分及相关指标，确保城镇水资源供应和水环境质量的改善。同时，要切实加强水环境保护的监督管理，严格执行《建设项目环境保护管理条例》，加大对污染源稳定达标排放的监管力度，要实现对重点排污企业和重点江河湖泊水质的自动连续监测。此外，还要建立适应市场经济的政府、市场、公众相制衡的环境管理新模式，加强社会参与和监督，提高全社会水环境保护意识。

第二，加快工业企业水污染治理步伐。要积极采用先进的工艺技术与设备，改善管理、综合利用等措施，从源头上防止水污染，提高水资源利用效率，减少或避免生产服务和产品使用过程中污染物的产生和排放，以减轻或消除其对人类健康和环境的危害。

第三，加强城镇污水防治工作。加快污水处理厂及其配套管网建设，提高城镇污水处理能力，加大对城镇污水治理设施建设的投资和政策扶持力度。加强对已建成城镇污水处理厂、工业企业污水处理站，以及再生水利用设施运行情况的日常监督管理和环境监督管理，确保污水处理设施和再生水利用设施正常运行。通过新、改、扩建城镇污水处理厂，提高城市污水处理率。建立污水处理设施企业化运行机制，保证城镇污水得到快速、有效治理。

第四，实行中水回用，节能减排。充分认识开展中水回用的重要性、必要性，加强已建成的城镇污水处理设施的监管，促使其稳定运行和处理后的污水有效回用。在资金上、机构上保障中水回用工程的实施，并给予资金和技术支持，逐步扩展中水回用推广的范围，建立更多的示范工程并组织推广。

3. 大力推广节水措施，促进全社会节约和合理用水

对城镇用水单位和用户进行全面的节水检查、指导、管理和节水技术的推广。建立节水统计制度，完善节水统计指标体系，实行规范的节水统

计、分配制度。根据城镇节约用水专项规划、长期供水计划、城市供水能力、用水定额等因素，严格核定各单位用户的用水计划，并在每年年底前将用水计划下达给相关用水户。对新增单位用户，根据用水定额、行业平均用水水平，核定其用水计划，对超定额计划用水的收取累进加价水费，超计划用水部分除按现行水价收取水费外，另按现行水价的2~10倍收取加价水费，不断提高水资源综合利用效率。城市居民生活用水实行阶梯式水价标准；推广计量准确、技术稳定的防滴漏水表、智能水表，节水、计量器具的使用，增强节约用水意识，提高循环用水率，促进各行各业和居民尽可能利用再生水。

（三）提高能源利用效率，建设节能型城镇

要贯彻实施国家节能减排战略，大力调整优化经济结构，转变发展方式，促进生产节能；大力推广节能措施，促进建筑、交通和生活节能；调整优化能源供应结构，促进清洁能源的开发利用；综合运用各种管理手段，促进节能和新能源开发，建设节能型城镇。

1. 调整优化经济结构，转变发展方式，促进生产节能

要把转变发展方式作为经济发展的战略重点，大力调整产业结构、产品结构、技术结构和企业组织结构，通过结构调整，努力提高经济发展质量和效益，形成有利于节约能源资源的生产方式。一是要大力调整技术结构，依靠技术进步，推动工业企业节能降耗。努力提高能源节约与资源综合利用的技术水平，把能源节约技术的开发、引进、改造、推广有机结合起来，加快技术更新改造步伐。二是要大力调整产品结构，注重产品的质量、品种和效益，用高新技术改造传统产业，发展精深加工，提高产品档次。高耗能行业要调整其产品结构，大力发展高端产品，提高产品的技术含量和附加值，降低单位产品的能耗。三是大力调整企业组织结构，发展、扶持节能型企业。四是大力调整产业结构，加快发展能源消耗低、附加值高的服务业和高新技术产业，用高新技术和先进适用技术改造提升传统产业。

2. 大力推广节能措施，促进建筑、交通和生活节能

一是降低建筑能耗水平。以技术创新为支撑，以严格执行节能标准为依据，加强监督管理，降低终端能耗，扭转建筑用能居高不下的局面。完善建筑节能技术支撑体系，加强建筑节能重点技术的研究开发力度。加强建筑设计的节能理念，有效降低建筑使用能耗。实施鼓励节能型建筑和既有建筑节

能改造的经济激励政策。二是降低交通节能水平。优先发展公共交通，因地制宜发展轨道交通，建立高效、低耗、安全、便捷的交通服务体系，提高城市交通效率。加强城市交通需求管理，完善有利于低能耗、低排放的交通财税体系。三是降低生活能耗水平。在城镇居民中大力提倡节约能源，提高居民的节能意识和社会责任感。推广普及节能灯具和节能型家电，减少家庭生活用能的浪费。大力发展集中供热，提高供热效率，进一步推进城镇供热体制改革，完善供热价格形成机制。

3. 调整优化能源结构，促进清洁能源的开发利用

进一步改变以煤为主的能源消费结构，大力利用石油、天然气、电力、太阳能、生物能等优质能源，提高优质能源的消费比重，改善城市能源消费结构，建立高效、低污染的能源利用系统。在充分利用国际国内资源，提高石油、天然气等常规优质能源比重的同时，还应改变煤炭的使用方式和开发利用可再生能源。

4. 综合运用各种管理手段，促进节能和新能源开发

建立完善能源综合管理体系，综合运用行政、法律、经济等各种手段，强化能源利用和节能的管理工作。通过建立健全有关能源开发利用的法律法规，完善促进能源节约和有效利用的政策，以及合理运用价格、财税等经济手段，引导和规范用能行为，促进能源利用效率的提高和新能源的开发使用。

（四）保护城镇生态环境，建设生态型城镇

围绕城镇化进程中生态环境面临的突出矛盾和问题，把城镇发展与促进经济发展方式的转变、实现资源与能源的有效利用、减轻环境污染、维护生态平衡结合起来，保护城镇生态环境，建设生态型城镇。

1. 强化环境管理，建立环境保护的约束机制

加强工业化、城镇化进程中的环境管理，坚持预防为主、综合治理的原则，变消极被动的治理为积极主动的防治，使生态环境状况恶化的趋势得到根本遏制。一是建立环境保护目标责任制。通过实施环境保护目标管理责任制，把环保目标纳入经济社会发展评价范围和干部政绩考核。二是完善环保法规和标准体系。保证环境管理制度的权威性和可操作性，不断提高环境标准。三是加大环境执法监督力度。严格执行各项法律法规，包括环境影响评价和"三同时"制度、排污许可证制度、总量控制制度、限期治理制度和

强制淘汰制度等。四是健全全社会监督机制，加强公众参与。实行环境信息公开，维护公众的环境知情权，推行环境决策民主化，完善公众监督和评判制度，鼓励检举和揭发各种环境违法行为，推动环境公益诉讼，支持非政府环保组织代表公众表达意见，在环境保护中发挥积极作用。

2. 大力发展循环经济，推进经济发展方式转变

城镇发展要彻底摆脱经济增长严重依赖资源高消耗、"三废"高排放的粗放式经济发展模式，必须走科技含量高、经济效益好、资源消耗低、环境污染少、人力资源优势得到充分发挥的发展道路，用循环经济理念指导城镇发展、产业转型和基础设施建设。通过转变生产、生活方式，在城镇区域范围内构建以物质循环流动为特征的社会经济体系。包括加大结构调整和技术改造的力度，建立城市循环经济的生产体系；推行绿色消费，建立城镇循环经济的消费体系；加快循环经济技术的开发和应用，建立城镇循环经济的技术支撑体系。在典型城镇和特色工业园区开展循环经济试点，建立以资源生产率、资源消耗降低率、资源回收率、资源循环利用率、废弃物最终处置降低率等为基本框架的循环经济评价指标体系。

3. 加快城镇环保设施建设，加强城镇污染综合防治

要把城镇污染综合防治作为城镇建设的重要任务，加强环境基础设施建设，全面提高污染防治能力，有效改善城镇环境。一是加强城镇环境基础设施建设和运行管理。在城镇建设过程中，要同步建设环境基础设施，制订污水处理、垃圾无害化处理和大气污染防治的具体实施计划。同时，要加强环境基础设施的运营管理，确保污水处理系统、垃圾无害化处理系统等顺畅运行。二是加强城镇污染防治，全面提高城市大气环境质量，切实提高城市污水处理率和城镇垃圾处理水平。

4. 加强城镇生态建设和保护，增强自然系统的生态服务功能

在城镇建设过程中，要把生态环境的建设和保护放到突出位置，使城镇发展与生态环境容量相协调。城镇建设不仅要考虑到自身的发展，而且要同步考虑到生态环境的保护与建设。要从区域生态系统的整体出发，充分考虑自然环境的承载能力，把城镇建设对生态环境的干扰和破坏程度降到最低；同时通过生态建设和环境保护，增强区域的生态服务功能，提高环境承载力，为城镇发展提供更大的环境容量。首先，实施生态功能分类分区管理，构筑科学合理的生态服务体系。从自然生态条件和城乡发展状况出发，划分区域生态功能分区，确定生态建设的具体实施策略。其次，加强重要生态功能区的生态保护与建设，增强自然的生态服务功能。建设和保护绿色开敞空间系统，特别是在城镇密集地区，要严格控制各城镇间沿交通走廊的无限拓展，保证城镇间绿色空间和开敞空间的存在，切实保护各城镇间必要的绿色隔离。再次，加大生态工程建设，提高生态系统防御自然灾害的能力。在城镇规划中，应尊重自然规律，尽量不改变城镇原有自然系统。重视洪涝灾害的防治，加快建设城镇防洪除涝工程，整治和完善城市水系。最后，完善城镇绿地系统建设，提高城镇生态系统的自净能力。各类城镇特别是大中城市，要因地制宜、合理划定城区范围内的绿化空间，建设点线面相结合的网络状绿地系统。通过城镇绿地系统的建设，发挥绿地系统对各类污染的防护和净化能力，消减建成区的热岛效应和环境污染。同时，通过划定各类生态绿地，明确城市的增长边界，防止城区无序膨胀和蔓延。

参考文献

[1] 程晓波：《提高城市综合承载能力推进城镇化可持续发展》，《宏观经济管理》2006年第5期。
[2] 仇保兴：《借鉴国外城市化经验走资源节约型的城镇化发展道路》，《住宅科技》2005年第3期。
[3] 仇保兴：《从绿色建筑到低碳城市》，《城市发展研究》2009年第7期。
[4] 郭文华、郝晋珉、覃丽等：《中国城镇化过程中的建设用地评价指数探讨》，《资源科学》2005年第3期。
[5] 国家计委宏观经济研究院课题组：《关于"十五"时期实施城市化战略的几个问题》，《宏观经济管理》2000第4期。
[6] 韩振宇：《中国2020年城市生活污水排放量预测及淡水资源财富GDP指标的建立》，《环境科学研究》2005年第5期。
[7] 何晓萍、刘希颖、林艳苹：《中国城市化进程中的电力需求预测》，《经济研究》2009第1期。
[8] 简新华、黄锟：《中国城镇化水平和速度的实证分析与前景预测》，《经济研究》2010年第3期。
[9] 可持续城镇化战略课题组：《可持续城镇化战略课题组报告》，http://www.china.com.cn/tech/zhuanti/wyh/2008-06/24/content_15880377.htm，中国环境与发展国际合作委员会，2008。
[10] 李善同：《对城市化若干问题的再认识》，《中国软科学》2001第5期。
[11] 刘勇：《中国城镇化战略研究》，经济科学出版社，2004。
[12] 任太增、李敏：《中国粗放型城市化道路原因探析》，《现代城市研究》2006年第

3 期。
- [13] 盛广耀:《城市化模式及其转变研究》,中国社会科学出版社,2008。
- [14] 宋德勇、徐安:《中国城镇碳排放的区域差异和影响因素》,《中国人口资源与环境》2011 年第 11 期。
- [15] 孙涵、成金华:《中国工业化、城市化进程中的能源需求预测与分析》,《中国人口资源与环境》2011 年第 7 期。
- [16] 孙晓东:《美国城镇化发展的启示:我国要走资源节约型城镇化道路》,《长春工程学院学报》(社会科学版) 2005 第 4 期。
- [17] 魏后凯:《我国城镇化战略调整思路》,《中国经贸导刊》2011 年第 7 期。
- [18] 魏后凯、张燕:《全面推进中国城镇化绿色转型的思路与举措》,《经济纵横》2011 年第 9 期。
- [19] 杨刚桥:《我国城市土地供需状况、原因及对策》,《城市问题》1998 年第 6 期。
- [20] 叶耀先:《中国城镇化态势分析和可持续城镇化政策建议》,《中国人口·资源与环境》2006 年第 3 期。
- [21] 中国经济增长与宏观稳定课题组:《城市化、产业效率与经济增长》,《经济研究》2009 年第 10 期。
- [22] 中国环境监测总站:《2013 年 3 月及第一季度 74 个城市空气质量状况报告》,2013 年 4 月 19 日。
- [23] 周天勇:《中国未来城镇就业问题及其出路》,《学习与探索》2003 年第 1 期。
- [24] IEA, Word Energy Outlook 2008.
- [25] Northam, R. M., *Urban Geography* (John Wiley & Sons, 1975).

第十三章
中国和谐型城镇化战略与路径

20世纪80年代初的改革开放将中国带入了产业化和城镇化发展新阶段。产业与资本在城镇的大量集中、城镇基础设施与房地产的开发建设直接带动了中国经济的高速增长，也带来了史无前例的人口流动，大量农村人口离土离乡，进入城镇和非农产业，成为推动城镇化率上升的主要动力。2011年，中国城镇化率历史上首次超过总人口的半数，进入城镇化转型期。

在推进中国特色城镇化的过程中，城市在实现以城带乡、缩小城乡差距、建立城乡连续体的同时，还要致力于城镇自身质量的提升。提升城镇自身质量的目的有两个，第一是提高吸纳农民工进城就业和居住的能力，推进身处城市的进城务工人员向市民身份转变。农民工脱离农业实现了向非农产业的转变，脱离农村生活进入了城市生活空间，然而由于制度原因，农民工的生活和工作环境与市民之间存在着种种差异，尚停留在进城打工的农民层次上，属于"不完全的城镇化"，成为中国城市不和谐的重要因素。第二是要消除城市体制内的社会差异与不和谐因素。在城镇化转型期，首先，要高度重视弱势群体，为其提供基本生活保障，同时创造条件使市民群体中的社会底层获得经济社会地位向上流动的机会。其次，要依法保障市民在城市拆迁过程中的合法权益。各方社会主体需要相互协调，建立"平等的公共性"，从根源上防止和减少受益群体与受害群体之间尖锐的利益冲突，实现城市社会的和谐发展。

走中国特色的新型城镇化道路，必须在推进城镇化的进程中，坚持以人为本，弘扬自由、平等、正义、理性的价值观，提高社会保障能力以实现全体城市居住者的基本生存权；推进公共服务的均等化，实现城市社会资本的共用和城市文明的共享；大力推进公共事务自主治理与公民社会建设，建立民生幸福的城镇社会体系。

一 和谐型城镇化的基本内涵与科学基础

（一）和谐社会概念

和谐型城镇化是 2002 年党的十六大提出的科学发展观的具体体现。科学发展观是统领经济社会发展全局的基本原则，强调第一要务是发展，核心是以人为本，基本要求是全面协调可持续发展，实现发展的根本方法是统筹兼顾。2003 年党的十六届三中全会提出的"统筹城乡发展、统筹区域发展、统筹经济社会发展、统筹人与自然和谐发展、统筹国内发展和对外开放"的新要求，蕴涵着全面发展、协调发展、可持续发展和以人为本的科学发展观。在五个统筹发展过程中，城乡发展统筹被置于首位，表明城市与农村的统筹发展在社会全面发展过程中占有重要位置。

2004 年 9 月，党的十六届四中全会在深化科学发展观的基础上提出了"构建社会主义和谐社会"的新观念，将"和谐社会"建设作为执政党的战略任务。"和谐"理念集中体现了中国特色社会主义建设的价值取向，民主法治、公平正义、诚信友爱、充满活力、安定有序、人与自然和谐相处构成了和谐社会的主要价值取向。

（二）和谐型城镇化的定义

和谐型城镇化是一种社会发展战略，目的是建立城镇社会中不同阶层、不同社会群体和睦、融洽、自由、平等的社会关系，城市居住者对城市政策具有较强的认同意识的社会状态。和谐城镇应当表现为城市与农村人口自由流动，城市居民与农村居民共同享有社会保障与公共服务，内含于城市户籍制度中的市民特权逐步被取消，科学、教育、文化、卫生等公共服务体系中的城乡差别得以消除，城市治理的民主法治程度不断提高的理想状态。

（三）和谐型城镇化的科学基础

1. 社会体系论中的社会整合理论

按照社会体系理论，任何宏观社会系统为确保其存在和延续，都必须履行适应外部环境、实现内部目标、实现社会整合和维持潜在模式四个功能，分别由经济、政治、社会和文化四个社会子系统承担。其中，社会子系统履行社会整合功能，调适社会系统内部产生的利害冲突，抑制可能发生的越轨行为。社会结构常常被解释为"社会成员和社会资源的配置方式"，社会资源的分配方式决定阶层结构。社会分层与社会流动在社会学研究中占有核心地位，目的是通过促进社会成员所属社会地位的向上流动，努力缩小并逐步消除阶层差异，实现社会资源的均等配置。

城市社会是与民主化、均等化价值理念相对应的社会发展阶段。城市社会的基本特性是人口密度高、空间规模大、人的异质性强，与农村社会相比，民主、自由、平等的价值观更加适应城市社会形态。和谐型城镇化战略实质上是城市社会治理方略，目的是建立一套有效的社会资源分配机制和利益表达机制，协调城市居民中不同利益群体的利害冲突，抑制和消除社会差距，建立安定有序的社会体系。

2. 社会变迁理论中的理性主义价值取向

按照社会变迁的一般理论，包括城市和农村在内的地域社会现代化的基本方向有两个方面，一方面，促使包括血缘社会和地缘社会在内的基础社会按照特定目的解体，向目的理性社会转变，把社会成员从传统社会的制度约束中解放出来；另一方面，在目的理性社会，功能性目的能够通过个人平等、公正的自由竞争得以实现，利益社会化伴随着人的自由度的增大、平等化以及合理主义化（富永健一，2004）。

中国城镇化演进的特殊性来自同时经历现代城镇化和全球城镇化并行的压缩型城镇化。压缩型城镇化的特殊性决定了中国城镇化过程中不同社会群体利益关系协调的复杂格局。从社会层面看，中国城市社会正处于从传统的以户籍制度为基础的管制社会向以满足居民基本生活需求为目的的均衡社会过渡。目前中国城市社会中不平等现象的根源，在于原有城市体制依然发挥着社会资源分配机制的作用，先赋性的社会身份差异尚未被自致性的社会流动机制所取代。为此，需要逐步打破现有城市体制中特殊主义、管制主义制度的基础，建构政府与公众平衡的、普遍主义的关系模式，建立全体城市居民共享的社会保障与公共服务体系，实现城市社会的自由、平等与理性发展。

（四）和谐型城镇化的主要特征

西方国家不直接使用"和谐型城镇化"这一概念，当我们把"和谐型城镇化"表述为"全社会可接受的城镇化"（Socially Acceptable Urbanization）和包容性城镇化（Inclusive Urbanization）时，中国与西方社会就建立起了可以相互沟通的概念桥梁，从而找到具有共性的发展理念与发展目标。居民的主观感受是判别和谐城市的重要指标。一个居民或许为了获取维持生活所需的经济资源选择居住在某一个城市，但是从个人感受来说却可能不把这座城市接受为永久居住地。和谐的城市是繁荣、舒适的宜居城市，不仅具有经济创造力，而且更加重视人对城市人文环境和城市政策的主观感受与接受程度。

和谐型城市社会的标准是社会保障、社会资本、教育文化、公共安全等公共资源的均等使用权得到保障，城市居民中流意识的形成以及公共事务的自主治理。公共社会资源是城镇居民文明生活的保障，在城市生活资源的占有数量和占有机会上，城市每一个常住居民应该享有均等的权利。和谐型城镇化的主要特征应该包括生存权、共用权、环境权、参与权以及城乡均衡发展等五个方面，作为城市政策的五个基本准则（松下圭一，1971）。

（1）建立城乡全覆盖的生活安全保障机制。在社会学的社会类型中，城市属于基础社会，需要满足居民基本的生活需求。社会保障包括养老保险、医疗保险、失业保险以及最低生活保障，是关于人的生存权的保护措施，是政府最基本的职能之一。社会保障的对象是一个国家的全体国民，需要以国民概念取代市民概念，建立覆盖全人口的全民皆保险、全民皆保障制度。在中国，建立社会保障机制是消除城乡差异的基本任务之一。

（2）大力发展社会资本，建设和谐人居环境。每一个城市应当以常住人口而不是以户籍人口作为提供公共服务的对象，建设和完善科学、教育、文化、卫生等公共服务设施，建设保障性住房以及公共交通设施，保障城市常住人口的共用权。现阶段中国城市的和谐人居环境建设主要是提高社会开放程度，消除进城农民与市民之间享有公共服务的社会差异；消除市民与进城农民之间的创业和就业环境的制度性歧视，促进社会流动的机会与结果均等化。

(3) 实现人与自然环境的和谐。城市不仅是经济活动空间，而且是居住空间、娱乐休闲空间。提高公共卫生水平，确保食品安全，防止公害与环境污染，加强城市自然灾害应急能力建设，提高城市安全性，是保障城市居民环境权的基本内容。

(4) 积极推进公众社会参与，建立决策的民主化机制，改变由一部分人来决定与城市居民自身的生活方式、公民权利相关事务的格局，建立公共资源与公共事务的自主治理机制，实现城市由政府行政管制向城市居民自主治理的范式转变。

(5) 城乡统筹发展。城乡在地域空间上是连续的而不是断裂的，城市与农村地区的经济社会发展水平也应该是均等的。一个国家的发达程度不仅体现在城市区域的繁华程度上，更重要的是体现在城市与农村之间无差别、均等化的发展水平上。实现和谐型城镇化必须实现城市与农村的同步发展，城市带动农村，实现地域社会的均衡发展。

二 当前中国城镇化中突出的不和谐因素

在城镇化快速推进时期，中国的城市面临种种不和谐因素。不和谐因素首先体现在城市与农村之间的体制差异上。在打破阻碍人口流动的城乡二元格局之后，进城农民实现了职业的非农转变、地域的空间跨越或季节性流动，但是农民工的市民化迅即成为中国城镇化进程中一个突出的经济社会问题。由于城市户籍管理制度的壁垒，农民工无法同步实现社会身份的市民化，多数流动人口居住在"城中村"中，在市民之外形成了一个被称为"进城农民"的边缘群体。流动人口在城市户籍体制之外形成了另类的非正规社会体系，形成了城市中的另一个劳动力市场，产生了相互断裂的"城市社会二元结构"。

再看城市体制内部。被称为"新三座大山"的看病难、上学难、购房难等基本生活问题困扰着城市居民群体，降低了城市生活的舒适度。交通拥挤、空气污浊、能源短缺、食品安全下降、犯罪率上升等城市病构成了一系列风险因素，严重威胁着城市居民生活的安全性。

从社会学视角看，在城市市民群体内部，同样存在着种种不和谐的社会现象，其中有两大矛盾表现得尤为突出：一是构成城市社会底层的下岗失业职工群体与城市主流社会之间的矛盾。在推进社会主义市场经济体制建立的过程中，国家对产业结构和单位制结构实施了大规模调整，大批国有和集体所有的工矿企业破产，城市数以千万计的公有制企业职工下岗，原本经济社会地位相对均等的城市居民之间的差距拉大，阶层结构失衡。目前，特别是产业型城市形成了景观破旧不堪、卫生条件恶劣、犯罪问题严重的"棚户区"，它们与蒸蒸日上的城市主流社会的差距日趋显著，不仅使棚户区居民的生存和发展受到威胁，而且城市社会的均衡发展受到影响。二是旧城拆迁改造过程中利益集团与居民之间出现了剧烈矛盾与冲突。法制不健全造成侵害居民合法权益的事件频发，土地征用中的暴力强拆导致受害者的抗争升级，不仅关系到公民财产权益的保护，而且直接关系到社会的和谐稳定。

在社会建设层面，中国和谐型城镇化有两大任务，一是促进原有城市居民与流动人口特别是农民工社会群体之间社会关系的和谐，在城镇化过程中逐步消除进城农民与市民之间的经济社会差距，促进农民工的就业、居住、生活方式的城镇化转变；二是推进城市体制内社会群体之间经济社会地位的均等化，这里包括两个方面，第一是城市底层居民社会经济地位的提升；第二是完善城市建设的法律体系，依法严格保护市民的合法权益，实现和谐拆迁安置，最大限度避免社会矛盾的发生。

（一）进城农民与市民之间的社会差异

从农村到城市的人口流入使城市人口规模急剧扩大，直接提高了中国的城镇化率。流动人口是城镇化最主要的力量，2010年第六次人口普查数据显示，中国居住地与户口登记地所在的乡镇街道不一致且离开户口登记地半年以上的人口为2.6亿人，其中市辖区内人户分离的人口为3994万人，不包括市辖区内人户分离的人口即流动人口为2.2亿人。中国平均每年有900万农民工从农村进入城市，在城镇就业、生活，在今后的一段时期内农民工仍将是中国城镇化的主要潜在人口增量。2000年和2010年城镇人口结构变化如表13-1所示。

表13-1 2000年和2010年城镇人口结构变化

年份	城镇人口比重（%）	城镇总人口（亿人）	每十年城镇人口比例增长（百分点）	常住非户籍人口（亿人）
2000	36.22	4.59	9.81	1.43
2010	49.95	6.70	13.73	2.20

数据来源：根据《中国统计年鉴》（2012）和全国人口普查数据整理。

目前已有不同学科的学者对农民工问题做了大量研究。例如，劳动经济学学者对农民工就业的行业与职业分布的研究，社会学学者对农民工市民化的可能性的分析研究，国家统计局、劳动与社会保障部共同实施的农民工总体特征、进城途径、就业状况以及对城市预期调查等（韩俊，2009）。围绕着农民工的城市适应与身份转换问题，多数学者认为，流动人口并非一个同质性群体，其中，与市民化最接近的是商业从业人员，而占流动人口最大比例的在工业中从业的农民工和在低端服务业中就业的人员，他们虽然人进入了城市，但是生活方式、居住环境和就业形态与城市居民遵循着不同的制度机制，尚未走上市民化轨道（孙立平，2006）。在这一情景下把农民工计入城镇常住人口从而使城镇化率迅速增长，只能是一种不完全城镇化，因此可以说中国的城镇化率至少被高估了 10 个百分点（魏后凯，2010）。进城农民与市民之间的社会差异主要表现在以下几个方面。

1. 城市体制内与体制外不同的社会流动机制

社会学研究表明，城市体制内户籍居民按照制度化的社会流动路径流动，教育资源、父亲的社会地位（主要由教育程度与职业所决定）影响显著。然而，对于进城农民工群体来说，自致性努力、发展机遇、社会网络等非制度性影响更为显著。也就是说，城市户籍居民是按照正式的城市制度规定的路径实现其社会地位的流动，而进城农民工群体则遵循非正式的路径实现职业转换和社会地位的上升流动。

2. 相对于社会保障与社会保险制度的改革，包括教育、科学、文化、卫生等在内的公共服务资源配置的社会差异更为显著

中国的 6.9 亿城市人口中，包括 2.2 亿流动人口，其中包括一些私营企业家和个体户，但是其他流动人口大部分在服务业、建筑业打工。他们人进了城，却不能享受城市居民的公共服务，仅仅是进了城的农民。

由于城市户籍制度壁垒的存在，进城后农民工的经济地位虽然有所改善，但是仍然无法享受到与市民同等的待遇。以移民城市深圳市为例，深圳市已经建立了以常住人口为对象，包括综合医疗保险、住院医疗保险、劳务工医疗保险、少儿医疗保险在内的社会医疗保障体系。深圳市现已出台了《社会医疗保险办法》《建筑施工企业农民工参加工伤保险试行办法》《职工工伤康复管理暂行办法及实施细则》，医疗保险配套政策不断完善，社会保险覆盖面进一步扩大。2011 年全市养老、医疗、工伤、失业和生育保险参保人数分别达到 752 万人、1079 万人、947 万人、300 万人和 459 万人，突破了户籍制度的门槛。但是少儿医疗保险、综合医疗保险仍然只向户籍人口开放，普惠性社会救济制度尚处于缺失状态。相对于社会保障制度改革，城市公共服务与社会管理是社会建设的重要领域，需要不断提高市民生活基准，提供优质教育、文化、卫生、交通管理、城市安全管理等公共服务，提高生活环境品质，提升公共服务水准，以安民生。深圳市公共服务地区差异显著，占人口3/4的非户籍人口不能平等享受公共服务。深圳市大多数的非户籍常住人口还不能均等地享受公民应有的基本公共服务。30年来，尽管深圳市户籍人口每10年翻一番，从30万人增长到2010年的251.03万人，但是只占常住人口的24.2%，非户籍常住人口为786.17万人，所占比重达75.8%。目前深圳还有包括就业服务、高中升学、最低生活保障、保障性住房和养老社会保障在内的大量社会福利和公共服务与户籍制度捆绑在一起，3/4的常住人口不能享受这些公共服务，户籍与非户籍人口之间形成了差异社会。城市户籍制度改革既是城镇化自身的要求，又是消除城乡二元社会结构，缩小农村居民与城市居民之间的收入差距，实现和谐社会所必需的。只有消除城乡户籍制度差别，才能为农民工融入城市社会，最终实现市民化转变创造制度条件。

3. 居住空间分异与社会距离

中国城市户籍人口与流动人口在居住空间上差异显著。中国流动人口在城市人文区位分布上具有特殊性。美国芝加哥学派提出在城市中心外围存在的过渡地带，是流动人口的主要集中区（帕克、伯吉斯和麦肯齐，1987）。与此不同，中国的流动人口主要集中在城乡结合部，许多地区形成了以流出地为单位的聚居区，如北京市的"浙江村""安徽村"和"新疆村"等。随着时间的推移，一部分经济状况上升的经商人员购买了商品房，成为城市的新住民。但是农民工聚居区与当地居民相互分离，农民工居住地区复制了流动人口家乡的村落文化，以群体内互动为主。

从市中心居民区中的杂院、地下室到城中村；从城乡结合部农民工居住区到远郊的农民房，按照到城市中心的距离不同，不同的居住环境下农民工所能利用的城市设施不同，与城市居民的互动频率不同，因而对农民工的社会融入产生着不同的影响。居住空间影响着农民工子弟的社会行为和职业流动，不同居住空间的农民工与居民之间的互动行为不同。以北京为例，居住在二环路以内的农民工主要从事服务业，居住区北京市民占多数，流动人口与市民的接触机会最多，他们的生活目标会受城市居民的深刻影响；三环路以外的农民工聚居区的流动人口有固定职业，既受当地居民的影响，又受农民工群体内部的影响；五环路以外的农民工聚居区则与当地居民相互隔离，行政区划虽然是北京，但是居住区复制了流动人口的村落文化，以群体内部的互动为主，虽然人到了北京，但是当地居民对于他们的职业流动影响甚微。

4. 收入差距显著

北京市统计局于 2011 年对北京 5000 户城镇常住户收入情况实施调查，城镇居民家庭包括户口在本地区的常住住户，户口在外地、居住在本地区半年以上的住户，还包括单身户和一些拥有固定住所的流动人口。调查数据显示，北京市城镇居民人均可支配收入为 32903 元，其中 20% 低收入户为 15034 元，20% 高收入户为 63293 元，两者相差 4.2 倍，而进城农民工家庭主要集中在 20% 低收入户中。

（二）城市户籍人口的内部冲突

1. 高度关注城市底层群体与主流社会之间的冲突

虽然城市户籍居民在社会保障和公共服务方面优越于进城农民工群体，但是这一社会群体内部的经济社会地位差异同样十分显著。根据住建部住房保障司 2010 年的统计，中国目前有 1100 万户城市户籍居民居住在棚户区中。贫民窟是大城市中的低收入阶层聚居的高密度区域，即产业化推动的快速城镇化将大量农村人口带入城市，这些在经济状况和社会地位上处于弱势的人群根据自身的经济能力与社会能力选择流入城市中的贫民住区，为了建立生活防御体系，集中居住在特定地区，并逐渐形成了具有特定文化价值和社会秩序的社会区域。国外贫民窟居民的社会流动主要属于循环流动，即带来社会流动的动力机制是个体层面因素，如职业、教育、收入、家庭背景等。根据笔者 2012 年对辽宁省棚户区的调查，中国城市棚户区居民的社会流动属于结构性流动，即社会流动机制为整体社会层面因素，主要是产业衰落、企业改制。

以辽宁省为例，棚户区居民的社会地位经历了自上而下的下向流动过程。他们在 1949 年新中国成立后很长一段时期内一直是就业稳定、在社会上受人尊重的国有企业和大集体企业的职工，经济地位和社会地位处于社会的中间层位置。随着煤炭资源的逐渐枯竭，特别是 1993 年后的国有企业改制，大批工矿企业倒闭，职工失去工作，工厂职工宿舍区沦为棚户区，棚户区成为与在改革开放的洪流中蒸蒸日上的城市主流社会断裂的区域。被抛出主流社会的群体已经不再是社会的底层,而是处于社会结构之外,丧失了重返城镇化和产业化主流的能力。2005年开始的棚户区改造是辽宁省一号民生工程,通过强力的政策手段重新安置棚户区居民的居住生活,消除棚改新区与商品房社区的差距,把脱离了城镇化进程的贫困群体重新拉回主流社会。辽宁省在中国率先开始探索大规模改造城市及国有工矿棚户区的有效途径,仅用4年时间改造完成1万平方米及以上集中连片棚户区2910万平方米,新建成套住宅建筑面积4400万平方米,解决了70.6万户211万人的住房问题,这在世界任何一个国家都是一项令人瞩目的奇迹。但是,全国仍有上千万棚户区居民等待改造,盼望从简陋住房搬入文明新居,重新回归城市主流生活(李国庆,2012)。

2. 城市建设过程中由强拆引发的社会冲突

在中国,不同社会群体的社会冲突具有不同的社会特征。于建嵘将中国发生的群体性突发事件分为维权抗争事件、社会纠纷、有组织犯罪和社会泄愤事件四大类型,认为在农民维权中,土地问题是核心议题,占总数的65%以上,村民自治、税费等占一定比例;工人维权的核心问题是国有企业改制、拖欠工资、社会保险、破产安置等方面;而市民维权的主要问题是城市改造过程中房屋拆迁引发的社会纠纷(于建嵘,2010)。中国目前的城镇化是以大规模的"房地产开发"为主的城市更新,通过城市住房的产权属性改革,实施旧城改造,开发新功能区。这是推进住房商品化改革、推进城市开发的必要举措,但同时也成为引发社会争议、诱发官民对抗最多、利益关系最复杂的领域之一(张菊枝,2012)。房屋拆迁已经构成了深刻影响城市整体利益的重要内容,表明房屋拆迁问题在研究和谐型城镇化建设中意义重大。

孟禹言在对城中村改造中的民生问题研究中认为,"强拆"一词体现了政府权力与个人利益的对立和冲突。强拆的主体一般是政府机构,也称"行政强拆"。拆迁多发生在城中村等城市老旧地区,是快速城镇化过程中建设用地的重要来源之一。2010年国家出台《城市房屋拆迁管理条例》,在公共利益范畴不够明确的前提下,拆迁人被赋予了强制拆迁的权力,而对"强制"的程度和手段未加限定。自此以后,强拆成为各地政府城市改造中普遍的现象,也成为引发极端事件的直接导火索(孟禹言,2011)。城中村改造中对立与冲突的根源,在于拆迁补偿标准的法律依据与现实价值的背离。

在大规模城市拆迁改造中,"公共性"概念作为达成社会共识的共有基础和利益调节能力常常会发生失灵。大规模基础设施建设中的受益者往往是非人格化的公共组织,主体责任不明确,剥夺受害者权益的行为是不自觉的,而受害者则是分散、少数、处于弱势的个人,两者对拆迁补偿的评价存在不一致性。"公共性"常常被轻易地拿来赋予公共工程正当性及其相对于其他利益相关方的绝对优先地位,从而免除加害者的责任,拒绝受害者的赔偿要求。然而,以往强调社会价值的"公共性"理论已经不再是防止和解决社会纠纷的神圣原则,即使是具有公益性的社会基础设施建设,作为规范理念的"公共性"也不应创造出新的受害群体甚至拒绝他们合理的赔偿要求。2011年1月,国务院颁布《国有土地上房屋征收与补偿条例》(简称《条例》)。该《条例》将房屋征收限定在公共利益范围之内,明确列举了公共利益的限定范围,当建设单位与房产所有者发生纠纷时,需要由法院依据《条例》做出裁决。这一《条例》被称为"法律强拆",在现实中,各地法院极少介入纠纷。实现城市空间与社会的和谐改造,必须建立城中村人口与土地协同城镇化的机制,使城中村宅基地具备清晰的产权,规范以公共利益为目的的土地与房产征收,制定公平的补偿标准。

三 推进和谐型城镇化的战略思路与基本任务

(一) 中国城市特性与城市问题根源

1. 中国的城市是政府管理体系当中的一个序列,而不是单纯的城市社会共同体

西方国家的城市是市民自治体,是具有高度独立性和自主性的城市社会共同体,城市与联邦政府互不隶属,功能各异。按照美国政治学者文森特·奥斯特罗姆的阐释,美国地方政府可以定义为"为满足不同利益群体的共同需求而产生、履行各种不同类型的服务、为数众多的地方单位",作为地方自治体,政府需要把面向市民的公共服务的生产、分配作为首要职责(Ostrom、Bish 和 Ostrom,1988)。中国的城市是国家这一功能组织在地域空间上的集聚和延伸,而不是一般意义上的承担基础功能的地缘社会。城市政府具有政治功能、经济发展功能和社会管理功能。经济发展功能主要是指推进城市经济总量的增长,尤其是城市 GDP 增长,经济发展速度与质量是考核城市管理者的重要标准。今天中国城市不和谐问题产生的根源之一，在于优先发展经济，过度追求GDP增长率的提高。对于城市社会来说，以"发展第一"作为指导思想将不可避免地造成一系列社会问题。因为当GDP成为发展的首要目标时，劳动力、环境、资源就变成了单纯的经济增长要素，社会保障与均等化的公共服务和民生建设被置于次要位置，稳定的城市基础群体就难以形成，作为生活空间的城市是不完整、高风险的。改革开放以来，市场配置资源的机制不断增强，但计划经济遗留的收入分配机制仍在发挥作用，合理的工资决定机制尚未形成，突出地表现在劳动生产率增长速度明显高于工资增长速度，特别是农民工工资增长缓慢，最终导致2004年中国东南沿海地区出现较大规模的民工短缺现象。

2. 中国正在经历压缩型城镇化，发展历程不是循序渐进而是相互叠加的

中国的城镇化动力可以分为两大类型：一是现代城镇化，其核心内容是从传统型城市向现代型城市转变，城镇化动力主要来自政府推动、经济市场化带来的城市人口数量增加。二是全球城镇化，动力机制来自外来资本投资、信息化和劳动力跨国流动，这一动力机制对中国东部沿海城市发展的推动作用尤为显著。中国城镇化演进的特殊性在于同时经历现代城镇化和全球城镇化并行的压缩型城镇化阶段，这一特性决定了城镇化进程中不同社会群体利益关系协调的复杂格局。

3. 中国的城市面临着复合型风险

正是由于上述压缩型城镇化的特性，中国的城乡结构、职业结构、阶层结构和社会组织形态处于剧烈变动之中，各种影响城市社会和谐、不稳定、不安全、高风险的因素不断出现，许多必要的社会政策来不及制定，城市可以预见和难以预见的风险增多，这些因素的相乘效果又会产生新的风险和危机，即复合型风险。正确认识压缩型城镇化与复合型风险，对于认识城市社会问题的产生根源，科学规划、专业管理城市，规避社会风险具有重要意义。城市需要科学管理，而促使城市回归基础社会的本位，把为市民群体提供基本公共服务作为城市的基本职能是最为重要的内容（何艳玲，2003）。

（二）推进和谐型城镇化的战略思路

城市转型要求发展模式转变，由经济发展主导型向社会建设主导型转变，社会建设成为城市发展的新动力和创新发展的新突破口——建设民生幸福的和谐型城市。

今天，如果不能转变城市发展战略定位，把民生幸福作为经济发展和城市建设的终极目标，就无法保证改革开放30多年取得的丰硕成果惠及于民。中国城市发展进入了以经济引领发展向城市发展带动各项事业全面发展的新阶段，今后的任务就是要从"发展第一"的偏执中摆脱出来，重视民生幸福城市建设，以创建幸福城市和公民社会为新的支点，开启中国以社会建设为重点的新改革。

从发展战略高度看，到2020年应当基本建成中国民生幸福城市体系，基本公共服务体系和社会保障体系基本完善；市民素质大幅提高；社会管理科学高效；社会组织作用渐趋完备；和谐社会初步形成。到2030年，应全面实现建设最小风险城市、最少不幸社会、最多公众参与、最佳人居环境、最大城市认同的和谐型城市社会体系。

（三）推进和谐型城镇化的基本任务

1. 建立居住城镇化与就业城镇化协调机制

从社会群体视角看，和谐型城镇化的目标群体主要有两个：一是进城务工的农民工群体，必须推进从目前的"不完全城镇化"向"完全城镇化"的转变；二是城市体制内的弱势群体，包括经济地位较低的群体和在城市拆迁过程中容易受到利益侵害的群体。对于城市体制内的这两部分弱势群体，政府在努力缩小收入差距、提供基本生活保障的同时，要正确处理经济发展与公平正义的关系，严格保护城市居民的合法权益，真正实现民本主义的城市发展。相比较而言，两个社会群体中农民工群体的城镇化转变任务更为艰巨。

实现农民工群体向"完全城镇化"的转变，需要建立农民工居住城镇化与就业城镇化的协调机制。目前，中国居住城镇化严重滞后于就业城镇化，与人口快速城镇化过程相对应的居住城镇化过程没有出现，相反形成了一个规模巨大的候鸟式的流动人口。大规模的人口流动既加大了城镇新移民在迁出地与迁入地之间往返的交通成本和与家人分居的福利损失，又导致了城镇新移民日益加大的消费损失。例如，一些外出务工者在农村建有宽敞住房却在城市租住破旧小屋，压抑了迁移人口在迁入地城市的消费需求，从而导致一些具有规模要求的城市服务业在中小工业城市得不到发展，产业结构升级缓慢。另外，还导致了农村迁出人口建设用地和承包农用地不能有效退出，农村土地要素重组困难，农业生产力不能有效解放。

进城务工人员与家庭的长期分离导致了留守儿童和留守妇女两大中国特有的社会问题。父母双方或一方离开农村到繁华的城市打工对家庭关系的冲击是巨大的。中国目前有超过5800万的留守儿童，很多父母都是在孩子刚刚出世不久就离开了家。孩子生长在一个单亲家庭或者由祖父母抚养，缺乏父母的爱心，幼小的心灵发育扭曲。于是中国出现了一个反映城镇化特质的概念：留守儿童。许多家庭要么父母其中一方要么父母双方都不在身边，家庭中缺失了一代人。一些农村妇女为了照顾孩子和老人而留在家乡，形成了伴随城镇化产生的另一个新社会群体：留守妇女，目前在中国农村地区约有5000万人。在增加家庭经济收入和维持正常的家庭生活之间，大量农民工家庭为了长远目标舍弃了眼前的家庭生活，留守妇女现象成为中国快速城镇化时期流动人口社会生活的特有现象。丈夫在外打工，妻子独自在家照看孩子，赡养老人，劳动强度高、精神压力大、缺乏安全感，缺乏人性化的社会关怀。城乡二元体制是形成留守妇女现象的根源，因为农民工家庭很难在城市找到稳定的住房和职业。在中国城镇化发展到现有水平后，应将农民工家庭的居住条件改善纳入政府的工作视野，通过建设面向农民工的"廉租房"，使他们共同享受文明的城市生活，与此同时加快改革城市户籍政策，终结农民工的流动状态，实现农民工的城市定居。

对于农民工的流动现象，一些学者认为农民工的空间流动在现阶段具有合理性，因为人口流动既有利于解决城市建设和工业发展用人问题，同时又能解决农民工的社会保障问题，有利于降低城镇化的成本。在中国，流动人口的产业工人化与市民化并不是同一过程，深圳市实施的"腾笼换鸟"政策是最为明显的事例。城市可以通过调整产业结构、企业的升级换代来改变流动人口结构，淘汰低端产业和低素质的劳动者，吸引高端产业和高素质人才。也就是说，城市作为一个功能主体，在挑选符合需求的城市居住者。但是从长远看，可持续的城市发展需要流动人口定居下来。"流动人口构成了中国城市和企业中的另一个劳动力市场，劳动报酬低，普遍缺少社会保障。由此造成的一个结果是人均收入的增长长期低于整个经济的增长，国内市场由于购买力低而处于萎缩状态，经济增长不得不依赖出口"（孙立平，2006）。作为进城务工人员，农民工身处城市，是最靠近市民的农民。现在需要做的是帮助解决他们在城镇化过程中遇到的问题，使流动人口能够留在城市，并向市民转变。城市保障性住房政策是为了解决城镇化引发的人口增加而市场不能解决的住房问题的计划、政策和举措，目的是引导城市人口定居的发展趋势。在城镇化快速推进的中国，保障性住房不仅仅是一项针对低收入阶层的福利事业，同时也是引导居住城镇化的重要动力。

目前中国的经济发展已经进入工业化中后期，国民经济总体实力、国家与城市的财政能力大大增强，具备了向基本公共服务地域均等和人群均等的市域普惠型的社会福利制度迈进的能力。首先要建立社会保障和社会保险制度，保障民生，消除贫困，实现人人享有稳定健康生活的权利。与此同时，要加快全面城镇化进程，逐步建立普惠型公共服务体系，保障所有居民共同享有现代文明生活的权利。

2. 推进和谐型城镇化需要确立城市的行政主体地位

实现和谐型城镇化既是国家层面的发展战略目标，又是每一座城市永恒的职责，是城市政策的基本内容。要实现城市的和谐发展，就必须确立城市的主体地位。其主要根据是，当城市常住人口增长到50%时，就进入了城市型社会。与农村社会不同，城市生活的特点首先是居民对公共交通、教育以及住宅等共同消费手段的依赖，提供这些公共消费品的是各种专业机构，生活中多种共有问题由专业机构提供专业化服务加以处理构成了城市生活方式的基本特征，从而取代了由亲族与邻里提供的"劳动交换型"的生活问题处理方式，熟人社会向以专业机构为主体的契约社会转型。

更为重要的是，现代城市社会的特征不仅表现在对城市基础设施的依赖，而且在于对医疗卫生、社会福利与社会保障等集合消费过程的依赖，城市型社会的基本特点进而可以概括为生活保障的社会化。其主要原因是，城市生活方式一般被定义为居民生活所需的各种服务由专业机构承担，通过市场交换得以实现。与此相对应，与相对稳定的农业生产不同，城市中的家庭不再是生产经营的基本单位，雇佣成为就业的基本方式。但由于城市就业具有高风险性和高竞争性，为了建立稳定的生活基础，就需要建立社会保障和社会保险制度，由城市社会共同承担社会保障和社会保险的基本职能，并在此基础上为市民提供教育文化等面向人格发展的公共服务（Ostrom，2005）。

正像托克维尔在论述美国中央与地方政府制度特征时所指出的，显而易见，如果把政府集权与行政集权结合起来，那它就要获得无限的权力。美国的政府集权（包括全国性法律的制定和外交关系的协调）虽然达到了很高的水平，但地方的建设事业是某一个地区所特有的。一个中央政府，无论它如何精明强干，也不能明察秋毫，不能依靠自己去了解一个大国生活的一切细节。而把与社会公益相关的公共事务交给地方政府承担，个人的努力与社会力量相结合，就会完成最集权和最强大的行政当局所不能完成的任务。否则，如果中央的权力过于强大，一个社会的公共道德的源泉就会枯竭，结果是只有百姓，没有公民（Tocqueville，2000）。托克维尔的这一政治社会学分析对于今天中国的和谐型城镇化建设仍然具有重要的借鉴意义。推进和谐型城镇化需要确立城市的行政主体地位，建设能够有效提供地方公共事务服务的城市政府。

3. 培育社会组织，推进市民参与公共事务治理

中国正处于由政府管制到社会自治转型的阶段，社会组织的演变是社会演变的重要形式，社会组织的演变包括组织主体和组织方式的演变。平等的社会组织数量越多，组织方式越多样，越容易达成平衡，而社会组织演变的基本规律是由被组织向自组织演变。"十一五"期间出台的国务院《关于加强和改进社区服务工作的意见》，强调大力发展社会化的社区服务体系，这一体系包括社会团体、行业协会、企业商会等社区社会协会。发展新型社会组织是新阶段、新形势下中国城市社区治理的新思路、新任务，是推进市民人格城市化转变，建设市民社会的重要内容。

2009年诺贝尔经济学奖获得者奥斯特罗姆提出的公共事务治理理论对于中国推进市民人格的城市化转变具有重要参考价值。奥斯特罗姆教授在对主流经济学研究的基础上扩展了经济学研究。主流经济学研究的基本思路是市场和政府，首先利用人的私利性去追求个人利益的同时促进社会利益的增长，然后当市场失灵时，就由政府来控制。公共事务治理理论认为，公共资源不一定由政府和企业管理，民众自己管理也是一种有效的方式（Ostrom，1990）。从文化层次看，城市是与人格得以全面自由发展相适应的社会形态。在提供城市生活保障和公共服务过程中，积极培育各类社会组织十分必要。从社会类型看，城市属于基础社会，承担着满足人的生产、生活基本需求的多元职能。只有建立起市民自治的城市管理制度，确立生活者的主体地位，才有可能把满足居民的基本权利作为城市政策首位的价值取向，才能推进市民的公共事务治理参与，确立市民的主体地位，推进市民人格的城市化转变。

四 战略路径选择与政策措施

（一）和谐型城镇化的多元化模式

目前中国城市数量多达657座，城市人口规模、产业结构、经济水平、历史传统和地方文化各有特色，城镇化进程中所面临的社会问题的形式与程度各不相同。因此，和谐型城镇化建设模式必然是多元的，社会建设路径也将是不同的。伴随着经济发展模式的转变，中国城镇化路径呈现出三种特质，同时也形成了和谐城市社会建设的基本模式。

第一，以深圳市为代表的20世纪80年代后兴起的以发展外向型经济和应对高新技术浪潮为初衷的经济技术开发区，正在从"经济增长极"向"城市生长点"转变，从过去30多年经济建设带动城市建设进入城市建设引领经济社会发展的新阶段。在中国，开发区建设与城镇化是同一过程的两个不同方面，建立开发区的出发点和首要目标是谋求区域经济的发展，在初期发展阶段，以经济特区和开发区为主的经济园区作为改革开放的实验区、引进先进技术与企业管理经验的窗口、吸引外资促进外向型经济的增长点，成长为以工业加工区和贸易区为核心的"经济增长极"，创造了经济发展的世界奇迹。从城镇化角度看，随着开发区经济的不断发展，城市的人口规模急剧扩大，城市基础设施也在不断完善，城市的生活功能和服务功能不断健全，在城镇化和现代化层面同样创造出了世界奇迹。

发挥毗邻中国香港的区位优势和特区的政策优势，深圳市许多社会建设制度改革都是开全国之先河，对全国社会建设事业发挥着引领作用。首先，设立社区工作站，按照"居政分设"原则，分离社区居委会承担的行政辅助职能。这项改革2002年最早由深圳市南山区试行，目前已经普及全国，社区服务站建设成为中国城市社区组织管理体制的一个重大变化。其次，深圳在2008年推出社会组织新政，取消主管单位，允许工商经济类、社会福利类以及公益慈善类的公益组织实行由民政部门直接登记的制度。政府对民间组织的管理、服务、合作问题，是政府体制改革的重要环节。深圳市的这项举措有助于政府与民间组织建立服务、合作、监督的新型关系模式，对于推进政府行政职能的转变，促进公民社会的建立与发展具有重大意义。再次，深圳市社会保障和公共服务整体水平不断提升。目前，深圳市已经建立了以常住人口为对象，包括综合医疗保险、住院医疗保险、劳务工医疗保险、少儿医疗保险在内的社会医疗保障体系；启动了流动人口子弟就地参加高考的制度改革，这一改革对于农民工子弟的市民化转变具有深远的历史意义。深圳市正在从经济发展优先的不均衡发展走向经济社会协调发展，代表着中国推进和谐型城镇化的一种模式。

第二，20世纪90年代以后，中国迎来了城市新区建设高潮。1992年上海浦东新区的建立，标志着中国城镇化路径的重大转变。新区不仅要建设新的经济发展龙头，而且要建设现代化新城区，全面推动经济建设与社会建设。按照全新理念建设的新区推动着城市的跨越式发展，新型城市社会逐步形成。新区人群的社会属性首先是居住者，决定能否成为新区居住者的标准首先是收入地位。以郑州新区为例，新区从建设到管理，始终贯穿了"高起点规划、高品位设计、高质量建设、高水平管理"的新型城市建设理念。城市规划具有现代城市的先进理念，政府在打造新区的过程中集中了郑州市建设用地指标和财政资金。新区人群结构特征在整个城市中非常特殊，聚集着收入水准高、消费能力强的人群，学校、医院、文化体育以及娱乐设施等硬件建设水平明显高于旧城。应该看到，城市新区建设是分阶段、渐臻完善的过程。在建设初期，新区对旧城和周边地区的人力资源与经济资源具有强力的虹吸效应，例如，国家特级教师等优秀教育资源、优秀生源不可避免地从周边市县向新区集中，拉大了新区与周边市县之间的差距。为了消除地区之间的发展差距，新区在推进自身建设的同时，必须自觉承担起带动周边地区经济社会发展的作用，在加快自身经济社会建设的基础上，帮助周边地区共同发展，逐步实现城市新区与旧区的均等化发展（李国庆，2009）。

第三，在原有城市中，二、三线城市在引导流动人口定居方面发挥着重要作用。一个和谐的城市，不仅需要繁荣的经济、稳定的就业机会，而且需要宽松自由、社会保障体系健全、便于社会交往、适于人的全面发展的生活空间，应当是一个繁荣与舒适的宜居城市。北京、上海、广州等一线城市是流动人口的首选流入目标，但由于中国城市自身面临着一系列经济社会难题，城市放开户籍制度的改革必然是循序渐进的，需要根据城市的人口容纳能力调节人口规模。首先得以放开的是中小城市户籍政策，具备稳定经济收入、固定住所条件的就可以成为中小城市的居民。中国在中小城市已经迈出了户籍制度改革的第一步，接下来就要把户籍制度改革推广到大城市，促进人的自由的空间流动，实现进城农民的市民化。

相对于一线特大城市，二、三线城市更具有潜力发展成为社会事业繁荣、富有人文关怀的宜居城市。近年来中国出现了青年人从北京、上海、广州等一线城市向武汉、重庆、成都、厦门、杭州等二、三线城市转移的人口流动新趋势，引起了社会的广泛关注。虽然目前还没有一个权威的调查数据，但是已有越来越多的人谈论这个现象，说明它已经不是一个可以忽略的少数群体。人们感觉到这一现象预示着中国城市发展和人口流动的一个新动向。巨大的就业压力、生活压力、精神压力使一些青年人对一线城市望而生畏，而二线城市的快速发展提高了城市的宜居性，创造出大量的就业机会。青年人向区域中心城市的流动缓解了"北上广"一线城市的就业压力，同时有利于人们在新的城市充分发挥自身的专业特长，有利于人才在全国各地区的均衡配置，促进地方城市的经济社会发展。

（二）推进和谐型城镇化的路径选择

第一，中国农民的城镇化过程需要分两步走。第一步是农民进入城市打工，逐步建立起在城市生活的经济基础。改革开放政策实现了这一历史性转变，农民可以在城市和农村之间自由流动，城乡二元社会结构的地理空间壁垒被打破。

第二步是具备城市生活能力的流动人口向市民身份转变，消除户籍人口与非户籍人口之间的社会身份差别。"十一五"规划纲要提出，要分类引导流动人口城镇化。城市吸引外来人口的因素首先是城市的多元功能，进城务工人员参与到不同层次的经济活动之中，形成了不同的类型。以北京地区为例，中关村是高新技术产业区，在那里工作的外地人是具有专业知识和技能的高层次技术人才。而丰台大红门地区的浙江村，则是从事服装制作与销售的杂业群体。此外，还有大量散居于内城，从事个体服务、零售以及保洁、餐饮行业的流动人口。

中国2.2亿农民工从事的职业不同，经济状况不同，距离到达市民终点的位置也不同，需要以职业为主要依据对农民工群体加以类型划分，把握农民工打工就业和生活现状，把农民工的市民化视为一个动态过程，对农民工群体内部构成加以研究，把握他们在向市民身份转换过程中遇到的制度障碍，更加准确地把握农民工群体的社会属性，探讨农民工向市民身份转化的条件和途径。

中国进城农业转移人口大体可分为四种类型，实现市民化转变的能力各不相同。①工业建筑领域中的从业人员，这是农民工的主体，占外出农民工的一半以上。②城市第三产业中的从业人员，如餐馆里的服务员、保姆、保洁人员等，可以称之为"流动三产者"。③从事各种经营活动的人员，包括规模较大的私营企业主，也包括自由市场中的小商小贩，可以称之为"流动经营者"。④失地失业的农民，一般说法大约有4000万人。这四部分农业转移人口的城市社会适应能力、城市社会网络建构能力、经济能力和思想意识等社会经济和文化属性存在显著差异。这些差异决定了他们向市民身份转变的能力差异。与市民化最接近的是从事经商活动的人员，经营成功者已经在城市中拥有自己的住房，但是由于没有城市户口，没有获得市民的身份。小商小贩虽然收入不高，但是经过多年的经营，能够在城市中建立起稳定的收入来源，维持一家的生活，是市民化可能性较大的群体，如果获得了城市户籍，或者消除了城市的制度性障碍，就可能转变为市民。相对于上述两部分自雇者，在工业和服务行业从业的人员属于受雇者，收入低，在城市没有建立起自己的经济基础，也没有建立起自己的社会关系网络，难以维持一家人的生活，距离市民化相对遥远。他们的职业虽然脱离了农业，但是没有向市民转变，对于这部分人数众多的农民工来说，首要的是提高收入水平，建立在城市生活的经济基础。失地农民由于失去了土地，丧失了经济来源，同样面临着重建生活基础的任务（孙立平，2006）。

从城市地域空间看，实现这一群体社会身份转变的城镇化途径是重点发展二、三线城市，引导他们在二、三线城市定居。随着社会发展与公共服务整体水平的提高，二、三线城市将成为农民工市民化和部分大学毕业生就业的新去向、新空间，成长为缓解大城市人口就业问题的新的空间载体。目前世界69亿人口中，生活在城市的人口总数已达35亿人，其中的52%生活在50万人以下的中小城市。中国今后新增加的城镇人口也将以中小城市和小城镇为主。中小城市生活环境便捷，而住房、交通、食品、医疗等基本生活成本与大城市相比有较大优势，市民化的门槛相对较低。"十二五""十三五"期间，中国的城镇化要重点加大这些城市的公共服务能力建设，帮助新的市民成员适应新的城市生活环境。

千方百计创造新的就业机会、不断扩大就业渠道是实现城市定居的最基础的条件。中国目前城市就业工作的重点人群可以分为三类，即新毕业大学生、进城农民工和城市固有的就业困难群体，其中进城农民工的比例最大。放开城市户籍政策的必要条件之一就是为城市的新成员提供就业机会。

第二，优先建立覆盖全体城市居住者的社会保障制度，保障全体市民的生存权利。社会保障体系涉及人类最低限的生活保障，其完善程度是一个社会文明程度的体现。目前中国大多数城市尚未达到这一目标，必须突破城市户籍人口的范围界限，以城市常住居民为对象，建立覆盖所有城市居住者的社会保障制度。这是建立和谐城市的基本条件与任务。

第三，建立普惠型基本公共服务体系，为全体城市居住者提供科学教育、医疗卫生、文化体育等基本公共服务。相对于社会保障事业的发展，中国城市公共服务体系建设更加滞后，主要体现在城市户籍人口与流动人口群体之间的差异方面。

第四，大力充实城市社会资本建设，建立多层次的房地产市场，保障全体居民的文明居住权。中国实行住房商品化仅仅经历了十余年时间，社会保障性住房建设严重滞后。中国的保障性住房政策是从1998年开始的，国务院《关于深化城镇住房制度改革加快住房建设的通知》，标志着住房从实物分配走向货币分配，同时推进经济适用住房建设。近年来，中国逐步建立起由廉租房、公共租赁住房、经济适用房和两限商品住房构成的保障性住房体系。廉租房面向最低收入家庭，由政府主导建设。公共租赁住房是面向新就业职工等夹心层（过渡性）群体住房困难的一种产品。公共租赁住房不归个人所有，而归政府或公共机构所有，以低于市场价或者承租者承受得起的价格向新就业职工出租，包括一些新的大学毕业生，还有一些从外地迁移到城市工作的群体，房租分不同层次确定。经济适用房面向低收入者，以有限产权形式封闭式运作，两限商品住房以中低收入家庭为对象。从城镇化的角度看，住房保障实质上是在帮助居民在城市定居，因为目前户籍制度的制约在逐渐缩小，而住房已经成为新来者在城市定居的一大障碍。

住房问题是一项艰巨和复杂的系统工程，需要从战略上进行长远规划和统筹安排。目前中国住房保障制度的目标与供给对象定位相对模糊，供给方式和程序存在制度漏洞。随着城镇化进程的加快，进入城镇的长期务工人员将会有很大比例转变为城市常住人口，如何制定对这一庞大人群的住房保障标准将成为当前住房保障政策中的难题。政府不仅要保障和解决具有"城市身份"居民的住房问题，而且应该解决已经长期居住在城市的务工人员的住房问题。城中村是进城务工人员的栖息地，是农民工接受城镇化洗礼的重要环节。城中村的存在降低了城市生活成本，使农民工在城市生存成为可能，为他们适应城市生活提供了喘息的时机。相反，对城中村的治理和清除却是对进城务工人员生存能力的考验。要推进进城务工人员的市民化，必须为他们建立在城市生活的基础提供优惠条件，包括他们可以接受的低价格住房，鼓励开发商建造民工住宅、民工公寓。同时，城市环境问题日益突出迫使我们重新思考中国的城镇化道路。在城市，农民工居住的城中村是生活基础设施、环境卫生和社会治安条件最差的。城市政府应当加强城中村的环境治理，对危旧房屋进行改造维修，保障进城农民工健康、文明的生活权利，环境权意识的确立也将有助于提高整个城市的文明程度。

第五，高度关注市民群体内部的社会问题，确立以人为本的城市开发原则。改变单纯的"房地产开发式"城市开发模式，进一步完善《城市房屋拆迁管理条例》，依法保障市民的合法权益，引导城市社会向和谐、有序的方向发展。

（三）推进和谐型城镇化的主要措施

（1）应纠正把城市单纯作为经济体加以经营的观念偏差，树立以社会建设带动城市发展的指导思想，并在城市发展规划中加以体现。同时，应提高城市的主体地位，发挥城市政府的创造力。城市政府的服务与管理应遵循生活社会化逻辑，把生产公共物品资源作为城市建设的首要目标。

（2）将和谐理念融入城市生活，确立文明市民生活准则。和谐型城镇化不仅仅是为城市贫困人口提供最低收入的保障与救济以确保所有城市居民的生存权，更重要的是要以全体居住者为对象，全面提高城市公共服务品质，大力创新社会化服务模式，保障全体城市居民的共用权。

（3）充实社会资本，大力发展保障性住房，保障各阶层居民的文明居住权。各级城市政府必须深刻认识保障性住房在现阶段的中国具有特殊的社会意义，一是推动基本公共服务体系和城市居住秩序的建立；二是促进居住城镇化，建立居住城镇化与就业城镇化的协调机制。必须为进城农民工和城市棚户区居民提供基本住房保障，鼓励开发商建造价格可承受的民工住宅、民工公寓和棚户区改造新区。

（4）大力提升二、三线城市的宜居水平。目前中国城市出现的部分大学毕业生离开"北上广"等一线城市、向其他城市流动的新动向体现了人的理性意识的增强，人们开始把职业和生活综合起来加以评价，选择最适宜的城市谋求生存与发展。以武汉、成都、重庆、福州、南京、杭州等为代表的二线城市，功能结构齐全，生活环境比一线城市更加轻松自由，对青年人具有巨大的吸引力。应出台相关规划与引导政策，促进人口在二、三线城市合理配置，推动建立安定有序的城市空间格局。

（5）树立社会组织是城市公共事务治理的重要主体的观念，放宽对社会组织的制度约束，提高城市自主治理能力。城市的制度设计一定是为了人的物质生活与人格发展，为保护市民权利服务。必须建立以城市为单位的公民社会共同体，并形成共同体权威，以此作为实现城市公共事务自主治理的社会基础。

参考文献

[1] R. E. 帕克、E. N. 伯吉斯、R. D. 麦肯齐：《城市社会学》，宋峻岭、郑也夫译，华夏出版社，1987。

[2] 富永健一：《日本的现代化与社会变迁》，李国庆、刘畅译，商务印书馆，2004。

[3] 韩俊编《中国农民工战略问题研究》，上海远东出版社，2009。

[4] 何艳玲：《从管制到平衡——政府与公众理想关系模式的构建及其制度化》，《学海》2003年第5期。

[5] 李国庆：《经济转型期中国城市化路径特质分析》，《江苏行政学院学报》2011年第4期。

[6] 李国庆：《辽宁省棚户社区的形成与复兴》，《经济社会体制比较》2012年第5期。

[7] 孟禹言：《城中村改造中的民生问题》，载潘家华、魏后凯主编《中国城市发展报告》No.4，社会科学文献出版社，2011。

[8] 松下圭一：《底限保障思想》，东京大学出版会，1971。

[9] 孙立平：《博弈》，社会科学文献出版社，2006。

[10] 魏后凯：《加速转型中的中国城镇化与城市发展》，载潘家华、魏后凯主编《中国城市发展报告》No.3，社会科学文献出版社，2010。

[11] 于建嵘：《抗争性政治：中国政治社会学基本问题》，人民出版社，2010。

[12] 张菊枝：《社区冲突的再生产：中国城市治理的反思性研究》，博士学位论文，中国人民大学，2012。

[13] Ostrom, E., *Governing the Commons*: *The Evolution of Institutions for Collective Action* (Cambridge University Press, 1990).

[14] Ostrom, E., *Understanding Institutional Diversity* (New Jersey: Princeton University Press, 2005).

[15] Ostrom, V., R. Bish, and Ostrom, E., *Local Government in the United States* (San Francisco: ICS Press, 1988).

[16] Tocqueville, A. D., *Democracy in America* (University of Chicago Press, 2000).

第十四章
中国城镇化布局与空间格局优化

中国各地区城镇发展的自然条件和社会经济条件差异显著,城镇化水平存在较大差异。因此,中国特色的新型城镇化道路,必须深刻把握各地区的特点,从各地的实际情况出发,按照"统筹城乡、合理布局、节约土地、功能完善、以大带小"的原则,推动形成具有中国特色的高效、合理、有序的城镇空间新格局。

一 中国城镇化空间布局现状特征

(一)中国城镇化空间布局整体特征

1. 城镇布局地区差异显著

由于自然条件和发展历史的原因,中国的城镇空间布局非常不平衡,自东向西总体上呈明显的阶梯状分布,绝大部分城镇密集布局在漠河-腾冲一线以东地区,而漠河-腾冲以西地区城市数目非常稀少。从各省城镇化率的情况来看,2010年上海、北京、天津占据前三位,前十位的省份全部位于东部沿海和东北地区。后十位的省份,包括安徽、青海、新疆、广西、四川、河南、云南、甘肃、贵州、西藏都处于中西部地区。其中前十位城镇化率的均值为64.68%,后十位城镇化率的均值为33.21%,二者相差达31个百分点。

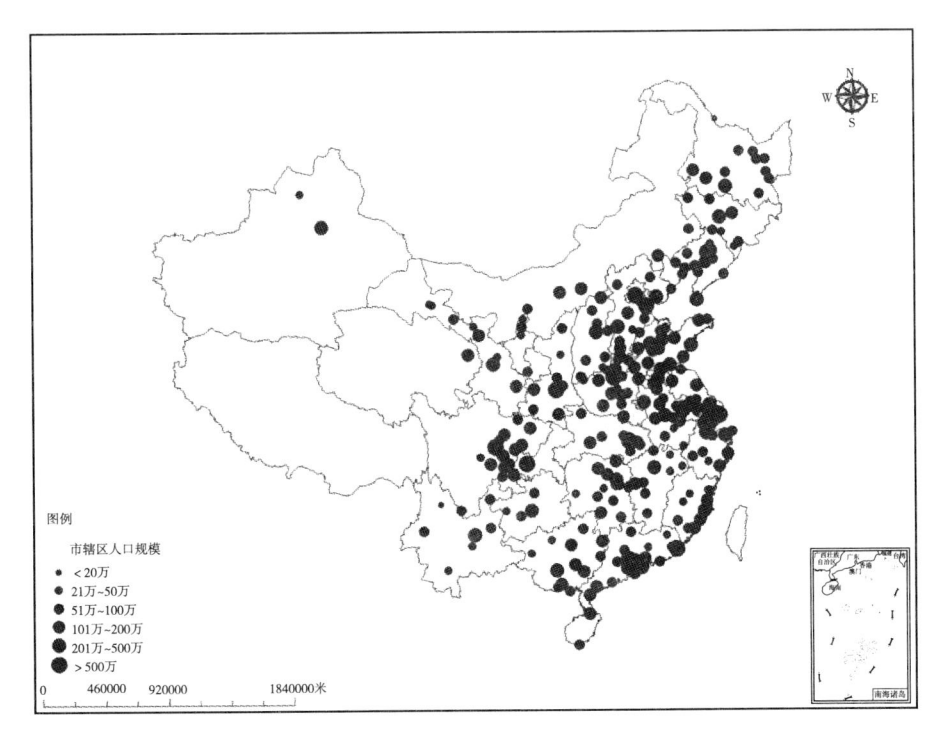

图 14-1　2010 年中国地级及以上城市空间布局示意图

2. 城镇化速度地区差异明显

为了更充分地揭示各个区域的城镇化趋势，我们计算了 2000~2010 年各省区市的城镇人口增长绝对值。其中，城镇人口增长最多的 10 个省份分别为河南、广东、江苏、河北、山东、安徽、四川、湖南、江西和浙江，全部位于东部和中部地区，这说明中东部地区是中国城镇化建设的主战场。

从各省 2001~2010 年城镇化发展速度与 2000 年城镇化率的关系看，基本符合诺瑟姆曲线，2000 年城镇化率低于 30% 的西藏、云南、贵州、甘肃 4 个省份的城镇化发展速度比较缓慢（见图 14-2）。河南的情况比较特殊，作为一个农业大省，河南 2000 年的城镇化率只有 22%，但是近 10 多年来，随着工业化的快速推进，河南城镇化率增长也比较迅速。

城镇化率处于 30%~50% 的省份，包括河北、四川、江西、安徽、广西、湖南、陕西、宁夏、重庆、山西、山东、海南、江苏、福建、内蒙古、浙江，是城镇化发展最为迅速的地区。城镇化率年均增长都保持在 1 个百分点以上。但是，同时处于该区间的新疆、青海两个西北地区省份的城镇化发

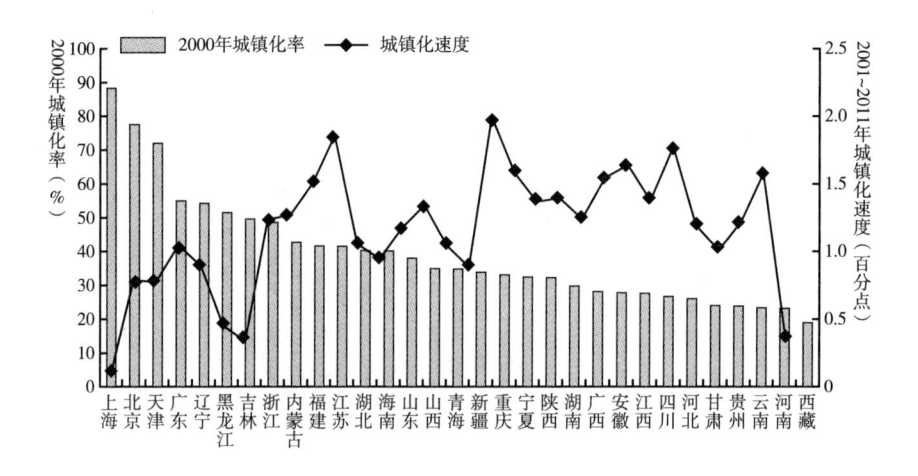

图 14-2 中国各省区城镇化速度与城镇化水平的关系

资料来源：根据《中国统计年鉴》(2001~2011)绘制。

展速度比较缓慢，这主要与这两个省份本身人口总数有限，且分布稀疏，不宜大规模推进城镇化有关。中部地区的湖北省城镇化水平也处于这一区间，但其城镇化速度却低于中部地区其他省份，这主要是因为作为重要的老工业基地，湖北城镇化既有水平较高，所以增长比较缓慢。

城镇化率处于50%~70%的省份有浙江、黑龙江、广东、吉林和辽宁。其中东北三省的城镇化发展速度相对缓慢，符合诺塞姆曲线城镇化水平达到50%以后，城镇化推进速度趋于逐步减缓的特点。但是，浙江、广东的城镇化仍然保持比较高的增长速度，这主要是因为该区域是中国主要的人口流入地区，外来人口的城镇化推动区域内的城镇化率仍然保持较高增长。

北京、天津和上海是中国城镇化率高于70%的3个城市。此区间城镇化率增长都比较缓慢，符合诺塞姆曲线当城镇化率超过70%以后城镇化发展速度放慢的规律。

3. 城市群正成为中国城镇布局的重要特征

目前，全国已经基本形成了京津冀、长江三角洲、珠江三角洲三个规模较大的城市群；另外，在辽中南、成渝、山东半岛、中原、武汉、长株潭等地城市群也在迅速崛起。这些区域以占不到全国3%的土地面积产出了占全国50%以上的国内生产总值，已经成为中国城镇化水平最高、城镇布局最密集和经济发展最活跃的地带，也是带动和辐射其他区域的重要增长极（见表14-1）。

表 14－1 2010 年中国主要城市群基本情况

地域	名称	总面积（平方公里）	总人口（万人）	GDP（亿元）	地均 GDP（亿元/平方公里）	人均 GDP（亿元/万人）
华北	京津冀	23102	6867.14	22980.9	0.99	3.35
	晋中	6025	1122.3	1846.6	0.31	1.65
	呼包鄂	7175	596.4	3495.0	0.49	5.86
华东	长三角	28745	7872.23	37923.7	1.32	4.82
	海峡西岸	6151	2287.1	4640.6	0.75	2.03
	山东半岛	19010	4030.77	11982.9	0.63	2.97
	皖中	3697	1300.39	2901.0	0.78	2.23
	昌九	1215	988.36	1636.7	1.35	1.66
华南	北部湾	18754	2237.5	2832.7	0.15	1.27
	珠三角	20868	4256.32	29782.8	1.43	7.00
华中	武汉	7258	2760.32	4845.9	0.67	1.76
	中原	4266	4537.99	3660.6	0.86	0.81
	长株潭	1771	1329.6	3201.3	1.81	2.41
西南	成渝	38335	7635.82	9956.2	0.26	1.30
	滇中	6662	1364.5	2001.8	0.30	1.47
西北	关中	11310	2319	3392.1	0.30	1.46
	兰西	9715	996.51	1362.7	0.14	1.37
	乌鲁木齐	9527	241.1	1079.4	0.11	4.48
东北	辽中南	13723	3478.5	10768.1	0.78	3.10
	哈长	20618	2474.6	7086	0.34	2.86
全国	合计	257927	58696.45	167377		
	全国占比（%）	2.67	43.28	51.27		

注：统计范围只包括《2005～2020 全国城镇体系规划》界定的各城市群包含的城市，不包括外围地区。例如，京津冀地区只包括北京、天津、唐山、保定、承德、张家口、沧州、廊坊、秦皇岛 9 个城市。

资料来源：根据《中国统计年鉴》（2011）和《中国城市统计年鉴》（2011）计算。

从东、中、西、东北四大区域来看，目前比较成熟的三大城市群：京津冀城市群、长江三角洲城市群、珠江三角洲城市群都位于东部地区，这三大城市群加上山东半岛城市群和海西城市群，以占全国 1.01% 的土地，贡献了占全国 31.5% 的 GDP，城市群的发育程度已经比较成熟。其他区域的城市群还处于萌芽或者发展初期阶段，对各自区域发展的带动作用逐步凸显，但对全国的影响还比较有限。

4. 三大城市体系辐射全国

城市体系是在一定区域范围内，以中心城市为核心，各种不同性质、规模和类型的城市相互联系、相互作用的城市群体组织。我们以城市之间航空客、货流量来度量城市之间的经济联系强度，以城市之间经济联系的取向将全国城市划分为不同的城市体系。我们借鉴冷炳荣等（2011）的城市流理论，计算了拥有机场的城市之间的交互作用力，统计每个机场的流入度，得到中国城市体系空间联系图和层级划分①。从空间分布看，中国城市联系网络的连接点主要集中在环渤海地区、长江三角洲地区和珠江三角洲地区。这三大城市群最重要的节点城市分别是北京、上海和广州。以上述三大地区为核心体系，可以将中国的城市体系划分为北京体系、上海体系和广州体系三大体系（见图14-3和表14-2）。按照离相应体系核心城市的距离，将三大体系核心区域以外的区域划分为外围区域和边缘区域。其中离核心体系核心城市的距离在300~600公里之间的为外围区域，距核心体系核心城市距离超过600公里的为边缘区域②。

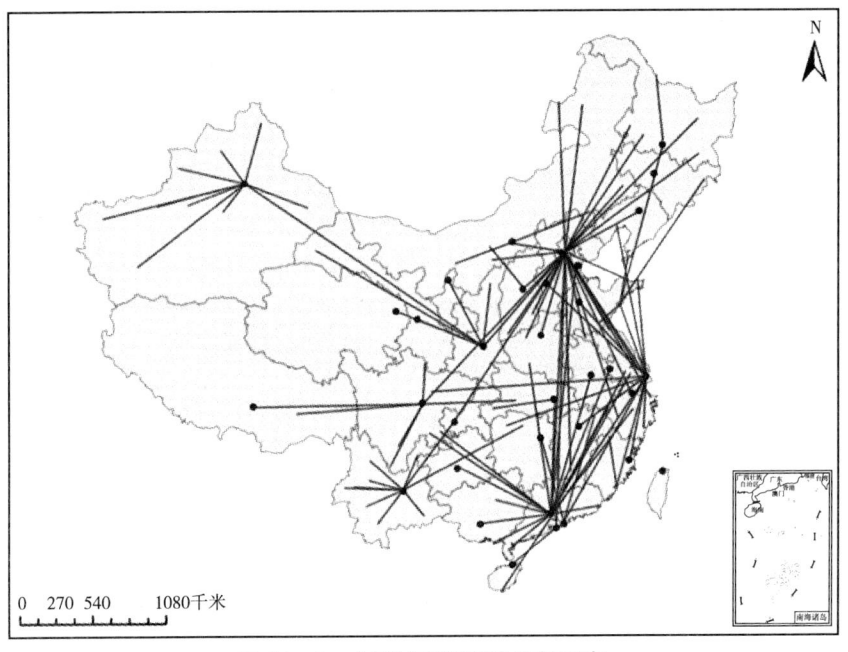

图14-3 中国城市航空流度数示意

资料来源：根据《2011从统计看民航》（中国民航出版社2011年版）计算绘制。

---

① 航空流入度的计算方法：首先在由所有机场组成的机场网络中任意选择一个机场，比如说长沙黄花机场，对长沙黄花机场与其他所有在网络中机场航线之间的客流量排序，选择客流量最大的航线对应的机场（譬如北京）作为长沙黄花机场的上位机场，然后统计网络中每一个机场被多少其他机场选择上位机场。这个数目就是该机场的流入度。

② 划分的依据主要是考虑高铁设计时速一般为300公里，在300公里以内，到达时间在1小时以内；如果超过600公里，到达时间将超过2个小时，在一天之内不容易实现面对面交流。

表 14-2 中国三大城市体系辐射范围

三大体系 （核心城市）	核心区域	外围区域 （省域内主要城市群）	边缘区域 （省域内重要城市群）
北京体系 （北京）	京津冀 城市群	辽宁（辽中南城市群） 河北（冀中南城市群） 山西（晋中城市群） 内蒙古（呼包鄂城市群） 河南（中原城市群）	甘肃、青海（兰西城市群） 宁夏（银川平原城市群） 陕西（关中城市群）
上海体系 （上海）	长江三角洲 城市群	山东（山东半岛城市群） 安徽（江淮城市群） 江苏（东陇海城市群） 福建（海峡西岸城市群） 江西（环鄱阳湖城市群） 浙江（温台城市群）	新疆（天山北坡城市群） 吉林（长吉城市群） 黑龙江（哈大齐城市群） 四川、重庆（成渝城市群） 湖北（武汉城市群） 云南（滇中城市群） 贵州（黔中城市群）
广州体系 （广州）	珠江三角洲 城市群	广东、海南（琼海城市群） 湖南（长株潭城市群） 广西（北部湾城市群）	

资料来源：根据中国铁路里程表分析整理。

北京体系是控制区域最宽的体系。该体系的核心区域是京津冀城市群，受其辐射的外围区域包括河北、河南、山西、内蒙古中东部、辽宁等地。

上海体系的核心区域是长江三角洲城市群，外围区域包括山东、安徽、福建、江西、江苏北部、浙江南部等地。

广州体系核心区域是珠江三角洲城市群，外围区域包括广西壮族自治区、湖南省、海南省。

三大体系辐射边缘区域主要包括新疆、宁夏、陕西、内蒙古西部、甘肃、湖北、四川、重庆、吉林、黑龙江、贵阳、云南、西藏、青海等地区，这些区域距离三大核心体系的距离较远，受到其辐射较弱。

（二）七大地理区域城镇布局特征

对于区域的划分目前比较公认的有两种方法。一种是新中国成立后根据地理、人文特征和经济社会联系方向将中国划分为东北、华北、华东、华中、华南、西南、西北等七大行政区（见表 14-3）；另一种是改革开放以后，伴随西部大开发、振兴东北地区等老工业基地、促进中部地区崛起等战略的实施，将中国划分为东、中、西、东北四大区域。在进行城镇空间布局研究的时候,我们选用第一种方法,因为东、中、西、东北四大区域的划分更多是从区域政策实施角度考虑的。采用这种方法进行城镇布局研究具有一定的缺陷。例如,中部六省的划分,地理意义上的华中地区只包括河南、湖北、湖南三省。山西属于华北地区,江西、安徽属于华东地区。从中部各省经济联系的主要方向来看,也更符合地理意义上七大行政区的划分,山西积极向华北地区的京津冀靠拢,属于北京体系;安徽、江西都在主动对接华东地区的长三角经济区,因此,中部六省在城市体系中隶属关系是不一样的,并没有形成真正意义上的中部城市体系。事实上,新中国成立后提出的六大行政区和后来的七大行政区更加符合中国的实际情况和历史上形成的各省市区经济联系的方向。借鉴七大行政区,结合中国城市体系的实际情况,构建覆盖全国的七大城市体系更加科学,也更加有利于城镇化相关政策的制定和实施。

表 14-3　中国七大行政区域划分范围

行政区域名称	包含的省份
东北地区	黑龙江、吉林、辽宁
华北地区	内蒙古、河北、天津、北京、山西
华东地区	上海、山东、江苏、浙江、福建、安徽、江西
华中地区	河南、湖南、湖北
华南地区	广东、广西、海南
西北地区	新疆、宁夏、陕西、青海、甘肃
西南地区	四川、重庆、贵州、云南、西藏

1. 东北地区:城镇化率虚高

东北地区是中国工业尤其是重工业发展的先行区。工业的密集布局带动了东北地区的城市建设和发展。东北地区地均城市数量和人均城市数量在全国范围内都属于较高的地区(见表 14-4)。主要城市分布沿哈尔滨-长春-沈阳-大连一线向两厢展开,城市空间布局比较合理。

表 14-4　2010 年七大行政区城市密度情况

	东北	华北	华东	华南	华中	西北	西南
每万平方公里城市数	1.115	0.038	2.371	1.622	1.823	0.193	0.284
每千万人拥有城市数	8.115	4.613	4.756	4.554	4.737	6.170	3.458

资料来源:根据《中国城市统计年鉴》(2011)和《中国统计年鉴》(2012)相关数据计算。

东北地区城镇化具有以下几个特征：①城镇化率高，但城市竞争力不强。东北地区曾经是中国城镇化率最高的地区，也是城市体系比较完备的地区。但是，由于东北地区城市多为老工业基地或资源枯竭型城市，城市的总体竞争力不强。②城镇类型齐全，但大城市辐射带动能力弱。东北地区城镇类型虽然比较齐全，但是大城市的集聚效益、规模效益和对周边城市的带动效应不强，小城镇由于缺乏大城市的辐射、带动作用，发育不充分。③城镇人口数量大，但是分布不均衡。南部的辽宁省城镇人口密度大于吉林省和黑龙江省。吉林省人口的60%集中在中部平原地区。黑龙江省总人口和城镇人口大部分分布在松嫩平原和三江平原。④城镇化率虚高。东北地区的许多城镇是伴随资源开发而发展起来的矿区城镇、林区城镇、垦区城镇和油田城镇。这些城镇人口中包含大量的农垦、林业系统人口，具有第一产业的性质（陈玉梅、张奎燕，2009）。这使得东北地区统计的城镇化率高于其城镇化的实际水平，也高于地区经济的发展水平。

2. 华北地区：中心与外围脱节

华北地区城市主要布局在华北平原地区。目前已经形成了以京津为双核心、以京津冀城市群为核心圈层、以山西－内蒙古自治区诸城市为外围圈层的双圈层城市布局形态。该地区是中国政治、文化中心所在地，是中国经济增长的重要一极，也是中国最重要的能源基地，对中国经济社会发展具有非常重要的战略意义。

华北地区城镇化具有以下几个特征：①城市体系不完善。该地区有中国四大直辖市中的两个。巨型城市比较发达，但是周边城市在城市规模和经济体量上都与两大核心城市存在巨大的差距。城市体系缺乏中小城市的支撑。②城市分工不合理，城市联系不紧密。由于北京、天津两个核心城市长期以来在城市定位上的冲突，使得整个京津冀地区城市分工不明确。核心城市与周边地区的关系更多地体现为对周边资源的吸收，而不是对周边地区的辐射和带动效应。位于山西和内蒙古的外围城市以资源型城市为主，和核心区城市在产业上联系不紧密。

3. 华东地区：承载能力受限

华东地区是中国两大河长江、黄河的入海口。历史上就是中国经济最为发达的地区，也是中国近代城镇化起步较早的地区。城市分布比较密集，城市联系比较紧密。

华东地区城镇化具有以下几个特征：①华东地区是中国城镇化发展的先

行区，也是城镇化率较高的区域，城镇人口目前还处于比较迅速的增长阶段。区内城市比较密集，已经初步形成了以超大城市为核心、以特大和大城市为主体、以中小城市为支撑的比较完整的城市体系。该区域是中国对外开放和体制改革的前沿地带，对其他区域发挥着重要的引领和辐射作用。②区域协调发展问题凸显。核心地区与边缘地区城镇功能分工限于省级行政区界限以内，跨省区、跨流域的分工协作有待加强。③城市建设用地紧张，进城门槛和成本较高，生态环境压力大，承载能力受限，有的已出现"城市病"迹象。

4. 华中地区：城镇化加速推进

华中地区城镇化具有以下几个特征：①城镇化率低于全国平均水平，但增长速度较快。2010年华中地区的城镇化率为42.26%，在七大区域中仅高于西南地区，还低于西北地区。尤其是河南省的城镇化率仅为37.70%，低于全国平均水平近10个百分点。但是，华中地区集聚了中国总人口的26.67%。因此，华中地区人口非农转移的压力和难度非常大。近年来，华中地区的城镇化速度加快，自2000年以来，年均增长速度都保持在1.2个百分点以上。②城镇体系不合理。除三个省会城市外，100万人以上的特大城市数量少，大城市、特大城市的辐射带动作用较弱，中小城市虽然数量多，但综合竞争力和就业吸纳能力有待提高。目前，华中地区各省均在打造各自的经济集聚区，形成相互分割的城市体系空间结构形态。还没有一座城市足以引领和带动整个华中地区的发展，起到区域经济发展的"龙头"作用。各城市群和城市之间经济技术协作与联动发展需要进一步加强。

5. 华南地区：经济联系不紧密

华南地区历来是中国对外贸易的前沿地带。珠江三角洲地区是中国三大经济增长极之一。但是，除珠江三角洲平原外，由于华南地区的地貌多以山地为主，城市布局比较松散，外围城市与核心城市联系不紧密。这一点与华北地区相似而和华东地区不同。

华南地区城镇化具有以下几个特征：①城市经济以外向型为主，主要经济联系方向在外，因此，核心城市对外围城市的辐射不强。仅就广东省而言，作为核心地区的珠江三角洲地区和外围地区的经济发展差距巨大。②城市体系比较完善，但城市联系不紧密。华南地区城市数目多，分布比较密集，基本形成了大中小和特大城市完整的城市体系。但是，由于地理条件的限制，城市分布松散，城市经济联系不紧密。

6. 西北地区：规模体系不健全

西北地区城镇化具有以下几个特征：①城市数目不断增多，但城镇化水平尚低。1949 年，西北地区共有 8 个城市，其中陕西 4 个，其他 4 省区分别只有 1 个城市。到 2010 年，整个西北地区共有 80 个城市。虽然西北地区的地均城市数是全国最低的，但是每千万人拥有的城市数量却是全国最高的。2009 年西北地区的城镇化率仅为 42.57%，低于全国平均水平。②城市规模不断扩大，但等级序列尚不完善。新中国成立初期，西北地区没有人口超过 50 万人的大城市，到 2010 年，西北地区已有人口超过 500 万人的城市 1 座，人口超过 100 万人的城市 10 座。中等城市和小城市也有较大发展。然而，在西北城市体系中，二城市指数、四城市指数和十一城市指数都偏高（见表 14-5），说明西北地区的大中小城市比例失调，缺少一定规模的中等城市作为支撑。③城市空间分布不均衡。陕西省城市数目及其规模在西北 5 省区中均居前列。青海、宁夏两省区，城市数目极少，规模也不大。新疆虽拥有西北 5 省区中最多的建制市数量，但小城市占了绝大部分，其规模集聚效应远低于大城市，对经济的推动作用不足。

表 14-5 2010 年七大行政区城市体系状况

指数	东北	华北	华东	华南	华中	西北	西南
二城市指数	1.07	1.08	1.46	1.21	1.80	2.42	2.97
四城市指数	0.44	0.40	0.34	0.41	0.63	0.96	1.48
十一城市指数	0.49	0.32	0.29	0.36	0.46	0.79	1.38

注：计算方法参考周一星（1995）。
资料来源：根据《中国城市统计年鉴》（2011）和《中国统计年鉴》（2011）计算。

7. 西南地区：空间分布不均衡

西南地区的地貌以山地为主，城市主要布局在成都平原和分散在其他小平原。城市之间由于地理条件的限制联系比较困难，不易形成严密的城市体系。

西南地区城镇化具有以下几个特征：①城镇化起点低，但发展速度较快。西南五省市占国土面积的 26.9%，人口占全国的 18.96%。2010 年西南地区的城镇化率仅为 37.88%，低于西北地区近 5 个百分点，是全国城镇化率最低的区域，也是全国每千万人拥有城市数目最少的区域，城镇数目严重不足。不过，近年来西南地区已成为中国城镇人口增长最为迅速的区域。

②城市平均规模偏小，规模等级不协调。成渝地区是西南地区城市最为密集的区域，也是城市规模体系比较完善的区域，但是，云南、贵州两省除了昆明、贵阳两个100万人口以上的特大城市外，其他城市城区人口都没有超过100万人，城市规模等级不协调。③城市分布不均衡。西南各省呈现出明显的城镇集中区域，如四川盆地、贵州中部、云南东北部等。而在这几个中心区域之外的广大地区，自然条件恶劣，城镇稀少，经济社会发展水平远低于中心区域。而且这些边缘区域是中国少数民族的主要居住区，因此加快西南边缘区域的城镇化进程对推动少数民族地区发展和落实国家民族政策具有重要意义。④城市经济总量小，功能相对单一，对周边地区的辐射带动能力弱（钟少颖等，2012）。

二 中国城镇化空间布局的总体框架

（一）中国城镇化空间布局调整优化的背景

1. 经济增长呈现多极化态势

在西部大开发战略实施后，国家又陆续实施了东北地区等老工业基地振兴、促进中部地区崛起等区域发展战略，中西部地区发展速度逐步加快，尤其是国际金融危机以后，产业由沿海向内陆转移的步伐明显加快，内陆地区的经济增长速度已经全面超过沿海地区。2010年国内生产总值增长最快的三个省区市重庆、内蒙古、陕西都位于西部地区，而增长最慢的三个省市北京、广东、浙江都位于东部地区。这说明内陆地区经济发展的能力在不断增强，区域均衡发展的态势已经开始形成。从城镇化空间布局和格局优化来说，内陆地区幅员辽阔，迫切需要形成具有较强带动和辐射能力的核心城市和区域性增长极。因此，中国内陆地区的城镇化空间格局调整和优化，要着力培育核心城市和增长极，推动形成区域内部完善的城市体系。如图14-4所示。

2. 城镇化资源环境约束日益凸显

目前制约中国城镇化空间布局的资源环境条件主要有土地资源条件、水资源条件、油气资源条件、矿产资源条件等。

土地资源条件是制约中国城市空间分布的首位自然因素。根据《2005~2020全国城镇体系规划》研究，目前中国不适宜和较不适宜城镇化的国土面积占全国总国土面积的75%，较适宜城镇化开发的地区占全国总国土面

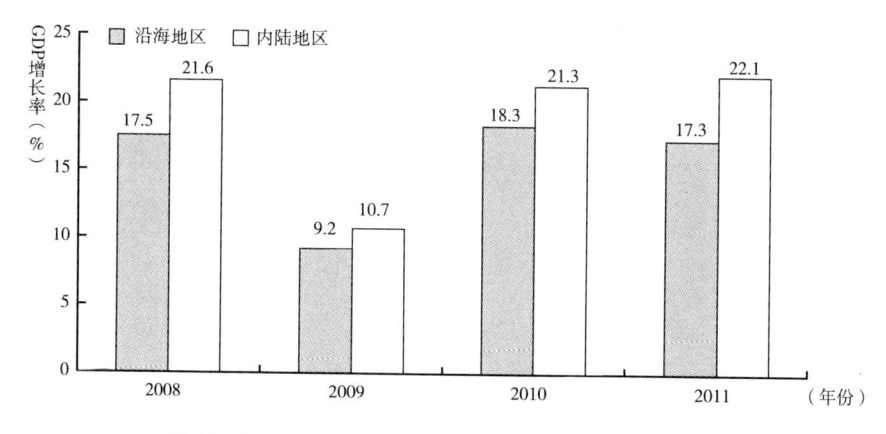

图 14-4　2008~2011 年沿海和内陆地区经济增长情况

注：沿海地区包括辽宁、北京、天津、河北、山东、江苏、上海、浙江、福建、广东、广西和海南等 12 个省区市，其他省份为内陆地区。

资料来源：根据《中国统计年鉴》(2009~2012) 相关数据计算。

积的 22%（见表 14-6），主要是平原盆地地区，现以耕地覆盖为主，是中国的粮食主产区。近年来，中国耕地面积不断减少，这些区域保护耕地的任务非常艰巨。土地资源的刚性制约决定中国必须走一条集约化的城镇化道路，也决定了中国在城市规模等级发展上必须走一条以大城市为主、中小城市为支撑的大中小城市和小城镇协调发展的道路。

表 14-6　按地理因素评价城镇布局适宜性

城市发展适宜性评价分类	分布地区	面积比例(%)
不适宜地区	东部湿地、沿海滩涂、西部沙漠戈壁、青藏高原高寒地区	25
较不适宜地区	坡度较高的山地丘陵地区、青藏高寒地区，以林地和草原等覆盖为主	50
较适宜地区	主要位于平原盆地地区，现以耕地覆盖为主，也是地势平坦、水资源较为丰富的地区	22
最适宜地区	分布在东部沿海平原及四川盆地，西部主要分布在河西走廊及天山南北的河流冲积扇地区，这些区域地势平坦、交通发达、水资源丰富	3

资料来源：根据《全国城镇体系规划》(2005~2020) 整理。

水资源是另一个严重制约中国城镇化空间布局的自然资源因素。从全国范围来看，中国是一个水资源非常匮乏的国家，人均水资源量不足世界平均水平的25%。从区域角度来看，中国经济发达的地区，如北京、天津、上海、山东、江苏等都是人均水资源拥有量靠后的地区，尤其是北京，人均水资源拥有量居全国倒数第三位（见图14-5），水资源的极端短缺已经成为制约北京城镇化的一个核心问题。而中国水资源比较丰富的地区，如西藏、青海、海南、云南、广西、四川等却又是可开发土地资源比较匮乏的地区。水资源和可开发土地资源的错配进一步增加了中国城镇化空间布局调整和优化的难度。

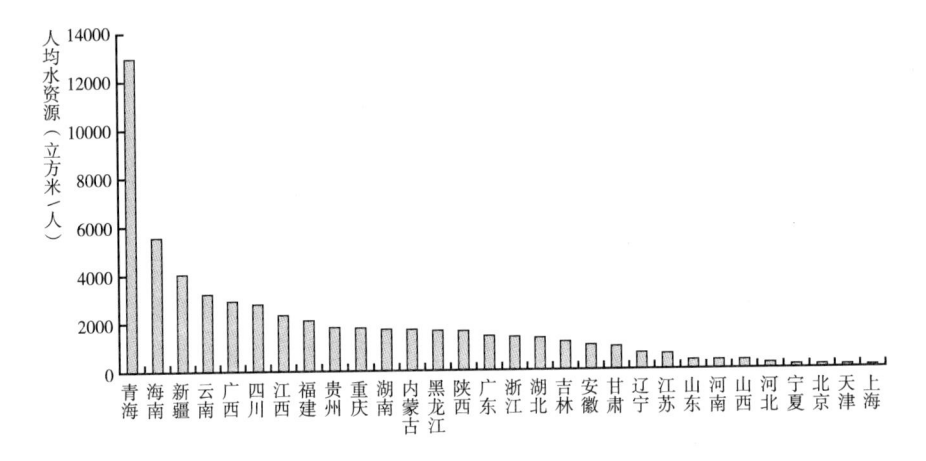

图14-5 2011年中国各省区人均水资源比较

资料来源：根据《中国统计年鉴》（2012）绘制。

矿产资源和油气资源也是制约中国城镇化空间布局调整优化的一个重要因素。中国是一个人均矿产资源和油气资源比较缺乏的国家。随着工业化的快速推进，矿产资源和油气资源对外依存度不断提高。尤其是有"工业血液"之称的石油进口量从1990年的755.6万吨增加到2010年的25642万吨，20年间增长了30多倍。矿产资源和油气资源的匮乏也决定了中国必须走集约化和紧凑型的城镇化道路。与此同时，由于矿产资源产地主要位于西部地区，而油气资源主要依赖进口，这就要求中国必须加强西部资源型城市和东部能源基地建设。

3. 国土空间分类治理上升为国家战略

按照主体功能区和关键问题区两种类型区域对国土空间实行分类管理，实施差别化的国家援助政策，都已经纳入国家"十二五"规划纲要和《全国主体功能区规划》等相关文件，这将对中国城镇化空间格局调整产生深远的影响。

主体功能区规划按照资源环境承载能力、经济开发密度和未来发展潜力，将国土空间划分为优化开发、重点开发、限制开发和禁止开发四类区域，并以此作为国家区域调控和促进人与自然和谐发展的地域单元。主体功能区规划要求在进行城镇化布局时要统筹谋划人口分布、经济布局和国土利用，引导人口和经济向适宜开发的区域和城市集聚，保护农业和生态发展空间，促进人口、经济与资源环境相协调。对人口密集、开发强度偏高、资源环境负荷过重的部分城市化地区要优化开发；对资源环境承载能力较强、集聚人口和经济条件较好的城市化地区要重点开发；对具备较好的农业生产条件、以提供农产品为主体功能的农产品主产区，要着力保障农产品供给安全，坚决抵制侵占耕地发展城市的行为；对影响全局生态安全的重点生态功能区，要限制大规模、高强度的工业化城镇化开发。

关键问题区主要指老少边穷和资源枯竭城市以及老工业基地等区域。中央从构建和谐社会的目标和"人的繁荣"的角度出发，防止落后地区城镇的边缘化，积极扶持革命老区和少数民族地区城镇的发展；积极促进资源枯竭城市的健康转型；积极扶持老工业基地城市的产业升级换代和多样化（邬晓霞、魏后凯，2011）。

（二）中国特色城镇化空间格局的构建思路

1. 构建覆盖全国、联系紧密的七大城市体系

现有的三大城市体系对内陆地区的辐射能力较弱。按照《全国主体功能区规划》，作为北京体系的核心区域，京津冀地区规划为辐射"三北"地区的核心地带，但是北京距离东北哈尔滨的铁路里程为1288公里，距离西北的乌鲁木齐为3768公里；作为上海体系的核心区域，长江三角洲地区规划为辐射长江流域的核心地带，但是上海距离长江中游的武汉1230公里，距离长江上游的重庆2167公里；作为广州体系的核心区域，珠江三角洲地区规划为辐射华南、西南和华中地区的核心地带，但是广州距离西南地区的成都2527公里，距离华中地区的武汉1064公里，都远远超出一个城市的最佳辐射范围。因此，东北、西北、华中和西南地区都必须要建设能够辐射区域全域的内部核心城市和增长极。同时，在2008年金融危机以后，中国经济结构调整和发展方式转变速度加快。内陆地区的发展速度开始超过东部地区。这种全新的发展态势也迫切需要东北、华中、西北、西南等内陆地区打造区域内部的核心城市和城市群，进而形成完整的城市体系。

构建覆盖全国、联系紧密的七大城市体系要在充分发挥沿海已有3大城市体系的辐射带动作用的同时，加强中西部地区的城市体系建设。以重庆、西安、武汉、沈阳四座城市为核心，以成渝城市群、关中城市群、长江中游城市群、辽中南城市群为核心区域打造引领西南地区发展的重庆体系、引领西北地区发展的西安体系、引领华中地区发展的武汉体系和引领东北发展的沈阳体系，与目前的北京体系、上海体系、广州体系形成覆盖全国的七大城市体系。

七大城市体系分别是辐射华北地区的北京体系、辐射东北地区的沈阳体系、辐射华东地区的上海体系、辐射华南地区的广州体系、辐射西南地区的重庆体系、辐射华中地区的武汉体系和辐射西北地区的西安体系。构建七大体系以后，各个体系的核心城市到最边缘城市的距离基本上都在600公里以内，按照高铁每小时300公里的时速，各个体系内部的往返时间都可以控制在4小时以内。七大城市体系辐射范围如表14-7所示。

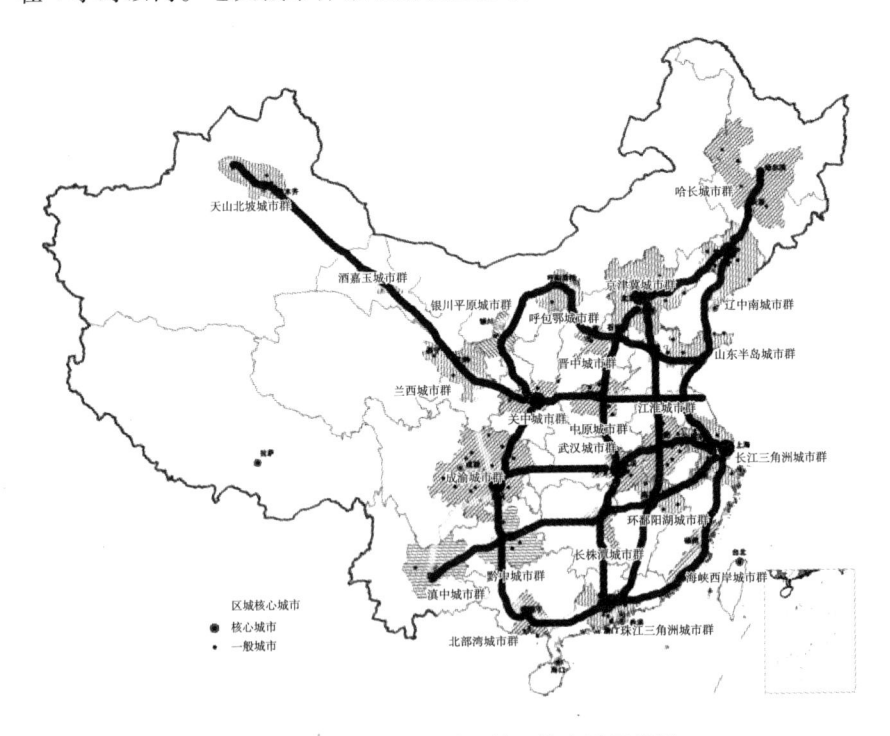

图14-6 中国城镇化的总体布局示意图

表 14-7　七大城市体系辐射范围

七大体系（区域）	核心区域	外围区域
北京体系（华北）	京津冀城市群	河北省南部、山西省、内蒙古自治区中部
上海体系（华东）	长江三角洲城市群	安徽省、江苏省北部、福建省、山东省、江西省、浙江省南部
广州体系（华南）	珠江三角洲城市群	海南省、广西壮族自治区
武汉体系（华中）	长江中游城市群	河南省、湖南省南部和西部
重庆体系（西南）	成渝城市群	云南省、贵州省、西藏自治区、
西安体系（西北）	关中城市群	甘肃省、青海省、宁夏回族自治区、新疆维吾尔自治区、内蒙古自治区西部
沈阳体系（东北）	辽中南城市群	吉林省、黑龙江省

2. 七大体系的战略定位和发展方向

（1）沈阳体系

沈阳体系以沈阳为核心城市，以大连、哈尔滨、长春为次级中心城市，以辽中南城市群为核心区域，包括辽宁省、吉林省、黑龙江省和内蒙古自治区东部的呼伦贝尔市、通辽市、赤峰市、兴安盟和锡林格勒等地区。目前该区域城镇分布形成了沿大连－沈阳－长春－哈尔滨一线向两厢地带扩张的态势。

从战略定位来说，东北地区要打造成为中国面向东北亚开放的前沿地带、中国最重要的装备制造业基地和重要的粮食基地。

从发展方向来看，东北地区要积极融入东北亚经济圈，突出口岸城市和港口城市在对外开放战略中的枢纽作用，加强东北与东北亚国家间水路交通运输体系的衔接，实现资源与产业的互补。东北老工业基地振兴必须实施"再工业化"战略，以装备制造业、高新技术产业、新型轻工业等为核心，延长产业链条，改善产业配套条件，推动形成一批符合东北地区资源禀赋特点的优势产业群。同时，要继续深化国有企业改革，大力推进不良资产处置和政府职能转变，完善现代市场体系建设，进一步化解制约东北地区振兴的体制机制约束，逐步建立起与社会主义市场经济要求相适应的新机制、新体制。东北地区农业发展要着力形成一批大的农业企业集团，提升在全球范围内的农产品议价能力，保障中国的农产品生产安全。

（2）北京体系

北京体系以北京、天津为核心城市，以唐山、石家庄、太原、包头、呼和浩特等城市为次级中心，以京津冀城市群为核心区域，包括北京、河北、天津、山西和内蒙古自治区中部地区。该区域的城市分布逐步形成以北京、天津为核心，以河北周边城市为第一圈层，以河北外围城市、山西晋中城市群、内蒙古呼包鄂城市群为第二圈层的两圈层结构。

从战略定位来说，北京体系将打造成为中国北方核心经济区、全国对外开放最重要的窗口之一、中国重要的能源基地。

从发展方向来看，由于该区域是中国水资源最匮乏的地区之一（见表14-8），也是中国的重工业集聚区（见表14-9），同时又是科技资源最密集的地区。因此，该地区的经济发展必须走一条依靠科技创新、减少能源资源消耗的绿色创新发展之路。区域内五省区市要在绿色创新发展的理念下，根据各自的资源禀赋特点确定各自的发展定位，充分发挥各自优势，真正实现错位发展、互补发展、协调发展，形成发展的合力。

表14-8 华北地区五省区市水资源情况

单位：%

水资源指标	北京	天津	河北	山西	内蒙古
人均水资源量/全国平均人均水资源量	5.3	3.1	8.4	11.3	68.2
地下水/供水总量	60.1	26.1	80.5	54.1	48.7

资料来源：根据《中国统计年鉴》（2012）计算。

表14-9 华北地区五省区市产业结构情况

单位：%

产业	北京	天津	河北	山西	内蒙古
第一产业	0.90	1.6	12.57	6	9.4
第二产业	24	52.4	52.5	56.9	54.5
第三产业	75.1	46	34.93	37.1	36.1
轻工业	14.60	16.30	19.80	4.90	28.90
重工业	85.40	83.70	80.20	95.10	71.10

资料来源：根据《中国统计年鉴》（2012）计算。

北京必须坚持高端引领、创新驱动、绿色发展的方针，持续推动产业结构的调整和优化升级，真正建设成为国家创新中心和全国创新枢纽。天津要成为北方地区的经济中心，一方面要继续大力提升经济总量，另一方面要下大力气完善产业结构，改变目前以重工业为主的经济形态。要积极发展高端服务业，形成三次产业协调发展的格局。河北省要在继续做好服务京津的同时，立足打造中国北方地区先进制造业基地、现代物流基地、战略资源储备调配基地和京津冀都市圈科技成果转化、高端休闲旅游、绿色健康食品和二次能源基地。内蒙古自治区和山西省是全国重要的能源基地，也是全国重要的生态涵养区。两地区一方面要着力改造提升传统产业，深入推进煤炭资源整合、煤矿兼并重组，形成若干亿吨级和千万吨级大型煤炭企业集团，推进煤、电、路、港、航一体化经营；实现煤矿综合机械化开采，提高煤炭生产规模化、集约化、机械化、信息化水平；鼓励煤炭企业多元发展，着力提高非煤产业比重，进一步巩固能源基地的战略地位。另一方面要加强重点生态区域的保护与治理，因地制宜发展资源环境可承载的特色产业，引导超载人口逐步向重点开发区域有序转移。

（3）上海体系

上海体系以上海为核心城市，以长三角城市群为核心区域，包括上海、浙江、江苏、山东、福建、安徽、江西等省市，是包含省市最多的城市体系。其中，长三角的两省一市是中国经济综合实力最强的区域，在社会主义现代化建设全局中具有重要的战略地位和突出的带动作用。相对于其他体系，上海体系区位条件优越，自然禀赋优良，经济基础雄厚，体制比较完善，城镇化体系完整，文化发达（姚士谋等，2011）。

从战略定位来看，上海体系要建成亚太地区重要的国际门户、全球重要的现代服务业和先进制造业中心，打造具有国际竞争力的世界级城市群，在中国率先实现现代化。

从发展方向来看，上海要充分发挥国际经济、金融、贸易、航运中心的作用，大力发展现代服务业和先进制造业，加快形成以服务业为主的产业结构，进一步增强创新能力，促进区域整体优势的发挥和国际竞争力的提升。同时，长三角地区要以深入参与经济全球化为方向，加快区域资源的整合，以产业结构高级化为途径，积极利用国内、国际两种资源和两个市场，加强与内地城市的联系与合作，促进产业在区域内和区域间的有序转移，使之成为引领中国经济转型的龙头。

要通过加快重大基础设施项目建设，提高上海和长三角地区对区域外围地带的辐射和带动作用。充分发挥安徽、江西两省人力资源丰富的特点，加快长三角地区相关产业向上述两地区转移，推动区域协调发展态势的形成。

上海体系要着力提升城镇化的质量，推动城镇化从量的扩张向质的提高转变，要提高人口素质，优化人口结构。大城市发展要注重土地的集约利用，防止人口的过度膨胀和空间的无序蔓延；鼓励中小城市与小城镇向专业化方向发展，与中心城市形成产业互补、联系便捷、网络状的城镇空间体系。同时，要注重统筹大型基础设施建设，促进城乡空间的整合和协调发展，发挥整体功能。

(4) 广州体系

广州体系以广州为核心城市，以珠三角城市群为核心区域，包括广东北部和西部、广西、海南以及湖南和江西南部地区。其中，珠三角地区是中国改革开放的先行地区，也是中国重要的经济核心区，在全国经济社会发展和改革开放大局中具有突出的带动作用和举足轻重的战略地位。

根据《珠三角地区改革发展规划纲要 (2008～2020)》，珠三角的战略定位是探索科学发展模式试验区、深化改革先行区、扩大开放的重要国际门户、世界先进制造业和现代服务业基地和全国重要的经济中心。

广东省作为广州体系的主体部分，经济结构主要以外向型经济为主，随着全球经济结构的变化，原有的发展模式面临不少问题，急需转型发展。广东省要支持珠三角地区与港澳地区在现代服务业领域的深度合作，重点发展金融业、会展业、物流业、信息服务业、科技服务业、商务服务业、外包服务业、文化创意产业、总部经济和旅游业，全面提升服务业发展水平和质量。珠江三角洲地区要打破行政体制障碍，遵循政府推动、市场主导、资源共享、优势互补、协调发展、互利共赢的原则，创新合作机制，优化资源配置。要充分发挥珠三角地区的辐射、服务和带动作用，促进要素流动和产业转移，形成梯度发展、分工合理的多层次产业群和优势互补、互利共赢的产业协作体系。

鼓励广西壮族自治区在中国－东盟自由贸易区框架协议下，积极开展多层次、多方式、多领域的合作，将广西壮族自治区打造成为中国对东南亚开放的桥头堡。

支持海南国际旅游岛建设，推动海南免税区健康发展，将海南岛打造成具有国际影响力的旅游都市区。

(5) 武汉体系

武汉体系以武汉为核心城市，包括湖北、河南和湖南三省市，包含中原城市群、长株潭城市群和武汉城市群。

武汉体系的发展对于完善中国城市体系具有重要意义，可以起到承东启西、贯通南北的作用。

武汉体系覆盖的三省具有丰富的人力资源，科技资源在全国范围内也具有一定优势,同时还是全国重要的粮食主产区。武汉体系的发展要立足区域优势,走新型工业化、新型城镇化和农业现代化的道路,将该区域建设成为中国重要的经济增长极,带动广大内陆地区后发赶超,实现跨越式绿色发展。

武汉体系要积极对接沿海地区的三大城市体系,主动承接东部的产业转移,加快工业化和城镇化进程,有序地推动广大的农业人口就地转化为城镇人口。

在推进武汉体系的城镇化进程中,要特别注意统筹城乡区域发展、完善基本公共服务体系。华中地区农村人口众多,是中国最为主要的劳动力输出地区。只有逐步建立全覆盖的社会保障制度和实现基本公共服务均等化,特别是与农民工利益最直接相关的子女义务教育、医疗、住房等基本公共服务,才能为广大农村居民到城镇就业和定居创造良好的条件,使进城农民真正融入城市社会,确保他们"留得住","不回流"。

(6) 重庆体系

重庆体系以重庆为核心,以成渝城市群为核心区域,包括四川、重庆、贵州、云南、西藏等省区市。

重庆体系的城市分布极不均衡,大中城市主要分布在四川盆地、贵州中部和云南东北部。其他边缘区域自然条件较为恶劣,域内城镇规模小,职能单一,经济实力弱,城市规模增长缓慢,且由于各种条件限制,所能接受的城市文明辐射有限;该区域也是中国少数民族的主要居住区。因此,西南地区的城镇化发展要对这两类地区分别采用不同的策略。

在城市相对密集区域,要促进区域内的大中小城市协同发展,同时加强城市之间的经济关联,以促进中心区域形成都市圈、城市群和城市带。

边缘区域要加强特色小城镇建设,根据区域的实际情况,以新的理念、新的思路指导边缘区域的小城镇建设。但是,要注意由于自然环境的约束,在未来相当长一段时间里,西南地区大规模农村工业化的可能性不大,小城镇大规模的扩张也就不现实。在西南地区城镇化进程中,边缘区域的贡献份额将不会太大。因此,这些区域小城镇建设不能急于求成,一哄而上;要适当撤并规模较小的建制镇,支持特色镇和中心镇发展,进一步完善城镇体系。

(7) 西安体系

西安体系以西安为核心,以关中城市群为核心区域,包括陕西、新疆、甘肃、青海、宁夏和内蒙古西部。

西安体系地域辽阔，能源矿产资源丰富，人口密度低，经济社会水平相对落后，生态环境脆弱，城镇化水平较低。今后推进城镇化的重点应放在提升现有的中心城市和培育发展新的经济中心上，采取"以点为主，点线结合"的空间开发战略，相对集中力量，以现有经济基础较好、人口较密集、沿交通干线的地区作为重点开发区域，依托陇海－兰新大陆桥发挥各个中心城市的集聚和辐射作用，促进沿线经济带的形成（麦士荣，2011）。

西安体系要特别注意资源型城市的转型发展。要依托黄河中上游、新疆塔里木盆地、陕北和蒙西地区的资源开发以及中国连接中亚地区的能源大通道，建设新型能源基地城市，促进能源产业向深加工和精细化方向发展。积极培育发展地方性中心城市，在小城镇中重点发展县城、工矿区和工贸城镇。

西安体系虽然地均城市数量少、空间分布较为稀疏，但其区域内城市数量已经基本能够满足需要，今后应重点培育中心城市和城市群，促进人口向宜居的大城市集中。要以西安为龙头，以关中城市群、兰西城市群和乌鲁木齐为重要节点，依托欧亚大陆桥建设，构建西北地区城市发展轴。

该区域的城镇化要特别注意生态保护问题。西北地区生态环境条件十分脆弱，容易破坏，难以恢复，必须推行生态环境保护优先的集中式城镇化发展战略。通过产业引导、政策优惠鼓励农民从生态脆弱的地区逐步向条件好的城镇转移。要扶持革命老区和少数民族地区城镇的发展，重点加强基础设施和社会服务设施的建设，促进地方特色经济发展。

3. 构建"四横四纵"为主体的城镇化发展轴

重要交通基础设施建设不仅是国土空间开发的重要内容，而且是城市空间布局形成的重要载体和基础。在城镇化初期，"点－轴"理论曾经被认为是国家或区域的最佳空间结构，也是最有效的空间开发模式（陆大道，2001）。其中的"轴"主要是指线状基础设施束，是作为"点"的中心城市经济要素向外扩散的路径。基于多种运输设施形成的发展轴线把分散于地理空间的相关资源和要素连接起来，从而通过这种空间组织形式，使经济活动更为有序化和组织化。依托轴线所形成的区域经济设施、社会设施的集中布局，促进了产业结构及经济活动与区域性基础设施之间的有机结合，由此产生巨大的空间集聚效应（陆大道，1995）。多种运输方式共同组成的发展轴线的形成正是空间经济组织完善的重要标志和特征。

中国在城镇空间布局调整过程中要充分发挥高速铁路、高速公路、水道等交通基础设施的作用，构建以陇海－兰新发展轴、沿长江发展轴、青西发展轴、沪昆发展轴为四条横轴，以沿海发展轴、京哈－京广发展轴、包南发展轴、京深发展轴为四条纵轴的城市发展轴线（见表14－10）。

表14－10　八条城市发展轴的基本情况

名称	依托的主要交通走廊	连接的城镇密集区域和城市群
沿长江发展轴	铁路：沿江铁路、南京－成都客运专线；水路：长江黄金水道；公路：105国道、沪蓉高速公路	长江三角洲城市群、江淮城市群、武汉城市群、环鄱阳湖城市群、长株潭城市群、成渝城市群
陇海－兰新发展轴	铁路：陇海线、徐州－兰州客运专线；公路：310国道、连霍线高速公路	东陇海城市群、中原城市群、关中城市群、兰西城市群、天山北坡城市群
青西发展轴	铁路：青岛－太原客运专线、太原－中卫－兰州－西宁－格尔木铁路	山东半岛城市群、冀中南城市群、晋中城市群、银川平原城市群、兰西城市群
沪昆发展轴	铁路：沪杭线、浙赣线、湘黔线、黔昆线、沪昆高铁；公路：302国道、沪昆高速	长江三角洲城市群、环鄱阳湖城市群、长株潭城市群、黔中城市群、滇中城市群
沿海发展轴	铁路：沿海铁路；公路：同（江）三（亚）线高速公路；水运：沿海航线	辽中南城市群、京津冀城市群、山东半岛城市群、海峡西岸城市群、长江三角洲城市群、珠江三角洲城市群、北部湾城市群
京哈－京广发展轴	铁路：京哈、京广线、京广高铁、京哈客运专线；公路：102国道、105国道、107国道、京珠高速、京哈高速	哈长城市群、辽中南城市群、冀中南城市群、京津冀城市群、武汉城市群、中原城市群、长株潭城市群、珠江三角洲城市群
京深发展轴	铁路：京九线；公路：大广高速	京津冀城市群、江淮城市群、环鄱阳湖城市群、珠江三角洲城市群
包南发展轴	铁路：包兰线、成昆线、南昆线、兰成线、西安－成都－贵阳－广州高铁；公路：110国道	呼包鄂城市群、关中城市群、成渝城市群、黔中城市群、北部湾城市群

三　优化城镇化空间布局的政策措施

（一）加快重大基础设施项目建设

加快高速铁路、高速公路、民航机场等重大基础设施建设，有利于增强城市间的交流和联系，充分发挥中心城市的辐射带动作用，促进区域协调发展。

一是加快高速铁路建设。铁路运输具有运量大、运费低、时间准的优势，在长途交通运输中发挥着重要作用。高速铁路的建设对满足快速增长的旅客运输需求，加强不同城市之间的经济联系，优化城镇空间布局具有举足轻重的作用。要加快"四纵四横"客运专线的建设，其中：北京－上海客运专线（已建成），贯通京津至长三角东部沿海经济发达地区；北京－武汉－广州－深圳客运专线，连接华北、华中和华南地区；北京－沈阳－哈尔滨客运专线，连接东北和关内地区；杭州－宁波－福州－深圳客运专线，连接长江、珠江三角洲和东南沿海地区；徐州－郑州－兰州客运专线连接西北和华北地区；杭州－南昌－长沙－贵阳客运专线，连接华中、华东和西南地区；青岛－石家庄－太原－包头客运专线，连接华北和华东地区。"四纵四横"客运专线的建成对于形成七大城市体系和"四纵四横"城市发展轴具有决定性的作用。

二是完善高速公路网络。高速公路在中短距离的运输中具有重要优势，目前国家层面的骨干高速公路网络已经基本建成，未来要加强区域内部的高速公路规划和建设，尤其是同一城市体系内部核心城市和周边城市之间的高速公路连接通道的建设。这将有利于同一城市体系内部经济联系的加强和城市体系的完善。

三是优化民用机场布局。机场是综合交通运输体系的重要组成部分。机场建设要重点培育国际枢纽、区域中心和门户机场，完善干线机场功能，适度增加支线机场布点，构筑规模适当、结构合理、功能完善的北方（华北、东北）、华东、华中、华南、西南、西北五大区域机场群。通过新增布点机场的分期建设和既有机场的改扩建，以及各区域内航空资源的有效整合，推动形成枢纽、干线和支线机场有机衔接，客、货航空运输全面协调，大、中、小规模合理的发展格局，提升机场群的整体功能。

（二）着力打造全国性中心城市

在目前已有的北京、上海、广州、天津四大全国性中心城市的基础上，着力将重庆、西安、武汉、沈阳打造成为引领区域发展的全国性中心城市。第一，要提高上述城市的经济总量，城市经济总量的提升是城市辐射能力增强的前提。目前，西安、沈阳、重庆、武汉四市经济总量偏小，其中最小的西安经济总量只有最大的上海的18.9%（见表14-11）。建议在重庆两江新区的基础上，将陕西西咸新区、武汉滨湖新区、沈阳沈北新区升格为国家级新区，赋予其与浦东新区、滨海新区、两江新区同等的地位。鼓励上述地区积极承接全球产业转移，直接进入全球价值链生产，提升产业结构层级，增强产业辐射和带动效应。第二，借鉴重庆城乡一体化改革的经验，加快上述地区的户籍制度改革步伐，鼓励符合条件、有意愿的农民工就地市民化，提高城市的人口总量。第三，加快上述城市对外交通建设，构建高效合理的交通网络体系，不断拓展其经济腹地和对外辐射的能力。

表 14-11　全国性中心城市发展概况比较

城市	全市人口（万人）	市辖区人口（万人）	市域面积（平方公里）	GDP（亿元）	全市人均GDP（元）
北京	1257.80	1187.11	16411	14113.58	78047
上海	1412.32	1343.37	6340	17165.98	77613
天津	984.85	807.02	11760	9224.46	79556
广州	806.14	664.29	7434	10748.28	109425
西安	782.73	562.65	10108	3241.49	42573
沈阳	719.60	515.42	12980	5017.54	69165
重庆	3303.45	1542.77	82829	7925.58	23995
武汉	836.73	520.65	8494	5565.93	65075

资料来源：根据《中国城市统计年鉴》（2011）计算。

（三）促进城市群内部一体化发展

促进城市群内部基础设施建设、产业发展和布局、公共服务、市场体系、生态环境治理等一体化进程。第一，要根据产业链分工的特点，不同的城市根据自身禀赋优势选择不同的产业部门、产品和环节，形成错位竞争、合理分工的产业格局，避免城市群内城市间的产业同构和重复建设。第二，加快构建城市群内交通网络体系，建设区域内一体化的城际铁路和高速公路网络。第三，努力推进城市群市场一体化建设。要打破城乡和地区分割，构建一体化的劳动力、资本、技术、产权等要素市场体系。以建立城市群内统一的产权交易市场和通信市场为突破口，逐步完善产权市场和信息市场一体化建设。积极推动城市群内建立健全执法联动机制、反垄断执法协作机制和打击传销工作协作机制。加强重大维权活动和查处侵权案件的区域联动与合作，进一步完善消费者投诉的异地受理制度，建立跨区域消费纠纷联合解决机制。第四，支持和鼓励城市群内部建立利益协调机制。鼓励成立相关行业和地区仲裁委员会，裁决城市群内有争议的问题，强化城市群内政策的协调性。打破行政区域的限制，建立有利于城市群协调发展的利益分配机制，促进合作办区、资源共享、共同发展。

（四）明确主体功能区城镇布局导向

推动形成主体功能区是一项长期的艰巨任务，也是一项复杂的系统工程。主体功能区建设是区划、规划、政策和考核"四位一体"。其中，主体功能区划是基础和前提，主体功能区规划是关键环节，相关配套政策和绩效考核是保障条件（魏后凯，2007）。主体功能区建设有利于形成定位清晰的国土空间格局，实现人口分布和经济布局相协调，以及人口和经济分布与资源环境承载能力相适应。城镇是人口与经济分布最重要的载体，因此城镇化空间布局必须与主体功能区规划相符合，不同类型的主体功能区在全国范围内承担的功能定位是不同的（见表14-12），其城镇化发展的导向也应该有所差异。优化开发区是中国经济发展的先行区，也是中国目前城镇化水平最高的区域。其城镇化发展的导向应该是进一步健全城市体系，促进城市集约紧凑发展，合理控制特大城市主城区的人口规模，增强周边地区和其他城市吸纳外来人口的能力，引导人口均衡、集聚分布。重点开发区要加快工业化和城镇化进程，扩大中心城市规模，尽快形成辐射带动能力强的中心城市，同时发展壮大其他城市，推动形成分工协作、优势互补、集约高效的城市群。要完善城市基础设施和公共服务建设，进一步提高城市的人口承载能力，城市规划和建设要预留吸纳外来人口的空间。限制开发区要以县城为重点推进城镇建设和非农产业发展，加强县城和乡镇公共服务设施建设，完善小城镇公共服务和居住功能。禁止开发区不发展城镇，区域内人口转移到城市化地区，以减轻其人口增长对生态环境的压力。

表14-12 国家主体功能区的范围、定位和城镇化发展导向

区域	范围	定位	城镇化发展导向
优化开发区	环渤海地区（京津冀地区、辽中南地区、山东半岛地区）、长江三角洲地区、珠江三角洲地区	提升国家竞争力的重要区域，带动全国经济社会发展的龙头，全国重要的创新区域，在更高层次上参与国际分工和全球化，全国重要的人口和经济密集区	进一步健全城市体系，促进城市集约紧凑发展，合理控制特大城市主城区的人口规模，增强周边地区和其他城市吸纳外来人口的能力，引导人口均衡、集聚分布

续表

区域	范围	定位	城镇化发展导向
重点开发区	冀中南地区、晋中地区、呼包鄂榆地区、哈长地区、东陇海地区、江淮地区、海峡西岸经济区、中原经济区、长江中游地区（武汉城市群、长株潭城市群、鄱阳湖生态经济区）、北部湾地区、成渝地区、黔中地区、滇中地区、藏中南地区、关中－天水地区、兰州－西宁地区、宁夏沿黄经济区、天山北坡经济区	支撑全国经济增长的重要增长极，落实区域发展总体战略，促进区域协调发展的重要支撑点，全国重要的人口和经济密集区	扩大中心城市规模，尽快形成辐射带动能力强的中心城市，发展壮大其他城市，推动形成分工协作、优势互补、集约高效的城市群。完善城市基础设施和公共服务建设，进一步提高城市的人口承载能力，城市规划和建设要预留吸纳外来人口的空间
限制开发区	农产品主产区、重点生态区	保障农产品供给安全的重要区域，农村居民安居乐业的美好家园，社会主义新农村建设的示范区，保护国家生态安全的重要区域，人与自然和谐相处的示范区	以县城为重点推进城镇建设和非农产业发展，加强县城和乡镇公共服务设施建设，完善小城镇公共服务和居住功能
禁止开发区	国家级自然保护区、世界文化自然遗产、国家级风景名胜区、国家森林公园、国家地质公园、国家重要湿地	保护自然文化资源的重要区域，珍稀动植物基因资源保护地	不发展城镇，区域内人口转移到城市化地区，减轻人口增长对生态环境的压力

资料来源：根据《全国主体功能区规划》及相关资料整理。

参考文献

[1] 高汝熹、罗明：《城市圈域经济论》，云南大学出版社，1998。

[2] 冷炳荣、杨永春、李英杰等：《中国城市经济网络结构空间特征及其复杂性分析》，《地理学报》2011年第2期。

[3] 陈玉梅、张奎燕：《东北地区城镇化的类型、特点及问题》，《城市问题》2009年第4期。

[4] 周一星：《城市地理学》，商务印书馆，1995。

[5] 钟少颖、宋迎昌：《中国区域城镇化发展态势和未来发展方向》，《中州学刊》2012年第3期。

[6] 邬晓霞、魏后凯：《实施差别化国家区域援助政策的科学基础与基本思路》，《江海

学刊》2011年第3期。
［7］姚士谋、程绍铂、吴建楠：《高铁时代我国三大都市圈发展路径探索》，《苏州大学学报》（哲学社会科学版）2011年第4期。
［8］麦土荣、宋周莺、刘卫东：《西部地区的经济空间格局研究》，《经济地理》2011年第9期。
［9］陆大道：《论区域的最佳结构与最佳发展——提出"点－轴系统"和"T"型结构以来的回顾与再分析》，《地理学报》2001年第3期。
［10］陆大道：《区域发展及其空间结构》，科学出版社，1995。
［11］魏后凯：《对推进形成主体功能区的冷思考》，《中国发展观察》2007年第3期。

第十五章
中国城镇化的制度障碍与制度创新

城镇化是经济活动的城乡市场迁转过程,市场迁转能否有效完成取决于相关制度安排是否合理。有效制度安排能促进高质量城镇化,而无效制度安排则成为城镇化的障碍,抑制城镇化进程或导致城镇化畸形发展。改革开放以来,中国城镇化相关制度几经变革,一方面极大地推动了快速城镇化进程;另一方面也由于部分领域制度改革相对滞后,导致在城镇化进程中涌现出多方面的矛盾和问题,成为城镇化健康发展的障碍。当前中国城镇化迎来了"刘易斯拐点",正面临重大的转型(蔡昉,2010),因而,对城镇化制度安排也提出了一系列全新要求,改革与创新现有制度安排将是实现城镇化健康发展的必由之路。

影响城镇化的制度安排涉及政治、经济、社会、文化的方方面面,中国城镇化制度研究者曾经提出 14 种制度论[①](郭书田、刘纯彬,1990)、11 种制度论[②](叶裕民,2001;汪冬梅,2010)、5 种制度论[③](胡延顺,2002;吴靖,2010)等多种城镇化制度安排划分。尽管各种城镇化制度安排划分

---

① 14 种制度包括户籍制度、粮食供给制度、副食品和燃料供给制度、住宅制度、生产资料供给制度、教育制度、就业制度、医疗制度、养老保险制度、劳动保护制度、人才制度、兵役制度、婚姻制度、生育制度。

② 11 种制度包括户籍制度、就业制度、土地制度、社会保障制度、行政管理制度、城镇建设的投融资体制、市镇设置的有关法律制度等具体制度和通过工业化作用于城镇化的 4 种具体制度:民间资本积累与投资的激励机制、企业制度、投融资体制、财税制度。

③ 5 种制度包括户籍制度、土地制度、社会保障制度、劳动就业制度、财政与投融资体制(胡延顺,2002)或者产业政策(吴靖,2010)。

均有各自的理论逻辑，但考虑城镇化作为经济活动的市场迁转过程，直接从城镇化迁转的市场视角来考察和区分影响城镇化的制度将更有利于我们把握各类制度安排对城镇化的激励和约束方式，也更有利于寻求实现健康城镇化的制度改革和创新。

城镇化包括生产城镇化和生活城镇化两个方面。生产城镇化意味着包括劳动力、资本等在内的生产要素向城镇地区集聚，生活城镇化意味着人口、家庭从而产品和服务向城镇地区集聚。在市场经济条件下，资本可以通过金融市场根据利率法则自由流动，商品和服务也可以通过价格规律自由贸易。真正对城镇化具有重要激励约束作用的制度安排包括劳动力在内的人口和家庭迁移制度、土地利用和流转制度。此外，在人们的生活需求中，除了商品和服务外，还存在不同层面的公共、准公共服务和社会性福利保障服务（以下简称"社保服务"）需求，而公共、准公共服务和社保服务并不能通过自由贸易获得，需要各级公共部门根据特殊的制度安排来提供或配置，显然公共服务和社保服务供给或配置制度也将对城镇化形成有效的激励约束。

因此，本章对中国城镇化的制度障碍与制度创新研究也将主要从人口与家庭迁移制度、土地制度、公共服务与社保服务供配制度①三方面来展开。第一部分将根据中国城镇化演进特点考察城镇化的制度变迁，同时对近年来中国各地城镇化的制度改革与创新实践进行归纳，力图理解中国城镇化制度变迁的历史逻辑；第二部分系统归纳总结中国城镇化现有制度安排的特点和缺陷，并考察各主要制度安排对城镇化的激励约束作用，特别是对城镇化的障碍效应；第三部分将根据中国经济社会发展特点，提出促进健康城镇化的制度改革思路与创新对策。

一 新中国成立以来中国城镇化的制度变迁

新中国成立以来，中国城镇化制度几经变迁，且与经济体制改革相适应，具有明显的渐进性特征。本节试图从国家层面的整体制度变迁和近年来地方层面的制度改革创新两方面来分析研究中国城镇化制度变迁的历史逻辑。

---

① 实际上前述各类城镇化制度论者的种种城镇化制度均可以用三方面制度来概括，如就业服务和社会保障、住房保障属于公共产品和服务的内容之一，户籍制度、就业准入制度等明显属于人口与家庭迁移制度，财政和投融资制度、行政管理制度等对城镇化的影响主要在于公共产品和服务提供方式的影响。

(一) 新中国成立以来中国城镇化的制度变迁

从发展特征看,中国城镇化大致经历了两个转折点和三个发展阶段①。20世纪70年代末至20世纪80年代初的改革开放可以看作中国城镇化演变的第一个转折点,城镇化进程由低速停滞转向了快速推进;20世纪90年代末至21世纪初,经济较发达地区开始出现"民工荒",城镇化模式由就业主导型转变为就业与居住生活并重,可以看作中国城镇化演变的又一转折点,由此形成的不同发展阶段中伴随了影响深远的制度变迁。

1. 城镇化低速停滞时期的相关制度特征(新中国成立后~改革开放前)

新中国成立以后到20世纪70年代末是中国城镇化的初期阶段,全国城镇化水平出现了大起大落,尤其是20世纪60年代到20世纪70年代城镇化进程几乎处于停滞状态。受计划经济和极"左"政策影响,该时期形成了一系列具有浓厚计划经济色彩的城乡分割的城镇化制度。这主要体现在以下几方面。

(1) 正式形成二元分割的户籍管理及附属公共服务和福利保障制度

1955年6月国务院发布《关于建立经常户口登记制度的指示》;1956~1957年又连续颁发4个限制和控制农民盲目流入城市的文件;1958年1月,以《中华人民共和国户口登记条例》为标志,中国政府开始对人口自由流动实行严格限制和政府管制,第一次明确将城乡居民区分为"农业户口"和"非农业户口",限制农业户口的人口向非农业户口流转。由于当时社会资源供给不足,科教、医疗、就业、养老等公共服务和福利保障与户籍挂钩,紧俏商品供给甚至粮油食品供给也与户口挂钩,并且实行城乡差异化的挂钩政策。由此正式形成城乡二元分割的居民身份管理及附属公共服务和福利保障制度。

(2) 逐步形成城乡二元的土地管理制度

在农村地区,1950年《土地改革法》直接没收了地主土地,形成了自耕农土地所有制;1953年过渡时期的总路线提出"一化三改造"②,农村土地转化为集体土地,先后形成合作社、人民公社为主体的集体土地所有制。在城镇地区,20世纪50年代初,《土地改革法》和《城市郊区土地改革条例》还基本承认城镇房地产的个人所有,个人和企业所有的城市和城郊房地产受到法律保护;但从20世纪50年代中期开始,私人房地产所有逐渐被取缔,1956年1

---

① 一些经济史研究者也提出大致相同的阶段划分,如武力(2007)。
② 即逐步实现社会主义工业化,逐步实现对农业、手工业和资本主义工商业的社会主义改造。

月18日中央批转中央书记处第二办公室《关于目前城市私有房产基本情况及进行社会主义改造的意见》,1967年11月4日国家房管局、财政部税务总局《答复关于城镇土地国有化请示提纲的记录》,明确城镇土地国有,由此完全确立了城镇土地国有制。

2. 就业城镇化主导时期的相关制度演变（改革开放后～20世纪90年代末期）

20世纪70年代末至20世纪80年代初的改革开放,使得中国城镇化迎来了前所未有的发展机遇,该时期城镇化的主要特点是农村剩余劳动力的城镇化转移,城镇化模式主要表现为农民工就业城镇化。围绕农民工就业城镇化,国家对计划经济体制下二元隔离的城镇化相关制度进行了较大调整。这些调整主要表现在以下几方面。

（1）逐渐放松了劳动人口迁移限制

1984年10月,国务院发布《关于农民进入集镇落户问题的通知》,允许农民自理口粮进集镇就业;1985年7月建立的居民身份证制度也为人口迁移创造了管理条件。随着商品市场的繁荣,20世纪90年代初日用消费品票据制度逐步被废除,导致基于城乡户籍身份差异的日用消费品供给制度被打破,这为农村劳动人口向城镇的就业转移创造了积极的制度条件,极大地促进了中国农村剩余劳动人口以农民工形式向城镇的就业迁移。

（2）实现了农村土地责任承包和城镇土地有偿使用

在农村土地制度方面,1978年安徽凤阳小岗村分田到户探索得到中央认可,1982年中央转发《全国农村工作会议纪要》,在全国范围内推广家庭联产承包责任制,充分调动了农民的劳动积极性,有效解放了农村劳动力。在城镇土地制度方面,20世纪80年代中期开始了城镇土地的有偿使用探索,1990年正式出台《城镇国有土地使用权出让和转让暂行条例》,1994年通过《城市房地产管理法》,对土地使用权出让和转让做出了法律规定,为城镇扩张提供了土地供给保障。

（3）出现了城乡不同路径的公共服务和社会保障体制转型

经济体制改革带动了公共服务和社会保障供应的转型,但由于国家政策侧重差异和不同的改革起点,这一时期出现了城乡不同路径的公共服务和社会保障体制转型,城镇地区重构了与商品市场经济相适应的公共服务和社会保障体系,而农村地区则因为集体经济衰落和县乡财政困难,原有的公共服务和社会保障体系逐渐解体或萎缩,新的社会保障体系又没有有效建立起来。1985年中共中央和国务院先后发布文件对教育、卫生、社会保障实施体制改革，到20世纪90年代末实现了由计划经济体制到市场经济体制的转换，基本重建了城镇公共服务和社会保障体系。但在农村地区，由于原有计划经济时代的公共服务和社会保障严重依赖于农村集体经济积累，随着家庭联产承包责任制的推行，农村集体经济迅速衰落，县乡财政困难，原有的农村公共服务和社会保障逐渐萎缩，与新形势相适应的公共服务和社会保障仅仅在部分较发达地区开始试点，到20世纪90年代末全国性的农村社保只有"五保"供养制度硕果仅存，原来广泛建立起来的农村村队卫生室和乡镇卫生院也逐渐解体或运行困难，农村公共服务短缺被忽视（姜晓萍，2008）。

3. 就业城镇化与生活城镇化并重时期的制度演变（20世纪90年代末期以后）

经历20多年的快速城镇化，至20世纪90年代末，东南沿海工业化地区开始出现"民工荒"，农村剩余劳动力转移任务基本完成；由于长期的城市工作生活，部分有条件的农民工开始逐渐把其家庭配偶、老人、小孩等非劳动人口迁入城镇，实现居住和生活城镇化。居住和生活城镇化提速，促使了一系列城镇化相关制度的纵深改革。这主要表现在以下几个方面。

（1）户籍制度改革逐步推进

20世纪90年代中后期，上海、深圳、广州、厦门、北京等城市陆续推出"蓝印户口"和"工作寄住证"，对户籍改革进行了初步探索。2001年3月，国务院批转了公安部《关于推进小城镇户籍管理制度改革的意见》，对办理小城镇常住户口的人员不再实行计划指标管理。2007年党的十七大之后，各地城镇户籍控制进一步松动，相当多中小城市甚至大城市户口登记基本放开，尤其对辖区内居民。2011年2月为了应对各地户籍管理的混乱状态，国务院办公厅发布《关于积极稳妥推进户籍管理制度改革的通知》，提出分类明确的户籍迁移政策，县级及以下城镇具有稳定职业和合法住所即可与其家属申请所在地户籍，设区市有合法稳定职业满三年并有合法稳定住所（含租赁）、同时按照国家规定参加社会保险达到一定年限的人员可以与家属一起申请所在地户籍，继续合理控制大城市人口规模。

（2）城乡土地制度改革深化

在农村土地方面，2002年8月发布《农村土地承包法》，以国家法律形式正式承认了农村土地承包；同时为了增强土地经营的稳定性，规定了30年以上的承包期（农地30年、草地50年、林地70年），承包经营权可以依法采取转包、出租、互换、转让或者其他方式流转，承包收益可以继承，但仍坚持土地集体所有并禁止土地买卖。2013年中央1号文《中共中央国务院关于加快发展现代农业进一步增强农村发展活力的若干意见》更明确地提出改革农村集体产权制度，要求全面开展农村土地确权登记颁证工作，鼓励和支持承包土地向专业大户、家庭农场、农民合作社流转；加快推进征地制度改革，要提高农民在土地增值收益中的分配比例。在城镇土地方面，2002年5月国土资源部签发《招标拍卖挂牌出让国有土地使用权规定》，叫停了已沿用多年的商住用地协议出让方式，促进了城镇居住用地的供给。2006年8月国务院发布关于加强土地调控的通知，把工业用地纳入招标拍卖挂牌出让国有土地范围，使得城镇产业用地与居住用地供应具有同样的竞争环境，有利于城镇用地结构合理化。

（3）初步探索公共服务和社会保障的城乡统筹

在社会保障方面，2006年国务院颁发《关于解决农民工问题的若干意见》，转发劳动保障部《关于做好被征地农民就业培训和社会保障工作指导意见的通知》，推进农民工和被征地人员社会保障制度建设；2007年国务院又颁发《关于在全国建立农村最低生活保障制度的通知》《关于开展城镇居民基本医疗保险试点的指导意见》，为全国建立兜底性的城乡最低生活保障制度，同时将医疗保险由职业人群拓展到城镇非职业人群。在公共服务方面，2001年5月国务院发布《关于基础教育改革与发展的决定》，提出农民工子女基础教育以流入地政府管理为主；2003年9月国务院发布《关于进一步加强农村教育工作的决定》，重点加强农村义务教育，提出优先解决义务教育均衡发展问题。2006年9月，国务院出台《农村卫生服务体系建设与发展规划》《关于发展城市社区卫生服务的指导意见》，开始将农村和城市社区公共卫生服务体系建设作为改革的重点。

表15-1是新中国成立以来城镇化相关制度变迁的主要法律政策文件。

表15-1 新中国成立以来城镇化相关制度变迁的主要法律政策文件

颁发时间	法律文件名	主要内容
人口管理制度		
1955.6	国务院《关于建立经常户口登记制度的指示》	二元隔离的城乡户籍制度建立
1958.1	《户口登记条例》	
1984.10	国务院《关于农民进入集镇落户问题的通知》	允许农民自理口粮进入集镇就业
1985.9	《居民身份证条例》	为人口迁移创造了管理条件

续表

颁发时间	法律文件名	主要内容
公共服务与社会保障制度		
2001.3	国务院批转公安部《关于推进小城镇户籍管理制度改革的意见》	对办理小城镇常住户口的人员,不再实行计划指标管理
2011.2	国务院办公厅《关于积极稳妥推进户籍管理制度改革的通知》	提出分类明确的户籍迁移制度,肯定并要求推广各地户籍创新探索
2001.5	国务院《关于基础教育改革与发展的决定》	提出农民工子女基础教育以流入地区政府管理为主
2003.1	《国务院办公厅转发卫生部等部门关于建立新型农村合作医疗制度意见的通知》	全国推广和落实新型农村合作医疗制度
2003.9	《国务院办公厅转发教育部等部门关于进一步做好进城务工就业农民子女义务教育工作意见的通知》	提出以流入地政府为主,以全日制公办中小学为主的政策
2006.3	国务院《关于解决农民工问题的若干意见》	
2006.4	国务院办公厅转发《劳动保障部关于做好被征地农民就业培训和社会保障工作指导意见的通知》	推进农民工和被征地农民的就业服务和社会保障
2007.7	国务院《关于在全国建立农村最低生活保障制度的通知》	在全国建立兜底性的城乡最低生活保障制度
2007.8	《就业促进法》	取消了对农民进城务工和城镇企事业单位招收农民工的限制性规定
2007.11	劳动部发布《就业服务与就业管理规定》	
2012.8	《国务院办公厅转发教育部等部门关于做好进城务工人员随迁子女接受义务教育后在当地参加升学考试工作意见的通知》	提出要因地制宜制定随迁子女升学考试具体政策
土地制度		
1955	"一化三改造"总路线	确立农村集体土地所有制
1956.1	中共中央批转《关于目前城市私有房产基本情况及进行社会主义改造的意见》	确立城镇土地国有制
1967.11	国家房管局、财政部税务总局《答复关于城镇土地国有化请示提纲的记录》	
1982.1	中共中央转发1982年《全国农村工作会议纪要》	全国范围内推广家庭联产承包责任制
1990.5	《中华人民共和国城镇国有土地使用权出让和转让暂行条例》	对土地使用权出让和转让做出了法律规定,为城镇扩张提供了土地供给保障
1994.7	《城市房地产管理法》	
2002.8	《农村土地承包法》	规定土地承包经营权可以依法采取转包、出租、互换、转让或者其他方式流转,承包收益可以继承,但仍禁止土地买卖
2002.5	国土资源部发布《招标拍卖挂牌出让国有土地使用权规定》	停止了沿用多年的商住用地协议出让方式,规范了城镇商住用地的供给
2006.8	《国务院关于加强土地调控有关问题的通知》	工业用地纳入招标拍卖挂牌出让国有土地范围,促进城镇用地结构合理化

续表

颁发时间	法律文件名	主要内容
土地制度		
2013.1	《中共中央国务院关于加快发展现代农业进一步增强农村发展活力的若干意见》	改革农村集体产权制度,农村土地确权登记颁证,鼓励和支持承包土地向专业大户、家庭农场、农民合作社流转;加快推进征地制度改革,提高农民在土地增值收益中的分配比例

注:新中国成立以来,发布的各领域法律政策文件均很多,本表列举的仅为体现城乡差异或城乡统筹的相关领域法律政策文件。

(二) 近年来中国各地区城镇化制度改革与创新探索实践

中国是一个人口众多、地域辽阔的大国,各地区经济社会发展水平和城镇化进程均存在较大差异,各地方对制度安排需求存在差异,在国家统一的制度建设过程中,各地方也表现出多样化的制度改革与创新探索实践。地方层面的制度改革与创新探索主要在与地方经济发展利益关系重大的人口迁移和土地流转两大领域进行。

1. 户籍相关的制度改革与创新探索实践

为有效推进城镇化进程,近年来各地区广泛开展了多样化的户籍及其相关制度创新探索,先后探索了积分落户、全域居民和自由落户等多种户籍制度改革模式,如表 15 - 2 所示。各地户籍制度改革与创新探索实践基本上在以下四个层面展开。

表 15 - 2 近年来中国各地区户籍制度改革与创新探索模式

户籍模式	代表性城市与省区	基本方法	相关法律文件
积分落户	广东省全境、宁波市等	外来人员根据个人素质、参保情况、社会贡献及就业、居住、纳税等指标累加落户申请积分,全市根据人口规模控制要求根据积分高低实施年度转户数量控制	粤府〔2010〕32 号文;甬政办发〔2010〕25 号文
产权住房条件落户	厦门市主要城区;长春市、吉林市;西宁市;辽宁省	具有一定年限稳定职业、稳定生活来源和稳定住所,但稳定住所被解释为产权住房	厦府〔2010〕214 号文;青政〔2010〕107 号文;吉政办〔2010〕46 号文;辽政办〔2009〕30 号文
无产权住房条件落户	安徽、江西、吉林、广西、重庆、青海等	具有一定年限稳定职业、稳定生活来源和稳定住所,其稳定住所包括租赁住房	皖政办〔2011〕65 号文;赣府〔2011〕9 号文;吉政办〔2010〕46 号文;渝办〔2011〕91 号文

(1) 鼓励人才落户

为了吸引人才，近年来不少城市陆续展开了针对较高学历人才和创业人才的户籍管理改革，一些城市采取突出个人素质的积分落户制，一些城市直接规定大学生可以不受限制落户和投资创业一定金额以上人口可以落户。特别在2011年国办发9号文发布后，内地城市对大学生落户基本上采取鼓励政策，沿海地区除北京、上海、深圳、广州等超大城市外，大部分城市大学生落户限制被放开或限制条件大大减小。

(2) 促进辖区农村人口的户籍转换

为了推进当地城镇化进程，提高城镇化水平，不少城市推出加快农村人口城镇化政策，提出全域居民概念，取消辖区内农业与非农业户籍登记区分，鼓励辖区内农村人口和家庭向城镇迁移和集中，一方面为迁移家庭的农业承包土地和宅基地提供可变现转换的政策条件，另一方面城镇地区的保障性住房等公共、准公共服务和社保服务向城镇化移民家庭开放。较早推行全域居民的城市有深圳、东莞、成都、莱芜等，后来重庆、辽宁、广西、河北、甘肃等省级政府也纷纷提出辖区内农村居民无限制城镇落户（除辖区内个别城市外）政策，形成省区内外有别的农村人口城镇落户管理。对于暂时不愿退出农村承包土地的农民工，广东省还推行农民工城镇居住证制度，保留其农村土地承包权，同时有差别地享受城镇公共服务和社保服务。

(3) 有条件地开放外来农民工及家属落户

由于迁出地与迁入地之间利益分享不平等，大部分城市特别是沿海城市对跨区迁移的农民工及其家属落户往往采取限制政策，最通常的限制条件包括所在城市具有一定年限的就业经历证明（如就业合同、社保缴纳和纳税证明）、稳定住所、社会贡献等。越是外来农民工高度集聚的城市，落户限制条件越高，如厦门等城市明确要求拥有产权住房方可落户，东莞、深圳、中山等实行户口积分城市也提出了较长年限要求；而内地城市限制条件相对减弱，如重庆外来农民工拥有5年工作经历即可落户，江西、青海等地甚至只要求签订一年期就业合同即可落户。

(4) 吸引返乡农民工就近城镇落户

在中西部内陆地区，由于前期大量劳务输出，近年来随着当地经济的发展，出现了不同程度的农民工返乡创业、就业高潮。为了鼓励农民工返乡就业和就近城镇化，重庆等地更推出促进返乡农民工城镇落户政策，对返乡农民工城镇落户条件的城镇就业年限依照市内外农民工就业年限加总计算。

2. 土地制度改革与创新探索实践

土地问题是中国城镇化的核心问题，牵涉太多的利益关系，为了更有效解放土地生产力，促进地方经济更快发展，近年来不少地方政府开始寻求对现有土地制度的创新和突破，在城乡土地流转、城镇土地管理、农村土地利用等层面，涌现出重庆、莱芜、深圳等一批有代表性的改革先行试点区，如表15-3所示。

表15-3 近年来中国各地区土地制度创新探索实践

土地制度创新模式	代表性城市	基本方法	代表性法律文件
农村土地产权制度创新实践	莱芜	通过农村土地承包经营权股权化推动农村经营方式创新	《关于加快推进农村产权制度改革的意见》《关于推进"两股两建"加快统筹城乡发展的意见》
城镇土地管理制度创新实践	深圳	提出一系列城镇土地管理创新和农地入市政策创新	《深圳市土地管理改革总体方案》《深圳市人民政府关于优化空间资源配置促进产业转型升级的意见》及配套六文件
城乡土地流转制度创新实践	天津、重庆	宅基地换房、地票交易	《关于在全市开展以宅基地换房的办法进行示范小城镇建设试点工作的意见》(天津);《农村土地交易所管理暂行办法》(重庆)

(1) 农村土地产权制度创新实践

为了克服农业劳动人口下降、小块农业经营低效益问题，一些地方开始探索农村新型生产方式，而新型生产方式的突破点即是土地产权制度创新，通过农村土地产权重新组合实现规模经营、高效经营、专业经营。尽管农村劳动人口外出较多的地区均比较普遍实行了不同程度的探索实践，但东部地区由于接近城市市场，产权创新带来的收益更大，从而为产权创新支付成本能力更强，其产权创新实践也更加普遍，创新形式也多样化，其中代表性的地区如山东莱芜市。以莱芜市为例，近年来先后出台《关于加快推进农村产权制度改革的意见》《关于推进"两股两建"加快统筹城乡发展的意见》等文件，通过农村土地承包经营权股权化推动农村经营方式创新。其土地承包经营权股权化主要有三种类型：一是自主经营型。就是农户以土地承包经营权入股，建立土地股份合作社或农业公司，农民变为合作社工人，土地由合作社统一经营，所得收益由社员按股分红。二是内股外租型。就是以村为单位成立土地股份合作社，村民以部分或全部土地入股，合作社统一出租给用地大户或公司经营。三是参与经营型。即以承包土地入股建立土地股份合作社，由合作社以土地参与各类新型合作经济组织或企业的经营，合作社参股获得收益，按农民入股份额分配到户。

（2）城镇土地管理制度创新实践

随着快速城镇化和包括房地产业在内的城镇服务产业快速发展，作为城镇土地利益的最重要主体——城市地方政府从城市发展利益出发对城镇土地管理展开了多层面的制度创新，其中深圳土地管理制度改革探索最具代表性。2012年3月发布的《深圳市土地管理改革总体方案》，2013年1月发布的《深圳市人民政府关于优化空间资源配置促进产业转型升级的意见》及配套六文件，提出一系列土地管理创新探索，如农地入市，细化地上、地标、地下土地使用权权利设定，探索三位地籍管理方法；对产业用地的供地方式和供地年限探索实行差别化管理和完善体现差别化供地的地价控制标准，构建差别化的土地供应和地价管理等体制创新构想，均触及城镇化进程中城镇土地利用的诸多深层次矛盾和问题。

（3）城乡土地流转制度创新实践

随着快速城镇化和城镇用地需求快速增长，在国家默许和推行城乡建设用地增减挂钩政策后，不少城市地方政府加强辖区内农村宅基地管理，推进农村宅基地用地指标的城镇使用，以实现城乡土地流转创新突破，代表性的创新模式有天津、北京等地的"宅基地换房"和重庆的"地票交易"。天津市自2005年开始推行"宅基地换房"政策，2006年发布《关于在全市开展以宅基地换房的办法进行示范小城镇建设试点工作的意见》，以示范小城镇住房换取农民放弃原有宅基地，对农民原宅基地实施土地复垦，根据占补平衡原则，增加城镇总建设用地供应。"宅基地换房"模式中的换房实践只能在城镇近郊区实现，重庆"地票交易"模式则探索了对更远郊区建设用地向城镇集中的突破。2008年重庆市发布《农村土地交易所管理暂行办法》，规定农村地区可以对集体建设用地（如宅基地、乡镇企业用地）实施复垦，经验收后可以到土地交易所向城市用地机构拍卖其复垦所得建设用地指标，然后建设用地指标持有机构在城镇近郊区获取对应的土地征用指标。

二　中国城镇化现行制度的特点与制度障碍

经过30多年的不断改革创新，中国城镇化迎来了"刘易斯拐点"，正面临重大的转型（蔡昉，2010），但当前的中国城镇化相关制度多脱胎于计划经济时期，制度改革还相对滞后，对城镇化激励约束的机制缺陷广泛存在，成为城镇化健康发展的障碍。本节将从城乡土地制度、城乡人口迁移制度、城乡公共服务和社保服务制度等方面来分析现有中国城镇化制度的缺陷及其对城镇化的障碍性影响。考虑本章以城镇化制度立题，因此城镇化各主要相关制度特点和缺陷分析，主要从城镇化视角展开，其他与城镇化联系不密切的制度特点则不做重点分析。

（一）现有城乡土地制度及其对城镇化的障碍效应

1. 现有城乡土地制度的特点与缺陷

中国现有土地制度脱胎于计划经济体制，因为牵涉太多的利益关系，尽管经过30多年改革，现有土地制度仍然表现出多方面的缺陷。

（1）农村土地集体所有，农户拥有承包经营权，但实际产权主体模糊虚置

根据《土地管理法》，"农村和城市郊区的土地，除由法律规定属于国家所有的以外，属于农民集体所有；宅基地和自留地、自留山，属于农民集体所有"。"农民集体所有的土地由本集体经济组织的成员承包经营，从事种植业、林业、畜牧业、渔业生产。土地承包经营期限为三十年。"在计划经济时期，农民集体（村、生产队或大队）为实际的一级基层生产单位，土地为集体所有，土地上的农业产出也归集体分配，各集体组织能够较好地担负起土地所有者责任，能有效率地处置土地上的诸多利益关系。但土地经营承包后，仍然保持土地的集体所有，必然造成土地产权管理模糊虚置。

首先，原农民集体作为一级生产单位的地位已经不复存在，农民集体已经由实体经济单位转变为农民之间因为地缘关系结成的虚拟社会单位，尽管农村土地所有权被强加给集体所有，但实际上的农民集体既不能对集体土地上的产出分享收益，又不能干预农民在土地上的农业生产经营，集体对土地的所有权实际上是虚化的所有权。

其次，在集体所有的土地上，农民对土地的承包经营权是不可以被剥夺的，尽管土地承包经营期限为30年，但在农民的预期中，现有30年承包期结束后，其对土地的进一步承包经营权或土地收益分享仍然是不可以剥夺的。

最后，随着集体所有实体经济单位的解体，农民对集体的依赖以及对集体事务的参与和监督均大大下降，这就产生了农村集体的委托代理问题和治

理结构的有效问题（陈剑波，2006）。作为农民集体经常的实际代理人——各级乡村干部对农民利益的代表性大大下降，甚至背叛农民利益以集体名义以权谋私，导致土地集体所有转变为代理人所有，激化了农民与集体代理人之间的矛盾。

（2）城镇土地采取国有制，城市地方政府具有实际的土地市场管理者与土地所有者双重身份，容易导致城镇土地供应的宏观低效率

尽管法律规定城市土地属于全民所有即国有，但城市地方政府成为实际的土地所有权代理管理者，根据《土地管理法》，"土地有偿使用费，百分之三十上缴中央财政，百分之七十留给有关地方人民政府"，地方政府分享土地所有者权益的绝大部分。同时城市地方政府掌控城市土地一级市场，土地供应使用须向地方政府申请批准或由地方政府组织实施，"通过招标、拍卖方式提供国有建设用地使用权的，由市、县人民政府土地行政主管部门会同有关部门拟订方案，报市、县人民政府批准后，由市、县人民政府土地行政主管部门组织实施"。这使得地方政府具有了城市土地管理者和所有权代理者双重身份，而这种双重身份很容易导致城市土地供应的低效率。

第一，容易导致地方政府对新增土地供应的饥渴。为了全国性的农业安全和生态安全，中央政府对农地转非，即城镇新增建设用地供应实施总量进行调控，形成了地区之间、城乡之间、城镇内部不同用途土地之间的多层面级差地租（中国经济增长前沿课题组，2011），而地方政府的利益在于地方经济发展，土地是地方经济发展招商引资的重要条件，为了更好地吸引企业投资，地方政府总是尽可能地对中央土地调控进行突破，形成对新增土地供应的饥渴和对土地财政的依赖。

第二，容易导致城镇土地供应结构畸形化。由于财税体制不完善，不同类型建设用地供应对城市地方政府的利益贡献存在明显差异，产业用地供应将给地方政府带来明显的GDP政绩贡献和财税贡献，而居住用地和公共用地则不具备这方面的利益贡献，这导致城市地方政府往往利用一级土地市场的垄断地位，更偏好于产业用地供应，对居住用地往往通过控制供应总量抬升地价来获取最大的土地出让费，导致相对于其他用地供应城市居住用地供应比重不足。

（3）乡城土地流转实施国有征用制度，但征地程序不规范，征地收益分配也没有明确标准

根据《土地管理法》，"建设占用土地，涉及农用地转为建设用地的，

应当办理农用地转用审批手续"。土地由集体所有转变为国家所有①，但农地转非征用程序很不规范，征地收益分配也没有明确的标准。

第一，征地由地方政府主导，但实际征地程序极不规范。由于征地产生的土地出让收益大部分归地方政府支配，使得地方政府成为征地过程中的利益相关者，一方面容易追求最有利于自身利益的征地程序，另一方面也容易让其他被征地主体对其指定征地程序公正性产生质疑。各地方政府由于承受的公正质疑压力大小不同，征地过程中地方政府参与的模式也存在差异，大致存在三种模式：地方政府直接组建开发企业征地、招标一级开发企业征地和用地企业直接征地。地方政府直接组建征地开发收储企业容易导致征地引起的矛盾直接面对政府，而招标企业或用地企业征地模式中则容易出现暴力征地、补偿不到位等。作为被征地方，由于产权主体虚化，各地集体组织程度差异，其对土地产权利益诉求也存在明显差异，一些地方，集体组织代理人即乡村干部主导了征地过程，征地补偿谈判在征地企业与被征地集体的乡村干部之间展开，一些地方则由单个农民家庭直接主导征地程序，征地补偿谈判需要户对户展开。

第二，征地收益分配关系没有理顺，收益分配标准模糊。由于国家对农转非进行总量控制形成城乡土地使用的级差地租，使得农地转非必然伴随土地价格的增值，但现有征地程序没有理顺农转非增值收益分配关系，农地转非过程中除了耕地占用税、土地使用税等几项收入占比很小的税种外，农地转非收益的大部分表现为土地出让金等土地出让收益，而对该部分收益的分配标准模糊、程序错乱。一方面，作为实施农转非总量调控的中央政府，土地增值收益分享主要体现在土地出让收益的中央地方分成（中央约占30%），而中央政府总量调控是事前基于农业安全、生态安全风险进行的，土地出让收益是由征地事后市场供需关系决定的，很显然中央政府在征地事后的增值分成是对微观市场的干预，与中央政府调控职能不相容。另一方面，由于征地增值收益主要表现为事后的出让收益，这让微观主体——土地原所有者集体或农民加大收益补偿期望并增加期望补偿的抗争手段，激化征地矛盾。

---

① 实际的农地转用还存在集体土地内部的农转非模式，根据《土地管理法》，集体内创办乡镇企业或公共设施建设需要占用农地的，可以不经过国有征用程序。但由于国家加强了对集体内土地转用的控制，近年来农地转非基本上采用国有征用模式。

2. 现有土地制度对城镇化的障碍效应

土地制度对城镇化的微观迁移决策和宏观城乡管理均具有重要影响,中国土地制度多层面不完善的缺陷特点,正深深影响着其健康城镇化进程,造成多层面的障碍效应。

(1) 农村土地产权模糊不利于进城农民家庭对农村土地关系的彻底退出,从而阻碍健康城镇化进程

城镇化意味着农民和农民家庭将从农村经济关系中退出,意味着农村经济关系的重组。正常的城镇化进程中,包括土地资产在内的农村生产要素将向滞留农村的家庭和企业转移,从农村迁出家庭也将因农村土地等资产流转变现获得迁入城镇所需融资。但中国农村模糊的土地产权制度正制约这一过程的实现。其一,根据《土地承包法》,农户只拥有土地的承包经营权,禁止土地买卖,农民只能对其承包期内的土地经营权进行转让,这使得进城农民家庭通过经营权转让放弃农村土地所能获得的收益甚微。其二,因为模糊土地产权,土地经营者对土地长期经营存在不确定性,无法对土地实施有效的长期投资改造,土地生产率难以提高,也因此难以形成有效的土地市场和有效的土地市场价格,使得农村土地交易事实上不可能实现,进城农民家庭事实上也无法从农村土地交易转让中获得期望的收益。现有的法律形式和市场事实均无法对进城农民家庭农村土地关系退出形成有效的激励约束机制,决定了农民家庭向城镇迁移必然无法彻底退出农村土地关系。根据2010年国务院发展研究中心农村经济研究部的一项调查,对于承包地,80%的农民工表示在城里落户后不放弃,只有2.6%的人同意无偿放弃,还有6.6%的农民工表示,只要给补偿的话可以放弃。对于宅基地,67%人说不放弃,只有4.7%的人说,有补偿的话可以放弃[①]。

(2) 农村土地产权模糊也不利于农村土地流动重组,导致长期性、规模性的农业投资难以实现,甚至大面积的农业土地抛荒,影响农业生产效率

中国农村土地为集体所有,并且以农户为单位小块分割、承包经营。一方面,由于小块经营,又不拥有所有权,农户家庭很难对土地进行长期性的深化投资;另一方面,由于实际占有土地的农户不拥有所有权,很难形成有效的农村土地市场。因为不能转让所有权,受让承包权的农户和企业很难对土地进行

---

① 转引自韩俊《承包地宅基地是农民的财产不是国家福利》,新浪财经(http://www.sina.com.cn),2010年12月19日。

长期性的投资改造,土地生产率得不到提高,也因此不能承担过高的受让承包权转让费,由于过低的转让费,也由于担心承包权转让以后难以再收回,导致拥有闲置土地的(外出农民工)家庭对土地承包经营权转让不感兴趣,使得农民工家庭往往宁愿土地闲置抛荒也不愿意转让承包经营权。一项调查显示(郑兴明,2012),外出农民工家庭土地抛荒比重高达12%以上,如表15-4所示。由于土地流动重组困难,中国的农业规模经营难以有效实现,与规模经营相适应的现代农业生产体系也始终没有建立起来。

表15-4 农民工承包地处置情况

选项	自己或家属耕种	由亲友无偿耕种	转包给别人耕种	基本上已荒废	已无土地,全部被征用	其他	合计
频数	117	87	135	51	23	12	425
比例(%)	27.5	20.5	31.8	12.0	5.4	2.8	100.0

资料来源:郑兴明:《城镇化进程中农民退出机制研究》,博士学位论文,福建农林大学,2012,表5-9。

(3) 城镇地方政府过多追逐土地地块产权利益,导致城镇土地供应结构不平衡,从而导致城镇居住、就业、服务的机会不均等,抬升城镇房价并拉大城乡住房价格差距,增加居住城镇化的成本

现代城镇化的根本动力在于城镇经济快速发展所提供的就业机会、收入增长和市场服务便利。正常的城镇化进程中,城镇提供的就业和收入增长与生活服务利益应是同步或协调发展的,而中国城镇化进程中,由于作为实际土地所有权者和管理者双重身份的城市地方政府过多追逐自身利益,使得城市土地供应结构畸形化,如图15-1所示。20世纪90年代实施土地有偿使用以来,中国城市用地中居住用地比重呈现逐年下降趋势,这种土地供应结构畸形化导致城镇所能提供的居住、就业、服务机会不均等。一方面,廉价或免费工业用地供应,促进工业特别是低端工业的低成本扩张,为以农民工为主体的低端劳动人口就业城镇化提供了巨大的发展机会;另一方面,商住地价高涨加剧住房开发成本,抑制城镇住房供给,导致城镇住房价格暴涨,拉大城乡住房供给成本差异,从房价和房屋数量两方面抑制居住城镇化进程,城镇就业的农民工家庭被迫返乡建房居住,如表15-5所示。由于城乡住房价格差拉大,自2006年开始一度表现长期下降趋势的农民住房建设竣工面积再度快速增长。这在经济发展初期曾一度促进了以

工业化为主导的快速经济增长，但在经济发展中后期则由于农民工家庭不能有效居住城镇化，导致居住城镇化被抑制和与居住城镇化相适应的城镇服务产业发展滞后。

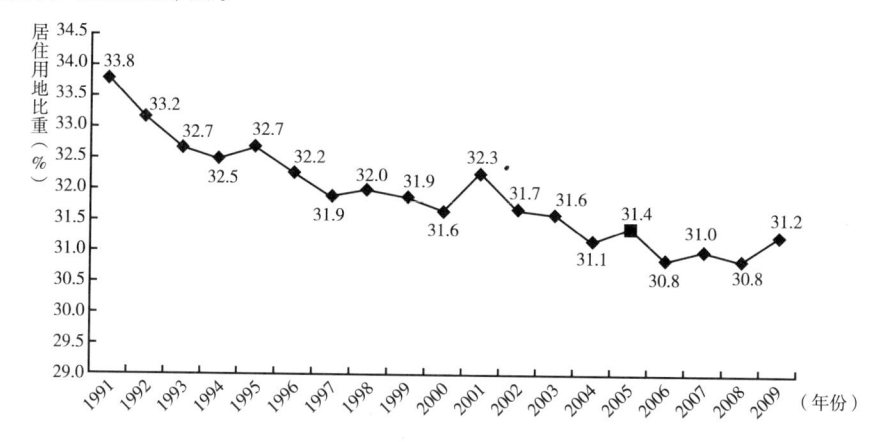

图 15-1　中国城市建设用地中居住用地比重变化趋势

注：不包括上海市。
资料来源：根据《中国城市建设统计年鉴》（各年度）绘制。

表 15-5　中国农村住房建设与城乡住房价差

年份	农户住房竣工面积（万/平方米）	农户竣工住房造价（元/平方米）	城镇商品住房平均价格（元/平方米）	城乡住房价格造价差（元/平方米）
1998	77031	248	1854	1606
1999	76758	234	1857	1623
2000	75515	245	1948	1703
2001	68799	258	2017	1759
2002	69841	266	2092	1826
2003	69741	276	2197	1921
2004	62303	310	2608	2298
2005	62292	334	2937	2603
2006	64564	386	3119	2734
2007	72676	416	3645	3229
2008	78586	451	3576	3125
2009	95570	496	4459	3963
2010	87947	561	4725	4164
2011	94939	594	4993	4399

注：由于农村农户建房，其宅基地几乎可以免费获得，其住房建造成本即为全部住房建设成本，而农民工在城镇住房购买则直接面对商品住房市场价格，因此城镇商品住房价格与农村住房造价差即是农民工家庭面对的城乡住房建造价格差。
资料来源：根据《中国统计年鉴》（2012）计算。

(4) 对征地中公共利益及其分配的重视不够，使得国有征用前后土地利益差异大，导致城镇土地供应与经济发展需要脱节、土地闲置与供应不足现象并存

中国实行城乡二元的土地管理制度，在法律程序上，农村土地流转为城镇建设用地必须经过国有征用程序，但由于土地征用制度不完善，导致城乡土地流转多层面的无序、低效。其一，形成了屡禁不止的圈地、囤地，制约城乡土地集约利用。农村土地不仅具有农业产出的市场价值，而且具有生态环境保护功能价值、农业安全保护功能价值和农民社会保障功能价值，而现行的土地征用补偿只针对农地的产出市场价值和农民社会保障价值，使得国家控制建设用地总量条件下城镇用地市场价值远高于农村用地，也使得征地收益远高于依照农业产出计算的征地补偿支出，促使城镇地方政府热衷于争取更多的土地征用指标，企业热衷于圈地、囤地，导致城乡土地资源利用浪费严重。其二，既容易形成对被征地农民的权益侵害，又经常产生征地补偿漫天要价，激化社会矛盾。由于农村集体土地产权主体虚置，村镇干部往往成为农村土地产权的实际掌握者，征地过程中，为了追求当地 GDP 政绩或个人利益，往往与开发企业联合压低对被征地农户的经济补偿，侵害被征地农民权益；与此同时，也因为现有征地程序中没能有效纳入土地的生态环境功能和农业安全功能等外部性价值，让被征地农民看到土地征用前后巨大的市场差价，从而对征地补偿提出过高要价，侵害国家承担土地外部性功能的收益。

（二）现有城乡人口迁移制度及其对城镇化的障碍效应

1. 现有乡城人口迁移制度的特点与缺陷

尽管经过近年来中央与地方多层面的制度改革和创新探索，乡城人口迁移制度的二元隔离特征已经逐渐淡化，但仍然表现出多层面的明显缺陷。

(1) 跨区迁移和乡城迁移均存在不同程度的户籍限制，针对非劳动人口迁移的户籍限制更多

尽管户籍制度改革已经在全国较普遍地铺开，但户籍对人口迁移特别是跨区人口迁移的限制仍普遍存在。如上文所述，已经开启户籍制度改革探索的各地区中，真正完全放开户籍限制的省区和城市几乎没有，农村人口到城市落户还受到工作就业年限、稳定居住住房（有的甚至要求拥有产权房）等的限制。在一些地区提出了全域居民概念，废除农业和非农业户口区分，

但其全域居民仅仅包含辖区内居民，辖区外居民迁入则面临多方面的准入限制，特别是沿海一些发达城市，由于辖区内农业人口占比很低，能以很小的公共支出实现辖区内城乡户籍的自由迁移，但对辖区外人口迁入则实行严格限制，如东莞、中山、上海、深圳等地的户籍积分限制，只具有较低教育水平并且工作流动性较大的跨区农民工及其家庭很难在这些城市落户；更为重要的是，这些沿海城市是跨区人口迁移的主要集聚地，但每年为积分达标人口办理入户手续总量被严格控制，相对于其集聚的外来人口，每年新增户籍人口数量占比很小，绝大多数外来人口仍被拒绝于城市户籍管理人口之外。此外，至今有一些省区户籍准入还保持着典型的二元制度安排，存在较大的城乡隔离、跨区隔离。

针对不同人群的户籍限制也存在明显差异，除了不同素质劳动人口户籍准入差异外，针对非劳动人口的户籍准入差异更大。不少地区跨区人口迁移的户籍准入只针对劳动人口开放，要求具有就业年限，而对其子女、父母等亲戚投靠的户籍准入严格控制。

正是户籍制度的限制导致了中国城镇化移民被迫采取人户分离模式，据国家统计局公告，2011年全国人户分离的（居住地和户口登记地所在乡镇街道不一致且离开户口登记地半年以上的）人口达2.71亿人，比上年增加977万人；其中，跨区流动人口（人户分离人口中不包括市辖区内人户分离的人口）为2.30亿人，比上年增加828万人[①]。

（2）诸多社保服务和公共服务供给均与户籍挂钩

尽管经过近年来改革，户籍制度附属的公共服务和社保服务的含金量逐渐下降，但仍有子女入学、生育证件手续办理、医疗卫生等不少领域的社保服务和公共服务供给或明或暗地与户籍挂钩。造成这种状况主要有两方面原因：其一是对原有计划经济时代制度的改革不彻底，各项法律文件之间存在矛盾。例如，在农民工子女基础教育方面，2001年国家就提倡"以流入地区政府管理为主，以全日制公办中小学为主"，但2006年新修订的《义务教育法》又规定"地方各级人民政府应当保障适龄儿童、少年在户籍所在地学校就近入学"。"非户籍所在地工作或者居住的适龄儿童、少年，在其父母或其他法定监护人工作或者居住地接受义务教育的，当地人民政府应

---

① 国家统计局：《2011年我国人口总量及结构变化情况》，国家统计局网站（http://www.stats.gov.cn），2012年1月18日。

当为其提供平等接受义务教育的条件。"即对户籍地政府而言，承担户籍所在地适龄儿童少年义务教育的管理责任是责无旁贷的，但对于非户籍人口子女因为其户籍不在流入地政府管辖范围之内，加之《义务教育法》没有对流入地政府的责任进行明确规定，实际上，这就意味着流入地政府对外来务工人员子女接受义务教育没有责任。其二是公共服务与社保服务均实施以地方政府为主体的管理体制。例如，"义务教育实行国务院领导，省、自治区、直辖市人民政府统筹规划实施，县级人民政府为主管理的体制"，各项社保也均以省市为管理单位。针对城镇外户籍迁移人口的公共服务和社保服务供给，中央政府尽管多次要求迁入地政府统筹解决，但由于城镇外户籍迁移人口的相对流动性，中央政府并没有就其公共服务与社保服务供给给出明确的标准认定，也未能对迁入地政府提供相应的财政补贴，这使得迁入地地方政府对城镇外户籍迁移人口的公共服务和社保服务提供消极应对，诸多由地方政府主导的公共服务和社保服务均与户籍挂钩提供。

2. 现有城乡人口迁移制度对城镇化的障碍效应

户籍限制和户籍挂钩的公共服务和社保服务供给制度与市场经济格格不入，给城镇化健康发展造成了多层面的障碍效应。

(1) 被迫以农民工模式进行乡城迁移，导致包括非劳动人口在内的家庭居住城镇化滞后于劳动人口的就业城镇化，严重制约了城镇化进程

由于户籍准入限制，公共服务、社保服务与户籍挂钩，移民人口在城市的居住生活受到多层面制约，使得中国城镇化进程长期以来表现为农民工为主体的城镇化进程。在城市良好的收入和就业机会的吸引下，农村剩余劳动人口出现了就业导向的巨大移民潮，但由于城市生活居住受到户籍及其附属公共服务制约，其家庭中父母子女等非劳动人口被迫滞留在农村地区，家庭人口被迫城乡空间分离，形成以单纯就业为目的的农民工移民模式。至2011年，全国农民工达2.53亿人，这造成包括非劳动人口在内的居住和生活城镇化大大滞后于劳动人口的就业城镇化，劳动人口城镇化水平远高于非劳动人口。如表15-6所示，15~49岁青壮年劳动人口城镇化水平比0~14岁少年幼儿人口城镇化水平高10多个百分点，特别是"市化"水平差异明显，而且2000~2010年10年间青壮年劳动人口与非劳动人口城镇化水平差距呈拉大趋势，其中青壮年劳动人口城镇化率与总人口城镇化率的差距，由2000年的3.66个百分点上升到4.11个百分点。由于非劳动人口城镇化受到制约，导致总人口城镇化水平也较低，使得城镇化进程滞后于工业化进

程。2011 年，中国城镇化率与非农产业比重的差额达 38.69 个百分点，远高于世界平均水平。

表 15-6　不同年龄段人口城镇化水平比较

单位：%

	2000 年			2010 年		
	市人口比重	镇人口比重	城镇人口比重	市人口比重	镇人口比重	城镇人口比重
0~14 岁	17.06	12.65	29.70	22.31	20.30	42.61
15~49 岁	26.43	14.15	40.58	33.78	20.60	54.38
60 岁以上	22.63	11.53	34.17	26.08	18.01	44.08
总人口	23.55	13.37	36.92	30.29	19.98	50.27

数据来源：根据《中国 2000 年人口普查资料》和《中国 2010 年人口普查资料》计算。

（2）就业与家庭居住生活城乡分离加大了家庭生活成本，既抑制城乡居民消费，又导致中小城镇消费市场集聚不足和城镇服务业发展滞后，城镇规模结构畸形化

在农民工城镇化模式中，家庭通过劳动人口即农民工从城镇获得就业和收入，但家庭非劳动人口居住生活仍滞留农村，农民工本人在城镇往往保留最简易的居住生活模式，家庭主要生活支出和包括住房在内的重要消费品购建均在非劳动人口所在的农村完成。这种城乡分离的就业和居住模式大大增加了农民工家庭生活成本，家庭人口分居被迫保持两边的日常家庭消费开支，家庭内人口整体消费的规模效应消失，两地分居也必然形成定期不定期的长途往返，导致家庭生活中长距离交通支出成本增加。更由于家庭处于迁入城镇或滞留农村的两难决策中，家庭内包括住房、汽车等一系列重大消费支出决策被迫推迟，导致农民工及其家庭消费结构无法及时有效升级，消费支出被严重抑制。根据国务院发展研究中心课题组（2010）的研究，农民工消费倾向大大低于城镇居民，并且其消费倾向随收入水平提高显著下降，农民工除了维持最基本的生活需要外，基本上没有其他消费，即便是最高收入水平组的农民工，其消费结构也基本没有变化。

农民工城镇化模式也使得城乡市场的就业和收入增长与消费支出增长不平衡。在城镇地区特别是那些能够提供大量适合于农民工就业的沿海中小城市，由于大量的就业人口以农民工形式出现，其收入获得后的生活消费主要在农村发生，导致这些中小城市，相对于所提供的就业和收入规模，其消费

市场规模不足。由于市场规模不足，一些对市场规模要求较高的消费服务或者价格过高或者干脆因为需求价格未达到最低成本要求而无法有效提供，导致城市服务业发展滞后。又因为服务业发展滞后，这些城市以高级管理和技术人才为主的中高收入居民无法获得有效的服务供给，往往被迫向规模更大的大都市区进行消费导向的再迁移；造成那些接受过良好高等教育、对多样化城市服务具有消费偏好的青年劳动人口特别是大学毕业生，宁愿拥挤在大都市接受较低的工资水平也不愿意到小城市寻找发展机会。这导致大都市区人口拥挤，而中小城市则因为高端人才的外流或人才吸引力不足，消费市场规模和城市竞争力进一步削弱，致使城镇化规模结构畸形化（辜胜阻、杨威，2012）。

（三）现有城乡公共服务和社保服务制度及其对城镇化的障碍效应

1. 现有城乡公共服务和社保服务制度特点

经过多年制度改革，中国公共服务和社保服务发展取得了巨大进步，但由于牵涉太多的公共利益，其供应与配置制度改革相对滞后，现有的公共服务和社保服务制度也存在诸多缺陷。

（1）中央与地方之间财权和事权不对称，公共服务和社保服务对地方财政依赖大

公共服务与社保服务取决于公共财政的组织和支出模式，但中国现有的公共财政收支模式中，中央与地方财权和事权严重不对称（陶然等，2009）。1994年分税制改革以来，以产品流转税为主体的财税收入的更大比重表现为中央政府财税收入，而城市公共设施建设和公共服务、社保服务提供则基本上由城市地方政府承担，其所需资金缺口要么来自中央财政转移支付，要么被迫从土地出让金等税收外筹集解决。如表15-7所示，在公共服务和社保服务的主要项目支出中，地方财政占了绝对比重。造成这种情况的原因有以下几个方面：其一，尽管中央政府对一些基础性的公共服务和社保服务提供做出了专项规定，也给予专项财政转移支付，但往往要求地方政府给予相应的财政配套；其二，有些地方政府财政困难，常常挪用中央专项财政转移资金用于弥补日常财政支出的不足；其三，多数公共服务和福利保障的提供，中央政府并没有给出明确的水平、数量等配置标准，只给出一个一般性的政策建议，其筹资也大部分由地方财政支出；其四，即使同等的公共支出，由于基本公共服务供给成本在不同地区间存在差异，甚至差异很大，

相同的资金量未必能实现同样的基本公共服务供给（伏润民等，2010），因此地方财政补充也成为必要。

表 15-7　2011 年中国公共服务和社保服务主要项目财政支出构成

项　　目	财政支出总额（亿元）	中　　央		地　　方	
		金额（亿元）	比重（%）	金额（亿元）	比重（%）
社会保障和就业	11109.4	502.48	4.52	10606.92	95.48
医疗卫生	6429.51	71.32	1.11	6358.19	98.89
环境保护	2640.98	74.19	2.81	2566.79	97.19
城乡社区事务	7620.55	11.62	0.15	7608.93	99.85
农林水事务	9937.55	416.56	4.19	9520.99	95.81
住房保障支出	3820.69	328.82	8.61	3491.87	91.39

资料来源：根据《中国统计年鉴》（2012）计算。

对地方财政的严重依赖，必然导致公共服务和社保服务供给呈现明显的地区差异。以小学教育为例，2011 年全国 31 个省区市无论生均固定资产还是每百学生专职教师数均差异明显，如图 15-2 所示。

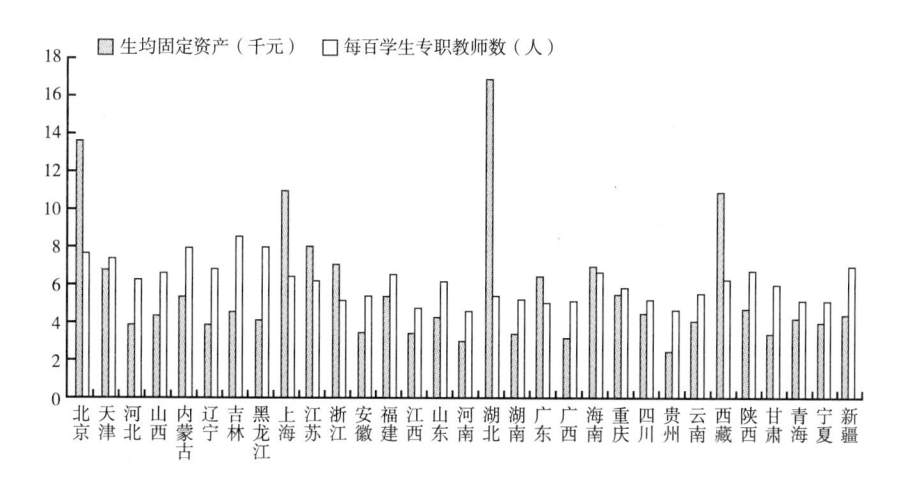

图 15-2　2011 年中国各省区市小学资源配置

资料来源：根据《中国统计年鉴》（2012）绘制。

（2）公共服务具有较明显的供给导向性和城市偏向性，导致公共服务供给结构失衡

中国的公共管理和公共服务体系脱胎于计划经济，基于自上而下的计划

供给管理逻辑，现有的公共管理和公共服务基本上由供方主导，特别是农村公共品属于典型的政府"供给决定型"，农民甚至没有表达需求或选择供给的机会（张林秀等，2005）。公共服务标准、公共服务类型、公共服务对象均由政府公共管理部门制定和配置，作为被服务对象——城乡居民对服务机构、服务质量、服务形式基本上没有选择权。在市场经济条件下，尽管公共服务供应体系做出了相应改革，但政府职能管理部门仍然是公共支出的决策者和执行者，回扣、职务消费、采购招标舞弊等灰色利益广泛存在，作为公共支出决策者和执行者的职能部门对部门所辖公共支出规模、公共支出形式往往形成一些特殊偏好，公共采购过程中价格就高不就低、质量就低不就高，公共支出申报结算虚报人头等，这使得政府部门主导的公共服务常常偏离居民实际需求，限制居民对公共服务形式的选择权。由于服务标准、服务形式、服务机构和企业均由政府职能部门指定，居民公共服务需要选择权被严格限制。同时，由于地区间竞争，供方主导的公共服务供给也容易导致公共产品供给结构的失衡，如供给过度的生产性基础设施，提供过少的教育、社会福利等公共服务（Keen 和 Marchard，1997）。

中国公共服务和福利保障供给也具有明显的城市偏向性。在计划经济时期，国家在城乡之间推行二元隔离的公共服务供给体制，利用城乡产品价格剪刀差维持城乡收入差距与公共服务和福利保障差异。近年来，尽管经过一系列体制改革，二元隔离体制有所改变，但城市偏向性仍然广泛存在，其原因是多方面的：其一，在城乡同步增长条件下，原有的城乡巨大差距短期内难以消弭；其二，农村居民分散居住，农村公共服务和社保服务供给成本大大超过城镇地区；其三，长期以来，农村土地被认为是农民的最大保障，社会性的福利保障被认为不必要。这使得城乡公共服务差异明显，城市公共服务和福利水平均高于农村，城乡社保服务在两个不同的体制内运行，农村人口只参加农村养老保险和农村医保。

（3）地区之间与城乡之间公共服务和社保服务缺乏衔接机制

供给导向性的公共服务模式难以有效应对需求变化，各地区各主管部门在公共服务的数量、类型配置时往往以户籍人口或历史人口为依据，强化公共服务与社保服务户籍挂钩，形成相对封闭的管理体制。中央政府尽管近年来一直强调加强宏观调控，但社会层面的微观调节机制建设并没有引起应有的重视，居民家庭和个人跨区的公共服务分享只停留在一般性的责任强调，难以在财政转移等方面及时落到实处。有些领域的跨区公共服务分享尽管事后存在一定的财政转移追认，但对于迁入地地方政府始终没有形成有效的事前激励，这使得中央政府尽管三令五申要求迁入地地方政府为跨区域迁入人口提供教育、医疗、住房等公共服务和社保服务，但迁入地地方政府始终没有积极性，在具体的公共服务和社保服务提供中更偏向于把新增外来人口排除在外。

在现有的各类社会保险服务中，也同样由于中央政府调控管理的缺位，跨区迁移人口在各地区之间、城乡之间形成的社会保险账户始终未能有效地实施跨区、跨城乡流转。

2. 现有城乡公共服务和社保服务制度对城镇化的障碍效应

由于公共服务和社保服务制度的供给导向性、城市导向性和地方政府主导，必然导致城市管理和公共服务、社保服务提供的封闭性，增加城镇化的人口迁移障碍，不利于城镇化的区域优化和规模优化。

（1）公共服务和社保服务提供的封闭性增加了城镇化的人口迁移障碍

公共服务和社保服务制度的封闭性造成公共设施建设和公共服务发展的畸形化，增加了城镇化的人口迁移障碍。其一，造成公共设施建设和公共服务提供的畸形化。由于公共服务依赖于地方财政和中央财政转移支付，城市地方政府更偏好能带来财政收益的产业和能取得中央财政转移支付的公共设施建设和公共服务项目，导致这些领域的发展过度扩张，也导致不能取得税收收入和转移支付的领域发展不足，特别是农村地区建设成本大、收益低，公共设施建设严重滞后，导致城乡公共建设发展畸形化。其二，造成城市公共服务配置管理的封闭性。由于城市建设管理的财权事权不对称，地方政府为了应付上级政府针对公共服务供应水平的政绩考核要求，并迫于财政收支压力，往往减少公共服务支出，压缩公共服务受益范围，只对原有的城镇户籍居民提供服务，而把包括农民工在内的城镇新移民排除在外。

（2）公共服务和社保服务制度的封闭性不利于城镇化的区域优化

封闭性的公共服务和社保服务制度必然造成城乡之间、区域之间劳动市场、消费市场割裂，使得进城人口不能根据各地区、各城市实际的经济发展水平和就业机会来选择家庭居住地。收入提高以后的农民工家庭为了提高消费水平，分享发达的城市服务，往往因为公共服务和社保服务获得限制被迫选择户籍所在的农村附近城镇作为居住城镇化的第一迁入地，家庭继续保持两地分居的"双迁"城镇化模式，农民工个人进入跨区就业迁入地，而家庭非劳动人口则进入就近迁入的城镇居住地，导致就业迁入地城镇继续维持消费市场规模不足、服务业发展滞后的经济结构，就近居住生活迁入地则形成单纯的消费型城镇，城镇产业发展和就业机会不足，依赖于产业发展的地方财政收入也相对困难，难以有效支撑因就近城镇化带来城镇快速扩张形成的公共设施建设和公共服务提供。

三 中国实现健康城镇化的制度改革与创新

面对多层面的制度障碍，进一步推进城镇化必然要求制度改革与创新。下面将从促进健康城镇化的视角，对影响城镇化的土地制度、人口迁移制度、公共服务和社保服务制度的改革与创新提出相应的战略思路和对策。

（一）城乡土地制度改革与创新

1. 城乡土地制度改革与创新的思路

土地制度安排的有效性在于能否对土地利用形成的经济关系和经济行为进行有效的激励和约束，同时不同经济发展阶段对土地利用的需求也存在差异，土地制度安排也需要考虑特定发展阶段土地经济关系的变化。结合中国城镇化进程中土地制度表现出的缺陷和障碍效应，今后城乡土地制度改革与创新应重点理清以下两方面的思路。

（1）理顺各类土地利用的经济关系，构建激励约束相容的土地产权机制，加强与外部经济效应相适应的土地公共利益管理

土地利用不同于一般的商品或要素资源利用，既包含土地利用产出形成的市场经济关系，又包含土地利用外部效应所形成的市场外部经济关系，更因为已有的土地制度中历史和政治决定的土地产权关系未能按照土地市场经济关系对土地利用利益进行激励约束相容的产权机制设计，使得土地利用的经济关系更加复杂化。因此，有效的土地制度安排应理顺土地利用所蕴涵的各层次经济关系，根据不同类型土地各层次经济关系特点，构建激励约束相容的土地市场产权机制，同时面对无法通过产权激励实现的市场外部经济关系，应加强土地利用的公共利益管理。

首先，在农村土地市场，农地作为农业生产要素（农村宅基地是作为为农业生产服务的附属土地利用出现的），是以土地肥力形式参与和贡献农业产出的，除了大型农田水利和大型机械等农业生产设施外，农地的农业产

出价值能够很容易地体现在单位地块的市场产出贡献中，地块参与市场产出的贡献也很容易分割，其经济关系和利益分享的权力界定也相对简单。在产出贡献容易分割和界定的条件下，稳定明晰的产权制度安排，能达成更有效的资源利用激励（Demstez，1976；Besley，1995）。中国农地制度面临的问题是，法定或历史认定的农地所有者（集体）与实际农地使用、管理和收益者（农户）不一致，导致实际的农地使用、管理和受益者对预期的农地长期稳定收益权具有不确定性，影响农地长期投资和农地交易市场、交易价格的有效形成，形成激励约束不相容甚至逆向激励的土地产权机制。因此，农地制度改革与创新的方向应该是重构对地块实际占有、管理和受益者的产权激励，使农地经营相关的各经济主体实现激励约束相容的利益分享。

其次，在城镇土地市场，土地作为不动产是以地块空间参与贡献工商业生产的，由于工商业生产巨大的集聚效应，地块周边开发投资特别是公共基础设施投资通过改进区位条件可以给地块上的工商业生产带来巨大的外部经济利益，而这种区位提升价值又难以直接联系周边具体地块的具体投资开发，使得城镇土地的经济关系错综复杂，经济行为的产出贡献难以明确界定和区分，因此单纯的地块产权激励在城镇土地市场很难奏效。许多国家特别是发达国家，为了解决城镇土地利用中的巨大外部利益关系，往往在产权激励的同时，通过对城镇土地征收不动产持有税、不动产交易增值税、重大基础设施公共投资、严格的城镇规划等公共管理手段来实现对城镇土地外部利益关系的协调。

最后，随着城镇用地的快速增长和扩张，农地的农业安全功能和生态环境功能突出，由此出现了对农地转非的公共限制政策。在全社会对农地转非实行总量控制时，具体地块的农转非就意味着对全社会农业安全和生态安全的风险转嫁，形成全社会性的外部成本。在外部成本未能有效体现且未能实施有效的收益分享条件下，具体地块农转非必然伴随巨大的增值效应，必然促使土地经济关系中各微观经济主体加大农地转非的冲动，以尽可能分享最大化的农地转非收益。因此，有效的农地转非制度安排应是加强对农地转非的外部利益的分割。

（2）兼顾快速城镇化进程中土地利用和流转的特殊性，平衡城乡发展利益

在不同发展阶段，土地利益关系有所不同。中国快速城镇化进程形成了对城乡土地利用的新特点，并推动土地利益关系调整变化。

首先，随着快速城镇化，农村土地对农民工家庭的生产功能和保障功能意义下降甚至消失，土地的功能意义更多地表现为预期的财产价值。在农业社会中，农村土地是人口就业和生活的主要依赖，由于生产率低下，农业生产率主要依靠农民的精耕细作，"耕者有其田"的农户土地占有对农业生产和农村社会的稳定均具有重要意义，因此土地被赋予生产要素职能、财产职能和社会保障职能，也因此土地产权私有化被认为可能导致土地兼并，影响社会稳定，为了"让人人有饭吃"，农地集体所有制被认为是有效率的（陈剑波，2006）。而经历30多年的高速经济增长和快速城镇化，中国经济社会结构已经发生了剧烈变化，已经由传统的农业社会转变为工商业主导和城镇繁荣的社会，这导致农村土地利用关系的迅速调整。不断增长的城镇就业机会使得农村劳动人口可以从对农业生产的依赖中解脱出来，对已经实现就业城镇化的农民工而言，其迁出地土地的农业生产功能已经不再存在；由于城镇非农收入的提高和非农就业的日趋稳定，也更由于国家社会保障体制改革，覆盖农民工及其家庭的社保体系也在逐步建立，土地所具有的社会保障功能意义在逐渐下降，对不少已经在城镇就业的农民工家庭而言，土地的意义更多地表现为一旦允许买卖后土地的预期财产价值。所以，土地制度改革与创新应该与土地利益关系调整相适应，要摒弃那种与过时的土地利益关系相对应的不合理制度安排。

其次，快速城镇化也造成对城乡土地利用需求特别是建设用地需求的变化。由于就业城镇化与居住城镇化的不同步性，往往居住城镇化滞后于就业城镇化，快速城镇化的前期阶段，城镇建设用地需求增长较快，农村包括宅基地的建设用地退出进程较慢，表现为全社会总建设用地快速增长；而快速城镇化的后期阶段，居住城镇化加速，农村建设用地退出速度加快，由于城镇居住用地的集约利用，全社会总建设用地可能相对缩减。因此，国家对土地农转非总量控制应充分考虑城镇化的阶段性，快速城镇化前期适当地放松农转非总量不会损害长期的农业安全和生态安全。

2. 城乡土地制度改革与创新的具体对策

根据快速城镇化进程中土地利用形成的多层面经济关系和产权界定特点，在土地制度改革与创新方面，应采取以下对策措施来促进城镇化的健康发展。

（1）构建以稳定、明晰、可交易为主要特征的，激励约束相容的农村土地产权制度。农村土地制度创新应围绕农村土地利用绩效展开，在中国传统农业社会向现代城镇工商业社会迈进的时代，农村土地的财产价值和规模经营从而对其长期投资的重要性突出，产权激励能最有效地促进土地高效利用，也最有效地促进农民工家庭做出乡城迁移决策。积极推进农村集体土地产权制度创新，允许并且鼓励农村土地交易，鼓励土地向农业经营大户集中，扶持家庭农场，建立有效的农村土地交易市场。

（2）构建强化外部利益公共分割的农地转非制度和城镇规划管理制度。考虑农地转非形成的农业安全风险和生态安全风险，国家应对农地转非进行调控，但调控模式应由行政审批的数量调控向税费成本分摊的价值调控转变。国家在农地转非实施前开征农地转非调节税，只有缴纳农地转非调节税的农地才能实行转非，否则视为非法占用农地，应处以巨额罚款，并对既成的违章建筑进行拆除，恢复农地原貌。农地转非调节税类似于土地使用税，以固定税额形式出现，单位土地税额应大致等同于农地的农业生产价值与城镇建设用地使用价值或市场价格差额，国家国土部门根据各年度、各地区经济发展和农业生产力状况，细化、差异化各地区各时期的农地转非税额，使得由城乡土地级差地租形成的土地增值收益归国家所有。由于农地转非增值收益为国家事前征收，因此由农地转非一次性交易形成的增值利益大幅减少，必将大大减少利用农地转非的投机行为，也将大大减小与对巨额增值收益有预期的征地"钉子户"的冲突。国家农地转非调节税收益主要用于农产品储备、农地开发、生态保护等。同时，要加强城镇周边农地转非的城镇扩张规划，只有纳入城镇扩张规划的农地才允许征转为城镇建设用地。各级政府不直接介入具体地块的农地转非，只对农地转非后的土地使用按城镇规划标准进行管理。

（3）构建以激励约束相容的农村建设用地获得和退出机制。加快农村建设用地制度改革，允许农村建设用地入市交易，鼓励农村建设用地退建还农，国家可以利用农地转非调节税建立农村建设用地退建还农基金，对退建还农土地进行补贴激励。对农村新增农地转建设用地征收农村农地转非调节税，农村农地转非调节税税额应根据当地工商业产出与农业产出绩效差异，或土地市场形成的农地交易价格与建设用地交易价格差异制定，体现农村与城镇差异。

（4）构建以弱化地块产权利益、强化城镇公共发展利益为特征的城镇土地管理制度。考虑城镇用地多层面的外部效应，应弱化城镇土地具体地块的产权利益，强化作为城镇发展的公共利益，强调公众对城镇土地增值利益的公共分享权益。对城镇土地和建筑物,开征城镇不动产持有税,其计税依据为不动产市场价值,具体的税额标准由税务部门根据城市不动产市场价格和不同类型不动产的具体情况核定。城镇居民享有人均或户均最大面积(或套数)的住房不动产持有税收赦免,使得不动产持有税基本不触及普通居民,只有工商业生产企业和多套住房持有家庭才具有纳税义务。同时,对不动产交易的增值收益征收高比率的不动产增值税。通过不动产持有税和不动产交易增值税,增加城镇土地及建筑物持有成本,弱化土地持有可能导致的交易性增值利益。

(二) 城乡人口迁移制度改革与创新

1. 城乡人口迁移制度改革与创新的思路

人口迁移制度决定着乡城人口迁移的数量、质量和迁移方向。有效的人口迁移制度应保证与经济发展需要相适应,应激励人口向最有发展潜力的地区迁移,也应激励宏观、微观迁移成本均最小化的迁移模式。鉴于中国人口迁移中的户籍及其附属公共服务、社保服务挂钩制度,城乡人口迁移制度的进一步改革与创新应理清以下几方面思路。

(1) 人口迁移制度安排的出发点应该是激励人口迁移而不是限制人口迁移,人口迁移制度的核心应从人口迁移管理转向人口迁移服务

乡城人口迁移是人口由生产力水平较低的农村地区向具有集聚效应、较高生产力水平的城镇地区迁移,这种迁移将导致全社会经济结构的改进和总体发展绩效的提升。因此,基于乡城人口迁移的制度安排,应是激励而不是限制人口迁移。现有的人口迁移制度更多地从封建社会和计划经济时期为了维护社会稳定的人口迁移控制思想出发,强调对人口迁移的管理和控制,户籍是控制人口迁移的最典型手段。而对人口迁移的微观主体——家庭或个人而言,迁移过程是对新的陌生环境的适应,迫切需要对新环境的熟悉、磨合和融入服务,而这正是现有人口迁移制度安排所缺乏的。因此,促进城镇化健康发展的人口迁移制度建设思路应从人口迁移管理转向人口迁移服务。

(2) 在快速城镇化中后期,家庭整体的居住和生活城镇化对宏观发展绩效与微观成本绩效均具有重要意义,需要阶段性的政策激励

经历 30 多年的高速经济增长和快速就业城镇化进程,中国已进入快速城镇化的中后期阶段,农村居民家庭特别是农民工家庭收入水平有了较大改善,收入改善以后的家庭消费结构亟待升级,但农村市场由于规模不足,许

多消费品特别是服务消费品无法有效提供,包括非劳动人口在内的整个家庭居住和生活城镇化提上了日程。这时,整个家庭有效的居住和生活城镇化不仅有利于居民家庭的生活成本节约,而且有利于宏观发展绩效的提升(Stark 等,1997;Taylor 等,2003)。对农民工家庭而言,居住城镇化解决了家庭人口城乡分居所造成的家庭消费规模不经济和频繁的城乡通勤成本,也促进了家庭及时的消费结构升级;对宏观发展层面而言,农民工家庭居住城镇化能有效地化解相对于就业收入增长的城镇消费市场规模不足、服务业发展滞后的困境,也有效促进了全国消费市场的繁荣和内需扩大。因此,在特定的快速城镇化中后期阶段,乡城人口迁移制度应对居住城镇化给予适当的政策激励。

2. 城乡人口迁移制度改革与创新的具体对策

根据快速城镇化进程中人口迁移的具体特点,当前应采取以下几方面的具体对策,积极有效地推进人口迁移制度的建设。

(1)全面推广面向全体国民以实际居住和实际就业时限记录为特征的城乡居住证登记制度和就业登记制度,以居住登记管理制度和就业登记管理制度代替户籍管理制度。就业和居住是人口实际存在的最重要特征,就业登记和居住证是人口管理最直接、最有效的形式。在各地区居住证管理制度实践的基础上,应在全国范围内、面向全体国民推行以实际居住时限记录和实际就业时限记录为特征的城乡居民居住证登记制度和城乡劳动人口就业登记制度,并逐步替代现有的户籍登记管理制度。城乡居住证应包含原户籍登记管理的所有信息,并且记录持有人各时期内居住地的居住时限,居住时限以居住场所证明为依据,如住房产权证、住房租赁协议、公共住房租住证明文件等;城乡就业登记记录持有人各时期内就业时限,就业时限以收入纳税证明或社保账户证明为依据。

(2)面向劳动人口的社保服务和公共服务以就业时限为依据,面向居住人口的社保服务和公共服务以持续定居时限为依据。公共服务和社保服务的供应以人口的经济活动为依据,面向不同经济活动的公共服务和社保服务应针对各自对应的人群。面向劳动人口的社保服务和公共服务,应以其就业时限为依据;面向居住人口的社保服务和公共服务,应以其持续定居时限为依据。

(3)不同规模城市根据发展需要,社保服务和公共服务可以与不同的居住或就业时限挂钩。考虑不同规模城市人口集聚产生不同的集聚或拥堵效应，各城市可以根据其人口规模增长控制目标要求，对城市层面所提供的公共服务和社保服务，设定不同的持续时限要求。如规模较大的大城市，人口集聚的拥堵成本明显上升，其保障性住房等公共福利保障可以设定较长的居住或就业时限要求。

（三）城乡公共服务和社保服务制度改革与创新

1. 城乡公共服务和社保服务制度改革与创新的思路

城乡公共服务和社保服务获得差异影响农民家庭的乡城迁移决策，城镇公共服务和社保服务获得差异决定农民乡城迁移的目的地去向，也决定了城镇化的成本与绩效。中国现有地方政府供给主导的公共服务和社保服务制度阻碍了农民乡城迁移决策，也影响了农业人口转移的空间优化。未来改革与创新的思路应在公共服务和社保服务提供方式、地区协调等方面进行突破。

（1）正确认识伴随城镇化的公共服务需求空间重组规律，公共服务供给应在集聚与分散之间寻求城乡利益的平衡，在可得性与可及性之间寻求效率与公平的平衡

城镇化是经济活动在城乡空间的重组，必然伴随公共服务需求的空间重组。一方面，农村人口城镇化形成对城镇地区更密集的公共服务需求增长和结构提升，必然要求城镇地区提供相应的公共服务；另一方面，作为人口迁出地的原农村地区，尽管人口减少但留守人口仍然存在公共服务需求，特别因为人口规模下降，农村公共服务提供成本急剧上升。因此，在快速城镇化进程中，公共服务供给制度应该在公共资源配置的集聚与分散之间寻求城乡利益的平衡，在寻求公共资源利用集聚效应的同时保证基本公共服务的均等化配置，在促进城镇公共服务资源向农村开放的同时，还应提高农村人口对城镇公共服务分享的可及性，寻求可得性与可及性的平衡。

（2）正确认识异地城镇化形成的地区之间成本与收益的不对称性，发挥中央财政对基本公共服务配置的均等化效应

跨区迁移是中国城镇化的重要特征，而跨区迁移对迁出地与迁入地形成的收益和成本存在明显的不对称性。对迁入地而言，城镇化有利于促进产业繁荣和市场规模扩大，并由此形成集聚经济利益，但按照中国现有的财税制度，地方财政收入的组织主要依赖生产领域的流转税收，而公共服务供给尽管存在中央财政转移支付，但仍然依赖地方财政作补充，这就使得迁入地地方政府更偏好于劳动人口迁入，而对主要分享公共服务需求的非劳动人口迁

入持排斥态度。对迁出地而言，其往往属于经济不发达地区，地方财政多依赖上级政府的转移支付，对所辖人口的公共服务需求迁出，迁出地地方政府没有与迁入地协商转移公共财政的积极性。为了更有效地促进迁入地公共服务供给对跨区移民开放，应由中央政府主导基本公共服务供给，发挥地区之间、城乡之间公共服务均等化效应。

（3）考虑快速城镇化进程中地区间公共服务需求快速变化特点，发挥公共服务需求微观个体对公共服务配置的需求导向作用

快速城镇化也意味着公共服务需求在地区之间、城乡之间的快速变更，供方主导的公共服务供应体系很难及时有效地掌握地区内公共服务需求变更的信息，也很容易形成对新增公共服务需求特别是迁移人口公共服务需求供应的封闭性。为了更有效地促进城镇化健康发展，让进城农民及家庭能更有效地分享和选择公共服务，应加强公共服务微观个体对公共服务供给配置决策的有效参与，发挥微观个体的需求导向作用。

2. 城乡公共服务和社保服务制度改革与创新的具体对策

根据快速城镇化进程中公共服务和社保服务需求空间重组特点，需要采取以下几方面的对策措施，有效推进公共服务和社保服务制度建设。

（1）中央财政主导基本公共服务和社保服务。考虑乡城人口迁移在全国范围内进行，公共服务需求增减的空间重组也更多表现在跨区层面，因此应由中央财政来主导基本公共服务供给。这里的基本公共服务不仅仅指城乡共同存在的如教育、医疗等领域的基本公共服务，而且应包括城镇化引起的新增服务和福利保障需求，如城镇基本居住保障。所有这些基本公共服务和社保服务供应均应由中央财政主导支持。

（2）建立以个人或家庭账户为特征的需方导向准公共服务供配制度。对于部分具有一定排他性和竞争性的准公共服务，如教育、医疗等，应建立以个人或家庭专用补贴账户为特征的需方导向机制，实现由"砖头补贴"向"人头补贴"的转变。国家针对各项中央财政主导的准公共服务和社保服务，对其需求人群审核发放专项公共服务和社保服务中央补贴账户，账户持有人根据自身情况自愿选择公共服务分享地区，凭补贴账户在一定期限内预先申请期望地区的公共服务和社保服务，各地区凭借账户申请数量向中央财政请求公共服务和社保服务转移支付额。考虑地区之间公共服务提供质量和社保服务提供标准存在差异，各地区可以根据其公共服务和社保服务提供的单位成本与中央财政补贴差额情况，以及新增迁移人口的公共服务和社保

服务申请，并根据迁入人口和迁入时限差异提出规范化的附加成本补贴要求，但不得拒绝迁入人口的公共服务和社保服务分享要求。

（3）利用有效的交通和通信手段提高农村人口对城镇公共服务分享的能力，探索固定服务与流动服务相结合的农村公共服务模式。对一些具有明显集聚效应的公共设施的建设应主要分布在城镇地区，但应尽力利用现代交通手段和通信条件提高农村人口对城镇公共服务分享的能力，如为农村学生提供安全保障的免费校车接送服务，对农村地区急诊医疗需要提供免费或廉价的救护车接送服务。同时，对一些非经常性的公共服务需求，应大力探索固定服务与流动服务相结合的农村公共服务模式，如医疗卫生方面，应积极探索农村简易卫生室建设与城镇医疗队定期下乡服务相结合的公共服务供给机制。

参考文献

[1] 蔡昉：《刘易斯转折点与公共政策方向的转变——关于中国社会保护的若干特征性事实》，《中国社会科学》2010年第6期。

[2] 陈剑波：《农地制度：所有权问题还是委托－代理问题？》，《经济研究》2006年第7期。

[3] 伏润民、常斌、缪小林：《我国地区间公共事业发展成本差异评价研究》，《经济研究》2010年第4期。

[4] 辜胜阻、杨威：《反思当前城镇化发展中的五种偏向》，《中国人口科学》2012年第3期。

[5] 国务院发展研究中心课题组：《农民工市民化对扩大内需和经济增长的影响》，《经济研究》2010年第6期。

[6] 郭书田、刘纯彬：《失衡的中国——农村城市化的过去、现在与未来》，河北人民出版社，1990。

[7] 胡延顺：《中国城镇化发展战略》，中共中央党校出版社，2002。

[8] 姜晓萍：《中国公共服务体制改革30年》，《中国行政管理》2008年第12期。

[9] 陶然、陆曦、苏福兵、汪晖：《地区竞争格局演变下的中国转轨：财政激励和发展模式反思》，《经济研究》2009年第7期。

[10] 武力：《1949~2006年城乡关系演变的历史分析》，《中国经济史研究》2007年第1期。

[11] 吴靖：《中国城市化制度障碍与创新——基于城市化制度支持系统的一个分析框架》，人民出版社，2010。

[12] 叶裕民：《中国城镇化之路》，商务印书馆，2001。

［13］张林秀、罗仁福、刘承芳、Scott Rozelle：《中国农村社区公共物品投资的决定因素分析》，《经济研究》2005年第11期。

［14］中国（海南）改革发展研究院课题组：《基本公共服务体制变迁与制度创新——惠及13亿人的基本公共服务》，《财贸经济》2009年第2期。

［15］中国经济增长前沿课题组：《城镇化、财政扩张与经济增长》，《经济研究》2011年第11期。

［16］郑兴明：《城镇化进程中农民退出机制研究》，博士学位论文，福建农林大学，2012。

［17］Besley, t., "Property Rights and Investment Incentives: Theory and Evidence from Ghana", *Journal of Political Economy* 103 (5), 1995, pp. 903–937.

［18］Demsetz, H., "Toward A Theory of Property Rights", *American Economic Review* 57 (2), 1976, pp. 347–359.

［19］Michael, K. and Maurice, M., "Fiscal Competition and the Pattern of Public Spending", *Journal of Public Economics* 66 (1), 1996, pp. 33–53.

［20］Pei, X. L., "The Law of Limit of Land Productivity: An Improved Malthusian Theory with A Case of Equal Distribution of Land in China", Forthcoming in Research Report Van Vollenhoven Institute (Netherlands: Leiden University, 2004).

［21］Stark. O., Helmenstein. C. and Yegorov, Y., "Migrants' Savings, Purchasing Power Parity, and The Optimal Suration of Migration", *International Tax and Public Finance* 4 (3), 1997, pp. 307–324.

［22］Taylor, J. E., S. Rozelle, et al, "Migration and Incomes in Source Communities: A New Economics of Migration Perspective from China", *Economic Development and Cultural Change* (Chicago: University of Chicago Press, 2003), pp. 75–101.

第十六章
农民市民化的路径选择及制度安排

走中国特色新型城镇化道路，落实以人为本的科学发展观，核心就是要让农民享受市民待遇，实现农民市民化，完成社会结构转型。城乡二元结构体制和农村集体所有制是中国特色城镇化道路带有的两大制度特征，也是农民市民化进程所面临的最主要的两个制度性约束。一方面，城乡二元结构体制的制度障碍及其背后隐含的福利因素筑就了市民化的高成本门槛，造成了农民进城的阻力；另一方面，进城农民与村集体的产权关系无法理清，无法有效处置在农村的集体资产，形成难以割断农村的财产脐带。以重庆、成都为代表的全国各类城乡统筹改革试验区的实践表明，推进城乡统筹、加快农民市民化需要把破除城乡二元户籍制度、推进城乡公共服务均等化和探索农村集体经济有效实现形式、深化农村产权制度改革作为基本任务。

2011年，中国城镇化率达到51.27%，突破50%的临界点，中国从整体上已经迈入城市型社会的门槛，城镇化进程进入形成城乡一体化新格局的发展阶段。2010年，中共中央关于"十二五"规划的建议明确提出："要把符合落户条件的农业转移人口逐步转为城镇居民作为推进城镇化的重要任务"，推进农民市民化已成为政策的基本趋向。党的十八大提出要"加快改革户籍制度，有序推进农业转移人口市民化，努力实现城镇基本公共服务常住人口全覆盖"，有人甚至提出让农民工在"十二五"时期成为历史（迟福临，2010），农民市民化已经成为社会广泛关注的热点、难点问题。

笔者认为，农民市民化的基本要求或路径选择就是要让进城农民享受市民待遇，让务农农民享受到城市文明，这也是国际城镇化经验的一般性要求。

农民市民化的制度安排就是要突破城乡二元结构体制和探索集体经济有效实现形式，关键在于突破市民化的成本门槛，建立科学有效的成本分担机制，这体现了中国经济体制转轨的特征。首先面对的是城乡二元户籍制度的障碍。户籍制度背后隐含了大量的福利因素，实际是构成了农民市民化的成本门槛。推进农民市民化首先是一个探求如何实现资金平衡的问题。除了政府提供公共财政支持、企业提供社会资本支持、农民提供自有积累支持之外，乡村集体经济组织通过深化产权制度改革也能为资金平衡发挥重要作用。推进农民市民化，除了要破除城乡二元体制结构，加快城乡公共服务均等化，解决农民市民化的入口问题之外，另一个关键的问题就是推进农村集体所有制的改革创新，探索集体经济有效实现形式。基本途径就是要通过对农村集体资产的产权界定、股权管理、重组并购、产权交易、产权抵押等形式，让农民带着资产进城。从而，在政府、社会和农民等多种力量的共同支持下，建立起有效的农民市民化的成本分担机制，找到跨越市民化成本门槛的现实路径。

为此，本章主要解决以下几个问题：一是阐述农民市民化的基本内涵；二是农民市民化的基本情况与存在问题；三是测算农民市民化的真实成本；四是探讨农民市民化的途径及制度设计；五是提出具体的政策建议。

一 农民市民化概念及基本内涵

要破解农民市民化问题，首先要搞清楚其基本内涵。在中国当前形势下，需要从社会结构转型的高度审视城镇化以及城镇化进程中包括农民工在内的农民整体的市民化问题，我们在此基础上对相关问题进行概念界定。

（一）农民和市民

在城乡二元体制条件下，农民与市民代表了两类不同的身份，基本标志是农民具有农业户籍，一般从事农业活动；市民具有城镇户籍，一般从事非农业活动，并享受相应的城镇福利待遇。改革开放以来，随着户籍管制的松动，农民大量向城镇转移去从事非农行业，但是由于户籍制度没有发生根本性改革，仍然不能公平享受城镇福利。随着城镇化进程的不断加快，大量农业户籍的农村劳动力转移到城镇，居住超过半年以上就被统计为城镇人口。但这部分人群农业户籍没有发生改变，即使长期在城镇居住，也仍不能享受城镇社会保障和公共服务。当然，还有一种情况是发生户籍改变也未能真正享受到市民待遇。如北京郊区的一些地方实行小城镇农转非后，农民并未能享受城镇社保等市民待遇，原来在农村的宅基地分配等多项权益却随着户籍的改变而被取消，成为既无农村权益又无城镇权益的"两不靠"人员。因此，从表面看，市民与农民的差别主要表现在户籍差异及由此形成的身份差别上，但实质上是城镇户籍背后的福利因素能否共享，农民市民化最明显的标志应是获得所在地城镇户籍及相应的社会权利（葛正鹏，2006）。即农民市民化包含两个因素，缺一不可：一是户籍制度变革，从农业户籍转为城镇户籍；二是享受市民待遇，最终融入城市。而第二个因素恰恰才是更具有实质性内容的农民市民化。

（二）农民工市民化

近年来，常见的一个概念是"农民工市民化"，相对来讲，农民市民化出现的频率要少很多。其实，这是内涵和外延不尽相同的两个概念。前者主要是一个劳动力概念，是指非农就业者角度的市民化，农民工市民化滞后表现为劳动力就业的市场歧视，属于一种权益的不公平，只代表了农民群体的一部分。后者主要是一个与市民相对的人口概念，是社会结构转型角度上的市民化，农民市民化滞后表现为社会结构转型的滞后，属于经济社会发展上的不均衡。

早期西方发达国家的农民市民化主要是在市场经济条件下通过人口迁移来完成，即农村劳动力转移与市民化基本上是同一个过程，没有必要区分农民工市民化与农民市民化。而中国的城镇化过程在计划经济与市场经济双轨体制条件下推进，受市场分割的影响，城镇化直接表现为劳动力的城乡流动，而不是人口在城乡之间的具有相对稳定目标指向的迁移。为此，经济学家往往从劳动力转移角度来分析农民工的市民化问题，而不是整体农民群体的市民化。农村劳动力转移主要包括两个大阶段或两个大的层面：一是农业劳动力的非农化，实现职业上的转变，即农民在户籍不改变的情况下改变职业，从农业劳动力转变为农民工；二是实现非农劳动力的市民化，在生活上真正能够享受到市民待遇（简新华、黄锟，2008）。在这样的基本思路框架下，过去大多关于市民化的研究主要集中于农民工，即职业已经非农化但是户籍仍然是农业户籍的这一群体的市民化分析（韩长赋，2007；国务院发展研究中心课题组，2011；黄锟，2011）。在这种研究视角下，容易造成对大量非劳动力、务农劳动力以及已获得城市户籍但实际未获得市民待遇的各类农民群体的市民化问题的忽视。出于转变城镇化空间地域模式的考虑,大量对农民工市民化的研究还存在一个重要的问题,就是隐含了农民工可以就地实现市民化的假定,这一假定同时也暗含了对市民化成本因素的剔除,其真实性尚需考证和分析。因为农民工大多集中于大城市地区,势必要面临相对中小城市和小城镇更高的市民化成本。实现农民市民化不仅要依靠大中城市,还有赖于小城市、小城镇,乃至大量具有可持续发展潜力的中心村社区。因此,研究农民市民化问题,更充分地体现了走大、中、小城市和小城镇协调发展的中国特色新型城镇化道路的内在要求。

(三)农民市民化

农民市民化的本质是人口城镇化(蒋省三、刘守英,2011),是一个经济社会结构转型的历史过程,不单单是一个劳动力转移的问题,而是农民如何在城镇化进程中实实在在享受到住房、社会保障和公共服务等方面的市民待遇的问题,是否获得了城镇户籍是一个重要标志。在这一进程中,大致有三条途径:一是在未改变户籍的情况下进行非农转移而主动进入城市,同时将自己的家属带入城市,即"转工未转居"者的市民化;二是在失去土地的情况下,被迫进入城镇,但不一定就业,即"转居未转工"者的市民化;三是通过旧村改造和上楼,建成新型农村社区,农民留在农村但享受到现代社区化服务,即"未转工未转居"者的市民化;等等。可见,农民市民化不仅指非农转移农民群体,而且指未发生非农转移仍然务农农民群体的市民化。非农转移农民的市民化不仅包括外来务工人员,而且包括本地农民务工人员,当然还包括老人、小孩在内的非劳动力群体。以北京市平谷区为例,有六种转非渠道①:投靠亲属转非;大中专学生入学转非;小城镇转非;投资购房转非;征占土地转非;指标转非。由此可见,仅从农民工范围上,甚至仅仅从外来务工人员范围上研究市民化问题显然是不全面的。

二 农民市民化的基本情况与存在问题

长期以来,中国走的是一条城乡分割条件下的城镇化道路,大量农民脱

---

① 转非是指由农业户籍转为非农业户籍,即城镇居民户籍,简称为"转非",有时候也称为"转居",即农民转变为城镇居民。

离农业转移到非农行业，进入城镇打工，为城镇建设做出了巨大贡献，但在劳动就业、教育培训、社会保障、保障性住房等方面，却不能享受到与城镇居民同等的待遇。农民市民化严重滞后，导致中国城镇化呈现典型的不完全城镇化特征，城镇化的质量比较低下（魏后凯，2010），即市民化滞后于城镇化。加快农民市民化进程，成为当前积极稳妥推进城镇化面临的重大难题。

（一）农民进城的历程回顾

农民进城完成非农转移和市民化是一个国家或地区在社会转型和实现现代化过程中必然要经历的一个历史过程。但是，中国在完成这一过程的过程中还面临着一个原有计划经济体制向市场经济体制转型的任务，使得农民市民化问题变得异常复杂起来，形成农民非农转移与市民化的不同步性。回顾农民进城转变为市民的历史过程，主要可以划分为三个大的发展阶段，形成了三种农民市民化的模式。

一是计划经济体制下的全部包起来的方式，这种方式下出现大量农村剩余劳动力滞留农村。新中国成立初期，人口的流动和城乡迁移是不受限制的。1949~1957年，市镇人口增加的总量中，70%~80%是由农村向城市迁移构成的。为保障国家工业化建设，让农村中有足够的劳动力生产粮食等农产品，1958年全国人民代表大会通过了《中华人民共和国户口登记条例》，确定在全国实行户籍管理体制。之后，城市居民的就业被安置妥当，一般不会再改变工作，也不会有失业的压力，职工住房、养老、医疗、培训、子女入托、就学等一系列福利项目也包括在内，而就大多数福利项目来讲，农村人民公社社员被排除在外，一个竞争性的劳动力市场让位于一个城乡分割的劳动力市场，直到改革开放后才逐渐有所转变。在这一历史时期，农民转变为市民是在计划经济体制的框架下，由国家（包括国有企事业单位）包起来，该就业的就业，超龄的转入民政部门发放退休金。主要途径、形式有国家招工、提干、子女升学等。总之是由农村集体经济成员转为国有（全面所有制）经济成员，按照全民所有制经济中的职工、干部的待遇解决，成为"国家的人"或"城里人"。但是，由于国家推行重工业优先发展，不能充分吸收农业中剩余的劳动力，城镇化水平滞后于工业化水平，表现为产值结构与就业结构转变的不对等性。农业产值份额在1978年前下降到28%，而农业劳动力比重仍然高达70.5%，由此形成了农村劳动力向城市转移的巨大势能。

二是允许自由流动,但自己承担就业、社会保障等一系列问题,城镇化水平虚高,形成不完全城镇化现象。家庭联产承包责任制改革使长期在农业生产中的隐蔽型失业显露出来,形成了大量的农村剩余劳动力,在非农就业高报酬的诱导下,这些剩余劳动力开始向农村非农产业、小城镇甚至大中城市流动,随之,限制劳动力流动的政策开始逐步解除。1983年,政府开始允许农民从事农产品长途贩运和自销,第一次给予农民异地经营合法性。1984年,进一步放松对劳动力流动的控制,甚至鼓励劳动力到临近小城镇打工。1988年,中央政府允许农民自带口粮进入城市务工经商。到20世纪90年代,中央政府和地方政府分别采取一系列措施,适当放宽对迁移的政策限制,一些城市实行了"蓝印户口",户籍制度开始逐渐松动,但终究大多数农民没有获得城镇户籍以及相应的福利待遇。随着多种经济成分的发展,城镇化进程中的经济关系开始复杂化,出现了大量的新情况、新问题。转为城镇居民后,不一定进入国有企业、事业或行政单位,获得铁饭碗,而可能会进入个体、私营、城镇集体等各种经济组织。即使能够转入国有经济部门的,由于技能水平的局限,也有可能在未来失去工作岗位,发生再就业问题。随着工业化、城镇化进程的加快,城镇或工业园区不断扩张,出现了大量征占地现象,原住地农民变为了失地农民。由于政策配套的不完善等原因,这些失地农民大多成为无地、无业、无保障的"三无"农民,引发了大量的社会矛盾,一些土地问题专家曾形象地把这种征地模式称为"一脚踢"。可见,改革开放以来,中国的农民市民化进程已经不单纯是农民在两种公有制经济之间的转移问题,而是要面临多种选择。这些选择的深层次含义,是农民进城以后的生存与发展的可持续性问题。而在这一过程中,资产如何处置成为一个重要的影响因素。依托公有制条件下的国有资产或集体资产推进市民化,还是依托个人资产,或者变成失去任何资产的"无产者",直接关系着城镇化的基本模式和未来走向。

三是实行城乡统筹发展以来,出现了城乡公共服务均等化与农村产权制度改革合力推进农民市民化的新趋势。自党的十六大提出城乡统筹发展方略以来,各地在推进农民市民化的进程中形成了许多新的实践经验。如重庆市一方面做好转户农民工社会保障体系的接续与完善,一方面探索农村土地的退出与利用机制,如地票交易,使农民可以分享到级差地租的收益,增强市民化的经济能力,展示了农民市民化的可能方向。北京市颁布了《北京市建设征地补偿安置办法》(2004年148号令),按照"逢征必转,逢转必保"的要求推进被征地农民的市民化进程。成都市在推进农村新型社区建设的过程中，积极探索组建股份经济合作社或公司制企业，使农民财产权、分配权转化为股权，对进城农民实行"持股进城，按股分红"等。这些重要的实践探索为农民市民化的制度安排与顶层设计提供了宝贵的经验借鉴和理论启示。

（二）当前农民市民化状况

近年来，城镇化进程不断加快，而进城农民的市民化进程却严重滞后，形成了明显的反差。2011年年末中国城镇人口达6.9亿人，中国城镇化率达到51.27%，已经越过了50%的城镇化拐点，城镇人口超过了农村人口。相比国家"十二五"规划提出的"'十二五'期末中国城镇化率达到51.5%"的目标大约提前了4年。温家宝总理在2012年政府工作报告中指出："城镇化率超过50%，这是中国社会结构的一个历史性变化。"在快速城镇化的背景下，目前中国农民城镇化转移出现了一些新的特点。

1. 跨省外出的农民工数量减少，农民工以跨省外出为主的格局开始改变

据国家统计局（2012）的调查，2011年，全国农民工总量已达到2.53亿人，比上年增加1055万人，增长了4.4%。其中，外出农民工达1.59亿人，增长了3.4%；本地农民工9415万人，增长了5.9%，二者增速相差2.5个百分点。根据国家统计局农民工监测数据，在外出农民工中，在省内务工的农民工8390万人，比上年增加772万人，增长10.1%，占外出农民工总量上升到52.9%；在省外务工的农民工7473万人，比上年减少244万人，降低了3.2%，占外出农民工总量下降到47.1%。在省内务工的比重比上年上升了3.2个百分点。根据北京市统计局公布数据，2011年全市暂住人口825.8万人，比2010年减少60万人。这是北京市有分区县数据以来，暂住人口出现的首次下降，其中西城区比2010年减少了48.2%。这些暂住人口主要是外地来京务工人员。可见，近年来农村劳动力转移更趋向于本地就业，去省外务工人数减少，改变了多年来跨省外出农民工比重大于省内务工比重的格局，这对城镇化道路选择具有重要的经济和政策含义。

2. 举家外出劳动力比重仍然偏低，但是增长迅速

2008年以来农民工总量增长迅速，但主要是住户中外出农民工和本地农民工两类群体的增加所致，占了三年总增长量的84.6%（见图16-1）。而举家外出劳动力占农民工总量比重偏低，到2011年仅达到13%。但是，其增长速度十分显著，自2008年以来年均增速达到4.6%，是各类农民工中增速最快的群体。在2008年以来农民工总量增长中，举家外出农民工占15.4%，超过2011年其在农民工总量中的比重2.4个百分点。举家外出式转移的快速增加表明农民外出就业正在由随机流动向正式迁移转变。由此对市民化的要求也更趋强烈。

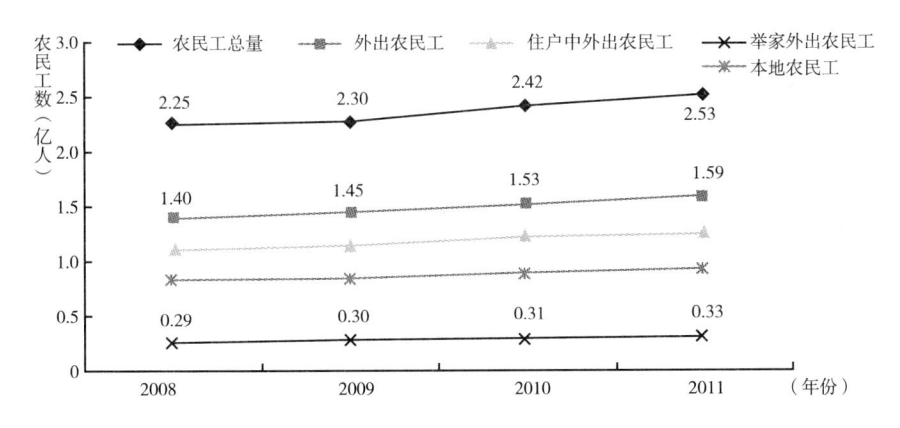

图16-1 2008~2011年中国农民工内部结构变化

资料来源：国家统计局：《2011年我国农民工调查监测报告》，2012年4月27日，国家统计局网站。

3. 农民工的市民化滞后状况有一定改善，但仍未发生根本改变

与2009年的农民工监测数据相比，中国农民工的生活状况有一定程度的改善。2011年，全国农民工参加养老保险的比重由2009年的7.6%提高到13.9%，失业保险由3.9%提高到8.0%，如图16-2所示。

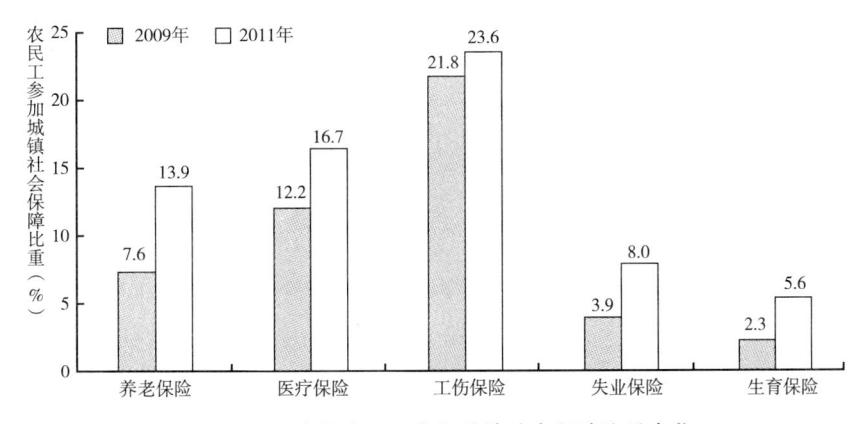

图16-2 中国农民工参加城镇社会保障比重变化

资料来源：根据国家统计局发布的2009年和2011年农民工调查监测报告数据整理。

但是，从总体上看，目前绝大部分外出农民工虽然在城镇就业，常住在城镇，并被统计为城镇人口，但大多不能平等享受市民待遇，没有真正融入城镇，其市民化程度很低。调查显示，外出农民工劳动时间偏长，每周工作时间超过《劳动法》规定的44小时的农民工仍高达84.5%，外出受雇农民工与雇主或单位签订劳动合同的仅占43.8%；仅有0.7%的外出农民工在务工地自购房；外出农民工参加社会保险的水平较低，现有城镇低保、保障性住房等福利均把进城农民工排除在外。

4. 农民户籍转变滞后于城镇化进程的趋势日益明显，农民市民化压力呈加重态势

户籍不仅仅代表户口登记，背后还含有大量的福利因素，是否拥有城镇户籍一直是能否享受市民待遇的主要依据和标志。通过按户籍口径计算的中国城镇化率与按常住人口计算的人口城镇化率的对比，可以明显看出越来越多的农村人口在成为城镇常住人口的同时未能转变为城镇户籍人口，因而也往往不能获得相应的市民待遇。在严格实行户籍制度的计划经济时期，由于没有自发性人口迁移和流动，一般把非农业户口统计为城镇人口，把农业户口统计为农村人口，如1964年的第二次人口普查和1982年的第三次人口普查。改革开放以来，随着农村劳动力向城市流动的规模越来越大，针对这种新情况，1990年进行的第四次人口普查采用了常住人口的概念，即那些离开家乡进城超过一年的流动人口，也被算作城镇常住人口；到了2000年的第五次人口普查，离开家乡进入城镇的时间只要达到半年，即使没有改变户籍，也被视作城镇常住人口。从此以后，城镇人口被定义为：在城镇居住6个月或以上的居民，而无论其户口登记地在哪里。其结果是，城镇化率与非农化率产生了较大的差距，且呈现不断拉大的趋势。如图16-3所示，1990年，城镇化率比非农化率高出5.55个百分点，2007年城镇化率比非农化率高出13个百分点，2011年，这个差距进一步扩大到16.27个百分点。这意味着占总人口16.27%的2.19亿人为非城镇户籍的城镇常住人口，一般称为半城镇化人口。此外，有些农民经过征地转非、入学新生农转非、小城镇转非等途径已经拥有城镇户籍，也没有真正享受到市民待遇。通过在北京市平谷区的调研发现，相当一部分农民由于户籍转变而身份未变，成为市民和农民夹缝中的人群，既享受不到市民待遇，又无法获取各种农村权益。初步估算，这样的人口数量占到平谷区农转居总人口的1/5~1/4。在今后较长一段时期内，中国的城镇化仍将处于快速推进时期，但相比较而言，城镇化率每年提高的幅度将会有所减慢，预计年均提高幅度将保持在 0.8~1.0 个百分点①，到 2030 年全国城镇化率将达到 68% 左右。这意味着在今后 20 年内仍将有 2 亿多农民由农村转移到城镇就业和居住。再加上已经进入城镇但还没有完全市民化的农民，未来将有近 4 亿农民需要实现市民化，农民市民化的压力将进一步加大，寻找一条农民市民化的可行路径与制度安排将具有重要的现实意义。

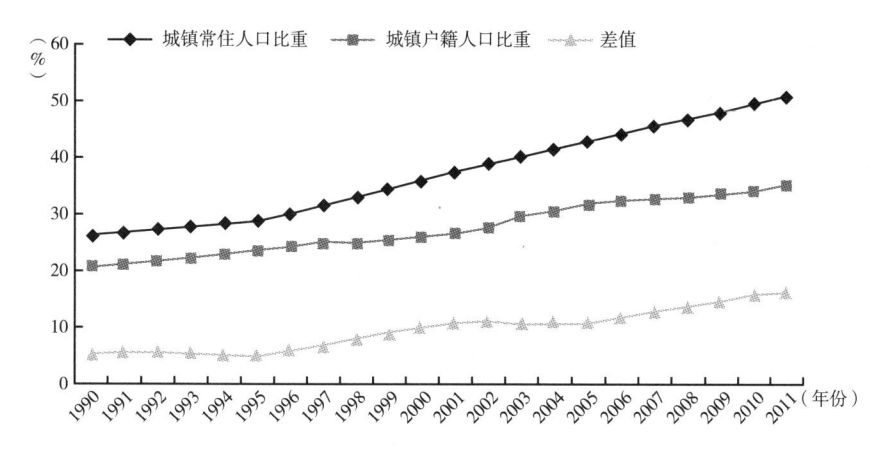

图 16-3　中国城镇化率与非农化率的变动比较

资料来源：根据《中国人口与就业统计年鉴》（各年度）绘制。

（三）农民市民化的主要途径及存在的主要问题

基于对北京市平谷区的调查显示，提高非农化率，即通过农转居实现市民化的途径主要有六种：投靠亲属转非、大中专学生入学转非、小城镇转非、投资购房转非、征占土地转非、指标转非。一是投靠亲属转非。是指通过夫妻相互投靠、老人投靠子女、子女投靠父母等方式转为城镇户籍，该政策要求申请人为本市农业户口，被投靠人为本市非农业户口，并且在本市有合法固定住所。二是大中专学生入学转非。是指北京地区的普通高等职业学校、普通中等专业学校、技工学校（职业技术学校）、职业高中（职业中专）学校 2003 年 1 月 1 日以前招收的具有本市农业户口的在校学生，自 2003 年 4 月 1 日起可自愿申请办理农转非手续。三是小城镇转非。是指小

---

① 按照国家"十二五"规划纲要，"十二五"期间全国城镇化率平均每年提高 0.8 个百分点；按照联合国的预测，2011~2030 年中国城镇化率平均每年提高 0.98 个百分点，2030 年达到 68.7%（United Nations，2011）。

城镇试点的农业户口人员转为城镇常住户口。1996年和2000年,平谷区峪口镇、马坊镇先后被北京市政府批准为国家级和市级小城镇试点单位,并启动小城镇农业户口人员转为非农业户口的政策。根据《北京市人民政府批转市公安局关于推进小城镇户籍管理制度改革意见的通知》(京政发〔2002〕25号),在本市14个卫星城和33个中心镇的规划区范围内,有合法固定住所、稳定职业或生活来源的人员及其他共同居住生活的直系亲属,凡持有本市农业户口的,均可根据本人意愿办理城镇常住户口;在规划区以外的本市农业户口人员,在规划区内购房为不低于二居室的商品房的,也可以申请办理本市小城镇农转非。对经批准在小城镇落户的人员,根据本人意愿,可保留其承包土地的经营权,也允许依法转让。四是投资购房转非。2007年4月,北京市推出了本市农业户口人员在城镇地区购房取得合法固定住所,经本人申请即可农转非并迁移户口的便民措施。五是征占土地转非。2004年7月1日施行《北京市建设征地安置补偿办法》(北京市人民政府第148号令,以下简称"148号令"),基本原则是"逢征必转、逢转必保",要求所有征占地均按照征地数量确定农转非指标个数,然后按照指标数量以现金形式支付征地劳动力安置补助费、超转人员生活费,得到指标的村民享受安置补助费、超转人员生活费。六是指标转非。是指在国有、集体企业工作的农业户籍工人通过市人力社保局给企业一定数量的农转非指标转非的,转非后按城镇职工的标准缴纳与享受社会保险待遇。

除指标转非外,以上前五种途径转非的人口都要进入公安系统登记管理。据平谷区公安局人口大队提供的数据,自2005年1月1日至2011年6月30日共计办理43148人,通过前五种途径农转非的人员共计42984人,各种途径转非人员的数量占比见表16-1,其中大中专学生入学和小城镇转非人数较多,投靠亲属转非其次,征占土地转非人数最少。

表16-1 2005~2011年北京市平谷区农转非途径比较

转非途径	转非人数(人)	比重(%)	转非途径	转非人数(人)	比重(%)
大中专学生入学	20678	47.9	征占土地	874	2.0
小城镇	12361	28.6	其他	164	0.5
投靠亲属	7943	18.4	合 计	43148	100.0
投资购房	1128	2.6			

资料来源:笔者调研。

基于北京郊区调研，农民市民化进程中存在的问题集中表现在未实现城乡公共服务均等化和农村集体资产确权的情况下，农民对转非积极性不高。集中体现在两个方面。

1. 二元户籍制度尚未从根本上废除，户籍制度背后的福利因素构筑的成本门槛限制了农民的非农转移

目前，市民待遇与户籍制度直接挂钩的城乡二元体制没有得到根本性的改变，让农民变市民享受市民待遇就只能是在现有的二元体制下去变革二元体制，即推进户籍制度改革，实现农民由农业户籍向城镇户籍的制度性转变。目前，户籍制度改革已经快速推进，全国已有20多个省份宣布实现城乡统一登记的居民户口制度，但是附着在户籍制度上的公共服务和福利制度并没有发生实质改变，原城乡人口在最低生活保障、经济适用房（廉租房）住房保障、社会保险、征兵、退伍兵安置、优抚对象的抚恤优待甚至交通事故赔偿上的待遇差别问题，尚未得到根本解决，导致农民市民化进程的滞缓。如北京市在2001年就出台了《北京市农民工养老保险暂行办法》（京劳社养发〔2001〕125号），实现了养老保险的制度性全覆盖，规定"用人单位应自招用农民工之月起，必须与其签订劳动合同，并为其办理参加养老保险手续"。但实际情况却是，到2006年农民工城镇养老保险参保率仅有12.2%（宗成峰，2008），近90%的农民工被排除在外。进一步考察发现，这一政策执行的基本思路是允许但不强制用人单位为农民工缴纳保险费，而与是否为北京户籍无关。在这种情况下，户籍制度的影响作用显然被弱化了，市民化成本的承担能力成为解释农民市民化滞后的主要考虑因素。Zhao（1999）指出即使没有户籍等各类人为因素的障碍，单就解决住房因素就构成了对农户家庭长期迁移的严重障碍。

2. 农转居过程中农村集体资产缺乏科学合理的处置手段影响了农民转非的积极性

农转居后能否仍然享有农村权益的问题，突出表现在征占地转非、小城镇建设转非和投靠转非等三类人群上。引起农村权益纠纷的根本原因主要是农户转非后，缺乏在城市中的工作、住房、社会保障等生活基础，导致生活质量下降，从而更多地寄希望于恢复原来的农村权益，由此引起大量的矛盾纠纷。而其他三类转非渠道的人群在获得就业、住房、社会保障等方面具有明显优势，因此对农村权益的享有意愿并不强烈，也就不会出现较为集中的矛盾。如大中专学生入学转非人员多为农村新一代有知识的青年，大多数可以获得稳定工作和城镇职工社会保障；投资购房转非人员多有城镇房产，生活保障性较强；指标转非的人员因转非时间较早，也早已经融入城市社会。由此，进一步产生以下几方面问题：一是未成年人及16周岁以上学生缺乏转非积极性；二是年轻转工人员缴纳社会保险周期较长，数额较大；三是农民不愿意放弃集体资产所有权及福利待遇；四是被征地村未及时办理"农转非"手续，导致社保资金近年来上调后无力承担等。加之，农转非渠道狭窄等原因造成农转居进程的滞缓。如表16-2所示，由于相当数量的农民对农转居积极性不高，导致大量的农转居指标落空，应转未转指标达到128967人，占了批准农转居指标的56%。

表16-2 北京市征地农转居自2004年实施148号令至2010年年末应转未转情况

批复征地面积(公顷)	批准农转居指标(人)	2010年年底前已完成指标(人)	应转未转指标(人)
32514.8	230082	101115	128967

市民化滞后于城镇化进程将对经济社会发展产生深远的不利影响。首先，农民由于未能实现市民化，收入水平与消费水平受到局限，内需无法扩大，不能成为有效拉动国民经济增长的引擎，甚至可能导致中国现代化进程陷入"中等收入"陷阱。其次，由于长期不能融入城市文明，将无法完成社会结构的转型，大量人口无序集聚，引发社会不稳定因素。最后，农民市民化滞后导致产业结构不能加快升级，固化在以廉价劳动力为基础的产业结构上面。

三 农民市民化成本及其分担机制

农民市民化成本无论在核算方法还是核算结果上都存在很大争议，寻找一个科学合理的计算方法是必要的。

（一）市民化成本的测算方法

农民市民化成本是指农民在向市民转变过程中所需要的各项经济投入，包括住房、社保以及公共服务等几个方面。对于农民市民化的成本因素的研究一度比较缺乏，主要原因在于缺少一个有效估计城镇化成本的方法，所需要的数据也难以获得（Richardson, 1987）。Lewis (1972) 较早注意到城市化的成本问题，提出了"城市化之所以具有决定性意义是因为它是昂贵的"观点，并比较了城乡在基础设施建设以及房屋建设等方面的成本差异。Linn（1982）提出发展中国家不断加快的城市化进程使城市化成本成为一个棘手的问题，并对发展中国家城市化的各类成本进行了总括性的描述。Richardson（1987）对巴基斯坦、埃及、印度尼西亚和孟加拉国四个发展中国家城市化的成本进行了比较，提出增加国内储蓄以提高城市化成本的承受力，并通过发展劳动密集型产业来降低劳动力就业岗位创造的成本。我国国内关于城镇化成本方面的研究同样比较少。21世纪以来，农民工供给短缺问题日益突出，民工荒问题的产生推动了对农民市民化成本的研究（周晓津，2011）。牛文元（2003）较早进行农民市民化成本的测算，并把农民市民化成本分为私人成本和公共成本。陈广桂（2004）分析了房价与农民市民化成本的关系。随着城乡统筹发展的不断推进，农民市民化成本问题引起了学者进一步的关注。张国胜（2008）等研究了中国城镇化的社会成本，阐述了通过合理的分担机制解决社会成本问题的可能性。申兵（2012）以跨省农民工集中流入地区的宁波市为案例，测算了"十二五"时期农民工市民化成本及相应的分担机制。陈广桂、孟令杰（2008）进一步分析了农民市民化的成本收益率与城市规模的关系问题。目前，国内学者对农民市民化的成本估计如表16-3所示。

以上农民市民化研究，计算方法、标准和理论基础不尽相同，但总的来看，主要有两类计算方法：一类是分类加权方法。即列举农民市民化过程中各类看得见的成本，然后进行加总得出。以张国胜（2008）为例，建立了农民工市民化的社会成本模型。成本主要包括两大部分，一是公共发展成本，即城市基础设施成本；二是私人发展成本，包括城市私人生活成本、智力成本、城市住房成本和社会保障成本。然后，将这几部分成本加总得出农民工市民化的总成本。从莱芜市的情况看，大致包括三个方面（莱芜市政研室，2010）：一是社会保障成本。包括养老保险、医疗保险和失业保险三项合计0.525万元/户。二是公共服务成本。主要包括教育、医疗、基础设施等合计3.024万元/户。三是住房成本。采取"拆一还二"方式，应为其支付14.95万元。由此平均每户市民化需要社会支付成本18万元。对于无地农户，大致为49万元。按每户3人计算，户人均市民化成本，有地农户与无地农户分别约为6万元和16万元。无地农户与有地农户市民化成本的主要差异是住房的价值差别，而在市民化成本中主要的构成部分也是住房。因此，推进农民市民化的关键点在于解决进城农民的住房问题。目前分类加权属于主流计算方法，表 16-3 中的计算主要是采用这类方法。另一类是基于福利经济学的成本分析。以周晓津（2011）为例，认为农民工市民化以后，需要转变为城市人，会产生与城市人一样的商品需求。通过计算预期寿命和农民工年龄之间的差额与当地市民年消费支出金额之间的乘积作为农民工市民化的成本。

表 16-3 国内关于农民市民化的成本测算

研究项目	人均成本	总成本
中国科学院可持续发展研究战略组（2005）	2.5 万元	7.5 万亿元
武汉大学战略管理研究院（2006）	5 万元，其中： 小城镇 2 万元；中等城市 3 万元； 大城市 6 万元；特大城市 10 万元	15 万亿元
建设部调研组（2006）	5 万元，其中： 小城镇 2 万元；中等城市 3 万元； 大城市 6 万元；特大城市 10 万元	15 万亿元
张国胜（2008）	东部沿海第一代农民工：10 万元 东部沿海第二代农民工：9 万元 内陆地区第一代农民工：5.7 万元 内陆地区第二代农民工：4.9 万元	22.2 万亿元
莱芜市政研室（2010）	有地农户 17 万元/户，5.9 万元/人 无地农户 48 万元/户，16.7 万元/人	33.9 万亿元
中国发展研究基金会（2010）	10 万元	30 万亿元
国务院发展研究中心课题组（2011）	8 万元	24 万亿元
周晓津（2011）	65 万元	195 万亿元
申兵（2012）	1.4 万~2.6 万元	4.2 万亿元~7.8 万亿元

注：总成本 = 人均成本 ×2 亿农民工 ×1.5（带眷系数）。武汉大学的人均成本估计根据国家统计局公布的外出就业去向进行加权获得，人均成本的估算结果为 5 万元。建设部调研组所列成本是市政公用设施配套费（不含运行和管理成本）。张国胜（2008）未计算总成本，笔者通过人均成本的简单平均得出人均市民化成本为 7.4 万元，然后按 2 亿农民工数量及 1.5 带眷系数计算得出社会总成本。莱芜总成本计算方法同上，其中人均承包地 0.3 亩作为区分有地农民与无地农民的标准，小于这一标准的为无地农民，主要是城中村农民；大于这一标准的为有地农民。户均成本按 2.88 人/户标准换算为人均市民化成本。申兵（2012）计算成本主要是从公共服务均等化角度推进农民工市民化的政府支出。周晓津（2011）以广州为例，以当地市民消费水平进行计算。

资料来源：根据有关资料整理。

这两类计算方法各有优缺点。第一类方法，计算项目具体清晰，一目了然，但是由于标准不统一，同样的加权方法，加权内容却有很大的差异，得出的结论往往大相径庭，即客观的计算方法可能得出的却是主观化的结论。如国务院发展研究中心课题组（2011）将农民工随迁子女教育成本列为农民市民化成本的第一项，而张国胜（2008）则没有把子女教育支出列入市民化的成本。申兵（2012）以宁波市为例，只是测算了"十二五"时期政府在农民工公共服务方面的支出，而没有测算农民工自身需要支出的项目。第二类方法充分考虑了农民工市民化的现实需求，但是在实际的农民工市民化过程中，不可能一步到位达到与市民完全一致的消费水平。而且所计算结果包含了农民工变市民后的整个一生，实际上市民化的过程是一个渐进转型的过程，主要涉及在转型阶段的基本支出，而没有必要计算农民工整个一生的全部支出。同时，其计算标准又是现在的市民与农民工之间的消费差距，没有考虑随时间推移差距的动态变化，这种计算方法容易造成明显的误差。这两类方法虽然计算方式不同，但存在一些共同的问题，一是没有对农民工市民化进行历史的考察，而更多地停留在抽象的推理上。这种抽象的推理实际上存在很大程度的主观随意性，在这种情况下，其计算结果的差异性也是不可避免的。而且，建立在这种抽象推理基础上的市民化成本能否满足农民的实际需要，令农民满意或同意，还需要打一个问号。实际上，由于没有考虑历史遗留问题造成的影响，必然大大低估市民化的实际成本，其成本分担机制等政策含义的正确性也就必然会大打折扣。例如，不仅有大量的年轻的农民工需要市民化，而且有大量的年长的农民工特别是打工返乡的农民工需要市民化。这些农民工参加城镇社保往往截止到退休前缴费年限，不能达到固定的缴费期限需补缴养老等费用，造成一笔巨大的开支。二是没有区分区位差异对农民市民化的影响。不同区位的生活成本，特别是居住成本存在明显的差异，大多研究没有进行专门的分析。三是主要集中于外出务工人员的市民化成本计算，没有考虑通过征地转居与新农村社区建设等途径实现农民市民化的情况，主要是集中在农民工的市民化研究。全国6亿多农民，外出务工农民不到一半，还需要全面研究实现农民市民化的不同方式和途径。

农民市民化是农民生活方式的深刻转变，不仅有城镇社会保障、享受城镇公共服务的变化，而且有居住环境的变化。为此，需要在对实例进行剖析的基础上，通过一个宏观的资金平衡机制来揭示农民市民化成本的资金需求与资金供给。这里主要从农民市民化生活成本角度，计算农民市民化成本。

具体包括两部分的成本,一是住房改造,二是社保缴费。考虑到级差地价因素,可以分成城镇规划建成区内与城镇规划建成区外两种情况,分别进行计算。计算公式为:

$$A_i \sum_{j=1}^{2} a_j \qquad (16-1)$$

其中,a_1代表住房支出;a_2代表社保支出;A_1代表城镇规划建成区,即集中城镇化地区的农民市民化成本;A_2代表城镇规划建成区外,即非集中城镇化地区。

这样就可以计算出两类地区的农民市民化成本。显然,就外出务工人员而言,选择不同的地区进行市民化其成本是存在很大的差异的。下文的测算主要是根据相关区域若干村的改造建设、农民整建制转居计算平均成本,分别获得相应区域的农民市民化成本。显然,这样计算得出的成本仍不是完全的,但至少市民化的主要成本可以由此得出。总体上看,这种计算方法具有两个优点:一是成本数据是在推进农民市民化过程中形成的实际已经发生的费用,是基于农民市民化的事实得出的成本数据,是有说服力的;二是所计算内容是农民市民化需要解决的核心问题,即社保和住房,对于一些支出相对小的项目忽略不计,这样节省了计算的烦琐,又得出了一目了然的结论。进而,有充分的理论依据来论证过去市民化成本研究结果存在低估的问题。

(二) 市民化成本的具体测算

认识真实世界的农民市民化,需要通过具体的、历史的考察来找出农民市民化的真实成本。实际上,近年来,政府部门在推进城乡统筹过程中,已经进行了农民市民化资金平衡的大量计算和规划设计。特别是在推进农转居的过程中,形成了具体的转居成本,这些成本的形成不是抽象计算的结果,反映了农民的需求与政府的供给之间的契合,是城乡重复博弈过程中向均衡点的逼近,对计算农民市民化成本具有重要的标杆含义。

1. 集中城镇化地区的农民市民化成本测算

集中城镇化地区一般指城市周边进入规划建成区范围内或城镇边缘组团地区,这类地区的农民无论是否想要市民化,结果都是要完成市民化任务的,因此,其农民市民化过程具有被动性,并以就地市民化为主要实现形式。北京市2010年启动了城乡结合部50个重点村建设，位于北京中心城区三环到四环地区，属于典型的集中城镇化地区。这部分地区不仅要解决人的转居问题，而且要完成村庄的改造，由此构成了该地区农民市民化的两个主要成本。2012年年初，50个重点村已经基本完成拆迁，同步启动了回迁安置、转制转居、绿化建设、社会管理对接等各项工作。从重点村建设的成本费用角度分析，50个重点村建设共需资金约2016亿元。其中，住宅拆迁补偿总费用约687亿元，非住宅拆迁总费用约246亿元，回迁房建设总费用约315亿元，征地费用约530亿元（含整建制转居307亿元），其他费用约238亿元（见图16-4）。

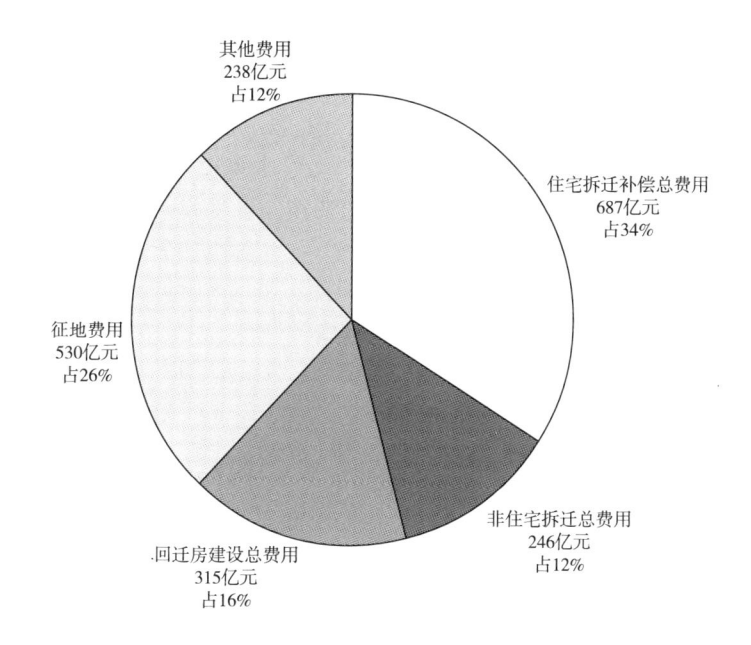

图 16-4　北京市城乡结合部 50 个重点村建设成本费用预算情况

资料来源：北京市城乡结合部建设领导小组办公室总结材料（2012年）。

这些费用总体上包括两大部分：一是"拆"+"建"的费用。据统计，重点村住宅拆迁人均安置住房面积与本村原来执行的标准保持一致，总体平均人均面积在50平方米左右；人均住宅拆迁费用所得抵扣回迁房价款后，剩余补偿款随各村的实际情况有所差异，总体平均人均剩余补偿款27万元左右。如图16-5所示，人均拆迁建设费用实际为27.3万元。

二是人员安置的费用。50个重点村建设范围涉及农业人口100313人，

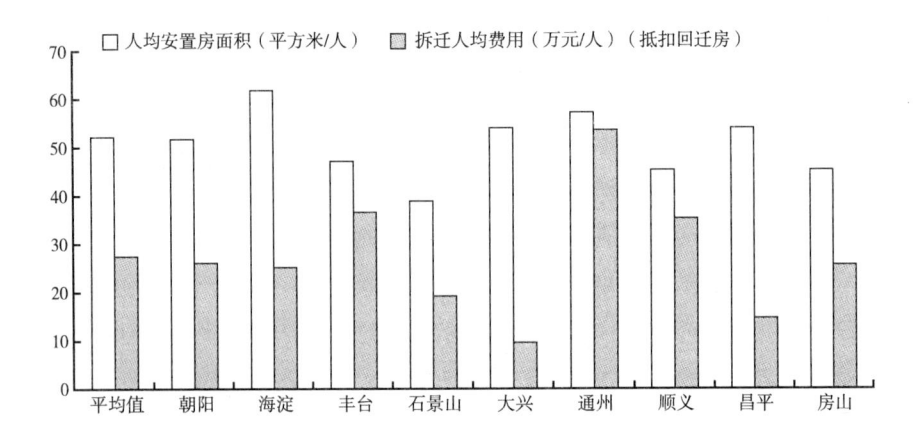

图 16-5 北京城乡结合部重点村拆迁人均安置面积及费用预算情况

资料来源：北京市城乡结合部建设领导小组办公室总结材料（2012年）。

按照148号令转居政策，应转居31999人，转居费用约96亿元。按照实行整建制转居，转居费用约262亿元，增加费用166亿元。由于此前历史遗留已经转居但未加入城市社保28313人，此次一并解决加入城市社保，需要费用45.3亿元。50个重点村建设纳入城市社保的人数共计128626人，总费用307.3亿元（人均23.9万元）。

两项人均费用支出合并为51.2万元（27.3+23.9=51.2）。就是说，为实现重点村地区原居民融入城市，社会保障、住房和社会管理等领域享受市民待遇，人均需支出约50万元。根据北京市统计局2010年数据，在城市功能拓展区的农业户籍人口为35.4万人，这部分地区属于集中城镇化地区，按50万元/人口径计算，共计需要1770亿元。

2. 非集中城镇化地区的农民市民化成本测算

非集中城镇化地区主要是在城市远郊的平原或山区地区，属于城镇规划建成区外范围，这类地区的市民化大多依靠小城镇的集聚带动力量实现市民化，或通过新农村建设的社区化改造而就地实现市民化，既可能是异地迁移市民化，又可能是就地市民化。一般农民市民化过程中，住房可以依靠宅基地整理置换，社会保障向城镇社保的接轨往往成为农民市民化的主要障碍。平谷区马坊镇通过加强乡镇统筹，采用整建制农转居的方式实现了全体农民，包括从事非农业的农民，也包括从事农业的农民，均实现了市民化。

平谷区马坊镇属于平原地区的小城镇，是北京市42个重点小城镇，也是国家级小城镇。为加快城镇化进程，探索新型小城镇建设的思路，2011

年，区人力社保局与马坊镇政府对蒋里庄、塔寺、打铁庄、小屯、梨羊、二条街、西大街7个村实施整建制转居，共有安置补助费29571万元，占地转非指标1729个，而安置补助费覆盖集体经济组织成员达4600余人。为做到统一转居村补缴社保标准，保障转居村民征地时的利益，向市政府提出马坊镇7个村村民征地转居后确定补缴社会保险时间点的请示，按2009年12月的缴费基数2236元进行补缴、趸缴，即趸缴15年社会保险费需11.26万元，而按现在标准趸缴15年社会保险费需12.7万元，每人可节省14400元的社保费用。7个村的转居工作共解冻安置补助资金29571万元，4600余人通过转居后享受城镇社保待遇（见表16-4）。整建制转居后，3380人通过补缴、趸缴等途径纳入城镇社会保险体系，其中，112人正在按月享受退休金待遇。同时，积极推进灵活就业申办补贴工作和公益性就业组织托底安置办法。为解决马坊镇失地农民的就业问题，马坊镇依托公益性就业组织，把打铁庄、梨羊、小屯三个拆迁村就业困难人员陆续安置到回迁楼的社区公共设施岗位。

表16-4 2011年北京平谷区马坊镇农转居情况

单位：万元，人

序号(1)	村名(2)	安置补助费金额(3)	享受人数(4)	正常缴费人数(5)	趸缴人数(6)	补缴人数(7)	领500人数(8)	死亡数(9)	退休人数(10)
1	蒋里庄	5651.8199	710	282	143	96	152	38	48
2	塔 寺	2056.4817	346	75	44	116	94	17	19
3	西大街	4083.1031	920	409	48	148	244	71	19
4	二条街	4209.458	788	294	292	60	103	39	21
5	小 屯	6007.7	886	413	163	110	189	11	
6	梨 羊	2108.29	382	136	132	1	108	5	5
7	打铁庄	5454.7	569	209	206	3	139	12	
合 计		29571.5527	4601	1818	1028	534	1040	193	112

注：(4) = (5) + (6) + (7) + (8) + (9)。该表主要涉及农民市民化过程中的社会保障部分，其他支出未在表中列出。需要结合其他数据进行加总计算。项目(8)主要是超龄转居人员。

资料来源：北京市平谷区马坊镇社保科关于7个村整建制转居材料。

通过上面分析，大概人均社保支出6.27万元，按人均50平方米上楼，建筑成本2000元/平方米，拆迁成本500元/平方米，约12.5万元，总计非集中城镇化地区市民化成本为6.27 + 12.5 = 18.77万元。考虑到公共服务支出未计入等因素，平均成本大约20万元/人。2010年，在城市发展新区和生态涵养发展区的农业户籍人口分别为149万人和83.9万人，共计232.9万人，这部分地区属于非集中城镇化地区，按20万元/人口径计算，共计需要4568亿元。与集中城镇化地区计算，北京郊区全部农民若完成整建制转居，共需支出6338亿元。

这种计算方法与山东莱芜计算的农民市民化成本（山东省莱芜市政研室，2009）口径比较接近，基本反映了农民市民化要发生的实际成本。但与莱芜无地农民（建成区内）的16万元/人与有地农民（建成区外）6万元/人的计算结果相比仍有较大的差距，主要原因包括：一是选择地区的差别，北京市城镇化进程明显快于山东莱芜市，造成地价差异较大，土地拆迁建设费用更高；二是莱芜计算项目中未包含一次性补缴养老金，即社保支出计算偏低。如果按北京市平谷区的社保缴纳水平，山东莱芜市的农民市民化成本大致在12万~22万元的水平。山东莱芜市城镇化水平在全国处于平均水平，其市民化成本在全国具有一定的代表性。即使按照山东莱芜的计算结果，过去大部分对于农民市民化成本的测算（见表16-3）也存在明显低估的问题。按照国务院发展研究中心课题组（2011）测算的8万元/人，低估了4万~14万元，相比北京市20万~50万元/人的测算标准，低估了12万~42万元。考虑到北京与山东莱芜测算方法中均未把农民工随迁子女教育成本、城市管理费用纳入，如把这些费用纳入，低估程度会更加严重。

（三）市民化的成本障碍及分担机制

数亿农民工实现市民化，需要支付万亿元计的成本支出，无论是农民工自身还是政府财政都无力承担（简新华、黄锟，2008），这构成了农民市民化的成本门槛。拉美出现的贫民窟现象背后折射出的就是发展中国家难以支付快速城镇化所需成本的问题。而对于像中国这样的发展中人口大国而言，这一任务显然更为艰巨。近年来随着物价上涨以及生活水平和标准的提高，全国农民市民化的总成本呈现出快速上涨的趋势，农民市民化资金压力不断加大。如2011年，对北京市大兴区整建制转居的调研发现农转居资金缺口巨大，总计39亿元，其中采育镇11.8亿元，榆垡镇7.5亿元，旧宫镇12.3亿元，瀛海镇6.5亿元，亦庄镇0.8亿元。原因主要有：土地未被全部征收，剩余农地较多；一些公园或绿化隔离带地区的土地不能被征收；整建制转居成本较高，征地补偿款不足以支付转居安置费用等。由此造成难以实现整建制转居安置。可见，农民市民化的成本门槛已经构成农民市民化的障碍①。

如何尽快有效解决数亿农民实现市民化的高额成本，将是摆在面前的一个棘手问题。如果不尽快解决进城农民的市民化问题，那么中国的城镇化将是一个缺乏质量的不完全城镇化，大量进城农民长期不能和谐地融入城镇，很容易引发各类社会问题，成为不稳定的因素。而有效解决农民市民化需要付出高额的成本，单纯依靠政府或者农民工都是难以承受的。为此，需要建立一个长效的多元化成本分摊机制。张国胜（2008）提出了农民工市民化成本分摊的方法，但由于这种分担成本的体制仍然没有走出"政府、企业和农民工"的三维分担方式，未能解决市民化成本的有效承担机制问题，自然也难以给出一条农民市民化的具有可操作性的现实路径。原因主要有以下几点。

一是农民工依靠工资性收入难以承担。2009年，全国外出农民工月平均收入1417元，除去住房和日常开销所剩无几，接近生存工资水平。以这样的工资收入来实现市民化是完全不可能的。更重要的是，农民工月均收入相当于城镇职工月均工资的比例从2005年的57.7%下降到2009年的52.7%，二者的差距呈不断扩大态势。另据章铮等（2009）的实证研究，2006年1.3亿农民工中，能够具备城镇化起码的经济能力的只有1431万人，即按照目前的状况，在劳动密集型制造业和服务业工作（不含自谋职业者）的普通农民工几乎不可能在城镇定居。

二是单纯依靠政府财政也无力支付。以北京市为例，如果不进行引导和控制，预计到2030年北京市农民工数量将接近1000万人②。仅解决社会保障和基本公共服务，按每人10万元的平均支付水平，就需要近1万亿元，是2011年北京市地方公共财政预算收入的3.3倍。如果政府每年投入300亿元（占北京市地方公共财政预算收入的10%），则需要33年才能解决。这尚不包括住房、环境治理等方面的投入。

---

① 由于就地转居与农民工融入城市所要达到的目标相对一致，我们也可以把就地转居的成本视为农民工市民化的成本，即统一纳入农民市民化的分析框架。

② 按照2010年北京市外来人口704.5万人中80%为外来农民工估计，外来农民工数量为563.6万人。北京市统计局公布2010年北京市农业户籍人口初步统计为268.3万人，按照60%的非农化水平估算，北京市本地农民工数量大致为160.98万人。由此估算2010年北京市农民工总数大致为725万人。考虑到北京市是全国农民工的主要流入地之一，农民工增长速度高于全国平均水平。假定未来城镇化推进保持近10年年均1.35个百分点的增长速度，据此推算，到2030年北京市农民工数量将达到947万人，接近1000万人。即使考虑到人口结构变动等因素的影响，单纯依靠政府财政对农民工市民化的成本也将是难以承受的。

三是农民集体资产仍然处于未激活的"死资产"状态,对化解农民市民化成本未能发挥应有的杠杆作用。迄今为止,无论是在理论上还是在政策上都没有把集体资产作为克服农民市民化成本门槛障碍的重要依托。长期以来与农村劳动力转移来源地研究相关的大部分文献是分析劳动力转移对来源地的影响(王美艳,2006),而不是来源地的特征因素对转移发生的影响。利用农村集体资产推进农民市民化实际上是发挥来源地对农村劳动力转移的影响作用。2009年年底,全国农村集体资产总额达1.6万亿元,平均每个村270多万元。北京市村均集体资产4020万元,镇均7.1亿元。即使像山东莱芜这样的中等发展中地区,村均资产2010年也达到了288.3万元。除此以外,农村还有大量的农用地、宅基地、非农集体建设用地等各类资源性资产。这些资产的升值潜力巨大,应成为加快农民市民化进程的重要支撑。

下面就北京市50个重点村调研情况,对通过建立资金平衡机制推进农民市民化进行分析。资金平衡机制包括三部分,即调规划、扩信贷和增财政。首先是土地资源资本化。主要是通过规划调整显化重点村现有土地资源价值,为筹措资金提供保障。通过规划调整,打破了城乡规划的二元思维,激活了重点村沉淀的土地资源资本,为实现重点村建设资金平衡提供保障。规划调整后用地构成如图16-6所示。其次是扩张土地金融信贷。通过市场认同土地资源价值,打通融资渠道。在政府部门的协调下,重点村建设得到了金融政策的大力支持,通过创新金融产品和金融机构主动服务,重点村建设已经取得银行贷款1243亿元,切实保障了重点村建设资金需求。三是通过政府投入可承受财力,助推农民市民化进程。为助推50个重点村建设顺利完成,市、区政府计划当期投入161亿元,包括市、区政府计划投入大市政建设138亿元,完善外部市政建设;设立以奖代补资金3亿元,实际使用2.85亿元,激励调动了各方面的积极性;设立20亿元的应急风险资金,全部作为丰台、昌平和石景山相应重点村的建设资本金,用于融资。区、乡镇及村自筹资金459亿元,用于重点村建设项目资本金。综合上述情况,重点村建设以政府161亿元的当期投入、区及乡镇村自筹资金459亿元、1243亿元的银行贷款,成功突破了重点村建设的资金瓶颈。

为此,我们从农民集体资产角度,提出一个"政府、企业、社区集体和农民"共同参与的四维分担机制。发挥集体的作用,目前还是一个短板,应成为下一步推进农民市民化关注的重点。

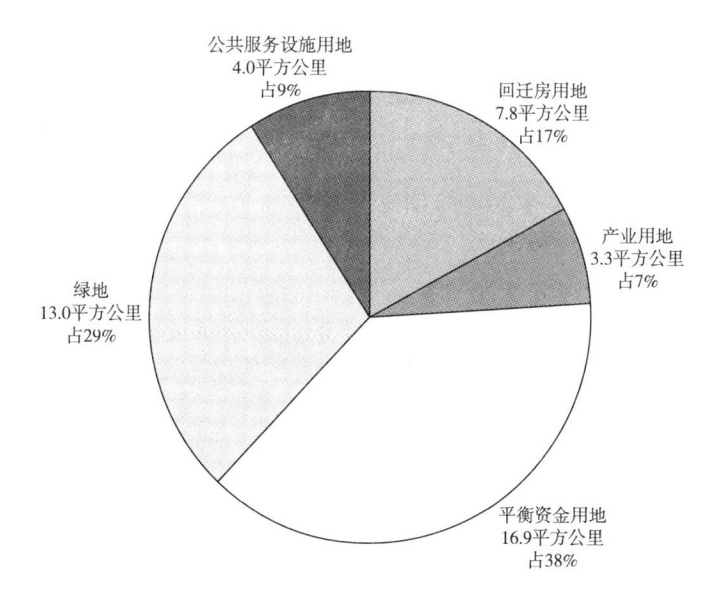

图 16-6 2010 年北京市城乡结合部 50 个重点村规划用地构成

资料来源：北京市城乡结合部建设领导小组办公室总结材料（2012年）。

四 农民市民化的途径选择及其制度安排：让农民"带资进城"

基于以上分析，农民市民化的关键是跨越市民化的成本门槛，建立资金的平衡机制。除了要加大财政资金投入，鼓励企业和农民个人增加投入之外，关键在于把农村的集体资产资源运转起来，发挥跨越农民市民化成本门槛的杠杆作用。

（一）农民带资进城的理论分析：带有资产的刘易斯二元模型

在完全竞争的市场经济条件下，不会产生农民市民化问题。因为劳动力、资本和土地三要素流动不存在障碍，会根据其边际生产力来实现最优配置效率，一个要素的变动会连锁引起其他因素的变动，从而很快达到新的均衡，除非出现市场分割，这种均衡的态势才可能被打破。为此，人们从城乡市场分割的视角来解释农民市民化问题，并逐渐形成户籍门槛障碍的思维定式。现实中，农民市民化并未随户籍制度改革的加快而明显加快。户籍制度的真正含义是其背后的大量福利因素所形成的进城的高成本门槛。户籍制度改革不应仅仅改变户籍制度本身，关键是让进城农民有能力跨越户籍制度背后的高成本门槛。

长期以来，刘易斯二元模型主要是在传统与现代的二元框架下，论述了发展中国家在工业化、城市化过程中实现劳动力由传统部门到现代部门的转移过程，揭示了经济转型期的基本特征。二元经济模型主要是阐述劳动力的非农就业，而没有关注农村劳动力的资产处置问题。原因主要是在大多数现代化国家的城市化进程中劳动力转移和资产处置可以同时进行，资产处置问题表现得不是很突出。如《林肯传》中讲述的林肯家的数次迁移都是通过农场的买卖实现的。再如19世纪中期以后，法国的工业化和城市化不断加快，农民纷纷进城的同时将自己的田产和房产抵押给不动产抵押银行，实现了带资进城（厉以宁，2011）。因此，在刘易斯二元模型中也没有进行考虑，而只是当作一个暗含的假定。

但是，在中国就不能忽视这个因素。厉以宁（2008）认为计划经济体制主要有两个支柱：一是政企不分、产权不明的国有企业体制，二是城乡分割、限制城乡生产要素流动的城乡二元体制。这对于认识计划经济体制在农村地区的表现形式具有重要的启发意义。20世纪80年代中期，在农村实现了"三级所有，队为基础"的人民公社体制向"统分结合，双层经营"的家庭承包经营体制的转变之后，农村地区的计划经济向市场经济的转型任务并没有完成。这主要表现在共同所有的集体经济体制与土地等资源资产要素市场发育滞后两个方面。在农村集体所有制条件下，农村的宅基地流转、非农集体建设用地流转受到种种制度上的约束，集体经济组织内部资产的共同所有体制造成农村集体经济组织的所有者缺位。在这种制度条件下，农村劳动力在完成非农转移的同时，无法实现农村集体资产的处置。实际上，在城乡统筹发展过程中，各地已经进行了多方面的制度创新，对于探索如何让农民带着资产进城形成了许多成功的经验，对于建立中国特色的二元劳动力转移模型提供了坚实的实践基础。如曲福田、田光明（2011）从城乡统筹角度出发提出集体土地产权改革方向，构建土地产权体系，完善产权制度功能，实现土地配置效率和公平的统一。黄中廷（2009）分析总结了北京市石景山区八角村在征地转居环节实施留资产安置，保证集体经济可持续发展，有效推进农民市民化的成功经验。可见，传统的农村集体所有制的改革是推进城镇化进程的必要条件。

（二）实行农民带资进城的条件分析

任何一项制度创新都需要有其历史前提条件。当前，实行农民带资进城的前提条件已经基本具备。主要表现在以下三个方面。

1. 农村资产升值预期明显

随着城镇化和城乡一体化的快速推进,农村日益成为城市发展的战略腹地,其战略地位日益突出,农村集体资产规模迅速膨胀。2010年,全国土地出让金大致为2.7万亿元,比上年增长了70%,占地方财政收入的比重高达60%。未来随着工业化、城镇化的推进和非农人口的增加,土地产品的市场需求将不断扩大,对土地本身的需求还会进一步增大。城市建成区的扩张、高速公路和高速铁路的修建,对农村资产升值产生了巨大的外溢效应。加之18亿亩耕地红线对农村非农建设用地升值形成倒逼机制,农村集体资产呈现普遍升值的态势。以山东莱芜市为例,从2006年到2010年,农村集体资产总额从18.8亿元增加到30.8亿元,年均增长10.4%。同时,村均资产和村均所有者权益也迅速增长(见图16-7)。这期间,村均总资产从175.7万元增加到288.3万元,增幅达到64.1%,相当于每个村增加了100万元的资产。

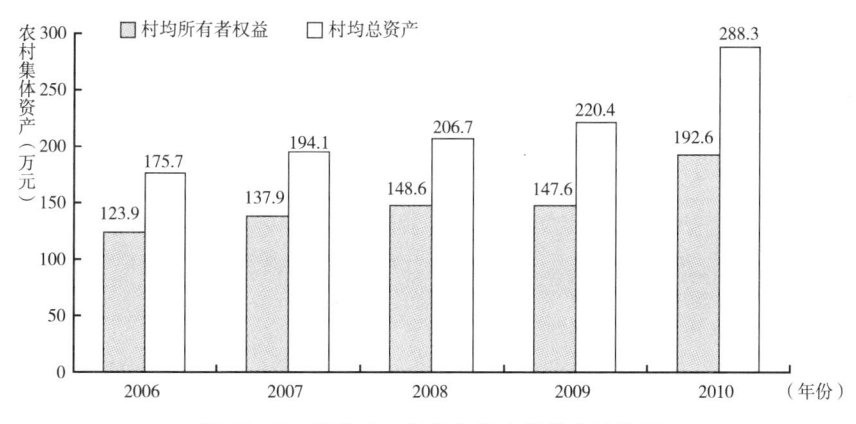

图16-7 莱芜市农村集体资产规模变动情况

资料来源:根据《山东省莱芜市农村经管数据汇编》(2006~2010)整理。

2. 国家相关政策已日益明晰

2003年,十六届三中全会提出要建立"归属清晰,权责明确,保护严格,流转顺畅"的现代产权制度,十七大重申要"以现代产权制度为基础,发展混合所有制经济",即"大力发展国有资本、集体资本和非公有资本等参股的混合所有制经济"。2007年,农业部下发了《关于稳步推进农村集体经济组织产权制度改革试点的指导意见》,全国范围内的产权制度改革工作开始加快。2011年5月,国土资源部、财政部、农业部联合下发《关于加快推进农村集体土地确权登记发证工作的通知》,要求到 2012 年年底把全国范围内的农村集体土地所有权证确认到每个拥有所有权的集体经济组织。建立现代农村产权制度与市场经济发展二者相互促进,密不可分。依托产权要素市场,让农民带着资产主动地参与到城镇化过程中来的政策条件已经日趋成熟。

3. 各地形成了重要的实践基础

近年来,土地股份化流转、集体存量资产股份化改造、专业合作社建设和城乡建设用地增减挂钩政策的实施,促进了农村土地等资源要素的流转和集中配置,为农村各类集体资产通过流转而获取级差地租的升值收益提供了平台条件,如表 16-5 所示。

表 16-5 各地带资进城的经验比较

省 市	经 验
北京市	2012 年年底,北京市 3804 个乡村集体经济组织完成了产权制度改革(占 95.6%),并完成了 19 个乡镇的产权制度改革。一些地方探索了征地环节的"留地与留资产安置",按 10% 收益率试点农民拆迁款信托化经营。
上海市	全市共有 4 个区的 34 个村集体经济组织建立了股份制公司或社区股份合作社。一些区县,如松江区主要以镇为单位推进产权制度改革。目前,正在积极推进乡镇集体资产管理委员会建设。
天津市	2005 年,华明镇探索出"宅基地换住房"推进农民市民化的新路,即高水平规划建设新型小城镇,农民自愿以其宅基地按照规定的置换标准换小城镇的一套住房。
成都市	推进土地等农村资源要素全面确权。2010 年出台《关于全域成都统一城乡户籍实现居民自由迁徙的意见》,提出让农民"带着产权"进城,农民就业、参加社保不以丧失土地为前提,实现城乡要素的自由流动。温江区提出"双放弃换社保",即对自愿放弃宅基地使用权和土地承包经营权的农民,由政府按规定给予补偿,并解决社会保障。
广州市	2010 年,完成产权制度改革的村级集体经济组织 361 个(占 29%),组级集体经济组织 676 个(占 6%)。
重庆市	2008 年 12 月成立重庆农村土地交易所,开展土地实物交易和指标交易试验,探索完善配套政策法规,为先行建立城乡统一的建设用地市场提供试验平台。九龙坡区实施"社会保障换承包地,住房换宅基地"。
浙江省	建立农村土地承包经营权流转服务体系,流转率达到 36.9%。全面开展宅基地整理复垦和城乡建设用地增减挂钩试点。嘉兴市"两分两换"方式,即宅基地和承包地分开、搬迁与土地流转分开,宅基地换城镇房产,土地承包经营权换城镇社保。
莱芜市	实施"两股两建"(土地承包经营权股权化、集体资产股份化,建立新型合作经济组织、建立城乡建设用地流转制度),确权发证已基本完成;发放产权抵(质)押贷款。

资料来源:根据黄中廷(2009)、徐盎钢(2011)、王晨和左林(2011)以及各地有关文件整理。

归纳起来，主要有增加财产性收入、宅基地置换、土地承包经营权流转、征地实物补偿和产权交易市场等几条途径。

一是通过产权制度改革使农民财产性收入快速增加。乡村集体产权制度改革和郊区城镇化的加快推进，为农民财产性收入快速增长提供了持续动力。截至 2011 年 4 月，上海市共有 4 个区的 34 个村集体经济组织建立了股份制公司或社区股份合作社，共量化资产 23.7 亿元，年人均分红 2766 元。其中，松江区新桥镇通过收购村级集体资产成立了镇集体资产管理委员会，并在此基础上建立了镇级联合社。2010 年，联合社社员根据持有的份额，平均每人获得分配现金 1000 元。近年来，北京市在农村产权制度改革方面进展迅速，形成了若干模式，如"产权+林权"模式、整建制转居模式、个人投资入股模式、"资源+资本"模式、"土地承包经营权入股"模式、"乡村联动"模式、"先重组，后改制"模式、"撤村转居"模式以及"土地股份合作制统筹"模式等，有效地促进了农民财产性收入的增加。以通州区为例，2009 年全区 11 个乡镇共完成 184 个村的产权制度改革，量化集体资产 29.2 亿元，农民股东人数 12.2 万人，占农村分配人口的 32.5%；当年有 72 个村进行股东分红，分红总额为 1.3 亿元，人均 1660 元。据北京市统计局公布的数据，横向看，2009 年，北京市农民家庭人均纯收入中财产性收入比重为 11%，居各省区市之首，远高于全国 3.2% 的平均水平。纵向看，2010 年，北京农民人均财产性收入达到 1590 元，比上年增长 13.4%。其中，集体分配股息和红利 258 元，增长 57.3%；土地征用补偿收入 349 元，增长 46%；转让土地承包经营权收入 182 元，增长 5.8%；租金收入 674 元，增长 2.7%。从图 16-8 中可以看出，自 2000 年以来，北京农村居民人均财产性收入不断增加，而且有加速的趋势，财产性收入在农民人均纯收入中的比重也在快速提高，这就为农民带资进城的推行创造了有利条件。

二是通过宅基地产权置换的办法加快农民上楼，享受具有现代城市文明的社区生活。住房是市民化面临的一项主要支出。山东省莱芜市的郭家沟村是莱芜高新区鹏泉街道办事处的一个山村，总面积 7.4 平方公里。2009 年，芜莱抓住列入城乡建设用地增减挂钩试点村的机遇，拆除旧村 317 亩，规划建设了占地 150 亩的新村，采取市场运作一块、挂钩政策解决一块（每亩建设用地指标 10 万元）、村民自筹一块、施工单位垫支一块的办法，筹集资金 7500 万元，建设小康楼 380 多套。村民只交 5 万元就可以住上 218 平方米的小康楼，只交 1.8 万元就可以住上 100 多平方米的多层居民楼。同

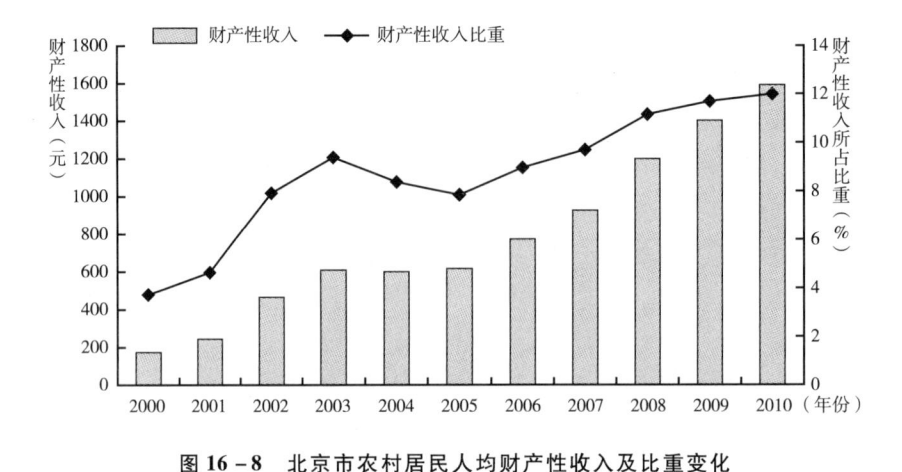

图 16-8　北京市农村居民人均财产性收入及比重变化

资料来源：根据北京市统计局《北京城乡居民生活统计资料》（各年度）整理。

时，通过改善外部交通条件，农民可以通过乘坐公交车白天到莱芜城里上班，晚上回家居住。

三是纯农业地区加快农用地流转，推动农民的身份转换。农民工大多数从事非农业，但在农业园区化后，一些农民到农业园区工作，成为农业工人。莱芜市把土地承包经营权量化入股，通过组建土地股份合作社、与农业企业合作经营等形式实现土地规模经营，农民按股获得股权收益，克服了一家一户分散经营的局限性，又使农民可以从土地上解放出来放心从事第二、第三产业，拓宽了增收渠道，增加了农民收入。在雪野旅游区的黑山村，共有居民286户，将耕地折股量化成立"黑山村土地股份合作社"，与丰远集团合作进行农业开发经营，并安置村民到企业打工，经营效益按合作社与企业7:3的比例分成。村民每年每股可以获得600元的保底收入，在农场打工还可获得600元的工资收入。

四是征地环节中实施留资产安置。北京石景山区八角村通过"留资产安置"的方式让农民带着资产进城。2004年，北京市石景山区土地储备中心对八角村所属的农村集体土地（55323万平方米）进行一级开发。八角村在获得了3300万元货币补偿的同时，又在该项目开发中争取到20000平方米商业面积。此外，还获得了该项目返还给区政府的增值收益的15%。通过货币补偿、实物补偿、增值返还，八角村从该次征地中得到的补偿折合人民币约2.38亿元，远远高于历次征地的补偿标准，使集体资产规模快速扩张，成为农民市民化的重要依托。

五是通过农村产权交易市场的发育，提高集体资产的流动性。自 2008 年以来，已有多个省市建立了农村产权交易市场。以北京市平谷区为例，2010 年，平谷区在全市率先探索建立了区（县）级农村产权交易服务中心，截至 2012 年 9 月底，平谷区农村产权交易市场已成功受理交易 22 宗，涉及土地 4311.53 亩、荒山 4280 亩、荒滩 13 亩、670 亩经济林及配套用地、2 家集体企业，总成交金额为 1.49 亿元（已兑现 1.09 亿元），溢价约 4447 万元。产权交易所上有已经挂牌尚未成交的项目 9 笔，预计成交金额将达到 5000 多万元。

表 16-6 是主要省市的农村产权交易所情况。

表 16-6 主要省市农村产权交易情况

农村产权交易所	成立时间	依托机构	主要业务
北京农村产权交易所	2010年4月15日	北京市农业投资公司	组织开展农村土地承包经营权、农业生产经营组织持有的股权及实物资产、农业生产资料及涉农知识产权等的流转交易；农村经济事项的规范操作等
成都农村产权交易所	2008年10月	成都联合产权交易所	农村土地承包经营权、林权、农村房屋所有权、集体建设用地使用权、农村集体经济组织股权、农业类知识产权等农村产权的交易；农村土地整治腾出的集体建设用地指标、占补平衡指标的交易；资产处置等
广州农村产权交易所	2009年6月	广州产权交易所	开展办理农村各类产权交易，提供农村各类产权交易咨询、策划、信息发布、资金监管、鉴证等服务，出具各类农村产权交易凭证，提供农村产权交易相关知识培训，提供农村产权投融资项目相关配套服务（林权部分单独成立了广州林权交易中心）
天津农村产权交易所	2011年11月	天津市农村工作委员会、宝坻区政府和天津产权交易中心	研究开发和采用国内先进市场交易体系和交易品种，开展农村土地承包经营权转让和交易，农村林权、水权、农业技术及科技成果的转让和交易，大型农用设施租赁权转让及其他通过建设现代生态权益补偿及交易，农副产品交易及价格指数发布，农业经营管理人才及其他农业人力资本的交易，农村集体和农业生产领域相关企业股权托管、融资及转让，其他涉及农村集体产权、物权、债权、知识产权交易，履行政府批准的其他交易项目和权益交易鉴证等服务
杭州农村综合产权交易所	2010年10月	杭州产权交易所	农村承包地经营权流转和转让、农村林权、农村集体物业资产（村委会房屋或村集体企业厂房出租等）、水权以及生态权益补偿及交易、农村集体经济组织"四荒地"承包经营权转让和交易、农业科技成果的转让和交易、大型农用设施的租赁权转让及其他农村产权等

续表

农村产权交易所	成立时间	依托机构	主要业务
上海农业要素交易所	2009年9月	上海市农委、上海市联合产权交易所、金山区	农业技术及科技成果的转让交易,农副产品交易及价格指数发布,土地承包经营权转让和交易,农村水权、林权及其他生态权益补偿及交易,涉农企业股权交易,涉农企业产权、物权、债权、知识产权交易等
武汉农村综合产权交易所	2009年4月	武汉市农业局	农村土地承包经营权、村集体经济组织"四荒地"使用权、农村集体经济组织养殖水面承包经营权、农村集体林地使用权和林木所有权、农业类知识产权、农村集体经济组织股权、农村房屋所有权、农村闲置宅基地使用权、农业生产性设施使用权、农业生产设备使用权等

(三)"带资进城"面临的主要问题

农民市民化是解决三农问题、提高城镇化质量的重要途径。但迄今为止,人们对如何依靠农村集体资产来解决农民市民化问题并没有引起足够的重视。2010年,中国农民人均纯收入中财产性收入比重仅有3.4%,其贡献率仍处于几乎可以忽略不计的水平。当前,在推进农民带资进城的过程中还面临着诸多体制性的制约因素。

一是资产确权工作滞后,使农民市民化无资可带。农村资产包括现金、各类有形资产,但更多的是土地、山场等各类资源性资产。目前,这些资产大部分没有明确与农民之间的产权关系,处于集体共同所有的状态。产权不清晰的问题长期没有得到根本解决,农民在集体的资产权益往往得不到应有的尊重,特别是在征占地过程中的补偿费分配环节,往往被村干部等少数人控制。这些资源性资产升值预期明显,本来应成为推进农民市民化的重要支撑条件,但如不能明确权属关系,或进行资产的股份量化,农民带资进城就缺乏最基本的制度前提,从而会面临着巨大的交易成本。现实情况是,农民去城里打工,并常居在城镇,但由于缺乏资金难以融入城镇;而他们在村里的资产权益又不能通过流转、入股、租赁等手段获得应有的财产性收益。

二是资产管理缺乏规范有效的保障机制,集体资产经营效益较低。一些农村地区内部存在着严重的"干部经济",农民对集体资产缺乏话语权,资产的监督体系薄弱,难以保障农民的资产安全。村民和村干部之间存在严重的能力和信息不对称问题,村干部一言堂现象严重,特别是当交易半径超出村域范围的时候，极易滋生贪占、挥霍、优亲厚友等腐败行为。大量的农村"两委"人员的刑事犯罪案件说明在一定程度上这是一个具有共性的问题。即使一些乡村进行产权制度改革，做到了形式上的产权清晰，但在习惯势力和既有权力格局的影响下，仍没能建立起有效的法人治理结构，难以从根本上解决权力向少数人集中、缺乏监督和制约的问题，由此直接影响了集体资产经营的效益水平。

三是尚未形成城乡统一的要素市场，缺乏带资进城的交易平台。在对农村产权进行明晰的基础上允许流转是对农民利益的最大保护。过去那种对集体财产权益"进不带来，离不带去"的制度，与农民大规模迁移发展趋势已不相适应。因此，建立一个有效的产权交易平台是必需的，只有让农民手中的资产流动起来，资产的潜在收益才能转化为现实的收益，同时，也只有将要素资源的市场范围扩大才能发现自己的真实价值。目前，全国各地农用地承包经营权、宅基地使用权、非农建设用地使用权等有形的产权交易市场尚十分缺乏，产权交易流转缺乏基本的平台。即使在北京这样集体经济比较发达的地区，产权交易网络建设也处于摸索筹建阶段。同时，农村资产产权缺乏流动性，也不利于抵押融资业的发展。产权交易平台建设的滞后成为农民带资进城的严重瓶颈，创造条件使农民能够带权或转让权利进城或迁移，已成为一个必须尽快解决的现实问题。

四是尚未建立起科学的跨区域统筹平衡机制。农民市民化进程中的资产价值在地区之间存在不均衡的问题。比如，沿海与内地之间、城市近郊区与远郊区之间、山区与平原区之间等，都存在显著的级差地租问题。从理论上讲，土地级差地租是不应该完全为当地农民所独有的，"在社会发展的进程中，地租的量（从而土地的价值）作为社会总劳动的结果而发展起来"（马克思，1975）。在区位优势地区和劣势地区之间，目前还缺乏一个健全有效的区际收益统筹机制，相邻地区之间存在悬殊的级差地租差异，如上海和贵州农民在带资进城的条件上就存在着显著的差别。这种差别较大程度上是由区位条件不同形成的级差收益引起的，而并非完全取决于自身的努力。如果不能有效解决这种非均衡的发展局面，农民带资进城就只能是少数农民的事情。

五 加快农民市民化的政策建议

依托农村集体资产推进农民市民化是跨越市民化成本门槛的有效途

径和必然选择。关键点是农民进城转变为市民不应以放弃农村原有的资产权益为前提。要通过市场化的手段，将农民在农村占有和支配的各种资源转变为资产，并将这种资产变现为可交易、能抵押的资本，使离开农村进入城镇的农民成为有产者，让农民带着资产进城，从而跨越市民化的成本门槛，实现农民变市民的根本转变。为此，当前应采取以下几项政策措施。

（一）加快户籍制度改革，推进城镇基本公共服务常住人口全覆盖

要以建立农民工社会保障与公共服务体系为重点推进城镇基本公共服务常住人口全覆盖。通过推进户籍制度改革，建立城乡统一的户口登记制度，让农民工转为居民，融入城市，享受到市民在劳动保障、公共服务等领域的各项待遇。一是要坚持分类指导的原则：在城市选择上，中小城市优先；在农民工选择上，稳定就业的农民工优先；在福利待遇上，农民工就业服务优先。二是要建立健全全国统筹与省市统筹相衔接的适合农民工特点的全民社保体系，把工伤保险、医疗保险和养老保险全部列入强制保险范畴。三是保障农民工及其子女和家属享受公共服务体系的权益，在住房、子女教育、卫生等领域加大向农民工的倾斜。通过建立城镇常住人口基本公共服务全覆盖的社会保障和公共服务政策来引导和促进农民工稳定就业，提升农民工对未来生活质量的预期，降低农民工的流动性，为全面实现农民工市民化奠定基本的体制条件。

（二）提升务农农民的公共服务水平

未来的农民不仅仅是一个职业的象征，更是一个同城镇居民享有同等权利的国家公民。要立足于城乡居民平等共享改革发展成果，按照形成城乡一体化发展新格局的要求，大力促进城乡经济社会政策接轨，不断加快城乡之间的基本公共服务均等化步伐，让务农农民群体也能够享受到城市文明。一是加快构建城乡一体的就业服务网络，城乡居民就业失业管理制度实现统一，不断拓宽农民就业增收渠道，加快农村劳动力实现转移就业，加快农村低收入群众增收步伐。二是全面提升农村公共服务水平。全面建立农村新型合作医疗制度，实现城乡居民养老保障制度并轨，居民低保标准城乡统一，实现义务兵优抚费、残疾人救助、丧葬补贴等保障城乡统一。三是全面加强农村基础设施建设，实现农村基础设施建设全覆盖，

农村文化教育卫生健身设施实现全覆盖，公交、邮政、有线电视、超市全覆盖。推进城市公共设施运行管护机制向农村延伸，让农民享受到与城区居民基本相同的生活服务。

（三）发展壮大集体经济，让农民带着资产进城

一方面，要加快集体资产的股份量化，让乡村集体经济组织成为农民市民化的组织依托。一是要实现政社分开。通过资产股份化改造，正式登记，确立集体经济组织的独立法人地位，彻底实现政社分开，保护村集体组织和农民的权益不受"干部经济"的干扰。二是在改制中，无论资产规模大小，都要进行清产核资、人员界定，完成股份化改造，实现产权清晰。三是按照现代企业制度的要求，进一步完善法人治理结构，建立有效的委托－代理机制，构建新型的集体经济组织，使之成为农民市民化的重要组织依托。要按照"离村不离社，农民当股东"的原则，以集体经济组织为依托，加快推进农民市民化进程。农民转化为市民后，仍然保留集体经济组织成员资格，并享有原来确权的权益，固化股权，股随人走，不因农民向市民身份的转变而改变，即所谓的"离村不离社"。另外，要围绕土地资源建立"带资进城"的交易流转平台。适应"带资进城"要求，培育城乡一体的土地等资源要素的产权要素市场体系。一是要加快确权颁证工作。确权颁证是发育城乡一体的要素市场的前提条件。要对各类资产全面颁证赋权，做到所有权清晰、使用权完整、收益权有保障。确权是实现农民带资进城制度安排的第一步。重点是土地等各类资源性资产。要对农村土地承包经营权、宅基地使用权、房屋所有权确权到户，颁发证件；对集体建设用地所有权、集体林地所有权、小型水利工程所有权确权到村集体经济组织（村委会），其使用权、经营权确权到用地单位或承包户，分别颁发证件。二是实现资源要素的产权能够跨地区进行顺畅交易，主要依靠市场手段实现地区之间农村集体资产级差地租收益的分享。积极探索解决跨省区产权交易市场的衔接和联网问题，让远郊平原和山区的农民通过非农建设用地指标的市场交易获取级差地租收益。三是把交易平台建设的重点放到乡镇和县一级的公共交易平台建设上，使农民更便捷地进行资产的交易和管理。各地可选择有条件的地方进行试点，以农村土地承包经营权流转服务中心或者集体资产服务中心为依托，构建农村集体产权交易平台。四是建立和拓宽农村集体资产抵押融资渠道，推进要素的信托化经营，培育新型农村金融业态。五是将宅基地产权交易和社

会保障、住房置换等统一纳入综合的交易网络系统，降低交易成本，提高交易效率。

（四）建立土地增值收益结构基金，实行全国－省市－乡镇多层统筹

要建立中央与地方推进农民市民化的财政分担机制。可以考虑创新财政金融工具，以各类基金的形式在中央与地方之间、地方与地方之间形成科学合理、有效便捷的融资分担机制。一是以土地出让金为基础建立全国性的土地增值收益结构基金，并成立基金管理委员会（以下简称"管委会"），建立全国范围的管委会组织体系。各级政府获得的土地出让金应按一定比例纳入结构基金，用于全国统筹。二是建立全国联网的农民工信息管理系统，对农民工进行在线监控、管理和服务。特别是要建立农民个人信用监管体系，包括对住所、职业、信用等情况的动态反映，为农民市民化提供信息支撑。三是对级差收益较少地区的进城农民进行补贴，解决偏远落后地区进城农民公平分享土地增值收益的问题。由此，逐步实现土地增值收益的全国覆盖。四是在全国选择不同类型地区，开展农民带资市民化区域统筹的试点工作。推进农民带资进城是一项巨大的系统工程，涉及经济社会、城镇和农村的方方面面，必须分阶段实施、逐步展开。当前，可以考虑在全国按照不同发展阶段、不同区域和不同区位条件，选择一批有代表性的地区进行试点，积极探索和积累经验，待取得一定经验后，再逐步向全国其他地区展开。各省区市也可以根据自身的条件开展试点探索。对于已经开展试点的地区尤其是城乡统筹综合配套改革试验区，要继续深化试点和综合配套改革，探索完善农民带资进城的机制体制，发挥示范、标杆和带动作用。要深入总结各地"宅基地换住房""两分两换""双放弃换社保""两股两建"等经验做法，并进一步丰富和完善。其他地区要在充分吸收试点地区经验的基础上，根据自身情况稳步推进、全面展开。

（五）不断提升农民工培训水平和层次

民工荒主要是技工荒，加强农民工培训的基本目标是实现中国由传统的"劳动力大国"向"人力资本大国"的转变。培训内容主要包括：一是职业教育培训。主要是解决农民工流动性强，易发生摩擦性失业和结构性失业的问题。要增加国家财政投入，加快职业学校建设，大力发展职业教育，强化

农民工的中长期职业培训,满足城市用工需求。开展职业资格证书、岗位技能资格证书培训和认证工作。二是突出重点,加大对新生代农民工的培训投入。提高新生代农民工的文化素质,增强其职业技能水平,适应未来更高的素质要求。三是加强自主创业培训。通过技能培训,提高农民工创业的信心和能力。

(六)建立全国统筹的农民工工作体系

一是建立全国统筹的工作体系架构。在国务院农民工工作联席会议的基础上,建立由中央到地方的垂直工作体系。各地方政府可在公安系统、人口和计划生育系统、人力资源和社会保障系统、民政系统以及城市建设系统的基础上,整合资源,集成政策,类似北京市人力资源社保局下设农民工工作处这样,成立省级、地市级、区县级等农民工主管机构,协调相关部门,加大监督指导服务职能,建立健全农民工市民化的工作体系。二是各省市区之间要形成横向的区域协调机制。在养老保险账户的转移接续等方面,依托农民工信用信息系统和农民工工作体系,进行区域间横向合作。三是加强行业工会建设。当前北京市农民工主要分布在建筑业、餐饮服务业、制造业、采掘业、交通运输业等,这些行业农民工相对集中,权益问题共性较多,要加强行业工会建设,拓展农民工工作体系,更好地发挥工会组织的作用。

参考文献

[1] 蔡昉:《集成劳动力流动的研究》,载蔡昉、白南生主编《中国转轨时期劳动力流动》,社会科学文献出版社,2006。
[2] 蔡昉:《城市化与农民工的贡献——后危机时期中国经济增长潜力的思考》,《中国人口科学》2010年第1期。
[4] 蔡昉:《被世界关注的中国农民工——论中国特色的深度城市化》,《国际经济评论》2010年第2期。
[5] 陈广桂:《房价、农民市民化成本和我国的城市化》,《中国农村经济》2004年第3期。
[6] 迟福林:《中国:历史转型的"十二五"》,中国经济出版社,2011。
[7] 葛正鹏:《"市民"概念的重构与我国农民市民化道路研究》,《农业经济问题》2006年第9期。

[8] 国家统计局农村司:《2009 年农民工监测调查报告》,国家统计局网站,2010 年 3 月 19 日。

[9] 韩俊:《城乡统筹,注重民生——谈苏州市和张家港市经验》,《转变观念,创新管理,迈向城乡一体化》,《全国城郊经济六届二次年会论文集》,2012。

[10] 黄中廷:《改革集体土地征用办法,给农民留下发展空间——关于征用八角村土地改革补偿方式的调查报告》,载王瑞华、黄中廷主编《光辉的历程》,中国农业科学技术出版社,2009。

[11] 建设部调研组:《农民工进城对城市建设提出的新要求》,载国务院研究室课题组:《中国农民工调研报告》,中国言实出版社,2006。

[12] 简新华、黄锟:《中国工业化和城市化进程中的农民工问题研究》,人民出版社,2008。

[13] 孟令杰:《农民市民化成本收益率与城市规模关系的实证研究》,《江西农业学报》,2008 年第 9 期。

[14] 山东省莱芜市政研室:《关于农民变市民的利益比较及政策取向研究》,调研报告,2009。

[15] 刘世锦:《农民工市民化对扩大内需和经济增长的影响》,《经济研究》2010 年第 6 期。

[16] 马克思:《资本论》第 3 卷,人民出版社,1975。

[17] 申兵:《"十二五"时期农民工市民化成本测算及其分担机制构建——以跨省农民工集中流入地宁波市为案例》,《城市发展研究》2012 年第 1 期。

[18] 王晨、左林:《成都户改:农民带产权进城》,《改革内参》2011 年第 1 期。

[19] 王美艳:《劳动力迁移对农村经济的影响》,载蔡昉、白南生主编《中国转轨时期劳动力流动》,社会科学文献出版社,2006。

[20] 魏后凯:《加速转型中的中国城镇化与城市发展》,载潘家华、魏后凯主编《中国城市发展报告》No.3,社会科学文献出版社,2010。

[21] 肖鼎光:《中国农民工与城市流动人口研讨会综述》(2006),http://www.cids.org.cn/showcontent.asp?id=297,2006-4-11,转引自张国胜:《中国农民工市民化:社会成本视角的研究》,人民出版社,2008。

[22] 徐盘钢:《锁定"明天的午餐"——建立农民增收长效机制的"上海实践"》,2011 年 4 月 18 日《农民日报》。

[23] 杨先明:《构建农民工市民化的社会成本分摊机制》,《经济界》2011 年第 3 期。

[24] 张国胜:《中国农民工市民化:社会成本视角的研究》,人民出版社,2008。

[25] 张国胜、谭鑫:《第二代农民工市民化的社会成本、总体思路与政策组合》,《改革》2008 年第 9 期。

[26] 章铮等:《农民工城镇化现状及前景》,载韩俊主编《中国农民工战略问题研究》,上海远东出版社,2009。

[27] 宗成峰:《城市农民工社会保障问题的实证分析——以对北京市部分城区农民工的调查为例》,《城市问题》2008 年第 3 期。

[28] 中国科学院可持续发展战略研究组:《中国城市化的成本分析》,载《2005 中国可持续发展战略研究报告》,科学出版社,2005,转引自张国胜:《中国农民工市民

化：社会成本视角的研究》，人民出版社，2008。

[29] Linn, J. F., "The Costs of Urbanization in Developing Countries", *Economic Development and Cultural Change* 30 (3), 1982, pp. 625-648.

[30] Richardson, H. W., "The Costs of Urbanization: A Four-country Comparison", *Economic Development and Cultural Change* 35 (3), 1987, pp. 561-580.

[31] United Nations·Department of Economic and Social Affairs, Population Division, "World Urbanization Prospects: The 2011 Revision", New York, 2012.

[32] Zhao, Y., "Labor Migration and Earnings Differences: The Case of Rural China", *Economic Development and Cultural Change* 47 (4), 1999, pp. 767-782.

附录一
中国镇域经济发展存在的问题及促进镇域科学发展的政策建议*

镇域经济是中国区域经济的重要组成部分。近年来,中国镇域经济虽然获得了较快发展,但也面临着一系列问题。针对这些问题,中国镇域经济应走特色化、品牌化、专业化、集约化和生态化的科学发展之路。为推动镇域科学发展,国家应设立小城镇建设专项资金,推行"镇改市"设市模式,开展小城镇科学发展示范,编制小城镇建设技术规范。

一 发展镇域经济是一项重大战略举措

2007年,中国共有建制镇19249个。镇域总人口7.77亿人,占全国总人口的58.8%;其中镇区人口1.93亿人,占全国城镇人口的32.5%;拥有从业人员4.11亿人,占全国总数的53.4%。因此,按照科学发展观的要求,加快发展镇域经济,对于统筹城乡发展,推进新农村建设,构建和谐社会,实现全面建设小康社会目标,都具有十分重要的战略意义。

镇域经济是县域经济的基础,是壮大县域经济总量、提升县域竞争力的关键环节。从沿海发达地区的经验看,省域经济强往往强在县域经济,而县域经济强则往往强在镇域经济。作为镇域经济的核心,小城镇是统筹城乡发展的桥梁和纽带,它架起了融通城乡的桥梁,起到承上启下的"二传手"作用。同时,小城镇也是吸纳农村剩余劳动力的重要渠道。发展和壮大镇域

---

* 本建议通过全国社会科学规划办国家社会科学基金《成果要报》2009年上报。

经济,对消除城乡二元结构、统筹城乡发展具有重要意义。

在当前应对国际金融危机中,加快小城镇建设,大力发展镇域经济,对于拉动消费、扩大内需具有重要作用。一方面,中国建制镇数量多、分布广、吸纳容量大,这是今后中国吸纳农民进城的重要载体;另一方面,目前建制镇集聚规模小,各项基础设施落后,公共服务和居民消费水平低,今后投资和消费需求的潜力巨大。如果每个建制镇平均吸纳5000个农村剩余劳动力,全国就可以吸纳1亿个农村剩余劳动力;若按1.5的带眷系数估算,则可增加1.5亿城镇人口。根据过去的经验数据,每增加1个城镇人口,平均可带动一次性投资2万元,这样至少可以拉动3万亿元的投资需求。同时,1个城镇居民的消费相当于3.6个农村居民的消费,新增1.5亿城镇人口则可新增1.3万亿元的居民消费需求。

二 中国镇域经济发展存在的主要问题

近年来,中国镇域经济的平均规模不断扩大,尤其是财政收入、投资规模和镇区人口呈快速增长态势。然而,应该看到,目前中国镇域经济总量规模仍然偏小,镇域投资规模仅占全国的1/4,财政收入和支出仅分别占全国的12.7%和8.3%,与其人口和就业规模极不相称。除总量规模小、发展水平低外,镇域经济发展还存在以下问题。

1. 镇区人口规模小,产业集聚水平低

2007年,中国建制镇的平均镇区人口规模只有10031人,镇区集聚的人口占镇域总人口的比重仅有24.9%。一般认为,小城镇的镇区人口一般要达到3万人以上才能正常发挥综合集聚的功能。然而,目前中国绝大部分建制镇都达不到这一最低集聚规模要求。尤其在西部地区,缺少主导产业是小城镇较为普遍的现象。由于集聚规模小,缺少主导产业支撑,导致小城镇就业机会不足,其对农村剩余劳动力的吸纳能力较低。

2. 产业布局分散,土地利用效率低

由于缺乏合理的规划,不少建制镇建设带有较大的盲目性,存在"小、散、低"的问题,即建设规模过小,产业布局分散,土地利用效率低。特别是,非县城的一般建制镇工业用地粗放,工业区、居住区、服务区相互混杂,单位土地产出率较低,集约节约用地的潜力很大。2007年年末,中国一般建制镇建成区人均占地高达216.6平方米,是设市城市城区的2.32倍,是县城的 1.95 倍。

3. 基础设施落后，公共服务水平低

中国绝大部分建制镇人口规模偏小，经济实力弱，交通、通信、电力、供排水、环保等基础设施落后，环境卫生较差，公共服务水平低。据第二次全国农业普查资料，2006 年年末中国仍有 63.3% 的镇没有垃圾处理站，有 80.6% 的镇生活污水没有经过集中处理。2007 年年末，中国建制镇建成区用水普及率为 76.6%，燃气普及率为 43.1%，人均道路面积为 10.7 平方米，人均公园绿地仅有 1.76 平方米，均远低于设市城市城区。

4. 融资筹资难，资金制约严重

随着银行商业化改革的推进，国内各大商业银行都在由农村向城市、由小城镇向大中城市不断收缩。设在镇上的银行只吸储，不放贷，资金流向城市的问题日益加剧。目前，中国镇域经济大部分仍以传统的农业和农村经济为主体，非农产业发展较慢，镇级政府财力有限，资金积累能力低，信贷环境差。2007 年，中国建制镇人均固定资产投资仅相当于全国平均水平的 42.8%、城镇平均水平的 22.5%。

5. 人才和技术短缺

小城镇由于基础设施落后，环境卫生较差，各种配套服务不完善，不能为科技人员提供理想的工作和生活环境，难以吸引人才。根据全国人口变动情况抽样调查数据，2006 年全国镇大专以上人口占 6 岁及以上人口的比重为 5.9%，比 2002 年下降了 0.4 个百分点，比同期全国城市平均水平低 12.5 个百分点；而全国镇文盲半文盲人口占 15 岁及以上人口的比重达到 7.96%，比全国城市平均水平高 4.42 个百分点。小城镇各行业技术档次普遍较低，技术短缺现象也十分严重。

6. 东西部地区差距大

2007 年，东部地区平均每个建制镇完成固定资产投资额分别是东北、中部和西部的 7.2 倍、3.4 倍和 5.0 倍，平均每个建制镇实现财政总收入分别是东北、中部和西部的 5.5 倍、5.6 倍和 8.0 倍。再从人均指标看，2007 年东部地区建制镇人均实现财政总收入分别是东北、中部和西部的 3.2 倍、4.7 倍和 5.0 倍，人均完成固定资产投资分别是东北、中部和西部的 4.2 倍、2.8 倍和 3.1 倍。更重要的是，这种差距近年来呈不断扩大的趋势。若按三大地带进行划分，1999 年东部与西部地区建制镇平均财政收入之比为

4.08∶1，2003年这个比例扩大到5.61∶1，2004年扩大到6.12∶1，2007年则进一步扩大到8.29∶1。

三　促进镇域科学发展的政策建议

为促进镇域经济社会的全面协调可持续发展，构建经济繁荣、社会进步、设施完善、环境优美、文明和谐、特色鲜明的镇域发展新格局，推动镇域经济逐步走上特色化、品牌化、专业化、集约化和生态化的科学发展之路，当前应采取以下几方面的政策措施。

一是加强建制镇基础设施建设。在进一步完善建制镇尤其是镇区道路、供电、供水、通信等基础设施的基础上，加快小城镇改革步伐，建立并完善多元化的投融资机制，推动建制镇镇区教育、科技、医疗、卫生、环境保护、园林绿化、消防、文化、体育、信息化等基础设施建设，逐步形成相对完善的基础设施和公共服务体系，提高建制镇的公共服务能力和水平，推动建制镇镇区与设市城市城区之间基础设施和公共服务能力的差距稳步朝不断缩小的方向发展。

二是合理引导人口和产业集聚。要积极引导人口和非农产业向建制镇尤其是中心镇镇区集中，逐步形成集聚规模经济优势，为小城镇发展和扩大就业提供产业支撑。当前，可以考虑由中央、省和市县财政各拿出一部分资金，对在建制镇镇区从事非农产业、吸纳农村剩余劳动力就业，且符合国家产业政策和环保要求的新办企业，实行小额贴息贷款支持。同时，鼓励在外务工人员回乡到建制镇镇区创业投资，创办各类企业。政府在用地、水电气供应、手续办理、就业培训、技术和信息服务等方面给予相应支持。

三是设立小城镇建设专项资金。在现有部分省、市小城镇建设专项资金探索的基础上，逐步建立完善国家、省、市三级小城镇建设专项资金。结合当前扩大内需政策，建议由中央财政设立国家小城镇建设专项资金，重点支持小城镇基础设施、公共服务设施和安居工程建设，各省、市、县财政给予相应的配套。国家小城镇建设专项资金应重点投向中西部和东北地区。同时，可以考虑从专项资金中拿出一块，采取"以奖代投"的办法，对小城镇建设实行奖励政策。

四是推行"镇改市"设市模式。目前，中国已有一批建制镇的镇区人口规模超过20万人甚至50万人。这些建制镇尽管镇区人口规模已经突破中等城市甚至大城市的界限，但其规划和管理仍沿用建制镇的体制，远不能适应城镇发展的需要。为此，应尽快研究制定"镇改市"的设市标准，并在全国选择一批有条件的建制镇，推行"镇改市"的县辖市试点。这些新设的市，享受设市城市的建制和县级或准县级规划管理权限，但在行政区划上仍由原所在县管辖。

　　五是开展小城镇科学发展示范。在现行全国小城镇建设试点的基础上，由有关部门牵头，分期分批分类推进小城镇科学发展示范试点工作。要组织有关部门和专家学者，尽快研究制定小城镇科学发展评价指标体系，同时选择一批小城镇作为全国小城镇科学发展示范镇，建立完善小城镇科学发展示范体系，通过以点带面、示范引导，积极推动各地小城镇逐步走上科学发展的轨道。

　　六是编制小城镇建设技术规范。首先，要补充完善《小城镇规划标准》，尤其要补充环卫、环境保护、防灾、集中供热、有线电视、信息化等规划方面的内容，并加快小城镇规划各类规范与标准的编制工作；其次，进一步完善小城镇基础设施、资源节约、生态环境保护和公共社会服务设施建设等方面的技术标准和规范编制。建议组织有关部门和专家学者尽快编制实施《小城镇建设技术规范》，以指导各地小城镇建设，引导和促进小城镇科学发展。

附录二
加快推进城市全面转型战略*

长期以来，中国城市发展大都走的是高增长、高消耗、高排放、高扩张的粗放型道路，城市发展中的不协调性、不平衡性、不可持续性和非包容性问题日益突出。为此，应加快推进城市全面转型战略，从根本上改变粗放型发展模式，推进城市经济、社会和生态转型，促进城市制度和空间转型，全面提高城市的发展质量。

一 中国城市发展的"四高"的粗放型特征

1. 经济的高增长

随着城市化的快速推进，城市经济已经成为支撑中国经济持续高速增长的核心力量和发动机。2007 年全国地级及以上城市生产总值增长 15.3%，2009 年为 12.3%，2010 年为 13.8%，分别比全国 31 个省区市生产总值平均增长率高 0.5 个、0.6 个和 0.7 个百分点，比全国 GDP 增长率高 1.1 个、3.1 个和 3.5 个百分点。然而，这种高增长是建立在高消耗、高排放、高扩张的基础之上的。

2. 资源的高消耗

2010 年，中国 GDP 占世界总量的 9.5%，而一次能源消费占世界的 20.3%，其中煤炭消费占 48.2%，水泥消费量占 56.2%，钢铁表观消费量

---

* 本建议通过《中国社会科学院要报》2012 年第 197 期上报。

占 44.9%。中国经济的高消耗主要是城市经济的高消耗，节能降耗的关键在城市。在 2010 年中国终端能源消费中，工业、交通行业和城镇生活消费占 85%；城镇人均生活用能量是农村地区的 1.5 倍。城镇单位建筑面积耗能是农村地区的 4.5 倍。全国有 420 多座城市供水不足，其中 110 座严重缺水，缺水总量达 105 亿立方米。

3. "三废"的高排放

2009 年，中国二氧化碳排放量已占世界总量的 23.6%，单位 GDP 二氧化碳排放强度是世界平均水平的 3.2 倍，是 OECD 国家的 5.7 倍。全国 2/3 的城市存在"垃圾围城"现象，48.5% 的监测市（县）出现酸雨，城市氮氧化物含量、PM2.5 浓度普遍较高，地表水和地下水污染严重。按新修订的《环境空气质量标准》，2/3 的城市空气质量不达标。

4. 城市空间的高扩张

城市空间和建设用地规模快速扩张，土地城镇化快于人口城镇化，城市经济的高速增长主要依靠土地的"平面扩张"来支撑。2001～2010 年，全国城市建成区面积和建设用地面积分别年均增长 5.97% 和 6.04%，远高于城镇人口年均 3.78% 的增速。从 1996 年到 2010 年，全国平均每个城市建成区面积由 30.4 平方公里扩大到 61.0 平方公里，平均每个城市建设用地面积由 28.5 平方公里扩大到 60.5 平方公里，分别增长了 100.7% 和 112.3%。

"土地财政"是城市空间高速扩张的主要动力。在现行体制下，各城市政府热衷于依靠卖地来增加地方财政收入。从 2006 年到 2010 年，全国城市土地出让转让收入占城市维护建设市财政资金收入的比重由 27.6% 增加到 51.8%，4 年内提高了 24.2 个百分点。特别是，继产业园区热之后，近年来各地又掀起了建设新区、新城的浪潮。不少城市新区的规划面积动辄数百平方公里，高的则达上千平方公里。在某些城市，单个产业园区的规划面积则超过了 100 平方公里。

二 粗放型城市发展模式的弊端

这种以高增长、高消耗、高排放、高扩张为特征的粗放型城市发展模式，带来了城市空间的无序和低效开发、城乡区域发展失调、社会发展失衡、大城市迅速蔓延、"城市病"凸显等诸多弊端，城市发展中的不协调性、不平衡性、不可持续性和非包容性问题突出。

1. 城市空间无序和低效开发严重

首先，一些大城市"贪大求全""好高骛远"，全国有180多个城市要建国际大都市，50多个城市在建或拟建CBD，甚至有些县城也提出要建设CBD。其次，沿海一些城市地区开发强度过高，资源环境压力日益加大。目前深圳的开发强度已达到40%，东莞达到38%，远高于中国香港（19%）、日本三大都市圈（15.6%）、法国巴黎地区（21%）和德国斯图加特（20%）的水平。某些大城市地区有变成大范围水泥地连成一片的"水泥森林"的危险，其宜居性不断下降。最后，城市用地结构不合理，工业用地比例偏高，居住和生态用地比重偏低。一些城市以牺牲人的福利为代价片面追求工业化，工业用地规模过大、价格偏低、比重过高、利用效率太低。很明显，各城市经济的高速增长大多依靠土地的"平面扩张"，土地和空间利用效率低下，尤其是一些城市大建"花园式工厂"，各种形式的"圈地"现象严重。

2. 大城市膨胀与中小城市萎缩并存

由于资源垄断和行政配置特点，各种要素和资源向大城市和行政中心高度集聚，形成典型的极化特征，导致特大、超大和超特大城市过度膨胀，"城市病"凸显。目前，上海、北京、重庆、深圳、广州、武汉、天津、东莞、郑州、南京、沈阳、成都、哈尔滨等城市城区人口规模已超过400万人，其中广州、武汉、天津超过600万人，上海、北京、重庆、深圳超过1000万人。从1999年到2010年，这些城市建成区面积扩张了1.87倍。城市规模急剧膨胀和"摊大饼式"外向蔓延，造成城市交通堵塞，房价和生活费用高昂，生态空间不足，环境质量恶化，通勤成本增加，城市贫困加剧，公共安全危机凸显。相反，中小城市和小城镇发育不足，人均占有资源有限，基础设施和公共服务落后，产业支撑乏力，有的甚至呈现萎缩状态。从2000年到2009年，中国特大城市人口比重由38.1%增加到47.7%，大城市由15.1%增加到18.8%，而中等城市由28.4%下降到22.8%，小城市由18.4%下降到10.7%。全国城市人口规模分布正在向"倒金字塔型"转变。

3. 城乡和区域发展严重不协调

一是地区间城市发展不协调。2010年，西部地级及以上城市市辖区人均工业增加值、人均城乡居民储蓄年末余额、人均地方财政一般预算内收入和支出、人均社会消费品零售总额，仅分别相当于东部城市的30.4%、

44.3%、28.9%、45.2%和47.4%。二是城乡之间发展不协调。2011年，全国城镇居民人均可支配收入与农民人均纯收入之比达3.13，虽已呈现下降趋势，但仍比1997年高26.2%、比1985年高68.3%。三是人口与产业分布不协调。由于进城农民工市民化严重滞后，中国城市特别是大城市和城市群在大规模集聚产业的同时，并没有相应地大规模集聚人口，由此造成就业岗位、产业分布与人口分布严重不协调。2010年，全国地级及以上城市市辖区集中了全国51.2%的投资和56.3%的生产总值，却只容纳了29%的人口，人口份额与生产总值份额之比高达1:1.94；长三角、珠三角和京津冀三大城市群人口占全国的16.6%，但生产总值占全国的33.8%，二者之比高达1:2.04。在美国、日本和欧洲国家，一些大都市区人口和GDP的份额基本上是相匹配的，该比率一般在1:1.2左右。人口与产业分布严重不协调是导致中国城乡和区域发展差距过大的根本原因。

4. 城市发展中非包容性问题突出

一是城乡居民收入增长严重滞后。1991~2010年，中国GDP年均增长10.5%，国家财政收入年均增长18.2%，但城镇居民人均可支配收入年均增长只有8.2%，农民人均纯收入仅有5.8%。2006~2010年，北京、上海、广州、深圳商品房均价上涨幅度是城镇居民收入提高幅度的1.5~2.5倍。二是城镇居民收入差距不断扩大。从2003年到2008年，中国城镇居民不同阶层之间的收入差距均在不断扩大。自2009年以来，城镇居民收入相对差距虽有所缩小，但绝对差距仍在扩大。2010年，城镇居民最高收入户与最低收入户人均可支配收入之比高达8.65:1，仍高于2003年的水平。三是城市贫困问题日益严重。近年来，中国城市贫困人口规模明显增加，城市贫困发生率逐步提高。2010年，全国城镇居民家庭年总收入低于2.0万元的贫困人口近3500万人，低于2.5万元的低收入人口达6500多万人，而纳入城镇最低生活保障范围的仅有2310.5万人。

三 加快推进城市全面转型战略

当前，中国城市发展已进入全面转型的新阶段。这里所讲的全面转型具有两层含义：一是必须从根本上改变传统的城市粗放发展模式，推动城市发展模式实现大转型；二是以发展模式转型为主线，全面推进城市经济、社会和生态的转型，并围绕城市发展转型推进城市制度和空间转型。推动城市全面转型的核心是建立低消耗、低排放、高效率、和谐有序的新型科学发展模式，全面提高城市的发展质量，走集约发展、创新发展、融合发展、和谐发展、绿色发展和特色发展之路。

1. 实行差别化的城市产业转型战略

加快城市产业转型是推进城市全面转型的关键环节。在新时期，中国城市产业转型的核心任务，是加快推动城市产业升级，不断减少资源消耗和"三废"排放，建立资源节约、环境友好、生产效率高、注重自主创新、充分发挥人力资源优势、共享发展成果的特色新型产业体系。对于不同规模的城市，由于其发展条件和特点的不同，应该实行差异化的产业转型战略，逐步在大、中、小城市和小城镇之间构筑一个优势互补、合理分工、错位竞争、互动融合的产业发展新格局。

一是建立一体化的新型产业分工体系。当前，中国国内尤其是都市圈产业分工出现了从部门间分工向部门内产品间分工、产业链分工演变的趋势。在都市圈内，大都市中心区要采取"控制两头，甩掉中间"的发展策略，着重发展公司总部、研发设计以及市场营销、金融服务、信息咨询、高端商贸、技术服务等环节，增强对产业链的控制力；大都市郊区（产业园区）和其他大中城市要着力发展高新技术产业和先进制造业，形成大规模的先进制造业基地；周边其他小城市和小城镇则要突出特色，建设成专业化的制造业基地和特色产业基地。这样通过产业链重组和资源整合，在都市圈内打造一体化的开放式跨区域主导优势产业链，形成错位竞争、合理分工的产业链群体竞争格局，避免和化解都市圈内城市间的经济冲突。

二是推动大城市的高端化和服务化。就北京、上海、广州、深圳等大城市而言，今后应着力加大城市产业升级的力度，加快向高端化和服务化方向发展。高端化的核心是产业高端化。所谓产业高端化，就是依托大城市的科技、教育、人才和信息资源优势，大力发展高端产业，包括高技术含量、高附加价值、高效益的高端行业和产业高端环节。要加快发展高端服务业，积极发展高端制造业，依靠高端服务业与高端制造业融合互动，切实推动其产业高端化的进程。所谓服务化，就是要依托中心城区，强化城市中心功能，大力发展现代服务业尤其是高端服务业，包括总部经济、研发设计、高端商务、金融保险、现代物流、文化创意、时尚产业等，提高大城市服务业档次和水平。

三是强化中小城市的特色化和专业化。对中小城市和小城镇而言，一定要发挥自身的优势，突出城镇和产业特色，强化专业化分工协作，走"专精特深"的特色专业化道路，逐步在全国培育一批"小而专""小而特""小而精""小而美"的特色中小城市和小城镇，由此形成大、中、小城市和小城镇功能各异、特色突出、合理分工、错位竞争的新型发展格局。特别是，要鼓励小城镇发展特色经济，向专业镇方向发展，广东专业镇和浙江"块状经济"的发展经验值得借鉴。

2. 实行多元化的空间转型战略

加快推进城市空间转型，建立规范有序、高效畅通、生态宜居的城市空间新秩序，这是城市转型的重要方面。这种城市空间秩序，既是反映城市形象、精神面貌和文明程度的重要层面，又是体现城市亲和力和凝聚力的重要标志。

一是空间转型要突出城市特色。由于发展阶段和特点的不同，城市空间转型的路径应当是多元化的，并非像某些学者所讲的由单中心向多中心或者向大都市区转型那样简单。对于大城市，为避免人口和产业高度集聚在市中心区带来的种种弊端，需要实行适度分散化战略，如有的向多中心网络城市转型，有的向组团式结构转型，还有的向都市化或大都市区转型。对于中小城市，为发挥集聚经济效应，强化中心城市功能，应采取集中化战略，把中心城区做大做强。

二是科学规范空间开发秩序。要加强城市空间管治，规范空间开发秩序，提高城市土地利用效率，建设紧凑、集约、高效、生态型的宜居城市，逐步实现从空间无序开发向有序高效开发的转变。在城市和城市群规划建设中，要科学设置生态空间的"底线"，合理确定不同类型城市生态空间的最低比重；同时制定严格的约束性指标，设置开发强度的最高限度即"天花板"，以防止城市地区过度开发、"满开发"和乱开发。特别是，在城市群地区，要防止甚至禁止相邻城市的建成区相互连成一片，避免形成缺乏生态和休闲空间的"水泥森林"。

三是合理安排各类用地比例。要坚持以人为本的理念，把人的需要放在首位，按照生活、生态、生产的优先次序，合理确定城市用地结构和比例，调控城市用地价格，并设置各类城市工业用地比重的最高限度。要逐步增加城市居住和生态用地的比例，严格执行城市工业用地招拍挂制度，不断提高工业用地效率。

3. 实行网络化的生态转型战略

城市是一个复合的生态有机体。从各个城市的具体特点出发，构建网络化的城市生态廊道，建设复合宜居的城市生态网络，推进具有混合（Composite）、紧凑（Compact）、融合（Combine）、共生（Coexist）、循环（Circulate）"5C"特征的复合型城市建设，促进城市经济发展与生态环境保护的有机融合，创造良好的人居环境，不断增强城市的可持续发展能力，积极探索城市绿色发展、绿色繁荣之路，将是未来中国城市转型的重要方向。复合型城市是一种产业协调、功能融合、城乡统筹、生态平衡的新型城市形态，是一种可持续、宜居的有机城市。为此，在城市规划建设中，必须彻底抛弃过去那种城市单一功能分区的传统思想和做法，树立城市"有机体"的复合理念，避免搞大范围、功能单一的卧城或工业区，高度重视产业合理混合用地和职住平衡，尽可能减少大范围"钟摆式"的通勤，构建现代化的新型复合城市和有机城市，促进城市生产、生活和生态协调发展。

附录三
要重视减速期中国城镇化战略的调整[*]

一 当前中国城镇化已经进入减速时期

自新中国成立以来，中国城镇化的推进大体可分为三个阶段：1950~1977年为波浪起伏时期，城镇化率平均每年提高0.25个百分点；1978~1995为稳步推进时期，城镇化率平均每年提高0.64个百分点；1996~2009年为加速推进时期，城镇化率平均每年提高1.25个百分点。相比较而言，自改革开放以来，中国城镇化推进的速度呈现出逐步加速的趋势。1996~2009年全国城镇化率年均提高幅度是1978~1995年的2.0倍，是改革开放以前的5.0倍。

在"十二五"乃至今后较长一段时期内，中国的城镇化究竟是继续加速还是向减速转变？这是值得深入研究的一个重大战略问题。目前流行的观点认为未来中国的城镇化仍将处于一个加速推进的时期，有的同志甚至提出，未来中国的城镇化将处于一个"高潮期"。之所以会得出这种判断，其理论依据是，根据城镇化的S型曲线理论，通常认为30%~70%的区间属于城镇化的加速时期。实际上，这是一个理论上的认识误区。我们认为，未来中国城镇化将进入减速时期，城镇化推进的速度会逐渐放慢。

首先，在30%~70%的区间，虽然城镇化会呈现出快速推进的趋势，但50%的城镇化率是一个重要的转折点或者拐点。以此为界，可以把城镇

---

[*] 本建议通过《中国社会科学院要报》2011年上报，这里略有修改。

化快速推进阶段分为加速和减速两个时期。其中，30%～50%的区间为加速时期；50%～70%的区间为减速时期。如果在50%～70%的区间城镇化也呈现加速推进的话，那么就不可能顺利转入70%以后的稳定发展阶段。2011年，中国城镇化率已越过50%的关口，表明中国即将进入城镇化减速时期。

其次，从发达国家经验看，当城镇化率超过50%以后，城镇化将出现逐渐减速的趋势。例如，美国1880年城镇化率为28.2%，1920年为51.2%，1960年达到69.9%。在加速期（1880～1920年）城镇化率年均增加0.58个百分点，而减速期（1920～1960年）下降到0.47个百分点。日本1930年城镇化率为24%，1950年为53.4%，1970年达到71.9%。在加速期（1930～1950年）年均增加1.47个百分点，而减速期（1950～1970年）下降到0.93个百分点。即使不考虑第二次世界大战的影响，日本加速期城镇化速度也远高于减速期[1]。

最后，近年来中国城镇化速度已经出现逐渐放缓的趋势。在"九五"计划时期，中国城镇化率平均每年提高1.44个百分点，"十五"和"十一五"时期平均每年提高1.37个百分点，而"十二五"前两年平均每年提高幅度已下降到1.31个百分点。在东部一些发达地区，近年来城镇化减速的趋势日趋明显。例如，浙江城镇化率1984年为27.6%，2001年为50.9%，2011年为62.3%。1985～2001年，浙江城镇化率平均每年提高1.37个百分点，而此后的2002～2011年则下降到1.14个百分点。

总之，在今后一段时期内，中国仍将处于城镇化的快速推进时期，但相比较而言，城镇化率每年提高的幅度将会有所减缓。预计今后中国城镇化率年均提高幅度将保持在0.8～1.0个百分点，很难再现"九五"和"十五"时期平均每年提高1.35～1.45个百分点的增幅，继续保持这样的高速扩张态势难度很大。据此估计，到2015年，中国的城镇化水平将达到55%左右；到2020年，将达到60%左右；到2030年，将达到68%左右。

应该看到，目前中国各地区发展水平差异较大，还处于不同的城镇化发展阶段。2009年东北地区和东部地区城镇化率已超过55%，分别达到56.9%和56.7%，而中西部地区城镇化水平仍较低，其中中部地区为

---

[1] 1940年日本城镇化率已达到37.7%，但是第二次世界大战使日本城镇化出现了倒退，1945年日本城镇化率下降到27.9%，1947年才恢复到33.1%。

42.3%，西部地区只有39.4%。因此，未来中国四大区域城镇化将呈现出不同的发展格局，东部和东北地区已进入减速期，而中西部地区仍将处于加速期。

二 减速期中国城镇化战略的调整思路

当前中国的城镇化还是一种典型的不完全城镇化。中国现行统计的城镇人口包括大量在城镇常住的农民工。2010年中国农民工总量达2.4亿人，其中相当部分常住在城镇。这些常住在城镇的农民工虽然被算成城镇人口，但他们在劳动就业、工资福利、子女教育、社会保障、保障性住房购买等方面仍很难享受与城镇居民同等的待遇。同时，在全国地级及以上城市市辖区总人口中，农业人口的比重高达40%。如果考虑到市辖区中大量的农业人口和还没有完全融入城市的大量农民工等因素，完全的人口城镇化率至少要降低10个百分点。

因此，目前中国正式公布的城镇化率只是统计上的不完全城镇化率。尽管从统计上看城镇人口比重在快速提升，但城镇居民素质、生活质量、消费行为、思想观念和管理方法却难以跟上，城镇化的质量还较低，与人口城镇化速度远不相适应。可以认为，当前中国城镇化面临的主要矛盾并非是速度不快、水平较低的问题，而是质量不高的问题。在中国城镇化进入减速期后，必须从根本上改变过去那种重速度、轻质量的做法，坚持速度与质量并重，加快完全城镇化的进程，全面提高城镇化质量，把城镇化快速推进与质量提升有机结合起来，促使城镇化从单纯追求速度型向着力提升质量型转变，从不完全城镇化向完全城镇化转变，这是今后一段时期内中国推进城镇化的核心任务。在减速期，应高度关注以下几方面问题。

1. 加快推进农民工市民化进程

尽快解决农民工市民化问题，这是全面提高城镇化质量的关键所在。为此，要按照"多层统筹、区域协调、分类指导、农民主体"的原则，分阶段积极推进进城农民工的市民化进程，逐步让农民工在社会保障、就业和转岗培训、公共服务、保障性住房、子女教育等方面享受与市民同等的待遇，实现农民工"有信用、有保障、有岗位、有资产、有组织"的市民化目标。当前，要重点加快农民工信息系统和信用体系建设，实行城乡平等的就业制度，建立城乡普惠的公共服务制度，推动形成城乡统一的社会保障、社会福利和户籍管理制度，尽快将农民工工伤保险、医疗保险、养老保险全部列入强制保险范围，并在住房、子女教育、卫生等领域加大向农民工倾斜的力度，切实降低农民进城落户的门槛和成本，使广大进城农民工能够和谐地融入城市，共享城镇化的利益和成果。

2. 提高大都市区的综合承载能力

大都市区是吸纳新增城镇人口的主渠道。从世界范围看，1975年超过100万人的大都市区人口占世界城镇人口的37.2%，2009年达到50.1%，2025年预计将达到56.6%，届时中国也将达到43.0%。当前中国大都市区面临的突出问题是，城市建设用地紧张，进城门槛和成本较高，生态环境压力大，承载能力受限，有的已出现膨胀病迹象。为此，要加快郊区化和一体化进程，优化空间结构，促进产业转型和功能提升，提高大都市区综合承载能力。当前，可以考虑放开大都市区郊区（县）、周边中小城市和小城镇的户籍限制，鼓励大都市中心区人口和产业向周边扩散，同时加快都市区内快速交通网络建设，优先发展公共交通尤其是大容量轨道交通，积极推进基础设施、产业布局、环境治理、要素市场、劳动就业和社会保障等一体化，促使进城农民在大都市区郊区（县）和周边城镇居住，并通过快速交通体系到城区上班，或者实现就近就业。

3. 进一步增强小城镇的吸纳能力

小城镇数量多、分布广、吸纳容量大，是今后吸纳农民进城的重要载体。当前小城镇面临的关键问题是，基础设施落后，公共服务水平低，产业支撑乏力，对农民缺乏吸引力，其吸纳能力不足。为此，要切实加强基础设施建设，提高公共服务能力和水平，积极培育特色优势产业，不断扩大就业机会，提高小城镇的人口吸纳能力。当前，可以考虑由中央财政设立国家小城镇建设专项资金，重点支持小城镇基础设施、公共服务设施和安居工程建设，并采取"以奖代投"的办法，对各地小城镇建设实行奖励政策。对小城镇符合国家产业政策和环保要求的新办企业，要实行小额贴息贷款支持。

4. 注重提高城镇土地利用效率

近年来，中国城市建设用地规模迅猛扩张，土地的城镇化远快于人口的城镇化。同时，城市用地结构不合理，工业用地比例偏高，居住和生态用地比重偏低。一些城市甚至以牺牲居住和生态用地为代价来高速推进工业化，工业用地规模过大、价格偏低、比重过高、利用效率太低。今后，必须坚持以人为本的科学发展理念，把人的需要放在首位，按照生活、生态、生产的优先次序，合理确定城市用地结构和比例，调控城市用地价格，并设置各类城市工业用地比重的最高限度。要逐步增加城市居住和生态用地的比例，严格执行城市工业用地招拍挂制度，不断提高工业用地效率。

5. 重视城镇特色培育和品质提升

缺乏特色，品位不高，重建设、轻管理，这是当前中国城镇发展面临的普遍问题。随着中国城镇化速度的减缓，今后各地在推进城镇化的进程中，应更加注重城镇特色培育和品质提升，切实加强城镇的现代化管理，建设智能化、人性化、生态化的特色城镇，走特色城镇化之路。一是注重培育城镇文化，塑造城镇精神，增强城镇品牌意识，并把城镇文化和精神融入城镇规划、景观和建筑设计、开发建设之中，彰显城镇的个性和特色，提升城镇品质，改变"千城一面"的局面；二是强化大中小城市和小城镇之间的分工协作，推动大城市提升产业层次和中心功能，逐步向高端化和服务化方向发展，鼓励中小城市和小城镇走"专精特深"的特色专业化道路，构筑一个优势互补、合理分工、错位竞争、互动融合的城镇产业发展格局；三是要高度重视现代化城镇管理工作，把城镇建设和管理有机结合起来，实现从重建设到建管并举、重在管理的转变。

附录四
加大政策支持力度
全面推进粮食主产区建设^{*}

一 当前粮食主产区建设存在的主要问题

粮食主产区是中国商品粮生产、供应和储存的重要主体。2008年，全国13个粮食主产省区粮食产量占全国总产量的74%以上，商品粮数量占全国的80%以上。从我们对江西南昌、九江等地的调研看，近年来在中央和省两级政府的大力支持下，粮食主产区建设稳步推进，取得了积极成效，为保障国家粮食安全做出了突出贡献。但由于外部环境变化和现行政策不完善，当前粮食主产区建设也存在诸多问题亟待研究解决。

1. 粮食生产规模化、集约化程度低

中国粮食主产区除东北区外其余绝大部分地方粮农生产经营仍然是以户为单位，户均耕地面积少，经营规模小，机械化程度低，生产技术落后。大量农业剩余劳动力至今仍滞留在有限的耕地上，严重制约了粮食生产效率和农民收入的提高。千家万户式的小规模种植生产模式，造成粮食品种繁杂，不利于收购储存。仅南昌县早晚稻品种多则16个，少则10个。由于品种存在差异，收购价格不一，收储存放不一，导致收储存放难度加大，粮食品种混存现象时有发生，给粮食储存安全带来隐患。同时，在利益的驱动下，农民生产的粮食水分偏高，杂质超标，导致粮食标准难以执行，质量难以控制，给粮食保管工作带来一定的难度。

---

* 本建议通过《中国社会科学院要报》2011年上报。

2. 农业基础设施落后，产业化水平低

目前，粮食主产区农业基础设施普遍落后，大部分农田水利设施年久失修，功能老化，配套不全，保障功能下降。即使是南昌市，农田基础设施也比较薄弱，大部分保持在20世纪70年代的水平，急需更新改造。近年来，虽然国家加大了农田基本建设的力度，推进实施了农业综合开发土地整治、现代农业标准良田建设、基本农田示范区建设、增减挂钩试点土地整理和农田水利基本建设等项目，但由于部门利益，多单位分头实施，规划不合理、不配套、不达标和重复建设现象严重。同时，主产区粮食加工增值率低，科技含量和附加价值不高，至今仍未改变初级产品加工企业多、规模小，精深加工水平低、企业少的局面。国家对主产区粮食产业化扶持资金少，国家级龙头企业数量不多、实力不强，缺乏引领粮食产业化经营的真正"龙头"。此外，粮食市场和物流业发展滞后，也严重影响了粮食产业化进程。如南昌市作为全国重点商品粮生产基地，既是产区又是销区，粮食流通量大，但至今全市没有一个大型的上规模的集批发、交易、物流于一体的现代化粮食物流中心。

3. 生产成本居高不下，农民种粮积极性下降

在粮食主产区，由于粮食生产规模化、集约化程度低，加上农资和用工成本快速上涨，导致粮食生产成本居高不下。特别是，2008年以来土地租金、农资、人工、机耕等价格大幅上涨，种粮成本迅速增加，由此降低了农民种粮的收益，影响了种粮的积极性。相比之下，粮食生产成本快速上涨，而粮食价格又保持相对稳定，致使种粮收益与种植经济作物收益的差距进一步拉大，大部分农民除了种植满足自己口粮的粮食外不愿多种。如果这种状况长期得不到解决，将会对中国粮食安全保障构成重大威胁。

4. 仓储设施投入不足，政策性粮食保管标准偏低

国有粮食企业是国家粮食宏观调控的主要载体，承担着中央储备粮、托市粮和国家临时储备三大政策性粮食轮换收储任务。但近年来各级财政对地方国有粮食仓储设施改造维修资金几乎没有投入，导致地方国有企业仓储能力逐年下降，仓储设施陈旧老化，市、县级储备粮规模不到位，政策性粮食在民营企业储存，直接影响政策性粮食收购任务和粮食储存安全。而民营企业保管技术缺乏，又无专业技术人员，储备粮储存安全难以保障。同时，自实行中央和地方分级粮食储备制度以来，中央政策性储备粮轮换费和保管费标准从未做调整，随着粮食市场收购价格逐年上涨，收购成本增大,中央储备粮轮出轮进粮食差价拉大,致使地方国有粮食企业粮食轮换出现普遍亏损,加上现有人力成本、保管药品成本不断上涨,国有粮食企业轮换粮经济效益微乎其微,甚至粮食企业承担着亏损的沉重包袱。

5. 粮食补贴方式不完善,操作成本高,监管难

2004年以来,为扶持粮食生产,国家先后实施了粮食直补、良种补贴、农资综合补贴、农机购置补贴等惠农政策。这些政策为保障粮食生产安全和提高农民收入起到了积极作用。但在操作过程中,也存在补贴资金分散、实施环节多、工作成本高、监管难度大等问题。一是补贴方式不完善。除种粮大户外,目前各项补贴资金均是采取普惠制办法发给农田原承包土地的农户,并不与是否种粮挂钩,严重影响了补贴政策的实施效果。二是操作成本高,工作经费缺乏。目前出台的补贴政策项目多,实施面广量大,操作程序复杂,涉及申报、统计汇总、公示、资金兑付、建档立册等诸多环节,工作量大、成本高,而国家补贴又未包括此项工作经费,由此加大了政策落实难度和地方负担。三是农用水费和电费难收。由于实行了粮食补贴,导致部分农民在共用投入方面不愿出资,农户多年拖欠集体的农用水电费难收。由此造成部分村用补贴款扣留抵水电费的违规做法。

6. 地方财政包袱沉重,乡镇债务风险较大

粮食主产区农业比重大,地方财源短缺,财政收支入不敷出,往往是"产粮大县、财政穷县"。特别是,主产区乡镇机构臃肿,财政供养人数多,人员经费支出大,乡镇财政债务风险较大。截至2009年年底,南昌县乡镇级共有财政供养人员13690人,平均每个乡镇856人;全县乡镇共有各项债务33016万元,平均每个乡镇2064万元,占乡镇级一般预算收入的81.3%。在现行体制下,主产区发展粮食生产还将加重地方财政负担。自1999年以来,中央对地方粮食风险基金补助实行包干办法,中央、省财政与市、县财政负担的比例分别为76%和24%,虽然市、县负担的比例不高,但其绝对额相对于市、县财政收入仍然较大。这样,主产区生产的粮食越多,地方政府配套的资金就越多,财政负担就越重,由此使主产区陷入"产粮越多,包袱越重,财政越穷"的怪圈。相反,主销区虽然消费了从主产区调入的大量粮食,却没有相应承担调入粮食的风险基金筹集任务,由此形成主产区补贴主销区、"穷省"补贴"富省"的不公平现象。

二 全面推进粮食主产区建设的政策措施

粮食主产区在国家粮食安全保障体系建设中承担着核心作用。针对当前主产区存在的主要问题，进一步加大政策支持力度，全面推进粮食主产区建设，对于保障国家粮食安全、切实提高农民收入、促进区域协调发展均具有重要的战略意义。

1. 建立粮食主产区支持政策体系

近年来，中央相继制定实施了一系列惠农、支农政策，为保障国家粮食安全、促进农民增收做出了重要贡献。但是，这些政策是对全国各地区均适用的普惠政策，并非专门针对粮食主产区的特惠政策。粮食主产区作为一种关键问题区域，目前在发展中面临着诸多单纯依靠自身力量难以解决、迫切需要中央给予有力支持的特殊问题。因此，当前急需从国家战略高度，加大政策支持力度，制定实施专门的粮食主产区政策，形成普惠与特惠相结合的国家支农惠农政策体系。一是尽快制定实施《全国粮食主产区建设规划》，科学界定粮食主产区的范围和功能定位，明确新时期全面推进粮食主产区建设的指导思想、基本原则、发展目标、重点任务和具体措施，为促进主产区科学发展，提高可持续发展能力指明方向。二是对现行的国家支持粮食主产区政策进行整合和调整，综合运用投资政策、财政政策、金融政策、产业政策、土地政策、社会政策、生态环境政策等工具，构建完善的粮食主产区政策体系，全面推进粮食主产区建设。

2. 加快建立主产区利益补偿机制

粮食主产区承担着保护耕地和粮食生产的特殊使命，在保障国家粮食安全和全国农产品供应方面肩负着重大责任，为中国现代化建设做出了重大贡献和牺牲。当前，很有必要按照粮食净输出（入）量标准，建立多元化的粮食主产区利益补偿机制，让中央和主销区承担更多的粮食安全责任。一是加大中央财政转移支付力度，建立国家粮食主产区建设专项资金，重点加强粮食主产区基础设施建设，增加粮食补贴，提高公共服务和可持续发展能力，弥补地方财政收支缺口。二是遵循"谁受益谁补偿"的原则，引导粮食主销区建立商品粮调销补偿基金，对粮食主产区进行补偿。该基金规模应以粮食净输入量为依据，由主销区地方财政按每公斤粮价10%～15%的比例提取，转移支付给输出粮食的主产区地方政府，主要用于加强主产区农田基础设施建设、种粮补贴和农业产业化，从而提高主产区粮食生产供应能力，调动地方政府和农户种粮的积极性。

3. 进一步完善国家粮食补贴政策

要明确补贴对象，完善补贴方式，扩大补贴范围，提高补贴标准，简化补贴程序，增加工作经费，建立形成长效机制，确保各项补贴稳定化、长期化和制度化，消除政策的不确定性。一是明确补贴对象。按照"谁种田谁受益"的原则，进一步明确把粮食直补和良种补贴资金发放给种粮农户而不是承包田主，以调动农民种粮的积极性，促进土地向种粮大户集中。二是完善补贴方式。实行与种粮规模和粮食产量挂钩的直补方式，将现行按计税面积给予补贴改为按种植面积、单产水平和商品量给予补贴，使粮食补贴向粮食主产区和种粮大户倾斜，促进粮食生产的规模化和集约化。进一步完善农资补贴方式，采取对农民购买化肥、农药等进行直接补贴的办法。三是扩大补贴范围。将主产区玉米、水稻、大豆、马铃薯等全部纳入良种补贴范围，并对主产区农用水电费和粮食企业烘干设备购置给予适当补助。四是提高补贴标准。继续增加粮食直补资金，提高良种补贴和农资补贴标准，至少使补贴标准与物价和农资价格上涨幅度同步。五是增加工作经费。将粮食补贴工作经费纳入中央和省级财政预算，加大经费投入。

4. 加强基础设施和公共事业建设

一是继续加大对粮食主产区的基础设施投入，中央财政安排的基础设施建设和农业发展项目要优先安排给主产区，资金投入要重点用于主产区，以增强主产区粮食综合生产能力和抗灾减灾能力。二是加快推进主产区公共事业的建设，提高交通通信、科技推广、文化教育、广播电视、医疗养老、环境卫生、社会救助、清洁用水等公共产品服务能力，切实改善人居环境，推进基本公共服务均等化。三是以县为基础，对现有各项国家和省级农业发展项目进行整合，集中资金、人力合理规划，以村为单位成片建设，搞好配套协调，提高标准良田的基础地力。四是实行国家和地方联合投资，重点建设和批次建设相结合，突出抓好主产区粮食生产大县和增产潜力大县建设，优先建设一批示范性的产粮基地县，充分发挥其示范、引领和辐射带动作用。五是继续加大对主产区中低产田改造的投入，重点扶持开发潜力大的粮食生产大县，并提高项目区亩投入标准，建成一批集中连片、旱涝保收、稳产高产的粮食核心产区。

5. 积极推进粮食流通体系建设

一是中央和地方政府要增加对主产区地方粮库的维修资金，积极推动国有粮食购销企业的战略重组，组建一批既具有较强竞争力又能服从国家宏观调控的大型国有控股粮食企业集团。二是根据市场价格变化情况，进一步提高粮食最低收购价格，让主产区种粮农民真正得到实惠。三是加强主产区粮食市场建设，支持建设一批集仓储、物流、加工、批发、交易、服务等于一体的大型现代化粮食物流中心。四是加强粮食市场的监管。严厉打击掺杂作假、囤积居奇、哄抬粮价及压级压价等各类扰乱市场秩序的行为，保持粮食市场稳定。五是建立粮食市场的预警机制。加强对粮食市场供求形势的监测，确定粮食预警调控指标体系，建立粮食供需抽查制度，定期或不定期发布有关粮食生产、消费、价格、质量等信息，引导各方行为。六是加强对农资价格的调控。将农业生产资料的运输纳入农产品"绿色通道"，力求降低其运输成本。

6. 加大对主产区财政金融支持力度

一是取消粮食主产区粮食风险基金中地方政府配套部分，减免主产区粮食风险基金借款，逐年核销主产区因执行中央粮食政策而累积的银行债务。二是各级财政资金要向主产区倾斜。中央财政要加大对粮食主产省区一般性转移支付的力度，各省级财政也要加大对粮食生产大县的转移支付。三是对主产区实行低税或减免税政策。鼓励外商、主销区和区外企业到主产区产粮大县投资，对从事公共基础设施、节能环保、粮食深加工和农业产业化项目投资经营所得，实行企业所得税"三免三减半"优惠。四是按照摸清情况、分类核实、区别对待、消还并举、各级共担、逐年化解的思路，建立主产区乡镇债务消除和控制机制，防范和化解乡镇财政风险。五是增加信贷资金对主产区农业的投入，扩大主产区银行的农业贷款规模，调整农业政策性银行的扶持对象和范围，加大对主产区种粮大户、非公有制粮食营销和加工企业的扶持。六是建立政策性粮食自然灾害保险制度和巨灾风险转移分担机制，对主产区农业政策性灾害保险应逐步降低农户出资比例，并提高农业保险保费财政补贴标准。

附录五
加快推进长江中游城市群建设的思路与建议*

目前,长江中游地区已初步形成了武汉城市圈、长株潭城市群和环鄱阳湖城市群,并有进一步连接形成长江中游城市群之势。以现有三圈(群)为主体,整合资源和产业链,推动三圈(群)融合,强化分工合作和一体化,加快推进长江中游城市群建设,对提升国家竞争力和自主创新能力,推动全国现代化和全面小康社会建设,进一步扩大内需和中西部市场,促进区域协调发展和中部地区崛起,保障国家粮食和生态安全,都具有重要的战略意义。

一 推进长江中游城市群建设面临的障碍

长江中游地区地域相连、文化相近、人缘相亲、经济联系密切、发展基础良好,目前已经具备建设长江中游城市群的坚实基础。然而,由于长江中游城市群地跨三省,地域面积大,涉及城市数量多,受传统体制的束缚,当前仍面临诸多障碍和问题亟待研究解决。

1. 行政分割现象比较突出

目前,长江中游城市群基本上还是分割的,武汉城市圈、长株潭城市群和环鄱阳湖城市群在各自省域范围内独立运作,圈(群)际联系和交流较少,一体化程度低。即使在各城市圈(群)之内,除长株潭城市群外,各

---

* 本建议通过《中国社会科学院要报》2012年第14期上报。

城市基本上是各自为战，受行政区划的制约严重，尤其是环鄱阳湖城市群，目前还处于松散状态。一些地方对外地产品进入本地市场，竞相抬高进入门槛，实行市场封闭和地方保护，人为阻挠各种商品和生产要素的自由流动。如湖北和湖南对卷烟相互实行市场封锁，相反对上海、云南的卷烟并没有限制，与邻为壑，远交近攻，造成市场的严重分割。各城市之间仍不同程度地存在市场准入、质量技术标准、行政事业性收费、户籍制度等形式的地方保护，严重阻碍了生产要素的合理流动。

2. 基础设施建设严重滞后

长江中游城市群现有交通设施大多以武汉、长沙、南昌为中心在各自省域范围内展开布局，目前还缺乏一个面向整个城市群的一体化快速交通网络体系。在城市群内部，部分交通设施不对接、功能不完善，基础设施的共建共享受到很大制约；一些公路设施等级水平较低，尚存在不少断头路和瓶颈路，难以适应新形势发展的需要；城际高等级公路纵通横不通，一体化的公路网络尚未形成；内河航道和港口建设滞后，长江"黄金水道"的作用没有得到充分发挥；运输管理手段落后，保障系统不完善，公共运输信息传输慢；信息网络尚未完全互联互通，信息资源的开发、共享不够，缺乏平台支撑。

3. 低水平同质化竞争激烈

长江中游城市群产业层次较低，链条较短，配套能力不足，现代物流和服务业发展滞后，产品技术含量和增值率不高，企业自主创新能力不强，缺少在国际市场上有影响力的自主品牌，严重制约了其综合竞争力的提升。同时，各城市功能定位大体相近，尚未形成合理的分工协作和互补关系，低水平重复建设仍较严重，城市间产业结构雷同，竞争大于合作。一些核心城市定位和发展层次较低，与周边中小城市在较低层次上展开同质化竞争，相互争夺资源、资金、人才和市场。作为长江中游城市群的核心城市和国际大都市，武汉的中心功能严重不足，高端化和服务化水平偏低，其对武汉城市圈其他城市的吸纳要远远大于互补性，而对长株潭城市群和环鄱阳湖城市群的影响力和吸引力则远不够强大。

4. 区域合作机制不健全

从合作意愿看，虽然近年来鄂、湘、赣三省高层交流开始增多，省际合作步伐日渐加快，但各城市之间尤其是跨省城际合作意愿并不是太高。实际情况是，湖南长株潭城市群有南下融入珠三角、江西环鄱阳湖城市群有向东靠拢长三角的趋势,南昌和九江则同时加入了武汉经济协作区和南京区域经济协调会。从合作组织看,虽然武汉经济协作区曾经有过辉煌,但近年来活动日趋减少,影响力趋于下降。迄今为止,无论是三省高层还是各城市政府、产业界和科教界等,都还没有建立相应的合作机构,城市群内部缺乏稳定的沟通渠道和合作平台。从法律制度看,相关法律法规不健全,市场监管机制不完善,阻碍了要素自由流动和跨地区合作。

5. 生态环境保护压力加大

一些重要湖泊和湿地出现不同程度的萎缩和生态退化,其中洞庭湖、鄱阳湖、洪湖等重点湖泊水域面积缩小、容量减少、水质变差,防洪调蓄能力下降。鄱阳湖湖区水体面积严重萎缩,加上生态破坏和环境污染,导致近年来鄱阳湖渔业资源持续衰减,鱼类产量和质量下降,湖床淤泥抬高,湿地面积缩小,生物多样性锐减,生态功能退化,水质呈显著下降趋势。由于钢铁、有色金属、化工、建材等重化工业密集分布,"三废"排放量大,处理率较低,导致区域环境污染加剧,局部支流河段、大部分中小湖泊污染比较严重。如全国最大的城中湖东湖的水质多年均为五类或劣五类;湘江流域严重的重金属污染,导致水生态系统受到破坏,水环境质量严重下降,鱼类大幅减少,饮水安全问题突出,并最终危及人体健康,影响农作物生产。大量化工企业临江近水布局,也带来了严重的安全隐患,一旦出现意外事故,很容易通过水体迅速扩散到广大周边地区。

二 推进长江中游城市群建设的总体思路

依托武汉城市圈、长株潭城市群和环鄱阳湖城市群统筹规划,整合资源,搭建平台,完善机制,积极推动区域合作,着力推进城乡规划、基础设施、市场建设、产业布局、公共服务和环境保护一体化,促进各城市融合互动和协同发展,提升城市群整体竞争力和可持续发展能力。

一是构建具有世界影响的特大城市群。以武汉为主中心,以长沙和南昌为副中心,共同打造汉长昌复合型极核,依靠交通通信等基础设施网络,实行中心带动、多极协同、一体发展,把长江中游城市群建设成为具有世界影响力和国际竞争力的多中心、网络化、生态型特大城市群,成为世界规模级的人口和城镇密集带。各中心城市通过城际快速交通体系有机连接起来,汉长昌之间为"绿心",洞庭湖和鄱阳湖则是城市群的两个"绿肺"。

二是建设世界规模级的先进制造业带。整合资源和产业链,加快发展先进制造业和战略性新兴产业,构建面向长江中游城市群一体化的电子信息、汽车、钢铁、有色金属、装备制造、石油化工、生物医药等主导优势产业链,促进产业向园区化、集群化、生态化方向发展,把长江中游城市群建设成为世界规模级的先进制造业带。

三是打造全国内陆开放型经济战略高地。深入实施全面开放合作战略,大力发展开放型经济,坚决打破行政区划的限制,消除市场壁垒和地方保护主义,促进资金、人才、技术等要素合理流动,引导人口与产业合理布局,全面提高区域合作的广度和深度,将长江中游城市群建设成为全国内陆开放型经济的战略高地和示范区。

四是建成支撑中国经济发展的核心板块。依托承东启西、连南接北的居中区位,充分发挥地区优势和系统集成效应,进一步激发内在增长潜力和发展活力,将长江中游城市群建设成为支撑未来中国经济持续稳定快速发展的核心板块和重要增长极,成为引领中西部实现跨越式绿色发展的模范区和促进全国区域协调发展的战略支点。

五是建设国家粮食和生态安全重要保障区。加强耕地、基本农田和生态环境保护,高度重视粮食生产,同步推进农业现代化建设,确保工业化和城镇化的加快推进不以牺牲农业和粮食、生态和环境为代价,把长江中游地区建设成为全国重要的粮食和生态安全保障区。

三 加快推进长江中游城市群建设的建议

1. 尽快组织编制长江中游城市群规划

建议由国家发展改革委牵头,组织有关部门和鄂、湘、赣三省政府,尽快启动编制《长江中游城市群区域规划》以及综合交通、旅游、农业现代化、生态环境保护、区域一体化等重点专项规划,上报国务院批准实施。通过一体化的规划编制,明确长江中游城市群区域的战略定位、发展目标和方向,确定近中期推进区域合作和一体化的重点领域、实施路径和具体措施,为推进长江中游城市群建设提供规划保障。

2. 构建互联互通的区域基础设施网络

以武汉、长沙、南昌三个全国性综合交通枢纽为核心,优化路网布局,加强各种运输方式之间的衔接配合,大力推进省际、城际快速通道建设,构建一体化的长江中游城市群综合交通体系；积极推进武汉长江中游航运中心建设，以武汉新港为主体，以岳阳港为支撑，以宜昌、黄石、九江、荆州等港口为补充，整合港口资源，合力构建一体化的长江中游港口群；加快杭南长、长昆、武九等客运专线建设，尽快启动咸宁经宜春至吉安铁路，以武汉、长沙、南昌为中心节点，推进长江中游城市群城际轨道交通网络建设；联手打通三省之间的"断头路"，建立更加畅通、便捷、安全的高速公路网络，实行高速公路收费"一票通"；以武汉天河机场、长沙黄花机场、南昌昌北机场为骨干，整合周边地区机场资源，构建干支结合、客货并举的长江中游地区民用机场体系；以信息资源整合共享为突破口，统筹规划建设信息网络，推进长江中游城市群信息服务一体化。

3. 推动长江中游城市群产业分工合作

实行产业链重组战略，有效整合产业存量资源，构建一体化的主导优势产业链，促进产业向集群化方向发展。当前，可以考虑以武汉东湖高新区为龙头，整合周边地区资源，构建光电子信息产业集群；依托武汉、南昌、长沙、景德镇等地的汽车工业，建立长江中游城市群汽车产业战略联盟，构建一体化的汽车及零部件产业链；依托武汉石化、长岭炼化、巴陵石化、九江石化、荆门石化等骨干企业，强化分工合作和产业配套，构建石油化工产业链新优势；以长沙为龙头，加强与周边地区合作，构建工程机械产业集群。积极支持武汉建设国家中心城市，不断提升中心功能，充分发挥武汉的辐射、带动和引领作用；推动武汉、长沙、南昌等中心城市向高端化、服务化方向发展，逐步转移扩散部分功能、产业和生产环节；整合文化、旅游、物流、科教、金融等相关资源，加强区域合作和交流，积极推进文化旅游、物流和金融一体化，为长江中游城市群产业协同发展奠定基础。

4. 积极推进生态环境保护一体化

以生态建设和江河湖泊治理为重点，建立完善三省联动机制，不断深化在生态环境保护领域的合作和共建。首先，积极推进生态型城市群建设，共同保护好城市群的"绿心""绿肺"以及作为天然生态廊道的长江干支流。规划确定重要湿地和水域保护区的控制线，在"一江两湖"沿线5公里范围内禁止发展有污染的工业和项目。其次，以"一江两湖"为重点，共同加强江河湖泊综合治理和水资源合理配置体系建设。尤其要共同推进实施"碧水工程"，加强长江干支流、鄱阳湖、洞庭湖、洪湖等沿岸地区污染治理，使长江中游城市群水生态、水环境明显改善。最后，按照主体功能区规划要求,携手推进重点生态功能区建设。除了加大财政转移支付力度外,还应积极探索在上中下游地区、重点生态功能区与城市化地区、生态保护区与受益地区之间建立横向生态补偿机制,促进城市群内各地区协调发展。

5. 携手推进粮食主产区建设

首先,要加强在农田水利、低产田改造、农业综合开发、特色农业基地建设以及良种培育、技术推广服务、病虫害防治、农业产业化等领域的全面合作,进一步提高粮食生产保障能力和农业综合生产能力。其次,进一步加大对粮食主产县的转移支付力度,增加基础设施投入,加快推进公共事业建设,提高交通通信、科技推广、文化教育、广播电视、医疗养老、环境卫生、社会救助、清洁用水等公共产品服务能力。再次,启动实施"长江中游地区中低产田改造和粮食增产工程",依靠科技进步和中低产田改造,确保粮食增产和农民增收。最后,支持在长江中游城市群区域开展基本农田保护补偿试点,统筹规划,加强交流合作,建立完善耕地保护补偿机制。

6. 搭建一体化的区域合作平台

建立统一的诚信信息系统,搭建长江中游城市群产权交易平台和金融合作交流平台,促进金融保险机构相互融合渗透,推动金融合作一体化;加强科技教育合作和资源共享,建立大型科研设备、图书和信息共享平台,构建长江中游城市群产学研和科技开发联合体,共享技术创新优势和技术转让成果;建立长江中游城市群人才资源库和人才交易市场,搭建三地人才信息发布和合作交流平台,促进人才资源跨区合理流动和优化配置;构建长江中游城市群投资信息发布平台,推动建立各种形式的产业联盟、技术创新战略联盟、旅游营销传媒联盟、城市招商联盟和产业园区联盟,为深化产业交流合作提供保障。

7. 建立完善新型的区域合作机制

首先,三省高层应建立一个制度化的协商对话机制,形成主要领导定期会晤制度,定期研究和协商三省合作的重大战略问题,加强省际沟通,实现有效协调与联动。其次,建立长江中游城市群市长联席会议制度。该联席会议由城市群各个城市组成,轮流坐庄,每年召开一次联席会议,共同商讨长江中游地区合作与发展的重大问题。再次,建立长江中游地区合作与发展共同促进基金和重点专题合作制度。当前可考虑就重大基础设施建设、市场一体化、旅游合作、科技创新、现代物流发展、农业现代化、生态环境保护、江河湖泊治理等重点领域开展专题合作。最后,充分调动企业和社会各界的积极性,促进社会各界广泛参与和官产学研民媒互动,提高社会参与度。

附录六
构建大郑州都市区，形成中原经济区核心增长极，促进中部全面崛起*

构建大郑州都市区，形成中原经济区的核心增长极，对于促进中部地区崛起、保障国家粮食安全、完善国家区域发展格局、探索内陆地区开发开放的新路子具有重要战略意义。

一 中原经济区是促进中部崛起、保障国家粮食安全、完善区域发展格局的重要战略支点

中原经济区是以河南省为主体，由山西的运城、晋城、长治，河北的邯郸、邢台，陕西的渭南、商洛等组成的跨省域经济区。作为一个正在形成中的综合经济区，中原经济区承担着诸多方面的国家战略功能。从国家层面看，中原经济区的战略定位可以概括为"一基地三区"，即全国先进制造业和现代服务业基地、国家粮食安全重要保障区、国家新型城镇化试验区和华夏文明传承的核心区。

中原地处全国的中心区位，承东启西，连南接北，是中国东西南北中各地相互联系的重要内陆联结点，是沟通、促进全国各经济区交流、联合的中枢之地。中原兴则中部兴，中部兴则中华兴。因此，中原经济区是促进中部地区崛起、完善国家区域发展格局的重要战略支点，在国家区域发展总体战略中具有重要地位。加快推进中原经济区建设，将有利于保障国家粮食安

---

* 本建议通过《中国社会科学院要报》2010 年上报。

全；有利于支撑中部崛起，形成国家级的新增长极，促进区域协调发展和东中西部互动融合；有利于构筑全国重要的生态屏障；有利于探索内陆型开发开放的新模式、新路子。

加快中原经济区建设，重点是构建现代新型产业体系，建立内陆新型开放格局，推进城乡新型社会建设，推动形成新型空间格局，探索新型管理体制机制，促进新型工业化、新型城镇化和农业现代化协调发展，努力把中原经济区建设成为支撑中部崛起、引领中西部发展的现代化新中原，以及全国经济发展的新增长极。

二 构建大郑州都市区，使之成为中原经济区的核心增长极，是引领中部崛起的关键之举

郑州是中原经济区的中心城市，但其综合实力和影响力还不足以带动整个中原经济区，使之成为国家层面的重要增长极。从城市规模与综合实力看，郑州仅与长沙相当，与武汉相比差距很大。从辐射带动能力看，郑州更无法与武汉相比，不能对中原经济区形成有效的强力支撑。中原经济区要建设成为未来支撑中国经济持续稳定快速发展的新增长极，就必须充分发挥郑州的中心城市作用，把郑州做大、做强、做高、做精、做美，同时突破行政区划的限制，整合周边地区资源，构建一个大郑州都市区，以城市集群形成发展极核，使之成为中原经济区的核心增长极，由此改变中部地区南强北弱的格局，实现中部地区的全面崛起。

构建大郑州都市区具有多方面的有利条件。一是交通区位条件优越。郑州为中国交通大十字的中心节点，是全国铁路、公路、航空、通信兼具的重要综合性交通通信枢纽。二是资源禀赋优良。自然资源和文化旅游资源丰富，土地、水、能源、矿产等资源组合条件好，具备大规模集聚经济和人口的优良条件。三是要素成本较低。劳动力供应充足，成本较低，如富士康落户郑州在短短几天内就能招聘到20万名具有一定素质的工人。四是具有较好的产业基础。农业基础良好，制造业实力较强，商贸发达，在一些重要领域已形成具有全国影响的产业竞争优势。五是市场潜力巨大。郑州位于人口稠密的中原腹地，既是中国的地理中心，又是市场中心，以郑州为中心的500公里半径内集聚了将近4亿人口，是落实扩大内需政策的关键区域。

大郑州都市区具有承载上千万人口规模的综合能力，是全国具备这方面

条件的少数地区之一。通过对综合承载能力的测算，仅郑州市域就具有承载1000万人口的能力。制约因素集中在交通和环境设施等方面，主要是长期以来城市建设和管理较为粗放所致，通过转变发展方式，集约发展、高效发展完全可以改变，不构成硬性约束。总之，构建大郑州都市区意义重大，条件具备，时机成熟，应尽快纳入国家战略层面。

三 加快推进大郑州都市区建设的政策措施

1. 加快推进行政区划调整

按照大都市区框架设计行政区划调整方案，可分为三个层次：一是增加郑州市的辖区数目，将中牟、荥阳、新郑、新密和登封等县级市调整为市辖区，巩义作为单列市；二是将黄河以北地区，温县、武陟、原阳等县的部分地区纳入大郑州都市区范围，实现郑州市的跨河发展；三是将开封市区、新乡市平原新区、焦作市焦作新区纳入大郑州都市区范围，统筹规划建设。经过这样的调整，则可迅速在中原经济区中心区域形成一个有规模、有实力、有潜力的发展极核。

2. 将郑州市升格为副省级城市

2009年郑州市实现生产总值3300亿元，在全国287个地级及以上城市中排名升至第23位，在中部地区仅落后于武汉（4500亿元）和长沙（3744亿元），经济实力已经超过很多副省级城市和省会城市。但郑州仍是个地级城市，其经济管理和行政管理权限较低，不但自身发展受限，而且在中原经济区中的协调和辐射作用在一定程度上被抑制。在人口过亿的中原地区，外扩到河北、山西、安徽，至今仍没有一座副省级城市。应尽快提升郑州的政治地位，将郑州市升格为副省级城市，提高郑州作为国家区域中心城市的综合协调能力。

3. 建立郑汴新区新型城镇化综合配套改革试验区

河南人口多，城镇化水平低，耕地保护任务重，因此，探索新型城镇化道路，加快综合配套改革，对全国意义重大。郑汴新区已经发展成为河南省的精华地区，郑汴同城化推进迅速，在中原乃至中部地区具有唯一性，有条件成为引领中原经济区的发展极核和示范区。为此，应将加快发展郑汴新区纳入国家战略，使之成为继浦东新区、滨海新区和两江新区等之后的国家级新区，重点推进新型城镇化综合配套改革，以复合型城市建设为核心，加快城乡一体的行政管理体制、户籍制度、社会保障制度以及新型社会管理和民生保障体制改革，建立城乡统筹的土地管理机制和新型投融资体系，创建产业复合、功能复合、城乡复合、生态复合的现代化新型复合城市，为全国探索新型城镇化开辟新路径。

4. 建设国家粮食安全保障中枢

中原经济区是全国粮食生产核心区，在保障国家粮食安全中具有重要作用。但仅此不够，除了加强粮食主产区建设外，还应依托郑州建设国家粮食安全保障中枢，形成国家粮食储备中心、加工中心、中转中心、科技中心、交易中心和金融中心，与粮食主产区紧密配合，共同构建国家粮食安全保障体系。一是建设国家粮食战略储备库；二是强化郑州交通枢纽，尤其是航空枢纽和高速铁路枢纽建设，使从郑州出发的较大规模粮食集中调运能在两个小时内覆盖中国大部分地区，建设国家救灾和应急物资基地；三是加强粮食加工基地和食品工业基地建设，加强科技支撑能力建设；四是稳定发展粮食交易有形市场，规范市场秩序，防止经济波动对粮食安全产生较大冲击；五是大力发展粮食金融，支持郑州商品交易所整合金融资源，建立新型金融平台，提升金融对粮食安全的保障作用。

5. 积极推进郑州国际陆港建设

充分发挥郑州在地理区位、产业基础、综合交通枢纽以及信息网络等方面的优势，以郑州国际物流园区为核心，以郑州综合保税区、出口加工区和空港物流园区为支撑，以国际陆港物流信息平台为纽带，把郑州建设成为辐射亚欧国家、联动中国中西部地区、服务中原经济区的国际物流枢纽和国际贸易大通道。依托铁路、公路、航空等运输方式，通过多式联运承接沿海港口功能内移，发展集装箱物流和保税物流，形成承东启西、贯通南北的中国内陆地区规模最大、服务能力最强的综合性国际陆港。

6. 进一步提高综合承载能力

重点是打破行政壁垒，整合资源，整体规划，构建面向大都市区的一体化主导优势产业链和新型分工格局，促进集约发展和协同发展。一是通过新区建设和城市更新引导人口和产业合理布局、协同集聚，整体提升人口吸纳能力；二是统筹规划建设一批重大基础设施，尤其是城市交通、垃圾处理、污水处理、生态建设项目等，避免分散建设带来的不经济；三是优化公共资源配置，推进都市区一体化建设进程，实现都市区内医疗、教育、社会保障等基本公共服务均等化，提高公共资源的利用效率，挖掘综合承载潜力。

附录七
推进城镇化需要清除户籍障碍[*]

当前，户籍制度改革严重滞后，已经成为制约农业转移人口市民化和城镇化质量提升的重要障碍。推进农业转移人口市民化是提升城镇化质量的核心，而加快户籍制度改革则是推进农业转移人口市民化的前提条件。为此，要按照"统一户籍、普惠权利、区别对待、逐步推进"的思路，标本兼治、长短结合，加快户籍制度改革步伐，逐步建立城乡统一的户籍登记管理制度和均等化的公共服务制度，为有序推进农业转移人口市民化、着力提高城镇化质量创造有利条件。

一 户籍制度严重阻碍了城镇化进程

改革开放以来，中国城镇化进程不断加快，全国城镇化率由1978年的17.9%提高到2011年的51.3%，年均提高1.01个百分点。尤其是1996年以来，全国平均每年新增城镇人口超过2000万人，城镇化率年均提高1.39个百分点，是1978~1995年的2.2倍，是1950~1977年的5.6倍。目前，中国城镇化率已经达到世界平均水平。

但应该看到，目前中国城镇化水分大、质量低，非本地户籍的常住外来人口占很大比重。2011年，中国户籍人口城镇化率仅有35%，户籍人口城镇化率与常住人口城镇化率的差距从2000年的10.5个百分点扩大到16.3

---

[*] 本建议通过国务院办公厅《专供信息》2013年1月上报。这里略有修改。

个百分点。按照第六次人口普查数据,在全国市镇总人口中,农业户口人口高达3.1亿人,所占比重为46.5%,其中市为36.1%,镇为62.3%;全国市镇非农业户口人口仅占全国总人口的27%。

目前,城镇农业户口人口已经成为中国城镇化的主体。从1978年到2010年,中国新增城镇人口4.93亿人,其中农业户口人口2.62亿人,占53.0%。这期间,中国城镇化率提高了31.76个百分点,其中城镇农业户口人口贡献了18.12个百分点。也就是说,如果剔除农业户口人口的贡献,城镇化率实际仅提高了13.64个百分点,平均每年仅提高0.43个百分点。

这些常住在城镇的农业转移人口虽然被统计为城镇人口,但由于户籍障碍和"农民"身份,他们在民主权利、劳动就业、子女教育、社会保障、公共服务等方面长期不能与城镇居民享受同等待遇,难以真正融入城市,其市民化进程严重滞后。既削弱了城镇化对内需的拉动作用,不利于产业结构升级和劳动者素质提高,又造成农业转移人口与城镇原居民之间各种权益的不平等,严重影响了社会的和谐稳定,还加剧了人户分离,给人口管理带来难度。2010年,中国城镇人户分离已达2.26亿人,占城镇总人口的33.7%。

因此,要着力提高城镇化质量,就必须下决心清除户籍障碍,加快户籍制度及相关配套改革步伐,有序推进农业转移人口市民化,为积极稳妥推进城镇化创造有利条件。

二 当前户籍制度改革面临的困境

一是思想认识上存在误区。在城镇化进程中,各地想方设法招商引资、集聚产业,却不太愿意吸纳外来人口;不少地方户籍制度改革以人才和土地为中心展开,采取"选拔式"方式,仅允许少数"高端人才"和有贡献的外来务工人员落户,有的甚至设置诸多不公平的严苛标准,要"地"不要"人",要"人手"不要"人口"。一些特大城市则以缺乏承载能力为由,采取计划经济时期的落户办法,将外来务工人员拒之门外。

二是缺乏统一的管理规范。中国现行的《户口登记条例》是1958年颁布实施,其中大部分内容已与实际情况脱节,不适应目前社会管理的需要。近年来,各地相继取消了农业和非农业二元户口划分,不少地方先后推行了暂住人口居住证制度。但由于"居住证管理办法"尚未出台,各地

"自行其是"，收费标准不一，对办证条件、持证人权利与义务以及转为户籍人口的具体年限也缺乏统一的管理规范。一些地方办证门槛较高，有的甚至把学历、职称、无犯罪记录等作为办证条件，带有明显的歧视性质，不利于和谐社会建设。

三是大城市承载力日益受限。大城市基础设施完善，公共服务水平高，就业和发展机会多，吸纳能力较强，是近年来吸纳农业转移人口的主力军。2011年全国外出农民工中，流向直辖市、省会城市和地级市的占64.7%，这些城市绝大部分为大城市。但大城市尤其是特大城市综合承载力有限，市民化成本高，"城市病"显现。迫于缓解交通拥挤、房价上涨以及人口管理和地方财政的压力，这些城市对吸纳外来人口往往采取消极态度，有的甚至采取限制外来人口购房、购车、就业等政策，阻止外来人口进入，压缩其生存空间。

四是中小城市吸纳能力不足。中小城市和小城镇数量多、分布广、资源环境承载力大，是今后吸纳农业转移人口的重要载体，但由于基础设施落后，公共服务水平低，产业支撑乏力，对农民缺乏吸引力，其吸纳能力不足。近年来，由于全国设市工作停顿，在大城市规模迅速扩张的态势下，小城市数量和人口比重都在不断下降，中等城市人口比重也呈下降趋势，城市人口规模分布有向"倒金字塔型"转变的危险。中西部一些小城镇甚至出现相对衰落的状态。各地突出工业强市，服务业发展严重滞后，也影响了其吸纳能力的提升。

五是各项相关改革不配套。近年来，中国户籍制度改革仍停留在放开户籍层面，并未触及深层次的社会福利制度改革，各项配套制度改革严重滞后。各地社会保障制度仍以户籍制度为依据制定，学校招生大多以本地户口作为前置条件，计划生育、义务兵退役优抚安置和交通肇事死亡赔偿等均对城乡不同户籍人口实行差别政策，许多大城市都制定了限制外来人口购车购房的措施，有的还对就业提出户籍条件的要求。各地推行的居住证制度，虽然部分解决了农业转移人口的市民待遇，但城市居民最低生活保障、公租房保障等普遍没有纳入。

六是大城市郊区农转居意愿不高。在北京、天津、上海以及东南沿海发达地区，随着农村土地分红增加、集体资产增多以及社会保障和公共服务日益完善，加上有生二胎政策，农民大多不愿意转为城镇户口，农转居难度较大。即使是一些原来已经转为城镇户口的农民，有的也希望再转回农村户口，地方政府不得不严格控制甚至限制"居转农"。多数进城务工的农民，既希望享受与城镇居民同等的待遇,又不愿意放弃农村原有的承包地、承包山林和宅基地。

三 推进户籍制度改革的基本思路

户籍制度改革的关键是户籍内含各种权利和福利制度的综合配套改革,户籍制度改革只是"标",而其内含各种权利和福利制度的改革才是"本"。户籍制度改革必须标本兼治、长短结合,其目标不是消除户籍制度,而是剥离户籍内含的各种权利和福利,逐步建立城乡统一的户籍登记管理制度和均等化的公共服务制度,实现公民身份和权利的平等。为此,应按照"统一户籍、普惠权利、区别对待、逐步推进"的思路,加快推进户籍制度及其相关配套改革,为积极稳妥推进城镇化扫清制度障碍。

统一户籍。户籍制度是依法收集、确认、提供住户人口基本信息的国家行政制度,其基本功能是身份证明、人口统计和社会管理。户籍制度的功能并非是居民身份证所能完全取代的。关键是要打破城乡分割,按照常住居住地登记户口,实行城乡统一的户口登记管理制度,同时剥离户籍中内含的各种福利,还原户籍的本来面目。

普惠权利。剥离现有户籍中内含的各种福利,以常住人口登记为依据,实现基本公共服务常住人口全覆盖。公民一律在常住居住地即户籍登记地依照当地标准,行使公民的各项基本权利,享受各项公共服务和福利,包括选举权、被选举权和公共福利享有权等。

区别对待。考虑到不同地区发展阶段和条件的差异,实行区别对待、分类指导,不搞一刀切。要允许各地区从自身实际情况出发,在符合全国户籍制度改革目标的前提下,因地制宜制定不同的公共福利标准和改革方案,采取符合本地实际的具体措施。

逐步推进。大体分两个阶段:第一阶段为过渡期。对常住外来人口统一发放居住证,保障公民基本权益,并享受本地部分公共福利。当持证人符合一定条件,如有固定住所和稳定收入来源、居住或持证达到一定年限等,应发给正式户口。这些条件可由各地根据实际情况制定,但门槛不能太高。第二阶段为并轨期。当条件成熟时,取消居住证,实行居住证与户口并轨,即完全按常住居住地登记户口。所谓条件成熟,就是要基本建成均等化的公共服务制度,实现基本公共服务常住人口全覆盖。

四 推进户籍制度改革的政策建议

1. 合理引导农业人口有序转移

加强对城市常住外来人口、综合承载力和人口吸纳能力的调查研究，摸清资源环境承载力以及交通、教育、卫生、医疗等公共设施容量，制定科学的发展规划，合理引导农业人口有序转移。要谨防大城市和特大城市以承载力不足为理由设置过高的市民化门槛，阻碍农业转移人口市民化。对于中小城市和小城镇，要着力提高公共服务水平，积极促进产业和人口集聚，切实提高对农业转移人口的吸纳能力。对大城市和特大城市，要积极引导中心区人口、产业和功能向近远郊小城镇和周边地区疏散，改善空间结构，提高综合承载能力。对北京、上海等少数特大城市，因常住外来人口规模大，且呈迅速增长态势，有必要继续实行人口总量规模调控。

2. 建立全国统一的居住证制度

尽快出台"居住证管理办法"，规范和完善居住证制度。居住证申办要从低门槛逐步走向无门槛，严禁将学历、职称、无犯罪记录等作为申办的前置条件。常住外来人口只要有固定住所，自愿申请，都应该办理居住证。持证人在选举权、就业权、义务教育、技能培训、临时性救助、基本医疗保险、基本养老保险和失业保险等方面，享受与当地户籍人口同等待遇。除了基本保障外，其他方面的社会保障和公共服务，如住房保障、一般性社会救助等，由各地方政府根据实际情况确定，中央不做具体规定。在此基础上，根据持证人在当地工作的年限、持证年限、有无稳定收入来源、社保缴纳情况、缴税情况等，确定是否转为正式户口。由于居住证是一个过渡性的临时措施，过渡期不宜太长。可以考虑用10年左右时间，在全国实现由居住证向统一户籍的并轨。

3. 清理与户籍挂钩的各项政策

首先，禁止各地新出台的各项有关政策与户口性质挂钩，除国务院已经明确规定的就业、义务教育、技能培训等政策外，要把范围扩大到社会保障和公共服务各领域。即使是北京、上海等特大城市，新出台的人口规模调控政策也不应与户口性质挂钩，而应研究制定其他非歧视性的标准。其次，对就业、教育、计划生育、医疗、养老、住房等领域现有各种与户口性质挂钩的政策进行一次全面清理，取消按户口性质设置的差别化标准,研究制定城乡统一的新标准,使现有政策逐步与户口性质脱钩。凡条件成熟的,应尽快调整相关政策,并修订完善相关法律法规;暂时不具备条件的,应研究制定分步实施的办法,提出完全脱钩的时间表。这样通过新政策不挂钩、旧政策脱钩,逐步建立城乡统一的社会保障制度和均等化的公共服务制度。

4. 加快推进各项相关配套改革

目前,与户籍挂钩的各项权利和福利达20多项,包括民主权利、就业机会、子女教育、社会保障、计划生育、购车购房、义务兵退役就业安置、交通事故人身损害赔偿和各种补贴等。因此,户籍制度改革必须与土地、就业、计划生育、教育、社会保障等相关体制改革配套推进。要加快农村产权制度改革,对农业转移人口在农村的承包地、林地、宅基地等各类资产全面颁证赋权,并允许抵押、转让和继承,做到所有权清晰、使用权完整、收益权有保障。同时,将农业转移人口全面纳入城镇社会保障体系,包括养老保险、医疗保险、失业保险、工伤保险、生育保险和城市低保,公租房等保障性住房也要逐步对城镇常住外来人口开放,尽快实现社会保障城乡对接和跨区域接转。

5. 建立多元化成本分担机制

据预测,2020年中国城镇化率将达到60%左右,到2030年将达到68%左右。这意味着,2020年前中国将新增城镇人口1.2亿人左右,2030年前将新增城镇人口2.0亿人以上。2010年全国城镇常住人口中,非本地户口的常住外来人口约有2.2亿人,若按农业转移人口占70%计算,全国常住在城镇、没有本地户口的农业转移人口约有1.54亿人。加上近两年全国新增城镇人口4625万人,估计约有50%是农业户口人口,据此推算中国尚有近1.8亿农业转移人口没有实现市民化。也就是说,在2030年前全国大约有3.8亿农业转移人口需要实现市民化。一般认为,市民化成本平均每人为10万元左右,因此,要将这些进城农民全部实现市民化,需要支付近40万亿元的成本。

显然,要合理消化这一巨额的改革成本,单纯依靠政府、企业或者农民都是难以承担的,为此需要建立由政府、企业、社会等共同参与的多元化成本分担机制。根据一些城市的实践经验,政府、企业和社会大体各需承担1/3左右。如果设想在2025年基本解决农业转移人口的市民化,平均每年全国需要消化1300多万人,加上新增城镇人口,每年共需解决2500万人以上，市民化总成本达 2.5 万亿元，其中需要政府负担 0.83 万亿元，约占 2012 年全国公共财政收入的 7.1%。考虑到这些改革成本是一个较长时期逐步到位的过程，并不需要全部一次性支付，因此从政府财政支出的角度看，在 2020 年全国实现基本公共服务均等化后，实现户籍制度并轨，并在 2025 年前基本解决现有农业转移人口市民化将是可行的。这里的关键是建立多元化的市民化成本分担机制。

附录八
关于尽快恢复设市工作重启县改市的建议*

自1997年冻结"县改市"的审批以来，除个别情况外，中国建制市的设置工作基本上处于停滞状态。设市工作长期停滞与中国城镇化的客观需要不相适应，不利于提高城镇化质量和构建科学合理的城市格局。为优化行政层级和行政区划设置，促进城镇化健康发展，建议尽快恢复建制市的设置工作，逐步把有条件的县设立为县级市，按照城乡统筹和现代城市理念进行规划建设，使之成为吸纳农业转移人口和推进新型城镇化的重要载体。

一 设市工作长期停滞不利于城镇化健康发展

一是设市工作长期停滞与城镇化的客观需要不相适应。随着城镇化的推进，城镇人口规模不断扩大，客观需要适当增加建制市的数量。中国建制市的数量在1997年达到历史上最多的668个，当时全国城镇人口为3.94亿人，城镇人口比重只有31.91%。此后，由于"县改市"的冻结，随着部分地区"撤县（市）改区"的区划调整，建制市的数量不但没有增加，反而有所减少。到2011年，全国城镇人口已达6.91亿人，城镇人口比重提高到51.27%，而建制市反而减少到657个，其中直辖市4个，地级市284个，县级市369个。设市工作长期停滞导致建制市数量不增反减，新增进城人口只能依托现有城市进行规模扩张。2001~2010年中国设市城市平均人口规

---

* 本建议通过《中国社会科学院要报》2013年第75期上报。

模增长了40%，而1998～2011年设市城市平均建成区面积和建设用地面积分别扩张了113%和118%。

二是设市工作长期停滞不利于构建科学合理的城市格局。在"县改市"工作停滞后，很多地级及以上城市大力推进"撤县（市）改区"工作，结果地级及以上城市政区膨胀，市辖区数量由1997年年底的727个增加到2011年年底的857个，而县级市则相对萎缩，由442个减少到369个。一般情况下，城市规模等级结构应呈金字塔型。而在中国设市城市中，因设市工作长期停滞和行政配置资源形成的极化效应，导致城市规模结构呈现倒金字塔型，大城市"摊大饼式"急剧膨胀，中小城市则呈萎缩状态。2011年，中国设市城市城区人口中，50万人以上的大城市占72.4%，其中200万人以上的超大城市占43.0%，而20万～50万人的中等城市只占20.4%，20万人以下的小城市只占7.2%。从2006年到2011年，中国城市新增城区人口的74.2%是依靠大城市吸纳的，其中100万人以上的特大城市占49.5%，小城市则在萎缩。若按非农业人口分组，从2000年到2010年，中国大城市数量由92个迅速增加到157个，人口比重由52.6%增加到66.8%；中等城市由220个增加到240个，但人口比重却由28.9%下降到22.9%；小城市数量则由353个下降到258个，人口比重由18.5%下降到10.3%。

三是设市工作长期停滞不利于城镇化质量的提高。目前，中国一些经济强县，尽管人口和产业的非农化、城镇化程度较高，人口聚集规模大，城镇建设已今非昔比，但由于"县改市"的冻结，也难以按照城市型政区要求进行规划建设和管理。截至2011年年底，全国共有202个建制镇的镇区人口规模超过10万人，而江苏、广东、浙江更有19个建制镇的镇区人口规模超过中等城市的划分标准，但仍被归为小城镇的范畴，沿袭乡镇管理体制，规划建设标准低，市政设施建设滞后，社会管理和公共服务跟不上城镇发展和居民生活的需要，既不利于城镇科学发展和就地城镇化的推进，也严重制约了城镇化质量的提高。

二 尽快恢复设市工作是实现健康城镇化的要求

首先，尽快恢复设市工作是中国城镇化的客观需要，不会导致"虚假城镇化"现象的发生。从世界各国来看，与城镇人口规模相比，目前中国设市的数量明显偏少。作为城市型政区，全国平均每105万城镇人口才拥有一个市建制。未来 20 年，中国城镇化仍将处于快速推进时期，预计到 2030 年全国城镇化率将达到 68%，城镇人口达 9.58 亿人。如果单纯依托现有城市推进城镇化，届时全国平均每 146 万城镇人口才拥有一个建制市，现有城市规模将进一步膨胀。当初暂停"县改市"是为了遏制各地一拥而上，避免不符合条件下的"虚假城镇化""建制城镇化"，造成土地浪费。事实上，近年来中国城市建设用地规模的快速扩张主要是由现行土地财政制度引起的，与"县改市"并没有直接的联系。随着城镇化水平的提高和城镇人口规模的扩大，设市工作不宜长期停滞，建制市数量应随着城镇人口规模的增长而适当增加。而且，1999 年、2006 年和 2008 年国家统计局逐步完善了《从统计上划分城乡的规定》，统一了城区、镇区的判定规则。重新启动"县改市"不会引起城乡统计数据的变化，也就不再存在人为夸大城镇化水平的情况。

其次，重新启动"县改市"有利于优化行政层级，探索符合中国实际的行政管理体制。在现行市管县（市）体制下，地级市更多地起到对资源、资金和人才的吸纳作用，其对县（市）的带动作用日益弱化，加上行政管理层次过多，严重束缚了发达地区县域经济的发展活力。因此，优化行政层级，积极探索省直接管理县（市）的体制将是改革的大方向。自 2002 年起，浙江、江苏、山东等省已相继开展了"强县扩权"的行政体制改革试点，取得了良好效果。但"强县扩权"并不是真正意义上的"省直管县（市）"，只是财政分税上的调整，并没有解决地县两级事权与财权不清、降低行政成本的问题。同时，"省管县"与"市管县"之间也容易造成新的定位模糊和利益冲突。"省直管县"推行的障碍多、操作难度大，而省直管县级市由来已久，目前全国至少有 20 个县级市由省（自治区）政府直接管辖。如果将具备条件的县设为建制市，由省直接管辖，则更易操作，有利于推进省直接管理县（市）的体制改革。

最后，适当增加建制市数量有利于促进中小城市发展，推动形成科学合理的城市格局。目前中国一些大城市尤其是人口超过 200 万人的超大城市规模过度膨胀，交通拥堵、环境污染、房价高企等"城市病"日益显现，迫切需要疏解城市功能，调整空间结构和产业布局，避免人口和产业过度集聚。但是，中小城市数量过少，发展相对不足，其吸纳人口和产业的潜力还有待进一步提高。为此，当前很有必要选择城镇化水平高、镇区人口和建成区规模大、经济实力强、基础设施和公共服务较为完善的县，通过"撤县设市"，逐步增加设市中小城市的数量。这将有利于促进经济强县的转型升级，激发其经济发展的活力，就近吸纳更多的农业转移人口；有利于推进城乡社会管理体制创新，提高城市规划、建设、管理水平和公共服务能力；有利于分流大城市的功能，缓解大城市人口膨胀、环境恶化的压力，从而优化城镇规模结构，促进大中小城市和小城镇协调发展。

三 积极稳妥推进建制市设置工作的建议

建制市的设置不单纯是行政区划名称的改变，它涉及经济社会发展、规划建设、管理体制等诸多方面，会触及和改变现有的利益关系，因而需要进行充分的科学评估论证，积极稳妥推进建制市的设置工作，进一步优化行政区划格局。

首先，尽快制定和颁布科学合理的城市型政区设置标准。自1997年冻结"县改市"审批，至今已有16年，原1993年调整的设市标准早已过时，远不能适应新时期发展的需要。当前，应根据经济社会发展特点和新型城镇化的要求，抓紧研究制定县级市、市辖区设置的新标准，并尽快颁布实施。在中国政区体系尚不完善、行政区划调整方案尚不成熟的现阶段，宜制定较为严格的县级市、市辖区设立标准，包括人口密度、人口集聚规模、城镇人口比重、经济规模、财政实力、产业结构、城建水平等。除提高镇区人口标准外，还要将公共服务设施、环境治理、公共绿地等城建水平指标纳入设市评价审核范围，以引导县城按照现代城市理念进行规划建设和管理。如以镇区人口10万人以上为标准，截至2011年年底，全国共有95个县可作为"撤县设市"的候选对象，其中条件成熟的可逐步增设为县级市。

其次，积极稳妥推进，避免一哄而上，从根本上预防和化解各种矛盾冲突。一是城市建设要量力而行，谨防地方政府的规模扩张冲动。城市型政区的设立，应与当地城镇化的实际状况和管理需求相一致。既要防止各地为达到设市标准或在设市后，掀起新的"造城运动"，盲目扩大城市建设规模；又要防止为城市建设背负巨额债务负担，以及侵占农民耕地、侵害农民权益的情况发生。二是有效化解各种矛盾冲突，避免增加行政运行成本。在"撤县设市"过程中，应保持行政体系的稳定，做到不改变行政管理范围、不调整行政级别、不增加机构、不增加编制、不增加财政负担，着力提高政府的行政效率和管理能力。

第三，继续探索中国特色的市镇体制，建立符合社会发展要求的政区体系。与其他国家城乡分治型管理体制不同，中国的市制是在城乡合治型管理体制基础上设立的。探索建立中国特色的市镇体制，必须尊重中国行政区划管理的历史沿革，借鉴国外市镇管理的有益经验，跟踪、评估省直接管理县（市）体制、经济发达镇行政管理体制等改革试点的情况，认真总结经验，加强顶层设计，研究论证全国行政区划调整的总体方案，尽快制定出台《行政区划管理条例》，明确行政区划的设置、调整变更和管理程序。要严格控制整县改区的审批，禁止将县级市改为市辖区，防止大城市继续"摊大饼式"蔓延扩张。

附录九
关于中国城镇化若干
重大问题的争论*

城镇化是拉动经济增长、扩大内需和促进转型升级的重要引擎和载体，积极稳妥推进城镇化是当前中国经济工作的一项重要战略任务。然而，由于认识水平和着眼点的不同，人们对当前中国推进城镇化的一些重大战略问题至今仍存在较大争论。尤其在城镇化规模战略、推进速度、动力机制、空间布局、户籍制度改革等方面，意见分歧较大。下面着重从几个方面进行归纳分析。

一 关于城镇化规模战略的争论

城镇化规模战略一直是中国学术界长期争论不休的问题，往往是仁者见仁，智者见智。近年来，虽然中央明确提出了"促进大中小城市和小城镇协调发展"的方针，但这种争论并没有结束。归纳起来，主要有四种观点。

一是大城市重点论。认为大城市优先发展是一个规律，大城市人口吸纳能力强，具有集聚规模经济优势，能够更集约地利用土地，更易于集中控制和减少污染，有利于促进产业升级。未来中国城镇化应重点发展大城市，走以大城市为主、大都市圈化的道路。

二是小城镇重点论。认为小城镇数量多、分布广，就业和定居成本低，是联系城市与农村的桥梁和纽带，在城镇体系中起着基础性作用，加快小城

---

* 本报告通过国务院办公厅《专供信息》2013年第52期上报。

镇发展有利于推动城乡一体化，带动农民就业和增收，有效破解城乡二元结构，解决"三农"问题，实现就地城镇化。

三是中小城市重点论。认为大城市和小城镇各具缺点，大城市容易产生交通拥挤、房价高昂、环境污染等"城市病"；小城镇资源成本高，难以达到有效规模，中国城镇化应选择中间道路，重点发展中小城市，既可以避免"城市病"，又能够获取集聚规模效益。

四是城镇协调发展论。认为城镇化的关键是构建一个科学合理的城镇规模分布结构和等级体系。在这一等级体系中，无论是大中小城市还是小城镇都是不可或缺的，其承担的功能和作用各不相同。中国城镇化的推进，应充分发挥不同规模城镇的作用，合理引导农业人口有序转移，走大、中、小城市和小城镇协调发展的道路，逐步推动形成科学合理的城镇化规模格局。这种协调发展论是目前学术界的主流观点。

二 关于城镇化速度与趋势的争论

自1996年以来，中国城镇化进入加速推进时期，城镇化率从30.48%提高到2012年的52.57%，年均提高1.39个百分点，每年新增城镇人口2000多万人。对于这种高速度的评判以及未来城镇化趋势，目前学术界存在不同看法。主要有以下三种观点。

一是"加速论"。认为目前中国城镇化水平仍严重滞后，至少滞后于经济发展和工业化水平10个百分点，未来中国仍将处于高速城镇化阶段，城镇化速度将进一步加快，城镇化率年均提高幅度在1个百分点以上，甚至有可能超过1.4个百分点。

二是"冒进论"。认为近年来中国城镇化速度过快，脱离了循序渐进的原则，出现了"冒进式"城镇化现象，由此造成城镇化质量低、城镇空间无序蔓延、生态环境破坏等问题。若继续按1个百分点以上的速度推进，每年将新增1300万以上城镇人口，会对城镇就业、能源、土地、住房等带来巨大的压力。未来中国城镇化速度应该适当控制，年均提高0.6~0.7个百分点是比较稳妥的。

三是"适度论"。认为当前中国城镇化已经越过50%的拐点，尽管仍处于快速推进时期，但正在由加速推进向减速推进转变。未来中国城镇化速度必须适度，要改变过去那种轻质量、重速度的做法，坚持速度与质量并重，着力提高城镇化质量，2030年前全国城镇化率年均提高0.8~1.0个百分点是比较合适的。目前，这种观点已经得到越来越多学者的认同。

三 关于城镇化动力机制的争论

长期以来，中国城镇化推进采取了自上而下的政府主导型模式，但随着经济体制转轨和发展转型，市场力量日益增强，居民意愿不断提升，未来推进城镇化的各种力量孰重孰轻尚存在争论。

一是政府主导论。认为政府能够通过行政手段和政策引导集中大量资金，调动多方资源，促进产业园区和城镇建设，推动人口和产业集聚，从而加快城镇化进程。现阶段，在城镇化制度创新、规划引导、园区建设、社会保障、公共服务、环境治理等方面，仍需要发挥政府的主导作用，同时政府也是推进农业转移人口市民化的主要力量。

二是市场主导论。认为城镇化是一个自发形成的过程，是市场力量作用的结果，城镇化推进应充分发挥市场的主导作用，尤其要充分发挥市场在资源配置中的基础性作用，政府既不能人为地设置障碍，又不能人为"造城"，大搞城镇化建设，而主要是发挥立法、规划、管理和监督职能。当前中国城镇化进程中存在的诸多问题，都主要是政府干预过多或者政府"主导"的结果。

三是农民自主论。认为应尊重农民的意愿，保护农民的自主选择权和其他各项权益，让他们能按照自己的意愿以及工作、生活和居住需求选择迁移目的地，走城乡协调的农民自主型城镇化道路。尊重和强调农民自主意愿，能够有效防止侵害城乡居民利益的"被城镇化""被市民化"现象发生。

以上观点从不同角度分别强调了城镇化三种驱动力的重要性。从国际经验和中国现实情况看，未来城镇化的推进需要在尊重农民意愿的基础上，妥善处理好政府与市场的关系，按照"政府引导、市场主导、农民自主"的原则，构建城镇化的多元动力机制。

四 关于城镇化空间布局的争论

构建科学合理的城镇化格局，必须优化城镇化空间布局，明确国家战略布局重点。目前，学术界的争论主要集中在以下两个方面。

从全国城镇化空间布局重点看，有人认为沿海地区城镇和产业基础较好，就业和人口吸纳能力强，应把其作为城镇化的战略重点，继续鼓励人口向沿海地区集中；有人认为沿海地区已面临资源环境承载力限制，而中西部地区资源环境承载能力较大，能源、矿产、土地和劳动力资源丰富，现正处于工业化和城镇化双加速阶段，是未来中国推进城镇化的主战场和战略重点；还有人认为应东西结合，实行东部大都市圈与西部中小城镇并举。许多学者认为，城市群是未来中国城镇化的主体形态和主要载体，将主导中国城镇化的进程，要依托主要交通干线和城市群，构建"多中心网络型"城镇化空间格局。

从农业人口空间转移的方式看，有人主张以异地城镇化为主，认为异地城镇化有利于集约节约利用资源，提高资源配置效率，能够弥补当地就业岗位不足，促进城乡区域交流和分工，是新时期中国城镇化的主旋律；有人主张以就地城镇化为主，认为就地城镇化是一些发达国家的普遍做法，有利于促进城乡协调发展，缓解"城市病"蔓延，化解异地城镇化带来的各种社会问题；还有人主张应区别不同情况，走异地城镇化与本地城镇化相结合的发展道路。在现实中，这两种模式往往是并存的，而且通常需要因地制宜。

五 关于户籍制度改革的争论

户籍制度改革虽然已经在全国各地展开试点，但迄今为止，学术界对其改革的方向和路径并没有形成定论，主要有以下三种观点。

一是"一元论"。认为现行户籍制度的根本缺陷在于其二元性，正是这种二元性导致了城乡区域间较大的利益分配差别，限制了劳动力在城乡区域间的自由流动。为此，必须取消农业户口与非农业户口的区别，建立城乡统一的户籍管理制度，变"二元"为"一元"，最终实现各地区城乡居民在权益分配上的平等。

二是"取消论"。认为当前中国户籍制度引起的各种问题都是由户籍制度本身造成的，户籍制度对社会和国家来说是多余的、落后的、无益的，其功能完全可以由居民身份证取代。因而主张在完善居民身份证制度的基础上，彻底取消户籍制度。

三是"剥离论"。认为户籍制度改革艰难的关键在于户籍内含的各种权利和福利，实行城乡统一的户籍管理制度并非难事，难的是户籍内含的各种权利和福利制度改革。为此，必须剥离户籍内含的各种权利和福利，以常住人口登记为依据，逐步建立全国统一的社会保障制度和均等化的基本公共服务制度，实现公民身份和权利的平等。

户籍制度改革的目标不是消除户籍制度，户籍制度的功能也并非是居民身份证所能完全取代的。所以"取消论"是不可取的。"一元论"强调的是目标，而"剥离论"强调的是实现路径，二者并不矛盾，完全可以结合起来，即通过剥离的方法，最终实现"一元"目标。

附录十
十八大以来社会各界关于城镇化的主要观点*

党的十八大以来,社会各界高度关注城镇化问题,对如何走新型城镇化道路展开了深入讨论。现将主要观点归纳如下。

一 新型城镇化的内涵和特征

自中央提出"走集约、智能、绿色、低碳的新型城镇化道路"之后,社会各界反应强烈,纷纷展开讨论,提出了不同的看法。

一是以人为本的视角。认为新型城镇化是以科学发展观为统领、以质量为主导的城镇化。以人为本是新型城镇化的实质,增进人的幸福是新型城镇化的精髓,不仅市民要更幸福,而且农村转移人口也能获得同样的幸福感受。其基本特征是全面协调、集约高效、人文活力和公平共享。

二是城乡建设的视角。认为符合中国国情的城镇化等于老城区 + 新城区 + 农村新社区。老城区重点是对棚户区、工厂外迁区等进行改造和环境治理,使之成为适合人居住的商业区和服务区;新城区是指开发区、实验区、工业园区、物流园区等;农村新社区就是新农村建设。

三是农民市民化的视角。认为城镇化的根本目的是让更多的农民转入城市,并融入城市的正常生活之中。市民化是推进新型城镇化面临的最大挑战,也是城镇化扩内需的关键。新型城镇化的核心是人的城镇化,要以民生

---

* 本报告通过国务院办公厅《专供信息》2013年第55期上报。

改善为根本目的，不单纯追求城镇化速度，更关注城镇化进程中人的生活质量的提高。

四是农村发展的视角。有人认为，新型城镇化绝不是强迫农民离开土地，强制搬迁上楼，远距离地涌入大城市，而是农民自主式的城镇化，就地融入城镇。也有人认为，新型城镇化既要鼓励和支持异地转移就业，又着眼于积极发展小城镇和新型农村社区。还有人认为，新型城镇化"新"在不抛弃和遗弃农村，反而以农村繁荣为前提条件，农村人口也能享受与城镇人口均等的公共服务。

五是综合的视角。不少人认为，新型城镇化是采用集约、智能、绿色、低碳的发展方式，高度关注农民市民化，着力解决城乡和城市内部"双二元结构"，是以人为本、次序协调、城乡一体、融合共享的城镇化。也有人认为，新型城镇化是人本城镇化、市场城镇化、文明城镇化、特色城镇化、绿色城镇化、城乡统筹城镇化、集群城镇化和智慧城镇化。

二 正确看待城镇化的作用

大规模人口城镇化，不仅会创造巨大的消费需求，而且会带来巨大的投资需求。城镇化是扩大内需的重要源泉，也是促进经济持续快速增长的主要动力。有人预测，到2015年如果中国城镇化率提高到55%，城镇人口增加到7.7亿人，将会增加投资和消费11.9万亿元；到2020年如果中国城镇化率提高到60%，城镇人口达到8.7亿人，将会增加投资和消费25.3万亿元，可以拉动经济增长3.5~6.8个百分点。还有人认为，中国城镇化率每增加1个百分点，将能带来7万亿元的投资和消费需求。预计到2020年，中国城镇化所产生的资金需求（包括市政公共设施建设和社会保障）将超过40万亿元，由此可以支持未来7%~8%的中速增长。

也有人认为，城镇化主要拉动的是消费，而不是投资。甚至不应该用投资这个词，应该用投入。因为投资是以回报为目的，而投入不以回报为目的。有的人则认为，城镇化不应是经济增长的"工具"，如果为追求经济增速而借用城镇化美好愿景作"幌子"，新型城镇化可能会重蹈覆辙。甚至有人认为，新型城镇化现在被炒得太热了，要警惕城镇化"宣传"热过头，谨防把新型城镇化当成一个投资题材炒作。

还有一些人认为，城镇化对经济的拉动作用肯定是有的，但不宜夸大；

大规模、高速度的城镇化将可能取代出口成为拉动高碳增长的关键因素；如果缺乏制度层面的改革，当前政府主导的快速城镇化很可能会加快引爆地方债务风险；目前一些地方把推进城镇化变成了"跑马圈地"工程、"门脸妆点"工程、"揠苗助长"工程、"弱肉强食"工程，通过填海、削山、圈地等盲目造城行动，引发了城镇化风险。各界普遍认为，城镇化不能变成"炒地皮""房地产化"。

三 新型城镇化的战略取向

最近的讨论主要集中在以下几个方面。

一是优化城镇体系结构。有人认为，要控制北上广杭等特大城市规模，加快发展中小城市和小城镇，尤其是县城，使之成为未来吸纳农村人口转移的主战场。还有人认为，城镇化既包括大规模的城化，又包括规模适宜的镇化，其重点不在城上面，而应该在镇上面。针对小城镇存在的粗放扩张、大量占地、盲目圈地等问题，也有人认为，小城镇建设不能"冒进"，要走特色、集约、节能、生态之路。

二是让城市群承载城镇化。有人认为，城市群是城镇化的主要载体，也是中国经济的重要支柱。未来中国农民进城主要靠城市群来吸纳，要引导人口向城市群之内转移，产业向城市群之外转移，形成双向流动的局面。还有人认为，不能把城镇化等同于搞城市群，也不能夸大城市群的作用，中国人口不可能都集中在城市群，城市群毕竟只是少数。

三是走均衡的城镇化道路。有人认为，城镇化只有均衡协调才能健康可持续，要坚持"两条腿走路"，一方面依靠城市群推进城市化，另一方面通过做大县城实施农村城镇化，实现城市化与农村城镇化并重，要依托县城建设不同规模的城市。还有人认为，实施就地城镇化战略，以县城和中心镇为重点，加快中西部地区城镇化进程，优化城镇化空间布局。

四是促进城乡共荣发展。有人认为，长期以来，中国的城镇化是以牺牲农村利益为代价实现的，其结果成就了城市的崛起，导致的却是乡村的塌陷。推进新型城镇化，一定要以"城乡共荣"为前提，绝对不是要消灭农民、消灭农村，而是要实现乡村与城市的共存，城镇化不能"城兴村衰"。

五是加快城镇化转型。有人认为，新型城镇化要实现六个方面的转型，即由城市优先发展向城乡互补协调发展转型，由高能耗的城镇化向低能耗的城镇化转型，由数量增长型城镇向质量提高型城镇转型，由高环境冲击型城镇向低环境冲击型城镇转型，由放任式机动化城镇向集约式机动化城镇转型，由少数人先富的城镇化向社会和谐的城镇化转型。

六是强化社会管理。有人认为，不能把城镇化简单等同于经济建设，政府推进城镇化的基本任务应当是社会建设，为农民选择定居地提供公共服务。新型城镇化是"社会投资拉动"而不是"投资拉动"。还有人认为，新型城镇化不能忽视公民社会建设，要把新型城镇化与公民社会建设结合起来，开辟民众参与公共事务的可行途径。

七是实行多元化模式。有人认为，推进新型城镇化，要从中国的实际出发，量力而行，循序渐进，因地制宜，实行多元化模式。各地的城镇化，绝不能化成一个样。还有人认为，文化是城镇化的灵魂，应充分挖掘地方文化特质，打造富有地域文化特色的城市形象，让深厚的文化内涵、鲜明的文化特色积淀成永恒的城镇风景线。

四 稳步有序推进市民化进程

推进农民市民化是提升城镇化质量的核心，也是走新型城镇化道路的关键环节。目前，进城农民市民化面临着就业、住房、社会保障和随迁子女教育四大难题，而且面大、量广、成本高，是一项长期的艰巨任务。有人认为，基本解决农民工中存量和增量的市民化至少要用10年时间。还有人认为，从政府财政支出的角度看，在2025年前基本解决进城农民市民化将是可行的，预计每年需要解决2500万人，其中消化存量1300万人，按平均每人10万元计算，市民化总成本2.5万亿元，其中需要政府负担0.83万亿元，约占2012年全国公共财政收入的7.1%。不少人主张，当前应以4000万举家搬迁的农民工作为突破口。

稳步有序推进农民市民化，重点是加快户籍、土地、社会保障、行政体制等方面的改革。在户籍制度改革方面，人们普遍认为，关键是剥离户籍内含的各种权利和福利，建立城乡统一的户籍登记管理制度，实现公民身份和权利的平等。有人主张1~2年内实现中小城市（镇）户籍全面放开，3~5年实现大城市和特大城市户籍基本放开，8年内把城市户口、农村户口、居住证统一，实现人口在全国范围内的自由流动和统一管理。还有人主张，应建立全国统一的居住证制度，对常住外来人口统一发放居住证，保障公民基本权益，并享受本地部分公共福利；到 2020 年全国实现基本公共服务均等化后，取消居住证，实行居住证与户口并轨，即完全按常住居住地登记户口。

在土地制度改革方面，多数人认为，要完善征地制度，逐步建立城乡统一的建设用地市场，让农村集体建设用地真正进入市场；提高农村征地补偿标准，逐步实现农村集体土地同权同价参与城镇开发；加快农村土地流转制度改革，完善农村产权交易市场体系，让农民带着资产进城。还有人认为，农民的土地被城市征用，没有必要在按规划改变土地用途的同时，非要让农民丧失对原有土地的所有权和使用权。

在社会保障制度改革方面，大家认为，应建立城乡统一的社会保障制度和均等化的公共服务制度，分阶段逐步实现城镇基本公共服务常住人口全覆盖。有人认为，应将农民工全面纳入城镇社会保障体系，包括养老保险、医疗保险、失业保险、工伤保险、生育保险和城市低保，公租房等保障性住房也要逐步对城镇常住外来人口开放，尽快实现社会保障城乡对接和跨区域接转。

在行政体制改革方面，普遍认为，要研究制定符合新情况的设市标准，完善中国的市制制度，尽快恢复建制市设置工作。有的人认为，应降低设市标准，允许一定规模的建制镇设市，为吸纳更多的农民进城创造条件。还有的人认为，要弱化城市行政级别，变"以大管小"为"以大带小"，并在政策安排上更多地考虑和照顾中小城市（镇）的发展需要。但也有人认为，不应过度夸大"撤镇设市"，过度强调称谓改换和级别调整的作用，很容易出现跟风潮，产生攀比和浪费现象。

索 引

S 型曲线 35，85，296

B

保障性住房 14，48，65，388，443
不完全城镇化 13，46，134，311，391，491，423

C

产业转移 69，329，356，426
成本分担机制 25，49，60，471
城市病 43，54，82，336，416
城市发展质量 135，142，148～151，159～162
城市规模效益 104，110，126～128
城市规模政策 104，126
城市群 1，28～30，49～51，105，198，292，350，410～413
城市社会共同体 395
城市生产率 107，117，127
城乡二元结构 27，54，134，161，308，334，470
城乡分割型城镇化 28，54，307，328
城乡融合发展 73，312～314

城乡融合型城镇化 28，54，307，312，328
城乡统筹 48，140，314，389，440
城乡协调程度 143，157～159
城乡一体化 27，71，136，217，310，378，431
承载力 31，45，97，335
承载能力 28，47，83，140，216，297，334，382，415
城镇规模等级 78
城镇化 1，76，102，128，163，192，218，236，264，305，331，361，383，406，433，468
城镇化布局 406，419
城镇化成本 163～173，181～184，295，346，480
城镇化阶段 2，30，77，138，266，361
城镇化进程 1，128，163，192，236，264，331，361，433，468
城镇化空间布局 35，406，427
城镇化率 6～8，76，128，163，218，312，333，362，383，468
城镇化绿色转型 75，294，382
城镇化模式 1，25，46，53，163，200，305，331，435

561

城镇化趋势　37，76，87，224，407
城镇化水平　1，77~80，128，164，198，218，237，305，331
城镇化速度　4，12，32，75~78，128，260，362，407
城镇化推进效率　133，141，157
城镇化制度　133，141，157
城镇化质量　13，25，34，128，151，189，260，347
城镇体系　1，104，133，213，348，411
传统城镇化　1，25，143，299，310
粗放型城镇化　15，47，266，334，339

D

大城市重点论　82，105
大中小城市和小城镇协调发展　6，26~29，46，83，105，333
多元化城镇化　28
多中心网络开发　35，49

F

非包容性问题　1，22

G

工业化　4，17，80，192，269，331，409
国家级城市群　50

H

和谐型城镇化　33，54，385~390
户籍登记管理制度　67，316，465

户籍制度　4，27，33，218，308，349
户籍制度改革　33，54，68，313，347，390
环境库兹涅茨曲线　267，290

J

基本公共服务　28，48，62，96，141，311，392
基本公共服务均等化　54，319，425
集约型城镇化　29，54，333~342
技术创新效应　238，249
健康城镇化　24，161，436
渐进式城镇化　28
节地潜力　194，208
节地型城镇化　213
紧凑型城市　56
就地城镇化　309，315
居住证制度　70，443

K

科学发展观　26~29，57，143，213，297
可持续城镇化　25，34，54，266，296，363
可持续发展　1，24，47，75，109，192，319

L

刘易斯二元模型　493
绿色城镇化　59，266，296

N

农民带资进城　49，65，493

农民工　14，23，33，134，170，192，311，385

农民市民化　13，25，65，169，192，470

农业现代化　26，31，48，319，427

农业转移人口　14，27，46，57，170，192，403

农业转移人口市民化　14，27，35，45，468

P

膨胀病　80

Q

区域级城市群　50

全要素生产率　118，239，254

R

人口城镇化　14，32，60，130，196，262

人口迁移制度　446，460

S

生态文明　59，139，284，301

世界级城市群　29，50，425

市民化　13，25，31，46，141，224，335，389

市民化成本　70，167，190，469

T

土地城镇化　13，32，60，134，196，262，340

土地管理制度　71，213，437

土地利用效率　56，145，194，299，349

X

吸纳能力　4，28，64，78，160，416

县改市　67，95

小城镇重点论　105

新型城镇化　1，25～29，141，159，236，312，406，468

新型城镇化道路　1，25～29，47，159，236，260，332，383

信息化　48，321，342，396，425

Y

异地城镇化　466

Z

镇改市　68

镇域经济　68，329

中等城市重点论　105

中国特色　1，25，46，67

中国特色新型城镇化　1，25～27，45，52，65，468

中国特色新型城镇化道路　1，27，47，56

中心城市　1，30，50，105，263，300，356，403

主体功能区　29，51，133，277，420

资源承载力　47，363

综合承载能力　28，47，69，83，140，334，383

最优城市规模　102，107~109

图书在版编目(CIP)数据

走中国特色的新型城镇化道路/魏后凯主编. —北京：社会科学文献出版社，2014.1
(中国社会科学院文库. 经济研究系列)
ISBN 978-7-5097-5012-4

Ⅰ.①走… Ⅱ.①魏… Ⅲ.①城市化-建设-研究-中国 Ⅳ.①F299.21

中国版本图书馆CIP数据核字（2013）第207980号

中国社会科学院文库·经济研究系列
走中国特色的新型城镇化道路

主　编／魏后凯

出 版 人／谢寿光
出 版 者／社会科学文献出版社
地　　址／北京市西城区北三环中路甲29号院3号楼华龙大厦
邮政编码／100029

责任部门／经济与管理出版中心 （010）59367226　　责任编辑／陈凤玲　蔡莎莎
电子信箱／caijingbu@ssap.cn　　　　　　　　　　　责任校对／丁爱兵　白桂芹
项目统筹／恽　薇　　　　　　　　　　　　　　　　责任印制／岳　阳
经　　销／社会科学文献出版社市场营销中心 （010）59367081　59367089
读者服务／读者服务中心 （010）59367028

印　　装／北京季蜂印刷有限公司
开　　本／787mm×1092mm　1/16　　　　　　　　印　张／37.75
版　　次／2014年1月第1版　　　　　　　　　　　字　数／632千字
印　　次／2014年1月第1次印刷
书　　号／ISBN 978-7-5097-5012-4
定　　价／168.00元

本书如有破损、缺页、装订错误，请与本社读者服务中心联系更换
版权所有　翻印必究